U0935355

后浪

A HISTORY of the WORLD

From the earliest civilizations to the twenty-first century:
Andrew Marr's compelling
global journey through human history

BBC

世界史

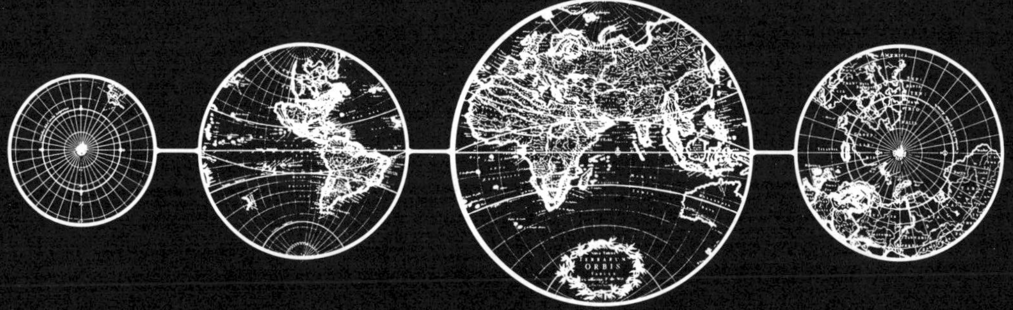

ANDREW MARR

[英] 安德鲁·玛尔——著　邢科——译

天津出版传媒集团
天津人民出版社

目录

致 谢

我想感谢以下诸位。我是个心不在焉的人，常常不知向他人表达歉意。我的家人们——我的妻子杰姬和我的孩子哈里、伊莎贝尔及埃米莉——为此长期受累，但他们一直能包容我。对朋友们来说，撰写这本书也使我变得不够朋友，我也要向他们致歉。如今，我要改弦更张。午餐时间，我还会再喝一杯，就像从前那样。

没有出色的艾德·维克托就不会有这本书。多年以来，他一直关照我，并不时提出批评意见。麦克米伦出版社的优秀团队也不可或缺。这个团队的成员包括乔恩·巴特勒、乔治娜·莫莉、塔尼亚·王尔德和杰奎琳·格雷厄姆，我已经与他们合作多年。玛丽·格里纳姆负责打理我的大部分生活。为防止我走火入魔，她付出了巨大努力。至于她是否成功，大家自有高见。我还得到了许多历史学家的帮助。他们提出了许多中肯的建议，阅读了部分书稿，或者帮我查找了相关信息。这其中就包括玛丽·比尔德和来自英国开放大学协助我拍摄纪录片的团队。凯特·斯莱特的工作非常出色，她在书中挑出了许多令人尴尬的错误；而苏·菲尔波特则是一名极好的技术编辑，我要感谢她们二人。当然，本书中余下的所有错误应由我本人承担责任。

这项工作始于英国广播公司，创意来自克里斯·格兰隆德。格兰隆德既是我的同事，也是我的朋友，我们共同完成了一部时长 22 小时的电视纪录片。和从前一样，如果没有书香馥郁的伦敦图书馆，我很难全力以赴地工作。尽管没有专业人员参与本书创作，但英国广播公司团队中的许多人都提供了有益的想法、意见和建议，我在下面会提到他们的名字。凯瑟琳·泰勒是这个团队的领导，她要兼顾纪录片和戏剧拍摄，后者的拍摄地选在南非。罗宾·达什伍德、盖伊·史密斯、伦尼·巴特利特、尼尔·罗里斯和马克·雷迪斯是导演兼制片人，他们负责拍摄现场的工作。在异常颠簸的货车上、在机场、在令人狐疑的小旅馆、在尘土飞扬的外景地，我们共度了很长的一段时光。马克·雷迪斯在骑自行车时曾遭遇了可怕的事故，但已日见好转。尼尔·哈维负责摄像，我们一起度过了几个月的美好时光。他总会提醒我的站位，往左一点，或向后一点。他是业内最好的摄影导演。西蒙·帕尔门特是音效方面的天才。在整个团队中，克里斯·奥唐纳尤其充满热情，而且人又十分聪明。最后，我还要感谢艾莉森·米尔斯、朱莉·威尔金森、凯瑟琳·伍顿和米凯拉·冈卡维斯，他们一起奋斗了很多年，共同完成了英国广播公司史上最大规模的纪录片拍摄。

最后，本书的完成也有赖历史学家和考古学家的热情帮助。此外，还有很多国家和地区的人员也提供了帮助，他们分别来自俄国、乌克兰、德国、法国、荷兰、瑞士、西班牙、意大利、希腊、土耳其、以色列、埃及、印度、中国、蒙古、澳大利亚、日本、马里、南非、秘鲁、巴西、美国，以及英国的什罗普郡。

导　言

人创造的，人才能理解。

——以赛亚·伯林论维柯

历史是乏味的，一再被战争打断。

——德里克·沃尔科特，《赐福》

撰写世界史有点自不量力。因为信息量太大，任何个人都难以消化。作者需要阅读海量文献，并可能犯下无数错误。写作和阅读世界史的唯一理由是，人若缺乏对世界史的了解会更加荒谬绝伦。回顾过去可以帮助我们更好地审视自身。如果能更好地理解统治者何以会脱离现实，革命催生出的独裁者何以会多过它们带来的福祉，世界上的一些地区何以会比其他地区更富裕，我们就能更好地理解我们身处的时代。这个课题规模庞大，充满风险：一方面可能陷入乏味的抽象观念；另一方面则可能让生动的故事众声喧哗，混淆视听。我挑选了一些自认为有代表性的主题和时刻，并尝试将它们与更宏大的叙事串联起来。不过，我可以选择完全不同的主题和时刻来写这本书，在那之后，无疑还可以再写一本完全不同的世界史。

本书的主旋律简单明了。我们有能力理解和塑造周围世界。凭借这项能力，我们人类的技艺与思维都在加速发展。尽管存在局限，这种发展趋势仍使人类在数量和力量上加速累积。如今，我们已破解许多难题，如地球生命的起源、人类社会的结构及地球在宇宙中的位置等。我们甚至开始探索人类的自我意识。正如一位哲学家所说，在“逐渐觉醒的世界”中，人类的自我意识就好似一颗闪亮的星星。今天，人口数量太过庞大，地球也许根本无法长久承受（当然，这取决于我们选择何种生活方式）。但是，科技能力至少能带来一线生机，就像我们曾经克服挑战、渡过难关一样。另一方面，我们在政治上的表现就逊色得多，根本无法与科技上的卓越成就相提并论。

想象一下，你可以复活耶稣时代的农妇或阿兹特克族的勇士并与之交谈。如果你把自己的手机拿给他们看，并尝试向他们解释手机的工作原理（假设你知道），他们根本无法理解你在说什么。你首先要向他们描述一个由闻所未闻的概念组成的世界——这就是一部历史书的容量。但如果你给他们讲斯大林的故事，揭露政治家的腐败，或谈论当今阿拉伯世界人民与独裁者的斗争，他们会很快了解个大概。我们取得了一些进步。在世界大部分地区，暴力事件都比先前的社会少了很多。尽管有联合国存在，贫穷仍似脓疮般腐蚀着人类肌体，战火仍在熊熊燃烧，令世界不得片刻安宁。但与帝国争霸的时代相比，当今世界还是祥和了许多。然而，一旦牵涉欲望、怒火和权势，我们所谓的进步就不值一提了，完全无法与科技发展相提并论。唯有更深入了解历史——狩猎—采集社会的历史、漫长的农业社会的历史及世界贸易与工业发展突飞猛进的历史（将我们带入现代社会），我们才能更好地理解现实。最后，我希望本书随后的内容不仅能促使读者思考那些早已逝去的帝国和遥远的异邦世界，也能促使读者思考此时此地的问题。

与此同时，历史又变化不止。对历史爱好者而言，这是个黄金时代。每年，出版社都会出版大量主题新鲜、细节丰富的历史书，涵盖领域从货币史到欧洲已被遗忘地区的历史，从罗马帝国与中华帝国的比较研究到对斯大林与“二战”进程的重新解读，不一而足。没人会期望读完所有书，但本书已经从各个领域的出版著作中获得大量养分。我已经压缩了尾注，只留下基本的参考信息。不然，冗长的“补充书目”对读者来说将是沉重的负担。我统计了一下，小册子和期刊除外，本书正文大约参考了 2000 册图书。

我还有幸参与了英国广播公司制作的有关世界史的 8 集纪录片。借此机会，我走访了大约 60 处历史遗址。从秘鲁沙漠到乌克兰，都留下了我的足迹。踏访历史发生地——如托尔斯泰的庄园和埃及修建帝王谷的工匠所居住的村庄——确实有助于理解历史事件。而且，纪录片的拍摄也改变了我的写作方向。电视叙事具有放大效果：它会强调某人做的某件事或说的某句话造成了某种后果。电视节目最忌讳抽象表述，它需要具体的人物、日期和事件。结果，尽管吸收了新兴的环境史、经济史和社会史的研究成果，但本书的主体内容仍遵循如今已不再时髦的写作方法，即以“伟大人物”为切入点的写作方法。

历史不是抽象的，任何变化都是实实在在的。其中一些因素与人无关，如气候变化、火山喷发、疾病传播、潮汐运动、气流转变，以及动植物分布等。这些因素都能影响人类。但是，大部分历史都是由人的选择和人的力量塑造的。也就是说，历史是由社会中的人创造的。其中，有些人的影响力超越群伦，成为“伟人”。由于我们生于其中的民主文化有些病态，人们都在大声叫嚷平等，避谈财富与权力上的鸿沟，因而对谈论伟人的作用有些神经过敏。农业家庭生产的细微变化或近代早期商业网络中妇女的作用会比皇帝或发明家的所作所为更“真实”吗？

简言之，答案是否定的。历史学关注变化，它将注意力集中在伟大的变革者身上。当然，在尊严和潜能上，所有人都平等；在法律面前，所有人也平等。不过，大部分人的生命都在平淡中流逝。倘若说每个人的经历或成就没有不同，拥有相等的价值，那就滑稽可笑了。一个依靠耕牛的勃艮第农民，他辛勤劳作，养家糊口，为人清清白白。在他 42 岁去世后，村民们都为他掬一捧泪。尽管如此，他的历史重要性肯定比不上一些历史人物，如西班牙国王查理五世或佛陀悉达多。阅读欧洲水手的故事非常有趣。他们在欧洲近海发现了新渔场，在捕捞鳕鱼时会航行到越来越远的陌生海域。而且，在此过程中，他们还会改造船只，虽然只是小小的改进，但很有用。克里斯托弗·哥伦布正是依靠他们积累的知识跨越了大西洋。不过，就个人而言，哥伦布的故事要重要得多。

考虑到行为与思想的局限性，所有“伟人”都植根于身处的社会和时代。除了宗教领袖，没有历史人物会毫不犹豫地说，没有他或她，某件事就绝对不会发生。倘若詹姆斯·瓦特早生了 100 年，或生活在西伯利亚，他就不会发明蒸汽机。正是站在其他发明家、机械师、教育家和商人的肩膀上，他才能做出自己的贡献。他在正确的时间出现在了正确的地点。倘若瓦特没有发明分离式冷凝器，其他人早晚也会发明。不过，他确实发明了新型蒸汽机，至于他如何发明及为何发明蒸汽机才是问题的关键。蒙古草原的游牧民族早已意识到马匹是一种重要武器。在饥饿的驱使下，他们会经常袭击周边的定居社会。但是，假如成吉思汗没有统一争斗不休的各个部落，没有建立残酷无情但鼓舞人心的领导权，亚洲许多地区的历史恐怕都要重写。

因此，本书内容必然是精英的历史。因为，唯有出身特权阶层的人才有能力、金钱，或闲暇去改变社会。有时这指的就是“国王和王后们”。在莫卧儿王朝的统治家族中，只有一人能成为印度皇帝，就像奥朗则布那样。事实上，也正是奥朗则布深刻影响了印度，而不是他的某位兄弟。因为他是个宗教狂热分子，使莫卧儿王朝走向衰落，并在无意间向英国人打开了国门。克利奥帕特拉出身于统治埃及的希腊家族（其血统并不纯正）。在尤利乌斯·恺撒和马克·安东尼时代，是她主宰了埃及，进而影响了古典世界，而不是她的兄弟。

后来，高度文明的社会相互融合孕育了更多的人物，变革者的出身阶层背景日益扩大。但是，唯有具备智慧、勇气或运气的“伟人”才能取得旁人无法企及的突破。“原子弹之父”罗伯特·奥本海默比同时代的杰出物理学家更有影响力，因为他们无缘进入洛斯阿拉莫斯实验室。没有希特勒，德国的历史就会是另外一番景象。与那些在啤酒馆发表演说的极端民族主义者相比，希特勒的故事要重要很多。因为前者所属的党派逐渐衰落，并最终消失在历史中。所以，我想清楚地表达自己的观点：以“伟人”为中心讲述历史并不是说他们脱离了身处的时间和空间，毋宁说他们身处的时间和空间才是成就或扼杀他们的社会时刻。而且，使用“伟人”一词并不意味着他们在道德上无可指摘，他们之中的一些人无比混账。

随着故事的推展，我希望读者会喜欢这些暴露在阳光下的细碎情节，所有事实都是我从真正的历史学家那里“抢”来的。在一本新近出版的有关意大利的著作中，作者告诉我们：在 1861 年意大利统一之初，只有大约 2.5% 的意大利人会说所谓的意大利语。[1] 另一本书告诉我们，为考取功名，15、16 世纪的中国官员要记住 431286 个汉字。[2] 第一个例子说明，意大利正努力成为一个现代国家。第二个例子则提醒我们，中国为何要花费很长时间才能培养出数量庞大的知书达理的中间阶层。假如中国像意大利那样运用二十多个表音字母，中国的历史将会截然不同。

我们可以通过数字来描述人类的历史形态。地球人口不断增加：上一次人类几近灭绝的时候，人口总数只有几千人；但到了今天，世界人口规模已达 70 亿，不久将会跃升至 90 亿。如果我们用图表来表示，将时间轴当作横坐标，那么人口增长就是一个加速跃升的过程。

在开始阶段，当人口总数几乎不变的时候，图表上只是一条长而平缓的线。此后，狩猎—采集部落开始慢慢从非洲向外迁移，这一过程大约持续了 7 万年。人类发明农业生产大约经历了 1 万年。在这一阶段，部落社会和小型城镇逐步发展，人口曲线才开始缓慢上升。

随后，文明出现了。大约 5500 年前，人类在农耕之后又创造了文字。在接下来的人类历史中，贸易和工业革命先后成为主角。在我们身处的时代，人口数量直线上升，这主要归功于清洁水源和医药。人口为何会激增？为何缓慢增长之后会出现人口爆炸？这源于现代智人［Homo sapiens sapiens，这是个多么自吹自擂的词，竟然用了两个“智慧”（sapiens）］改造自然世界的能力。其他物种也在努力适应环境，并不断改进自身的特性和习性，以获得自然界中的一席之地。仅仅为了生存，它们会改变环境。凡是见过白蚁巢穴或观察过河狸在河流上筑坝的人都会认可这一点。所有生命都在改变世界，世界在不断变化。

然而，人类拥有更高级的大脑和交流技巧，他们利用这些能力在截然不同的水准上塑造世界。我们捕捉或驱赶其他哺乳动物，直至赶尽杀绝。我们还圈养并驯服一些动物，使它们完全变换了模样。看看现代奶牛的祖先或苏格兰高地猎犬的祖先，我们就能明白这一点。我们也改变了植物的模样。以玉米为例，起初它们只有指骨大小，后来则发展成营养丰富、籽粒饱满的圆柱形。如今，通过渔场养殖，我们甚至改变了鱼类的大小、形状和肉质。它们给我们带来了充足的能量，这是其他猎食者难以想象的。利用这些技艺，人群由家庭演变成部落，由部落演变成村庄和城市，直至形成国家。利用这些技艺，我们还改变了最初的生活环境。我们通过使河流改道获取能源，还通过开采煤炭、石油和天然气，利用在人类出现之前的古代植物储备（活着的和灭绝的）获取能源。在现代，我们通过积累的知识发展医药科技，目的是大幅延长生命。

再次强调，上述种种情况均是人力所为，是无数人类行为累积的结果。人们都在为眼前利益奔忙，就像一个个微小的生物筑成了巨大的珊瑚礁。当然，这些小生物都没有自我意识。否则，它们也会连续记录评论自己的所作所为。一项人类史的研究得出了直白的结论："驱动历史发展的是人类的野心。为达成愿望，人们会改变生存境遇。"[3]一种更易咀嚼的根茎、一只更肥美的山羊、隐藏在森林中躲避入侵者、一首欢快动听的乐曲、一段更有趣的故事、一种新调味品、生育更多子女颐养天年、一种避税的方法、一块手表、一台轧布机、一辆自行车和一张飞向太阳的机票都是诱惑和鞭策。正是这些诱惑和鞭策促使我们不断前进，直到下一位领袖为我们带来新飞跃。

在本书涵盖的时间范围内，没有证据表明人类的生物特性或本能发生了改变。但在进化过程中，人类确实发生了细微的变化。例如，随着饮食的改变，我们上下齿的咬合方式也发生了变化。当然，由过多咀嚼谷物导致的"覆咬合特征"要到很晚时才出现。为摄入牛奶，部分人类群体开始饲养奶牛，他们由此形成了与之相适应的消化系统。相较而言，亚洲人则没有喝牛奶的习惯，所以他们的消化系统也稍有不同。走出非洲后，人类沿不同方向行进。最终，他们都在肥沃的土地上定居下来，彼此分隔开来。因此，人类形成了不同的外貌：皮肤的颜色、眼睛的形状和颅骨都有细微的差别。当远隔千山万水的种族再次相遇时，相互猜疑是必然的。但是，人类在体型、力量、想象力、理性、交流能力、使用手的方式、处事方法和辛勤劳作等方面并没有太大差异。我们的知识越来越多，但我们并没有变得更聪明。

如果没有变得更聪明，人类数量何以成倍增长？我们在提高物质生活水平方面何以如此成功？答案很简单，我们是一种善于合作和学习的物种，不断积累前人的劳动成果和成功经验，并在此基础上永续发展。我们不仅站在巨人的肩膀上，还站在我们祖父母及曾曾曾祖父母的肩膀上。例如：近期有一个聪明的研究者试图制造一台简易的烤面包机，这台面包机要依靠电力驱动，可以将面包片自动弹出。如果他希望从头做起，是完全不可能的。因为他需要首先了解石油勘探和塑料等工业材料的历史。随后，他还要学习专门的工业生产知识。

如果这套机制顺其自然发展（不被战争、自然灾害或饥荒打断），必然会导致人口加速增长。美索不达米亚地区发明文字之后（中国、美洲和印度也都独立发明了文字），一旦在地中海地区传播，那里的人们就会迅速运用和改进，并不需要由法国人、土耳其人或丹麦人重新发明文字。在1.2万年至5000年前，世界不同地区曾七次发明了农耕技术。但是，正如刚才所说，蒸汽机并不需要发明七次才能传播到世界各地。[4]

而它引发的另一个后果则会使人感到畏惧。无数人各自独立研习农作物的形态、管护方法和灌溉手段，农业生产由此产生。这种变化内嵌于人类的家庭经验，因此具有谨小慎微的特点，尽管它会带来重大且意料不到的后果。工业革命迥然不同，蒸汽动力的获得需要煤矿工人、冶金学家、律师和资本家的通力合作，但搭乘火车的旅行者或身穿由蒸汽动力机器缝制的衣服的人则根本不需要领会这项技术。总体而言，专业化意味着生产进步不再依赖个人，大部分人只要信任他人即可。人类文明日益复杂化，但我们对其原理的了解却越来越少。因此，大部分人影响社会进程的能力似乎正在消失。今天，数十亿人依靠数字技术和现代医学生活，但没几个人真正明白其中的原理。作为个体，我们几乎不能控制任何事物。这就是为何政治依然重要的原因，但就是这唯一的杠杆也并不可靠。

当更多的人使用更多的能源去构建更大的社会时，人类历史就成为一个充满颠簸和挫折的故事。纵观早期历史，自然灾害会导致重大挫折：剧烈的火山喷发足以毁灭庄稼、气候和生态系统；气候系统的剧烈变化可以摧毁整个人类文明；危害较小的自然灾害如洪水、地震及河流改道也会造成大灾难。在早期大部分宗教信仰中，恐惧和疑惑的人们都在祈求神祇多降雨水或停止大地的轰鸣。一旦人类拥有了应对之策——如建造堤坝、灌溉系统或迁往他乡，历史就变得更加有趣。

后来，自然灾害仍会阻断人类的发展进程，但这时的罪魁祸首已是人类自己。在定居之后，人类迅速成为懒惰和无知的牺牲品。他们将容易捕获的动物斩杀殆尽，毁坏森林以种植庄稼，结果造成水土流失。复活节岛上的居民就犯了这样的错误。古希腊人和日本人也犯了同样的错误，但他们都找到了弥补过失的方法。随着人们贸易范围的扩大，他们就将某些疾病传给了那些体质较弱的人。疾病传播影响了晚期罗马帝国和中国的发展进程。在欧洲人抵达美洲时，两大种族已经隔绝了 1.3 万年，欧洲传染病造成的后果就更加可怕。

我们再看看篇首引用的加勒比诗人德里克·沃尔科特的悲观反思，他认为历史是乏味的，一再被战争打断。历史上爆发了无数战争。新研究表明，早期的狩猎—采集社会极其好战：王国和帝国仅仅意味着参战人数更多，武器更先进，战争规模更大。

战争的影响不可一概而论。毫无疑问，战争是恐怖的。但战争也催生了新发明，促使人类更深入地思考社会问题。战争摧毁了一些国家，但也孕育出新的国家。浴火重生者更加强大。由于容易捕捉的鱼或鹿逐渐绝迹，人类被迫发展出新的捕鱼方式和狩猎方式，而洪水则迫使人类设计出新的防洪堤坝和灌溉系统。由于抗险的需要，各个村落逐渐联合在一起，人类就此踏上了缔造国家的道路。瘟疫除了导致人口锐减，也能使幸存者自由冒险，踏上不同的人生，15 世纪的欧洲就是如此。战争不仅仅传播恐惧、制造毁灭，也能促进技术、语言和观念的发展。

在如此之多的大胆论断中，我们需要谨记：绝大多数历史故事都已湮没无闻，唯有少量历史碎片残留至今。历史进程中大部分闪光时刻都已经被人们遗忘。何人首先意识到那些杂乱的线条可以作为表音文字的组成部分，而不只是其他事物的微小摹画？何人首先意识到不大声朗读也能阅读文字？何人发酵了谷物获得芳琼，并一饮而尽？这些问题都已无从获知。从中国南方到阿拉伯半岛，潮湿的土壤和移动的沙漠掩埋了盛极一时的文明，我们永远无法明了它们衰败的缘由。

我们无法获知的事情太多了。我们不知道希腊青铜时代的壮丽宫殿为何会遭遗弃，他们如何遗忘了自己创造的文字。就大部分历史而言，遗存下来的东西都是偶然所得，都是那些不会腐烂或能经受时间淘洗的东西。在大多数地区，木质建筑、夯土建筑、彩色织物、语言、绘画、诗歌、音乐和故事都永远消失了。主要由木头和羊毛、歌曲和故事塑造的文明已很难复原。

正文部分的结构极不平衡。史前一望无际的大草原和人类社会演化的漫长稳定期都只在一两页中简单述及。但在小片地区于数十年间发生的社会大变动则会被给予浓墨重彩的书写，如大约公元前400年至公元前300年的希腊和1500年前后的欧洲。变化有时循序渐进，有时则会一蹴而就。革命爆发的根源可以被回溯至几百年或几十年前，但革命爆发的时刻才是故事的高潮部分。

不过，在开始讲述世界史之前，我们要先停下来，向99%的人致以敬意。这些平凡年代的无名英雄为生计埋头苦干，从不停歇。他们是驱赶耕牛的庄稼汉；他们是辛勤劳作、养家糊口的农夫，没完没了地缴税，直至被蒙古骑兵杀死或被拿破仑征召入伍；她们还是在千百万村庄中生育儿女的妇女。本书的内容是伟大的变革者及其时代，但是倘若没有他们身边的余下众人，这场人类剧目将无法上演。

苏联时期的伟大小说家瓦西里·格罗斯曼（我们在以后会具体介绍）在其名著《生活与命运》中曾这样写道：

> 人永远也不会明白，他们亲手创造的城市并非自然界的必要组成部分。如果他想自己的文化免遭狼群和暴风雪的侵袭，如果他想让自己的城市不被野草吞没，他就必须时刻准备着扫帚、铲子和步枪。一旦入睡，或花费一两年的时间考虑其他事情，他就会失去一切。狼群走出森林，蓟草四处蔓延，所有东西都将被尘埃和积雪掩盖。想想看，有多少伟大的都城被尘土、积雪和野草摧垮。

在写作过程中，这段出自非专业历史学家之手的箴言时刻在我的脑海中回荡。

第一部

走出热带，走向冰原

从 7 万年前到早期地中海文明

我们从何说起？物理学和生物学都将研究推向了远古时代，人类大脑一时还难以适应这种做法。137 亿年前，宇宙发生了“大爆炸”（可能只是若干次中的一次），带来的后果就是产生了元素、星系和星球。这是相当久远的事情。直到今天，人们仍能从夜空中看到这次宇宙大爆炸遗留的部分痕迹。但当今世界最聪明的人也无法破解其中的奥秘，如暗能量和暗物质。

我们可以就近从地球的早期史谈起。地球诞生于大约 45 亿年前，当时只是由铁和岩石构成的球体，在宇宙中飞速转动。地球表面形成了一层脆弱的薄膜，这是生命的摇篮。我们还可以从碳捕捉谈起。地球大气层的五分之一是氧气。没有氧气，地球将会是另一个地表褶皱的炎热球体，无法诞育生命。这是现代人类的“创世纪”，只不过没有长着羽毛的长蛇，没有巨大的神龟，也没有至善的造物主用六天创造天地万物。但是，这也是一个恢宏、神秘的故事，令人叹为观止。

我们会快速掠过地球诞生的头 5 亿年，当时这片原生岩表面被水体覆盖（今天，大约 70% 的地球表面仍被水体覆盖）。我们会具体探讨生命在这颗寂静星球上的演化。[1] 我们还会复述查尔斯·达尔文的观点，讲述第一批小型哺乳动物（我们的祖先）是如何利用大型爬行动物或恐龙灭绝的契机繁衍壮大的。而且，按照惯例，我们还会梳理出一幅有关猿类和古人类的复杂而精致的演化图谱，人类正是从其中演化而来。

上述任何一个起点都富含信息，很有用处。正如今日所言，一系列扣人心弦的天文事件、化学反应和生物演化只是地球史的一个“前言”，而人类史则是这个前言的最后一页。我们没有将造物主利用泥土或鲜血创造男人和女人作为历史的开端，也没有从伊甸园开始讲述我们的故事。然而，下面的内容是有关遍布全球的群居人类的历史：我们会从一个女人或一种起源说起，姑且可以把她诗意地称为“非洲夏娃”。

母　亲

她还有另外一个名字。但7万年以来，没人知道她的名字。她确实会有名字，因为她生活在具备语言能力和高度社会化的人群中。由于显而易见的理由，她确实配得上“母亲”这个名字。她大概很年轻，坚韧、结实，皮肤黝黑，跟随所在群体不断迁徙。她生过许多孩子。她的族人都是狩猎者和经验丰富的采集者，他们采集浆果、贝类动物、根茎植物和草本植物。他们身穿兽皮、携带工具，婴儿会随他们一起迁徙。不过，在行进队伍中，孩子很少见。那些不能很快学会行走的人、那些无法保持安静的人及那些落单的人都会遭遇不测——被尾随的猎食者捕获。

然而，这群迁徙者也令人生畏。他们拥有石矛和锋利的石器，这些武器是在长达10万年的狩猎生活和部落斗争中发展出来的。他们的平均年龄很小，这种状况一直延续到近代之前的所有人类社会。不过，有些人或许能活到五六十岁。今天，人们推测妇女的更年期可能就是为了适应环境而进化出来的。在成为祖母后，当更年轻的妇女怀孕时，她们就能担负起照顾母婴的责任：拥有祖母的部落可以将更多孩子抚育成人。因此，没有年长妇女的部落就会付出代价。

在狩猎中挂彩留下伤疤的男人会成为有发言权的谋士，他们了解动物的习性，是围猎的高手。部族中最年长的人（“族长”）大约六十多岁。狩猎者在三四十岁的时候捕猎能力最强。他们成年累月地迁徙，从北部今天肯尼亚和索马里这片地区慢慢向一条可以横渡的河流前进。水流比以往都要浅，露出了一块块陆地。横渡河流很冒险，但值得一试，因为周围的猎物和果蔬已越来越难找到。河对岸的生活也许会好过一些。

这群人没有意识到，他们即将离开人类诞生的大陆。他们也没有意识到，自己的后代将会跋涉多远。他们沿海岸线前进，一年只走上一两英里。他们挖掘贝类动物，在退潮后的滩涂中寻找螃蟹，以搁浅的鲸鱼为食，用石矛猎杀山羊。整个生命就是一次旅程。通常，他们会找寻新的路线。无论身前身后，一旦他们离开居住地，那些猎物就会返回，但滞留一地相当危险。倘若定居一地，你就会饿死。因此，尽管水流是挑战，但他们在横渡时还会彼此照应。因为这群人拥有语言能力，可以交流自己的计划——这是新的开始。

某些迹象显示，他们可能已穿上衣服。对体虱 DNA 的研究表明：10 万年前，它们就已经寄生在人类的衣物上。因此，有人认为，在数百万年前，人类就已褪掉身上的大部分毛发。这群人类的规模已远超单个家族的规模。他们很善于分工合作，而这与“母亲”的分娩之痛直接相关。像所有妇女一样，“母亲”深知分娩的痛苦。在很久以前，人类婴儿的脑袋就大得出奇，母亲在分娩过程中要承受极大的痛苦。在姐妹们的簇拥下，“母亲”很可能是站着分娩的。小婴儿很柔弱，无法行走，极易受到攻击。因此，人类婴儿的哺育期要远远长过其他动物的幼崽。

在漫漫长夜，人类会围在一起讲故事，但他们到底会讲些什么依旧是个谜。现代人类的婴儿很脆弱，而这却是一股持久的力量，迫使家族和部落进行分工合作。总体而言，今天的狩猎—采集型社会有明确的分工：男性负责狩猎动物，女性负责采集植物，而这一切早在“母亲”生活的时代就已经定型。在几万年之后，人类才意识到，导致步履蹒跚和分娩痛苦的大脑袋竟然是演化胜利的结果，因为这使动物具有了讲故事的能力。

出于相似的理由，研究人类演化史的学者怀疑：人类的好战倾向、排外意识和敌对特性已在非洲演化成型。部落的规模超越了家族，并且具有家族无法比拟的优势。如果部落成员能齐心协力，即使他们的行动一时令个体非常危险或不适，也能保障部落的顺利发展。这说明部落的团结非常重要，如果没有归属感和相互依存，部落就会解体。另一方面，在一个不断迁移、到处寻找猎物的群体里，对其他部落的敌意很可能会强化部落内部的团结。很显然，这两种强化部落团结的方式一直在发挥作用。

在这颗星球的各个角落，早期的人类社会似乎都在竭力将自己与相邻的人类社会区分开来。他们佩戴不同的饰品，穿着不同的衣服。最重要的是，他们讲不同的语言。英国动物学家马克·佩奇尔指出，即便在文化高度同化的今天，人类使用的语言仍有 7000 种之多，彼此无法直接沟通。这是为什么？其他动物与此完全不同。佩奇尔认为，人类有许多优秀品质——善良、慷慨和友善，这使我们可以相互合作，联合成更大的群体，“彼此和睦相处”。但人类也有黑暗面：“我们建立了相互竞争的社会，而这极易导致冲突。”以狩猎—采集部落为例，成员相互争夺土地，冲突司空见惯，而部落战争则成为生活的一部分。

人类曾经是狩猎—采集者。我们从事狩猎—采集活动的历史要远远超过务农为生的历史，前者至少是后者的 10~15 倍。直到最近，我们才成为在城市定居的物种。如果说城市主宰了人类生活一二百年，那么狩猎—采集活动就影响了人类生活至少 10 万年。因此，人类的行为方式与狩猎—采集社会密切相关。其中最重要的影响是，人既具有社会性，又相互猜忌。这些特性都可以回溯至“母亲”生活的时代。

她几乎是我们所有人的母亲。（还有一个生活年代更早、形象更模糊的女人——“线粒体夏娃”。她是所有人的母亲，包括非洲人。她生活在大约 20 万年前，其故事鲜为人知。）我们可以从字面意思理解人类特质中的“母性”，这并不是隐喻。人们对此还存有争论，而早期社会的方方面面也尚无定论。但在综合各种意见后，我们可以确定她就是人类的“超级祖母”。无论是生活在纽约的律师、在肿瘤医院就医的太平洋岛民、德国农民、日本办公室的保洁员，还是在伦敦读书的巴基斯坦裔大学生，其祖先都可能是夏娃。牛津大学的史蒂芬·奥本海默是研究脱氧核糖核酸（DNA）的专家，他告诉我们：“任何一个生活在澳大利亚、美洲、西伯利亚、冰岛、欧洲、中国或印度的人，其遗传基因的起源地都可以追溯到非洲。”[2] 也就是说，我们来自同一群体，踏上了同一旅程。

如今，上述观点似乎已成共识。但乍看之下，这个观点仍然不可思议。生了一个孩子的女人如何成为绝大多数人的祖先？我们可以通过“母系漂变理论”来回答这个问题。在每一代人中，总会有一些家族无法成功繁衍后代。由于疾病、狩猎时发生意外或近亲结婚等原因，一些母系血统会消失。经过漫长时间，母系血统几乎都会消失，而且是永远消失。这一过程就像一把舞动的大镰刀，将过往成千上万代人都一扫而光，只留下一片虚空。正像信奉达尔文主义的作家理查德·道金斯所说，我们都是幸存者的后代。

看起来矛盾的是，在镰刀没有收割到的地方还有一块更宽广的三角洲，人们得以在那里繁衍生息。这该如何解释？对那些活到生育年龄的人来说，如果其子女的幸存比率恰好高于 2 比 2 的自然淘汰率（以此类推，这一规律也适用于那些幸存子女的后代），根据数学法则推算，其后代的人数就会出现压倒性增长的现象。因此，今天的人类一定都是早期幸存者的后代（当然，人类也有父系祖先，只是我们无法通过追踪 DNA 的痕迹来追溯父系世代的历史）。虽然这似乎很难理解，而且给人感觉是遗传性的视觉幻象，但通过回想那个时代——人口增长极其缓慢，预期寿命也很短暂，“漂变理论”就可以帮助我们更好地理解人类的演化现象。夏娃是所有现存人类的母亲，因为老虎、毒蛇、山体滑坡和病菌夺走了其他母亲的生命。

冲破重重险阻，夏娃的部落得以幸存。当时，有几十万人生活在非洲，他们正与其他聪明的猿类进行竞争。人类突破了“吃与被吃”的循环，不再是其他物种的猎物。我们挣脱了自然界的束缚，开始塑造身处的世界。也就是说，人类不再是偶然的存在，人类开始创造机会。

然而，智人只是人科动物中的一支。其他人科动物也逐渐学会了改变环境，只是能力不及智人。关于人类起源，学术界存在极大争议。事实上，这场争论的复杂性和激烈程度超过了任何一场争论。答案很简单：人类在 DNA 研究和骨骼碎片的年代学研究等方面的进步不断挑战，甚至推翻以往的理论。人类起源是人类历史研究中最古老的课题，而且比二战史研究进展更加迅速。这个领域着实令人着迷，但历史爱好者还是不越雷池为好。

不过，学术界已有一个共识：气候变化在人类演化中发挥了举足轻重的作用，远超我们的想象。在太阳活动的影响下，地球时冷时暖。除此之外，陨石撞击、火山喷发或地球旋转角度的微小变化都会影响沙漠的盈缩和大陆桥的隐现，从而影响人类演化。例如，大陆桥的变化就会对人类迁徙产生影响。总体而言，气候变化越剧烈（有时候，剧烈的气候变化甚至导致某些动物灭绝），人类演化的速度就越快。

适应性强的生物才能浴火重生。在 200 万年前，寒潮和干旱袭击了非洲，生活在树上的类人生物开始直立行走，这是第一次尝试。气候变化形成了辽阔的草原，早期的类人动物被迫学习奔跑、狩猎和远眺。科学家相信，正是这些因素最终导致直立人的出现。直立人是早期人类非常重要的一支，他们的脑容量大约只有现代人类的三分之二。

在温暖的上新世之后，地球进入了更新世的冰河期，新挑战随之而来。在逆境中，人类大脑有了进一步发展。根据现代人的推测，类人动物在非洲大陆内部不断演化，整个演化过程非常复杂。在长途跋涉离开非洲后，直立人首先演化成为脑容量更大的海德堡人。50 万年前，海德堡人曾生活在今天的英格兰地区，捕捉猎物、制造石斧。他们的脑容量仅比我们小一点：现代人类的脑容量约为 1500 克，而海德堡人的脑容量约为 1200 克。这种“不相上下的脑容量”是在非洲演化形成的，时间是在 15 万至 10 万年前之间。在同等体型的动物中，人类的脑容量最大，大约是正常比例的 7 倍。[3]

我们只是极为简略地勾勒出人类发展的画卷。如果将史前人类编成目录，一定令你大吃一惊：他们在身高、头骨形状、股骨形状和体重方面都存在巨大差异。尽管科学家已经将他们逐一命名，通过分类归入进化谱系，但实际情况仍要复杂得多。伦敦自然历史博物馆的克里斯·斯特林格的提醒很有帮助，他说：“毕竟，物种只是人为创造的概念，它只是自然界真实情况的近似值。”[4] 同一时代的头骨具有相似性，但又不完全一样。早期人类的头骨只存在细微差异，所以我们不应被一堆错综复杂的科学名词吓倒。

我们最需要了解的是，现代人类不是唯一具有超级智慧的物种，也不是唯一征服了这颗星球的猿类。有人会产生错觉，认为早先的世界属于一群呆头呆脑的猿类，而现代人类仿佛借由魔法突然跳到了这个世界上。事实并非如此。早期的人类——包括尼安德特人和亚洲的丹尼索瓦人——也从剧烈的气候变化中幸存下来。像先辈们一样，他们也随身携带切割工具和武器，不断向陌生地域迁徙。尼安德特人和丹尼索瓦人都晚于海德堡人，他们可能已懂得打扮自己，并且具有某种语言能力。在边缘地带，他们甚至可能已经与新到来的智人杂交。但是，我们最感兴趣的是，与现代人类相比，他们欠缺什么?

因此，我们还要回到“母亲”及其不断迁徙的部落。事情果真如此吗?人们普遍认为，非洲大陆保留了人类基因的多样性，在其他大陆还没有发现这种情况。而且，所有人种都起源于非洲。不过，学术界还存在一项大争议：即是否所有非洲以外的现代人类都是在 7 万年前一次性离开非洲大陆、扩散到世界各地的?有一种不同的观点认为：那些在更早时期离开非洲、移居欧亚大陆的人种事实上存活下来了。他们是否也演化为智人并在某地繁衍生息呢?

在两个极端观念之间还存在大片灰色地带，但这两种观念直接导致了两种如何看待现代人类的截然不同的观点。一种观点认为，从本质上看，非洲人以外的所有人都是近亲，都是“母亲”的后代。另一种观点则认为，不同的人种发源于世界的不同地区，是缓慢演化而来的。后一种观点在非西方国家很盛行，它可以解释为什么人类的外貌和行为方式会存在巨大差异。我们的观点几乎无需赘言。这不是口舌之争，它与我们到底是亲人还是敌人这个问题息息相关。

科学界更倾向“走出非洲说”或“单地起源说”。因为科学家们通过追踪一种特殊形式的 DNA 标记（即线粒体 DNA）发现，现代人类的线粒体 DNA 都可以追溯到非洲。大约 20 万年前，现代人类（即智人）已在非洲出现。过去的观点认为，古猿越来越聪明，然后“命中注定”要走出非洲，开始在空旷的欧洲和中东地区繁衍生息。现在看来，这个观点似乎不正确。和其他动物一样，原始人类早就踏上了迁徙之路。最近在南非的考古发现表明，早在大约 200 万年前，直立人就已经学会用火烹饪食物，尽管这一发现仍存在极大争议。不过，这一发现有助于解释人类的脑容量为何会不断增大——烹饪可以极大提高食物的热量。也就是说，烹饪过的食物可以使人摄取更多热量，而大脑的运转非常消耗能量。

无论如何，在我们踏上迁徙之路前，其他人种就已经在世界许多地区定居了。那他们到底发生了什么变故？也许，他们成了气候变化的牺牲品。当气温再次下降时，寒冷和饥饿最终毁灭了他们。或者，他们是被现代人类消灭的，因为后者的组织性更好、适应力更强。欧洲人曾一度认为，现代人类经由埃及离开非洲，首先进入地中海世界和欧洲，但事实并非如此。我们首先向南进发，沿印度和东南亚的海岸前进，边走边捡食甲壳类动物，就像之前一样。最终，我们跨越海洋，到达澳大利亚。这一观点再次引发了科学家的争论。不过，澳大利亚的土著居民到达居住地的时间似乎要比法国或西班牙的土著居民早几千年。我们通过追踪 DNA 发现，欧洲克罗马农人的祖先曾居住在今天的印度，他们随后才转而向北迁徙。早在哥伦布或爱尔兰人抵达美洲之前，人类历史就已经是一部有关迁徙的故事了。

是什么因素导致智人离开非洲的？学术界再次出现许多针锋相对的理论。

大约 7.35 万年前，今天的苏门答腊地区发生了大规模的火山爆发。这是过去 200 万年中最严重的一次自然灾难。[5] 当时，火山灰遮天蔽日，地球气温急剧下降。一些科学家认为，现代人类差点没挺过这场大灾难。还有一些人认为，当时的人口数量迅速下降，全部人类只剩下生活在非洲南部的几千人。这场突如其来的震荡使数万年的人类演化遭遇瓶颈，但也催生出更坚毅、更有组织性的人性。待环境改善后，人类以更好的状态重新踏上征途——“母亲”所在的部落就井然有序。另一些人则认为上述说法夸大其词：环境虽然恶劣，但许多物种仍然得以幸存。

然而，人类一旦离开非洲，严寒和酷热的气候就塑造了他们此后的行动，最终导致他们的胜利。经由今天的中东地区通往欧洲的道路是逐渐形成的，经过了相当漫长的岁月。但 3.9 万年前人类刚一到达欧洲，位于意大利的火山就突然喷发。由此，欧洲开始不定期地出现“海因里希事件”。“海因里希事件”是指崩裂坍塌的冰山掉入大西洋后导致的极寒期。北方的冰盖逐渐消退，然后又卷土重来，并多次反复。鹿和野牛等动物的迁徙模式随之发生改变。舒适的避难所变成严寒之地，但这些寒冷的荒野随后又焕发生机。为了生存，人类不得不一再改变生活习惯和行为方式。这又一次说明：适应性强的人才能浴火重生。

走出非洲后，为数不多的智人似乎比其他人种更好地适应了气候变化。如果情况属实，达尔文的古典进化论就无法解释这种现象（没有足够的时间演化），而源于文化的加速发展——语言能力、学习能力、模仿能力和记忆能力的加速发展——才更有说服力。我们的手越来越灵巧。在更大规模的组织中，人们各施所长——最优秀的猎手追踪猎物、最耐心的人编织绳索、最灵巧的人削磨箭头。分工合作使我们成为更有杀伤力的优秀猎人。人类群体在寒冷、干燥的世界中顽强生存，不得不学习新事物，其中包括构造更复杂的语言的能力和了解猎物习性的能力（哪种动物行动更敏捷）。他们和敌对部落既相互斗争，又相互学习。

克里斯·斯特林格认为，上述能力使人类进入了加速发展期，代替了此前“长达 200 万年的沉闷期”。“与单纯依靠某位领袖的才能相比，模仿和来自其他部落的反馈使人们能更好地适应环境。因为领袖的思想永远无法超越他或她身处的山洞，突如其来的死亡很可能使他或她的思想消逝。”[6]其他智人群体也具备语言能力，还能预定计划，但他们做得不够出色。因此，当周边环境发生剧烈变化时，他们就被淘汰了。此外还有一种可能，就是他们被我们消灭了（有可能被我们吃了）。布莱恩·费根是研究早期人类史的专家。他认为，这种新型的合作关系不仅催生出语言能力，还导致了抽象思维能力的出现。而且，抽象思维第一次囊括了艺术，也许还有宗教。

具备上述能力后，我们首先进入亚洲，随后又到达欧洲。大约 4 万年前，我们抵达远东地区；大约 2 万年前，我们跨越“白令海峡”的大陆桥（早已消失）进入美洲；大约 1.2 万年前，我们来到南美洲的南部地区。太平洋中部的各个岛屿则是我们最后到达的地方。1000 年以前，人类才最终到达夏威夷和新西兰。他们的文化本质上属于石器文化，但他们发展出了令人惊叹的星象导航技术和造船技术。与 140 万年前的早期人类相比，智人的扩散速度更快；与我们的祖先（直立人）相比，智人的进化速度也更快。[7]在生物演化的时间轴上，现代人类的演化就像一场大爆炸。有证据表明，在我们所到之处，都会有其他大型哺乳动物灭绝。

坐在咖啡馆里或驾驶汽车的现代人通常会有自鸣得意的感觉。他们认为，自己在智力上肯定胜过那些在非洲苦苦挣扎了数百万年的狩猎—采集者。但事实并非如此。与现代都市人相比，那些狩猎—采集者更加能力非凡。据估算，与上一个冰期的人类相比，现代男性的大脑尺寸减少了10%，而现代女性的大脑尺寸则减少了14%。澳大利亚科学家提姆·弗兰纳里指出，与在野外生长的祖先相比，圈养动物也出现了类似的情况。他认为，造成这种现象的原因是相同的："总的来说，混合饲养的牲畜都大幅改变了行为方式，大脑获取的能量随之逐渐减少……如果你怀疑我们的文明会在多大程度上将我们变成自我驯服的无能动物，那么看看周围世界你就明白了。"[8]这话听起来可能有些刺耳，但却有助于纠正当代人的骄傲情绪。走出非洲的早期人类具有非凡的特质，令人生畏。

天才们的洞穴

我们对第一批欧洲定居者（克罗马农人）所知较多，而对第一批在亚洲和澳大利亚定居的人类知之甚少。造成这一现象的主要原因是考古学的发展趋向和欧洲人的自鸣得意。对早期史妄加揣测是危险的，但可以肯定地说，新的伟大发现将会出现在中国及东亚其他地区。偶然发现的人类骸骨为早期文化平添了少许诗意，欧洲人一直乐此不疲。这些骸骨属于"奥瑞纳人""马格德林人"或"格拉维特人"。尽管这些名称令人混淆不清，但总比学术界习惯的术语"欧洲早期现代人"要好得多。

那么，他们是谁？

那时，大多数人类都生活在小群体里。据估计，在很长一段时期内，地球上各个人群的规模几乎都没有超过300人。不同群体之间一定存在杂交现象，否则人类在遗传上必会付出惨痛代价。因此，在边缘地带，各群体之间一定会相互交流。我们知道他们已经具备了语言能力，但他们究竟使用何种语言？在凯尔特地区和中国文化中，居住在不同山谷中的定居者会说不同的方言。每隔几英里，语言就会有所不同。同样的情况也出现在巴布亚新几内亚、澳大利亚、欧洲人到达前的北美洲及亚马孙盆地。

世界各地产生了不同的语言。通过追溯发音相同的词汇，我们可以发现一些“原初语言”。但是，相隔更远的距离，语言的发声方式就存在巨大差异。例如，存在使用嘴部发音还是喉部发音的差异，以及如何使用嘴唇和舌头发音的差异。与澳大利亚土著居民一样，克罗马农人也拥有数不胜数的方言，但也存在足够多的发音相同的词语，这是为了便于不同部落之间的相互交流。

我们知道，后来的农耕社会经常会崇拜一些与其生存息息相关的神祇，如水神、雨神、太阳神和玉米神。因此，狩猎—采集社会也可能会敬拜那些人类赖以生存的自然物，如供他们猎杀和驱使的动物。今天的狩猎—采集者会对那些与其生活密切相关的鸟类和动物表达敬意，还会饶有兴致地观察它们的生活。我们还知道，非洲的狩猎者会模仿他们的猎物，以便捕捉它们的内心世界。那么，原始人在洞穴的石壁上画野牛是否也出于同样的目的？现代的狩猎—采集者创造了各种讲述人类起源的神话。我们皮肤更加黝黑的祖先可能早已这样做了。

迄今为止，人们在西班牙和法国已发现了大约 300 幅洞穴壁画。这意味着，原始人可能已经形成了一种基于动物和自然世界的信仰体系。借助双手、眼睛和记忆，他们观察、绘画和临摹。这构成了最初的人性特征。洞穴壁画很可能是“为艺术而艺术”的创作，并没有特殊的精神诉求。不过，非洲人和澳大利亚人的洞穴艺术——反复出现特定的意象——则暗示了某种宗教体系的出现。我们发现了年代很古远的骨笛，而昏暗洞穴的墙壁上画着壁画。

它们背后一定有很多故事。我们可以展开合理的想象：人们在音乐的伴奏下正举行秘密仪式，目的是驱赶鹿群和马匹不断迁徙，或是祭奠死于猎人之矛的某种大型动物。在欧洲人的想象中，幽暗、公牛和神秘总连在一起，密不可分。其他地方也会出现这类艺术，但都已经失传。最近，在中国北方的内蒙古地区，人们发现了 6000 多年前的洞穴壁画。我们在欧洲西南部发现的洞穴壁画仿佛响亮的号角，证明现代人类已到达那里。他们的艺术创作圆熟、生动，完全可与鲁本斯和梵高的作品媲美。

我们与眉骨高耸、眉毛粗重的尼安德特人是近亲，但彼此交往的历史却是一段黑暗往事。尼安德特人可以被界定为一个单独的人种，或是与我们有共同祖先的一个分支。但他们的体貌特征与我们不同：骨骼更粗重，头骨形状迥异，语言能力较弱。直到大约 13 万年前，他们才完成进化。在 3 万到 2.4 万年前之间，尼安德特人仍生活在欧洲，但他们在亚洲已销声匿迹。作为“不成功的”人种，漫画家们经常嘲笑他们一无是处。然而，粗略算来，他们大约生存了 10 万年，比智人离开非洲的时间要长得多。这大约是从耶稣时代到今天的历史的 50 倍。

尼安德特人发生了什么？可以确定的是，当时并未发生灾难性事件。现代人类与其近亲共存了大约 3 万年。散布各地的考古发现表明，尼安德特人可能通过模仿这些新来的超级猎人改进了自己的工具。生物学家对这两个人种是否有过杂交观点不一。最新的观点确认了杂交现象的存在，但这种现象并不多见，因为科学家只在一些零散的群体中找到了少量 DNA 证据。显然，“新人”占有优势。尼安德特人可能通过哼唱的方式进行交流，而不是严格意义上的语言。有科学家认为，由于生活在小群体里，他们并不需要传递复杂信息，能表达情感即可。[9] 据我们所知，尽管他们有埋葬死者的习俗，甚至可能还会化妆，但他们既不会制造艺术品，也不会制造弓、鱼叉、针或饰物。

当时的气候条件极其恶劣，但尼安德特人却安然无恙地存活下来。“旧石器时代”的冰盖盈缩不定，挑战着人类适应能力的极限。尼安德特人必须依靠捕杀动物、获取皮毛御寒，而现代人类却拥有一件秘密武器。这件秘密武器就是缝纫工具，其重要性要远胜于精致的切削器和远距离猎杀动物的矛或弓。我们已发现许多做工精美的针和用来钻针眼的锥子。克罗马农人已穿上合体的多层衣服，就像今天的因纽特人。与熊皮相比，缝制的衣服给人更多保护，使人更灵活。布莱恩 · 费根说：“有了针，女性就能将各种动物毛皮（如狼皮、驯鹿皮和北极狐皮）缝制在一起，充分利用每一种皮毛的特性。在不断变化的极端环境中，这些衣物可以有效降低冻伤和体温过低带来的风险。”

针、更精良的武器和通过语言制订的群体计划使克罗马农人立于不败之地。在竞争中，尼安德特人逐渐走向灭亡。情况或许更糟。在法国的莱斯罗伊斯，考古学家发现了令人不安的证据——一个尼安德特人的头骨上有被宰杀过的痕迹。这意味着，现代人类可能吃掉了竞争者。至少在一段时期内，尼安德特人可能曾经是食人族。我们和尼安德特人的交往绝非简单的社会观察，也很少相互杂交。当时的现代人类可能是这样想的："尼安德特人？呃……实在太好吃了，只眉来眼去就太可惜了。"

当然，关于那些住在丛林中的远古人类，我们拥有的只是些骨质和石质的小碎片。他们的生活中充满了生动、丰富的歌曲、故事和对宇宙的遐想，其具体内容现在已无从知晓，唯有时间长河在他们身上打下了烙印。一些人类学家相信，我们只适合在家庭和朋友圈子内交流，而不适合与脸谱网上的所谓朋友高谈阔论。这大致反映了史前狩猎部落的规模。随后，社会分工越来越重要。伴随狩猎和采集活动，剥皮、腌制、切削、缝纫和烹煮等活动应运而生。性别分工成为现实。有人认为，男女之间的微妙差异暗合了狩猎—采集者的生活状态。今天的男性更喜欢重口味的食物和饮品，如咖喱、腌菜和威士忌酒。在那时，男人们通常要到远方觅食，亲尝各种动物尸体和浆果，以确定是否可以食用。

我们大脑处理视觉信息的方式——冷静观察运动物体——确实是在早期狩猎（和逃跑）的过程中形成的。当冬季来临时，我们更愿意拉上窗帘，蜷缩在电视机前。这样的行为不正映衬了一段远古记忆吗？当时，我们就是依靠蜷缩在地下洞穴中获取安全感。我们对早期社会知之甚少。因此，在想象那段失落的漫长历史时，我们通常会谨小慎微。也许，想象越大胆，我们就越接近现实。

然而，我们能从史前狩猎—采集社会汲取什么经验呢？

首先，从很早开始，我们就成了气候变化的人质。地球的气候变化不定，人类文明恰好产生于温暖、潮湿的时期。在人类历史早期，全球变冷差一点使人类灭绝。而且，没有证据表明，地球气候的冷暖循环会终结。我们正在使地球再度急速升温，这很可能让我们自食其果。但历史提醒我们，我们很善于应对变化。正是凭借良好的适应力，我们依然生存在这个地球上。

其次，我们拥有非凡的创造力和破坏力。事实上，这两种能力密不可分。很多历史学家和考古学家戳穿了“高贵的野蛮人”的神话。从 18 世纪的启蒙运动到共产主义运动，再到我们这个时代，这个神话曾深刻影响了欧洲思想家，他们以此来反对国家领导人发动战争。在制造战争的国家出现之前，人类历史上就存在着凶杀，偶尔还有大屠杀。在石器时代，从欧洲到新几内亚的高地，从阿拉斯加和美洲大陆到亚洲大草原，莫不如此。[10] 正如我们将要看到的那样，这种现象也并不普遍。但是，欧洲被害人头骨上留下的斧凿痕迹足以说明，史前人类并不仅仅是艺术家。

在仔细观察了欧洲人到达之前生活在墨西哥的阿纳萨齐人打仗和屠杀的证据后，考古学家史蒂芬·勒布朗和凯瑟琳·雷吉斯特对史前战争进行了长期研究，他们最后得出结论，史前战争定期发生，并且非常残酷。他们是如此看待那些著名的洞穴的：

> 人们在拉斯科的洞穴壁画及法国、西班牙等国的其他洞穴壁画中甚至发现了更多有关战争的证据。这些已知最早的人类艺术品生动地表现了野牛、猛犸象和鹿，其中还包括长条状的人类形象，被长矛刺穿身体。不知出于什么原因，这些世界奇观中不太和谐的一面并没有出现在旅行手册中。由于先入为主地认为过去很和平，人们往往不会主动搜集有关战争的证据，或者采取视而不见的态度。[11]

正如我先前所说，这可能与我们强烈的部落团结感有关。它使我们美化“自我”、丑化“他人”，最终使我们率先占领了整个世界。我们消灭了其他哺乳动物，也许还消灭了其他人种。纵观人类历史，在创作艺术和表达爱意的间隙，我们一直在竭力消灭彼此。从一开始，我们就是动荡之源，至今还是如此。

农业的困惑

在导言中，我曾提醒读者，本书是一部以“伟人”为切入点的人类史，国王通常比农民更重要。但是，正是由于农民，这个论点才成立。农业产生后，世界人口迅速增长。狩猎—采集者停止迁徙，选择定居，以便照料庄稼和牲畜。他们先后发展出村落、城镇和文明。更粗壮的原生玉米、更饱满的亚洲草种和中国人移植的野生稻谷都是微不足道的小东西，但正是这些小东西成了阿兹特克人、苏美尔人、埃及人及许多早期王朝崛起的基石。我们也不例外。没有农业，就没有阶层分化，就没有供给国王和祭司的剩余粮食，就没有军队，就没有法国大革命，也就没有登月。

那困惑在哪里？困惑在于，人类起初竟然会选择农业，因为农业并没有使我们的日子变好。如果你此刻正在阅读本书，情况很可能是这样的，你是全球 70 亿人口总数中生活在富裕地区的 10 亿人口中的一员，而且是 10 亿人口中生活在城镇或城市中的一员。我们已很难理解农业的重要性，无法体会艰辛、希望和春种秋收。对像能阅读本书的大部分人来说，农事根本无须他们操心。在近代欧洲史上，唯有战争或政治失能才会导致饥荒。由于我们太富裕了，即使灾难片的制片人也不会把饥荒当作西方社会背景电影的故事主线。

曾经极其辛苦、乏味的农业再次令我们烦扰不断，而其成功竟为害不浅。农业推动了人口增长。农业诞生之后，地球人口用了将近 10 万年增至 10 亿。但今天，每过 12 年，地球人口就会增长 10 亿。世界应急粮食储备非常少。这意味着，人类只有不断提高单位面积的农业产量才能避免饥荒。这很困难。根据美国国家科学院的研究，在地球上的动物总数中，人类总数所占比例不足 0.5%，但却消耗了地球物产总量的 25%。是时候让人们了解农业本身是多么有意义、多么重要了。

我们还要向发明农业的人致敬。考古学证据清晰地显示：与从事狩猎—采集活动的先祖及其对手相比，早期农民的健康状况更差，寿命也更短。弯曲变形的脊椎、膝关节炎和蛀牙为我们讲述了故事的真相。在世界各文化中，这样的故事不断重复出现。1984 年，人类学家 J. 劳伦斯 · 安杰尔做了一项研究。这项研究表明：在 2.5 万年前的旧石器时代，狩猎—采集者的平均寿命约为 35.5 岁；但到大约 5000 年前，也就是农业革命达到高峰的时候，人类的平均寿命下降到大约 33 岁。从事农业生产后，男性的平均身高降低了 15.2 厘米，而女性的平均身高则降低了 12.7 厘米。在后世的笑话中，农民总抱怨天气，或愁眉苦脸，这都是有事实依据的。农民的生活非常艰难，愁苦之情溢于言表。对早期的农民来说，砍伐树木、灌溉农田、翻耕土地和收割庄稼都是基本的劳动过程。与此同时，他们还要担忧野兽偷食庄稼、猎手（他们武器更精良，也更凶悍）偷盗粮食。

那么，我们又产生了困惑：在鲑鱼腾跃、羚羊成群的世界里，在人口相对稀少、食物充沛的世界里，人类为何选择在土里刨食？在伊甸园的古代神话中、在黄金时代的古代传说中，人们都无忧无虑地生活在森林中。这提醒我们，农业——塑造自然，而不是掠夺自然——从来就不是一笔划算的买卖。后来统治阶层出现，他们经常以猎人的形象示人，这不是偶然的。即使在近代社会，狩猎仍是国王们喜好的运动。没有君主会以耕田或挖土豆的农夫模样出现在画像中。在世人眼中，农民的形象总是面朝黄土背朝天，要不就是守着羊圈惴惴不安；而猎人的世界似乎更高贵、更恢宏、更激动人心。

农业为何兴起？有一个很简单的答案，就是它能养活更多人。据估算，10 平方英里土地上的猎物和浆果仅能养活 1 个狩猎—采集者；而 1 平方英里土地上的农业产出足够养活 50 个人。人口越来越多，而狩猎的土地却越来越少。这意味着，农业成为唯一的化解之道。不过，这个答案会把我们的思路引向错误的方向。事实上，人口增长发生在农业兴起之后，而不是之前。在世界各地，那个时期狩猎者占有的土地比农耕者多得多。在印度的森林、欧亚大陆的草原、东亚岛屿的热带雨林和美洲的迁徙人群中，绝大多数人都没有从事农业生产，但他们的故事都已湮没无闻。然而，人类还是在世界多地发明了农业，这些地区相互隔绝、没有联系。

农业首先出现在“新月沃地”。这一弧形地带从今天的约旦和以色列向北延伸至土耳其的安纳托利亚，随后掉头往东，蜿蜒进入伊拉克，形状就像一把镰刀。随后，中国的北部地区也出现了农业。在美洲，墨西哥、安第斯地区和今天美国的东部地区都是在未受外来影响的情况下发明了农业。而非洲和新几内亚的农业也可能是自力更生的结果。在数千年时间里，世界各地出现了多个独立产生的“农业发源地”，这并不是巧合。农业技术一旦出现，就会逐渐向外传播。例如，在农业出现后的 400 年时间里，农耕技术就从“新月沃地”传到了欧洲，也传到了今天巴基斯坦的印度河流域和埃及。[12]

历史学家对农业产生的原因一直争论不休，但他们都有一个共识——气候变化非常重要。正如之前所说，在地球历史上，出现过多次“冰期”。但是在大约 1.5 万年前，也就是在上一个冰期最寒冷时段即将结束的时候，主要大陆赤道以北地区的气温逐步回升。如果植物的繁殖力无法提升，农业就不会产生。在更温暖、潮湿的气候下，动物数量有所恢复，狩猎者的日子也好过得多。但是，来自美洲和澳大利亚的很多证据表明，在人类到来后，许多大型哺乳动物都灭绝了。这说明，为了存活，我们的狩猎技术已相当精熟，甚至过犹不及。随后，猎物越来越难寻觅。尽管鹿群、马群和羚羊等动物还在迁徙，但数量越来越少，而迁徙路线也不断改变。随着时间的推移，在人类聚居点附近发现的动物骨骼变得越来越小，因为体型较大的成年动物已经被赶尽杀绝。

大约在 1.1 万年前，一些人类部落逐渐意识到，在定居点附近饲养动物可以确保肉类和皮毛的来源。最初，人们饲养的是原生的绵羊、山羊和猪。同时，人们还会收集一些可以食用的植物种子。但几百年后，人类开始将其栽植在土地中。每年，他们都会回到相同的地方，收获果实饱满的草本植物或营养丰富的豆类植物。当然，对人类而言，大多数动植物都没有利用价值：有的植物叶子难以消化，有的植物根茎有毒，有的植物果肉太少，有的飞禽和昆虫难以捕捉。因此，人们必须对动植物精挑细选，才能获得丰厚的回报。我们可以想象一下某人的发现，这个场景可以不断回放：在一段斜坡上，牧草和种粒饱满的谷物在改道的河湾旁随风摇曳。那个人不断过来收集种粒，最终将这些种粒种植、繁育后代。在远古社会，男人们通常会到很远的地方狩猎。因此，农业技术的突破很可能是女人的功劳。

以此观之，生活在近东的人尤为幸运。世界各地有 56 种可食用的野生草本植物，包括小麦、大麦、玉米和稻子这样的谷物。其中，至少有 32 种生长在“新月沃地”的丘陵和平原，即今天土耳其的南部地区、叙利亚、约旦、以色列和伊拉克。相比之下，非洲和美洲只有 4 种，而西欧只有燕麦这 1 种土生土长的植物。生活在“新月沃地”的人们可以接触到许多原生植物，如双粒小麦、大麦、鹰嘴豆、豌豆、扁豆和亚麻等。而且，那里还有很多适合圈养的动物。在后来的历史中，几乎每一个周边民族——埃及人、波斯人、阿拉伯人，乃至十字军——都侵入过这一地区。因此，“新月沃地”并不是一块福地。但在最初的时候，生活在那里的人们确实很幸运。

美洲人有羊驼，中国人有猪。但在“新月沃地”，可供人们驯服的大型动物有 13 种之多。他们不仅有猪和触手可及的野马，还有奶牛、山羊和绵羊，再加上 32 种可食用的植物。贾雷德·戴蒙德指出，相比之下，智利最肥沃的地区只有 2 种可食用的植物，“加利福尼亚和非洲南部都只有 1 种，而澳大利亚西南部连 1 种也没有。这一事实有助于我们解释人类的历史进程”。[13]

所以，早在1.3万年前，生活在“新月沃地”的纳图夫人就开始采集谷物。为了接近那些珍贵的谷物，他们定居下来，建立村落，而不再像狩猎—采集者那样四处迁徙。并不只有他们才对谷物感兴趣。有学者认为，大约在同一时期，生活在中国长江流域的一群狩猎者也在采集和食用野生稻谷。

就在此时，气候再次发生变化。尽管气温降幅没有上一个冰期剧烈，持续时间也不长，但降幅已足够巨大。我们将这个短暂的寒冷期称为“新仙女木期”。“仙女木”是一种植物，研究者可以通过观察它的盈缩来判断气候的冷暖变化。纳图夫人发现，他们喜爱的谷物逐渐在寒冷、干燥的平原上销声匿迹。在这个寒冷期，高海拔的地方聚集了大量水，很多动物在那里得以幸存。因此，丘陵地带仍有谷物生长，但纳图夫人要跋涉很远才能采集到它们。与此同时，猛犸象也灭绝了。[14] 有迹象表明，中国也发生了类似的事件。永远不要低估懒惰的力量：在压力之下，人类迈出了符合逻辑的一步。以前，人们被迫四处迁徙，修建新的村落，摸索野生谷物的生长过程。如今，人们开始收集剩余谷物，带回家栽植。这似乎是个无关紧要的改变，只是个节省劳动力的法子，使人避免了长途跋涉。但对人类而言，这至关重要。在“新月沃地”和中国（获得稻米和粟米的方法发生了同样的改变），农业产生了。

这或许可以解释为何首批村落出现在农民劳作的地区。山区和丘陵地带拥有最丰富的生物多样性，但人们宁愿住在有遮挡的山谷地区。他们发现，山谷是个好地方，人不会过多暴露在大风中，也离野生植物比较近，他们可以采集并试种这些植物——从玉米、豆子、南瓜、鳄梨、墨西哥番茄到阿特拉斯山脉的草本植物和豆类植物。毫无疑问，人们会经常采摘和挑选各种作物，只留下最有希望的——营养丰富、果皮坚实、易于改良——种类。最初，农耕、养殖和狩猎并存于世，这持续了很长的时间。人们会猎杀迁徙的羚羊，也会把捕获的鹿和鱼带回家。

然而，掌握农耕技术的人类已踏入陷阱。我们迈出了决定性的一步，其后果难以预料。但一旦走上这条路，我们就不能回头。在后世，我们还会遇到类似的情况。

所谓陷阱，就是定居的农业人口会迅速增长。以石器时代晚期的技术水平而言，每亩农业用地养活的人口是每亩狩猎用地养活人口的10倍。这不仅与食物有关。如我们了解的那样，狩猎群体经常拖家带口，四处迁徙。这限制了女性生育子女的数量。一旦定居下来，人口出生率就会上升。更大的家庭意味着养育更多的子女，种植作物和饲养家畜就愈发重要。一旦开垦，土地不能撂荒，而家畜也不能放任自流，任其恢复野性。农民变得更矮，更易生病，也更早去世，因为寄生虫和害虫会在定居地蔓延滋生。尽管有的人活得更久，但烦忧也更多。人类曾信步穿越荒野，探索各种神奇的地方，如今已不再这般自由。因为他们要养育更多孩子，包括子侄辈和孙辈。

人类无法停歇。过去，他们不断改造和驯化动植物；如今，动植物要改造和驯化他们了。

他们还要发展其他技艺，如磨碎、筛选和储藏谷物的方法。他们也要保护那些珍贵的家畜免遭野兽攻击，并且引导这些家畜在合适的地方觅食。人们剪羊毛，捻成线，织成布；还给动物放血，以丰富自己的饮食。一些农民则养成了奇怪的习惯——饮用羊奶。大多数欧洲人的后裔至今仍能顺利地消化乳糖。人类逐渐学会了加工毛皮，编织有助于犁地的绳索，制作盛放物品的篮子，打造烹煮谷物的陶器。这是一个新世界，家庭生产技艺应运而生。

农业革命是人类历史上最重要的一次革命。它不仅带来了巨大的政治变革——穷苦的农民和成功的农民分化为不同的阶层，而且引发了人类意识中一些难以觉察的变化。据推测，农民失去了与广阔地域接触的机会，而他们狩猎的祖先则见多识广。而且，农民也不再与“陌生人”接触，与世隔绝。村民们远离了野兽出没和猎人游荡的区域，更专注于自己的命运。农业产生的余粮可以供给领袖和祭司，使他们不事生产也能存活。

农业的兴起也意味着家庭或家乡的产生。正如考古发现表明的那样，定居生活使人们可以用谷物或皮毛换取“奢侈品”，如盐、切削石器、美丽的贝壳和香草等。所以，从很早开始，携带商品的商人们就已经在新踩出的道路上穿梭往来。事实证明，谈生意要比打一小把粮食复杂得多。

农业的兴起塑造了此后的全部历史。由于缺少家畜，中美洲的农业文明要比欧洲晚 3000 年，这就是他们的命运。因此，中美洲的居民也就无力抵御外部的入侵。两河流域的土地退化导致了苏美尔文明的衰落。在古典世界，由于人们过度使用耕地，北非地区日益沙漠化。农业的失败使这两个地区陷入政治真空——广袤的土地上人烟稀少，最终加速了伊斯兰教的扩张。

贫瘠的土地还驱使着维京人和蒙古人四处迁徙。但首先发生的是城镇的出现。

温情脉脉的无政府主义者

有朝一日，东京、伦敦、洛杉矶和莫斯科都会从地球上消失，被人遗忘。在未来，起伏不定的石堤、奇形怪状的绿植、被掩埋的墙壁、高速公路和金属物都会静置在地表，就像一道道伤疤。如果这样的场景难以想象，你不妨回想一下，人类的第一批城镇是否还能觅得踪影。其中一些城镇已深埋在今天的城镇之下。当约书亚的祭司吹响号角后，耶利哥的城墙应声坍塌。在此之前，耶利哥曾是世界上最古老的城镇之一。城中有清泉流出，人们用泥砖修筑民居，还有城墙和塔楼伫立在城镇四周。不过，有人认为，城墙和塔楼的作用是抵挡洪水，而非防御侵略者。

在耶利哥城以北，也就是今天土耳其境内的安纳托利亚高原上，有许多奇形怪状的土堆。这些土堆大致对称分布，略高于现今的农田——农田上种植了小麦、大麦和玉米。这些土堆很可能是新石器时代的城镇遗迹，每个城镇都居住过几千个居民。这个失落的世界曾经人声鼎沸，早期的农民及其家眷在此定居。在数百年的时间里，人们共同劳作，共同崇拜豹神。他们为购买远方的商品节衣缩食，一起玩笑嬉戏、谈婚论嫁、埋葬亲友。

上述猜测都很合理，因为研究者们已发掘了其中一座土丘，最初是由一位英国考古学家主持的。事实证明，这些土堆是一部启示录，是一座巨大的知识宝库。它能告诉我们，人类进入农耕社会后究竟发生了些什么。这处遗址就是哈塔尔赫尤克。今天，哈塔尔赫尤克只是一小块考古发掘区，遗址上面是由金属支架搭起的棚子，附近有考古队员的驻地，看上去就像电影导演为拍戏而搭建的摄影棚。哈塔尔赫尤克的知名度远不及罗马城或吴哥窟，但对人类史而言，它的重要性并不屈居人后。

在大约9500年至7700年前之间，这片建筑群都有人居住。这里没有城墙，也没有格外宏伟的建筑或单独设计的建筑。考古发掘表明，这里没有统治者、祭司和战士的居所，也没有临时的工棚——这是一个平等的蜂巢。在某些方面，这些居所颇具现代性。这里有一座灶台、一间起居室，旁边还有食物储藏室，其他房间似乎都是卧室。典型的家居都非常干净，人们会定期把墙壁和地面刷成白色。走入其中，陌生感顿失。居室面积和现代城市公寓或村舍大体相当，虽然朴实无华，但足够宽敞。

然而，熟识感只是表面现象，这里不是我们想象的那种城镇。哈塔尔赫尤克没有街道，也没有广场或公共建筑。通过开在屋顶的门，人们可以进出蜂巢般的家。在屋顶和地面之间有梯子相连，整个居所就像一座人造洞穴。我们必须承认，这群人已经完全社会化。各家屋顶相互连通，形成了开阔、安全和平坦的空间。在屋顶上，人们可以做手工活儿，也可以聚在一起谈天说地，甚至还可以搭建遮阳棚——土耳其这片地区在夏天非常炎热，人们常常坐在屋顶的阴凉处纳凉，晚上甚至会整宿睡在那里。

在翻修或重建房屋时，人们会拆掉旧房屋的一部分，然后在废墟上继续加盖。因此，他们的房屋就像人造珊瑚——一层摞着一层。在某些地方，房屋总共累积了 18 层。居室中有许多华丽的装饰，如公牛头、描绘豹子和狩猎场景的图画及一些石雕和泥塑。这些石雕和泥塑主要表现了女性和各种动物的形象。与耶利哥等早期城镇不同，在哈塔尔赫尤克，人们似乎都是在家中活动。斯坦福大学的考古学家伊安·霍德目前正主持遗址的发掘工作。他说："在现代城镇，我们可以辨别出不同的功能区和建筑群，如工业区和住宅区，如教堂、清真寺、寺庙和墓地。但在哈塔尔赫尤克，这些功能区都集中在家里。"[15]

在这些居室中，人们将足够所有族人吃的食物储藏在巨大的木质容器内。他们编织篮筐和草席，用燧石和骨头制造匕首和衣扣，将黑曜石打磨成镜子，制作手镯和其他饰品，篆刻一些古怪的印章——这些印章可以在财物或皮肤上做记号。而且，他们还会烹煮食物，定期清理房间。在这里，土地肥沃，溪水潺潺，鱼跃池塘，鸟翔空中。哈塔尔赫尤克的人口逐渐增至 7000 人左右，甚至可能达到 1 万人。这里成为当时世界上规模最大的人类居住地。我们从城镇外的垃圾坑遗址可以判断，他们的生活很优渥，其食物包括野猪、鸭子、鹅、羊、鱼、大麦和燕麦。

在哈塔尔赫尤克，最惊人的地方莫过于埋葬死者的地方。人们小心翼翼地蜷起死者的身体，依依不舍地将其葬在居室之下、灶台之下或人们睡觉的平台之下。有些人认为，最初，人们会把尸体暴露在野外，让秃鹰啄食干净。但当前的观点有所不同，他们认为当时人们已经习惯了腐尸的气味。有些尸体的头颅会被割下来，人们会在头骨上涂灰泥，绘制图案，以长期保存。据推测，这些头骨都属于杰出人物或一家之主。人们还会再将头骨挖出，重新涂上灰泥后又埋入地下。一代代人不断重复着这一过程，类似一种家族纪念仪式。在一座房屋内，至少会有 60 具遗骸。

哈塔尔赫尤克还有更多神秘之处：居室内通常悬挂公牛头，还绘有豹子图案。这说明人们崇拜外部世界的自然力量和攻击行为。哈塔尔赫尤克人并不需要大卫·爱登堡（英国博物学家，参与制作了很多自然历史纪录片）将光天化日下的危机感带入洞穴般的家中，他们自己就能意识到。但是，人们将房屋层累般地建在一处，连死去的家人也葬在这里，并长期保留死者的头颅，这些都说明哈塔尔赫尤克人存在祖先崇拜。尽管祖先崇拜在中国和日本很常见，但在地中海世界，其历史源头只能追溯至古罗马时代。

人们生活在核心家庭中，或至少是核心居室中，他们通过父母、祖父母和历代先祖来构建自我认同。他们会这样说："我们生长在这片土地上，这里留下了我们的足迹。在成千上万年的漂泊之后，我们决意在这里定居。"这些话很奇怪吗？如果你觉得奇怪，那是因为我们大多数人都已在城市定居，与那一小片土地失去了直接联系，而那片土地正是我们先祖的安身立命之本。在人类史上的大部分时期，血缘和土地的认同是司空见惯的事情（尽管将祖母埋在灶台之下并不常见）。

哈塔尔赫尤克传递的第二个信息是平等。随着时间流逝，房屋层层累加，有些房屋就变得比其他房屋更宏大、更壮观，埋葬的死者也更多。这说明哈塔尔赫尤克逐渐出现了更具权势的家族，但那里依然没有统治阶层或祭司阶层。哈塔尔赫尤克向人们展示了产生阶级分化之前的社会形态，那里并没有后世城镇中的军人、首领和国王。这个世界更平等，正处于早期农业村落与好战帝国之间的历史阶段。有些人非常推崇哈塔尔赫尤克，认为这里是平等的伊甸园。妇女受到尊重，没有战争爆发，每个家庭只有少量财产。人们和睦相处，共同劳作。

经验告诉我们，这种纯朴的无政府主义天生就不稳定。尽管如此，哈塔尔赫尤克人仍成功地维系了社会运行至少 1400 年。他们拥有充足的剩余财产，可以粉刷墙壁、制作陶器、编织衣服，也能吃上好东西；但这些财产又不足以铸造刀剑或征收赋税。他们实在是太幸运了。

巨石阵的孩童

我们对早期人类总是心存偏见，认为他们茹毛饮血、好勇斗狠。哈塔尔赫尤克相对和平和友善的状态是孤例，还是普遍现象？通过回溯历史——更古远的历史，我们或许可以获得答案。那个更原始的世界与哈塔尔赫尤克人的世界相映成趣。

由于气候更恶劣，今天被称为不列颠的地区比“新月沃地”发展得更缓慢。9000 年前，也就是哈塔尔赫尤克刚刚兴起之际，不列颠高原上的冰川才开始消融，只有少量的狩猎者和采集者居住在那里。冰川消融后，浓密的森林——橡树林、榆树林、桤木林、酸橙树林，以及北方地区的桦树林和柳树林——覆盖了不列颠的大部分地区。一只松鼠从不列颠的一端跳到另一端，双脚都不用触碰地面。不过，这只是其中一种看法。

又过了 2000 年，在哈塔尔赫尤克走向衰落之后，不列颠仍是一块贫瘠的土地，并不适宜农耕，但农民们正努力改变环境。他们首先在沿海地带整理出小块土地，然后又返回森林，在林中空地种植小麦。刀耕火种无法持久，因为土地的肥力很快就被耗尽。于是，人们就会整理出更多空地，而之前的“耕地”又变为林地。由于人们仍然处于变化非常缓慢的历史阶段，因此 1000 年之后，人们整理出的土地面积才大了起来。专门的耕地逐渐出现，特别是在今天英格兰的南部地区。人们翻耕土地，还会施肥和除草。

人们开始种植原始的小麦和大麦，或许还有亚麻。他们似乎没有种植蔬菜，但其食物中包含浆果和坚果。他们使用公牛耕地，圈养了牛、猪和羊。在很早的时候，人们就驯服了狗。研究人员发现了一些狗骨骸，看上去有点像现代的拉布拉多犬和梗犬的骨头。在人类驯养的第一批动物中，狗非常重要，因为它既能看家护院，又能参与狩猎。不过，历史学家罗德尼·卡索顿根据一些骨骸判断出，“一些狗年老之后，失去了工作能力，就会被主人冷落”。[16]

养狗的人类寿命也不长。在不列颠诸岛中，奥克尼群岛相对发达。学者们研究了岛上某人群的骨骸，发现其中 70% 的骨骼都属于十几岁至二十几岁的青少年。只有 1% 的骨骼属于 50 岁以上的人。显然，这是一个年轻的社会。从头骨判断，他们身材纤瘦，面容姣好，和传说中的早期不列颠人完全不同。根据传说，早期的不列颠人身强体壮，面露凶光。我们没有发现他们的衣服。这处文化遗存的气候温暖潮湿，大部分建筑都是木质结构。人们身穿羊毛和皮革制的衣服，可能还有亚麻斗篷、帽子和束腰外衣，这些材质都不易于长期保存，所以没有留存下来。通过研究欧洲大陆类似文化遗存中的残留衣物及不列颠人遗留的带扣和针等工具，我们可以做出假设：不列颠人已穿上了针脚细密的舒适衣服。

尽管我们将这一时期称为“新石器时期”，但更准确的名称应为木质时代和皮革时代。最初，人们身穿皮质衣服（利用大量尿液、牛粪和动物脑髓，人们使皮革质地变得柔软、光滑，这种技艺实在令人作呕），住在长方形的木屋里。后来，人们开始穿着纺织衣服，住进面积更大的公共住宅和村庄。这些村庄通常以一些构思巧妙的圆形房屋为中心。圆形房屋非常大，可以供数百人睡觉。

现在，我们谈谈住在斯卡拉布雷的人们。5000 年前，他们用石头在奥克尼群岛的弧形港湾畔建起了一座美丽的村庄。1850 年，一场风暴揭开了它的面纱。卡索顿说，这座村庄的家居生活非常舒适，“就普通人而言，他们的生活水平至少不比 4000 多年后中世纪的不列颠人差，或许生活条件还要更好一些”。[17] 今天，在斯卡拉布雷的屋畔和小路上漫步时，我们就能联想到哈塔尔赫尤克舒适的家居生活：房屋都是石质的，而不是土垒的；屋内有卧室和走廊，还有带梳妆台的起居室。还不确定这里是否有酋长和祭司，但肯定没有遭受战火蹂躏。

在石器时代中后期，奥克尼群岛和设得兰群岛都不是边缘的海岛，而是文化很先进的地方。当地制造的陶器传播到不列颠各地。那里的石圈建筑、墓地和村庄不仅规模宏大，设计还特别复杂。其发达程度远超英格兰南部的沼泽地区——今天的伦敦地区。

几百年来，历史学家们始终认为，仅靠缓慢发展，早期的不列颠文化是无法创造出像巨石阵这样的不朽丰碑的。一定是某位军事领袖或宗教领袖带领民众完成了这样的创举，也有可能是某个来自欧洲大陆的入侵者带来了这样的文化。但是，我们既没有发现存在精英的证据，也没有发现文化传播的证据。我们有理由相信，不列颠人更像哈塔尔赫尤克人。他们平等地生活在一起，散居在数百块耕地间，依靠商业彼此联系在一起。我们曾听过许多有关活人献祭和暴力死亡的生动传说，但没有任何证据表明新石器时代的不列颠曾爆发过战争和有组织的暴力活动。那里也没有城堡或宫殿。

倘若事实如此，不列颠人是如何动员了那么多人力去建造巨石阵和锡尔伯里的宏伟“山丘”呢？这样的工程需要搬运的土石量与建造一座埃及金字塔大体相当。而石头村庄和奥克尼群岛及设得兰群岛的遗迹又是如何建造起来的呢？

上述建筑都是惊人的成就。这群人没有金属，没有城镇，没有所谓的文字。他们住在很多岛屿上，岛上的道路将千百个村庄联系在一起。在萨默赛特郡的沼泽地，有一条“斯威特小道”。这条小道长约 3 英里，由橡木条建成，耗费了大约 1 万颗木钉。它建成于 6000 年前，是欧洲最古老的桥路。为了修筑道路，人们需要制造必要的工具，包括燧石刀片和斧子。事实上，这些工具已经达到工业水平。燧石矿非常深，矿工下井时必须手提一盏小灯。运载货物的船沿海岸航行，有的船很大，有的则是将几只独木舟捆绑在一起，用皮革固定住木质的龙骨。有证据表明，当时的不列颠已经拥有起重工具、巧妙的木质品和精细的石器。这是一种精致、沉稳的文化。

最关键的是时间与合作。巨石阵的修建过程长达千年。它最初只是一座土方工程，后来逐渐发展成为一座巨型建筑。巨石阵包括 82 块蓝砂岩和许多砂岩。蓝砂岩是从 150 英里之外的威尔士运来的，而砂岩则是从 20英里以外的地方运来的，每块都重达53吨。人们在切割和打磨岩石之后，将其放置在其他岩石之上，形状就像过梁。人们是如何做到的？他们开辟了各种水陆运输线运送石材。当时，人们已经发明了车轮，但由于石块太重、道路太崎岖，木质车轴很难承受。他们可能就在石块下垫上圆木，滚动前行，但这也太耗费时间了。现在看来，利用雪橇的可能性更大。从船上卸下石材后，人们用牛或人力将雪橇拉到目的地。

有几个可行的办法可以解决切割石材和提举石块的问题。利用楔子和火烤就可以使石材碎裂；挖掘深坑，铺上木条，就可以将石块提举起来；修建坡度很缓的平台，就可以将巨大的过梁放置到位。这项工程十分了得，但既不需要巨人，也不需要独裁者。当地有许多规模很大的村庄，人们可以分工合作，也没有时间限制（这就像后世修建大教堂，常常需要花费几代人的时间）。他们掌握了修造新石器时代建筑的各种突破性技术，建成了巨石阵和锡尔伯里山金字塔型的超级建筑。

人们对巨石阵的用途并无异议。石头的排列方位与仲夏日清晨的阳光角度有关，这证明巨石阵是一座神庙。有人认为，这座巨石阵是一部精确的日历。但事实并非如此，它是一种复杂的标记，人们可以通过它观察月亮的升降。由此可见，当时的不列颠人对月亮的周期变化兴趣浓厚。最近，研究者从浅坑中提取了一些样本，进行碳年代测定。结果发现，样本的年代可追溯到大约 1 万年前，比哈塔尔赫尤克还久远，令人难以置信。那么，早期不列颠人的信仰是什么？我们对细节知之甚少，只知道他们的信仰与日月有关。太阳可以带来温暖和丰饶，而月亮则与周期性的庆典和祈福有关。这种庆典和祈福很常见，几乎每一个地区的农业民族都有类似的活动。考古学家通过庞大墓葬发现，人们在埋葬死者前会打碎并焚烧尸骨。这些古墓既反映了不列颠人存在祖先崇拜，又反映了群体或家族的延续性，与哈塔尔赫尤克文化非常相似。不列颠人的信仰主要包括黑暗与死亡、季节变化、敬畏太阳和家族记忆。

因此，远古的不列颠文化是一种细腻、沉稳、精工细作、朝气蓬勃的文化，与垂垂老矣的德鲁伊文化和恐怖、嗜血的酋长文化迥然不同。随后，不列颠人进入了青铜时代，巨石阵和庞大的圆形房屋都被遗弃。我们不知道原因。或许，持续增长的人口压力迫使人们为争夺耕地爆发了冲突，最终导致了这样的结果。无论如何，他们即将步入更血腥的时代，“新月沃地”和新石器时代的中国也会面临同样的命运。然而，我们应记住那个和平时代：农耕者聚居一地，共同敬拜日月，照看耕地和家畜。在边境地带，他们与其他群体进行贸易，最终修建了伟大的建筑。这些建筑在不列颠屹立了数千年之久，其历史远超帝国、王朝或民主制度存续的时间。那个时代一去不复返——无论是在不列颠，还是在欧洲。

最后，我们用罗德尼·卡索顿的话作为这一部分的结语：

> 新石器文化更近于生态平衡的状态，人们通过群体合作的方式和平相处，这可以为西方现代工业经济和社会提供借鉴。工业革命有二三百年的时间，但没有迹象表明这种经济形态会长盛不衰。新石器时代的经济形态存续了几千年，历史是前者的10倍。

这是一个严厉的警告。但我们太过于依赖消费，常常将这种警告当作耳旁风。无论如何，修建巨石阵的不列颠人神秘地消失在历史中，人类即将步入新阶段——城市时代。

平原上的城市

哈塔尔赫尤克的东南方有两条奔流入海的大河。“新月沃地”见证了第一批农耕者和第一批大型聚居点。因此，那里孕育出第一批城市和第一批帝国也就不足为奇。“美索不达米亚”意为“两条河流之间的地方”，这两条河流是底格里斯河和幼发拉底河。临近大海之时，这两条河流河面变宽，流速变慢，蜿蜒汇入地形复杂的三角洲。在沼泽区之前，有一片肥沃、湿润的黑土地，非常适宜农耕。它与哈塔尔赫尤克附近松软、湿润的土地有异曲同工之妙，但面积更大，吸引了大批来自周边地区的人。他们在此安家落户。最初用芦苇建屋，后来用泥砖盖房。房屋鳞次栉比，逐渐形成村落。大约7000年前，也就是哈塔尔赫尤克被废弃后不久，埃利都诞生了，这可能是世界上第一座城市。在之后的数百年里，这一地区的城镇越来越多。埃利都是一座由泥砖建成的聚居点，城中的神庙建筑层层叠加。这座城市可能是由公共聚会场所发展而来，各地的村民都来此祭拜神祇。从总体上看，这里规模更大，并不是一处温情脉脉的无政府主义场所。

农业所需的灌溉系统和堤坝系统非常复杂，所以各个村落必须联合建造和维护。要完成这些工作，就需要将劳动者组织起来。农业进步带来粮食剩余，而粮食剩余又导致统治者和祭司的出现。他们修建神庙，雇佣仆人侍奉自己。美索不达米亚世界是一个泥泞、湿润、阳光灼人的平原，那里最有特色的主建筑就是金字塔神庙，人们在其中敬拜神祇。在世界各地，人们都把神祇想象为高高在上。因此，在一马平川的平原上，使神祇高高在上的唯一方式就是大兴土木。人们将埃利都建在一处台地上，靠近一片淡水湖。城市的一侧是沙漠，另两侧分别是沼泽和耕地。

不同地貌和各色神祇在埃利都水乳交融。男神阿普苏和女神提亚玛特是众神之首，他们分别是淡水之神和咸水之神。然而，这两位水神并没有给这座城市足够的眷顾：大约 4000 年前，埃利都可能发生了大洪水，失去了主宰地位。与此同时，另外一座伟大的城市——乌鲁克——趁势崛起。在鼎盛时期，这座城市的人口达到约 8 万人，成为当时世界上最大的人类聚居区，是哈塔尔赫尤克人口规模的 10 倍。乌鲁克国王吉尔伽美什是世界上第一部文学作品的主人公，也是历史上第一位有名有姓的英雄人物。吉尔伽美什是否实有其人还存在争议，但他的故事涉及《圣经》里所记载同等规模的大洪水，还囊括了性爱和背叛、友情和失败及旅程和死亡等题材。

由于被记载下来，我们才能获知这些故事。在乌鲁克和美索不达米亚平原的其他城镇，人们在泥板上刻画各种符号。这些符号可以代表谷物的收获量和所有权，也可以代表正在交易的啤酒和其他商品。经过数百年的时间，这套符号和记录体系逐渐演变成书写体系，人们以此记录故事和思想。文字诞生的原因与乌鲁克诞生的原因大致相同。气候变化使环境愈发炎热、干燥，农民们被迫修建更庞大、更复杂的灌溉系统以维持农业产出。单个家族或村庄没有能力，也没有时间完成所需工作。只有在某些人的领导下将大量的人力组织起来才能渡过难关。领导者可能是祭司，或者至少来自神庙。他们可以站在高大的神庙中，监督大型水利工程的建设。

一旦劳动力和专业工匠被组织起来，领导者就有能力修建更庞大的神庙。成功的灌溉工程使建造者获得回报：久而久之，那些领导者就宣称，他们能向神祈求、与神交谈、代神发声。他们对本地居民的生死存亡担负重任，最初的统治阶层由此产生。他们站在高台之上，侧耳倾听神的教诲。统治者之下是书记员或中级官员，他们从下层劳动者那里搜罗统治阶层所需的谷物、啤酒、肉类和金属。有组织的等级制社会根本无法离开文书工作。在乌鲁克的例子中，所谓的文书工作就是“制作泥板”。

“反馈”是一个基本观念。它可以解释，为什么人们一旦被组织起来，挤进城墙环绕的城市，社会就会加速发展。苏美尔人及其后生活在古代美索不达米亚的民族——如阿卡德人和巴比伦人——都经历了快速的社会变革，这是以往任何群体未曾经历过的。祭司们都希望谋求特殊地位，以震慑人心，使其更接近神祇。为达到这一目的，统治者需要大量劳动力和全职工匠，还需要进行测量和规划工作，而这就意味着要有详细的记录和书写工作。为使劳动力能够持续劳作，人们还需要献上大量粮食、啤酒和各种原材料。

向民众征税并不是一件令人愉快的事，有时还需使用暴力。与此同时，积累的财富还可能招惹强盗，甚至是敌对城市的觊觎。人们为此筑起城墙，一些男性成了专职的守护者，军人阶层诞生了。很遗憾，没有任何手段比战争更能推动技术进步。在燧石和骨头之后，青铜成为切割工具的主要材料，使苏美尔人获得了短暂的发展优势。随后，战车出现了。起初，战车有四个轮子，行驶缓慢，后来逐渐发展成为两轮车（上流社会最初可能只是为了狩猎取乐才发展了这种车辆）。

宗教祭司、大兴土木、文字、赋税、军人、国王及发动战争的能力逐一出现在人类历史中。上述事物都以人类的第一批城市（人类最早的财富聚集地）为基础，而这些城市的基础则是河流沿岸的农耕文化。农耕文化需要人们团结一致，共同驯服自然。这种转变比旧的部落纽带、家族纽带和血缘纽带更强大，使人类完成了农耕文化之后的又一次飞跃。城市和民族之间的竞争加速了社会发展，直到爆发全面战争带来巨大灾难为止。这种状况在人类历史上周而复始。训练有素的官吏及其掌握的书写楔形文字的技能使不同地区、不同语言的人们能够相互交流，苏美尔语成为美索不达米亚的通用语言。书记员通常都会说两种语言。人类社会出现了一种发展趋势，这种趋势或许会被打断，但绝不会销声匿迹。

第一批城市也孕育了抽象思维。像国王和祭司这样的统治阶层有闲暇思考各种问题，特别是思忖头顶之上的神秘世界。闪烁的星光和运行的天体也曾使巨石阵的建造者们着迷。由此，美索不达米亚诸民族为我们留下了数学——运用简单的算术方法统计贸易和税收，运用复杂的算术方法追寻星辰的轨迹。仰望天空，苏美尔人和巴比伦人常常对夜空中蕴藏的信息迷惑不解：天空究竟是什么形状？天空的常规运行模式是什么？如果神祇能降示消息，那星相就是神祇的文字吗？天空的运行模式是否能够影响人类生活的节奏？

观测星辰需要测量角度。苏美尔人观测了五颗行星的运行轨迹，这五颗目力所及的行星是水星、金星、火星、木星和土星。然后，他们用这五颗行星分别为五天命名，再用月亮为一天命名，用太阳为另一天命名，这样一星期就有了 7 天。“7”被视为完美的数字。显而易见，苏美尔人的星期就是我们的星期。尽管使用罗马文字或古英语指代，但这 7 天的名称仍沿袭了苏美尔人的命名方法。土星（Saturn）代表星期六（Saturday），太阳（拉丁语为“Sol”）代表星期日，月亮（Luna）代表星期一（法语为“lundi”，英语为“Monday”，这个词可以拆分成“Moon”和“day”），火星代表星期二（法语为“mardi”，英语中为“Tuesday”；英语的星期二拼写为“Tuesday”，这都归于一位北欧神祇）。同样，星期三（Wednesday）意为“沃丁神之日”（Wodin's day），而沃丁神与水星有关。木星代表星期四（法语为“jeudi”，英语为“Thursday”；“Thursday”的词根是“Thor”，即雷神托尔，托尔是位北欧神祇，他与代表木星的朱庇特神有关）。金星代表星期五（法语为“vendredi”，英语为“Friday”）。此外，苏美尔人还发展出一套以 60 为基础的计数系统。“60”可以被除自身之外的 11 个数字整除，对青铜时代的历法而言，这显得尤其方便。后来，我们的一分钟是 60 秒，一小时是 60 分钟，一年是 360 天，一圈是 360 度。在巴比伦时期，书记员的计算要既快速又准确：一块来自尼普尔的泥板检验了人们的数学能力：“你知道乘法、倒数、系数、账目平衡和管理会计吗？如何进行各种形式的收入分配，如何分割财产，如何分配土地份额？”[18]

这些成就已足够令人惊叹，但仍不完全，第一批城市还孕育了艺术设计：巧妙的石膏雕刻、华丽的马赛克镶嵌画、精美实用的印章（乌鲁克人用来在包裹上盖章）、镶嵌装饰的棋盘、各种乐器、来自乌尔的黄金饰品及亚述和巴比伦令人赞叹的浮雕等。今天，这些华美的艺术品并没有收藏在伊拉克，而是收藏在柏林和伦敦（伦敦收藏了一小部分），这都要“归功”于19世纪的考古学家。美索不达米亚的每座城市都有自己的神祇、文化和荣耀。乌鲁克之所以闻名于世，不仅因为宏伟的金字塔神庙和天空之神，还因为一位名叫伊南娜的女神。伊南娜象征着丰产，祭祀仪式曾使一位巴比伦文人颇感震惊。他写道：“乌鲁克是一座娼妓之城，吸引了大批纨绔子弟和参加节庆的民众，他们的阳刚气都已被脂粉气消磨殆尽。”[19]

因此，第一批城市成为人类历史上最重要的遗迹之一。随后的大洪水将其中一些城市变成残垣断壁，而将另一些城市彻底摧毁。这些遗迹屡遭战乱破坏，而后起的文化对其也缺乏兴趣，它们逐渐被人遗忘。在维多利亚时代，考古学家陆续来到这一地区。那时的考古学急功近利，人们以寻珍觅宝为目的。上述种种导致一个后果：尽管一批最珍贵的雕刻等文物入藏欧洲博物馆，但城市遗址本身却无人问津，只能绝望地躺在尘埃中。这实在令人悲伤，因为从某种角度看，苏美尔人、阿卡德人和早期的巴比伦人的非凡成就要远超埃及人。美索不达米亚的城市文化是一种官僚文化，也是一种剥削文化。城市当局对农民压榨严苛，后者必须为运河和筑城缴纳大笔赋税，因为他们要依靠这些设施保证农业丰产。这种城市文化催生出国王，国王们发动战争，相互攻伐，缔造了世界历史上的第一批帝国。与帝国相伴而生的是无尽的痛苦和杀人如麻的刽子手，阿卡德国王萨尔贡就是一例，他给这片土地带来万般不幸。不过，第一批城市也充斥着华美事物、奇思妙想和各种奇观。民众获得了很大乐趣，尽管这些乐趣已不再质朴、纯真。

从大禹到你

你或许会想象，中国第一位有名可考的英雄要么是位能征惯战的国王——就像吉尔伽美什那样，要么是位长须飘飘的圣人。但你错了，他是一位公仆，一位水利工程师。这位英雄就是大禹，他恰好站在历史和神话的分界线上。大禹驯服了黄河，虽然这条大河养育了中国人，但经常泛滥肆虐。据传说，大禹的父亲名鲧，地方统治者命他治理泛滥成灾的黄河。在大多数早期文化中，特别是亚洲和欧洲的早期文化中，都有大洪水的传说。这说明，人们确曾经历过洪水滔天的时代。当时的洪灾实在厉害，它在人们的意识中存在了几千年。

在中国的例子中，鲧曾试图用修筑堤坝的方法治理洪水，可能使用了夯土技术。考古学家发现，中国的早期城镇建设就运用了这项技术。然而，当更大的洪水袭来时，土墙就会被轻而易举地冲垮。那位统治者处死了鲧，大禹——此刻他或许非常焦虑——接替了鲧的工作，继续完成父亲未竟的事业。

据传说，大禹工作非常勤勉，但他并没有用修筑堤坝的方式治理洪水。首先，他考察了黄河的上下游，遍访地方部落，劝说人们携手合作，在中央权威的领导下化解难题。显然，这一过程与美索不达米亚城市的兴起十分相似。其次，通过挖掘沟渠，他将黄河水引入其他河道。再通过建立灌溉系统，使河水最终流入农田。大禹没有直接拦截洪水，而是用分流的方法削弱洪水的力量。13 年间，他一心扑在工作上，手脚都长满了老茧。据传说，在治水期间，大禹三过家门而不入。第一次，他听见妻子正在分娩，但他没有停下脚步，回家看看。第二次，儿子已能呼喊父亲的名字，但他还是没有停下脚步，因为洪水还在肆虐。第三次，儿子已长成翩翩少年，但他仍没有停下脚步，继续治水大业。倘若在今天，大禹或许会被“儿童抚养局”调查，受到专栏作家的齐声谴责。但那时的情况与今天完全不同。

统治者被大禹的勤勉和献身精神所感动，将王位传给了他。大禹建立了夏朝。

后来，人们又在这个故事中加入了许多虚构情节，从大禹用神斧劈开山峰到黄龙和墨龟帮其治水可谓无奇不有。然而，研究中国早期史的历史学家认为，这个故事的关键是中国的第一个王朝始于治水。这个猜测有一定道理。大约 4000 年前，中国的一批聚居点走向衰亡，而同一时期中东和埃及也发生了类似的事情。回顾那些大洪水传说，如挪亚方舟等神话，历史学家伊恩·莫里斯提出一个疑问：“难道是气候变化使旧世界陷入危机？”[20] 那部记载大禹生平事迹的史书还提到了一场暴雨。据说，这场暴雨连下了 9 年之久，导致了一场毁灭性大洪水的暴发。

但中国既没有挪亚，也没有方舟：中国的历史始于一位公仆式的英雄，一位献身国家的组织者。这个故事听起来委实太“东方”了。

几乎从一开始，中国文化就极具“中国特色”。在世界上任选一个有教养的人，将来自中国的一件新石器时代晚期的陶器或年代久远的青铜器放在他的面前，或者让他观看一组表意符号，他大概都会脱口而出：“这来自中国”，即使他之前从未见过这些东西。考古学的争论和政治分歧使中国人的起源问题如坠云里雾里。许多中国人坚持认为，与世界上的其他人种不同，他们并非起源非洲，而是由一种更早的猿类进化而来。在迁徙到中国时，这种猿类可能已演化为直立人。因此，从生物学的角度观察，中国人与外国人判然两分。这种观点迎合了中国人的世界观，即使国外的共识早已判定这种观点是错误的。

总的来说，中国的发展历程与“新月沃地”很相似，只是比后者晚了 2000 年左右。然而，在某些方面，如制陶技术，中国更加领先。在驯化动植物上的突破、村落的出现和墓葬中的祖先崇拜等方面，二者基本相似。但是，当神话时代慢慢过渡到历史时代之时，中国的器物就显得与众不同了。今天的考古学家更强调古代中国的多样性和复杂性——在辽阔的大地上分布着多种文化、多样的陶器和建筑。过去，人们认为，中国北方只有一个文明中心。随后，文明逐渐扩展到边缘地区，而其核心部分并未发生很大变化。但是，近期的考古发现挑战了这一观点。不过，与欧洲人不同的是，在中国人的想象中，他们从最早的时期一脉相承，有着强烈的情感纽带。

例如，“龙山文化”存续了 1000 年左右，从大约 5000 年至 4000 年前，与不列颠的新石器文化的各个阶段大致同时。欧洲人对巨石阵民族的记录或记忆已经永远失落了，但中国历史则可以追溯到最早的君王和文化。在中国历史上，有五位颇具神话色彩的帝王，他们都是神一样的统治者，向人类传授了至关重要的文明技艺，如烹饪、耕种、用火、医药、婚姻和驯化牲畜等。据传说，“五帝”中的最后一位帝王发明了文字、陶器和历法——这些发明使龙山文化从其他早期文化中脱颖而出。[21] 早期的中国人曾宣称，人类源于造物主盘古身上的蛆虫，这或许可以被看作是早期人类的自我批判精神吧。

在“五帝”时代之后，中国进入了历史时代，先后兴起了三个王朝：夏朝、商朝和周朝。这三个王朝历经 2000 年之久。我们已经知道了历任国王的名字，见识了日益精巧繁复的手工艺品，还有城市、寺庙、城堡和文字，这些证据都可以证明近代中国与古代中国一脉相承。简而言之，我们拥有中国的完整历史。

然而，早期中国的历史仍然晦暗不明，神话色彩多于历史证据。根据中国最早的历史文献《尚书》的记载，夏代的中国同时存在 1 万个方国。因此，夏朝很难被视为中国历史的分界线。考古学发现也证明了当时存在多个相互敌对的方国。据说，夏朝建立于公元前 2205 年，创建者就是驯服了河流和洪水的大禹。早期中国的历史就是王朝轮替的历史，就像英国的学生曾背诵的王室谱系那样。其实，大禹是后世宣扬“华夏一统”的文人从口头传说中提炼出的人物，成为历代帝王的始祖。据传说，他将华夏划分为几大区域（“九州”）。九州的中心就是帝王所在，九州的外围是四夷之地，再外围则是蛮荒之地。所有圈层听上去就像中国版的“中央王国”，人们有理由怀疑这只是一种宣传策略。

姑且不论大禹，夏朝的国王都实有其人吗？直到最近，还有一种观点认为，夏朝只是神话传说。毕竟，直到将近 2000 年后，人们才记录下相关历史。但是，在可能是龙山文化的都城二里头的考古发现颠覆了上述观点。夏朝或许不是一个强大的王朝，但它确实存在于黄河岸边，由龙山文化发展而来。1959 年，考古学家在河南省发现了二里头遗址，发掘出一批精美的青铜酒器——中国人称之为“爵”。这是一种优雅的酒器，外形纤细，非常具有现代感。二里头遗址的中心是一座宏伟的宫殿，由多面夯土墙构成。“夯土”是一种建筑技法，需要耗费大量劳动力，但能建造出如岩石般坚硬的建筑。现在，在中国各地仍保留了许多夯土建筑。[22]

中国的考古学界非常激动，因为还有很多未知等待去发现：在最近发掘的墓葬中，考古人员发现了精美的花瓶、玉石制成的饰品、青铜武器、非常古老的文字，以及与养蚕和祖先崇拜有关的证据。与哈塔尔赫尤克不同，这是一种等级森严的文明，由世俗的君王或拥有神权的君王统治，他们能够动员大量劳动力。

黄河及其支流冲积出大片平原。对中国农业而言，这片肥沃的平原非常重要。人类的聚居点在这片土地上持续发展，与两河流域、尼罗河流域或印度河流域的人类发展完全相同——产生了城市、国王和复杂的宗教。河流既带来沃土，又造成危险。正如我们看到的那样，河流经常泛滥成灾。为最大限度提高农业产量，人们需要控制水量，将其分流至农田。与野生动植物一样，河流也要被驯服。这项工作需要精密地组织和领导，社会等级和统治者由此产生。如果只种植庄稼和饲养动物，村庄没有联合的必要；但如果要改造河道、修建灌溉网络和防洪系统，村庄就必须联合起来。在人类历史上，土木工程扮演着重要的角色，但常常被人们忽视。

因此，大禹的故事能解释政治权力为何发展的原因。他能成为夏朝的君王，是因为他可以将百姓组织起来，带领人们为公众利益服务。人们通常认为，国王和皇帝会带来压迫，但这个激进的观点不一定正确。起初，统治者不过是些小人物，他们是一群修建堤坝的劳动者。后来，他们开始修筑城墙，组建军队，任命税吏。大禹的传说包含了一些潜在信息：与混乱无序相比，迫使人们接受某种权威要好得多。在这个例子中，混乱无序主要体现在河流改道导致的灾难，大洪水夺走了数百万条生命。换句话说，接受统治者的领导比各自为政要好得多。埃及的法老和巴比伦的祭司一定会赞同这个观点。

大禹治水的故事和王朝治乱兴衰的历史都被人们记录下来，成为民族历史的重要组成部分。在早期历史中，只有将人们组织起来，才能协力控制自然。在这一过程中，权威自然而然产生，并代代相传。与欧洲的统治者一样，中国的统治者也声称，他们的权威源于神灵，而不是因为他们善于组织百姓或恐吓臣民。他们可以与神灵沟通，消弭饥荒，停止降雨。因此，中国在艺术和技术领域的长足进步与宗教礼仪密切相关。在中国的考古遗址中，人们总能发现许多文物，如铸造工艺出众、雕刻精美的青铜器，以及乐器和焚烧之后用于占卜的兽骨。巨大的三足鼎和青铜酒器有许多精美的纹饰，其外壁就如珊瑚礁那般复杂。对早期文化来说，这些器物显得非常古怪，人们为何要花大力气制造这些物件？事实上，铸造青铜器是政治的需要：它们是权力的象征。

尼罗河的梦魇

我们的第三个大河文明古埃及文明常常令人目瞪口呆，而非惹人喜爱。它与现代世界几乎毫无联系。狮身人面像和金字塔已成为一种全球化的媚俗视觉品位。在世界各地的博物馆，参观者都排起长队，争相目睹金饰或涂色遗迹。乘坐飞机的文化旅行者络绎不绝，游览帝王谷的神庙和墓葬群。埃及文化源远流长，成就卓著，但对后世的思维方式影响不大。对荷鲁斯和奥西里斯的崇拜曾在20世纪兴盛一时，但追捧的人不过是些喜欢超自然现象的半吊子或马戏团的泼皮无赖。神秘的法老曾吸引电影制片人拍出不少荒诞剧。但与犹太教、古希腊思想和古罗马政治的影响力相比，甚至与早期中国和印度思想家的影响力相比，古埃及思想的影响力都微乎其微。与古埃及的物质遗迹相比，美索不达米亚泥砖遗迹多已风化消散，简直不值一提。但他们在科学、数学和技术等领域的创造力远超前者，因为生活在沙漠边缘的埃及人只热衷于创造各种死亡仪式。

埃及学家（更不用说埃及人）或许会说，上述观点无知、褊狭。古埃及人是可敬的艺术家和建筑师，他们发展出一种复杂的宗教，护佑埃及人达数千年之久。一些低等级墓葬展现了埃及文化的多样性：与邻国相比，埃及人更尊重女性。他们热爱生活，醉心自然世界，沉醉于啤酒、美食、性爱和各种逸闻趣事。埃及人痴迷死后的世界，他们相信，今生的预备会为死后带来更多享乐。

埃及文化遗留下很多令人生畏的鸟首或犬首的神祇，还有神化的甲虫以及法老们冷峻的目光。那些大型纪念建筑至今仍屹立在原地，但似乎仅此而已。为何会这样？在历史上，古埃及文化缺乏与时俱进和因地制宜的灵活性，缺乏有形的变化——也就是说，埃及文化过于故步自封。古埃及文化存续了大约3000年，从前王国时期一直延续到古罗马时代，希腊化的法老们最终销声匿迹。在早期，尼罗河流域的艺术简单、质朴，显得与众不同。其中一些农民和动物的泥塑与美索不达米亚人的早期艺术颇为相似。但是，埃及的艺术风格很快就固化了，变得呆板、僵硬。虽然内行人能辨别出不同王朝、不同地区的艺术风格，但在2000年的时间里，埃及的艺术风格几乎没有发展。

法老哈谢海姆威的雕像完成于公元前2675年。如果将这尊精雕细琢的雕像与1500年后的法老雕像放在一起，你很难看出区别。[23]公元前332年，亚历山大大帝在埃及登基。为庆祝他成为法老，人们在卢克索神庙内部又修建了一座小神庙。这座小神庙的壁画对面是1000多年前新王国时期的壁画，你会发现两者非常相似，尽管前者在细节方面略逊一筹。一个显而易见的原因是，对古埃及人来说，不存在“为艺术而艺术”，艺术只是宗教权力和世俗权力的表现形式。法力无边的神祇们居住在隐秘的世界，艺术的任务就是将这个世界描绘出来。此外，记录人与神的关系，以及用法老的权力恐吓旅行者或起义者，也是艺术的任务之一。因此，埃及的艺术总是重复同样的场景，有时将主人公描绘得异常高大。总之，埃及艺术不是一种展现人性的艺术，也不是写实的艺术。

在埃及历史中，尼罗河既是恶人，又是英雄。尼罗河是世界上最长的河流，与众不同之处是自南向北流。由于盛行风从北向南吹，乘船出航的人会发现，尼罗河是一条绝佳的双向传输带。更妙的是，尼罗河不仅为埃及人提供大量鱼类和野禽，而且（在纳赛尔修建阿斯旺大坝之前）每年定期泛滥，洪水带来的淡水和淤泥使土地非常肥沃。然而，洪水并不是非常规律。来得太早或太晚，太凶或太弱，都会破坏农业生产，引发饥荒。

周期性的混乱、起义和倒退是古埃及史的特点，这些似乎都与尼罗河的异常泛滥有关。然而，与两河流域、黄河流域和印度河（在今天的巴基斯坦境内）流域的文明相比，埃及人是幸福的。这不仅是因为他们拥有一块4000英里长的沃土（这片沃土呈带形，北端是位于地中海沿岸的尼罗河三角洲，是由洪水泛滥冲击形成的平原），还因为他们拥有许多天然屏障：东部和西部有沙漠和高山，南部是人烟稀少的非洲内陆地区。利比亚人、波斯人和神秘的“海上民族”都曾侵入埃及，但其遭受的外来入侵相对较少。更加平坦的美索不达米亚平原，以及作为陆路通道的巴勒斯坦地区，更易成为战车和骑兵的争夺对象。

埃及易守难攻，无法被长期占领。因此，在上古世界，它总能恢复元气。

尼罗河也对政治产生了影响。事实上，所谓的“埃及”分为两大区域。这条“双向传输带”将生活在广袤土地上的人们凝聚在一起，使黑非洲的努比亚人和地中海沿岸的居民同住一个国度。“上埃及”位于埃及南部，更靠近非洲内陆；“下埃及”位于埃及北部，更靠近地中海。在大部分时间里，上埃及人都统治着下埃及人。如果不了解这一点，我们就无法全面理解埃及人的地理观。今天，埃及人仍存在差异，体型和肤色均有所不同。与美索不达米亚相比，埃及是后起之秀，这部分源于其生长繁衍的土地。在很长一段时间里，这片土地物产丰富，有很多动植物资源，人们根本无须过定居生活。随后，沙漠逐渐侵蚀了土地。来自南方的法老第一次统一了全埃及，他有一个响亮的名字——纳尔迈，意为“凶恶的鲶鱼”。[24]

大禹和夏朝的故事说明，唯有集中化的王权才能将分散的村落凝聚成单一国家。为有效利用河流，埃及人也需要复杂的沟渠网络和灌溉系统，并且每年还要清理、挖掘和修复这些水利设施。因此，人们很早就形成了共同劳动的习惯，愿意离开农田，在远方修渠建堤。

这种习惯对修建法老的神庙非常有利。埃及人相信，尼罗河是从阴间流出来的。他们对尼罗河的泛滥忧心忡忡，这是可以理解的。在埃及人的信仰体系中，尼罗河诸神早就占据了重要地位。因此，当法老将自己与这条奔流的大河联系在一起的时候，他们就获得了巨大的象征权力。地理不能决定一切。我们对河流方位或海岸形状的认知可能会被某一个人或某一种思想颠覆，这样的例子在人类历史中屡见不鲜。倘若“地理决定论”有效的话，它正好在这片土地应验。尼罗河塑造这片土地，保护这片土地，为统治阶层提供服务，并最终抑制了这片土地的发展。

在古埃及的遗迹中，很少有像德尔麦迪那那般楚楚动人。德尔麦迪那是一处居民点，坐落在帝王谷的山脚，与卢克索神庙隔河相望。那一带有许多宏伟的遗迹。底比斯的卡纳克神庙气势恢宏。哈布城的拉美西斯三世神庙令人生畏，其目的是为了庆祝法老的军事大捷。这座神庙的规模异乎寻常，足以使任何一位20世纪的独裁者心生艳羡。法老阿蒙霍特普三世也有自己的神庙，“门农巨像”——一对面目全非的巨大雕像——矗立在神庙门口。而女法老哈特谢普苏特的神庙则保留了一些如舞台布景般的遗迹。我们对古埃及人的想象都蕴含在这些古迹中。这是一些令人望而生畏的场景，其展现的纳粹主义或极权主义风格令人印象深刻。

德尔麦迪那与众不同，它是一座由石墙和砖墙构成的灰色迷宫，目前残存的墙体只有几英尺高。德尔麦迪那看上去像一个巨大的羊圈，或是苏格兰盖尔人遗弃的村落。不知为何，人们将它遗弃在沙漠的山丘旁。德尔麦迪那的上方有无数洞穴，地势较高，有的则被开凿在淡红色的峭壁之上。在一些洞穴附近，坐落着几个砖砌的小金字塔。与周边遗址相比，德尔麦迪那几乎无人光顾。这里曾经是一处居民点，居民都是为祭司和法老工作的工匠及其家眷。他们不是奴隶[25]，但工作非常勤勉。为赶在墓主去世前建成陵墓，他们常常要拼命赶工。这些工匠的酬劳通常是小麦、衣物，以及添加了蜂蜜的啤酒。工匠们周末休息（埃及的一周有10天，所以他们休息的频率比较低），平日则要工作8小时，每4小时休息一次。他们会召集贫困农民和奴隶来协助自己，以减轻工作强度。有2名监工负责监督工匠们的工作，他们就住在德尔麦迪那。每当法老去世，工匠们都会欢呼雀跃，因为这意味着更多的活计。在节日期间，工匠们会彻夜狂欢，喝得酩酊大醉。他们的手艺代代相传，制作木乃伊的技艺就是其中之一。

尤其引人瞩目的是，工匠们会抽空修建自己的陵墓，为死后世界做准备。他们的日常工作是修建庞大的建筑，或深挖地下的岩石层，为新王国时期的大人物准备安息之所。但同时，工匠们也为自己准备身后事，修建小型的金字塔和刻有精美壁画的墓室。这些墓室通常被建在地下20至30英尺的地方。壁画是彩色的，颜色鲜亮到令人惊讶的地步。壁画的内容包罗万象，例如歌颂夫妻恩爱、劳动者的家庭、周围的自然世界（包括农作物、鸭子和猴子），以及丰收的粮食等。普通人就安葬在这样的墓室中，远离那些“充满诱惑”的巨大神庙——即便在古代，法老的陵墓也会引来无数盗墓贼。因此，在近代被发掘前，这些平民的墓葬并未遭到破坏。

这已足够有趣。但是，这些人还会将自己的思想记录在小块的石灰岩（这些石灰岩是挖掘墓穴时产生的建筑垃圾）、陶片或莎草纸上。他们使用的是简化的通行文字。在 3000 年前，人们抛弃了这种文字，但大部分文字都能幸存至今。这些陶片记录了民间故事、法律诉讼、爱情诗、解梦、流言、争斗、智慧箴言、继承权的剥夺（一位妇女剥夺了自己孩子的继承权，因为她认为自己年老时这些孩子没有赡养她）、衣物清单和一头跛驴引发的麻烦等，甚至还有治疗痔疮的药方（将面粉、鹅的脂肪、盐、蜂蜜和绿豆混合成膏状物，在臀部连续涂抹 4 天）。

在这些记录中，有个叫帕尼卜的工头。他心肠歹毒，经常残忍地威逼其他工匠。他从皇陵中盗取财物，逼迫其他妇女为其缝制衣物。他还与一个叫图伊的有夫之妇通奸，而她并不是唯一一个。最终，法老的官员将帕尼卜捉拿审问，剥夺了他的职务，但他最后的下场我们一无所知。这场官司或许是由村民之间的纠纷引发的，但这场审判说明埃及拥有一个公正、有效的司法体系。

这座村庄的故事记录了遥远历史中普通工匠及其家眷的心声。这些工匠不是普通的劳动者，他们拥有专业技艺，受人尊敬。这些故事还反映了这些工匠与统治者拥有相同的宗教信仰，共享死后的世界。这些人是石匠、画师、木匠、裁缝和厨师，以手艺为傲。他们的伙食不错，有鱼有肉有蔬菜，还有面包和啤酒。他们拥有丰富的精神生活，并借此理解整个世界。他们相信法律体系能惩恶扬善、公正无私。考虑到这些情况，我们有关古代劳动者生活在一个半奴役的世界中的想法就统统是错误的。这些村民的生活难道比不上今天生活在公寓楼里薪水微薄或失去营生的人？

回到公牛时代

米诺斯文明是第一个欧洲文明（从大约公元前 3600 年至公元前 1160 年）。尽管如此，米诺斯文明的中心克里特岛位于希腊半岛的南方，远离希腊本土。米诺斯人是善于贸易和航海的民族，他们制作的陶器远播埃及，其艺术也深受埃及人的影响。米诺斯人有自己的文字，但我们尚未破译。

他们看上去并不尚武善战。米诺斯的艺术和建筑令人瞩目，宫殿的墙壁绘有跃出海面的海豚。在人们的最初印象中，这里是一个快乐、平和、由女性主导的社会。在粗大的红色廊柱和完备的排水系统之间绘有公牛起舞的图案，还有人们采集番红花的场景。不过，米诺斯文明作为一种有关历史的警示——而非来自历史的警示——尤其有用，它警示我们如何喜欢将历史浪漫化。

克里特岛的克诺索斯王宫是地中海东部最负盛名的旅游景点之一，被发掘面世已有一百多年的历史。克里特岛是一个散发着迷迭香气味的炎热小岛，观光者都会爱上这个世外桃源般的岛屿。克里特岛曾毁于一场大地震，震中就在圣托里尼岛。人们窃窃私语，认为这里简直就是"失落的亚特兰蒂斯"。许多现代欧洲人都会如此想象自己的先祖：他们崇尚和平、爱好艺术、无忧无虑，却惨遭厄运。这个故事一半是伊甸园，一半是泰坦尼克号。不过，这些都是胡扯。

至少以我们的标准衡量，克诺索斯王宫有着一定的年头。它的建造日期可以追溯到 1905 年到 1930 年之间——不是公元前，而是公元后。一位考古学家认为，这是克里特岛上第一批钢筋混凝土建筑。与莫斯科红场的列宁墓和勒·柯布西耶设计的现代建筑一样，克诺索斯宫也饱受非议。如今，日益扩张的城市正逐渐蚕食这片遗迹。但凯茜·吉尔发现，克诺索斯王宫恰好适合这种局面："今天，全希腊到处都是烂尾的现代主义废墟，低矮丑陋，'瘦骨嶙峋'，几乎没有攀爬的余地。"[26]

英国考古学家阿瑟·伊文思爵士终其一生都致力于重建一座半真半假的青铜时代王宫——其中充斥着各种仿古画。克诺索斯王宫是由一位希腊当地的古物学家发现的，并于 19 世纪 70 年代开始发掘。伊文思受过良好的古典学教育，其从事造纸生意的家庭非常有钱。在克里特岛从奥斯曼帝国独立后，伊文思就买下了整个王宫遗址。伊文思的朋友德国考古学家海因里希·施里曼在 1871 年发现了特洛伊城遗址（但不慎毁掉了其中一部分）。与他这位朋友一样，伊文思也把自己视为沟通古今世界的桥梁。他认为，古典时代更质朴、更高尚，唤醒这段记忆有助于抹去肮脏的工业社会给现代欧洲留下的污点。正如吉尔所言，精神的渴望为伊文思注入动力，令他神采奕奕，希望在现代世界中“重现异教文化的魅力”。

为实现梦想，伊文思首先用木料和石膏加固严重受损的建筑物。随后，他又逐步运用新近发明的具有柔韧性的钢筋混凝土改造这些建筑。从某种程度上说，伊文思重新构想的克诺索斯王宫建筑群精确、合理。不过，也有专家认为，这些建筑只是现代人的臆想。伊文思正在寻找一处安静祥和、没有性禁忌的天堂。在克里特岛，他没有发现任何军事要塞存在的证据。不久之后，他委派了一批现代艺术家去“润色”那些古老的壁画。但这些人的工作太过彻底，简直是在创作全新的画作。有一对瑞士裔的法国人父子，他们的名字都叫埃米尔·吉耶隆。这对父子创作了许多仿古画，但这些作品完全没有事实依据，与米诺斯文明相去甚远。尽管如此，这些仿古画在世界各地一再被复制，而他们的造假工作从未中断。

根据伊文思的臆想，这些仿古画加入了非洲黑人战士的形象。他们受米诺斯人的雇佣，侵入希腊本土。伊文思经常把希腊人与日耳曼人的穷兵黩武联系在一起。精明的观察者一定感觉事有蹊跷。在参观伊拉克利翁博物馆展出的画作时，英国小说家伊夫林·沃写下了自己的疑惑：“这些画家将精准重现米诺斯文明的狂热与偏好《时尚》封面的癖好混在一起了。”[27]即使是“米诺斯”这个名字也源于伊文思的信念，他认为这座宫殿是著名的米诺斯王迷宫的原址。在这里，古典神话英雄提修斯杀死了半牛半人的怪物米诺陶洛斯。这则神话将米诺斯王安置在克里特岛，而米诺陶洛斯在迷宫中会吞食雅典的童男童女。这个故事听起来实在有些血腥。至于米诺斯人如何称呼自己，我们已不得而知。

从这些残垣断壁中，我们能获知哪些有关米诺斯人的真实信息？他们的文明存续了大约 1300 年。米诺斯人经历了一系列自然灾害，其中包括一次极具破坏力的大地震、一次火山大爆发，以及一场大海啸。这场海啸摧毁了沿海的居民区和他们所有的重要船只。近期的考古发掘表明，克里特岛经历过类似 2004 年亚洲大海啸造成的巨大破坏。米诺斯人的“宫殿”分布在克里特岛各地，由石子路连接在一起。那里是城市中心、宗教中心和贸易中心。米诺斯人的商品包括锡、绘有图案（而非仿制）的精美陶器、各种食物和油品等日用必需品。他们的农业生产很发达。人们信奉公牛崇拜，通常由女祭司主持宗教活动。在娱乐活动和宗教仪式中，米诺斯人会纵身跃过公牛，抓住牛角以控制公牛的身体——我们可以在古代壁画中看到这一场景。与现代的斗牛相比，这种行为要危险得多。即使他们的艺术品没有后世赝品那般华丽，其线条的繁复程度已足够吸引人们的眼球。

米诺斯文明也有黑暗的一面。当代人认为，米诺斯人确实爆发过战争，也确实有用于防御要塞的城墙。在克诺索斯王宫附近，有一处名为阿尼莫斯皮利亚的考古遗址，那里挖掘出一座神庙，它质朴无华，一如伊文思想象中克诺索斯王宫的样子。1979 年，由希腊人领衔的考古队在神庙中发现了三具骸骨。显然，这些人死于火山爆发的余波。考古人员认为，其中一具骸骨属于一位 28 岁的女祭司，另外一具骸骨属于一位男祭司，而第三具骸骨则属于一个 18 岁的男孩。男孩被绑缚着，身体蜷缩成胎儿的姿势，身上插着一把精美利刃。黑色的骨头与白色的骨头排列在一起，这说明在灾难来临时，他已失血过多，濒临死亡。显而易见，这个男孩是人祭，用来平息火山爆发。

米诺斯文明远不是一个宁静祥和、罗衫飘逸和喜爱海豚的社会，其血腥程度不亚于任何社会。就像最早的克罗马农人一样，他们可以将艺术之美与同类相食融合在一起。同样，在欧洲文明初始阶段，人们也会将美丽事物和活人献祭融合在一起。大自然反复无常，人们难以适应气候，狩猎—采集者只有更加努力才能应对大自然的挑战。同样，他们的后裔米诺斯人也要努力应对大自然的威胁，而这些威胁足以毁掉他们的生活方式。在此之后，人类才开始学习如何改造自然。然而，除一些宜居的河谷外，人类能否取胜还是未知数。

米诺斯文明的结局扑朔迷离。大多数学者认为，米诺斯文明不可能毁于某一场大灾难，而这是在导游那里常见的说法。尽管如此，反复出现的火山爆发和大地震使米诺斯人元气大伤。因此，对于从希腊本土入侵克里特岛的迈锡尼人来说，米诺斯人简直就是个“软柿子”。讲希腊语的民族取代了已经灭亡了的米诺斯精英阶层。但好景不长，希腊人的文明也很快神秘消失了。正如我们即将看到的那样，地中海世界生机勃勃的青铜时代戛然而止，留下的谜团不断撩拨人心。

到此为止，夏娃的后代已经奠定了现代世界的基础。在长达5万年的时间里，那些我们叫不出名字的人类完成了大部分奠基工作，而他们使用的大多数语言至今仍难以索解。他们清理森林、发明农业、建造第一批城镇，并且在数学和文字领域向前跨了一大步。发明文字之后，人类才能留下名字和故事。他们创建了一整套等级制度，培养出军事精英。是的，他们已经发明了战争！

第二部

为战争一辩

第一个辉煌的帝国时代，从亚述人到亚历山大大帝，
战争如何推动了宗教、著述和哲学的巨大飞跃

战争越来越频繁：枯燥的编年史充斥着傲慢、嗜血的国王，充斥着化为焦土的城市，苍蝇在尸体上嗡嗡乱飞。历史果真只是如此吗？确实，早期的地中海世界、印度和亚洲见证了无休无止的战争，帝国之间、军队之间相互绞杀。你可能认为，人类文明会因此退回黑暗时代。大约在 3000 年前，人类文明的摇篮确曾神秘般地陷入崩溃。各地考古学家发现：人口锐减，宫殿废弃，技艺（包括文字体系）失传。

但是，灾难过后，新帝国重新崛起。这些帝国拥有铁制武器，记录了自己的历史和战争进程。无论如何残酷，一个尴尬的事实是，战争是人类历史变革的巨大推动力。当我们伸手掏钱的时候，当我们在民主体制下争辩极端分子的危害和讨论文化交流的时候，当我们使用字母文字记录我们的思想的时候，当我们阅读报纸头条关于传统家庭面临威胁的报道的时候，我们都在使用那个遥远时代发明的工具和思想。那是一个帝国的时代、思想家的时代、武士领袖的时代。

所以，我们在下面会分别谈到希腊、印度和中国的战争。

希腊的荣耀和第一批帝国

> 女神啊，请歌唱佩琉斯之子阿喀琉斯的致命的愤怒，
> 那一怒给阿开奥斯人带来无数的苦难，
> 把战士的许多健壮英魂送往冥府，
> 使他们的尸体成为野狗和各种飞禽的肉食……
>
> ——荷马，《伊利亚特》

历史文献中记载了这个故事，我们至今仍在阅读。故事起源于激战正酣之时，以英雄阿喀琉斯的愤怒开端。故事的时间跨度只有两个星期，蕴含了争吵、勇气、愤怒和城墙下的血腥死亡等情节。故事发生在围城战陷入僵局的第 10 个年头。这就是荷马的《伊利亚特》。在这部史诗和另外一部讲述旅程和磨难的伟大史诗《奥德赛》中，荷马开始创造希腊人的身份认同。对古希腊人而言，这两部史诗堪称《圣经》和莎士比亚的合体，是文化认同的渊源。这两部史诗是修辞表达的集大成之作，是演说家的宝库。

在公元前 5 世纪，有教养的希腊人都以能背诵长诗为傲。从那时起，荷马的故事、诱拐海伦和特洛伊木马等神话就进入了世界意象空间，影响及于罗马的平头百姓、莎士比亚时代的英格兰诗歌和现代的电影制片人。在这里诞生了真正的世界文化，这是已知最古老的西方文学作品。《伊利亚特》讲述的是战争的故事，而且异乎寻常地令人信服。在这场战争中，军事领袖通常心胸狭隘，有时甚至会投入敌营。疾病在军营中肆虐，伤痛消磨着人的意志。敌人也深受尊敬，而不仅仅是仇恨。在故事中，好人往往会不得善终。这部史诗将暴力与荣耀连接在一起，其作者认为，人类对战争的渴望是愚蠢的，自讨苦吃。他在内心深处排斥战争，因此创作出一部反映人类处境的不朽之作。

在这几百年间，人类的核心文明从青铜武器发展到铁器兵器、从口头传说发展到用文字记录故事。作为一种黑暗力量，战争推动变革的作用无法忽视。在中国、印度和地中海世界，冲突促进了诸多事物的发展，如金属冶炼、车轮、马术、航海、数学和算术，以及建筑和宗教。显然，这个问题不是非黑即白。考虑到即将发生的事件以及在铁器时代之前的历史，希腊似乎是个不错的叙述起点。在铁器时代来临之前，希腊曾拥有一个更美好的未来，但这个未来将会被扼杀。黑暗将降临希腊的迈锡尼，也就是荷马英雄们生活的世界。宫殿和城市遭到破坏，人们逃离家园，最终竟然丧失书写能力。劫后余生的希腊人用荷马史诗唤醒身份认同，他们将自己的困境归罪于战争。

我们并不了解当时究竟发生了什么。公元前 1000 年前后，某场大灾难或一连串灾难袭击了地中海的东部地区，导致各地人口锐减。在古典时代早期，倘若在大灾之后到达这里的希腊人认定这场浩劫与特洛伊战争有关，那么战争就会成为故事的一部分。历史学家认为，在北方的多利亚人部落入侵时，当地的希腊小国已被战争摧残得奄奄一息。多利亚人乘虚而入，毁灭了希腊诸国。但还有另一种说法，他们认为这些小国的崩溃可能与自然灾害有关——气候变化或一系列大地震是罪魁祸首。随后，在幸存者之间爆发了战争。不过，任何单一理由似乎都不够充分。

在这场神秘的大灾难降临前，青铜时代的地中海世界一片繁荣。出土的文物和铭文已经成为我们知识结构的一部分。其中最引人瞩目的考古发现是一艘商船，它曾在特洛伊战争爆发的百年前沿土耳其海岸航行。1984年，一名潜水员首先在海底发现了这艘沉船。在此后10年间，水下考古学家发掘并复原了这艘名为“乌鲁布伦”的沉船。通过对船上木柴进行分析，考古学家将这艘沉船的历史追溯到公元前1310年左右。根据研究，这艘由黎巴嫩的香柏木和橡木制造的商船可能驶自塞浦路斯或巴勒斯坦，目的地则可能是罗德岛或赫梯帝国。在靠海岸航行的时候，这艘商船突然沉没。当时，水手们正在吃饭，我们已经发现了他们吐掉的骨头。[1]

不过，这艘商船运载的货物更令人称奇。船上有大量精制的铜锭，均来自塞浦路斯的铜矿，其形制很适于牲畜背负。船上还有一些锡锭，是人们用来冶炼青铜的原料，而青铜则是铸造盔甲、武器和各种工具的原料。考古学家还发现了数袋钴矿石、绿松石、薰衣草色的玻璃、多件乐器、几罐珠子、产自迦南地区的橄榄和染料、非洲的黑色硬木、埃及的黄金首饰、象牙和河马牙、鸵鸟蛋壳和龟壳，以及产自意大利、巴勒斯坦和希腊的刀剑。除此之外，船上还有一些兵器。一般认为，这些兵器产自保加利亚和阿尔卑斯山区。船上的工具也不少，如斧子、钻头、钳子和锯子。食物五花八门，有松子、无花果、芫荽、杏仁和石榴。而且，人们还发现了产自波罗的海的琥珀和埃及王后奈费尔提蒂的印章，还有两本用黄杨木、象牙和蜂蜡制成的刻有字迹的小册子——一种荷马曾描述过的记事本。

这仅仅是一艘沉船上的发现，这艘船体积不大，竟奇迹般地保存了3300年。船上运载的货物仿佛是一个结点，将意大利、巴尔干、撒哈拉以南非洲、波罗的海、亚述、迈锡尼和埃及连接在一起。它鲜活地呈现了一种失落的文化——一种富庶、成熟的世界主义文化。这艘偶然发现的商船颠覆了许多有关青铜时代的陈旧观念，让人认为文明也许是从数百年的商业竞争中诞生的，而不是军事对抗的产物。

事实并非如此。在铁器时代，一再激起变革的是战争，而非贸易。荷马史诗的听众们隐约记得的战争终将让位于一个冲突的时代，而这个时代造就了我们人类今天的文明。这些文明的要素包括西方的字母文字和东方的象形文字、伟大的古希腊哲学和中国的儒家思想、我们仍在运用的建筑样式，以及启发数十亿现代人的宗教观念。

民主是一个强加给希腊步兵方阵的观念，强调士兵人人平等，彼此保护，共同对抗骑马的富人。一神教出现在一个在帝国夹缝中求生存、屡遭野蛮入侵和奴役的弱小部落中，而诸侯国旷日持久的战争经历则催生了中国有关秩序和责任的观念。相对而言，那些很少受到战争或入侵威胁的文化——如埃及文化——往往凝固不变，无法给人类共同的历史留下有价值的元素。因此，我们不得不追问：安静祥和的地中海世界向外部世界输出原材料和奢侈品，但自己却主要依靠畜牧和捕捞为生，这样的社会经济环境可以孕育出索福克勒斯或伯里克利吗？战争是最糟糕的人类集体经验，烧杀劫掠、饥荒和有形无形的毁灭都由此产生。然而，战争也带来变革，有时甚至使社会变得更好。

在荷马史诗中，战争的不确定性令人纠结。希腊和特洛伊的英雄们都不同凡响，他们年轻、高贵、充满活力。回首英雄时代，荷马的许多听众相信，在特洛亚海岸登陆的希腊人都是巨人。人们将史前巨兽的骨骸当作超级英雄们的遗骨，认为英雄们的所作所为搅扰了奥林匹斯众神没完没了的下午茶。然而，荷马展现了英雄们人性的一面，他们也会怒发冲冠、牢骚满腹、大言不惭、追名逐利。在生命终结时，他们并没有前往南方那座金碧辉煌的瓦尔哈拉神殿，也没有躺入处女们的温柔乡，而是就此逝去，进入了阴森、恐怖的冥府，成为影子一般的阴魂。[2]

荷马史诗将激越与忧伤融为一体。只有了解荷马的听众及其身处的时代，我们才能理解荷马的教诲。当时的希腊人正处在青铜时代迈锡尼的英雄们陨落之后与古希腊城邦诞生之前的时期。我们对荷马几乎一无所知。传说他是个盲人。一些学者甚至否认他的存在，认为“荷马”只是某个匿名团体的简称或说书人传统的代称。但其他学者并不认同这种观点，他们认为荷马史诗结构精巧、内容连贯，肯定出自一人之手。无论他或他们（出于简化的目的，下面我将使用单数人称代词）是谁，荷马使用的是一种希腊方言——爱奥尼亚语。这种语言曾流行于今天的土耳其西海岸，也就是特洛伊城所在的地域。

根据史诗中隐含的线索，如今的历史学家判断荷马大约生活在公元前750年左右，在他讲述的那场战争之后500年。然而，《伊利亚特》的部分章节似乎更古老，尤其是著名的“船录”。这份目录罗列了组成希腊军队的许多城邦和民族，描述的是青铜时代的政治格局，而不是荷马时代。荷马可能只是记录了史诗，而不是创作了史诗。因为早在大约50年前，希腊人就开始使用改良后的字母记录事物了。

特洛伊城是真实存在的。从1871年到1873年，上文提到的德国冒险家海因里希·施里曼首先发现了一系列古代聚居点和军事要塞，他认为这里与荷马描述的攻城战的地理与方位十分吻合。非常不幸，施里曼的考古经验不足，他挖掘得太深，也太仓促，可能毁坏了特洛伊城的大部分遗迹。特洛伊城的遗址是诸多考古发掘层中的一层（但究竟是哪一层，现在仍有争论）。由石灰岩城墙保护着的“特洛伊VI”大约建成于公元前1350年，拥有数座7米高的高塔、一座内城和一口深井。这座遗址中的黄金珍宝令人叹为观止，其中包括一顶王冠。施里曼认为，这顶王冠属于特洛伊的海伦。但事实上，它的年代更古老。特洛伊城无疑是座举足轻重的强大城市，地理位置绝佳，便于对外贸易和向过往船只索取贡物。

特洛伊或伊利昂是赫梯世界的一座城市，为其提供保护的赫梯帝国统治着整个安纳托利亚地区。赫梯人很早就使用铁器，是驾驭战车的帝国主义者。直到最近，通过一系列重要的考古发现，赫梯帝国的历史才重见天日。对赫梯人来说，特洛伊只是帝国西部边缘地区的一个附庸国。赫梯人有自己的文字。考古学家在其都城哈图沙发现了许多石板，上面主要记录了外交等方面的内容。通过这些内容判断，当时存在一个富庶、繁密的军事和贸易网络，而特洛伊只是其中的一个结点——赫梯人称其为“威鲁沙”。

我们对围攻特洛伊的希腊人也有所了解，因为他们的城镇遗址得以保存。希腊人也有自己的文字，这种原始的文字被称为“线形文字 B”。人们通常称他们为迈锡尼人，这源于那座拥有狮子门的著名城堡——迈锡尼城。荷马告诉我们，迈锡尼城就是阿伽门农王的都城。那里是希腊早期最主要的防御据点之一。不过，最近有学者指出，忒拜城至少具有相同的地位。希腊人呢？在特洛伊战争爆发前 500 年，他们已经侵入各个山谷和岛屿，命名了这些地方。他们都是战士，以氏族制度为基础，在希腊本土的山顶上修建了防御要塞。他们很快成了老练的水手和劫掠者，这也许加速了米诺斯文明的灭亡。

迈锡尼人将战败者掳为奴隶，他们中的一些人很可能就是令古埃及人闻风丧胆的神秘的“海上民族”。他们发展了殖民地和海外贸易，制作的陶器出现在地中海东部各地。赫梯人的历史文献将他们视为单一民族，抱怨他们恶贯满盈。有一次，他们曾将 7000 人从安纳托利亚掳掠到迈锡尼。[3]希腊人的历史文献也罗列了战利品和奴隶数量：“俘虏了 21 个尼多斯妇女及其子女：12 个女孩和 10 个男孩。另外，还有米利都和特洛伊的妇女。”[4]

在迈锡尼时代，希腊人的联盟会与特洛伊人开战吗？很有可能。特洛伊城距离很近，而且十分富庶。今天的历史学家认为，战争很可能是由征收贸易税引发的，而不是因为斯巴达的美艳王后海伦被诱拐。在青铜时代，妇女的社会地位很高，经常在战争中被俘虏。而斯巴达人对海伦的崇拜一直延续到古典时代，因此部分故事情节可能有据可查。遗憾的是，在特洛伊战争之后，仅仅几代人的时间，一块巨大的黑幕就降临地中海世界。多座宫殿遭到遗弃。迈锡尼人杰出的黄金加工技艺逐渐失传，文字也销声匿迹。

荷马的第一批听众是贫困的流民。这群难民纷纷逃离家园，不断追忆往昔的美好岁月。他们总在问：“到底哪里出了问题？”《伊利亚特》只是一部更长的史诗的一部分，那部史诗至少有六个组成部分，但如今大部分已经遗失。整部史诗讲述了战争的起源和结束——以特洛伊的陷落和毁灭为结局。[5]荷马史诗长 1.57 万行，根本无法一次背完或听完。它很可能是为长达数天的节日准备的，或者像现代的电视连续剧，一段一段地由人诵读。

然而，整部史诗是一个巨大的悖论：战争可以给予，战争也能剥夺。没有特洛伊战争，就没有荷马。没有荷马，就没有我们熟悉的希腊古典文化。当这群人重现历史，诉说阿喀琉斯和赫克托耳的故事、帕里斯和海伦的故事的时候，他们将会创造出最光辉灿烂的古代文明。

关注知识——请抱持谦卑的态度

他们利用一种新发明创造了自己的文化，这种发明简单、灵活，塑造了西方世界。据我们所知，发明者不是某一个人，而是诞生于一个神秘的民族。这个民族并没有给这个世界留下明显的痕迹。

“关注知识：此时此地，在墓室里，你一定要谦卑！”这句简短、直白的警语出现在一座王陵的地下通道中。1925 年，在黎巴嫩的港口城市比布鲁斯，人们发现了这位国王的石棺。石棺上画着国王亚希兰端坐王位之上，一位女祭司向他献上一朵莲花。这个场景很普通，每一位国王都会遇到。国王的身边有几座狮身人面像，还有一段更长的铭文，似乎在讲述涉及一对父子的葬礼。这段非常隐晦的文字警告盗墓者：“请在祭典后擦掉酒杯上的痕迹。”这些话在当时可能是一种狠毒的威胁。另一段被翻译过来的话则比较直白——在埋葬父亲后，儿子奉劝盗墓者离开：“愿他的权杖被剥夺，愿他的王位倾覆。”

然而，使亚希兰国王的石棺卓尔不凡的并不是铭文的内容，也不是其艺术形式，而是它使用的文字。这是已知最早的腓尼基字母，出现在 3000 年前的比布鲁斯。铭文中包括 22 个简练的字母，简单，便于记忆，所有字母都是辅音字母。腓尼基字母先后衍生出了古希腊文、亚兰文和意大利的伊特鲁里亚文，还有拉丁语和所有欧洲语言。许多学者相信，印地语和婆罗米文都来源于亚兰文。这意味着，腓尼基人的创造几乎覆盖了除中国和远东之外的世界各个地区。“Byblos”（比布鲁斯）一词演变成“Bible”（圣经）一词绝非巧合。比布鲁斯城出口用于书写的纸莎草纸，希腊语就用“纸莎草纸”一词指代书籍。后来，这个词又衍生为“圣经”。

腓尼基人是谁？这又是一个希腊词语，意指起源于迦南地区的一个民族。他们生活在沿海地区，以贸易为生。他们大致生活在今天的黎巴嫩、叙利亚和以色列，可能是被残酷的亚述人的战争机器驱赶到这一地区的。在当时，亚述人非常活跃。沿海地带的迦南人是杰出的造船者和水手，他们将推罗港和比布鲁斯港，以及后来伟大的殖民城市迦太基变成了地中海的贸易枢纽。在古埃及语中，“比布鲁斯船”用来指称那些冒险进入深海的船舶。根据传说，在公元前600年，腓尼基人曾经围绕非洲海岸航行了一圈。这个传说有些荒诞，但怪异的事实使这则传说听上去有几分可信——故事的传播者声称，他们发现正午的太阳高挂于船舷的右侧。我们对腓尼基人的模样和崇拜的神祇知之甚少。他们头戴锥形的帽子，身穿简单的棉质长袍，佩有黄金首饰。男人会梳理头发，蓄着油腻腻的长须。根据浮雕和铭文的记载，与古代世界的普通妇女相比，腓尼基女性似乎更有权势，也更加自由。

最著名的腓尼基神话人物是推罗的狄多，即人们熟知的埃莉萨。公元前813年，她利用智慧骗过了北非的土著人，创建了迦太基城。当地的土著人原本应允她一块只有牛皮大小的土地。但是，狄多将整块牛皮切割成一根根细绳，圈出一大片土地，在那里定居下来 。狄多还爱上了埃涅阿斯，他是从特洛伊逃难来到迦太基的，准备前往意大利。当埃涅阿斯执意离开的时候，狄多自焚了。不过，这只是罗马人的说法。牛皮的故事说明，在青铜时代，人们认为腓尼基人是狡猾的骗子，这是所有时代商人难逃的命运。后来，腓尼基人还曾为波斯人和马其顿人效力，提供作战船只。腓尼基人是精明的中介人，掌握了记录商贸情况的便捷方法。

他们的字母是象形文字的简化版，本来是以图形表意，后来则转变为发音字母，一个符号代表一个读音。腓尼基字母的名称“gimel”“dalet”和“sin”原本来自三种意象，分别指代“骆驼”“门”和“牙齿”。它们的发音我们今天听来还有些熟悉。腓尼基文字的头四个字母分别读为“aleph”“beth”“gimel”和“deleth”。在我们看来，这些字母有点奇怪，它们与希腊字母或希伯来字母更相像。一旦符号和唇舌发音形成固定搭配，人们就可以用这些字母模仿我们说话的语言。这看起来平淡无奇，却是巨大的飞跃。

一旦知道这些字母的发音，你就能读出文字。无须辨识数千个微小的图形，你就能读懂它们的含义。这样记录信息的速度就会很快，因为字母很简单。而且，文字还能刻在蜡版上，就像在那艘沉船上发现的蜡版一样——上面肯定记载了商业信息。记录信息的商人非常繁忙，不能浪费时间。当然，虽然字母的拼写相同，但发音会有差异，德语和葡萄牙语的差异就是例证。因此，腓尼基人的经验可以在地中海世界广为传播，很快被各民族接受。我们确信，大约在公元前 800 年，也就是荷马讲述故事的前夕，希腊人接受了腓尼基字母，并进行了完善——在其中加入了元音。

希伯来文的源头也可以追溯到这种文字。所以，荷马史诗和《圣经》的作者都要向那个不为人知的民族致敬。在世界历史中，平淡无奇的目的会推动伟大的发明，字母文字的出现就是一个最好的例证。在多种语言混杂的市场中，商人们使用的符号超越了原初的目的，并改变了人类的生活。美国的军事通信系统也以类似的方式发展成为互联网，但其重要性却逊色得多。令人遗憾的是，腓尼基人没有留下有意义的著述——只有一些无聊的宗教诗歌和各种清单，以及死去国王们留下的禁令。

希伯来人的思想

如果不是创造了一种伟大的一神论观念，希伯来人只是徘徊在世界历史边缘的一个小民族，其来源也晦暗不清。希伯来人信奉唯一的全知全能的神，祂能与每位信徒建立联系。这种信仰源于写本，借助文字的力量广泛传播。它跃出发源地，像一连串思想风暴席卷世界各地，直至世人习以为常。一神论对世界的变革远超皇帝、技术或科学发现。

希伯来人信仰全知全能的神，祂不在某个特定的寺庙中居住，不在某条潺潺流动的溪水中，也不在某座雾霭笼罩的山顶上。祂倾听信徒们的呼求，回应人类内心深处的需求。不过，当这种观念形成时，人们都感到很怪异。英国首席拉比乔纳森·萨克斯认为这是一种转型，即从根植于现世的宗教转变为超越现世的宗教。人们不再在看得见、摸得着的世界中寻找意义："多神教的诸神吵嚷、喧嚣，根本无法超越宇宙。他们受制于自然，而没有创造自然。"相比之下，犹太人的神从外部世界赋予人类生命的意义，给人类降下新的政治盟约。"人们相互盟誓，服从共同利益，形成'我们人民的'政治。"[6] 这种新的理解方式将人们紧密地团结在一起。但遗憾的是，它也能用一种新的暴行使人群产生分裂。

历史学家对希伯来人如何形成一神崇拜存在激烈争论。我们甚至不知道他们最初来自何方。根据希伯来人的传说，一位名叫亚伯拉罕的人是最早的先知。他有可能真实存在过，降生于乌尔城。乌尔城沿河而建，以砖铺路，是一座日渐衰落的帝国城市，人们信奉美索不达米亚诸神。美索不达米亚人的宗教是犹太教的前身。传说犹太人被困在埃及长达 400 年之久。后来，在一位有着埃及名字"摩西"的人的带领下，犹太人打破枷锁，赢得自由，通过艰苦跋涉到达"应许之地"。他们赶走了当地的民族，在那里定居下来。然而，埃及的历史文献并没有相关记载，考古学研究也没有发现相关证据。《旧约》中的故事大约是在事件发生 700 年后才被记录下来的。

我们知道大约在公元前 1200 年，确有一个名为"以色列"的民族居住在今天以色列国的山区。这是因为埃及法老麦伦普塔赫遗留下一块自我夸耀的碑铭，上面列举了他曾击败的居住在这一地区的各个民族。这块铭文写道："以色列沦为废墟：其种不存！"[7]（这可能是指埃及人毁掉了农民的庄稼，而不是消灭了全部男人。）考古学家发现，这些人的文化与迦南人的文化非常相似，迦南人居住在离此不远的沿海地区。他们拥有相似的器皿、房屋和文字。更关键的是，他们似乎崇拜相似的神祇。生活在北部地区的希伯来人将他们的神称为埃尔，即迦南人的主神，而不是耶和华。希伯来人有 12 个支派生活在这一地区，其中一些支派可能到达此地要晚一些。他们可能曾是沙漠民族，起源于阿拉伯半岛，后来不断向肥沃地区迁移。“希伯来”一词的含义是“对岸的人”，即幼发拉底河对岸的人。因此，这些“迁徙者”或“流浪者”从一开始就将自己与邻近民族区分开来。

起初，希伯来人的神并不只有一个。埃尔神是一位父神，在神族中相当于宙斯的地位。他的妻子名叫阿瑟拉，儿子是风暴之神和丰饶之神巴力，女儿是阿娜特。人们尤其崇拜巴力，对其敬拜了很长时间。慢慢地，以色列各支派将自己与邻近民族区分开来。耶和华取代了埃尔。希腊风格的“神祇”可以在地上行走，发表自己的意见，介入人类的事务。正如我们在荷马史诗中看到的那样，这些喧闹的神祇就像足球场上的观众。后来，这种有关神祇的观念逐渐消退，人们逐渐将神视为一种更超验、更隐晦、更可畏的存在。这一转变过程历经数百年之久。学者们通过研究犹太人著作中最古老的部分——今天基督徒所谓的《旧约》——逐渐揭示了这一过程。

今天以色列、巴勒斯坦和黎巴嫩所处的沿海带状地区自古就是历经战火蹂躏之地。很不幸，生活在这一地区的民族发现自己身处两个伟大的河流民族之间，即埃及人和美索不达米亚人之间（包括底格里斯河流域的亚述人）。我们已经见识了贸易如何推动腓尼基人发明字母文字。正如之前内容所示，本部分的主题是验证战争也能推动发明创造，而以色列人就是这方面的绝佳例证。冲突迫使他们逐渐走向成熟的一神教。

大约 3000 年前，以色列人建立了王国，其王室包括几个著名的人物，如扫罗、大卫和所罗门。他们击退了另一个先进的沿海民族——非利士人。在人们的记忆中，这个王国是独立的古以色列国的顶峰。在那里，由士师和先知组成的精英阶层发展出一种新的有关宗教和伦理的思维方式。以赛亚和耶利米等先知都曾说过，在全知全能的上帝的永恒律法之下，才有公义和平等存在。这些律法比由国王或皇帝颁布的法律重要得多。

然而，在公元前 8 世纪，这个王国分裂为两个国家：北方的以色列王国以撒玛利亚为都城，而南方的犹大王国则以耶路撒冷为都城。当时，战争的一个积极后果就是驱逐战败的社会精英。战败的国王、教师和工匠没有遭到屠杀，而是被掳掠至战胜国的都城，从事各种强制性劳动。这会使战败国群龙无首，在某种程度上是一种去文明化的方法。公元前 722 年，以色列王国遭此厄运，居住在王国内的 10 个支派被消灭，大约 2.5 万人遭到放逐。征服以色列王国的亚述帝国——它的国都是宏伟的尼尼微城——拥有多位战功赫赫的国王。他们兼用言语恫吓和酷烈手段将中东的大部分地区变为自己的属地。在当时，装备精良的亚述军队是一支最专业的军事力量。与他们作对的人都会受到惩罚，包括斩首、剥皮、穿刺或流放。我们之所以了解亚述人的种种残忍行径，是因为他们喜欢在泥板铭文中自吹自擂。这些制作精美的物件完全是恐怖的战争宣传，目的是威慑到访尼尼微城的人们。

以色列王国陷落 20 年后，亚述军队再次兵临城下，犹大王国起兵反抗。拉吉城毁于一旦，但耶路撒冷却幸免于难。因为这座城市向征服者大肆行贿，或者是由于亚述军队在攻城期间突然爆发了疫病。后来大祭司希勒家在圣殿的一角发现了一卷由耶和华向摩西颁赐的律法书。根据文献记载，在国王约西亚统治时期，祭司们要向民众宣讲犹太人的全部历史，宗教发展由此进入了一个新的时期。改革措施愈发激进。[8] 人们摧毁了古迦南人的偶像——巴力神和阿施塔特神。男妓被逐出圣殿。但犹大王国仍然很弱小，是个软柿子，被相互竞争的帝国捏在手心里。在新帝国到来之前不久，约西亚就被埃及人击败了。

新来的征服者是可怕的巴比伦人，他们的国王是尼布甲尼撒。巴比伦人的攻势分两个阶段。在第一阶段中，犹大王国的国王及其一万名子民被俘。然而，犹大王国并未彻底毁灭。他们随后发动了一次大起义，领导者之一是先知耶利米。公元前 586 年，巴比伦大军再次来犯，耶路撒冷遭受猛烈围攻。长达数月的围攻战使城中爆发了饥荒，甚至出现了人吃人的现象。百姓惨遭蹂躏，城市几近毁灭。又有 2 万人被俘，但这次的目的地不是尼尼微，而是巴比伦。耶和华的圣殿几乎被夷为平地。[9] 著名的“巴比伦之囚”开始了。在此期间，被俘的人们俯伏在河边痛哭，怀念家乡的锡安山。

对耶路撒冷人来说，他们的城市只是一座尘土飞扬的小城，而巴比伦则是一个庞然大物。巴比伦是最重要的世界中心之一，是中东各民族的大熔炉。在巨大的城门之下，在金字塔墓的近旁，在各座神庙和空中花园之间，各民族混居杂处，相互往来。蓝黄色的琉璃瓦闪闪发光，公牛、狮子和神龙的雕像矗立在街道旁。城中还有很多宽阔的道路，人们可以在这里列队游行。如果明智的话，这些被俘之人应尽快适应当地生活，并融入其中。但犹太人却拒绝这样做。他们的士师和祭司遍查经书，认定耶和华并没有随圣殿一起灭亡。相反，祂像一片巨大的树荫，始终跟随祂的子民，在囚禁之地与他们共存。然而，神只与谨守律法的人同在。最初，这些律法只与祭司有关。他们必须使自己有别于外邦人。

割礼、禁食猪肉、日常祷告及对圣典的进一步润色都增强了被俘犹太人的民族认同感。虽然身处熔炉之中，但他们未被融化。当然，犹太人也受到了巴比伦的影响。《圣经》中的许多故事都取材于两河流域。例如，大洪水的故事就参考了美索不达米亚的著名神话；又如，变乱人类语言的巴别塔故事也源于当地的传说。同时，耶路撒冷的可怕遭遇使犹太人的宗教蒙上了一层阴影，诸如上帝之怒和末日审判这样的观念愈发强烈。

所有这些对于世界宗教史来说都很重要。在战争和流放的影响下，希伯来人逐渐形成了一套上帝观念。这套观念以文本为基础，但并非一成不变。在此基础上，所有信徒都被一视同仁（但他们要使自己区别于那些不认信的人）。这个宗教包含了一部经典、平等的观念和对唯一真神的信仰，并自称具有普世性。在此之前，也曾出现过一神论信仰和成熟的宗教体系，如波斯的琐罗亚斯德教，但远未达到过如此的高度。后世的犹太教、基督教和伊斯兰教都沿用了这种模式。对劫后余生的犹太人来说，耶和华仍掌管着空空如也的圣殿和圣所，祂必将重返那里，接受信徒的膜拜。然而，与其他神祇不同，耶和华不是某一处神庙或某一片土地上的神祇。祂不需要通过某一处圣地与信徒进行沟通。

现代一神教产生了。巴比伦之囚为时不久。仅仅 45 年（相较而言，犹太人传说曾在埃及流亡了 400 年之久）之后，波斯大王居鲁士就击败了巴比伦人。他将希伯来人释放，后者携新事物返回了家乡。

身着跨文化服饰的居鲁士

犹太人得以返回犹太国——并因此发展了本民族的信仰，且后世的基督教和伊斯兰教都由此生发——仅仅归功于一个人。他是唯一被授予“弥赛亚”尊称的非犹太人。在今天的伊朗，曾经辉煌一时的都城帕萨尔加德已成陈迹，遍布尘土的遗迹上只矗立着一根石柱。人们相信，石柱上的雕像刻画的就是他的形象。这个蓄须的男人穿着飘逸的外袍，头戴奇特的王冠，身后长有四个翅膀。石柱上的铭文内容很简单：“我，居鲁士大王，是阿契美尼德人。”

显然，居鲁士的服饰是跨文化风格的。他的外袍是居住在伊朗西部高原的埃兰人的风格；王冠是埃及人的风格，但绳结却是亚述人和腓尼基人的风格；而四个翅膀则是波斯人的风格。[10] 他想传递什么信息？居鲁士留下了另一段字数更多的铭文，这段铭文帮助我们回答了这个问题。铭文被记录在一个鼓状石柱上，人们称其为“居鲁士圆柱”。这根圆柱被发现于巴比伦，现存伦敦的大英博物馆。制作圆柱的年代是在居鲁士攻陷巴比伦（但他坚称是和平占领）及释放犹太人之后。与之前提到的那个有翼浮雕一样，制作这个圆柱的目的也是为了宣传。居鲁士二世希望以此影响后世对这段历史的看法。铭文以“凝望我”开篇，这是一种常见的格式。随后，铭文以一种居高临下的口吻述说：“我，居鲁士，是寰宇之王、伟大的君王、强大的君王、巴比伦人的君王、苏美尔人和阿卡德人的君王……世界四极之主……”

这是一种标准的程式。但居鲁士想告诉我们的第二件事是，拥护犹太人上帝的大王对巴比伦人的马杜克神也青眼有加——“我每天都敬拜他”。除了释放奴隶和重建家园，居鲁士还重建了各种圣殿，不仅供奉马杜克神，也供奉新帝国周边各种低等神祇，“在底格里斯河的对岸，他们的圣殿早已成为废墟，他们的神祇暂居我们的土地。我将归还他们土地，让他们的神祇永居圣所”。

居鲁士及其后嗣对希腊人非常着迷，而希腊人则相信，与其他民族相比，波斯人对外来影响持更加开放的态度。有人认为，波斯人最初是游牧民族，他们往往通过借鉴和吸收定居民族的建筑、服饰、战术和神祇来推动自身文明的进步。但历史也有很多反例：野蛮的侵略者只是烧杀抢掠，然后转身离去。希腊人曾试图理解铁器时代的这个历史迷思：一个鲜为人知的部落何以会突然在亚洲崛起，并建立、维系了如此伟大的一个帝国。然而，与犹太人不同，希腊人误解了居鲁士。

居鲁士很清楚，他的波斯同胞只是少数群体，但他们却征服了许多古老且盛极一时的文明。居鲁士采用了新的统治方式。在其执政时期，只要不谋反，人们可以自由地信奉宗教、延续风俗。这是历史上第一个多元文化的帝国。但这个帝国并没有因此化剑为犁，也没有因此善待敌人。居鲁士二世几乎一生都在与人交战，尽管他修建了一座瑰丽的都城。这座都城拥有许多精心营造的花园，人们称之为“paradeiza”（后来这个词演化成“paradise”——天堂）。大多数历史文献记载，居鲁士战斗到生命的最后一刻。其中最动人的记载是，当时他正与一个由名叫托米丽斯的女人领导的凶悍部落作战，这个部落就生活在今天的哈萨克斯坦。他骗敌人喝下了一种不常见的烈酒，因而获得了战役的胜利。但托米丽斯随即展开报复，率领军队发动了第二轮攻击，这是古代最惨烈的战役之一。结果，居鲁士身首异处。他的尸体被运回都城帕萨尔加德，其简朴的石灰岩陵墓至今仍矗立在那里。

这个故事源自“历史学之父”希罗多德——后世心怀嫉妒的对手称其为“谎言之父”。他可能拜访过巴比伦城，为其终身之作搜集资料。这部著作记录了希腊人和波斯人的战争史。希罗多德的故事扣人心弦，他倾力搜集第一手资料，并广泛游历了古代世界。他有着新闻记者般的热情，善于对故事情节抽丝剥茧，从不干巴巴地记录史实。在他生活的世界中，神祇们如影随形。人们坚信神谕和睚眦必报的诸神，迷信程度远胜我们。也许，他并没有告知我们历史的真相，也不注重事物发展的因果关系。但是，希罗多德记录下了街头巷尾普通人的所思所想。

希罗多德说，居鲁士是米底国王阿斯提阿格斯的孙子，这可能是真的。他还说，居鲁士的祖父阿斯提阿格斯曾梦到女儿“撒了大量的尿，这尿不仅涨满了全城，而且淹没了整个亚细亚”。[11] 人们认为，梦中女儿的行为很不得体，被视为不祥之兆。因此，阿斯提阿格斯将其嫁给一个温顺、敦厚的人，名叫冈比西斯。在女儿怀孕后，年迈的阿斯提阿格斯又做了一个梦。这次他梦见女儿的子宫里生出了葡萄枝蔓，遮住了整个亚洲。当时，弗洛伊德博士还尚未降生，但麻葛（古波斯祭祀阶层的称号）将其解释为阿斯提阿格斯的孙子将篡夺王位。所以，老国王下令夺走并处死男婴。

大臣不忍下手，将任务交给了一对穷困的牧羊人夫妇。他们带走了男孩，视如己出，将其抚育成人。长到10岁的时候，这个男孩（即居鲁士）和其他孩子玩一种名为“国王”的游戏。他举手投足都显露出高贵的气质，因而引起人们的怀疑。当年没有杀死居鲁士的大臣受到惩罚，他的儿子被烹煮成菜肴端到自己的面前。在麻葛的建议下，阿斯提阿格斯饶恕了居鲁士。后来，居鲁士率领波斯士兵背叛了国王。阿斯提阿格斯认为麻葛应为糟糕的局面负责，将其处死。尽管如此，老国王最终还是被推翻了。

居鲁士善待了残暴的外祖父，允许他继续在王宫里居住。虽然夹杂了淫秽的传闻和传统的神话故事，但希罗多德的叙述揭示出居鲁士的真实一面。这位历史学家在市井乡间搜集了很多见闻，反映了当时人们对居鲁士的看法。居鲁士是一个奇怪的混合体，他既残忍，又宽容。他来自一个古老的“军人—统治者”家族，其血缘和权威都存在疑问。作为军人，居鲁士将各民族的军队联合在一起，并从亚洲引进了新战术。这为他赢得了一场又一场辉煌的胜利。

其中最著名的一场胜利是居鲁士击败了吕底亚国王克洛伊索斯。吕底亚位于今天土耳其西部。对希腊人来说，吕底亚人并不陌生。希罗多德说他们发明了金币和银币。这个观点很可信，因为吕底亚的河流中富含矿藏。考古学家在那里发现了一座年代久远的铸币厂遗迹，人们在那里冶炼金属、铸造钱币。如今，那条富含矿藏的河流仍在附近流淌。吕底亚铸造的钱币以重量和成色著称。因此，这种铸币的使用范围远超吕底亚这个小国。吕底亚人还创造了一套货币系统，居鲁士将其引入了波斯帝国。战争使吕底亚铸币在亚洲广泛传播。

希罗多德还曾提到梭伦。在古典时代，梭伦为雅典人建立了第一套完整的法律体系。据希罗多德所说，梭伦曾到访吕底亚，告诫克洛伊索斯国王：在死去之前，人们无法判断幸福与否，因为他们永远无法知道接下来会发生什么。当克洛伊索斯被架到柴堆上等待火刑的时候，他将梭伦的话告诉了波斯大王。居鲁士联想到自己，忽然心生慈悲，饶恕了克洛伊索斯，使其成为自己的谋士。居鲁士曾问这个战败的吕底亚人，他是否真的好战。克洛伊索斯的回答是希罗多德搜集的言论中最经典的桥段："没有人蠢到好战甚于和平——在平时，是儿子埋葬父亲；在战时，则是父亲埋葬儿子。"

和其他希腊作者一样，希罗多德对波斯文化的兴趣也是迫于现实需要。居鲁士及其后世君主能否化解治道难题？他们缔造了一个帝国，快速、笔直的大道将各地连接在一起，地方官员或总督各司其职。由于采取了宽容的宗教政策，波斯人无须使用强力来维持统治。看上去，他们对其他民族的观念保持很开放的态度。波斯军队规模庞大，由多民族组成。其主要城市令人印象深刻。

希罗多德注意到，在街上相遇时，波斯人会相互亲吻，而不是交谈。人们不会因为冒犯国王而被处死，希罗多德非常欣赏这一习俗。波斯人厌恶谎言和债务，从不向河水中"排尿或者吐唾沫"，以免污染河流。他们甚至不用饮用水洗手。他们的决策方式也很有趣：

> 此外，他们通常都是在饮酒正酣的时候才谈论最重大的事件。而在第二天当他们酒醒的时候，他们聚议所在的那家的主人便把前夜所做的决定在他们面前提出来；如果这个决定仍得到同意，他们就采用这个决定；如果不同意，就把这个决定放到一旁。但他们在清醒的时候谈的事情，却总是在酒酣时才重新加以考虑。

这套程序也得以延续：在西敏寺，英国人就用这种方式践行民主。显然，波斯人是一个令人钦佩的民族，值得学习，也使人畏惧。

希腊奇迹

在我们上次离开的希腊世界，社会支离破碎，人们逃离家园。生活在第一代文明废墟中的人们正聆听荷马讲述英雄时代的故事。大约在公元前 800 年至公元前 550 年之间，希腊逐渐复苏，其基础是一种独特的共同体——“波利斯”（poleis，单数形式是 polis，我们一般译为“城邦”）。这些城邦大小不一。雅典是一座从青铜时代幸存下来的城邦，这样的例子极为罕见。它对周边地区的霸权失而复得，最终成为诸城邦中最大的一个。大多数城邦的布局都很相似，包含一个易守难攻的高地或卫城，城镇环绕其外，村落和农地又在城镇之外。农村地区的希腊人仍居住在部族或氏族中。

最早的城镇几乎没有防御设施。后来出现的石墙和城门不是为了抵御波斯人，而是为了抵御希腊人彼此的侵袭。90% 的希腊人是农民，他们在相对贫瘠的土地上劳作，努力应对森林消失造成的影响。他们用木柴和木炭作燃料，用木材修屋造船。从很早开始，他们就登上希腊列岛上的山丘，砍伐并不茂盛的森林。尽管如此，他们还是不得不从黑海和亚洲进口木材。古希腊人几乎不吃肉，饲养山羊和绵羊的主要目的是制衣和挤奶。他们非常依赖大麦、小麦、橄榄、葡萄和无花果。如果像埃及人那样爱喝啤酒，就会让人觉得奇怪。地中海世界的饮食习惯在很久之前就定型了。

希腊的地理环境对其文明发展至关重要。许多陡峭的山峰延伸入海，将一座座城邦割裂开来。各城邦都是独立的，他们可以用不同的方法治理自己的事务。与安纳托利亚的第一批城镇相似，这些早期城邦并非人人平等。大多数城邦都是由半部族化的群体发展而来，武士贵族居于领袖地位，占有大部分的土地和财富。甚至在更多希腊人涌入城市、政府转变为共和制之后，这一点也变化不大。迟至雅典的黄金时代，尖锐的阶级冲突一直都是城邦发展的动力。富有的贵族受到民众的嫉恨。

然而，在将这个复杂的故事简化后，我们就可以发现，随着城市生活愈加重要，贵族逐渐失去了政治基础。首先，他们输给了“僭主”。这个亚洲词语的本来含义是“篡夺者”——彻底掌控城邦权力的人。随后，他们又失去了与普通民众组成的决策群体讨价还价的基础，因为人们开始在家族会议或部落会议上做出决策。在公元前 7 世纪至前 6 世纪，希腊人形成了一套复杂的信仰系统。他们崇拜的对象既包括奥林波斯山上的提坦神族——这个神族可能是由第一批雅利安入侵者带到希腊的，又包括了地方教派的各种神祇。他们讲同一种语言，但各种方言使相互沟通存在障碍。在文化上，希腊人之间也存在差异。亚洲沿海地区的希腊人比较富有，而且比居住在伯罗奔尼撒半岛的西部希腊人更温和。

通过作战方式，他们取得了早期最重要的发展。公元前 7 世纪，希腊人掌握了一种步兵作战技巧，即将士兵组成紧密的方阵。每人一只手持盾，保护左侧的战友；另一只手持矛，近战时则换成刀或剑。这一战术产生了两个后果。第一，它需要士兵接受基本的训练，并且相互信任，城邦由此形成了互信的美德。第二，它要求士兵担负基本的装备，包括一顶青铜头盔、一双护腿甲、一面盾和一支矛。这使普通的农民、工匠和商人都可以入伍从军。传统上，少数贵族骑兵处于主宰地位，他们的目的无非是保护自己的土地。但如今，共同作战的普通民众取而代之。这一变化的政治意义不言自明：一位历史学家指出，如果没有步兵战术的发展，就“没有人敢消灭城邦的主要军事力量——贵族”。[12]

希腊人为何发明步兵战术？山势险峻、河谷狭窄的地形既不适合骑兵作战，也不适合亚洲人青睐的车战。在阿提卡半岛作战，士兵们通常会人仰马翻或摔掉所有战车的轮子。这里不是帝王建功立业之地，有点像瑞士或阿富汗。后来，民众力量的壮大同样在海上出现，因为希腊城邦的海军需要训练有素、经验丰富、配合默契的桨手。那些无力负担军事装备而无法成为重装步兵的人被招募进海军。共同的指挥体系和相似的地理环境催生了共同情感，而同仇敌忾又强化了这种情感。总之，战争催生了团结。

在宗教观念、语言和荷马史诗之外，希腊人还普遍热衷竞技运动，喜欢赤身裸体在运动场上一决高下。在早期，全希腊规模的体育竞赛和音乐竞赛将希腊人凝聚在一起。由于各个城邦历法不同，每年的起始时间就存在差异。因此，体育竞赛就成为人们推算日期和时间跨度的重要方式。从公元前 776 年开始，每一届奥林匹克运动会冠军的名字都会成为人们计年的代称，就像我们如今所说的耶稣纪元“2012 年”或“1945 年”。在运动场上，男人们会在赤裸的身体上涂满油，这催生了一种强烈的同性倾慕的文化，即男孩与男人之间的爱慕之情。

这些内容都是早期希腊文化的特点，但这些特点并未使各城邦在政治治理和权力问题上趋于一元化。政治竞争使希腊人变成了历史学家和哲学家。其中，最极端的政治体制就是斯巴达人的政治体制。对于其他城邦而言，斯巴达始终是个威胁。尽管阿哥斯的斐东早在大约公元前 670 年就将方阵战术引入了斯巴达，但在被阿哥斯人击败前，斯巴达人并没有痴迷这种战术。斯巴达人是好战的民族，他们征服了大批农民和希洛人（即“农奴”），使他们处于半奴役的状态。还有一些村庄也附属于斯巴达人，村民们为他们生产粮食，这使斯巴达人可以专注于自己的嗜好——战争。

斯巴达人缔造了一个天生排斥优雅文化的国家，与其他城邦截然不同。人们往往视其为日本武士道和法西斯主义的先声。斯巴达人会遗弃身体柔弱的婴儿。7 岁的时候，男孩和女孩会被分开养育。男孩们在军营接受训练，稍后会被委派去偷取和猎取食物。同样，女孩们也要赤身裸体地接受奔跑和搏斗训练。成年后，这些女孩会成为斯巴达公民兄弟几个人共同的妻子。在战争中，战败或落单的斯巴达人通常会自我了断。斯巴达人有两位国王和一个由 60 岁以上男性公民组成的长老会。长老会有权将议案提交给由所有男性公民组成的公民大会。

这种“均势”政体既杜绝了僭主的出现，又使战士获得了平等的发言权。斯巴达人规避了很多现代化的事物，如货币和为村庄修筑围墙。他们完全依赖组织严密的半职业化军队，一个军事力量主宰下的城邦由此诞生。这个政权常使其他希腊城邦忧心不已，但后者也会借助斯巴达人的力量推翻僭主或抵御敌人。

率领希腊城邦联盟击败波斯人使斯巴达的声望达到顶峰。当公元前 546 年居鲁士击败了克洛伊索斯后，是斯巴达人发出了要求波斯人退兵的消息。47 年后，斯巴达人又联合西部希腊人在爱奥尼亚发动了反抗波斯人的战争。在随后的 25 年里，斯巴达人始终维系着这场史诗般的斗争。然而，其他希腊人（特别是雅典人）常常嘲笑斯巴达人粗鄙的生活方式，认为他们是披头散发的杀人狂，不讲卫生，缺乏教养。

斯巴达的死敌雅典也是一座奴隶制城邦，但其投票权等政治权利已扩展至全体男性公民。公元前510年，在斯巴达人的帮助下，雅典人推翻了最初的僭主。两年后，雅典的统治者克里斯提尼建立了一套激进的选举制度和代议制度，其基础是以地方行政区或村落为单位的选举及规模更大的“德莫”。“德莫”是古希腊的一种行政区划单位，规模与城镇相仿。如今，“德莫”取代家族成为人们主要的归属标志。这是一个重要的转变。克里斯提尼本人是一位雅典僭主的孙子。他认为，家族之间的敌对和权力斗争将不可避免导致政权崩溃和僭主的出现。只有终结对家族或“血缘”的迷信，人们才能重建政治秩序。

至关重要的是，克里斯提尼的方案造就了唯一的公民大会，所有年满30岁的男性公民都能参与重大决策。在雅典，符合要求的公民人数太多——大约有2.5万人，导致方案的实施存在困难。于是，人们又选举产生了一个由500人组成的议事会，负责管理日常事务。公民大会还会召开。在每年的大部分时间里，大约会有6000名雅典人涌入城市听政、投票。这就是实际运行中的“民主”制度，人们对古代雅典人的民主可谓耳熟能详。由于这套制度相对平和中正，所以展现了顽强的生命力。那些对政治制度构成威胁的人不会被处决，而会被“放逐”——公民大会的成员会用碎陶片投票，决定一个人的去留。很多被放逐的雅典人在经过一段时间后会被允许返回雅典。

作为一项政治制度，民主在雅典断断续续地存在了将近200年。但是，在古代世界，民主制度从未普及。民主制度的实施是以一个有教养的公民群体为前提的，其中要有10%的人具备阅读能力。他们要在公众场合发表演讲，能够理性地分析问题，并理解复杂的论证过程。我们可以把这样的政治发展称之为“公民社会”，它与投票的结果同样重要。

雅典的“民主”并不涵盖女性、年轻男性或奴隶。雅典人创造了绚丽的建筑和雕塑，其戏剧、音乐和哲学成就灿烂辉煌，但他们对奴隶的依赖程度丝毫不亚于不苟言笑的斯巴达人。雅典人并不生产粮食，他们通过开采银矿来购买谷物。因此，雅典引入了大批奴隶来开采银矿。有数据显示，雅典曾一次就引入了15万奴隶。[13] 在农业劳动中，雅典人也非常依赖奴隶。历史学家色诺芬曾提到，在斯巴达人入侵期间，有大约2万名奴隶从农田中逃跑。此外，奴隶还会充当工匠，修建大型公共建筑。据估算，每名自由的雅典男公民大约拥有两名奴隶。如果没有这些战场上掳来的奴隶，希腊的农民就不会有闲暇去学习演说和参加投票，成为活跃的公民。同样，希腊的贵族也就无福享用财富，无暇研究哲学。这再一次印证，是战争支撑了“希腊奇迹”，其作用远超许多钦佩希腊文化的人承认的程度。

抵抗波斯军队的战争同时在陆地和海洋爆发。这场战争始于公元前499年爱奥尼亚人的反抗。在亚洲的希腊人发动了起义，但最终还是败于波斯人之手。在化解了内部叛乱后，居鲁士的继任者大流士决定惩罚雅典人，因为后者曾支持叛乱者。最初的战局对波斯人非常有利，他们横扫许多希腊小邦，摧毁了反叛的埃雷特里亚。随后，波斯人进入阿提卡半岛，准备对雅典发动攻势。公元前490年，雅典人在马拉松出乎意料地赢得一场大胜。本来，双方实力相差悬殊，甚至是现代的历史学家也认为，波斯军队的规模是雅典的2~10倍。而且，波斯军队还配备了骑兵和弓箭手，这些都是雅典人缺乏的。但这支由雅典公民组成的军队做出了惊世骇俗的举动：他们向波斯军队发起猛攻，佯攻中路，强攻两翼，将其压缩在中路，随后大量杀伤敌军的有生力量。

心怀偏私的希罗多德这样描述希腊人：

> 和波斯人厮杀成一团的雅典人，却战斗得永难令人忘怀。因为，据我所知，在希腊人当中，他们是第一次奔跑着向敌人进攻的，他们又是第一次不怕看到美地亚的衣服［和波斯人的装束类似］和穿着这种衣服的人的，而在当时之前，希腊人一听到美地亚人的名字就给吓住了。

波斯人退到战船上，准备对雅典发动又一轮攻势。但是，雅典军队再次战而胜之。在这个离奇的故事中，一个身披盔甲的士兵跑回了雅典。人们相信，现代26英里的马拉松长跑由此诞生。根据另一则传说，雅典的传令兵菲迪皮德斯跑了 26 英里返回雅典，告诉人们胜利的消息，以坚定人们抵抗的决心。在传递完消息后，这个士兵就死去了。很遗憾，我们无法通过历史文献来印证这个传说。

在大流士死后的 10 年里，希腊人和波斯人一直相安无事。但在第 10 个年头，大流士的儿子薛西斯发动了一场规模更大的战争，希望彻底解决希腊人。在那时，由雅典和斯巴达领导的联盟吸纳了 70 多个希腊城邦加入，但更多的城邦选择观望或站在了波斯人一边。据希罗多德估算，波斯军队的规模达到了 520 万人，这个数字荒谬绝伦。不过，波斯军队的规模的确庞大。借助索桥和驳船（其中还有专门运输马匹的驳船），波斯人渡过了赫勒斯滂海峡（即今天的达达尼尔海峡）。希罗多德绘声绘色地描述了温泉关战役——这场发生在狭窄孔道上的著名战役。斯巴达国王列奥尼达斯率领 300 名勇士抵挡波斯军队长达数日之久。这些勇士都是列奥尼达斯亲自挑选的，他们“正值壮年，已为人父”。最终，由于被人出卖，300 名勇士全部壮烈牺牲。

薛西斯的军队涌向了阿提卡半岛。在被迫撤离的情况下，雅典人将整座城市付之一炬。最终，在狭窄的萨拉米斯海峡，希腊联合舰队击败波斯人，取得了决定性的胜利。在此后的两场重要战役中——陆地上的“普拉提亚战役”和海洋上的“米卡雷战役”，希腊人也全部获胜，终结了波斯人的入侵。历史学家认为，这些战役的胜利对西方文明至关重要，因为西方文明的发展端赖古希腊的思想、艺术和政治。倘若战败，波斯人的专制独裁将把西方文明扼杀于无形。像其他历史性的军事转折点一样，双方军事实力的差距可能被夸大了，但希腊人的胜利确实是“战争拯救文明”的典型例子。日后，不少军人都使用了类似的说法，如“博罗季诺战役”前的俄国军队和 1940 年的英国军队等。

希腊人的胜利将雅典带入了黄金年代，而与众不同的斯巴达则失去了希腊的领导权，尽管斯巴达人在战争中的英勇表现证明他们配得上希腊人领袖的称号。在公元前 450 年之后的 80 年时间里，雅典涌现出伟大的政治家伯里克利，产生了第一批历史著作（包括希罗多德的著作）。在雕刻家菲狄亚斯的领导下，雅典人重建了帕台农神殿。源出于圣歌表演的雅典戏剧艺术也蓬勃发展。在索福克勒斯、埃斯库罗斯和欧里庇得斯的悲剧作品之外，喧闹、粗鄙的喜剧传统也得以蓬勃发展。这些喜剧作品持续批判和嘲讽了雅典人的生活，但大部分作品都已失传。

由于雅典富人竞相赞助各种文艺演出（与后世的罗马皇帝竞相赞助大型竞技比赛如出一辙），戏剧表演变得日益华丽和昂贵。最初，舞台上全部由人声合唱伴奏，主演都佩戴奇异的面具，有韵律地吟诵台词。每逢节日，城中都会举行盛大的户外庆典活动，能吸引数万名观众。人们在街边享受各种美食佳酿，交流各种奇闻逸事。透过台词理解戏剧的大意有点像通过韩德尔和威尔第的歌词理解歌剧的内容。美术馆中矗立着雅典英雄和诸神的雕像，它们都是精心雕刻的艺术珍品。但是，这些冰冷的白色石头并不能反映生动鲜活的公共生活,而公共生活才是艺术作品的真正来源。当然，希腊还有一些卓尔不群的哲学家，他们经常争论诸如现实的本质、如何构建良善生活及如何组织人类社会这样的命题。

这样的财富和信心都源于伟大的战争——面对当时的亚洲超级大国，希腊取得了决定性的军事胜利。批判和嘲笑来自于民主的赢家，他们也的确有嘲笑的资本。他们都有强烈的求知欲——亚里士多德致力于理解 158 个希腊城邦的政治制度，希罗多德希望发现亚洲社会与希腊社会的差异，修昔底德尝试探索内战的起因，而苏格拉底和柏拉图则试图搞清良善社会的本质——所有这些好奇心都不是没有意义的，而且并不简单，它们都是战争的硕果。

土著居民与雅利安人

据希罗多德所言，由薛西斯率领的攻打斯巴达的波斯大军中有这样一群人：他们身穿棉衣，手持铁头藤弓，驾乘由马或野驴牵引的战车。这群人来自印度。欧亚大陆这块巨大的三角形突出地带的早期历史极为生动有趣，至今仍是不断发展的研究课题。正如前文所说，人们现在认为，源自非洲的移民活动改变了整个世界。人类到达印度的时间要早于人类到达地中海、欧洲或中国的时间。在印度的南部地区，居住在森林中的土著居民更像澳大利亚和东亚海岛上的土著居民，他们都属于第一批向南迁徙的人类。而印度北方的雅利安人则要很久之后才到来。

19 世纪，在印度探险的英国学者揭开了印度早期历史的面纱。人们推测，伟大的印度文明来自外部世界，而不是在本土孕育成长的。在印度西北部，也就是在喜马拉雅山和印度洋之间，有一条通道。一波又一波移民和征服者——从亚洲的游牧部落到希腊人、波斯人和蒙古人——都从这里涌入印度。每一波移民和征服者都使这片次大陆变换容颜。英国人（也包括葡萄牙人和法国人）唯一的不同之处是他们从海上进入印度。然而，印度最早的人类文明——印度河流域的神秘城市中心或摩亨佐・达罗——完全是土生土长的文明。在 1947 年新生的印度共和国刚刚建立的时候，一位重要的政治家亚伊帕尔・辛格就宣称自己是部落民族（或森林民族）的发言人，要为印度河流域的古代文明发声。他把其他印度人都视为后来者："我们民族的全部历史就是一部土著居民不断被外来民族剥削的历史。"[14]

这个土生土长的文明有着怎样的面貌？这座由泥砖构建的城市坐落在印度河平原，拥有良好的给排水设施和有趣的手工艺制品，其文字至今尚未破译。人们在城市遗址中发现了很多人像。其中一尊小型人像动作好像是在做瑜伽，而另一尊人像则可能是印度教湿婆神的早期形象。这里出土了许多雕刻精美的印章，刻画着公牛、大象和老虎的形象。对印度的宗教艺术而言，这些形象至关重要。还有一尊非常性感的裸身舞女像，佩戴着手镯，姿态充满挑逗性，让人不禁联想到后世印度教神庙里的色情雕塑。不过，她长了一副土著居民的模样。因此，在北方的入侵者进入印度很久之前，来自"非洲之角"的第一批人类移民就已经在印度定居，创造出印度宗教和文化的精髓。除此之外，似乎别无解释。

在希波战争中，波斯人统帅下的印度人曾与希腊人相互搏杀。但是，从种族角度而言，这两个民族实际上有着亲缘关系。在公元前 5 世纪至前 4 世纪，由于各个帝国已经接壤，印度人已经获知希腊人的消息，他们称后者为"约那人"。这个词语源于波斯语中的"爱奥尼亚人"。与波斯人一样，这些北印度人的语言与希腊语、拉丁语及今日主要的欧洲语言有共同的渊源。这个观点最先是由一位杰出的英国人在 1785 年提出的。这位热爱印度的英国人就是威廉·琼斯爵士，他曾被委派担任加尔各答高等法院的法官。[15]

琼斯是一名出色的语言学家，他是最早学习梵文这种印度学术语言的欧洲人之一。根据在关键词语和语法结构中发现的线索，琼斯发现梵文属于所谓的“印欧语系”。这种语言源于雅利安人的语言，而雅利安人又是后世诸多民族的祖先。雅利安人是游牧民族，靠牧养牛羊为生。他们可能发源于里海地区或乌克兰，随后一波又一波地向外迁徙。“雅利安”一词暗含了某种种族优越性。在欧洲惨遭纳粹蹂躏之后，这个词会使许多人感到刺耳。不过，它只是个有用的标签而已。我们也可以这样说，印度人、地中海民族和欧洲人都是“里海人”或“乌克兰人”（尽管我们并没有使用这样的词）。

我们可以通过词汇和石碑追溯古代民族的渊源。一般认为，雅利安人一路向西迁移，进入了今天的土耳其、希腊和巴尔干地区，也到达了今天的伊朗和印度。在特洛伊战争爆发的那个时代，他们可能来到了今天的巴基斯坦。又经过几百年的迁徙，他们到达了肥沃的恒河平原。多利安人也是雅利安移民大军中的一支，他们征服并同化了迈锡尼的希腊人。这样看来，在马拉松战役中，相距遥远的兄弟民族在战场上相遇了，尽管他们已认不出彼此。

印度雅利安人的古老圣歌——《吠陀经》——口耳相传地保存了下来，圣歌的内容反映了这个民族的好战倾向及对马匹的痴迷。另一方面，他们的语言中没有“耕地”“书写”和“大象”等词语。[16] 因此，他们可能不得不向当地的土著居民学习，也就是向被他们击败、驱逐及同化的民族学习。我们已无法获知当时究竟发生了什么，但这些雅利安人逐渐形成了一种偷盗牲畜及用牲畜献祭的文化。从游牧者变成侵略者，这种文化恰好适合他们的转变。毫无疑问，雅利安人曾属于一个更庞大的近东民族体系。《往世书》的故事与美索不达米亚的传说及《圣经》的记载颇为相似，大洪水的传说就是例证。在这则传说中，毗湿奴神委派编纂法典的摩奴建造了一艘大船。之后，为了拯救摩奴，毗湿奴神将其带往一座高山。

雅利安人的历史轨迹并没有什么不同之处，他们也是逐渐从放牧为生转变为定居生活。最古老的梵文故事集《梨俱吠陀》中的一幅插图反映了当时的部落文化，其中刻画了酋长、祭司和有组织的献祭活动。在当时，人们普遍用牛作为通行的货币。历史学家约翰·凯伊将雅利安人的部落文化与苏格兰高地的氏族文化进行了比较。这样的比较令人印象深刻："印度人和苏格兰人的语言和社会体系都很相似。人们的社会地位都是由出身决定的，而财富和声望都是以牲畜的多寡进行衡量。在苏格兰和印度，偷盗其他部落的牲畜既是消遣，也是仪式。"[17]

但是，无论是在印度，还是在苏格兰，农耕文化都是最终的胜利者。在氏族文化时期，苏格兰的原始森林已经消失。为获取燃料和发展农业，人们砍伐了大片森林，这使当地的生态环境非常脆弱，无法养活很多人口。但是，印度的雅利安人就要幸运得多。当时的印度北部地区并不像今天的黄褐色平原那般人口稠密、耕田密布。根据历史文献的记载，侵略者从旁遮普地区出发，逐渐向东迁徙。他们发现了茂密的森林和许多野生动植物，整片森林一直延伸到潮湿的恒河三角洲。林中的部落都是狩猎—采集者，其生活方式与居住在亚马孙丛林和新几内亚高原的人们相差无几。甚至在20世纪，印度还有人生活在森林中，他们对周围的城市文化和农耕文化疑虑重重。

铁器时代是犁与剑的时代。为了耕种土地，人们将森林一点点烧毁，播种上大麦。野生动物一步步退却，村庄则逐渐发展为城镇。雅利安人由此定居下来。森林消失的地方出现了松软的土地，但那里最终并未成为稻田。这是一个长期、稳定的变化过程。在今天印度的部分地区，例如在比哈尔邦与尼泊尔的交界处，还有一些用木材和芦苇搭建的村落。村民以牛耕地，种植稻子和蔬菜，并以牛粪充当燃料。自铁器时代以来，他们的生活一成不变。很快，人们开始利用印度河进行贸易和运输，路网将印度的北部地区连接在一起。于是，在喜马拉雅白色山脊和蓝色臂弯之间，在河谷和平原之上，北印度文明逐渐发展起来。

与希腊文化、闪米特文化、北欧文化和美索不达米亚文化一样，吠陀时代的印度人也拥有一整套神族谱系，其中既有男神，也有女神。人们为他们进行周而复始的复杂祭祀活动。侍奉诸神是婆罗门祭司的主要职责，他们在逐渐发展的种姓制度中占据最高的地位。

种姓制度饱受争议。最初，人们只是根据职位分工对人群进行分类，就像欧洲和俄国的制度那样。按照印度人的设想，在婆罗门祭司之下是武士和官员阶层，即“刹帝利”；再之后是农民和商人阶层，即“吠舍”；最后是受奴役的阶层，即“首陀罗”。这个制度本身并不奇怪。在农业社会和早期城市社会，技术和知识通常只在家族内部代代相传。在大众教育兴起之前，专业技艺非常宝贵，并不会随意传授。人们通常秘而不宣。制陶匠人只把手艺传给自己的儿子，马夫也只把缰绳留给自己的子嗣。

然而，历史文献中的证据表明，人们可以在种姓之间流动。另一方面，一些 DNA 的证据（但这些证据引发了很多争议）也表明，今天高级种姓的印度人与欧洲人的血缘关系更近。从这个角度观察，婆罗门、刹帝利和吠舍阶层可能都是印欧语系的侵略者的后代，而那些从事粗鄙、肮脏工作的低级种姓的人则很可能是早期印度人的后裔。如果这是真的，那么这个案例足以证明文明的持续性。但我们需要铭记，“古代历史”毕竟不是昨天。以生物学视角来看，如果说现代人的生命周期是 70 年，那么马拉松时代的希腊人和古印度的雅利安人的寿命大约只有 40 年。

毋庸置疑，吠陀时代的种姓制度与统治权力密不可分，很难人为改变。随着城镇和贸易的发展，社会分工愈加细密。人们就需要重新定义各种分工，并将其纳入更复杂的结构，就像把抽屉插入大柜子中一样。与其他文化类似，城镇和国家的发展使权力和财富的等级愈加复杂和独断，也就是我们所说的社会流动性越来越低。在社会最底层从事最苦最累工作的人逐渐形成了所谓的“贱民”阶层（untouchables，即“不可接触者”）。他们很像饱受压迫的希洛人。不过，彼时的希腊毕竟还存在着奴隶制。

树下的反叛

印度北部与希腊世界还有其他的相似之处。定居此地的雅利安人部落逐渐形成了诸国林立的局面。有的国王是家族世袭，有的国王是选举产生。其他部落则发展出今人所谓的“部落合议制度”。简而言之，这是一种共和制。在定期召开的大会上，大多数男子都拥有发言权。“王公”一词的含义近似于“具有选举权的公民”和“统治者”。大约在古典希腊诞生的时代，印度北部的政治版图色彩斑斓，制度各异的国家林立并存，与希腊世界没有什么区别。希腊也有所谓的“合议制度”，各国民众与僭主制度斗争不休。

截至公元前600年，在印度北部——从西部的印度河流域到恒河及其支流地区——有“十六王国”，其中包括摩揭陀、离车、拘萨罗、拘楼和般遮罗等。这些国家与欧洲东南部的雅典、斯巴达、科林斯和忒拜有异曲同工之妙。君主制国家与共和国相互竞争。何谓最良善的统治？何谓最美好的生活？这些问题对印度人和雅典人同样重要。印度诸国也有联合与结盟，也有战争与冲突；人们对完美的均势和公民责任等议题抱有极大的兴趣。当然，这里也有野蛮的斗争。其中，强大的摩揭陀国的频婆娑罗王与离车国的共和派“骑士们”的战争尤为持久。离车国的都城毗舍离有一位名叫阿姆拉巴莉的妓女。在频婆娑罗王的引诱下，她生下一个孩子。整场战争由此而起，人们可以把阿姆拉巴莉视为“恒河的海伦”。直到今天，印度人仍在讲述这样的古老故事。她后来还成为一位历史名人的追随者，这位名人不仅仅是个传说人物。

在佛陀乔达摩·悉达多涅槃大约600年后，人们才开始撰写有关他的传记。传记作家们记录了地名、时日和貌似可信的生平事迹。不过，由于间隔时间太久，相关史实已经晦暗不清。因此，在帝国时代的主要伦理革命家中，佛陀是其中最不起眼的历史人物。孔子也是如此，大约400年后中国的历史学家司马迁才为他作传。但是，在孔子死后百年左右，孟子对孔子的追述及孔门弟子对先师谈话的整理填补了历史空白。与佛陀和孔子相比，耶稣的历史面貌要清晰得多。据推测，在公元70年，也就是耶路撒冷陷落之际，圣马可就记下了耶稣的言行，当时距其离世仅仅40年。人们有理由相信，圣马可记载的许多故事直接源于圣彼得，后者曾陪伴在耶稣身旁。而且，非基督教的历史文献也佐证了耶稣的事迹。例如，犹太历史学家约瑟夫斯和许多罗马的主流作家都记载，在离世后不到百年时间，“基里斯督”（“基督”一词的拉丁文拼写）就拥有了大量追随者。

不过，考古学和古代文献确实对佛陀的教义和社会背景进行了许多阐释。在那个时代，尊奉祭司等级制和祭祀活动的婆罗门教已经在印度扎根，但仍不时受到许多秉持异端学说的云游教师和教派的挑战。这可能反映了当时印度北方的混乱局面。人口迅速增长，民众的生活发生剧变。村庄和地方市场不断膨胀，大的城镇、甚至是人口达到 3.5 万的城市不断涌现。货币文化、商铺、车道、护城河和防御墙也随之出现。

与利用石头营造房屋的希腊人或波斯人不同，古代印度人的建筑材料主要是夯土、泥砖和木头。因此，他们的建筑遗存实在难得一见。但是，古代经卷和诗歌保留了大量古代印度人的言辞，甚至使荷马史诗也相形见绌。与建筑、陶器或铁器相比，这些言辞似乎更经得住时间的淘洗。婆罗门的权威在所谓的共和国(gana–sanghas)[18]受到的质疑比在王国要大得多。乔达摩·悉达多就来自共和制的部落小国释伽国。这个国家位于今天的尼泊尔境内，其领袖是由选举产生的。学术界对悉达多的出生年月尚存争论，最新的研究成果将其出生日期顺延了 80 年，从大约公元前 566 年顺延至公元前 5 世纪中叶。不过，人们常常引述一种说法，认为悉达多是个王子，曾过着奢华的生活。但是，这一说法与已知的有关释迦部落的情况不符，其中可能含有虚构的情节。[19] 更加可信的推测是，佛陀是一位生活优渥的王族成员。

悉达多和表妹结婚，生下一个儿子，家庭幸福美满。但在 29 岁的时候，他告别家人，义无反顾地外出寻求精神的解脱。某些传统的说法认为，悉达多是在拒绝卷入另一场血腥的部落战争之后才离家出走的。在佛陀生活的时代，男人外出寻求精神的解脱并非异常之举。根据当时的传统，男人们会离开村庄和家庭，到森林中寻求精神真理，或者沿街乞讨。衣衫褴褛、剃光头发的“探寻者”广受尊敬，即使他们的观点与众人格格不入。我们可以用跋涉在旷野中的以色列先知来比拟这一传统，或者把他们想象成后世走遍乡村的基督教圣徒和托钵僧。

在社会变革和内战不断的时代，人们渴求新的思想。1949 年，德国哲学家卡尔·雅斯贝斯将公元前800年至公元前200年这段时期称为“轴心时代”。因为在这段时间里，人类的思想发生了革命性的变革。这种变革如此剧烈，以至于后来的人类历史都在围绕其转动。随着城市文明日益兴起，人类有了更多闲暇和财富，但国家之间的混战也给社会带来困扰。考虑到这些情况，“轴心时代”的产生似乎是必然的。作为一个学术概念，“轴心时代”已然过时。但是，从希腊到中国，人们一直在重新思考传统观念。在佛陀生活的时代，印度诸小国之间的冲突就是绝佳的例证。

我们了解到，悉达多曾尝试许多“探寻者”们使用过的方法——从离家苦修到沿街乞讨。后来，他放弃了这些做法，开始云游四方，追随隐修的高僧冥思苦想。悉达多反对极端的苦修，因为禁食的修行方法会使人瘦到皮包骨。他提倡一条介于苦修和放纵之间的修行之路（有趣的是，米饭似乎帮了大忙）。在印度北部的一座小村庄，悉达多坐在一株神圣的无花果树（或菩提树）下冥思苦想了49个昼夜。在35岁时，他获得顿悟，理解了人类痛苦的根源。他的结论是什么？生、老、病、死之苦产生的原因是人类感官上的欢愉和生命的更新。在运用精神和道德的意志力克服这些根源之前，人类的痛苦将在生死循环中不断重复。此时此刻，这位探寻者打破了这个不幸的循环。他超越了物质世界，达至纯净、平和的状态，也就是“涅槃”。

现在，人们将悉达多称为佛陀或“觉者”。他广招门徒，出家修行。佛陀和门徒们一起在恒河平原上云游，向愿意倾听的人们宣讲自己的思想。上文提到的那位挑起战争的妓女阿姆拉巴莉成为佛陀的忠实信徒，她的儿子也选择出家修行。佛陀建立了很多寺庙，其中包括一些专门给比丘尼居住的庵堂。他反对动物献祭和种姓制度，躲过了多次由婆罗门教支持者策划的暗杀活动，活到了80岁高龄。我们是如何得知这些信息的？

人们通过有条理的吟唱来传播佛陀的生平故事和言行，而不是在传统的学校中死记硬背。因此，佛陀的故事得以代代传承。尽管会出现讹误，但误差已降至最低。许多早期历史都是口头传承的历史，但通常会被意外的考古发现证实。因此，我们不能对口头历史一概抹杀。

佛陀的故事与耶稣和穆罕默德的故事有很多相似之处：抛弃平凡的

生活，在僻静处寻求精神解脱（在树下、在山洞中或是在旷野里）；然后，聚集信众；以故事的形式向众人（不仅仅是精英）宣讲道理；最终，抛弃传统的信仰体系。与一神教的创立者不同，佛陀从未宣称自己是圣人，或是由自己创立了信仰。许多人认为，严格来讲，佛教不是一种宗教，而是一套自我克制的方法。信徒们可以借此摆脱日常生活的局限和痛苦。

佛教包含了一种和平主义和宽容的态度，这使它成为一种公共信仰，而不仅仅是私人的认信行为。佛教向每一个人开放，无论他们过去的信仰、社会地位或种族是什么。在佛陀涅槃后的数百年时间里，佛教徒挖掘了印度已经存在的思想资源，如弃绝财富和权力的思想、素食主义思想及和平主义思想，将这些思想发展为“施惠于人”的信念。与之相比，基督教与晚期罗马帝国的尘世权力常常纠缠不清，而伊斯兰教更是政教合一。

佛教的确与众不同。从本质上看，佛教抵制一切构成我们所谓历史的东西，如世俗的帝国、不断发展的技艺及持续变革的政治制度和政治观念等。佛陀教诲信众：“抛开一切，反躬自省吧。”因此，毫不奇怪，佛教并没有基于历史的信仰体系。但有一个例外，我们稍后会讲到。不过，佛教产生了巨大的影响。在传播到东南亚国家后，信仰佛教的国王修建了宏伟的寺院；佛教僧侣和佛教艺术在中国的影响也很大，并由此传入朝鲜半岛和日本。这两个国家的早期艺术品几乎完全是反映佛教故事的。在上述大部分地区，佛教徒都曾遭受过迫害。总体而言，佛教并未形成相应的政治制度或帝国体系。倘若如此的话，佛教定会更加惊世骇俗。

后来，佛教在印度本土几乎完全消失，这种情况一直持续到近代。在维多利亚时代的英属印度，人们才承认佛陀是真实存在过的历史人物。佛教是一种重要的信仰体系。那位形容枯槁的贵族曾在菩提伽耶的无花果树下思考顿悟的途径。如今，那里已成为世界最具吸引力的宗教圣地之一。来自泰国、缅甸和斯里兰卡的男女僧众都在古刹的绿荫下吟唱佛经。在藏红花和梅花丛中，他们表情恬淡，面露微笑。菩提伽耶空气清新，使人心旷神怡。与罗马、耶路撒冷或麦加的信徒相比，这些衣着朴素的佛教信众要更瘦弱，更谦卑，也更温和。

在同一时期，印度的东方出现了一个更伟大的文明。

孔子的中年危机

在一个四分五裂的国家，有一位 54 岁的高官已经心生倦意。他辞去大司寇的官职，告别亲朋好友，外出游历了 13 年之久。这不是佛教徒为寻求隐居和顿悟的出走，而是一场政治之旅。他走访了许多国家，但郁郁不得志。后来，这位士大夫再次回到家乡，为壮志难酬而自嘲和慨叹。在他去世的时候，只有一小群朋友和学生追随左右。由此看来，孔子的政治生涯并不顺利。

然而，他的影响是巨大的。无论好坏，孔子被中国很多皇帝都奉若神明。他对中国人的生活产生了难以估量的影响。孔子也曾受到后世的批判，但在中国人开始寻求新的价值观以超越庸俗的物质主义的时候，他的影响力再次复兴。在政府的资助下，中国人拍摄了一部讲述孔子生平的电影。过去，皇帝们在北京的孔庙（在中国各地有大约 3000 座孔庙）祭祀这位思想家。如今，忧心忡忡的家长们也把孩子送到这里，希望他们在知识之外学习一些儒家的道理。

无论怎样估算佛陀的出生时间，孔子与他都大致生活在同一时代。中国人更善于保存历史文献。因此，我们相信孔子的生活年代大致是从公元前 551 年到公元前 479 年。和悉达多一样，他也出生在一个小国，战乱频仍、社会失序。印度有身穿黄袍、隐居森林的“探寻者”，中国则有四处游历的哲学家。这些哲学家流派纷呈、百家争鸣。和佛陀一样，孔子也能与统治者们直接交流，不受拘束。他宣扬“己所不欲，勿施于人”思想的重要性，从未以神明自居。但在后世，孔子却被弟子们奉为神明，成为一个具有宗教色彩的思想流派的核心人物。

如同佛陀时代的印度和黄金时代的希腊，孔子时代的中国也正处于四分五裂的状态。在孔子死后，中国的诸侯争霸愈演愈烈。在中国，故事的主角不是雅典、斯巴达、般遮罗、摩揭陀和撒克拉等城邦，而是郑、齐、晋、楚等诸侯国。但从政治上观察，中国的局势似乎更混乱。中国的编年史书记载了超过 140 个诸侯国的史事，各国统治者和巫祝的行为在同时代的希腊人、波斯人或印度人看来没什么奇异之处。他们焚烧牛肩胛骨或者龟壳，通过观察表面的裂纹来占卜未来。与希腊人和罗马人相比，这样的习俗并不显得更愚蠢——希腊的女祭司在吸入有毒的蒸汽后会以疯癫的状态传授神谕，而罗马人则嗜好用手指伸入鸡的内脏来探测神意。

中国后来成为大一统国家，这是其与众不同之处。孔子抱持一种浪漫的复古主义情怀，认为那个失落的黄金岁月曾天下一统。孔子时代的诸侯国都是由周王朝分封的，这个王朝在灭亡商王朝后存续了 700 多年。在外国人眼中，中国的帝国史实在不可思议。不过，在孔子生活的时代，故事却一目了然。商王朝是中国第一个有史可证的王朝，在它之前就是处于迷雾之中的夏王朝（据说，由大禹创建）。

与早期的印度一样，商代中国还处于比较蛮荒的状态。各地都密布森林和沼泽，尚未被开垦出来以种植稻子。中华文明很可能发源于黄河流域，那里有很多野生动物，如老虎、熊、大象、犀牛和黑豹等。当时的气候非常严酷，冬天寒冷，夏天酷热，还有洪水定期泛滥。从某种角度观察，商代社会与印度早期的雅利安人社会很像，贵族和武士阶层靠劫掠和狩猎集聚了大量财富，完全依靠穷困的农民来供养。

与亚述人和波斯人一样，商代军队也运用战车和弓弩作战。诸侯、贵族、地方统治者和武士的位阶都源于商王的分封。今天的考古发掘证实，城市和要塞都筑有高墙，棱角分明、非常坚固。他们的建筑都是木质的，这种具有硕大的矩形屋顶的建筑样式一直流传到后世。后来，木材最终被泥砖取代，茅草铺设的屋顶逐渐被黄绿色的琉璃瓦淘汰。但是，其基本建筑样式一直保持不变。后世的建筑样式和混合的建筑样式使欧洲的建筑呈现异彩纷呈的状态，但中国的传统建筑并未受到影响。商代贵族死后会葬在方形的廊柱式陵墓中，随葬品丰富多彩，包括精美的青铜器、丝绸和漆棺。他们沉迷于人牲，大量奴仆和囚犯被杀掉（甚至被肢解）以陪伴贵族前往阴间。

商代也不是漆黑一片。在商王朝的统治下，人们平整土地、挖掘水渠以发展农业生产。不同凡响的是，距今至少有 4000 年历史的文字——书写于占卜用的兽骨之上——与现代汉字非常像，考古学家可以直接读出部分文字。商文化与阿兹特克文化有很多相似之处，都有人牲及繁复、粗犷的艺术。就像中美洲那样，生机勃勃、拟人化的“民俗艺术”逐渐被更繁复、更严肃、更呆板的礼仪取代，折射出城市和宫廷中等级森严的社会状态。[20]商代的青铜器世界闻名，他们的铸造工艺举世无双。不过，这些青铜器只能引发敬畏，无法打动人心。

商王朝被国运绵长的周王朝取代，而孔子对周王朝非常倾慕。一位历史学家认为，商王朝的灭亡是罪有应得：“酗酒、乱伦、同类相食、靡靡之音和严刑峻法都是违反礼制的行为。”[21]周公领导众人铲除了这些恶行，垂范于后世。在特洛伊城被攻陷大约150年之后，周公的兄长在“牧野之战”大获全胜，最终推翻了商王朝，周王朝顺应“天命”取而代之。周公的兄长不久就去世了，继位的周天子还很年幼，无法处理政事，周公代为摄政。

“天命”是中国历史上一个非常重要的概念。周王朝的统治家族兴起于商王朝的边鄙之地。因此，他们在治国理政时就格外谨慎。周天子维持了政策的连续性，收获了前朝追随者们的效忠。后世王朝也面临同样的问题。周公宣称，周王朝只是公正的上天用来惩罚商王朝的工具。承此天命，周天子必须敬天爱民。周公说道，平民百姓会误入歧途，也会犯错，但滥用刑罚的人是无法久居王位的，身为天子，要以美德垂范天下。那么，升斗小民就会起而效仿。[22]

对孔子来说，这是一个关键的信条。有德行的君王能教化出有德行的百姓。唯此，义务和互助才能形成良性循环。如果每个人都尽其所能做好分内之事——扮演好母亲、厨师、教师或士兵的角色，生活就会美好，社会就会和谐。“谨守名分”是一种社会美德，而不仅仅是驯服。这是一种以家庭为基础的思维方式，它反对个人主义。如果沉浸在偏执的个人主义文化而不能自拔的话，我们就无法理解这种思维方式，也就无法理解孔子和中国的历史，甚至无法理解当今的中国。

在向民众解释了“天命”之后，周公将权力交还给真正的统治者——他的侄子周成王。这一谦卑的姿态在中国历史上十分罕见。孔子经常谈到周公。周代的盛世对孔子及其同代人意义重大，如同逝去的英雄时代对古希腊人的意义。周王朝在中国的核心地区分封了很多诸侯国。但在孔子生活的时代，分封制已经名存实亡。诸侯国亲自统辖属地内的城池，统治权世袭罔替，逐渐发展壮大，成为相互敌对的独立国家。有一位历史学家的见解很精辟：在诸国争霸的世界中，周王室“仅仅是名义上的权力来源……血缘和效忠的纽带早已断裂”。[23] 简而言之，这是一个动荡的时代。孔子认为自己肩负匡正谬误的责任。

孔子出生在鲁国陬邑的昌平乡，而鲁国与日渐衰微的周王朝关系十分密切。鲁国十分忠于周王室，这在诸侯国中很少见。据说，孔子的父亲叔梁纥身材魁梧，是一位著名的武士。他与颜氏女野合生下了孔子。出生时，孔子的头颅硕大，面部凹陷，有人说他头顶长了大肿块，也有人说他是颅骨下陷。[24] 成年后，孔子身材异常高大。在当时的中国，他很可能会被遗弃夭折。但孔子并没有遭受这样的厄运，这或许可以解释他为何终身都挚爱着母亲。孔子幼年丧父，尽管可以继承父亲的头衔，但他的幼年生活似乎很艰辛。

《论语》是有关孔子言行最权威的记载。他曾说道：“吾少也贱，故多能鄙事。”但是，孔子饱读诗书，希望为分裂、动荡的鲁国效力。他曾担任“委吏”（管理仓库）和“乘田”（管理畜牧）等低级官职，后来先后成为“中都宰”（掌管刑罚的地方官员）、“司空”（掌管水利、营建的高级官员）和“大司寇”（掌管刑狱、纠察的高级官员）。孔子结过婚，但他的妻子鲜为人知。孔子对捏造事实的文人极尽嘲讽。因此，我们这些以笔墨为生的人要小心了！后世的历史学家司马迁认为，孔子的为官之路很顺利。在他的治理下，鲁国“粥羔豚者弗饰贾，男女行者别於途，途不拾遗”。[25]

现代人理解孔子的最大障碍是破解他为何如此痴迷礼制。礼制规范着葬仪、节庆和日常饮食，不同身份的人都有礼制可循。据估计，一位有教养的君子需要谨守3300条礼法。我们主要通过一部简略的鲁国史书《春秋》来了解那个时代。这部史书主要记述了各国的外交，有可能出自孔子之手。此外，《左传》是我们另一处信息来源。

“春秋”只是时人对“一年”的诗意表达，但如今已成为我们指称特定历史时期的名称。当时的编年史书非常关注正统、地位、礼节和仪式等方面的内容。对孔子而言，上文提到的遵从礼制就是重中之重的事情。在一次祭祀活动之后，鲁公未能依照礼制分配祭肉，这可能导致孔子愤而离职、出走他乡。在母亲去世后，孔子坚持依照礼制发丧，即使旧式的葬礼花费不菲也在所不惜。随后，他为母亲守孝了三年。

“礼制”为何如此重要？

用一个字来回答就是“家”。孔子也许是不可知论者，从不妄谈怪力乱神。他认为，恪守礼制既是自我约束的方法，又是维系社会秩序的正途。在礼制社会中，家族间的纽带编织成一张大网。在传统中国，长幼有序的家族（这与希腊城邦恰恰相反）是社会的基本单位。哀悼逝者、庆祝节日、缅怀先人、聚集家人和祭拜神明等一系列活动将家族成员凝聚在一起，使他们获得了身份认同。在战胜对手后，胜利者会销毁失败者的礼器，清除敌人的集体记忆、传统习俗和身份认同。礼制塑造了人。倘若不循礼制、肆意妄为，人就不成其为人。

在早期中国，家族纽带是维系各邦国的社会基础，其功能就像组织有序的部落。但在良善社会中，这种纽带（以礼为标志，受礼的约束）会超越血缘关系。地主与农民、买家与卖家、统治者与被统治者及附属国与宗主国之间都存在纽带。尽管这些纽带超越了家族关系，但同样受到礼制的约束。然而，在孔子生活的时代，这种古老的生存方式（谨守名分、向善而行）逐渐受到诸侯争霸的挑战，已经岌岌可危。将这样的国家界定为专制主义或极权主义略显草率，但这些日益崛起的诸侯国确实谋求民众的顺从，通过与家族无涉的官僚制度实行威权统治。我们确实可以嗅到一点极端主义或法西斯主义（它们都敌视家族纽带）的味道。

在孔子的理想世界中，好的统治者就像慈父，拥有权威，但也很慈爱。我们可以在《论语》中读到这样的句子：“道之以政，齐之以刑，民免而无耻。道之以德，齐之以礼，有耻且格。”[26]“仁”的含义近似于“德行”，是指引人的“道”。在这里，我们可以把“道”比拟为《圣经》中的“称义之路”。礼制要求人们互相尊重。因此，孔子思想中的“黄金法则”听起来很像耶稣的教导：“出门如见大宾，使民如承大祭。己所不欲，勿施于人。”

这种思想看起来很保守，甚至是抗拒变革。但正如人们常说的那样，孔子的保守主义是一种取代暴力和苛政的温和之举。莎士比亚也有保守主义思想。他认为，如果国王的言行符合自己的身份，父亲的态度变得公正、正直，那么世界就会更加美好。在中国，礼制要求人们自我约束，甚至是自我征服。在《论语》中，孔子曾提醒礼制的重要性，他的弟子引用《诗经》的句子回应：

如切如磋，
如琢如磨。

作家凯伦·阿姆斯特朗阐述道：君子“不是天生的，而是后天塑造的。就像雕刻师将一块砺石雕琢成美玉一样，人的修行也是如此”。[27] 这说明，“恰当的礼制”与冥想、祷告等自我提升的方法并无不同。礼制似乎是某种古代文明的回声，关乎个人和社会秩序的稳定。

在孔子生活的时代，诸侯争霸愈演愈烈，社会日益浮华和动荡，甚至鲁国也被篡位者搅得国无宁日，国君逐渐丧失了权威。在这种情况下，恢复礼制就成了当务之急。在边鄙之地，蛮夷戎狄虎视眈眈。在华夏内部，一场更具破坏性的内战正在酝酿，将带来难以想象的灾难。后来的思想家发展了观点各异的论述。例如，孟子就认为孔子的论述过于精英主义，他提出的有关社会正义的思想更简单、质朴。但是，正如印度北部的动乱激发了悉达多、战争和被俘的经历刺激了犹太人一样，没有暴力的话，孔子可能永远不会成为一位教师。

鲁国的对手齐国非常担忧：鲁公会在孔子的教诲下奋发图强，进而侵略齐国。于是，齐国的统治者就给鲁公送去了财宝和美女，希望消磨他的意志。根据传说，这个招数奏效了。鲁公整日沉湎于声色犬马，不再遵循礼制。孔子出于愤怒决定另择贤君辅佐。看起来，孔子是个棱角分明的人。佛陀被信徒们塑造为圆脸、金身的形象，而孔子则是蓄须老人的形象。他身着官服，满脸威严。

然而，孔子本人无可指摘。后世御用的儒学掺入了很多刻板的教条，认为凡是背离传统的事情都是非法的。孔子首先被奉若神明，继而成为国家宗教的象征。不过，伟大的思想家只有通过后人的转化才能广为人知。我们是通过耶稣的门徒了解基督的，儒家思想也是如此。在孔庙中，继承和实践儒家思想的“四配”分列孔子的两侧，就如同四位福传者，次一级的则是“十二哲”，如同十二使徒。纵然西方没有孔子一样的人物——一位值得尊敬的保守的道德主义者，而非宗教的创始人——但是我们很容易就能对孔子产生亲近感。

孔子终其一生都未能找到可以效力的理想国家。他游历了很多地方，招收了很多弟子。他们将孔子的教诲和学说发扬光大。孔子又做过不少奇怪的工作，但再未回到诸侯的宫廷效力。《论语》等文献生动地刻画了孔子的形象。他很善于自嘲，喜欢美食（尽管他只吃得起家常便饭），酒量也不错。与古希腊的伟大导师苏格拉底不同，孔子与弟子们交谈是为了获得真理，而不是纠缠于繁复的逻辑，也不是为了显示自己的辩才。不过，与苏格拉底的相似之处是，孔门弟子都很敬重老师，他们将孔子的思想传扬光大。那是一个百家争鸣的时代，战争迫使人们思考何为良善社会、如何达至良善社会的问题。

死得伟大

苏格拉底的酒量也很好，特别是最后一次把酒言欢。

民主政治史上最悲剧性的一幕不是由剧作家创作的，而是由哲学家书写的。戏剧的主角苏格拉底是柏拉图的老师。他鼻梁塌陷，其貌不扬，脾气暴躁。人们指控他腐蚀雅典青年的思想，亵渎了诸神。不过，大多数历史学家都认为，这些罪名都是莫须有的。而且，对苏格拉底的审判也不公正，甚至有些滑稽可笑。对民主制度来说，口无遮拦的苏格拉底实在是个桀骜不驯的敌人。但除此之外，没人知道“腐蚀”到底是什么意思。苏格拉底是个名人，雅典城的喜剧诗人一直讥讽他，其中就包括一些用心险恶的贵族。

得知被判有罪后，苏格拉底神情自若，他对法庭的判决嗤之以鼻。这也许刺激了法官们，使他们加重了刑罚，判其死刑，而非流放。在案件定谳后，苏格拉底又拒绝越狱潜逃——这对他并非难事。或许，雅典人正希望他能出逃，以使双方都能有台阶可下。但是，苏格拉底却认为逃亡是对自己的羞辱。他接受了法庭的判决，在法庭上宣布是时候离开了："我即将死去，而你们还活着；我不知道我们谁更幸福，只有神灵才知道。"

在行刑的当天，门徒们陪在苏格拉底的身边。苏格拉底要喝下一种有毒的药水了结自己的生命。现代生物学家告诉我们，这种有毒药水的成分来自毒芹属植物，可以麻痹人的肌肉系统，令人窒息而亡，整个过程非常痛苦。在沐浴更衣后，苏格拉底向妻子和 3 个儿子道别（因为他不想以歇斯底里的状态告别人世）。有一位名叫克力同的门徒非常悲伤，因为老师将不久于人世。苏格拉底以自嘲的方式宽解弟子：你们埋葬的不是苏格拉底，只是一具躯壳而已。苏格拉底是不可知论者。他不知道死亡是终点、是遗忘,还是转入另一个世界——希腊人想象的由死人灵魂居住的"冥府"。如果是遗忘，那就无所畏惧，因为他不再有知觉。如果是冥府，他将遇到一些古代先贤，与他们谈天说地。

行刑的日子到了。日头西沉，狱卒来通知上路的时间。这个狱卒也很悲伤，苏格拉底觉得他实在"可爱"，命他把毒药拿来。克力同指出，太阳还未落山，还不到行刑的时间，老师不要急着上路，再和朋友弟子们待上一时半刻。苏格拉底又拒绝了。在他眼中，贪恋人世也是自辱。狱卒拿来了毒药。苏格拉底问他是否要倒一些毒药献给诸神，使他们能在黄泉路上帮衬自己。狱卒说不行，因为毒药的量刚好送他上路。

在《斐多》中，柏拉图说道，苏格拉底"把杯子举到嘴边，高高兴兴、平平静静地干了杯。我们大多数人原先还能忍住眼泪，这时看他一口口地喝，把毒药喝尽，我们再也忍耐不住了。我不由自主，眼泪像泉水般涌出来"。苏格拉底喝药前问过狱卒，喝了毒药之后要怎么做。狱卒让他满地走，直到双腿变沉，就躺倒在地上。苏格拉底照此做了，之后他

> 脸朝天躺下，因为陪侍他的人叫他这样躺着。掌管他毒药的那人

> 双手按着他，过一会儿又观察他的脚和腿，然后又使劲捏他的脚，问有没有感觉；他说“没有”；然后又捏他的大腿，一路捏上去，让我们知道他正渐渐僵冷。那人再又摸摸他，说冷到心脏，他就去了。[28]

苏格拉底最后的遗言是让克力同向医药之神献祭一只公鸡——他视死亡是一种治疗方法。随后，他就双手掩面，一言不发，离开了人世。

我们如何解读这个故事？故事的背景又是战争。在雅典与斯巴达联手击败波斯军队后，雅典的权势不断膨胀。雅典花费了很长时间（大约20年）才清除了波斯帝国在亚洲希腊城邦中的势力。为了保证海军完成这项艰巨的任务，雅典组建了一个联盟，即“提洛同盟”。起初，小的城邦向联盟提供船只。不久，出于便利的考虑，他们转而提供金钱。于是，这些城邦逐渐由雅典的盟友变成了臣属，而雅典则从霸道的城邦变成了小型的帝国。尽管民主制度犹存，但城邦的传统精神已经丧失。更多的财富和移民使公民间的阶级差距越拉越大，传统农民兼士兵的模式已经动摇。单一共同体的意识日益消解。

雅典的老对手斯巴达也开始艰难转型。最终，当雅典的权势和野心威胁了主要的商业竞争对手（如科林斯）时，希腊世界就陷入了内战。斯巴达和盟友主宰了陆上的战争，而雅典则统治了海洋。斯巴达人年复一年地发起进攻，雅典人只能退守坚固的长墙。这座长墙将城市和港口连接在起来，形成了骨状的防御结构。由于从海路输入大批粮食，雅典人可以端坐城中，观察围攻者的一举一动。在漫长、血腥的拉锯战中，雅典和斯巴达双方不断签订协议，又不断毁弃协议。后来，雅典人犯下大错。在深孚众望的士兵亚西比德的怂恿下，雅典人同意攻打叙拉古。富庶的叙拉古位于今天的西西里，是科林斯的盟友，而科林斯又是斯巴达的盟友。贪婪是战争爆发的原因之一。因为，攻占西西里，乃至最终占领整个意大利，会使雅典势力大增，足以统治整个希腊。

然而，这场战争的结果却是灾难性的。在斯巴达人的援助下，叙拉古击退了两支雅典舰队，并在陆上痛歼了雅典人。这座曾傲视群雄的城邦因此破产。战争持续的时间很长，在叙拉古战役结束后，战争又接连不断。斯巴达人与希腊人的老对手波斯人签订了协议。因此，在上一次战争中获得独立的很多爱奥尼亚城邦又落入了波斯人的掌控。在一次海战中，雅典丧失了主要的粮食供给地。饥饿最终迫使雅典屈服，斯巴达人笑到了最后。斯巴达人推倒了雅典的长墙，控制了这座城市。希腊的黄金时代结束了。

结局已足够悲惨。但叙拉古惨败的故事又与古希腊史上最有魅力而又极其阴险的人物纠缠不清。亚西比德是伯里克利的亲戚，相貌英俊，俘获了许多男女的心。同时，他也是苏格拉底最喜爱的学生之一。柏拉图说，苏格拉底曾在战场上救过亚西比德的性命。在雅典人的眼中，这两人总是缠在一起。不过，苏格拉底似乎抵住了亚西比德在性上的诱惑。据说，他们曾同床而眠，但什么也没有发生。

正如我们所知，亚西比德是煽动远征叙拉古的始作俑者。他劝说雅典人扩充舰队，灾难性地加大了赌注。但在舰队启航之前，有人指控他卷入了一起破坏赫尔墨斯神像事件——它们常被放置在城市周围——这可能是贵族醉酒后开的一个玩笑。由于受到渎神罪的指控，亚西比德被召回。随后，亚西比德叛逃到斯巴达。在帮助斯巴达击败雅典人之后，此人又投入了波斯人的怀抱。

雅典缺席判处亚西比德死刑。但此后不久，雅典的盟邦设法将其召回，撤销了指控。亚西比德再次执掌军事大权。但这一次，命运似乎并不眷顾他。亚西比德接连几次败在斯巴达人的手下，再次被逐出雅典。他死于流放的途中。显而易见，亚西比德遭到了斯巴达刺客的偷袭。当时，他正在情人家中幽会。遭到袭击后，他双手持刀，赤身裸体地冲向刺客，但最终死于乱箭之下。普鲁塔克宣称，凶手是苏格拉底的另一位弟子克里提亚斯，此人曾是亚西比德的好友。美国记者斯通的评论很有道理。他认为，这个故事是为莎士比亚量身打造的。莎士比亚很喜爱普鲁塔克的著作，尤其是那些有关重大阴谋的情节。[29] 莎士比亚本该将其改编成戏剧，但他并没有这么做。这个故事提醒了我们：古代的希腊世界何其小。

亚西比德和克里提亚斯都是危险分子。在兵败叙拉古之后，所谓的“四百人会议”曾短暂地将雅典的民主制度一脚踢开。公元前 411 年，一群贵族推翻了雅典政府，接管了政权。这一行动导致了杀戮和恐怖气氛。据说，亚西比德也曾参与其中。不过，阴谋家集团内部发生了内讧，政变以失败告终。雅典的中间阶层和贫民联手恢复了民主制度。公元前404年，雅典最终败于斯巴达手下，民主制度再次崩溃。这一次，在“三十僭主”的统治下，克里提亚斯领导建立了由富人掌权的寡头政治。他们暂停了雅典公民的投票权，组建了为少数贵族利益服务的大陪审团。“三十僭主”的统治比“四百人会议”更为血腥。他们与斯巴达军队共同主宰了雅典民众的利益，有点像法国维希政权下与纳粹德国合作的那群人。“三十僭主”利用挥舞着棍棒的暴徒来维持秩序[30]，许多民众领袖遭到放逐或处决。

在“三十僭主”统治时期，苏格拉底留在了雅典，但许多杰出公民选择离开，踏上了相对舒适的放逐之旅。后来，苏格拉底曾这样为自己开脱：“三十僭主”胁迫他逮捕并处决某人。但事实上，他趁机逃脱，把任务交给了其他人——这实在难称英雄之举。中间阶层的反抗再次取得胜利。“三十僭主”遭到放逐，民主制度得以重建。仅仅四年之后，在苏格拉底被判死刑的时候，雅典政权似乎仍处于风雨飘摇之中。此时此刻，苏格拉底已遭到遗弃。

苏格拉底之死是个悲剧。这不是因为苏格拉底心中潜藏的有关世界关键哲学难题的答案已经随他而去，而是因为在一个相对开放的社会，最伟大的思想家也不能随心所欲地表达自己的观点，或者如其所愿地追寻未解之谜。真正的民主制度和开放社会不仅仅是选举体制下的琐碎细节，甚至也不仅仅是合理的权力平衡，尽管能做到这两点已经很难了。民主制度和开放社会的关键是如何对待看起来会威胁自己的批评者，就像公元前399年的苏格拉底，尽管他已垂垂老矣。这样的评价标准同样适用于启蒙运动时期的法国革命家和美国的“麦卡锡时代”，以及今天西方社会与伊斯兰极端主义势力的斗争。

在向恐惧屈服之前，你能将言论自由和思想自由的原则坚持多久？

作为哲学家，苏格拉底致力于消解确定性。他是一个怀疑论者，也是一个自嘲者。苏格拉底很少参与雅典城邦的公共服务活动，尽其所能地逃避公民的责任。他曾为国而战，但并没有在公共集会上施展政治辩论上的伟大技艺，而是喜欢私下教学。批评者们斥责他是“诡辩家”，意指他在辩论技艺上是个玩世不恭的教师，玩弄逻辑以适合各种情况。这样的评价不公平。苏格拉底的激进怀疑和自我质疑无法使他能够提出过上美好生活的准则，也不能构建政治制度。但在促进人类心智走向成熟方面，他做出了重要贡献。

学会质疑比学会相信更重要。苏格拉底的思想变化万千，他的弟子及再传弟子们各自以不同的方式展现了他的思想。柏拉图的黑暗的专制共和国思想就与亚里士多德有关捍卫城邦的精妙论述截然不同。像在中国一样，孔子的弟子和敌人曾斗争了几个世纪，而苏格拉底之死同样也引发了无尽的争论。

杰出的亚历山大

我们已花费太多时间讨论希腊人、中国人、印度人、希伯来人和波斯人，目的是观察战争如何孕育了延续至当代社会的变革与观念。随着复杂金属冶炼技术的发展，随着战车和文字的传播，随着远洋航行的实现，技术变革也发生了，尽管变革的步骤并不统一。

在这几个世纪中，还有一些民族也很重要。人类的先头部队还在美洲一路前行，他们开始平整土地、发展农业。美国第一个沿海文明的诞生就可以追溯到这一时期。在太平洋地区，航海家们正在发现和探索最后未被人类占有的岛屿。这是一个勇气和航海的时代，但很遗憾，没有人将其记录下来。在欧洲，凯尔特人早已将土著居民驱赶到边缘地带，他们将在下一个部分中露面。在日本、缅甸、泰国和朝鲜半岛，人们建立了第一批土生土长的王朝。在其他地区，包括俄国和非洲，除了游牧部落的迁徙和定居，我们所知并不多。

这些地域和民族都很有趣，也产生了诸多研究。但与人类的四大文明中心（中国平原地区、印度北部地区、波斯和近东，以及环地中海地区）相比，它们还稍显逊色。这些地区的最大难题是战争。在这一时期，战争甚至比贸易更频繁。显而易见，战争推动了变革。不过，地方战争也具有破坏性（从来如此），常常使繁荣一时的文化和城市毁于一旦。

我们还要最后一次返回希腊世界，目的是探索一位身上蕴含了矛盾信息的大人物——“马其顿的亚历山大三世”。我们常常称其为“亚历山大大帝”。

在他的领导下，被战争怒火点燃的希腊人突破了列岛的局限，向东和向南扩展，一直跨越了中亚地区。亚历山大来自北部的边鄙之地马其顿，但他却是黄金时代的产物。在希腊学习步兵方阵战术的时候，亚历山大总会随身携带一部荷马史诗，夜晚充当枕头。他的老师是伟大的亚里士多德。亚里士多德是苏格拉底衣钵的传承者，也出生在马其顿。在亚历山大 13 至 16 岁的时候，其父腓力就聘请亚里士多德来教育这位王子及其同伴。他们的学校隐藏在林木茂盛的深山之中，今人已经发现了其遗址。在学校中，亚历山大学习了有关波斯人（包括居鲁士）的知识——大多得自希罗多德的著作。另外，教学课程还覆盖了自然史、植物学、地理学及数学等内容。亚里士多德晚年有关教育的著作暗示了亚历山大并不是好学上进的学生。或者，他只是说，青少年性格顽劣，并不喜欢听课。从很早的时期开始，亚历山大就梦想一统东西方，将希腊善于思考的战士与亚洲的安逸、财富和习俗融合在一起。亚历山大非常仰慕希腊的黄金时代，他终将成为古希腊文化的信使。

希腊人向世界传递的信息是，城镇是人类文化的最佳展示地。在那里，公民之间享有大体平等的政治权利，人们自由地发言、认真地倾听，都生活在明晰、公认的法律之下，可以创造更美好的未来——更优雅、更哲学，甚至更科学。法律（将公平原则行诸文字，并编纂成体系）使人们可以超越家族或部落的局限，在更大的群体中自在地生活。因此，希腊城邦以自己的法律为傲，很敬重那些立法者。希腊哲学很关注法律问题。除奴隶之外，希腊城邦的贫富差距都不会过大，以防止破坏共同体的意识。

这些城邦也展现了竞争的力量。在城邦之间的竞争过程中，法律、制度、政治体制、手工技艺和作战艺术都获得了发展。希腊的竞争引发了很多问题和答案，至今仍萦绕着整个世界。一个国家可以同时是真正的共和国和帝国吗？答案是否定的。贫富差距过大会毁掉民主制度吗？答案是肯定的。胜利会导致堕落吗？会的。

在经历了伯罗奔尼撒战争的困难后，那个朝气蓬勃的竞争世界崩溃了。民主国家变成了帝国。先是雅典，后是斯巴达，再是忒拜，它们都成为了弱小城邦的主宰。

猜忌和失败毁掉了由公民组成的重装步兵，雇佣军取而代之。正如一位历史学家所言，“贫民、丧失公民权的民众、失去土地的人、难民、外邦人和奴隶越来越多……在单独的城邦，公民的声音或许还有表达的渠道，但他们已无力控制自己的命运。”[31] 最终，在公元前 338 年，希腊最大的城邦被马其顿征服，城邦时代终结了。马其顿人将领袖崇拜和王权统治带到整个希腊世界。尽管很喜欢荷马史诗，但亚历山大只不过是一位魅力超群的僭主。

历史上有很多这样的例子：边鄙之地的民族突然崛起，突破传统的边界限制，征服或主宰了周边更富庶的文明。波斯人曾一文不名，但他们推翻了盛行战争文化的亚述人。在中国，来自西部边陲的秦国迅速强大起来，击溃了更富庶但更软弱的对手。马其顿也位于希腊世界的边疆地区，在其之外就是所谓的蛮族。马其顿人讲希腊语，尽管口音有些奇特。那里林木茂密、沼泽密布、气候严酷——降雪很多，即使春季也很寒冷。因此，马其顿人非常坚强。

马其顿人是部落民族，不在城镇中居住。他们很难管理，但忠于自己的贵族。只是在不久之前，马其顿人才完全臣服于以沿海地区为基地的国王们。这些国王都很热衷于捕猎熊和狮子，他们从希腊本土输入了很多文化元素，包括华丽的宫殿。在新都佩拉，有一座庞大的中央开放区域，人们称其为“阿果拉”。那里制造陶器、金属器具、玻璃制品和雕像，也出售好酒，售卖来自地中海世界的各种商品。宫殿都用色彩艳丽的壁画和精美的马赛克装饰；他们制造的黄金饰品美艳、高贵。不过，马其顿人也有些自卑：他们不得不从更富庶、更发达的南方诸国进口很多东西。更有现实意义的是，他们发展和完善了希腊的重装步兵方阵，可以有效地补充皇家骑兵的不足。但是，南方的希腊人很是看轻马其顿人。有人曾建议苏格拉底逃往马其顿，但他对此一笑了之，认为这个想法实在荒谬。

马其顿的第一位伟大国王是腓力二世，也就是亚历山大的父亲。趁希腊城邦爆发内战之机，他将马其顿打造成了一个军事强国。腓力发动了一系列战役，征服了邻国伊利里亚和色雷斯。在战争中，他失去了一只眼睛，肢体也严重受伤，大量出血。马其顿骑兵部队的马匹没有安装马镫，作战时呈 V 字形队列；步兵手持大约 19 英尺长的长矛。因此，在军队快速推进的过程中，他们就像一只只愤怒的大刺猬。通过贿赂、威逼、武力和计谋，腓力将混乱的希腊城邦（包括雅典）都置于自己的统治之下，这是伟大的成就。只剩下斯巴达人能与马其顿人一决高下。腓力曾向斯巴达人发出威胁，如果率兵攻入斯巴达的领土，他将摧毁所有城市，杀光所有人。斯巴达人勇敢地回击了马其顿人，他们只用了一个词——“如果”。在此之后，腓力还计划入侵亚洲。但当他正在备战之时，马其顿的国内形势急转直下。

腓力有好几个妻子。公元前 336 年，由于某件事的缘故，腓力一怒之下休掉了原配夫人。我们不知道他们夫妻失和的真正原因。尽管腓力已经迎娶了一位年轻的妻子，但他的原配夫人也着实有手段。这位原配夫人就是奥林匹娅——吕底亚的公主和亚历山大的母亲。她是侍奉酒神狄奥尼索斯的女祭司，以与蛇共眠而声名远播，尽管这只是祭祀酒神的仪式。后世有人传说，她曾与波斯国王偷情，生下了亚历山大。波斯国王之所以把她送回国，原因是奥林匹娅有口臭。

无论如何，腓力确与奥林匹娅失和。为孤立她，腓力决定将女儿（与另一个妻子所生）嫁给奥林匹娅的哥哥，即吕底亚国王。亚历山大因此失去了王位继承权。然而，激怒自己的希腊妻子（或前妻）并不是个好主意。腓力在忙于筹备女儿婚礼时被一名侍卫刺死。许多人认为，刺客是由奥林匹娅指使的。她这样做既报复了丈夫，又确保儿子登上了王位。[32] 经过一场血腥的家族内斗，亚历山大最终成为马其顿的国王。他继承了一支能征善战的军队，还有与波斯帝国的世仇。而此时，波斯帝国已被内乱搅扰得奄奄一息。

登上王位时，亚历山大年仅 20 岁。他一头长发，胡须刮得很干净，双眼炯炯有神。不过，亚历山大显然个子不高。他从 16 岁起就帮助父王治理国家，并在战场上与敌人搏杀。13 岁那年，亚历山大驯服了一匹野性难驯的公马。于是，父亲就将这匹黑马赐给他。这匹坐骑就是赫赫有名的“布塞弗勒斯”。赫费斯提翁在亚历山大十几岁时成了他的同性爱人。在亚历山大短暂的一生中，赫费斯提翁和布塞弗勒斯常常陪在他的身边。他父亲的心腹随从也先后效忠于亚历山大。在腓力征服了希腊之后，伟大的作家和艺术家纷至沓来，汇聚于马其顿的宫廷，其中就包括剧作家欧里庇得斯和画家阿佩利斯，还有很多音乐家和哲学家。但是，亚历山大从小也与很多举止粗鲁的马其顿贵族子弟厮混，他们都是作为侍从和人质生活在马其顿的宫廷中的。

通过波斯流亡者和旅行故事，亚历山大开始痴迷于东方。希罗多德使他了解到很多有趣的事情，如米底人、波斯人和埃及人的生活习惯。荷马也使他受益匪浅，令亚历山大崇尚单打独斗和追寻荣耀。与荷马一样，亚历山大认为特洛伊人（狡诈的古代亚洲人）也有值得钦佩之处。如上所述，亚里士多德曾亲自教导这位马其顿王子。这位薪酬不菲的老师向亚历山大传授了自然哲学、政治学和治国理政的知识。这是古代世界任何一位王子所能接受的最好的教育——荷马的尚武精神、马其顿的严酷世界、希腊的杰出思想及对亚洲的好奇与开放。亚历山大已经为征服世界做好准备，他将以超人的毅力将广袤的土地纳入自己的统治。

腓力的军队就地补充给养，杜绝奢侈浪费，一天可以行军 30 英里。整支军队配备了攻城设备、弓箭手和投枪兵。这些士兵拥有超凡的能力，横扫亚洲，进抵印度。其中一些人就像年老的苍鹰，可以一直搏杀到 60 岁以上。亚历山大的征服是古代世界中最令人瞠目结舌的史诗性事件之一。在扑灭了希腊人的叛乱后——曾经烜赫一时的雅典人甚至没有抵抗就缴械投降——亚历山大开始率军攻打波斯帝国的末代国王，号称万王之王的大流士三世。大流士三世起初并没有把这个鲁莽男孩的入侵放在眼中。

在特洛伊城附近，也就是今天的土耳其，亚历山大首先赢得了几场胜利。在许多城市纷纷投降之后，他遵循波斯人的传统，让这些城市实行自治，只需缴纳贡赋即可。公元前 333 年，亚历山大在伊苏斯击败了由大流士亲帅的波斯军队。大流士兵败落荒而逃，连王冠和妻子也丢弃不顾。随后，亚历山大又攻陷了两座重要的贸易城市推罗和阿卡。埃及人也敞开了大门，将亚历山大视为解放者。亚历山大加冕为埃及法老，成为拉神和奥西里斯神的化身。马其顿军队随后长驱直入，进入了美索不达米亚。在高加米拉战役中，亚历山大赢得了一生中最伟大的胜利。尽管波斯军队的规模远超希腊军队，亚历山大还是击溃了大流士，并对其紧追不舍。最终，大流士死于自己的部将之手。

亚历山大宣布自己是万王之王和波斯统治者。随后，他又攻陷了巴比伦城。在遭到波斯人的伏击而罕见落败后，他最终占领了宏伟的波斯波利斯城，整座城市被付之一炬。

克雷图斯是亚历山大手下的一名将军。在早先的一场战役中，他砍下了一个波斯士兵的手臂，救了亚历山大一命。公元前 328 年，在撒马尔罕召开的一次军事会议上，克雷图斯卷入一场酒后纷争——马其顿人喜欢喝烈酒，参加会议的将军们常常处于醉醺醺的状态。行军迟缓而致军事失利可能是这次争吵的诱因。克雷图斯当面顶撞亚历山大，直陈其父腓力才是更伟大的国王。在随后的打斗中，怒火攻心的亚历山大用一根长矛刺死了克雷图斯。据说，亚历山大当时已处于精神癫狂的状态。后世的作家们将克雷图斯描绘成敢于向权贵进言的人。这位诚实的老战士意识到，亚历山大的头脑已经膨胀到难以复加的地步。的确，亚历山大不是行事谨慎之人。他之所以醉酒，不是因为美酒太烈，而是他已陶醉于一系列的惊人胜利。在埃及人承认其为世界主宰之后，亚历山大宣称他的父亲是一位神祇，类似希腊人的宙斯和埃及人的阿蒙神的混合体。

然而，亚历山大的问题是他太成功了。在其统帅的联军中，马其顿人只占一小部分；而在其征服的人口中，马其顿人更是微不足道。亚历山大需要新臣服的亚洲人尊敬他，即使伤害到希腊人的情感也在所不惜。因此，他改穿波斯人的服饰，见面时用亲吻表达敬意。波斯人和米底人认为这是尊重之举，但希腊人却认为这种风俗是无可救药的堕落。如今，亚历山大自称神祇，但民众却窃窃私语。他以盛大的婚礼迎娶粟特人罗克珊娜为妻。粟特人属东伊朗语族，生活在今天的阿富汗和乌兹别克斯坦。这一举动可能是精明的政治伎俩，也可能是心血来潮，甚至是出于爱情。不可否认，亚历山大试图将马其顿希腊人和亚洲人融为一体，使自己成为真正的世界之主。他将 3 万名亚洲男孩训练成希腊式的战士，授予爱人赫费斯提翁波斯式的头衔和职位。

古希腊罗马历史学家阿里安撰写的著作是现存最完整的有关亚历山大的生平资料。根据他的记载，亚历山大在波斯故都苏萨为希腊人和波斯人举办过一场盛况空前的集体婚礼。他自己也迎娶了大流士的长女为妻，并将她的妹妹许配给赫费斯提翁。这样，他们的后代就是表亲关系。亚历山大还为 80 名马其顿侍卫挑选了妻子，这些女子均来自波斯和米底的贵族家庭。他为新人们安排这场集体婚礼，有点像统一教热衷的婚礼仪式。阿里安说：

> 婚礼是波斯式的。给这些新郎按顺序摆好座位，大家一起祝酒之后，新娘就进来，各自坐在自己的新郎旁边，新郎握住新娘的手，亲吻。由于婚礼是在一起举行的，所以一切动作都由国王带头。人们认为，在这件事情上，亚历山大还能俯身下士，表现了战友精神。这种事倒是不多见的。新郎得到新娘之后，就都领着回家。对每一对亚历山大都送了礼物。对其余娶了亚洲女子的马其顿人，亚历山大也都送了礼。[33]

他还命人将另外 1 万名迎娶了亚洲妇女为妻的马其顿人的名字记录下来。这是一项令人瞠目结舌的文化融合实验，就好像维多利亚女王命令来自英格兰、爱尔兰和苏格兰的士兵迎娶印度教徒和穆斯林为妻，或者好像卡斯特将军试图撮合美国骑兵和苏族女子成婚，而不再与印第安人在巨角开战那般不可思议。但遗憾的是，在帝国分裂之后，尽管亚历山大的继任者们确实在亚洲各地扎下了根，但这些婚姻几乎都没能长久。不过，这种联姻模式使希腊文化远播到地中海世界之外的地方。

在这场集体婚礼之前，亚历山大又发动了一场战争。他率军进入了今天的巴基斯坦和印度，在那里首次和象军交战。他的爱驹布塞弗勒斯在印度河东岸战死，他的情人赫费斯提翁也在不久后去世。悲痛、创伤和酗酒影响到亚历山大的身体健康。在已知世界的尽头，马其顿军队已经筋疲力尽。在进军攻打印度统治者的紧要关头，士兵哗变了。他们要求返回家园，甚至连亚历山大也束手无策。他宣布撤军，返回了巴比伦。在那里，亚历山大为赫费斯提翁举行了火葬。如今，亚历山大控制了世界上的广袤地域，从喜马拉雅山脉一直延伸到巴尔干地区。他筹划了新的战役：首先攻打阿拉伯地区，然后沿北非海岸线进军，进入意大利。倘若活得更久，他甚至可能将罗马城毁灭。在那时，罗马还是一座默默无闻的城市，但罗马人野蛮好战、雄心勃勃。有人认为亚历山大是被毒死的。但他感染病菌去世的可能性更大，或许是伤寒。公元前 323 年 6 月，年仅 33 岁的亚历山大死在了尼布甲尼撒的宫殿中。

亚历山大的神奇一生既诠释了战争的积极意义，又展现了战争的消极影响。他深受希腊文化的影响，对波斯人和印度人充满了好奇心。他的所作所为像一部巨大而血腥的文化搅拌机。如今，希腊世界对小亚细亚、埃及和美索不达米亚腹地产生了巨大的影响。尽管亚历山大帝国很快土崩瓦解，但希腊风格的新城市如雨后春笋般不断涌现。亚历山大的将领们瓜分了古典世界的大部分地区，希腊文化或希腊化文化进入了繁荣时期。哲学家开办了新学校，雕刻家和画家在新的地方找到了工作，某种通用语逐渐传播开来。

亚历山大引发的杀戮、大规模放逐和熊熊烈火并未造就稳定或有吸引力的政治体制。他传播的是古希腊的皮毛，而不是其本质。事实上，他根本无法做到这一点。因为，希腊文化的本质是思想独立和公民精神，是自下而上形成的，而不是自上而下产生的。长矛不能带来民主制度。亚历山大的国家是一种囊括多种文化的帝国，但他的伟大军事胜利却使地中海世界倒退回由国王、皇帝、地方豪强和相邻王朝主宰的世界。读者或许会联想到后世很多相似的例子。亚历山大为罗马人铺平了道路——至少罗马的皇帝们是这样认为的。荷马史诗中的英雄激励了亚历山大，使他自己也成为一名英雄。然而，他的所作所为也向世人展现了英雄能力的局限。亚历山大是掘墓人，他葬送了伟大的希腊实验；或者说，他从来就不是希腊实验的捍卫者。

第三部

剑与道

从公元前 300 年至公元 600 年前后：
中国、印度和欧洲的古典帝国及其与新兴宗教的遭遇

耶稣诞生时，地球上大约有一半的人口都生活在两大帝国中。但他们自己并没有意识到这个事实：远离大城市的农民很难接触到外面的世界，他们只能了解到有限、失真的信息。这是世界历史上空前绝后的情况。罗马帝国和汉帝国大致同时兴起，其统治的人口也大体相当：在鼎盛时期，罗马帝国有 4500 万人；根据税收状况推断，汉帝国有 5760 万人。两大帝国的领土面积也不相上下，大约都是 400 万平方公里。不同的是，一个帝国坐落在内陆海洋的边缘，另一个帝国坐落在河流交错的辽阔平原。它们的军队看上去也很相似：统一配备了盔甲和武器，行军列队整齐划一，都有战车和骑兵配合作战。

罗马人崇拜家神和祖先，中国也是如此。他们都讲求实际，注重现世生活。他们也都唯我独尊，认为自己比任何潜在的对手都更严肃、守礼和文明。罗马皇帝宣称要统治“全世界”，中国皇帝则认为“普天之下，莫非王土”。罗马人修建了令人赞叹的高墙以抵御异族入侵，中国人也是如此。罗马人拥有笔直的道路，中国人挖掘了漫长的运河。两大帝国就连行政区划的数目也大致相当。两国政府也都会用实际利益来激励军队——战斗结束后，中国军人可以凭敌人的首级获得金钱和更高的地位，而英勇的罗马军人则可以赢得家乡的土地。

在地中海世界的边缘，罗马帝国击败了众多敌人，崛起为强大的国家。在中国，地处边鄙之地的秦国统一了六国，终结了战乱，为汉帝国的崛起奠定了基础。罗马人和中国人彼此知之甚少。他们相隔大约 4500 英里，炙热的沙漠和高大的山脉阻挡了人员往来。而海路则更长，比陆路远了大约 2000 英里。[1] 尽管如此，两大帝国仍存在微弱的交流。罗马人对中国的认识很模糊。在他们的头脑中，中国是个神话般的国家，位于遥远的东方。

在古罗马语言中，“赛里斯”一词可能就指中国人。.

公元 97 年，中国将军班超曾派遣使节出使罗马帝国，但使节本人并未见到罗马皇帝图拉真。由于路途实在遥远，使节半途而废，返回国内。因此，历史上一次伟大的“倘若如此”假设就在埃及以东某个尘土飞扬的驿站中夭折了。[2] 这位名叫甘英的使节搜集到许多关于罗马人的传闻。他报告说，罗马帝国有四百多座城池，都城坐落在一条大河的出海口。罗马人身材高大、为人诚实。他们从杰出的大人物中选举国王。在遭遇灾祸时，这些杰出人物会代替民众接受惩罚，毫无怨言。[3] 甘英说，罗马“国王”手下有 36 位大臣参与议政，他也会接受老百姓的请愿。这是千真万确的，因为他大致勾勒出罗马元老院的模糊轮廓。很明显，中国人对这种政治观念（同时容纳胜利者和失败者）感到既陌生，又好奇。

这不是唯一令人着迷的事情。甘英还兴致勃勃地汇报说，罗马的杂耍艺人很神奇，可以口吐火焰，并能同时抛接 12 个球。

根据中国史书的记载，70 年后，一个罗马使团经海路抵达越南（当时越南是中国的一部分）。这个使团有可能是伟大的哲学家皇帝马可・奥勒留派遣的。但是，使团被遣返回国，两个帝国自此只有依靠长途贸易维持联系。大约在耶稣生活的时代，罗马妇女开始穿着半透明的丝绸裙子，这引起罗马卫道士的强烈不满。这些丝绸来自中国，经由长途海上航行从越南运到今天的斯里兰卡，然后再转运至埃及。中国已经发现了来自罗马帝国的玻璃器皿和硬币。此外，还有一种可能性：在公元前 54 年，帕提亚人曾经俘虏过一些罗马士兵。之后，使用“鱼鳞阵”的罗马军团可能曾与汉帝国的士兵在吉尔吉斯斯坦兵戎相见。

两大帝国延续的时间也大体相当。起初，罗马人只是生活在意大利中部的城镇居民，默默无闻。他们的发展壮大一部分归功于能吸引移民到来，另一部分则是由于他们能在血腥的战争中屡战屡胜。亚历山大死后，马其顿帝国分裂成多个希腊王国。当罗马崛起争夺霸权的时候，这些王国已纷纷衰落。从公元前 149 年到公元前 146 年，罗马人摧毁了他们在北非的竞争对手——迦太基人。大约在 70 年之前，中国的第一位皇帝统一了列国。几个世纪之后，罗马世界分裂成两大帝国：西罗马帝国于公元 5 世纪瓦解，而东罗马帝国（又称拜占庭帝国）则一直延续到1453年。那一年，奥斯曼土耳其人攻占了君士坦丁堡。汉帝国于公元220年寿终正寝，但中国直到317年才最终四分五裂。在当时，中国的南方地区较少受到入侵，在文化上更保守。我们可以将其与历史悠久的东罗马帝国进行比较。

两大帝国存在了大约500年。与美索不达米亚和埃及的早期文明相比，它们存续的时间并不算长。但以现代民主制度的标准来衡量，两大帝国的表现令人惊叹不已。随着中国的崛起，历史学家们开始专注于这样一个疑问：我们的世界——统一的中国和破碎的欧洲——是否以某种方式延续了罗马帝国和汉帝国的经验？毕竟，在第一位皇帝出现后，中国大约有一半的时间在政治上都大致保持了统一；而在罗马帝国衰亡后，地中海和欧洲西部就再也没有统一。原因何在？

地理环境可以提供一些答案。尽管河谷和山岭将中国分割成不同的区域，但整个国家又被沙漠和海洋环绕，这切断了中国与世界其他地区的联系。政治统一的实现非常艰难。根据统计，从公元前656年到公元前221年，中国断断续续爆发了至少256场战争。然而，一旦形成大一统的帝国，这个由漫长海岸线围绕的单一地理区域就会形成很强的地形学逻辑。道路、运河和城墙划出了交通线和防御线，这些线不会轻易变动。尽管外来入侵者不断挑战中国，但他们无法抹掉“一个中国”的文化版图。

然而，地中海和欧洲世界则截然不同。确实，“陆地中间的海”使罗马帝国的交通更加便利，但能抵御侵略者的天然屏障也少之又少。同时，星罗棋布的河流奔流四方，这些河流与纵横交错的山脉将欧洲大陆分割得支离破碎。从地理学上观察，欧洲是一个凌乱、分裂的半岛，不太可能实现政治统一。

这种解释乍看之下令人满意，但似乎又过于肤浅。因为，中国也曾分裂长达数个世纪。在中国，南、北方人的生活方式不同，方言不同，有时分别由各自的皇帝统治。中国曾派出庞大的远洋船队，整个国家几乎已走向世界。但事实上，中国并没有真正走向世界，这主要是由于政治上的考量。在西方，东罗马帝国曾有机会统一地中海地区。在很久以后，尽管存在河流与山脉的阻隔，但像哈布斯堡家族的查理五世和科西嘉岛的冒险家拿破仑·波拿巴也都有统一全欧洲的可能。

还有其他因素吗？外来者扮演的角色非常重要。中亚的游牧民族全副武装，骁勇善战。他们引发了数次移民浪潮，席卷了整个欧洲。在许多人稍事安定之后，下一波移民潮又迫使他们再次迁徙。在蒙古入侵之前，中国的中央政权大体能有效地抵挡游牧民族。但蒙古人最终战胜了中原王朝，快速、彻底地征服了整个中国，建立了帝国统治。从某种角度看，他们的统治有助于维护中国的统一。

中国和欧洲都受到外来宗教的挑战。但与佛教对中国的影响相比，一神教（如基督教和伊斯兰教）对西方的影响要更加显著。中国皇帝有能力抑制佛教的影响力，欧洲宗教战争中的尖锐对立和以命相搏的矛盾是他们不曾经历过的。尽管遵循的模式有所不同，但一神教反复将西方社会的民众划分为“信仰者”和“异教徒”两大类。而中国则从未发生这种情况，正如我们将要看到的那样，法律和保守的社会思想比宗教的影响更大。另外，中国和欧洲还存在文化差异，如中国文字的学习难度更大。因此，中国形成了一个独立、强大的官僚精英阶层，这是西方社会所没有的。关于这些问题，我们将稍后讨论。

不过，中国和罗马世界的历史同样血腥、残酷。愤世嫉俗的统治者、国家的恐吓行动，以及对持异见者的迫害充斥在各自的历史中。中国和欧洲都出现了富有吸引力的人文思想家和恢宏华美的建筑（但汉朝的建筑大多是用木材和夯土建成的，正如前面提到的那样，这样的建筑很难保留下来），但这些体现权力的建筑都是通过暴力和恐吓才得以建成。绝大部分的建造者都是农民，我们唯有透过他们被汗水湿透的脊背才能诠释这些建筑的美学和哲学意涵。罗马帝国的成就依赖于地方精英集团和军队的荣誉，而中国则更多依靠赤裸裸的武力。然而，无论那些有教养的精英是否学习过孔子或耶稣的训诫，是否向皇帝磕头叩拜，是否会阅读元老院的公告，军队都会在集权政府的指挥下屠杀叛民，也都会通过公开、令人生厌的刑罚来昭示权威。倘若权威名正言顺，集中组织和动员民众的权力就会更加合理。

阿育王

在罗马帝国和汉帝国臻于鼎盛之前，世界上还存在另一个伟大的帝国。它的故事截然不同。印度的孔雀王朝是当时的第三大帝国，可能拥有全世界四分之一的人口。除南部的偏远地区外，这个帝国几乎覆盖了现代印度的所有版图，再加上今天的巴基斯坦和阿富汗的许多地区。据推测，在公元前 2 世纪，孔雀王朝的人口大约是 5000 万。在这个王朝创建的公元前 324 年，罗马人尚在意大利中部艰苦奋斗，而中国人也还未摆脱诸侯争霸引发的惨烈战争。尽管孔雀王朝最伟大的统治者阿育王非常英明神武，但这个帝国还是在公元前 185 年崩溃了。孔雀王朝创造了古典世界，随后又将其摧毁。在孔雀王朝之后，印度再无力对外扩张，主宰其他地区。今日世界的政治版图与宗教格局很大部分都是由我们熟知的历史人物在 2000 年前就奠定了的。

然而，孔雀王朝的统治者们却处在可知历史的边缘地带。詹姆斯·普林塞普是 18 世纪一名业余语言学家，他的日常工作是在加尔各答经营英国的薄荷园。经过他的努力，人们才终于认可阿育王是真实的历史人物，而不是虚构的神话人物。与罗马帝国和汉帝国相比，阿育王帝国的知名度并不高，相关史料也很少——印度历史一贯如此。关于阿育王及其帝国，我们主要有三个史料来源。一个来自希腊历史学家麦加斯梯尼，他曾为塞琉古·尼卡特效力。塞琉古·尼卡特是亚历山大大帝的将军，他以波斯和今天的巴基斯坦为中心，建立了一个小帝国。麦加斯梯尼很可能到访过孔雀王朝的都城华氏城。如今，华氏城已被掩埋在现代城市巴特那地下，而这座城市无疑是世界上秩序最混乱、污染最严重的大都市之一。不幸的是，麦加斯梯尼的著述早已散佚。我们只能通过后世历史学家的引用才能略窥其内容。第二个来源是一本关于印度治国之道的手册，其中部分内容的作者有可能是孔雀王朝的宫廷谋士。第三个来源是阿育王的言论，它们被镌刻在印度许多地区的石柱上。

阿育王的祖父是旃陀罗笈多。现代人认为，他和麦加斯梯尼所说的“月护王”是同一位印度统治者。据说，旃陀罗笈多曾见过亚历山大大帝。月护王率领民众奋起反抗印度北部的王朝——难陀王朝。在一位精明、残忍的谋士的帮助下，他推翻了难陀王朝，于公元前 321 年创立了自己的王朝。月护王的一贯战略是：首先在边远地区消耗敌人的力量，然后再向中心地区挺进。经过漫长的消耗战，敌人的领土逐渐缩小。相传，月护王曾听到一位妇人教训她的孩子，吃饭时不要从盘子中间开始，因为中心一定比边缘烫。受此启发，他想出了这一战略。

如今，旃陀罗笈多转而进攻当时所向披靡的希腊人。大约在公元前 303 年，他击败了塞琉古王国。很显然，希腊人并没有被彻底击垮。因为，旃陀罗笈多从数千头战象中挑选了 500 头送给塞琉古王国，以此换取新获得的领土。[4] 亚历山大的军队是首次见识印度战象威力的西方军队。他将一些战象带回巴格达，配备到私人护卫队。对希腊人来说，塞琉古王国得到的这些礼物，相当于印度人给他们配备了几个团的“虎式坦克”或武装直升机。希腊国王们经常将这些大象用于交易、出借及馈赠。例如，埃及的国王们就曾利用印度战象镇压揭竿而起的犹太人。在此之后，这些战象还会被用来对抗日益崛起的罗马人。

旃陀罗笈多的帝国扩张到了印度次大陆的绝大部分地区。如果有关政府的历史文献可信的话，那么旃陀罗笈多的帝国就不仅好战，而且热衷干涉别国事务，非常官僚化，且行事偏激。然而，我们对这位被描述成印度恺撒的统治者所知甚少，对他的儿子则了解得更少。公元前 297 年，旃陀罗笈多退位，由他的儿子继承王位。据说，旃陀罗笈多是因虔诚的苦修绝食而亡。不过，我们对他的孙子阿育王更为关注。阿育王的统治从大约公元前 268 年一直延续到公元前 233 年。他的“诏书”散落在印度各处的石柱上。在这些神秘的“诏书”被成功破译之后，现代世界才有机会倾听他的声音。而在此之前，人们主要通过佛教典籍来了解他。阿育王是何许人？我们并不很清楚。1837 年，一位英国的铸币监管员破译了一些诏书，上面记载了一个令人惊讶的故事。

阿育王的名字可以直译为“无忧无虑”。起初，阿育王经历了血腥的王位继承战争。根据铭文记载，他杀死了 99 个与自己为敌的兄弟，但这有可能不是事实。然而，从其父亲去世到阿育王登基，印度出现了一段

“空位期”。这暗示当时有可能发生过惨烈的厮杀。在此之后，阿育王开始进攻那些自己统治之外的地区，羯陵伽便是其中之一。经过一场可怕的战争，阿育王重新征服了这个地区。根据他留下的铭文，有 10 万名士兵在战斗中被杀，更多的人伤重而亡。或许，战后还发生了大屠杀。此外，还有 15 万人遭到流放。

罗马皇帝恺撒会吹嘘毙敌人数，中国的王侯或旃陀罗笈多也会如此。但是，阿育王的内心似乎经历了一场刻骨铭心的变化。他皈依了佛教，很可能是受到妻子的鼓励。在一段铭文中，阿育王说道，他为这场战争感到自责，“当一个独立的国家被征服时，百姓会遭受屠戮，而民众的死亡和流离令他极其悲痛……如今，倘若有百分之一、甚至千分之一的民众再罹患灾难，神所钟爱之人（指阿育王自己）的心就会异常沉重”。上面这段话出自第 13 块石刻诏书。在这份诏书的后文中，阿育王继续告诫自己的后代，警示他们避免新的征战，要求他们只可对民众施加“轻微的刑罚”。

假如阿育王没有再发动战争，这将成为人类历史上意义非凡的时刻，他将成为空前绝后的为胜利而致歉的征服者。这就仿佛是拿破仑在奥斯特利茨战役后宣称自己痛悔在政治上的肆意妄为，并将成为贵格会教徒。阿育王试图建立的是以佛教的“达摩”观念为基础的帝国，“达摩”意为美德、良善与庄重，劝谏民众善待下人和亲朋，避免杀生（既不能杀人，也不能杀死动物），实现宗教宽容。在印度，从北部冰封的山脉到南部炎热的森林，镌刻阿育王诏书的石柱随处可见。他号召人们食素，禁止献祭，尊重不同宗教教派，将所有人都视为自己的孩子。

这些语录被人们用各种语言记录下来，其中有在西北部希腊世界边缘地带使用的亚兰语，有梵文及其各种方言，还有一份用婆罗米文书写的手稿。最早的诏书被镌刻在岩壁和巨石之上。旅行者聚在一起，坐着听人们宣读铭文的内容。后来，阿育王又在华氏城创设了很多作坊，用于制作顶部雕刻狮子的巨大石柱。印度人利用恒河等河流运输这些石柱，将它们竖立在印度的核心地带。对早期历史的国王而言，这种宣传方法很可行，可以将抛光过的砂岩当作“扬声器”。阿育王并不是谦卑之人，他也在诏令中夸耀自己的功绩：在道路两侧栽种遮阴的树木，建立形制规整的客栈，挖掘水井以供人畜饮用。阿育王公开宣布弃绝战争和暴力。为了将这些话语传扬到更遥远的地方，他开始向国外派遣佛教僧侣，命他们将和平的信息带往缅甸、斯里兰卡和埃及，甚至是希腊。

这一切听上去太过美好，很难让人信以为真。事实或许是这样的：印度有太多相互竞争的宗教，不同的种姓和语言使社会四分五裂。因此，如果谋求长治久安，任何王朝都要依靠统一的理念。很显然，阿育王有意识地创造出了现代统治者所谓的意识形态。尽管这种意识形态很温和，但孔雀帝国的统治未必有多开明。阿育王还保留了一定程度的死刑刑罚。而且，他在针对森林居民的一系列诏书中表现出的愤怒也并没有被佛教的开明思想化解。甚至他奉行的素食主义也不是绝对的：由于垂涎鹿肉和孔雀肉的美味，他将这两种动物排除在禁食名单之外。毕竟，我们只能凭借阿育王自己的话来理解当时的历史。如果只通过那些温情脉脉的人道主义演说来理解斯大林，我们很可能会认为他是一个温柔慈爱之人。不过，由于阿育王屡次痛悔早年的血腥战争，他很可能真的皈依了佛教，并力图建立一个“良善的帝国”。

这种解释似乎更合理，因为阿育王很快就失败了。他很可能在晚年散尽了家财。在弥留之际，阿育王的手中只有半颗芒果，但心中充满喜乐。在阿育王死后，大量印度社区都分崩离析。我们对阿育王的继任者知之甚少。唯一确切的信息是，孔雀王朝的最后一任国王遭遇暗杀而亡，整个帝国在长达半个世纪的混乱之后最终灭亡。在此之后，印度在笈多王朝的统治下又迎来了一个白银时代，甚至是黄金时代。笈多王朝始于公元320年，梵文创作和十进制数学等领域由此进入了繁荣期。在穆斯林闯入印度北部地区后，佛教徒被迫流离失所。加之面对印度教的敌视，阿育王的信仰几乎在印度销声匿迹。

阿育王并不只是历史的注脚。在现代印度，不同宗教和种族之间存在着一道道裂缝，人们发现实现宗教宽容实在难上加难。因此，他们把阿育王奉为睿智的英雄。阿育王的三头狮是印度共和国最为人熟知的形象，如今已被印制在货币的背面。1956年，印度爆发了一场反对宗教偏执的抗议运动，这表明阿育王的政治性的佛教思想并没有消逝。

安倍德卡尔是印度早期民主政治的伟大人物之一。他出身于“贱民”阶层，后来成为一名杰出的律师。安倍德卡尔曾任宪法起草委员会的主席，这个委员会负责起草新生共和国的宪法[5]，新宪法废除了“贱民”身份，将特别投票权赋予工人、鞋匠、清洁工及从事肮脏工作的边缘群体。但是，安倍德卡尔仍然认为印度政府未能为自己的人民做更多的事情，为此深感沮丧和愤怒。在他看来，无论法律条文如何规定，印度教的种姓偏见（包括宗教偏见）仍存在于现实生活中。因此，在1956年他去世前不久，安贝德卡尔在一次众人参加的仪式上公开皈依了佛教。有100万人参加了他的葬礼。有许多低种姓阶层的民众追随安贝德卡尔，也先后成为佛教徒，这促进了佛教信仰在当今印度的复兴。显而易见，阿育王石柱上的道德观念仍闪耀着光芒。

秦始皇

中国的第一位皇帝与阿育王的仁慈形象相去甚远。秦始皇嬴政与阿育王是同时代的人，他也在山顶竖立石柱，颂扬自己的功绩。然而，嬴政并不是因其言论而被后人记住的，其偏执、残忍和无情的名声来源于后世一段臭名昭著的历史。近几十年来，人们对宏伟的秦始皇陵的部分发掘又加强了这种印象，其中最引发世人瞩目的就是兵马俑。如果说阿育王希望克制欲念和自私，那么嬴政则希望通过用泥土和青铜构造的官僚机构和军事机器来护卫自己。那些绘有图案的兵马俑正时刻准备击退恶魔。

嬴政的愿景源于征服与恐惧，非常现实。对罗马人，甚至埃及人来说，嬴政的愿景比阿育王的佛教避世思想更容易让人理解。在今天的中国和世界各地，嬴政的影响力远超阿育王。然而，与那位印度统治者一样，秦始皇的王朝也很短命。汉帝国迅速取而代之，并延续了嬴秦的政治成就，但少了些许暴虐。尽管不是令人喜爱的历史人物，但嬴政统一了中国的文字，修建了伟大的公共工程，终结了延续几个世纪的内战，扩充了中国思想的内涵。就人性而言，秦始皇的形象实在糟糕，但又无法摆脱。

有关嬴政的最大问题之一就是我们所能获得的史料。这些史料的作者是司马迁，我们在前文中曾提到过，他也是第一个为孔子作传的人。司马迁是中国最伟大的历史学家之一，堪称亚洲的普鲁塔克。他的一生充满悲剧色彩。与同时代的罗马历史学家一样，司马迁很清楚，逾越雷池批评统治者的后果就是流放或死亡；抑或像他那样，被迫遭受腐刑。不过，司马迁似乎也意识到，历史学家可以通过评价过去的统治者（尤其是那些失败的统治者）而对现实的统治者进行劝谏。因此，司马迁将有关嬴政的负面传言保存下来。他的历史著作《史记》是中国第一部纪传体通史。根据这部史书的记载，嬴政很可能是一位大商人的儿子，这位名叫吕不韦的商人是卫国人，而非秦国人。吕不韦的一位美妾赵姬受到秦国公子异人的垂青。于是，他将怀有身孕的美妾送给了这位秦国公子。赵姬则谎称这个孩子是异人之后。待异人继承王位后，赵姬就成了王后。婴儿随后诞生了。

这个婴儿就是嬴政。因此，秦始皇是个私生子，其出身就是一场骗局。13 岁时，嬴政的“父亲”庄襄王（异人）去世，他登上了王位。故事进展到这里已经很糟糕，但随后的情节发展就近乎猥琐了。大商人吕不韦重回旧爱的怀抱，但身为太后的赵姬已然心生倦意。在这里，我们最好直接引述司马迁的原话，（太后）“乃私求大阴人嫪毐以为舍人，时纵倡乐，使毐以其阴关桐轮而行，令太后闻之，以啗太后”。[6]

如此行径确实骇人听闻。为禁绝流言，吕不韦罗织罪名对嫪毐施以宫刑。但在行刑过程中，嫪毐得以蒙混过关。他小心翼翼地刮净了胡子，以太监的面目示人。嫪毐被留在宫中，继续与太后纵情淫乐。太后赏赐嫪毐许多礼物，并为他生了两个孩子。此时，围绕在嬴政身边的是一位举止荒诞的母亲、一位老奸巨猾的“谋士”（根据传言，是他的生身父亲）、一位假冒的太监，以及两位同母异父的兄弟（他们都是王位的潜在继承人）。是时候解决这个荒谬的局面了！嬴政放逐了自己的母亲（尽管最终又将其召回）和吕不韦，而后者宁愿服毒自尽，也不愿面对刑罚。他还杀死了这两个同母异父的兄弟，对性欲旺盛的嫪毐施以车裂之刑。这些人的党羽或是被斩首，或是被流放。假使电影制片人昆汀·塔伦蒂诺亲自指导拍摄莎士比亚的名剧《哈姆雷特》，其效果也不会比这个故事更血腥。

当然，所有这一切都可能是虚构的。我们可以信任司马迁的记录，也可以认为这是后世匿名史家掺入的不实之言。这些历史记录都是为汉帝国的统治服务的，他们没有理由为前朝歌功颂德。不过，司马迁至少是一位苦心孤诣的史学大家。后来，在为朋友（一位战败的将军）辩护的时候，司马迁冒犯了皇帝。为了完成这部历史著作，他不得不选择接受腐刑，放弃男人的尊严苟活于世。

在付出了失去亲人及面对后世史家的嘲讽的巨大代价后，嬴政完全控制了这个最强大、最具侵略性的诸侯国。在赢得了一系列战争之后，秦国最终统一了中国。秦国的先王们已经为统一奠定了基础。他们用计谋骗过了蜀人，蜀人生活的四川，地处难以逾越的秦岭的另一侧。根据史书记载，秦惠王向蜀王展示了几头制作精美的石牛，牛的下身镶上了黄金。这位蜀国的国君轻信了秦王，向其索要能排泄金块的石牛，并应允修建一条穿山越岭的栈道，以便将这些礼物运回蜀国。栈道修好后，秦军尾随石牛而至，出其不意地击败了蜀国军队，占领一片广阔的新领土。

之后，秦军又相继攻取或智取了其他诸侯国。在称帝后，秦始皇又派兵深入中国的南方地区，最终完成了统一中国主要地区的任务。统一战争非常残酷血腥，战斗的主力是步兵和弩兵，但对农业和城镇的破坏尚不及战国时期的争霸战争。我们永远无法知道生活在平原地带的“黔首黎民”如何看待他们的第一位皇帝，因为他们能做的只是拼命收割庄稼，避免被强征入伍而已。

除了王侯兴替外，世界其他地区还受到宗教的强烈影响，但中国截然不同。正如上文所言，中国崇拜祖先灵魂和地方神祇的传统非常悠久。人们把这套复杂的习俗信仰称为“道教”。在不同的历史时期，民众都会利用道教支持或挑战皇权。后来，佛教也从阿育王的印度传到中国各地。佛寺与僧侣时而受到包容，时而受到压制。但中国并没有出现像地中海世界那样能够感化民众或颠覆王朝的新兴宗教。有教养的中国人都被哲学义理凝聚在一起。不过，在秦始皇时代，孔子倡导的人道、保守的社会思想（儒家思想）遭遇了新兴政治学派的挑战，即通常所谓的“法家思想”。

法家把秩序和服从置于一切之上。这种信念基于对社会失序的恐惧，其最终目的是引起统治者的关注。严厉、公正、明确的法律是最高的社会福祉。法家认为，政府应组织民众、灌溉土地、规范度量衡，保证官员和士兵能按照严格、可行的标准晋升。例如，按照杀敌的数量来计算功劳。与之相应，政府还要对家庭和村庄实行保甲制，令民众互相监督。政府还有许多恐怖的惩罚手段：包括车裂、烹煮、砍头和腰斩等。如果运气好的话，刑罚仅仅是切掉手指或挖掉膝盖骨。另一方面，近期发现的历史证据表明，执法过程是审慎和公正的，刑罚也没有听上去那么恐怖。[7]

在著名法家人物商鞅的游说下，法家思想成了秦国的立国之本。秦国位于中国西北地区的边缘地带。在敌国眼中，秦国是化外之地，民风野蛮。法家思想则使秦国愈加严酷、强硬和专制。秦国的战争哲学是不择手段地屠杀敌方的有生力量。就残忍程度而言，秦国足以比肩斯巴达和现代的独裁国家。在秦始皇执政时期，商鞅已经离世很久了，但他的影响并未减弱。

商鞅一定会赞同嬴政另一项更为臭名昭著的行动。在信奉法家思想的大臣李斯的建议下，嬴政命人收集并焚毁了中国大部分竹简，其中包括大量诗歌、历史和哲学著作。根据司马迁的记载，秦始皇的目的是蒙蔽民众,即以毁灭历史记录的方式消除人们征引传统和历史以对抗新法的能力。事实上，正如近期许多历史学家指出的那样，大量历史著作和指导实际生活的书籍都得以幸免。相对来说，藏匿竹简比较容易，尽管这样的行为会受到黥刑和活埋等刑罚的惩戒。中国的传统观点坚持认为，嬴政确实活埋了许多儒家学者。但是，司马迁有可能夸大了事实，因为这样做可以使其职业生涯更具牺牲精神和英雄色彩。当然，中国人记录历史和创作诗歌的热情从未泯灭。

吞并诸侯国的战争并不是嬴政留给中国的最后遗产。他侥幸躲过了一次著名的暗杀行动。当时，刺客带来了敌国的地图和叛将的头颅（这位将军也参与了刺杀计划，他用自己的头颅襄助这次行动），这才得以接近嬴政。根据司马迁的记载，刺客在卷起的地图中藏匿了一把匕首。嬴政通过与刺客近身肉搏才侥幸获胜，而众大臣则被惊呆，只是从旁观望。难怪嬴政变得更加多疑，他在多座宫殿之间修建了封闭的通道，以使外人无法得知他的行踪。

对嬴政而言，修建大型建筑工程（包括运河和水道）变得越来越重要。他对各国原有的长城进行修缮和扩建，其中部分建筑就是我们今天耳熟能详的万里长城。他还修建了直道，将帝国的各个地区连接在一起。在列国纷争的时代，各国都有自己的货币、度量衡、车轴形制和文字，嬴政终结了这样的局面。有人特别指出，倘若没有秦始皇，中国就不会出现统一的文字体系，也就不会有共同的文化认同。

秦始皇在中国各地巡游，向新帝国的臣民们展示君威、炫耀武力，并在各地刻石纪念。极度自我膨胀的嬴政还“惩罚”了一座被闪电击中的山丘，他下令砍掉山上所有的树木，将其涂满红色。嬴政想尽办法寻求长生不老，并曾在海上射杀了一条神秘的大鱼，但所有这些努力都徒劳无益。在术士的建议下，嬴政还服食了含汞的丹药，这可能加速了他的死亡。

使嬴政闻名于世的是宏大的秦始皇陵。据估计，这座陵墓中有 8000 座陶俑，包括马匹、战车和官吏，所有这一切都被掩埋在西安附近的一座山丘之下。我们还要最后一次回到历史学家司马迁那里。根据他的记载，嬴政本人被安葬在陵墓的中心，中国人心目中的世界环绕在四周：水银仿制的河流和头顶的星空。这段记载很可能是真实的。有证据表明，陵墓附近的山丘之下确实存在水银超标的情况，而且山体的形状非常可疑，与地宫的规模大致吻合。或许，在未来几十年里，世界历史上最伟大的考古发掘将向世人揭示嬴政的本来面目。

与其他中国人一样，嬴政也相信存在死后世界（阴间），那里和现世非常相似，必须提早做准备。在更早的时候，中国的王公贵族会杀死自己的仆人陪葬，也会用特制的仿制品陪葬。埃及人、希腊人和维京人等古老民族都相信，安葬遗体是对来生的准备。对他们而言，嬴政的观念并不古怪。而对嬴政来说，诸如在神的面前人人平等或死后要面对道德审判的宗教思想则十分荒谬。这就如同我们会认为，用陶俑军队护卫皇帝免遭邪魔侵害是不可思议的。

嬴政第二个有关不朽的观念十分奇妙。他自称“始皇帝”，因为他认为自己的王朝会千秋万代、世袭罔替。但嬴政没有想到秦王朝会迅速土崩瓦解，皇位的传承也就此中断。但是，皇位承袭的观念在中国一直延续到 20 世纪。这种观念使人们对秦始皇的记忆绵延不绝，嬴政可谓是“死而复生”。共同的语言文字、安全的交通运输和众人共戴一君的观念使中国人创造出最持久，也最统一的古代文明。中国文明从未产生能解放人性、扰动人心和分裂社会的一神教信仰，而正是这种具有私人性、普适性和流动性的宗教使唯一可与秦汉帝国匹敌的西方社会分崩离析。

马加比的哀伤

在中国以西的所有民族中，犹太人恐怕是最令其感到困惑的民族了。我们上一次提到以色列人的时候，这个被迫流徙至巴比伦的民族正在完善他们不同寻常的宗教。犹太国家是以耶路撒冷和耶利哥为中心的小国，夹在亚历山大大帝遗留下的两个希腊化国家之间生存。这两个国家分别是埃及的托勒密王朝和叙利亚的塞琉古王朝。大约在公元前 200 年，犹太国家被塞琉古王朝的希腊人控制了，一场文化战争由此爆发。一方是拥有博大精深、崇尚快乐哲学传统的希腊人，另一方则是在大祭司领导下谨小慎微、崇尚内省的以色列人。

如今，希腊文化或希腊化文化已成为西方世界的共同财产，它提供了一整套历史故事、英雄人物、思维方式、饮食习惯及行事风格。在地中海东岸的各座城市中，雕像、绘画和建筑（包括剧院和体育场）都展现了希腊文化的无穷魅力。其吸引力堪与 20 世纪的美国电影、音乐和饮食相比。除非有很强的意志力才能抵御这种文化的诱惑。很多犹太人（尤其是富人）根本无法抗拒希腊文化的诱惑，他们日益变得“希腊化”。他们开始进行体育比赛，穿着希腊服饰，据说有人还试图抵制犹太人的割礼传统。塞琉古王朝的国王们希望由耶路撒冷的大祭司担任殖民地的总督，最终目的是将犹太国家完全改造成希腊社会。因此，犹太国家出现了渎职、贿赂，甚至谋杀等丑恶现象。这些丑闻削弱了祭司阶层的权威。公元前 167 年，塞琉古王朝的安条克四世宣布禁止许多犹太人的传统仪式，割礼、犹太节日和献祭都成了非法活动。最糟糕的是，宙斯的雕像竟然被放置在了犹太教的圣殿中。

以色列人与那些试图推行“现代化”的人们展开了斗争。他们的英雄壮举被记录在《旧约》的《马加比书》中，新教教徒对这卷经书知之甚少。在这部始于亚历山大大帝的记述中，以色列人恰如其分地展现了生存困境的根源：“（他）征服各地、各族、各王，使他们向他纳税进贡。此后，当他患病在床，自觉将要去世。”《马加比书》还列举了安条克的累累暴行，着实骇人听闻。例如，这个暴君杀死了正在为孩子行割礼的母亲，而孩子也一同被吊死。随后，犹太国家出现了一位名叫玛塔提雅的祭司，他拒绝向希腊人卑躬屈膝。当一个希腊化的犹太人按照安条克的命令向一尊异教的偶像献祭时，玛塔提雅亲手将这个犹太人和国王的使者杀死，然后逃入深山。

抵抗军队逐渐发展壮大。起初，由于宗教狂热压倒了军事常识，犹太人有 1000 人命丧黄泉，因为他们拒绝在安息日作战。安息日停战的禁忌很快被废止。在老玛塔提雅以 146 岁高龄去世后，他的儿子犹大·马加比成为军事统帅。在这卷经书（写于事件发生后不久）的余下部分，作者记述了犹太人对希腊军队发动的游击战争。希腊军队配备了战象，看上去十分强大。犹太战士抓到了许多孩子，强行对他们施行了割礼，异教的神坛也被捣毁。最终，犹太人的起义军队夺回了耶路撒冷。相较于《圣经》的许多内容，这卷经书的内容着实激动人心。

玛塔提雅另两个儿子约拿单和西门成了新王朝——哈斯摩尼王朝（又译为马加比王朝）——的国王。他们为犹太国家开疆拓土，摧毁了周边的弱小邻国，并结交了一个强大而又危险的盟友——罗马。尽管对罗马知之甚少，但他们还是与这个正在崛起的城邦结成了同盟关系。对犹太人来说，马加比王朝的独立战争是件新鲜事，也是重大的政治胜利。然而，独立的代价也很可怕——战争导致大量死亡。大约在这一时期，犹太神学似乎开始吸收有关来世的观念。在此之前，犹太教很少探讨来世观念。人们可能感觉到，那些殉难者一定有自己的理想。[8] 大约在这一时期成书的《但以理书》说，“睡在尘埃中的，必有多人复醒，其中有得永生的，有受羞辱、永远被憎恶的”。这一新观念为具有2000年历史的基督教教义打上了深刻的烙印，而它的出现似乎是源于一场游击战。

令人奇怪的是，起义的胜利并未消除希腊文化的影响。在哈斯摩尼王朝时期，希腊语同希伯来文、亚兰语一起成为人们广泛使用的语言。犹太人开始从事贸易活动，并扩散到整个希腊世界。据说，仅在亚历山大港一地就生活着大约100万犹太人。这个数字肯定是被夸大了，但它从一个侧面反映出犹太社群的规模。大马士革成为犹太人聚集的另一个中心。大多数大型港口都有犹太人居住，他们在那里兴建了用于聚会的场所，即希腊语中的“会堂”。犹太人在会堂中整理、编纂圣书，并用其教导民众。这些典籍陆续被翻译成希腊文，因为许多信徒似乎都不讲希伯来语和亚兰语。拥护犹太会堂、信奉犹太教的非犹太人有一个特别的称谓，即“敬畏神者”。

公元前63年，短命的犹太王国走到了尽头，终结这个独立国家的人物是伟人格涅乌斯·庞培（Gnaeus Pompeius Magnus，“Magnus”一词是向亚历山大大帝致敬）。庞培是一位有着公牛般面庞的著名将领，他的辉煌战绩使罗马共和国后期的各位将军黯然失色。正如我们所知，庞培是一位富有魅力的职业军人，性格粗暴、孔武有力。但他也是情感细腻的人，尤其是面对尤莉娅——尤利乌斯·恺撒的女儿——之时。不过，庞培并不是个专情的人，他有5个妻子和1个情妇。这个情妇曾向人炫耀，庞培喜欢在做爱的时候咬她的身体以留下记号。在很年轻的时候，庞培就在北非赢得了第一场大捷。随后，他先是镇压了西班牙的叛乱，而后又击败了地中海的海盗。在最后一场战役中，他横扫了本都和小亚细亚，兵锋几乎抵达里海。在此之后，庞培开始进攻叙利亚，消灭了安条克十三世统治的王国。这位国王的先祖正是激起马加比起义的统治者。

很不幸，犹太国家的两位国王激战正酣。他们都是王后莎乐美的儿子，各自获得了一个主要党派的支持。这两个党派分别是撒都该派与法利赛派。兄弟中的一人名叫阿里斯托布鲁斯，他正被围困在耶路撒冷的圣殿（这里已成为巨大的堡垒）。阿里斯托布鲁斯贿赂了罗马人，希望后者能施以援手。庞培将军因此来到耶路撒冷，收获了大量黄金和白银。但就在此时，庞培开始对新盟友心生猜忌。在抵达耶路撒冷后，他转而支持兄弟中的另一人许尔堪，将圣殿团团围住。庞培的军队使用投石车、攻城塔和攻城槌攻破了这座堡垒。罗马军队闯入至圣所，将其洗劫一空，而至圣所是位于圣殿中心的圣地，只有大祭司才有权进入。负责守卫圣殿的犹太人深感震惊，他们以自杀的方式谢罪。庞培把许多犹太俘虏作为战利品掳掠到罗马。在罗马，一些犹太人重获自由，并在那里定居下来。他们的居所就位于今天的圣彼得大教堂附近。

犹太国家已经完全沦为罗马的领地，罗马人迅速扶植了一个名叫希律的傀儡国王。令人惊奇的是，犹太民族对其他民族的影响力在不断增长。失国的犹太人被迫离开狭小的国度，散布到整个地中海地区。离开故土后，有多少犹太人改变了信仰？这个问题引发了犹太历史学家的激烈争论。传统观点认为，犹太人并没有向其他民族传教。如若事实如此，那我们该如何解释犹太教这一时期的剧烈扩张呢？伟大的犹太历史学家萨罗·巴隆指出，在公元前 5 世纪，犹太人只是一个人口数量约为 15 万的小民族。但到了公元 1 世纪时，犹太人已占到罗马帝国人口总数的 10%左右。诺曼·康托尔是另一位研究犹太史的美国历史学家。根据他的推算："在拿撒勒人耶稣生活的年代，也就是希律的圣殿被毁的时代，约有 600 多万犹太人生活在罗马帝国……其中三分之二是以离散群体的形式生活在各个地区。"[9] 由于这一比例太大了，我们根本无法用出生率或人口迁移进行解释。

由于犹太人在后世曾受到基督教和穆斯林传教团体的冲击，他们似乎不太情愿承认这样的事实，即犹太教本身就是个传教团体。早在公元前 139 年，犹太人就因劝说罗马公民皈依犹太教而被逐出罗马。稍晚的时候，伟大的法学家兼政治家西塞罗曾对那些传教的犹太人颇为不满，而两位罗马皇帝提比略和克劳狄乌斯也曾以向罗马人传教的罪名将犹太人逐出罗马。[10] 许多罗马作家，如贺拉斯、塞内卡、尤维纳尔和塔西佗都讨论过这一问题。后来，在基督教时代，皇帝狄奥多西颁布法令严惩那些皈依犹太教的人。

人们把犹太教及随后产生的基督教（罗马人起初视二者为同一种宗

教）视为具有破坏性的宗教信仰。因为，它们都强调上帝面前人人平等，否定皇帝的神圣性。这两种宗教的信徒认为，在帝国日常生活的现实世界之外，还存在另一个世界。基督教逐渐在罗马世界的有教养的中产阶级中间、在远离政治的小商人和小地主中间，以及在行伍出身的犹太人（他们起初不是基督徒）中间逐渐流行。这些人代表了一股躁动不安的社会力量，而且这股力量越来越强大。犹太历史学家施罗默·桑德认为，“每种一神教都包含着潜在的宣教元素。宽容的多神教接受其他神灵的存在，而一神教只相信唯一真神的存在……鼓励信徒传播真神唯一的理念……使其他人接受对唯一真神的崇拜，就证明了神在世界各地的力量与权能”。[11]

对西方社会而言，这个故事很重要，也很复杂。我们在此需要对其进行总结。

希伯来人首次将自己从地中海普遍存在的多神信仰中剥离出来。这个过程非常缓慢，并充满争论。在此之后，他们将注意力集中在唯一真神耶和华的身上。在当时，许多犹太人并不认同这种观念。但随着时间的推移，信奉一神教思想的先知赢得了这场争论。在第一王国被摧毁后，犹太人的领袖被掳掠到巴比伦，祭司们进一步发展了一神教思想。耶和华既是唯一的神，也是全能的神，祂的存在并不局限于某个地区。耶和华并不只是在犹太人的土地上行走，而是无处不在。神与每位信徒都有联系，祂的律法被人们记录下来。这些律法可以随身携带，易于传播。

随后，犹太国家又爆发了一场争取自由的战争，战况非常惨烈。正如我们所见，在许多犹太人殉难之后，在世的犹太人逐渐形成了一种影响深远的观念：人在死后世界的存在。随着古代世界军事政治的发展——希腊征服及随后的罗马帝国——信仰虔诚的犹太人得以在地中海地区扩散开来。这些商人有着独特的社会组织和建筑样式，自认为已掌握了终极的真理。他们要传播这个真理，让其他民族接受自己的信仰。后来，正统的犹太人不再是传播一神论信仰的主要推动者，拿撒勒人耶稣的信徒逐渐取而代之。犹太人被挤压到社会边缘，而耶稣的信徒都认为人们应皈依自己的信仰。

这是人类不断探索意义、归属与慰藉的历史。中东的地理环境、古代战争和贸易路线,以及罗马帝国令人生畏的力量共同推动了历史的发展。基督教（和后世的伊斯兰教）可能扼杀了古典世界以中国模式完成统一的任何机会。不过，没有帝国征服者、没有追求物质利益的世俗将领，一神教信仰也不会获得发展，也就不会征服那些征服者了。

罗马的兴衰

犹太人的征服者信仰多神教。与早期的犹太人王国一样，位于希腊世界边缘的罗马城起初也籍籍无名。罗马可以与秦国进行比较，后者也是地处边鄙之地的国家，奉行严刑峻法，要为生存而奋斗。在巴比伦人击败犹大王国的同时，弱小的罗马也正遭受强大邻邦伊特鲁里亚人的蹂躏。和犹太人一样，罗马人也有关于民族起源的故事。犹太人曾在埃及流亡，而罗马人则讲述了埃涅阿斯从特洛伊流亡到应许之地（即沼泽密布的山丘之地）的故事。罗马人还有另一个故事，即罗马城是由名叫罗慕路斯的流浪者建立的。他由母狼哺育长大，后来杀了自己的兄弟。

因此，从一开始，罗马人的故事就包含了炫耀（在古代世界，特洛伊是人们能想象到的最佳的起源地）、流徙与暴力。罗马城的地理位置恰到好处。它距离希腊世界的核心地区足够遥远，在大部分时间里可以自由发展。台伯河穿城而过，部分水域可以通航海船，而构筑了防御工事的山丘又使整座城市免遭海上入侵者的劫掠。最后，罗马城位于意大利南部的边缘地区，那里处于伊特鲁里亚人的统治之下。伊特鲁里亚人既是商人，又是战士，他们使用腓尼基人发明的字母文字，与希腊诸城邦保持着密切联系。他们的很多习惯影响了罗马人，包括将公民编组为“百人队”。伊特鲁里亚人从一开始就使罗马这座小城市沐浴在广阔的地中海文化之中。有一段时期，罗马人由伊特鲁里亚国王直接统治，尽管他们最终背叛并赶走了外族的国王。

罗马史的精髓是政治和战争，而非宗教。传统的罗马宗教拥有复杂的神谱，罗马人后来又试图将其与希腊诸神融合在一起。罗马人是兼收并蓄的民族，或者如历史学家玛丽·比尔德所言，他们是“吸收知识的海绵”。祭司们会通过鸟儿飞行的轨迹来预测未来，或通过家禽啄食何种食物来判断吉凶。[12] 他们向神献祭动物，发布预言，用酒浇地，赤身裸体地舞蹈，并鞭打路过的行人。所有这些都不过是原始祭拜的惯用手法，目的是让参与者信以为真，毫无迷人之处。向地方神祇和祖先表达敬意在中日两国很普遍。但是，善于吸收不同观念的社会变化很快，甚至“维斯塔贞女”也不像她们听起来那么新鲜有趣。罗马人的确是兼容并包，从希腊哲学到非洲的偶像崇拜，从埃及人的宗教仪式到犹太教，都能并存于这片土地。只有在罗马皇帝自称为神之后，罗马式的宗教才变得真正有趣；而那更多的是与政治有关，而非真正的宗教。

罗马的政治总是让人兴致昂然。在罗马最后的几任国王中，有一位国王是行伍出身的伊特鲁里亚人。他颁布了多部法典，并组织公民定期召开公民大会。在推翻国王统治之后，罗马人像大多数希腊城邦一样实行贵族统治。但是，在保民官的庇护下，罗马平民逐渐确立了自己的基本权利。从很早的时期开始，罗马的贵族和平民就大致形成了均势。与大多数地方不同，罗马非常欢迎外来者。罗慕路斯的故事表明，罗马城很可能就是由流民建立的：移民和被释放的奴隶都可以成为罗马公民，为共和国而战。不过，罗马是一个男权主义的等级社会，父系家长在家庭中拥有无可动摇的权力，而女性则被完全排除在公共生活之外。由于强敌环伺，罗马人必须在意大利的肥沃地带争夺生存空间。因此，罗马就成了一个军事化的社会。

罗马共和社会的顶层是贵族家庭，他们是元老院的成员，其影响力可以追溯至国王时代。这个移民社会相对较早地开始在关键政治职位实行选举制。公元前 367 年，罗马发生了一场重大变革。在拥有足够财力的前提下，所有阶层的成员都有被选举为执政官的权利。而在此之前，只有贵族才拥有这样的权利。复杂、繁琐的选举制度和执政经验的累积使元老院演变成一个坚强、有力的统治机构。有两位执政官负责执行元老院的决议。执政官每年选举一次，拥有崇高的政治地位。其余普通公民则以部落为单位组成公民大会，以简单多数表决通过新法律。

这个制度听起来非常民主，但事实并非如此。罗马选区的划分很不公正，还存在妨碍投票和恐吓选民的现象，选举在很大程度上受到富人的操控。共和国只是没有国王，并不是代议制度。但是，元老院可以不断吸纳新兴势力，在富有的公民群体之间维持平衡。选举制度和不同群体间的紧张关系（还有民众对暴君的记忆）使绝对权力无所遁形。令人印象深刻的是，元老院可以在自己的传统权威与外来者和较为贫穷的公民——无论是生活在城里的居民，还是生活在城外的农民——之间保持平衡。

罗马的局势时刻处于紧张之中。一旦出现粮食短缺或军事失败，革命精神就会瞬间爆燃。在地中海世界中，罗马公民是最在乎土地和正义问题的群体。罗马人比雅典人更市侩、更粗鲁，但他们的精明足以维持政治均势，以消弭内乱的可能性。这个制度源源不断地产生优秀的管理者和立法者，而且吸纳了大量来自遥远地区的“新公民”。罗马人以节俭和正直而自豪。在共和国早期，罗马人并没有发展出我们熟知的文学或哲学。他们的建筑样式也是模仿其他民族。但是，在战场上，罗马人无人能敌。

许多军事领袖都明白，使用恐怖手段令敌人闻风丧胆是制胜的法宝。当罗马人在意大利中部扩张时，他们就是利用恐怖手段，或至少以恐怖为基础。如果一座城市投降，其民众就成为罗马人的附庸。如果据城反抗的话，罗马人在胜利后就会摧毁整座城市，不留任何活口，孩子、家畜，乃至老鼠都不放过。罗马公民都有应征入伍的义务，就像希腊自由的重装步兵一样。公民和战争、团结和进攻都是密不可分的。罗马军队配备了长矛和短剑，以方阵的形式协同作战。到公元前 3 世纪早期，罗马军团的前身已经演变成一支令敌人畏惧的劲旅。

胜利孕育了新的胜利。望风而降的城市可以提供新公民，也就是新的兵源。而且，源源不断的奴隶也能担负其他工作。罗马并没有足够的军事力量可以毕其功于一役毁灭或征服意大利其余地区。但是，罗马人有能力拉拢各地方的精英，通过他们安抚被征服地区的民众，使其心甘情愿充当马前卒。加之其恐怖手段已经尽人皆知，所以罗马人的每次胜利都会带来更多的人力资源，为下一次胜利奠定基础。高卢人曾多次洗劫罗马城，但罗马人最终将其击败，将老冤家驱逐到遥远的北方。随后，他们调转方向，向更南部的希腊殖民地进发。

最后，希腊世界再不能对这个突然崛起的西部城邦置之不理。他们拥有一件连罗马人都心惊胆战的武器——战象。正如上文所见，战象从印度来到了希腊世界。在一定时期，它们似乎成为一种可以改变战局的军事力量。伊庇鲁斯的国王皮洛士从埃及统治者那里借来了战象。当意大利的希腊城邦遭到罗马人的攻击后，他们纷纷向皮洛士求援。皮洛士将战象运往意大利，这是它们首次在那里出现。因此之故，皮洛士先后两次击败了罗马人。

令人惊奇的是，尽管对战象心怀畏惧——在一头战象的鼻子被割断后，罗马人才相信眼前的生物是血肉之躯——但罗马人并未落荒而逃。在这场血腥的战争中，他们与亚历山大大帝的继承者们互有胜负。皮洛士由此留下了那句著名的话："再有一场这样的胜利，我们就全完了。"后来，罗马人在猪身上涂满油脂，点火后将受惊的猪赶向象群。尽管手段卑劣，但看起来很管用。皮洛士最终撤回希腊，在那里他继续利用战象进行战斗，直到被一位愤怒的妇女用屋顶的瓦片砸死。[13]

对罗马人而言，这些胜利都是良好的铺垫。他们将迎来与迦太基的战争，很快将面对很多猛兽。这一次，统帅象军的领袖是汉尼拔。

迦太基，失落的未来？

人们有关古典历史的一个重要猜想就是，假如迦太基赢得布匿战争，历史将会如何？迦太基人最伟大的将领汉尼拔离胜利只有一步之遥。在公元前216年的坎尼会战之后，罗马军队损失了5万至7万人，通向罗马城的道路已经向迦太基人敞开。罗马的盟友都倒向了迦太基，罗马城内人心惶惶。迦太基的骑兵司令敦促汉尼拔迅速向罗马城挺进，以彻底摧毁这座城市。但他错过了这个机会，而当时迦太基军队拥有巨大优势。假使汉尼拔攻克了罗马城，我们的世界将会截然不同。

迦太基位于北非海岸，在庞大防波堤的保护下，这座城市历经6个世纪而不衰。迦太基是海上强国，其海军总吨位可与18世纪的英国、西班牙及法国媲美。它的商船可以驶往加那利群岛进行贸易活动，可以沿非洲西海岸南下航行，可以从不列颠诸岛运回锡矿，还可以往返于地中海世界各地。据说，一个名叫韦斯特的迦太基人曾航行至美洲，这比欧洲人到达美洲的时间早了十几个世纪。迦太基还是一个制造业大国，可以生产价格昂贵的紫色染料。罗马元老院的成员们都喜欢使用这种染料漂染外袍。此外，迦太基还出产烈酒、陶瓷及各种金属制品。迦太基人大规模生产的船舶构件可以迅速组装成船体，就像今天的木质家具一样。后来，这项技术渐渐被后人遗忘。直到威尼斯人崛起之后，人们才又重现这项技术。罗马人正是以此仿造出迦太基人的舰船，在海上自由航行。

迦太基有剧院、有著名的演说家，还有一部宪法。尽管国王和寡头政府先后执掌最高权力，但普通公民仍有众多表达意见的渠道。很多迦太基人都移民海外，在那里建立殖民地。亚里士多德的《政治学》完成于迦太基城沦陷200年之前。他在这部著作中盛赞迦太基人的制度："他们宪法的优越性是基于这样一个事实，即普通民众信赖这个制度。迦太基人从未发动一场值得一提的叛乱，也从未屈从于僭主的统治。"[14]在其毁灭的时刻，迦太基城无疑是地球上最伟大的城市之一，它的人口远远超过罗马城。而且，这座城市位于非洲。如果古典世界的主宰力量是北非，而不是意大利半岛，我们很难想象那是怎样的情况。

迦太基人的生活也有阴暗面。罗马的批评者宣称，迦太基人使用儿童献祭，这个传统历代相承。然而，这一说法受到现代历史学家的质疑。而且在坎尼会战之后，罗马人也做过同样的事情。与罗马军队不同，迦太基士兵来源广泛，主要由来自西班牙、努米底亚、利比亚和巴利阿里群岛的雇佣兵构成。[15]迦太基人只有一支3000人左右的步兵军团，被称为"神圣军团"。迦太基人疑虑重重，对僭主政治有着偏执的恐惧。与罗马将军可以享受凯旋式不同，迦太基的将军们不得不时刻提防被暗算，即使是赢得大捷也是如此。罗马人在第三次布匿战争中彻底摧毁迦太基城之后，地中海世界的历史留下了一段难以弥补的空白。我们无法获知迦太基人建筑样式的细节，因为只有一些地基和残柱供我们遐想。

我们对迦太基人的文学、诗歌、戏剧、艺术、历史、家庭故事或愿景知之甚少。这就仿佛倘若第二次世界大战之后，所有的德语文献、德国音乐和德式建筑被人为毁掉会出现的情形。当然，倘若战争结果略有不同的话，罗马帝国也就不会存在于世了。倘若如此，学龄儿童就将温习布匿语的动词用法，学习迦太基英雄航行至加勒比海的传奇故事，列举迦太基演说家有关哈米尔卡的笑话了。有时，我们在探索历史的深层因素时会产生一种错觉，认为历史发展具有必然性。也许，迦太基人的最终失败是因为其制度在对待公民的态度上缺乏罗马共和国的灵活性和开放性，罗马人正是凭借政治制度的韧性才最终取得胜利。也许，迦太基城的覆灭只是由于战争上的错误决策。一个微不足道的原因有可能引发重大变故。

无论如何，尽管在意大利、西西里岛和北非进行了艰苦卓绝的斗争，迦太基还是功败垂成。在史诗般地翻越阿尔卑斯山之后，汉尼拔的骑兵（而非象兵）发挥了决定性作用。经过血战之后，迦太基军队重创了罗马军团。但“非洲征服者”西庇阿最终击败了汉尼拔，终结了迦太基人对意大利的蹂躏。随后，汉尼拔被本国民众放逐。公元前 146 年，罗马人攻陷迦太基城。在一番烧杀抢掠之后，迦太基退出了历史舞台。

灭亡迦太基之后，罗马人的兵锋转向了亚历山大大帝遗留下的希腊王国——马其顿王国和塞琉古王国。希腊王国覆盖的地域极广，从今天的土耳其直到中亚的草原地区。作为军事化的帝国，希腊世界王国正在土崩瓦解。不过，由于美学、哲学、艺术和数学上的成就，希腊世界得以在罗马人的统治下延续辉煌，诞生了一批伟大的思想家和发明家。但在迦太基和希腊王国衰落之后，罗马帝国的世界才真正开始。

金钱与政治

金钱为何与政治扯上关系？因为，尽管罗马共和国以勤俭和美德自夸，拥有团结一致的爱国主义精神，但这些并不能确保国家从胜利走向新的胜利。源源不断、越来越多的战利品腐蚀了罗马的政治制度。我们至少

上图　苏美尔丰产女神。在只敬拜唯一神的一神教从希伯来人之间演化出来之前，敬拜各种家神——通常包括一位丰产女神——是普遍的现象。

下图　叙利亚乌加里特发现的铭文。现代字母书写系统是由迦南的一支贸易与航海民族发明的文字发展而来的，希腊人称他们为腓尼基人。

上图　商代青铜戈。商朝是中国历史上确定存在的第一个朝代。商民族善驭战车、勇猛尚武，后世中国人谴责他们乱伦、同类相食、喜好淫乐。

中图　在史诗《吉尔伽美什》中，我们有了世界文学史上第一个有名有姓的英雄人物。

下图　土耳其哈塔尔赫尤克出土的相拥的一对人像。人们是在世界第一批城镇中发现它的，那里曾经有人在相对平等的状态下生活了数千年。

上图　克里特的米诺斯文明有跳牛仪式，能够创作精美的艺术品，但远比第一批发掘它的考古学家所认为的要血腥和暴力。

下图　公元前 3000 年左右，奥克尼群岛拥有不列颠群岛上最发达的社会之一。发掘出来的石屋整洁、舒适，今天看来也似乎随时可以入住。

上图　来自特洛伊的黄金酒杯。它并不真的属于荷马史诗中的普里阿摩斯王，但特洛伊城确实存在，而特洛伊战争几乎可以肯定是真实的历史事件。

中图　来自乌尔的头饰，公元前2600年。美索不达米亚文明孕育了很多著名的城市、帝国和宗教，但它们的艺术品大多数已经失传了。

下图　来自今天巴基斯坦境内摩亨佐·达罗的骰子。印度河流域最早的文明就在这里诞生，今天大部分印度文化很可能都起源于此。

上图　来自埃及帝王谷附近工匠所居住的村庄的壁画。与法老一样，工匠也有自己的陵墓，我们对他们的生活也有所了解。

下左图　悉达多，也称佛陀，是历史上最激进的思想家之一；是印度一段动荡时期的产物。

下右图　二里头出土的铜爵。从很早的时候起，中国制造的物件就与西方截然不同。

上图　巴比伦，被掳至此的希伯来人一定为它流光溢彩的建筑和悬空的花园而感叹，同时也感到恐怖。

中图　属于吕底亚国王克洛伊索斯的一条金项链。吕底亚的王室铸币厂能够铸造以成色著称的钱币，使用范围远超吕底亚，所以有了今天的俗谚“像克洛伊索斯一样富有”。

下图　居鲁士圆柱。虽然不是第一份国际性的人权宣言，但居鲁士大帝确实是一种新型的帝国缔造者。

上图　苏格拉底饮毒酒而死——他是言论自由的殉道者，同时也真正威胁到了雅典民主。我们至今也没有完全解决他留给开放社会的挑战。

下图　孔子，世界历史上最有影响力的保守主义思想家:他对中国政治文化产生的影响就如同古希腊对西方的影响。

上图　亚述首都波斯波利斯城遍布大型石制壁画，有些记录了日常生活的内容，其他则极为残虐。

下图　刻有“亚历山大大帝”亚历山大三世的一枚金币，他发动了一场血腥的文化搅拌，将希腊人与亚洲人搅在了一起。

可以这样说，罗马的税收和支出体制很不稳定。战争使个人积累了大量财富，政府根本束手无策。例如，罗马富人的财富是汉帝国最富有阶层的2倍。起初，穷人被粮食补贴和公共娱乐收买了。到了公元前167年，来自西西里、希腊、西班牙和非洲的“贡赋”取代了向罗马人直接征收的税金。

罗马的地方官员通常负责管理与澳大利亚新南威尔士州面积相当的地区。这样的肥差使官员们有足够的财力贿赂公行，以谋取更大权力。腐败现象在城市政治中司空见惯。由于穷人仍须缴纳间接税，他们的日子愈加艰难。随着耕地被富人兼并，奴隶成为农业劳动的主要力量，农民被取而代之，成为城市中的无业游民。而在此之前，农民曾一度被视为罗马美德的基石。我们发现，这一时期出现了一种新病——“奢靡症”或“浮华症”。简言之，就是“无度”。绵延几十年的战争带来了更多俘虏、盟邦和奴隶，罗马军队由此变成了半独立、危险的军事集团，而不再是公民服役的军事团体。

一场阶级战争即将爆发。一方面，新的奢靡之风使罗马的卫道士们深感震惊。罗马人似乎接受了希腊人的同性恋风尚，娈童的价格直线飙升。源于伊特鲁里亚人的角斗士表演一直在罗马盛行。如今，富人们为博取大众欢心以谋求官职，引入了异族的斗士和猛兽，“游戏”变得愈加奢华。与此同时，大量失地农民与城市贫民都拥挤在街头，成为易受鼓动的乌合之众。罗马涌现了许多激进的演说家，其中最著名的是格拉古兄弟，即提比略·格拉古和盖约·格拉古，他们呼吁进行土地改革，清除政坛的腐败现象。在一场暴乱中，两兄弟都被杀害，暴乱逐渐向全国蔓延。元老院的贵族成员极力阻止改革，但他们之间也存在分歧。最终，政治强人苏拉将罗马推向了内战的边缘，并借此成为独裁者，扩充了元老院和军队的势力。

这一系列事件在其他帝国的首都也出现过：战利品的涌入导致了极端不平等；选举制度与代议机构腐败横行；民众聚集在街头要求实现变革；暴力活动暗潮汹涌；军队以清除政治乱象的名义耀武扬威。帝国带来了权力失衡，反过来又损害了帝国本身。罗马的生活陷入混乱，局势完全失控。元老们继续高谈阔论，好像一切如常。民众已不再信任军队，社会动荡加剧。在维苏威火山爆发的背景下，角斗士斯巴达克斯领导了一场大规模奴隶起义，奴隶社会的核心受到动摇。由前角斗士和农民组成的 7 万人大军在公元前 71 年连续击败两支罗马军队。但是，政府最终依靠动员大部分军事力量的方式击败了起义军队。在西班牙，一位叛变的执政官反戈一击，而亚洲的麻烦更多。但是，为恢复秩序而采取的措施也是最糟糕的。

庞培从东方回到罗马，随军驻扎在城外。按照惯例，罗马人会为得胜而归的将军举行“凯旋式”。整个军团穿城而过，接受民众的欢呼。胜利者乘坐战车接受民众的检阅，一位奴隶在其身后不断提醒：你只是个早晚会死的凡人。奴隶戴着镣铐走在队伍的最前方，还有一些从战场缴获的战利品。随着罗马人的影响和欲望不断增强，凯旋式也越来越奢华糜丽，民众会连续数日彻夜狂欢。庞培曾史无前例地举行过三次凯旋式。在最后一次凯旋式上，他向民众展示了各种奇珍异兽、炫目的战利品、俘获的王侯和祭司，以及士兵和金钱。

事实证明，身为政治家，庞培不够足智多谋，不会以令批评者恐惧的方式夺得权力。此时，另外两位军事权贵正在觊觎他的权力。克拉苏曾是一位手段狠辣的战士，如今家财万贯。在斯巴达克斯战争之后，为了报复叛军，他在罗马以南的主干道上将 6000 多名俘虏钉死在十字架上。另一个对手则是尤利乌斯·恺撒。

恺撒是我们最熟知的罗马人，我们如今使用的历法即以他制定的历法为基础改进而来。恺撒被暗杀是罗马政治生活的高潮一幕。尽管后见之明并不可靠，而且我们必须依靠遭恺撒打击的历史学家的记述，但他似乎在很早就显得卓尔不群。恺撒出身显贵之家，年轻时曾在政治斗争中站错队，但他幸运地躲过了独裁者苏拉的谋杀。当时，广场上已经贴出被判死刑者的名单。他年纪轻轻就入伍从军，声名鹊起。他曾被一群海盗劫持，但愚蠢的海盗又将他放走。恺撒通过阴谋诡计和金钱收买，开辟了一条加官晋爵的通道。在罗马政治这场昂贵的金钱游戏中，他谋得了最高的职位。公元前 59 年，恺撒成了罗马执政官。他绕过元老院，利用金钱及与克拉苏和庞培的关系，获取了回报丰厚的军职。罗马最伟大的演说家西塞罗本以为可以与恺撒合作，但最终被后者算计。恺撒如愿以偿地获得了军职，避开了许多政敌，在阿尔卑斯山的另一头屡建战功。他率军屠杀了高卢人和日耳曼人的部落，将罗马的势力范围扩张到不列颠，尽管他在那里停留的时间不长。

恺撒深知，唯有将战场上赢得的声望与巨大的财富结合在一起才能获得罗马的权力，而最佳途径就是赢得征服战争。他在外征战也是国内权力斗争的需要。恺撒是一位杰出的将军。在战争期间，他为自己的征战撰写了很多宣传文字，用以树立光辉形象。在这些文字中，恺撒显示了清晰的战略思想和愈挫愈勇的能力，冷峻地记录了敌对部落的风俗和弱点，机敏地塑造着个人神话。在《高卢战记》中，他刻意隐瞒了发动战争的原因——为谋取更高的权位，不惜毁灭另一个文明。但这场战争不是种族屠杀，因为他时刻准备与投降的部落进行交易，他对俘获奴隶与毙伤敌人同样感兴趣。不过，这确实是一场文化浩劫。

凯尔特人的建筑材料主要是木材。他们只有口头文化，没有书面文化。20世纪下半叶的考古研究表明，他们的成就远超我们的想象。凯尔特人修建的道路早于罗马人。由于要穿越沼泽和森林地区，这些道路要用捆扎成排的橡木铺设。因此，这些道路大多已经朽坏，只在爱尔兰、威尔士和德国有零星遗存。恺撒致力于改进历法，但据说凯尔特人的历法要更为精确：被镌刻在青铜器物上的科里尼历法更精妙。一些凯尔特历史学家认为，他们有规模可观的城市中心。由于轻信了罗马人的宣传，我们通常将其称为“部落寨堡”，而不是城镇。但罗马历史学家否认这个观点，认为是夸大其词。一些凯尔特城镇呈圆形，另一些南方的城镇则拥有漫长的石墙。高卢人的房屋也不只是小窝棚：他们有双层建筑，甚至还有庭院。高卢人似乎还有一整套人口统计制度。[16]

高卢人开采金矿和银矿，用以打造金饰品，其繁复和精美的工艺丝毫不逊于罗马人。他们的战术也很精妙，其战车和巨盾尤其令罗马人震撼。他们使用的铁制农具和脱粒机械都比罗马农民先进。没错，高卢人处于古老的部落组织形态，但拉丁人也一度如此，只是近来才有所改变。罗马人总强调信奉德鲁伊教的高卢人拥有可怕的习俗，他们将人放在柳条筐中活活烧死以抚慰神灵，还会割下敌人的头颅，其行为实在十恶不赦。但是，沉溺于血腥角斗场、喜欢将敌人钉死在十字架上的罗马人也并没有站在道德的制高点上。

有一些高卢人见多识广，他们曾在希腊和埃及军队中服役，并在那里定居。高卢女性比罗马女性拥有更多的自由。在遭受虐待时，她们有权解除婚约。一些高卢女性还有可能成为政治领袖，布狄卡女王的起义就确证了这一点。而且，我们在法国和德国也发现了装饰华丽的女性墓地。与美洲的土著居民很像，高卢人对希腊人和罗马人售卖的酒很感兴趣，尽管这些都是葡萄酒，而非威士忌酒。对常喝粮食酒的人来说，葡萄酒是很受欢迎的新奇玩意。我们对高卢人的诗歌和音乐知之甚少。他们并不像迦太基人那般英勇善战。高卢人缺少罗马世界拥有的公民体制和庞大的动员能力。在国家与部落的战争中，一定是国家有更大的胜算。

恺撒对高卢文化的毁灭不仅体现在有 100 多万高卢人战死疆场（根据恺撒自己的保守估计是 120 万人），而且体现在有相当数量的高卢人因饥饿而亡或被迫沦为奴隶。这意味着，三分之一的高卢人从此消失，这样高的比率可与 20 世纪惨绝人寰的种族屠杀相提并论。换言之，恺撒的影响堪比黑死病，而黑死病曾杀死大约 30% 的中东人，以及 30%~60% 的欧洲人。不过，与“鼠疫耶尔森菌”或携带病菌的跳蚤不同，恺撒主要关切自己的政治生涯。恺撒的胜利及其对胜利的宣扬，加之他为罗马带来的奴隶和战利品，使其声望日益高涨，个人财富也水涨船高。实际上，恺撒已成为征服欧洲大片土地的战神。[17] 在任期届满之时，他与庞培和克拉苏做了一笔交易，即通过分享战利品延长自己血腥暴力而又有利可图的职位。日耳曼人部落的袭击曾杀死了 70 名罗马人。作为报复，恺撒屠杀了大约 43 万人，其中包括妇女和儿童。这让一些罗马人都心生厌恶，例如加图。

在准备返回罗马时，恺撒已经拥有了金钱、军队和很高的声誉，几乎可以为所欲为。恺撒的敌人非常恐惧，视他为元老院、旧秩序和罗马共和国宪法的敌人。为对抗宪法，恺撒笼络了很多贪赃枉法和耽于淫乐的人——这些人把他看作重要的领袖人物。同时，恺撒的军团也已整装待发。如今，恺撒唯一的问题是，倘若卸任军团司令官的职位回到罗马，他有可能因为多年前在担任执政官时的失当行为而被判处死刑。恺撒并没有把握别人不会将他绳之以法。

恺撒跨过了高卢行省与罗马本土之间的界河——卢比孔河，率军向罗马城进发。如果宪法是个威胁，他就要将其废除。庞培直到很久之后才发现恺撒已成为巨大的威胁，他宣布自己是元老院的捍卫者。随后，庞培和众多元老院成员一同逃离罗马，在其他地方继续对抗恺撒。恺撒抵达罗马，宣布继承了这份偷来的遗产。民众都已准备好接受恺撒发放的贿赂，而恺撒的亲属则对其受到的控告进行辩护。局势非常混乱，供养军团的难度比预期更大，但恺撒的大部分敌人都已跟随庞培出逃，恺撒得以对这座城市发号施令。现在，凯尔特人尸堆和寂静空荡的村庄已成为恺撒的政治纪念碑，曾让罗马引以为傲的共和传统已经死亡。

“恺撒主义”已成为政治学中的贬义词，这是其来有自的。

克利奥帕特拉和恺撒：与失败有关的故事

若要看清克利奥帕特拉的真面目，我们必须眯起眼睛，避开诗歌中的渲染和荧屏上的闪光，将视线穿过莎士比亚和好莱坞，穿过罗马社会的流言蜚语和维多利亚时代的情色画。克利奥帕特拉不是荡妇，也不是花瓶。她是一位杰出的政治家，是一位坚毅、智慧的希腊统治者。她并不是一个画着诱人眼线、追求淫乐生活的的女人。在罗马共和国崩溃之际，她试图控制政治局势。为扭转埃及托勒密王朝（地中海的大国之一）的颓势，克利奥帕特拉付出了不懈努力。她是古典历史上最伟大的失败者之一。随着克利奥帕特拉的去世，一个可以追溯至亚历山大大帝时代的帝国消失了，古老的法老统治也就此终结。

这既是一个有关内战的故事，也是一个有关爱情的故事。公元前323年，年仅33岁的亚历山大在巴比伦城去世。他手下的将军们继续东征西讨，希望完成他未竟的事业——缔造一个比继之而起的罗马帝国更伟大的希腊帝国——但这个梦想最终随“独眼”安提柯的去世而破灭。安提柯曾在巴尔干小国马其顿随侍亚历山大的父亲，他继续征战的目的是为了完成亚历山大的遗愿，直到 80 岁时战死沙场。在亚历山大死后出现的诸王国中，埃及可谓其中的佼佼者，其统治者正是克利奥帕特拉的先祖——托勒密·索特尔。

托勒密·索特尔曾是亚历山大的密友，也是他手下的重要将领。托勒密目睹亚历山大大帝在埃及建造了一座新城，即亚历山大港。索特尔迅速采取行动，控制了这座城市。而且，在亚历山大的遗体被运回希腊安葬的途中，他劫取了尸体，将其安葬在亚历山大港一座宏伟的神庙中。托勒密击退了其他对手，强行将尸体留在那里。亚历山大的遗体具有一种图腾般的力量，就像后世基督教圣徒的遗骸对欧洲人的影响力一样。威尼斯人从埃及偷来了圣马可遗骨，这使年轻的共和国具有了相似的合法性。如今，索特尔成为托勒密一世。他征服了今天的以色列、黎巴嫩和塞浦路斯岛，这些胜利巩固了他在埃及的地位。

托勒密王朝统治埃及约 300 年，比波旁王朝统治法国或金雀花王朝统治英国的时间都漫长。这不是一个普通家族。托勒密二世迎娶了自己的姐姐阿尔西诺伊；乱伦和名字的混乱循环成为这个王朝的特点。起初，与其他希腊继承者的战争耗费了托勒密王朝很大精力。埃及最终成功地战胜了所有对手，特别是塞琉古王朝。塞琉古王朝建都于叙利亚的安条克，整个帝国延伸至亚洲的腹地。托勒密王朝曾侵入非洲南部地区，在现代的苏丹地区捕获大象，以此来抗衡孔雀王朝赠予塞琉古王朝的印度战象。托勒密王朝曾派遣使者前往印度，而阿育王也派遣了佛教使团造访亚历山大港。

在托勒密三世统治下，埃及继续赢得胜利。然而，统治埃及的希腊精英人数很少，大部分埃及人仍固守传统的观念，这些观念与希腊人的观念迥然不同。因此，高高在上的希腊人忧心忡忡。与征服英格兰的诺曼人一样，托勒密王朝的统治者没有学习当地的语言。对后世的历史学家来说，这是极好的恩赐，因为它留下了一些用两种语言或三种语言写成的文告。著名的罗塞塔石碑就是一例，它帮助后人破译了埃及的象形文字。但对托勒密家族来说，这件事就不妙了。他们要费尽心力地镇压地方叛乱，这些叛乱的领导者都是想要成为法老的真正埃及人。

因此，这个王国是古代埃及和现代希腊的奇怪混合体。大多数人都崇拜古埃及的神祇，保留了传统的祭司和神庙，以及神圣的动物和繁复的仪式。许多人期盼埃及人夺回王位，拯救民众于水火，这与犹太人期盼弥赛亚的降临有相似之处。随着时间推移，人们创造出了新的神祇。根据现实需要，这些神祇将希腊风格和埃及风格融为一体。埃及的神祇逐渐希腊化，如伊希斯神；而希腊人则将埃及奥西里斯神和荷鲁斯神请进了万神殿。在一神教出现之前，神祇混杂并不是大问题。不过，托勒密王朝的统治者须谨言慎行：克利奥帕特拉将一头彩绘的圣牛送进神庙，这为她赢得民众的普遍支持，而这些支持正是她所需要的。在托勒密家族中，她是第一个既会讲埃及语，又会讲希腊语的人。

克利奥帕特拉的土地非常富饶。罗马的早期计划之一就是吞并埃及，在那里安置罗马农民，并将其作为廉价粮食的来源地。与法老时代的埃及一样，托勒密王朝的大多数土地都是国家财产，神庙也拥有大量田产以供养自己。如同英国人统治印度一样，托勒密家族在埃及的统治沿用了传统的书吏制度，由村长负责收集信息和征收税赋。一些埃及头衔转变成了希腊头衔，但本质是一样的。但是，托勒密王朝试图将希腊人的严谨引入埃及。他们引进了以货币为基础的经济体制，将所有臣民登记造册。他们制定了商品价格，将神庙祭司转变为国家官员。这些人能为国家筹集资金，用以供养陆军和海军。

在农业歉收和战争失利之后，乳臭未干的孩童又登上了王位，这都是不祥之兆。托勒密王朝开始接二连三地丧失国土。犹大王国这样的小国需要盟友保护，埃及这样的大国也是如此。托勒密家族选择了一座距离遥远、但以好战闻名的城市——罗马。这为苟延残喘的王朝赢得了时间，但也不可避免地付出了代价。日益强大的罗马人先后战胜了迦太基人和希腊人，他们逐渐变成了威胁者，而不再是保护者。罗马的元老院开始愈加频繁地干涉埃及事务。他们把这片拥有巨大财富、庞大人口和软弱统治者的土地视为附庸，而不是盟友。托勒密王朝治下的亚历山大港被罗马人渐渐榨干，濒临死亡。

这是大势所趋。托勒密王朝没有高效的议政方式和选拔优秀官员的渠道。实际上，现代学者们相信，与希腊体制应有的精巧相比，托勒密王朝的埃及要低效得多。例如，农民经常以撂荒为手段威胁征税者；贪污腐败现象四处盛行；许多官员都未经专门的训练。有学者认为，在克利奥帕特拉生活的时代，埃及有七分之一或六分之一的人口是希腊人或犹太人。国家只能依靠这些“可信赖的”非埃及人抗击入侵和管理国事，这引发了巨大的移民潮。埃及的希腊人对马其顿或雅典抱有强烈的情感，就像侨居在印度的英国人对汉普郡或威尔士的情感一样。与罗马不同，希腊化的埃及的“政治参与”很低，它只是一个王室独裁国家。与罗马和英属印度不同，托勒密王朝的主要城市甚至不是国家疆域的一部分。

如果不了解亚历山大港这座迷人的城市，我们就无法理解克利奥帕特拉的故事。缔造这座城市是托勒密王朝最伟大的成就。这座城市确实由亚历山大建造，是一个拥有自治权的城邦。它在埃及境内，但不受埃及管辖。或者，我们可以这样说，亚历山大港只是“毗邻”埃及。后世的英国也有相似之处，就像过去的香港或今天的新加坡。亚历山大港也是一座大熔炉，移民和商人比邻而居，人口迅速膨胀到 50 万人，与当时中国的首都大体相当。在西方，只有罗马城才能相提并论。举世无双的法洛斯灯塔连中国人都有所耳闻。这座灯塔是古代世界的七大奇迹之一，高达 300 英尺，宙斯的铜像耸立其上，熊熊燃烧的灯火引领船只进入港口。合理的城市规划和希腊化的宏伟建筑是亚历山大港的骄傲。其中，博物馆和图书馆举世闻名。

“博物馆”一词源于人们对缪斯女神的崇拜。如今，博物馆已遍布世界各地。不过，亚历山大港最初的博物馆不仅是收集和陈列物品的地方，还是一个学术研究中心，那里有住宅区、餐厅和全职研究者。托勒密一世还建造了一座图书馆，收集图书的工作可能是由亚里士多德的一位学生完成的。在当时，图书馆并不对公众开放。图书馆是国家文化自豪感的体现，它试图搜集每一部希腊文著作的抄本。在古典时代，这意味着它要收集除中国文献之外的几乎所有书籍。图书馆精心整理馆藏的纸草书卷，将其编成 120 本目录。纸草书卷的总量大约在 50 万至 70 万卷之间。图书管理员对搜集图书抱有很高的热情，他们会花大价钱去雅典借阅埃斯库罗斯、欧里庇得斯和索福克勒斯的著作，以供誊抄（有传言说，他们留下了原始文本，还回去的是抄本）。船只一抵达亚历山大港，船上的人就必须交出书籍以供誊抄。

因此，亚历山大港汇集了大量古代文献，涵盖文学、数学、哲学和历史等多个领域。时至今日，大多数文本都已经散佚。在亚历山大港，有人将《旧约》译为希腊文。在基督教开始传播之际，此举具有非常重要的意义。此外，在整编两部伟大的史诗（即我们熟知的荷马史诗）方面，图书馆也做了大量工作。

由于在保护和汇聚知识上的成就，亚历山大港独立发展成为文学中心和科学中心，这并不令人感到意外。但与发明和发现上的成就相比，这座城市在诗歌方面可就乏善可陈了。欧几里得发明了现代几何学，他在质数、圆锥曲线和透视等领域做出了开创性的贡献。在前往亚历山大港之前，欧几里得可能曾在柏拉图学园学习过。据说，阿基米德就是他在亚历山大港的学生。阿基米德是数学家和物理学家。相传，在罗马人攻陷叙拉古之后，他因痴迷于研究而不肯离开是非之地。阿基米德还说过这样一句痴话："不要弄坏我的圆。"这句话惹恼了罗马士兵，他因而遭到杀害。今天，这些名字已经享誉全世界。

但是，埃拉托斯特尼是何许人？据我们所知，他是第一个精确测量出地球周长的人，也是第一个精确绘制出古代世界地图的人。希罗又是谁？很显然，他制造了一台蒸汽机模型。但遗憾的是，亚历山大港人没有掌握金属加工技术，否则他们就会造出希腊式或罗马式的汽车。当时，能立即投入实践的是由骡力驱动的水车，这种水车至今仍在使用。赫洛菲洛斯发现了人体解剖学知识，包括人体消化系统和循环系统。直至启蒙运动时期，欧洲的医学才达到这个水平。赫洛菲洛斯似乎还可以用水漏钟测量脉搏。其他人物还发明了速射弩，发现了太阳系，学会了利用压缩空气驱动机械的方法。"法尤姆画像"使我们看到了自古典时期以来最真实、最动人的"面庞"，这些画像完成于克利奥帕特拉时代终结后不久，不过它可能源自一种古老的绘画传统。这种绘画传统（以及现存的雕塑作品）反映了高超的艺术技巧。如果这是一种堕落，那么世界是多么需要这样的堕落啊！

简言之，托勒密王朝的亚历山大港就是一座发明创造的大蒸锅，可与启蒙运动时期的苏格兰、工业革命伊始的英格兰中部、中国的宋朝或穆斯林西班牙早期比肩而立。在这些例子中，只有第一个例子中的创造性和科学研究转化成了经济革命。经济革命的出现与人类智慧无关，只有当求知欲、科技、法律、物质和动机等因素罕见且“恰到好处”地结合在一起才能产生那样的效果。在克利奥帕特拉时代，埃及的托勒密王朝在军事和经济上正处于衰败期，智识水平也可能在走下坡路，因为上述发明大多出现在托勒密王朝前期。但事实也可能不是这样，我们无法看清历史的趋向。

然而，我们对克利奥帕特拉要有清醒的认识。她与罗马人斗智斗勇，不仅捍卫了领土和权力，还保护了知识和文化。原因何在？尽管我们对克利奥帕特拉的早年生活知之甚少，但托勒密家族会从博物馆延请老师来教导孩子。据说，克利奥帕特拉掌握 8 种语言，还写了多部著作，其中还包括有关度量衡的研究。她曾聘请过一位哲学家来教导自己的儿子们。

克利奥帕特拉的父亲是托勒密十二世，他周旋于罗马共和国后期互相角力的领袖人物之间。天真的托勒密十二世对罗马很依赖，埃及人不得不用大量财物贿赂罗马人，其中大部分都送给了庞培。这导致了大量借款，赋税也多被用于此处。而且，托勒密十二世还丢掉了塞浦路斯岛，使其沦为罗马的殖民地。上述情况激起了一场反叛运动。托勒密十二世被迫逃往罗马避难，他的妻子和长女被拥立为统治者。但是，在罗马人的帮助下，托勒密十二世最终夺回政权。之后，他展开了疯狂的复仇行动。那时，他的妻子已经去世，他就将自己的女儿贝勒尼基斩首。托勒密十二世任用罗马人掌管埃及的税收，恐怖统治蔓延整个国家。他还任命罗马人负责看管自己幸存的孩子，其中年龄最大的两个孩子就是克利奥帕特拉和她 10 岁的弟弟（另一位托勒密）。

这个家族的传统是兄妹或姐弟成婚，拥有继承权的各方通常会斗争到两败俱伤。托勒密十二世死后，18 岁的克利奥帕特拉不打算和弟弟共享政权，尽管埃及没有女王独自执政的传统。她迅速采取行动争取盟友的支持。克利奥帕特拉自称“敬爱父亲的女神”，为自己增加虚假的头衔也是这个家族的传统。她还将自己的头像刻铸在钱币之上。在短期内，克利奥帕特拉似乎占据了上风。然而，保守势力的联合和埃及的大饥荒使她的弟弟及其支持者获得了扭转局势的良机。他们推翻了克利奥帕特拉的统治，将其逐出埃及。克利奥帕特拉被迫流亡海外，但她立即着手重整大军，以便卷土重来。正所谓巾帼不让须眉。

就在此时，幸运女神眷顾了克利奥帕特拉。她的弟弟托勒密十三世犯下了严重的错误。上文提到，庞培与恺撒这两大巨头发生决裂，双方为争夺权力而缠斗不休。最终，历史证明庞培不仅拙于领兵打仗，政治智谋也是一塌糊涂。尽管获得了罗马元老院的全力支持，而且军队规模也更大，但庞培还是在希腊中部的法萨卢斯被恺撒和安东尼击败。恺撒把法萨卢斯战役的胜利视为一生最重要的胜利。庞培几乎走投无路，埃及是唯一的选择。毕竟，他曾大肆接受托勒密十二世的贿赂，还曾保护过他的孩子们。

然而，庞培没有料到，他屈辱战败的消息已经传播开来，速度甚至比他的战舰还要快。为了讨好获胜的恺撒，年轻的托勒密十三世及其谋士决定，一旦庞培登陆，就将其杀掉。随后，庞培被下属杀死，头颅被砍下，而他的妻儿都目睹了这血淋淋的一幕。在经过防腐处理之后，庞培的头颅被放入箱子，当作礼物呈送给恺撒。

如果说庞培打错了算盘，托勒密及其谋士也失算了。他们不理解罗马内战的规则：相互斗争的人物惺惺相惜，彼此还维系着家族纽带。庞培曾迎娶恺撒的独生女尤莉娅（尽管她已经去世很久）。对恺撒而言，庞培既是可敬的强敌，也是自己的女婿。他本不应遭此毒手，被外邦的黄口小儿斩杀在海滩之上。恺撒率军杀向亚历山大港，托勒密十三世的王位再次动摇。

许多关于克利奥帕特拉的故事都含有传说的成分，都是由罗马和希腊的历史学家事后追述的。但是，普鲁塔克在恺撒传记中生动、直白地描述了她的故事。他说道，在恺撒率军抵达亚历山大港之后（冒险只带领一小队人马），恺撒并没有考虑托勒密是否欢迎他，而是径直派人去找克利奥帕特拉。如果被她的兄弟发现，克利奥帕特拉很可能会在路上遭到暗杀。普鲁塔克写道：

> 因此，克利奥帕特拉只从朋友中挑选了西西里人阿波罗多洛斯随行。他们在夜色初上之时乘坐小船在宫殿附近登陆。而且，为了掩人耳目，克利奥帕特拉躺进了一条足够长的大被套中。阿波罗多洛斯用绳子捆扎好被套，将其抬入室内，放在恺撒的面前。据说，恺撒一下子就被克利奥帕特拉迷住了，因为她的果敢和美艳。

恺撒被克利奥帕特拉折服，两人共享鱼水之欢。第二天早晨，赶来的托勒密十三世懊悔不已，因为他 21 岁的姐姐给予恺撒的是自己无法给予的。

恺撒这个浪漫的传说讲述了一位战士无可救药地爱上了一个风流成性的埃及女人的故事。我们无法获知克利奥帕特拉在这之前和之后的所有情史，只能确认她的最后一个情人是著名的马克・安东尼。克利奥帕特拉的王国行将就木。埃及保存了人类文化中最珍贵的一份财富，但这个国家实际已经破产，已无力对抗高效的战争机器——罗马。除了接受那个时代唯一超级大国的保护，埃及还有别的出路吗？尤里乌斯・恺撒——这个乐于高声发表演讲的人、这个屠杀了 100 多万人的刽子手、这个对同胞的宗教信仰冷嘲热讽的家伙——根本不是埃及的救世主。这个和敌人沆瀣一气的国家散发着诱人的魅力，所有真正的罗马人都认为其精英阶层——那些喷着香水、崇拜狄奥尼索斯、喜欢寻欢作乐的希腊人——自甘堕落，十足卑贱。

必须有人做点什么，而克利奥帕特拉在床第之间抓住了恺撒的心。亚历山大港爆发了惨烈的战争，恺撒统帅的军队人数太少，无法控制叛乱和街头混战。他差一点就命丧黄泉。著名的图书馆遭到部分损毁。克利奥帕特拉坚守在恺撒的身边，直到罗马的援军到来。作为回报，她成为埃及的实际统治者，在乘船出巡享受尼罗河的旖旎风光时，她还怀上了恺撒的独子。恺撒并没有被胜利冲昏头脑，他正忙于长期以来计划改进的历法。一个亚历山大港人建议他将一年划分为 365 天，每隔 4 年就多出一天。与此同时，克利奥帕特拉也采取了自保措施。为防万一，她将孩子命名为“恺撒里昂”（意为“小恺撒”）。

征服者被爱情征服了吗？可能不全然如此。恺撒率军离开埃及，回国继续参加内战，以对抗敌人。如今，他的对手包括庞培的儿子（急于为父报仇）和原先的政敌（如加图）。他留下一些军队，目的只是为了监视克利奥帕特拉。

克利奥帕特拉建造了一座敬拜恺撒的神庙。恺撒和克利奥帕特拉都希望超凡脱俗，他们殊途同归。克利奥帕特拉将自己比作古老的伊希斯神，将其子与荷鲁斯神联系在一起。由于恺撒屡战屡胜，罗马只得对恺撒让步，通过表决的方式授予他无上荣耀。这座异教徒之城的文学和建筑如此辉煌灿烂，民众将恺撒奉若神灵。他们宣布，恺撒在未来10年都将担任独裁官一职，恺撒的胜利远超庞培。在恺撒从血腥的内战中获得的战利品源源不断涌入罗马城之后，民众开始重建宏伟的建筑。在他面前，罗马人谦卑至极。恺撒推行了一系列改革，但从未制止人们对他进行崇拜。他的住所装饰得像一座神庙，他的战车矗立在朱庇特的战车对面。克利奥帕特拉也在那里见证了杀戮游戏给恺撒带来的荣耀，以及人们对他日益狂热的崇拜，并且确保恺撒不会抛弃他们的孩子。

至少，对克利奥帕特拉而言，她还有机会彻底重塑政治。在新政治中，她和恺撒两个神祇一般的领袖会联手统治人类已知的世界。尽管不是异想天开之人，但恺撒也有这样的梦想。他将克利奥帕特拉的雕像放入生育之母维纳斯的神庙。据说，这位女神是恺撒的祖先。罗马的好事之徒开始窃窃私语，认为恺撒打算娶克利奥帕特拉为妻，并将都城迁往日益衰败的亚历山大港。当然，他还需要不断操控罗马政局的方方面面，但是他在宗教态度上似乎一贯无所顾忌。对一个政权来说，宗教只是一种工具、一个杠杆，其形态可以不拘一格。

恺撒和克利奥帕特拉用不同的方式都回归了我们熟悉的希腊化世界。在那个世界中，成功的统治者都会自我神化，亚历山大就是一例。自我们已知的世界诞生以来，宗教势力和世俗权势就总是纠缠不清，祭司和国王互为奥援。得意扬扬的恺撒将自己的脸涂成红色，就像朱庇特的雕像。他再次宣布担任独裁官，这一次是终身独裁官。事实上，恺撒的行为冒犯了愤怒的贵族和赞成共和制的保守派，他们联合成颇具威胁的联盟。公元前

44 年，他们打算刺杀恺撒，这可能是为了阻止他攻打帕提亚人，因为这场战争会使恺撒的地位再难撼动。

摊牌的时刻到了。恺撒前往元老院开会，6 位密谋者趁机围住他，将其乱刀刺死。人们在恺撒的身上发现了23处伤口。他最后的举动是遮住脸，避免让人看到他痛苦挣扎的表情。恺撒倒下的位置极富戏剧性，血泊的旁边就是庞培的雕像。对恺撒来说，庞培曾经是伟大的盟友，后来又成为自己的对手。

恺撒终结了一个延续400余年的共和国。尽管这个共和国有无数缺陷，它的公民观念及其对君主专制的摒弃给后世留下了珍贵的遗产。恺撒没能以合适方式来统治这个多元化的复杂社会。然而，谋杀者也低估了民众对政治强人的爱戴。恺撒就是这样一个富有的铁腕人物，他处处仿效神祇。很快，刺杀恺撒的人也陆续离世。但在罗马世界，宗教势力与世俗势力结合得愈加紧密。罗马帝国第一位名副其实的皇帝是恺撒·奥古斯都。当他去世时，元老院将其奉为神明。当时有这样一群人：在艰苦的共和国时期，他们是粗鲁的士兵和农民；随后摇身一变，他们又成为帝国富有的政客；现在，他们则成为皇帝的奴仆。

末代法老克利奥帕特拉不久也去世了。恺撒之死最终激起又一场内战。对当时的罗马公民而言，战争似乎永不止息。但实际上，战争即将结束。恺撒的养子屋大维和恺撒爱将马克·安东尼为争夺最后的胜利展开了激战。他们的思想并无二致，都毫不怀念逝去的共和之梦，而且对权力极度渴望。如果屋大维（即后来的奥古斯都）宣称自己是一位神祇，那么马克·安东尼则相信自己是赫拉克勒斯的后代。在胜负局势明朗之前，克利奥帕特拉极力避免站错队伍。然而，马克·安东尼将其召至塔尔索斯，让她表明态度。在紧要关头，克利奥帕特拉又施展了惯用的伎俩。这次，她没有裹在毯子里出场，而是坐在一艘金色的帆船中。

后来，莎士比亚对此曾有一段讽刺性的描述。这段优美的文字广为人知，与普鲁塔克的记载相得益彰。在书中的其他部分，普鲁塔克强调，他认识一些熟知克利奥帕特拉的世界的人。他说：

> 这位女法老乘坐一艘金色的帆船畅游在塞得纳斯河上。紫金的风帆迎风鼓荡，桨手们握住银桨，随着笛声、管乐声和琴声有节奏地划行。她躺在金色的华盖之下，穿着仿佛画中的维纳斯。男童们像小爱神一样分立在两旁，轻轻地摇动扇子……沁人的芳香从香炉中溢出，沿河岸飘散。

谁能抵挡这样的诱惑？拥有神圣血统的马克·安东尼也很难拒绝。此时，在罗马世界的霸权争夺战中，他似乎已经胜利在望了。

二人返回埃及过冬天，整日寻欢作乐。克利奥帕特拉又怀孕了，这一次是双胞胎。她以太阳和月亮为两个孩子命名，即亚历山大·赫利俄斯（赫利俄斯是太阳神的名字）和克利奥帕特拉·塞勒涅（塞勒涅是月亮女神的名字）。这两个襁褓之中的神祇也将统治世界。马克·安东尼开始重组中东地区的政治秩序，将原属埃及的土地归还埃及，但其中不包括犹太行省，后者仍由希律王进行统治。随后，他准备拔除罗马人的眼中钉——那些在亚洲平原上策马奔腾、箭术精准的帕提亚人。恺撒曾计划攻打这群入侵者。帕提亚人原是生活在伊朗地区的部落民族，后来转型成为帝国，同时与地中海世界和汉帝国进行贸易活动。他们掌握了威力更大的弓和更灵活机动的战术。在面对帕提亚人时，罗马军团似乎也束手无措。

马克·安东尼不是第一个征讨帕提亚人的罗马人。他最终铩羽而归，人员伤亡数万人。战败削弱了马克·安东尼的实力。当时，他的对手屋大维正在西部地区崛起。安东尼梦想创建一个更庞大的“亚洲罗马帝国”。这场战役不但戳破了他的梦想，甚至使他与对手平分地中海世界的愿望也无法实现。历史上的任何事情都不是直线发展的。安东尼后来赢得一场大胜。他击败了亚美尼亚人，在亚历山大港和克利奥帕特拉举行了庆祝仪式。安东尼被宣布为活着的酒神狄奥尼索斯，而克利奥帕特拉则是“诸王的王后”和“最年轻的女神”。

屋大维迅速煽动起罗马人对这个自大狂的敌意：他向元老院宣读了安东尼的遗嘱。在遗嘱中，安东尼坚定地表示，他爱亚历山大港胜过罗马。元老院宣布向安东尼开战，元老们分成两派，各自拥护一方。罗马军团已经枕戈待旦。

一场战役的胜负就决定了屋大维与安东尼的命运。如果说这是古代历史上最重要的战役，那么它确实没有什么戏剧性。这场海战爆发于公元前 31 年，地点是希腊以西的亚克兴海。克利奥帕特拉亲自统帅埃及舰队。但当她与安东尼深陷屋大维的封锁而谋求突围时，克利奥帕特拉由于恐慌率领舰队退出作战海域。随后，她返回了埃及。安东尼败局已定，他的军队因感染疟疾而实力大减。他的五层战船速度太慢，无法有效地撞击敌舰。他手下的一位将军叛逃到屋大维一方，告发了安东尼的秘密作战计划。无论如何，这是古典时代最后一场重要的海战，但这场海战在开始前就已经结束了。看到克利奥帕特拉离开战场后，马克·安东尼也率领战船随她而去。

此役之后，克利奥帕特拉和安东尼的霸业已注定失败。这对情侣尽情享受最后的狂欢时刻，而屋大维正在向亚历山大港进军。马克·安东尼自杀身亡，死在了爱人的脚边。克利奥帕特拉代表儿子恺撒里昂与屋大维进行谈判。当她知道屋大维准备在罗马的凯旋式上将自己游街示众时，克利奥帕特拉也决定以死来避免羞辱。在凯旋式上，恺撒曾将克利奥帕特拉的姐姐游街示众。不过，由于罗马民众都很同情这个埃及女人，恺撒并没有将她处死。后来，埃及艳后杀害了自己的姐姐，这绝不是富有浪漫色彩的壮烈之死。在凯旋式上，屋大维展示了一幅画。在画中，克利奥帕特拉被一条毒蛇咬死。可能是受到这幅画的影响，坊间出现了一种传说：有人将一条体型较小但却足以致命的毒蛇藏在一个无花果篮子中，偷偷拿给克利奥帕特拉。她将毒蛇放在胸口上，随后被蛇咬死。或者，她只是服用了一种致命的毒药。当时，她还不到 40 岁。克利奥帕特拉的死并没有挽救恺撒里昂，他在被捕后被处死。

罗马式和平

不仅克利奥帕特拉联合马克·安东尼的战略失败了，她最初的梦想——将埃及、希腊和罗马的世界合并，由一位“神王”进行统治——也破灭了。屋大维宣布自己是奥古斯都·恺撒。内战使罗马精疲力竭，屋大维则趁势缔造了长期的帝国式和平。英国杰出的历史学家爱德华·吉本认为，随之而来的一段时光是人类史上的甜蜜期：

> 罗马帝国据有世上最富饶美好的区域，掌握人类最进步发达的文明。自古以来声名不坠而且纪律严明的勇士，防卫着疆域辽阔的边界。法律和习俗虽然温和，却能发挥巨大的影响力，逐渐将各行省融合成为整体。享受太平岁月的居民尽情挥霍先人遗留的财富和荣光，共和体制的形象，从外表看来受到尊敬和推崇，国家主权似乎仍旧掌握在元老院手中。

他的著作（在 1776 年至 1788 年之间出版）以上述分析开篇，主要关注人类如此的甜蜜期为何会终结的问题。他将书命名为《罗马帝国衰亡史》。

吉本给出的答案是基督教的兴起，这一点我们即将谈到。大多数现代历史学家都不大敢将罗马世界崩溃的责任推给耶稣的门徒。在吉本的文字中，他又谈到了另一部分原因，即“自由宪制的意象”和“元老院似乎握有大权”。在公元前 27 年屋大维赢得最终的胜利之后，他恢复了形式上的共和政府的外在形式，但保留了尤利乌斯·恺撒曾拥有的权力。屋大维成为军事统帅、独裁官和官方宗教的领袖。他既是睿智的统治者，又是个幸运儿。在最初的一系列征伐后，屋大维将罗马的领土向北扩张至欧洲腹地，向南扩张至阿拉伯地区。他或多或少地抑制了罗马的扩张欲望，使其专注于城市复兴计划。我们今天所谓“罗马的荣耀”的大多数内容——如恢宏的建筑、整洁的道路、胜利者和睦相处，以及城市生活的富足——都源自奥古斯都缔造的和平环境。他的统治其实就是君主专制，只是披了一件共和制的外衣。很快，罗马就会理直气壮地换上帝国的华服。

这种政治体制的弱点是国家有可能落入疯子或暴君之手。在屋大维将权力传给自己的女婿提比略之后，罗马人将饱受疯子或暴君之苦，特别是奥古斯都家族的继承人们，其中包括疯子卡里古拉和残暴的尼禄。

随之而来的是“四帝之年”，而粗鄙的税吏之子韦帕芗最终攫取了权力。在韦帕芗的儿子被谋杀后，一位元老院成员呼吁涅尔瓦回归旧传统，指定品行良善之人为皇位继承人。这一传统调和了政治与王权的矛盾，造就了一批睿智神武的皇帝。第一位这样的皇帝是图拉真，他建造了著名的拱门和石柱，征伐大军进抵波斯湾地区。随后是哈德良，他修建了举世闻名的长墙。

生活已然高枕无忧，以至于继任的皇帝——安东尼·庇护——在其执政的 25 年时间里从未离开过意大利。他从未走进罗马军团周围数百英里以内的地方。不过，在这个奢靡浮华的社会中，他却面临着“过度”的问题。安东尼·庇护曾举办过一场马戏庆典，由于表演的长颈鹿、大象、犀牛、鳄鱼和老虎花费得太多，他不得不用贬值货币的方式来冲抵这笔开销。随后即位的马可·奥勒留则是一位明君。我们今天所熟知的是他用斯多葛派观点来思考生命和责任。奥勒留的儿子很懦弱，不受欢迎，年纪轻轻就被人杀死，这预示着另一段充满纷争的时代的到来。

然而，这种帝国试验是一项重大的政治成就。与许多后世的王朝一样，罗马帝国的大权最终旁落于军队手中，这就可以解释为何各大军团喜欢长期驻扎在远离罗马的地方和新的国境线附近，如日耳曼、不列颠和北非。罗马统治阶层通过各地的精英人物来推行法治。最初，这些精英可能是不列颠人、高卢人、达契亚人或犹太人；但后来，他们逐渐认为自己至少部分是罗马人了。

在罗马帝国的长墙之内，新的生活方式逐渐繁荣起来，泛地中海地区的中产阶层应运而生。城里人——如工匠、商人、店主、法律人、教师和建筑师——积累了充足的财富，他们享受山珍海味、公共娱乐和设备齐全的私人住宅。在这个阶层之下和庞大的奴隶阶层之上是普通劳动者。这些人过着动荡的生活，但罗马城镇中的快餐小食、廉价酒水和各种娱乐活动（如彩票、赌博和杂耍表演）也使他们的生活有声有色。他们的生活方式与今天数以百万计的城市居民没有太大区别。尽管大多数生活在偏远村落的牧人或农夫可能对这些一无所知，但罗马的帝国权势还是为他们带来了物质实利。

连贯一致的信仰体系可以将民众紧紧凝聚在一起，给他们一套解释命运的说法，但罗马没有这样的信仰体系。即便出现了这样的宗教信仰，即吉本认为很棘手的基督教，可能也不会扼杀这种活力。尤利乌斯·恺撒和克利奥帕特拉混淆了宗教和政治，认为它们都是美化权力的面纱，目的是获取民众的忠诚。如同后世的皇帝，恺撒将战利品和赏赐分给许多人，广施恩惠以取悦民众，但他无法激发人们的信念。在恺撒生活的世界，共和制已经瓦解，人们日益变得愤世嫉俗和贪婪，他们已经历过苏拉的短暂军事独裁统治。然而，还有一部分人希望罗马继续成为高尚、稳固的共和国。在恺撒的时代，理性、秩序和政治妥协尚能发挥作用。但在恺撒离开之后，这些都变得没有意义了。

情况相似的中国

经过一系列残酷的战争，秦国占领了东方世界的核心地区。像恺撒一样，嬴政对个人权力也有不切实际的幻想。秦始皇的失败与尤利乌斯·恺撒有相似之处。嬴政驾崩后不久，帝国迅速陷入内战，群雄为争夺皇位相互征伐。与罗马内战相比，中国内战的惨烈程度有过之而无不及。不过，在这两个例子中，中央集权的帝国都崛起于动荡不安的乱局，为实现和平奠定了基础。中国的“否极泰来”和西欧的“放血疗法”或许可以部分解释这一现象。尽管汉朝的统治者没有获得像“奥古斯都”这样的世界性头衔，但他们的成就完全可以与其媲美。

他们减少兵员和兵役，废除秦朝大部分严刑峻法，创建基于竞争的考选制度。据我们所知，这是世界上第一个任人唯贤、运转高效的行政系统。确实，这是一项领先罗马世界的伟大创举。汉军使用的“弩”也是一项了不起的发明。训练有素的汉朝军队边行进，边发射这种半机械化的弩，就像后来使用毛瑟枪的欧洲军队那样。如果罗马军团和汉朝军队爆发战争，后者毫无疑问会取得胜利。与罗马一样，汉朝也从位于帝国边缘的部落征兵，加入帝国军队，即所谓的“以蛮制蛮”。事实证明，无论是罗马帝国，还是汉帝国，这都是一个大隐患。

汉代中国的建筑大部分都是雕梁画栋的木质结构，艺术品则以绢画为主，因此鲜有上乘的佳作传世。或者说，汉朝的传世珍品远少于罗马。总体而言，与喜欢发牢骚和毁谤他人的罗马作家相比，汉朝的文学家更谨小慎微。不过，汉朝的确是一个非常复杂的社会。

历史学家伊恩·莫里斯独具匠心地划分出人类能源的消耗等级，以此说明各个社会的兴衰。从这个角度观察，罗马帝国和汉帝国十分相似：与生活在冰河时期的祖先相比，两国民众消耗的能源总量都增加了7~8倍。汉朝时常苦于瘟疫流行，而这些疾病又通过商路传到了地中海地区。因此，在同时代的罗马世界，人们或许会抓挠来自中国的小虫子。他们也深受干旱和蛮族入侵之苦，但嬴政的中央集权体制使中国人取得很多成就。在和平时期，他们开凿新运河，修筑新驰道，传播灌溉的新理念，发展度量衡、法律和货币，这些都被人们广泛接受。汉帝国使中国变成了一个新世界。在充满杀戮的“战国时代”，这样一个世界几乎不可想象。

罗马帝国的发展道路也有相似之处。在鼎盛时期，罗马帝国的威仪和繁荣令人敬畏，希望构建一种永恒的西方新秩序。从苏格兰南部到北非。从葡萄牙到叙利亚，地中海世界出现了一张设计巧妙、精心维护的道路交通网。通过这张交通网，罗马公民能够以比先人更快的速度进行陆上旅行。而且，在铁路出现以前，罗马人的出行速度丝毫不落人后。毫不夸张地说，输水管、下水道、公共浴室和火炕供暖系统强化了“罗马式和平”。行政官员是可以被信赖的群体，尽管他们没有中国同行那么高效。随着周边部族逐渐被吸纳、驯服，罗马军团逐渐变成了异族的军团。

或许，很多人都会采纳爱德华·吉本的观点，认为这段最伟大的文明时期给当时的已知世界带来了和平，尽管像民主这样的事物正在消失，奴隶不断揭竿而起，远方的部落兵戈相向。然而，正如吉本在《罗马帝国衰亡史》中试图解释的那样，那个秩序井然的世界将会分崩离析、轰然坍塌。许多理论都尝试解释其中的原因。现在，我们需要探讨一个在19世纪不曾被提出的观点，那就是气候变化。更好地理解同时代中国的历史可以使我们对这一问题的解说更有说服力。在所谓的“罗马温暖期”，农业传播到了欧洲的北部和东部，增加了粮食产量。但在温暖期结束之后，也就是公元 200 年到 500 年之间，世界变得越来越冷。

气候突变不仅重创了农业，造成了特定时期的饥荒，而且迫使许多中亚部落迁徙到其他地区，否则只有死路一条。这些部落民族的流动性很强，他们的西迁迫使前一波迁徙者继续向西走，直至闯入罗马帝国境内。正如史料记载的那样，民族迁徙和贸易往来传播了不为人知的病毒，使人谈之色变的瘟疫在罗马世界大规模肆虐，威胁着公元 180 年以后的每一代人。3 世纪 50 年代是最糟糕的时期。当时，罗马每天都有数千人在垂死挣扎。[18] 罗马世界要疲于应对饥饿和疾病，以及全副武装的绝望移民带来的挑战。汉代中国遭遇了同样的危机——农业歉收、瘟疫及游牧部落的不断侵扰，他们主要面对的是匈奴人。尽管汉代中国没有基督教狂热分子带来的破坏性影响，但他们要面对大规模的农民起义。汉帝国失去疆土的速度比罗马帝国更快。

他们的帝国都将分崩离析。在一段时期内，社会陷入半无政府状态，相互敌对的各派势力彼此残杀，都声称自己顺应天命。无论是在西方，还是在东方，帝王们都遭受了严重的通货膨胀和农业歉收之苦，被外敌入侵和内部叛乱搞得心力交瘁。在中国，汉政权分裂成三个王国，即魏、吴、蜀。但是这仅仅是开始：北方逐渐沦陷，那些由游牧民族建立的不稳定的小政权开始取代汉人进行统治。尽管退居南方偏安一隅，但晋朝仍然声称天命所归，就像拜占庭声称自己是罗马帝国的正统继承人那样。按照秦始皇嬴政最初的设想，中国应出现一个永恒的中央政权。之前，这个政权已经被汉帝国取代；而现在，它却成了一个梦想，一个希望。神圣罗马帝国也曾经有过类似的梦想。但与西方不同的是，中国统治者可以重新实现梦想。

气候、生活水平、经济发展和政治活动等因素很难截然分开。研究者测量了冰核和湖泊沉淀物中的污染程度（这些污染是人类活动的结果），发现随着地中海文明和中国文明双双走向衰落，相关数值在公元 200 年以后出现了急剧下降。伊恩·莫里斯写道，公元 200 年以后，罗马世界的“牛骨、猪骨和羊骨变得越来越小、也越来越少，这揭示了生活水平的下降。

到3世纪20年代，富裕市民建造的华丽房屋和纪念碑也越来越少”。[19]

在西方，古典时代的旧神祇逐渐式微，罗马公民转向了埃及教派，这些教派的信仰可以追溯到波斯时期的琐罗亚斯德教和希腊哲学的极端版本。此外，其中还掺杂了来自中东的新宗教观念。奥古斯都时期，社会环境比较稳定，借助所有道路和港口，这些信仰体系能够更快地传播到各地。其中一些信仰体系似乎将古老的宗教信条与佛教思想及印度教思想融合在了一起——即2000年前的“新时代”信仰。公共文化变得冷漠、脆弱和空洞。在中国，道教团体揭竿而起，“五斗米道”运动便是其中一例。起义者声称，腐败已经蔓延至宫廷。他们要求平分土地，重塑道德。

这些听起来都很熟悉。追寻人生意义的强烈愿望激发了中国民众对抗官府和自我牺牲的热情，西方也出现了同样的情况。但是东西方的观念是如此不同，以至于它们将各自民众带往了不同方向。然而，有一种观念超越了其他观念，将会撼动整个罗马世界，而中华世界则丝毫未受影响。

我们再回头看一看一神教。在别过安东尼之后，克利奥帕特拉在回国途中拜访了一位当地的国王。后来，这位国王吹嘘说，克利奥帕特拉曾与他调情。这位国王就是希律。一位即将在犹太行省诞生的思想家的故事将会使他的统治在世界范围变得臭名昭著。

煽动者的胜利

即使最伟大的征服者也无法预见他们行动的后果。庞培曾征服一座希腊城市，将其纳入罗马的统治。这座名叫塔尔索斯的城市位于今天的土耳其。正是在那里，安东尼召见了克利奥帕特拉，继而被她的金色游船震撼。该城的居民都拥有罗马公民的身份。其中一部分居民从事帐篷制造业，他们的生意欣欣向荣。在这些工匠中，有一部分说希腊语的犹太人，其中一个家族出自便雅悯支派。有一个名叫扫罗的小男孩就诞生在这个家族。扫罗就是后来的圣保罗，很多神学家认为他是基督教这个世界性宗教的实际奠基人。他向生活在地中海西部地区的人们传教，其中既有犹太人，也有外邦人。

这个塔尔索斯城制作帐篷的工匠对人类的影响几乎无人能及。保罗生活的年代与耶稣大致相同，但他从未见过后者。在一封著名的书信中，保罗坦承自己曾是虔诚的犹太教徒，时常前往耶路撒冷学习摩西律法。保罗曾告诉加拉太人——当时他们刚刚建造了一座教堂——自己在早期狂热迫害基督徒的行为，以及“我又在犹太教中，比我本国许多同岁的人更有长进，为我祖宗的遗传更加热心”。基督教徒的第一次殉难，即司提反殉道事件发生时，他可能就在现场。司提反因为宣扬耶稣就是弥赛亚而被乱石砸死，此事发生在耶稣被钉十字架的数年之后。

保罗绝非空有一腔宗教热情，他曾是主张民粹主义的法利赛教派的一员，竭尽所能地围捕和摧毁当地的异端教派。尽管规模不大，但这个异端教派引发了众怒。保罗将地方信仰的小问题放大为一种全球性信仰和世界性运动。在推动这一变化的过程中，他发挥了无人能及的作用。部分原因可能是：第一，保罗是罗马公民，能够在帝国境内自由走动；第二，保罗会讲希腊语，能够与受过教育的人轻松交流。最终，这场运动促使古代罗马世界走向终结，改变了西方世界。

在保罗的推动下，各地的基督教团体纷纷建立起来。他与这些团体保持着书信来往，这些书信是保存下来的最早一批基督教文献。一般认为，有 7 封书信确实出自保罗之手，它们大约完成于耶稣死后 20 年内。这些书信从侧面告知了我们有关保罗的个人信息，但我们关于其生平更多的了解源自他的朋友路加在《使徒行传》中的记述。在保罗死后 50 年，《使徒行传》才汇编成型。保罗和路加都是罗马的仰慕者，犹太人反抗罗马统治的起义招致了悲剧。在余波未平之际，他们完成了自己的著述。尽管两人都是犹太人，但他们都希望将耶稣的福音传讲给犹太同胞和世界其他地区的人们——希腊人、罗马人、埃及人及一切愿意倾听福音的人——使福音成为一道亮光照亮外邦人的心。一位圣经学者认为，如果没有保罗，那些拿撒勒人——人们对早期基督徒的称呼——“可能只是犹太人中的一个教派。他们只会局限在犹太教中，而不会试图建立一种新宗教”。[20]

下面这段故事广为人知：保罗从耶路撒冷前往大马士革，准备彻底根除拿撒勒人。此刻“忽然从天上发光，四面照着他。他就扑倒在地，听见有声音对他说：‘扫罗，扫罗，你为什么逼迫我？’”他问是谁的声音，声音回答说：“我是耶稣……”[21] 随即，他双目失明，被人带往城中等待进一步的指示。在大马士革的一座拿撒勒人的教堂，一位名叫亚拿尼亚的信徒帮他恢复了视力——尽管亚拿尼亚可能并不情愿这样做——并为他施洗，使他皈依新的信仰。保罗说道，被上帝拣选之后，他急忙赶往阿拉伯，考虑过全新的生活。此外，还有另一个版本。按照路加的说法，保罗留在了大马士革，跟随当地的信徒在那里学习基督教教义。

根据通常的说法，扫罗很可能患有某种癫痫病或幻想症，其道德极端主义的倾向使他突然从犹太教转向基督教。当然，信徒们说基督确曾向他显现。但是，这个制作帐篷的工匠和迫害基督徒的人确实受到了极大的震撼，促使他改变了自己的生活和名字——改成了罗马式的名字“保罗”，还促使他将 12 年至 15 年的时间都投入到炽热的传教事业中去。保罗的足迹遍布中东各地，传教的热情永不止息，直到尼禄在一次宗教镇压中将其处以死刑。根据保罗的自述，他曾多次遭受鞭打，几近死亡。他还曾被人用石块袭击，遭遇海难，忍受饥渴和严寒，时刻处于异教徒和犹太人的威胁之中，匪徒和野兽也环伺左右，连“所谓的兄弟”和自然灾难也不放过他。很显然，保罗患有难以言明的恶性疾病，并时常被捕入狱。

保罗始终与过去的犹太教信仰保持良好的联系，但他总试图向犹太教徒解释为何基督的福音要超越他们的信仰，因而时常与犹太教徒陷入对抗。他给未受割礼的希腊人和罗马人施洗，其中包括一位百夫长。由于犹太人的上帝具有唯一性和能动性，加之无视阶级差异的思想，信仰上帝的人越来越多。尽管是星星之火，但这种信仰还是传遍了整个古典世界。如今，这个上帝又多了一个属性：祂是世间每一个人的上帝。

基督教的传播适逢其时。在罗马大火和保罗被斩首（由于他是罗马公民，因而免受钉死在十字架上的痛苦）的两年之后，犹太人爆发了反抗罗马统治的起义，地点是恺撒利亚。宗教冲突和抗税斗争是事件的导火索。但在罗马军团出现在叛乱的城市之后，骚乱演变成大起义。罗马人野蛮地镇压了这场起义。经过长期围攻后，罗马军团于公元 70 年攻陷了耶路撒冷城。城中的居民要么被屠杀，要么被卖身为奴。希律王时代著名的第二圣殿毁于一旦，犹太人被迫散居世界各地，直至现代。由此看来，如果拿撒勒人只是以耶路撒冷为据点的犹太教的一个教派，他们的信仰恐怕早就被扼杀了。除宗教学者外，恐怕再无人知晓他们的信仰。在耶稣的门徒中，有一个排斥犹太教的小团体。起初，这个团体是由耶稣的弟弟雅各领导的。在起义被镇压后，这个团体土崩瓦解，其信徒逐渐消失在历史的尘埃中。

非犹太人的“基督教”（这一字眼最早出现在安条克，在拉丁语中含有贬义）及时融入了更广阔的地中海世界。起初，基督教只是犹太教的一个叛逆的孩子。但正如保罗在著作中反复申述的那样：基督教是在不得已的情况下才与传统的犹太教进行区隔的。尽管命丧罗马人的屠刀之下，但保罗仍钦慕罗马帝国。他谨慎地选择了几座重要的罗马城市——如科林斯、安条克和腓利比——来传播耶稣的福音。在被当作囚犯押解到罗马之后，他或许还曾期待赢得罗马人的支持。在此后很长一段时间里，基督徒不是遭到处决，就是被流放。然而，罗马世俗权力与这种新兴宗教最终达成和解，这种可能性从很早的时候就露出端倪。耶稣既不像悖逆的犹太教领袖——他们自称虔信者，也不像起义（66—71年）的领导者，他避开了世俗政治，声言恺撒的要交由恺撒管理。罗马的模范公民保罗也同意这一点。

保罗重新阐述了拿撒勒人耶稣的信条。此举影响深远，但也备受指责。有人指责他使基督教与世俗权力同流合污，还指责他厌弃女性、恐惧性爱和缺乏宽容。他的诗歌体现了伟大的仁爱精神：“爱是恒久忍耐，又是恩赐，爱是不嫉妒，爱是不自夸，不张狂，不作害羞的事，不求自己的益处，不轻易发怒，不计算别人的恶。”在局势几近失控的情况下，保罗试图将自己的观点推广到各个传统的团体。和追随自己的信徒一样，保罗也认为弥赛亚将会在荣耀中再次降临。这一天将会很快到来，就在他的有生之年。弥赛亚会拯救他的信徒，审判余下的人。信徒们要树立信心，不惜一切代价，全身心地为弥赛亚的降临做好准备。这些都是迫在眉睫的事情，丝毫不能懈怠。

上述关于爱的诗歌出自《哥林多前书》。在同一封书信中，保罗还对基督徒发出了告诫："时候减少了。从此以后，那有妻子的，要像没有妻子……快乐的，要像不快乐；置买的，要像无有所得……因为这世界的样子将要过去了。"上述言论表明，保罗是一个控制欲很强的人，他脾气暴躁，行为专断。他试图使人相信，时间已经不多了。然而，他为人又很友善，严于律己，思想深刻。听起来，保罗就像是20世纪的革命者，周旋于各个团体和派系之间，努力使他们团结在一条"正确的"思想主线周围。他恩威并施，将地狱中的硫黄火湖与神的奇迹恩典结合在一起。那些改变信仰的人，总会变成狂热的强硬派，或者有着喜欢自吹自擂缺点的革命领袖，这很常见。

圣彼得是在罗马殉难的。他要求将自己倒钉在十字架上，这样人们就不会将他的死与耶稣相提并论。保罗很可能是之后在罗马殉难的。保罗死后，基督教团体开始在帝国的首都发展壮大。当时恰逢宗教大混乱的时期。犹太教正在进行重组，基督教的各个派别也在整个古典世界展开竞争。学者迪尔梅德·麦卡洛赫曾指出，当时的罗马——曾经的反基督教中心——突然间变成了一座基督教城市，这种转变并没有发生在巴格达，这着实有些奇怪。其实，基督教本可以变成东方宗教，而不是西方宗教。接下来的几个世纪里，在埃及、叙利亚、犹太城市（如安条克、加沙和恺撒利亚）、今天土耳其的安纳托利亚，以及在罗马，基督教团体获得了蓬勃发展的良机。在这些地区，基督徒大多为外来移民。但在北非和希腊，基督教却很难扎根。尽管保罗曾帮助过以弗所人、哥林多人和帖撒罗尼加人，但这三地的基督教团体都没能延续下来。[22] 由于都使用希腊语，在各地站稳脚跟的犹太人团体与新宗教的传播有很大关联，而宗教迫害也产生了同样的影响。这听上去似乎自相矛盾，但在许多运动的初始阶段，镇压确实能推动运动的发展。从欧洲犹太人到新教徒，再到伊斯兰主义者，他们都曾遭到镇压。正如词源所暗示的那样，"镇压"一词既有"击退"的意思，也有"压在一起"的意思。因此，镇压强化了归属感和认同感。

线条和螺旋：另外四分之一个世界

大体上，上述内容已经涵盖了当时世界四分之三的人口中发生的故事：罗马世界有四分之一，汉代中国有四分之一，笈多王朝及后世的印度有四分之一，那么剩下的人呢？

美洲文明的出现比欧亚大陆晚了几千年，但其独立发展出的文明成果令世人钦佩不已。墨西哥的特奥蒂瓦坎有许多金字塔和神庙，即使埃及人也会由衷赞叹；尤卡坦半岛和危地马拉诞生了伟大的玛雅文明，创造出了复杂的文字系统和发达的历法体系。他们的历法依据星辰运转的规律，将世界划分为几个长时段。能与玛雅文明相提并论的古代文明出现在美索不达米亚，比它早了 2000 多年。

但由于没有轮子和欧亚大陆的很多动物，中美洲在总体上很难为世界文明贡献新观念。他们拥有才华横溢的建筑师和雕塑家，但其宗教比大西洋地区的许多文明更嗜血，也更悲观。当西班牙人最终到来的时候，他们被阿兹特克人的大规模人祭震惊了。这种祭祀形式极其普遍，以致形成了一种新的战争形态。这种战争形态以俘虏敌军为基础，目的是为了在阿兹特克的祭坛上挖出他们的心脏。美洲文明没能产生媲美孔子或耶稣的思想观念，这种空白值得人们进行思考。

人们讨论过一种理论，认为动植物分布的差异导致美洲农业发展缓慢，使中美洲文化远远落于欧洲文化。另一种经常被提及的观点认为，这两个人类居住的陆地在地理形态上存在差异：欧亚板块从东向西延伸，环绕地球；而美洲板块是南北走向。与美洲板块相比，欧亚板块的气候差异相对较小，因而文化传播起来会比较容易。但很显然，上述原因肯定是不够的。在思想领域，美索不达米亚和埃及肯定也有黑暗面，但并没有像大西洋西岸那样，衍生出悲观厌世、血腥、暴力的宗教。尽管美洲文化比欧洲文化和中国文化“落后”一两千年，但到 15 世纪初期，我们很期待看到堪比希腊的黄金时代或犹太教改革期的盛世。然而，美洲并没有出现任何盛世。

最近，人们对美洲的另外两个特性表现出浓厚兴趣，这两个特性对我们解释洲际差异很有帮助。其中一个特性与地质学有关，而不仅仅与地理学有关：美洲大陆的地质活动非常活跃，经常发生地震和火山爆发。这在很大程度上与全球的板块构造有关。频繁应对自然灾害（包括太平洋的气候循环）有可能使人类产生更悲观的思想观念。唯有将自然灾害视为神怒，也就是神对人类的惩戒，这些现象才能获得解释，人的心灵才能得到慰藉。在人类历史上，那些可怖的神灵最青睐人这种高级祭品。最近，剑桥大学历史学家彼得·沃森尖锐地指出：美洲人创作的是关于痛苦和死亡的狂欢剧，而不是欧洲人或印度人意义上的宗教。在创作过程中，美洲人可能使用了大量致幻剂和麻醉药。[23]

美洲人培植出了新的农作物，比如玉米、蕃茄、可可豆、马铃薯和南瓜，这是美洲文化为世界做的最大贡献。世界其他地区都渴望引入这些农作物，它们彻底改变了欧洲人和非洲人的饮食习惯。前罗马时代的凯尔特文化大部分都已经消失。从某种程度上说，发达帝国周边各民族的文化都与凯尔特文化大同小异。印度南部森林、非洲、俄罗斯草原和北美平原的部落群体都保留了萨满教和自然宗教的信仰，拥有精致的农耕技术。在一些地区，那里的人们还建造了小型的城市中心。

有些文明很幸运，由于石制建筑和书写文字而被后人铭记。但是，一些消失的王国或许更加有趣和瑰丽。成百上千种的语言、思想观念、艺术系统和宗教信仰都永远消失了。在许多地区，考古学家都在努力寻找各种证据挖掘那些被人们遗忘的民族。在罗马帝国和汉朝，有许多民族生活在历史的边缘。这类例子还有很多，我们可以任择一个进行仔细考察。然而，在这些边缘民族中，生活在南美洲西海岸的纳斯卡人最令人着迷。

当中国人正在修建长城抵御外敌之际，当罗马人正在忍耐一个又一个昏君之时，纳斯卡人正在修建一座有金字塔和广场的圣城——卡瓦奇古城。今天，这座城市的大部分看起来都像是沙漠和荒原中的小土堆。人们在其中发掘出一座核心金字塔，用混凝土和石膏将其“复原”，但修复的结果令人感到不快。当游览这一地区时，你会注意到遍布各处的小洞、人体骨骼和编织精美的衣物残片，以及砖红色的陶片。这些暴露的遗迹大概可以追溯到罗马人撤离不列颠之时。在不远处的一座墓葬中，纳斯卡人的遗体得到完好的保存，看上去就像一两周前才刚刚辞世。

秘鲁沿海平原的沙漠是地球上最干燥的地方之一，埋藏在这里的任何东西几乎都很难腐烂。但从发掘出的遗体和头骨来看，我们很难看出这些是人类的骸骨。世界各地的祭司都青睐奇怪的帽子和头饰，以使自己异于常人，纳斯卡的祭司也不例外。从孩童时代开始，他们的头颅就被紧紧地挤压在几块木板之间，骨骼被迫向上生长，最终形成了瘦长的头颅。这些人脑袋非常怪异，看起来就像外星人，或是蒙克的名作《呐喊》中的主人公。在生活中，纳斯卡的祭司如果不是令人恐惧的话，至少也会让人心生敬畏。[24]

同其他早期文明一样，纳斯卡文明的形成也得益于优越的自然条件。尽管沙漠非常干燥，但那里还有河谷，而且地下水也非常接近地表。即使是今天，在类似月球表面的极其干燥的沙漠与郁郁葱葱的地域之间仍存在过渡地带，这样的过渡地带存在于地球各地。这让人想起了尼罗河谷地和伊拉克南部。的确，与古埃及和古美索不达米亚一样，纳斯卡文明也是大河文明。与那两个文明相似的是，纳斯卡人也必须学会控制河水的流动方向，最大限度地用于灌溉。对他们来说，关键问题不是像埃及那样修建运河，也不是像美索不达米亚那样在田间修建水闸或者提升地表高度，而是修建地下水渠和过滤池。这些设施通过我们所知的“水眼”与地面连接。这些造型优美的“水眼”能确保地下水渠的清洁和水体的流动，使水源可用于饮用、洗浴、洗涤和灌溉。

与其他大河文明一样，纳斯卡的水利系统也需要统一指挥众人合作完成，而且其石料加工工艺也需要发展到一定水平。如同古埃及，这推动农耕文化向权力更集中、等级更森严的文化形态发展，产生了中心城市和祭司统治——祭司甚至亲自制作木乃伊和修建金字塔。因此，人们往往把纳斯卡人视作美洲的埃及人，只是他们出现的年代更晚，人口规模更小。在一段很长的时间里，纳斯卡人的生活都很安逸。在这个沙漠中的绿洲地带，现代农民种植了棉花、鳄梨和芦苇，以及世界市场需要的其他农作物。玉米、番薯、花生、豆子、木薯、无峰驼肉、豚鼠肉和南瓜都是纳斯卡人的食物。

纳斯卡人用渔网和充气的兽皮筏子在海上捕鱼，驯养无峰驼运输货物。他们还生产出精美的棉织品。在辛苦劳作时，纳斯卡人使用可可叶提神。即使在今天，口嚼兴奋剂在南美洲仍颇为流行。但在文明初始阶段，他们是从仙人掌植物中提取迷幻药成分的。纳斯卡人会根据常规频率和标准音调制作出精致的陶制排箫和喇叭。他们将汉堡贝的壳视作珍宝，涂成惹眼的绯红色，用于装饰或交易。纳斯卡人的服饰包括长袍、斗篷、头巾和凉鞋。根据陶器上的记录，这个民族存续兴盛了数百年之久。他们大约从布匿战争初期兴起，一直延续到汪达尔人灭亡西罗马帝国时期。尽管纳斯卡人没有发展出（或没有必要发展出）像罗马人那般伟大的工程技术，但他们的水利系统和“水眼”确实是伟大的成就，其中一些设施直至今天仍在发挥作用。

从某些方面来说，纳斯卡文化非常有魅力。他们的陶器设计精巧，涂色艳丽。而且，随着社会的发展，陶器也变得越来越复杂。我们可以通过现代学者的命名想象纳斯卡人的神灵及诸神的造物——花斑猫、神秘的收割者、可怕的鸟和神秘的扇头虎鲸。根据当时的陶像透露的信息，纳斯卡妇女会在外阴周围纹上虎鲸的图案，这可能是一种可怕的警示标志。纳斯卡人以沙漠画闻名于世，展现了高超的艺术技巧。在当地的博物馆中，纳斯卡人的木乃伊令人印象深刻，仿佛是在呼唤到访的参观者。

然而，纳斯卡人也很恐怖。与凯尔特人等古代民族一样，纳斯卡人也有人祭。他们将割下的头颅视为权力的来源。纳斯卡人会砍下受害者的头颅，然后在头颅上钻孔，用绳子穿过串在一起，而嘴唇则用仙人掌刺刺穿。在这一地区，这样的头颅比比皆是。在时间的冲刷下，他们的辫发和面部特征已变得模糊不清。近期，美利坚大学的研究团队的相关调查表明，这些头颅属于纳斯卡人，而不是战俘的。学者们对纳斯卡人的猎头习俗展开激烈争论，但毫无进展。在纳斯卡文化的晚期，这种习俗似乎演变成一种狂热。根据最新的推测，大约有十分之一的人被砍掉头颅。原因何在？

几乎在同一时期，其他变化也出现在了那些神秘的图案和线条中。搬开沙漠表层的红色石头，下面光亮的白色土壤就显露出来，纳斯卡人通过这种方式在沙漠中创作图案和线条。在早期，纳斯卡人的画作都有模式可循，代表性的形象包括鸟、猴子、鱼和蜂鸟，以及眼球突出的神秘生物。后来，这些线条被拉长，向不同方向延伸数英里，就像现代的机场。有些人认为，地上的这些线条肯定是由外星人所为，目的在于引导UFO。当你从附近的山坡上观察时，这些图案看起来就像工程师用金属尺和铅笔刻画出来的，占地面积超过190平方英里。这些图案的用途是什么？它们是怎样被绘制出来的？从空中俯瞰，我们才能更好地观察这些图案。所以，直到20世纪30年代，人们才注意到这些线条。曾经有人推测，纳斯卡人拥有某种充烟的气球，但这种理论现在已被推翻。

研究表明，这些线条和图像可能是纳斯卡人用彩色的线绳和棍子依照按比例放大的方法完成的。这种说法似乎更有说服力。[25]当今的科学家们已经达成共识，认为这些线条可能与地下水的走向有关，也与为保护非常重要的含水层而举行的宗教仪式有关。但是，这一共识是基于一些大胆的假设。在后世的历史中，纳斯卡人既增加了人祭的数量，又画出了越来越长的线条。

一些东西正在改变他们的世界。

所有变化都与气候剧变吻合。公元535至536年是众所周知的“没有阳光的一年”。是年农作物歉收，天空一片黑暗。这可能是受火山喷发或陨石坠落的影响，其结果是毁灭性的。在接下来的数十年里，世界各地经常大雨倾盆。公元500年，全球出现过一次厄尔尼诺现象，太平洋沿岸的气候极大地恶化，引发了洪水和农作物减产。此后，每隔一段时间，都会发生大型自然灾害——地球板块相互挤压引发的地震和海啸，还有超大型火山喷发和陨石撞击。对此，没有任何社会能找到救世良方，而历史经验也无能为力。

500年发生的厄尔尼诺现象、535年爆发的全球性灾难和绵延不绝的暴雨非常具有破坏性，但并没有毁灭纳斯卡人。尽管随后发生了干旱，但之前的大雨很可能已贮满了所有重要的地下水渠。剑桥大学研究团队的研究表明，纳斯卡人灭亡的部分原因是他们砍光了当地特有的胡阿兰戈树。[26]这些树木不仅能遮阴，提供燃料和建筑材料，同时也用庞大的根系固定住了冲积平原——胡阿兰戈树森林是美洲至今最大的根系。它们发挥了固氮的作用，提高了土壤肥力，被人们视为这一地区的“重点生态物种”。一旦砍光森林，人们在清理出来的土地上改种棉花和玉米后，太平洋带来的洪水使这片奇特的绿洲谷地饱受摧残。洪水不仅摧毁了村庄和田地，还摧毁了数世纪以来人类勤勉劳作发展起来的文化。

纳斯卡人的宗教充斥着祭祀的人头、细长头颅的祭司、蜂鸟、猴子和笔直的线条，而对人类犯下的致命错误不着一言。纳斯卡人是人类认知局限的牺牲者。一直以来，我们自然而然地认为，“土著人”更了解自然界，但事实绝非如此。纳斯卡人掌握了错误的信息，做出了错误的选择。他们本该为大量砍伐树木担忧，而不是忙于砍掉更多的人头。他们的行为可以代表其他许多早期文明，那些文明根本没有与自然和谐相处。相反，他们毁掉了自己的环境，而从未试图进行改善。

基督教徒的胜利

基督教徒从犹太人的思想中吸收了有关殉道的观念，但极大地扩展了这一观念。据记载，大批早期基督教徒曾主动牺牲，这迫使举棋不定的罗马官员坚持严惩基督教徒。在罗马帝国境内，这就意味着以痛苦和羞辱的方式死去。基督教徒被野兽撕裂以取悦大众的场景绝不仅仅是后世想象力超群的画家或者电影制片人凭空杜撰的。早期的圣徒对种种可怕的死刑方式做了极为详细的记载，比如烤炙、剥皮、开膛破肚和火烧。罗马法比很多法律都显得更公正，但其刑罚方式是为公开施行而设计的，以达到威慑的效果。我们无须怀疑基督教徒、刑事犯和叛变的军人最终会有这样的恐怖结局。

一份罕见的古代文献记录了一名早期殉道者最终“受难”时的真实言行。人们发现了这份文献的希腊语和拉丁语版本，其中的主人公是佩尔佩图阿及其怀孕的女奴费里希塔丝。佩尔佩图阿是一位 22 岁的女性，出自迦太基的一个富裕家庭，公元 203 年被人杀害。她们因接受这种新宗教的宣导而被捕，并且拒绝放弃信仰。当她们与一些男信徒一同被捕入狱时，佩尔佩图阿还在哺乳她的男婴。这份古代文献的可信度很高，它可能是佩尔佩图阿亲笔所写，也可能是她口述给那些获准探监的基督教徒的。在整个古典时代，这份文献一直保存在希腊的修道院，很可能是有关基督教妇女最早的一手材料。

被拖进地牢后，佩尔佩图阿写道，“我非常害怕，从未感受过如此的黑暗。噢，真是可怕的一天！噢，在拥挤的人群面前，士兵用酷热使我休克！我开始为孩子担心，这使我非常痛苦”。她的父亲再三劝说她改变信仰，但均未成功，而她的丈夫似乎一早就抛弃了她。在监狱中，佩尔佩图阿看到许多幻象，有天堂和金光闪闪的天梯，似乎还有因癌症而去世的哥哥。在幻象中，她的哥哥已经痊愈。[27] 她梦到自己与毒蛇搏斗，与暴怒的埃及人搏斗，而这些都与撒旦有关。她的女仆费里希塔丝也一心殉道，竟然祈求孩子能够在行刑前出生，因为孕妇会暂缓行刑。

她们的殉道之日一直被拖到了皇帝生日那天。费里希塔丝的祈祷应验了，她的孩子提早降生，并被人收养。当这位母亲的乳头还滴有乳汁的时候，佩尔佩图阿和她的女仆就被剥光衣服接受鞭笞。随后，她们被浑身缠着网带到了竞技场。男性殉道者会遭到豹子、熊和野猪的攻击，而女性殉道者则要面对发怒的奶牛，直至最后被角斗士所杀。一位目睹这场屠杀的匿名观众说，尽管忍受着剑伤的疼痛，但佩尔佩图阿还是帮助那个紧张不安的年轻角斗士完成了工作——了结她的性命。“她将角斗士颤抖的右手放在自己的喉咙上”，引颈而死。我们不难猜测，观众中肯定有她心如刀绞的异教徒父亲，还有一些亲友和基督教的支持者们。

殉道者们似乎是自求一死，成全自己的信仰。他们通过罗马的法律体系达到了目的，在基督教团体中赢得了声誉。这些人相信，他们激动人心的故事将被后世的宗教领袖（如主教）广为传颂。罗马人会不定期地迫害基督教徒，每次迫害之间通常要隔上很长时间。而且，帝国各地的迫害程度也有所不同。在一些地区，当地人非常痛恨基督教徒，要求当局严惩他们。例如，有证据表明，高卢的基督教徒主要是外来移民，多为来此寻找生计的工匠，因而受到当地人的厌恶，这促进了他们的死亡。在另一些地区，大多数基督教徒会遭遇孤立。每当出现全国性的宗教迫害时，他们可能会失去工作，圣书也可能被焚毁，但通常不会发生更恶劣的事件。

迫害没有起作用，基督教团体继续发展壮大。但据推测，到公元 300 年，仅有大约十分之一的罗马人改宗基督教。大多数人依然固守从前的宗教，但基督教受到的挑战并未因此而减少。基督教徒注定无法轻易融入罗马世界。他们拒绝参加敬拜皇帝的仪式，罗马人的古老宗教信仰使他们既不能入伍从军，也不可能在政府中任职。他们拒绝在公共浴池中洗浴，对周围的人来说，这个举动很不受欢迎。在宗教仪式背后，基督教徒刻意保持教义的神秘性，尤其是圣餐礼。因此，关于如何举行圣餐礼的可怕流言四处散布。基督教徒还会用自己的信条去对抗犹太人的信条。有时，他们甚至会在犹太人的会堂里发生争执和骚乱。因此，他们会成为一场可怕的城市大火或一场抗议活动的临时替罪羔羊，这并不令人感到意外。

基督教既提供了一套道德律例，也提供了一套关于个人救赎的学说，使全知全能的神与每个信徒都建立直接的关系。只要你愿意成为基督教徒，神就向你敞开大门，不分民族、种族、部落或阶层。由于古代世界的人们对献祭的观念很熟悉（无论是用人还是动物献祭），耶稣的自我牺牲——接受惩罚在十字架上被钉死——因此就并不显得很怪异。当时，疯癫狂躁的皇帝们正折磨着罗马世界，饥荒时有发生，富豪与平民出现严重的分化。因此，基督教教义中有关大灾难即将来临、时间将会终结的观念可能很有吸引力。姑且不论宗教迫害，基督教大量吸引信徒的时刻恰是天灾人祸导致社会纷争和饥荒的时期。在这一时期，罗马的众多城市正忙于修建新的城墙（通常为了保护富人），农田正在撂荒。

迫害基督徒的皇帝们不只是虐待狂，他们还想重现奥古斯都时代的辉煌，试图让时间倒流。戴克里先可能是奴隶之子。对他这样的人来说，泛滥的宗教仪式和缺乏爱国心的异教组织都是社会混乱的例证，因而需要连根拔起。戴克里先是个臭名昭著的迫害者，后世的基督教作家对他口诛笔伐。但是，他也是一位伟大的政治改革家：从公元 285 年起，他将罗马帝国分置于两个皇帝的统治之下（他是其中之一），两个皇帝都被称为奥古斯都。然后，他还设置了两个级别稍低的统治者，被人们称为恺撒。与此同时，他还极大地完善了征税体系。戴克里先击退了入侵的外敌，切实恢复了法律和秩序。然而，正是由于他迫害基督教徒，分裂罗马的统治机构，才催生了基督教早期历史上怪异之极的人物。这个人在约克而非罗马自称皇帝。

后世记忆中的君士坦丁大帝是改宗基督教的罗马皇帝，他保护并发展了基督教，最终将其定为国教。从这个转折点开始，基督教会日益崛起成为一个世界性的权力机构。教会以帝国的旧都为基地，教皇们与后来的“神圣罗马帝国皇帝们”携手并进。基督教改变了罗马，罗马也改变了基督教。在这一变化过程中，君士坦丁起到了核心作用。数百年来，基督教会一直颂扬他的美名，称他是最伟大的领袖和道德楷模。而且，至少在东正教会中，他还被称为圣徒。然而，今天的一些基督教徒指责君士坦丁利用基督教信仰来巩固帝国权力，认为他将宗教政治化，并抽掉了其中关于革命和救赎的教义。

佩尔佩图阿会做何感想呢？

君士坦丁无疑是一位非常怪异的圣徒。在其军人父亲君士坦提乌斯于306年突然去世后，君士坦丁凭借驻扎在约克的军队掌控了政权。他宣布自己是戴克里先指定的四帝之一，统辖范围包括不列颠、高卢和西班牙，并在摩泽尔河畔的特里尔（今属德国）建立了政权。随后，他入侵意大利。经过一场血战，君士坦丁最终从竞争者马克森提乌斯手中夺得罗马城。后来，他曾向教会作家尤西比乌斯讲述，在击败马克森提乌斯之前，他看到空中显现出一个十字架，紧接着听到一句话：“凭此异象你将得胜。”他命令军队将耶稣的标志——一个希腊字母组合——画在他的盾牌和旗帜上。这是和平的基督、天国的基督第一次与一场战争的结局发生联系。我们有充分理由怀疑这个故事的真实性。在此之前，君士坦丁曾将自己与阿波罗——即“战无不胜的太阳神”——联系起来，他的军队也群起效仿；他在罗马城建造的凯旋门是献给太阳神的，而不是献给基督的。

313年，君士坦丁与在东方共治的皇帝李锡尼联合发布了“米兰敕令”，结束了对各种宗教的迫害。但是，敕令并非只针对基督教，而是泛指各种“宗教崇拜”。君士坦丁似乎接受了一种笼统的一神论观念，但他也没有排除其他选择。从 324 年至 325 年，他终于将矛头指向了李锡尼及其东部帝国，最终战而胜之。这一回他又使用了基督教的符号。此时，他已完全沉浸在政治杀戮的狂欢中。他杀害了李锡尼及其年仅 10 岁的儿子，这个孩子也是君士坦丁唯一的外甥。当时有一些谣言，说他的私生子克里斯普斯——当时已升任执政官——与自己的妻子弗斯塔有染。后来，这两个人相继死去。人们对具体发生了什么争论颇多。不过，原始史料表明，克里斯普斯死于中毒，而弗斯塔则是在浴室中溺亡。

有一位历史学家认为，克里斯普斯实际上是自杀的，而身怀六甲的弗斯塔本打算在热水中让孩子流产。[28]但是，其他人仍坚持认为这是政治谋杀。让克里斯普斯死于冰冷、让弗斯塔死于滚烫都是君士坦丁下的命令。无论如何，这都让人联想到秦朝的宫廷生活，并不是模范的基督徒统治者的所作所为。330 年，君士坦丁大帝为重获统一的帝国选定了远离罗马的新首都——拜占庭。拜占庭是一座位于希腊的异教小城，君士坦丁用异教神祇的雕像装饰了这座城市。

君士坦丁大帝很看重教会，特别是主教们。在整个东地中海世界，他们已成为权威人物。当某座城镇的帝国官员出缺时，主教们通常负责维护当地秩序。在教会内部，有关基督属性的分歧引发了剑拔弩张的争论，主教们相互攻击，例如所谓的“阿里乌斯教派”。在这种情况下，君士坦丁被推向了教会事务的风口浪尖。为化解争端，他于 325 年召集各对立派别举行了宗教会议，即尼西亚大公会议。君士坦丁迫使与会代表达成妥协，通过了著名的《尼西亚信经》。

作为皇帝的君士坦丁视自己为秩序的创建者。如有必要，他也会创建基督教会的秩序。在他看来，教会应团结、统一，就像帝国那样。君士坦丁实施了庞大的建筑工程。在罗马圣彼得可能的埋骨之地、在耶路撒冷耶稣可能的埋葬洞穴，他都修建了教堂。作为回报，336 年，他的传记作者尤西比乌斯当面告知他已获得“天国权威”的护持，其政府拥有了“神圣的根源”，成为“上帝的君主国”。君士坦丁从耶稣那里获得的不是谦卑和慈爱，而是权力。在“世世代代的皇帝中，唯他不可抵抗，唯他不可征服，他是唯一的胜利者”。[29]

这话听起来很像颂词。像这样的颂词，连身为异教徒的尤利乌斯·恺撒和奥古斯都都会欣然接受。佩尔佩图阿及其他成百上千人就是为了这个目的而付出生命的吗？也许，这就是君士坦丁一直想达成的交易。是“战无不胜的太阳神”？还是耶稣基督？其实都不重要，只要能够维持帝国的权力和团结就好。君士坦丁可能觉得自己找到了化解由皇帝和殉道者以及由耶稣、保罗、恺撒和庞培留给西方社会的一道未解之谜，即找到了终结精神渴望与世俗权力相争的办法。

当然，君士坦丁未能如意。随着教徒数量的大幅攀升，基督教徒的安全日益获得保障，改宗甚至变成有利可图的事。随着教会在地中海世界发展壮大，其所作所为也使它越来越像世俗化的强权了。教会会发生分裂和内斗，也会唆使国王和皇帝为它而战，甚至会以罗马式的残忍迫害对手。在此之后，基督教会将面对一个更大的危险——一种新型宗教。这种宗教也建基于犹太人的故事，他们依靠武力以雷霆之势从沙漠中崛起。

宗教闪电战

全世界都记住了这样的画面，久久难忘：成千上万的贝都因战士骑在骆驼背上，从阿拉伯荒芜颓败的沙漠中突然冲杀出来。他们举着闪闪发亮的弯刀，侵袭毫无戒备的富庶城镇。这些城镇都曾在罗马帝国晚期和波斯帝国时期繁盛一时。伟大的城市——如开罗、亚历山大港、耶路撒冷、泰西封和阿卡——纷纷倾覆，胜利者吹响了号角，如同雷声，直升云霄。倘若不是伊斯兰军队于717年进攻固若金汤的君士坦丁堡时受到挫折的话，整个欧洲或许将遍布清真寺和尖塔，而不是教堂和钟楼。如果这样的话，伊斯兰势力不仅可以瓦解波斯帝国，还可以改变中国。倘若切断西方基督教与亚洲更具神秘传统的基督教之间的联系，西方社会也会变得面目全非。所有这些都与一个生活在沙漠边缘的中年商人密不可分。他在山洞中获得神启，这确实有点不可思议。

然而，这个故事的大部分情节都不甚准确。首先，伊斯兰教崛起的古代阿拉伯地区并非不毛之地。在史前时代，也就是在大约公元前8000年到大约公元前4000年之间，这里是郁郁葱葱的肥沃之地。人们在那里发现了许多动物的残骸，如犀牛、长颈鹿、野猪和鳄鱼等。这说明那里曾是某些非洲部落的狩猎佳地，他们在那里留下了一些岩壁艺术。干旱期使北方出现了大片沙漠，这片“空旷之地”一直延伸到叙利亚。但在沿海地区，尤其是南方的沿海地区，土地仍很肥沃。在伊斯兰时代到来之前，一系列复杂的文明社会已经在这片沃土上繁衍生息了很长时间。在东部地区，也就是我们今天所说的海湾国家和阿曼，有一个叫迪尔穆恩的国家。其优良的港口将美索不达米亚、印度河谷文明与地中海地区联结在一起，各地之间的贸易商品包括羊毛、铜和谷物。

在古代世界，人们都知道阿拉伯福地是片繁荣富庶的地区。后来，在亚述、巴比伦和波斯帝国的统治下，这一地区逐渐衰落。亚历山大大帝非常渴望占领阿拉伯土地。这片财富充盈的土地极具吸引力，那里出产没药、乳香和肉桂等珍贵物产。然而，亚历山大突然去世，尚未从这片土地获利。在广袤的阿拉伯半岛南部曾出现一系列强大的王国，其中一些王国可以溯源至挪亚的儿子闪。在这些王国之中，最有名的是塞巴王国，特别是在示巴女王统治时期。多亏了《圣经》的记载，我们才能对这个国家略知一二。后来，塞巴王国被希米叶尔王国征服。如果以地中海为中心看待历史的话，这些王国都处于文明的边缘。但事实上，这些国家不但富庶，而且延续了很长时间。塞巴王国存在了大约1000年，奥古斯都派遣的罗马军队都曾铩羽而归。塞巴王国修建了复杂的水利系统，其中包括庞大的地下排水设施，有一些设施至今仍在发挥作用。除此之外，他们还修建了一座大坝——即马利卜大坝。这座水坝不但能储蓄季风带来的降水，还能灌溉农田。

塞巴王国国富民安达数世纪之久。大约公元前570年，在希米叶尔王国的侵袭下，塞巴王国土崩瓦解。这引发了大规模的移民潮，人们纷纷从阿拉伯半岛南部迁徙到北部。在此之前，塞巴人以经营香料和油类贸易闻名于世，他们的农业也被描述为“花园天堂”。《圣经》记载了有关示巴女王的传说（在伊斯兰教出现之前，这一地区有女主统治的传统）。据说，她曾率领一只庞大的骆驼商队，携带大量黄金、香料和宝石拜访了所罗门王。这个故事可能是有关这一富庶国度的民间记忆。《圣经》中示巴女王的统治时间大约在公元前950年，但确切的信息也许并不重要。然而，确实有一座宏大的“月神庙”存在，位于今天也门的玛胡姆别尔基斯。这里是“别尔基斯的神圣辖区”，而“别尔基斯”是示巴女王的别名。这座神庙占地约1.2万平方码。尽管只发掘了部分区域，但人们已经发现一幅撩人心弦的壁画碎片、一个光洁雪白的女性头像和一些美丽的石灰石雕像，以及巨大的柱子和精美的石雕。直到公元7世纪，朝圣者仍然络绎不绝。

这些盛极而衰的文明对穆罕默德生长于斯的阿拉伯地区非常重要。因缺水而迁徙的移民创建了许多人口稠密的绿洲城镇，沿海地区则形成了商业城镇和渔业城镇。穆罕默德将会在这些地方生活，宣讲他的信仰。居住在沿海城市和南部城市、从事商业和农业的阿拉伯人与生活在沙漠地区的部落民众差异很大。沙漠部落以放牧骆驼、山羊和绵羊为生，不断向北方发展。他们利用骆驼（阿拉伯人的骆驼由一种小型的骆驼科动物进化而来。在史前时代，这种骆驼科动物从美洲迁徙到亚洲）在各个绿洲之间穿行，这是其他人无法效仿的。在东罗马帝国时期，罗马人和波斯人发现，他们不得不利用缓冲国来遏制阿拉伯人的突袭。这些缓冲国由信仰基督教的阿拉伯人组成，他们维护了地区之间的和平。真正生活在沙漠中的贝都因人以其紧密的部落联系闻名于世。对生存而言，部落之间的紧密联系至关重要。他们有关战争的诗歌与荷马史诗的部分篇章有异曲同工之妙。

我们几乎没有有关穆罕默德的生平的直接记载。汤姆·霍兰德曾在近期指出，原因可能是许多相关内容都已经被人为删除。在大约两个世纪中，人们一直在搜集穆罕默德的故事和言语，汇编成《圣训集》。但实际上，7世纪初期一系列伟大的历史事件发生时的文献资料都已经遗失。霍兰德说：

> 我们所掌握的公元800年前的文字证据要么是一些毫无价值的碎片，要么是一些朦胧幻象的节录……阿拉伯战士肢解了古代波斯帝国和罗马帝国，但他们的声音、他们儿子的声音和他们孙子的声

音最终都消失在历史中，更不用说他们的女儿和孙女的声音了。无论是书信、演讲，还是日记都已经不存在了……[30]

大约从先知时代开始，基督教徒的著作中就有一些关于这位阿拉伯领袖的零散记载，几乎没有人怀疑过他的存在，但我们仍必须认真对待这一问题。

就目前所知，公元622年，穆罕默德与本部族古莱什部族的长老们在麦加发生决裂。穆罕默德声称，他从唯一真神那里获得了新启示，但这一说法遭到长老们的反对。之后，穆罕默德带领他的追随者一路向北，艰苦跋涉到达一个更友好的绿洲城市叶斯里卜。后来，这座城市更名为麦地那。在那里，穆罕默德继续将真主的教导传达给其他人。起初，穆罕默德曾独自在山洞中祈祷，接受了真主的教诲。他将真主的话记录下来，这些来自阿拉的教诲后来成了《古兰经》。毫无疑问，在麦地那，穆罕默德也会传达真主定下的准则，他的追随者会按照这些准则去生活。这些准则包括女性的社会角色、贸易中的诚信问题（穆罕默德是商人）和正确的战争观等许多内容。他似乎保留了很多阿拉伯部落的传统习俗，这也是为了赢得更多信徒。倘若如此，正是“灵活性”塑造了穆斯林的家庭规范和着装规范。在今天，这些规范一直饱受争议。在麦地那，穆罕默德开始在阿拉伯世界商队往来道路上扩大自己的影响力。在这一时期，他对犹太教徒和基督教徒——即其他的“圣书子民”——仍很友善。

穆罕默德将生活在沿海地区较为富裕的阿拉伯人与生活在沙漠地区的贝都因人团结在一起，这在当地尚属首次。这种团结正是伊斯兰教迅速崛起的秘诀之一。大约在同一时代，发生过一次人口大爆炸。一旦这些以劫掠为生、相互敌对的沙漠部落接受了穆罕默德的权威，他们就会将信仰传递给那些尚未皈依的人。伊斯兰教在中亚地区的传播速度简直令人难以置信，阿拉伯军队挺进了许多人烟稀少的地区。对于他们而言，伊斯兰教的传播恰逢其时。除扩张外，其他任何进程都可能使阿拉伯半岛陷入崩溃和内战。[31] 或许有人会认为，阿拉伯人是完全边缘化的游牧民族。他们突然发生转型，进入了文明社会。这是一个误解。在伊斯兰教产生很久之前，阿拉伯人就认为自己不但文明开化，而且举足轻重。

第二个误解是认为阿拉伯人攻击了一个和平而团结的基督教世界。他们的第一波攻击仅仅是想在阿拉伯世界传播伊斯兰教。在早期，最引人注目的受害者是波斯的萨珊王朝。萨珊人曾与罗马人共存了400年之久，他们的帝国尊崇琐罗亚斯德教，以及基督教和犹太教的各种教派，并与中国和印度保持着密切联系。萨珊王朝代表了波斯文化的一个黄金时代。然而，他们与拜占庭人旷日持久的战争耗尽了国力。当阿拉伯人于632年发起进攻时，他们正处在一个年幼国王的昏庸统治之下，经济严重衰退。在当时，叙利亚和“圣地”才刚刚从瘟疫和战争中恢复过来。那里曾遭遇了一场灾难性的大疫病，导致城镇村庄人口减少，田地荒芜。此前不久，拜占庭皇帝赫拉克利乌斯终于赢得了对萨珊人的重大胜利，将他们逐出占据了20年之久的巴勒斯坦和叙利亚，并将萨珊人归还的“真十字架”带回耶路撒冷。之后，他试图将拜占庭的基督教正统教义强加给这一地区。但是，这一地区的敌对势力非常强大。

因而，当伊斯兰军队到来之时，他们攻击的是正从疫病和战乱中恢复元气的土地。几十年前，这一地区还能体现罗马基督教世界的自信或是波斯世界的自信。但现在，这些自信已经荡然无存。尽管先知的军队使用了骆驼，但是在战斗中马似乎更重要。在交战时，他们使用了从印度引进的传统直刀，而不是用弯刀。

这可以解释早期伊斯兰教取得重大军事胜利的原因吗？答案是否定的。上述内容只是对最简化的历史事实做了一些有益的修正。尽管如此，伊斯兰教的胜利仍是一个惊世骇俗的故事。在穆罕默德去世后，阿拉伯人仅用了一代人的时间就摧毁了萨珊帝国。占领了包括古代埃及文明在内的整个北非海岸，占领了巴勒斯坦、叙利亚和现在的土耳其，几乎兵临君士坦丁堡城下。或许，日期比言辞更能说明问题：公元637年，叙利亚沦陷；638年，耶路撒冷失守；639年，攻占美索不达米亚；642年，占领埃及。同时，塞浦路斯和迦太基也遭受了大规模的进攻。在东方，阿拉伯人于664年占领了喀布尔，在大约710年占领了印度北部地区。那时，他们已经闯入西班牙，结束了西哥特王国在那里的统治。732年，他们的扩张达到极限，伊斯兰军队进入了法兰西中部地区。在那里，他们受到了顽强抵抗，不得不铩羽而归。自此之后，地中海地区、中东和欧洲再也无法像罗马人曾期盼的那样统一如初了。它再也不可能成为“西方的中华帝国”，因为宗教已经将其撕扯得四分五裂。

毫无疑问，这一事实会让穆罕默德感到失望。因为，他相信他的启示是为所有民族和所有有信仰的人准备的。鲜有思想观念能有如此巨大的有形冲击力。让所有人都信奉唯一真主，让所有人都听从先知穆罕默德的教导，这是一个简洁明了的信条。但是，正是这个信条推动了那些令人惊讶的征服。这与更高明的军事技术或战术无关，也与拥有特殊财富和人才无关。与古典时代晚期的军队相比，伊斯兰征服者们的“部落”武装在规模上并不大。他们的一神教剥离了犹太教的排他性和基督教的谦卑性，而且从一开始就利用武装反对异教徒。伊斯兰教给入侵和扩张赋予了宗教含义。这一次，帝国是由信徒自愿组成的，而不是由某位皇帝强加的。这是一次群众运动，而不是由宗教领袖和军事将领指挥的区域运动，其推动力是一种新的归属感。

尽管历史学家对穆罕默德知之甚少，但他肯定是一位伟大的领袖。与大多数宗教先驱一样，我们现在很难想象当初人们如何看待穆罕默德。但是，他确实是一个很好的榜样，可用来说明个人贡献的差异。穆罕默德改变了世界，他的影响力超越了亚历山大和恺撒。到目前为止，鲜有人能与他相提并论，可能只有嬴政和圣保罗。但作为一个宗教人物，耶稣赢得了更多的信徒——今天，世界上大约有三分之一的人是基督教徒，有大约五分之一到四分之一的人是穆斯林。当亚洲人和北非人改信伊斯兰教的时候，基督教传教士正在向北进发，进入今天的德国、法国和英国。但正如我们看到的那样，基督教是很多领袖合力的成果。当初，耶稣也只是在向犹太人布道，而不是在罗马和西方地区传教。

就像基督教一样，伊斯兰教也会发生分裂，也会被权力和政治这样的世俗问题搞得焦头烂额。当然，在不同的占领区，伊斯兰教的形态也不尽相同。与基督教相似，伊斯兰教既有过思想活跃的进步期，也有过浑浑噩噩的衰退期。起初，伊斯兰教自豪地宣称，自己是一个向所有人平等开放的宗教。而且，第一个呼吁穆斯林去祈祷的人名叫比拉勒，他以前曾是黑奴。然而，伊斯兰社会很快就变成了一个拥有奴隶和进行奴隶贸易的社会。最初，穆斯林声称自己单纯而团结，但围绕谁应该继承领导权的问题他们分裂成两个剑拔弩张的派系。大部分逊尼派穆斯林支持阿布·伯克尔，此人是穆罕默德最亲密的追随者之一，也是他的岳父；而什叶派穆斯林则支持阿里，即穆罕默德的堂弟和女婿。正如我们所知道的那样，即便到了今天，这两个伊斯兰教派仍然互生嫌隙。

伊斯兰教为世界带来的改变为本章提供了一个很好的结论。自罗马帝国兴起和中国统一以来，最大的难题就是世俗政权和新兴的大众宗教该如何共存。与以往任何时代相比，这些帝国的组织性都更强，疆域都更大。但是，除武力和安全外，它们没能提供更多东西。上层统治危机、气候变化、经济衰退和战争失败都曾重创这些帝国。任何一位领导人——甚至是恺撒和奥古斯都——都不能将自己变成一场成功的宗教运动的核心。对大多数民众来说，忠诚和归附是一个实际的问题，而不是情感问题。

相反，能满足人们需求的伦理观念和思想观念都来自社会边缘人群。例如，身处帝国边陲、喜欢争吵的犹太人；印度北方的理想主义者，他们是佛陀的追随者；生活在罗马帝国边缘的基督徒；以及南部沙漠中的阿拉伯人。一些统治者只想简单镇压那些棘手的宗教运动。正如我们已经看到的那样，这已司空见惯。但其他人，如君士坦丁，则试图对其进行全面控制。

但最终，只有伊斯兰教认为世俗权力和宗教信仰应该成为一件事。剑是强大的，这是一个旧观念；道是强大的，这是一个新观念。然而，在历经一个世纪急剧的崩溃和变革之后，事实最终证明，那个用剑武装起来的道才是无往不胜的。

第四部

走出混乱的大熔炉

从 700 年到 1480 年：伊斯兰教的伟大时代，
游牧民族建立帝国，以及欧洲的觉醒

在公元800年，领导世界的是两大文化，即中国文化和伊斯兰文化。从9世纪到文艺复兴，大约经历了6个世纪。相比之下在这6个世纪中，欧洲几乎是一潭死水。在那里，从亚洲迁徙来的部族，以及曾经被罗马人统治的分散的民族，都慢慢地凝聚在一起。他们首先组成一个个由家族统治的封建王国，之后这些王国发展成为拥有固定领土和常用语言的民族国家。他们相信伊甸园的存在，认为那是一个美好的时代，一个自然资源丰富的时代。但人类祖先的罪恶将这个世界推向了“堕落”，推向了痛苦。当基督重返世间，并对人类的种种行为进行审判的时候，这个世界将会终结。此后，时间也将不复存在。与此同时，尽管他们善于用石头修建各种建筑，而且出了许多越来越受人关注的思想家，但他们的文明仍然落后于其他文明。

对今天受过教育的欧洲人来说，这或许是个古怪的观点。毕竟，在这几个世纪中，欧洲发生了许多重要的历史事件，如教皇地位的提高，查理大帝创建了一个如梦似幻的辉煌帝国，以及十字军东征。除此之外，许多民族也是在这段时间形成的，这些民族一直延续到今天。这是一个统一的时代，英格兰、法国和西班牙在欧洲崛起，苏格兰和葡萄牙这样的小国家也在这一时期初步成型。现代俄罗斯和现代波兰的历史也可以追溯到这个时间段。在这几个世纪中，欧洲出现了第一批哥特式大教堂，基督教的修道院发展到了顶峰；骑士传统方兴未艾，穿着铠甲的骑士取得了支配地位。正如我们所知，不久之后，欧洲的影响力扩展到世界各地。那个通常被称为“黑暗时代”的“中世纪”为欧洲影响力的扩展打下了坚实基础。

尽管如此，在这几个世纪的大部分时间里，欧洲仍然落后于伊斯兰世界和中国。伊斯兰世界有着高度发达的科学和建筑。时至今日，伊斯兰式建筑仍然存在于西班牙和法国南部的部分地区，伊斯兰建筑风格最远影响到了中亚。相比之下，同时代的欧洲不但文化水平较低，而且处于四分五裂之中。欧洲与伊斯兰世界是竞争关系，但欧洲没有一座城市比得上对手所拥有的巴格达或开罗，更不用说是中国的大都市长安和开封了。欧洲人的道路系统和运河系统没有得到适当养护；城镇治安很差，走在乡村地区的旅行者缺乏安全感；图书馆少得可怜；没有哪个地方有公平、可行的法律；边境地区的战乱已经超过了人们的承受能力。

欧洲人对历法的认识还比较肤浅，他们的计时方法也很原始。此外，他们也生产不出什么像样的奢侈品。用日后的观点看，地中海地区的大城市都不完全属于欧洲人。君士坦丁堡仅仅处于拉丁欧洲认识范围的边缘。而且，在这几个世纪中，君士坦丁堡变得越来越“东方”；另一方面，西班牙的科尔多瓦被穆斯林占据了几百年。在“收复失地运动”之前，这座城市一直是伊斯兰文化的中心。巴黎、伦敦和罗马无法与之相比。直到这一阶段的末期，也就是意大利的城市国家——佛罗伦萨、威尼斯、米兰和锡耶纳——进入全盛期的时候，欧洲文化才能与伊斯兰世界大城市文化和唐宋时期中国的大城市文化相提并论。

我们可以将欧洲落后的部分原因归结为瘟疫和气候。在罗马帝国末期（公元 400 年前后），帝国的人口约为 5500 万。有人认为，爆发于 541 年的“查士丁尼瘟疫”使当时的人口减少了一半。之后，淋巴腺鼠疫又一次次地冲击欧洲，这种情况一直持续到 8 世纪早期。总之，瘟疫和逐渐萎缩的农业使欧洲在古罗马时代之后的快速复兴变得举步维艰。

查士丁尼是一位有远见的皇帝，以东罗马帝国的首都君士坦丁堡为根据地，他手下的将军——贝利撒留和纳尔西斯——夺回了北非和意大利，并一度重建起一个统一的帝国。查士丁尼的妻子西奥多拉是个极其可耻的人物。据说，她以前是一位马戏团的演员，是一个性欲很强的妓女。她对男人的欲望堪比查士丁尼对土地的欲望：相传，她曾愤愤地抱怨说，为什么上帝不在她身上多留几个孔。拉文那的圣维塔莱教堂中有一幅著名的马赛克肖像画。在画中，西奥多拉站在中间，她的头后有一个象征太阳的光环，身旁站着各级官员。画中的西奥多拉显得既有知识，又很坚定。查士丁尼取得了令人惊讶的成就，但他没有足够的军力和财力去恢复罗马帝国的荣耀。欧洲太衰弱了，不可能重建军团、法律、道路，以及之前所依赖的水道。查士丁尼可以对抗蛮族国王，却不能对抗瘟疫和饥荒。

在罗马和希腊之间出现了一条分界线，这条分界线贯穿了整个地中海地区。查士丁尼费尽心机，试图弥合罗马教皇和东正教牧首之间的分歧，但两边的仇恨实在太深了。罗马天主教的领导人——最初是地方教派的领导人——一直坚守在罗马帝国的旧都，尽管那里已衰败不堪。经过几个世纪的努力，他们成了“教皇”，并声称有权管理所有的基督教徒。教皇之所以能如此发号施令，主要是因为他们拥有某种声望，这种声望源自于一个传说，即圣彼得和圣保罗的墓地都在罗马。耶稣基督曾将圣彼得称为“磐石”，并要把教会建造在这块磐石上。尽管罗马帝国的宫殿已经纷纷倒塌，牛羊都可以到之前进行法律和政治活动的公共广场上漫步，但罗马仍然有着独一无二的历史。而且，在早期，罗马的基督教社团也是规模相对较大的一个。开始的时候，罗马出现过几位懦弱、甚至邪恶的教皇，但也出过几位很有能力的教皇。这些有才干的教皇可以从容地与拜占庭帝国的东正教领袖进行辩论，也可以参与带有暴力色彩的强权政治。在战乱丛生的意大利，要想生存下去，就必须参与这种强权政治。

在此后的若干个世纪中，罗马教皇偶尔会和有能力重新整合西方世界的世俗领袖结成联盟。从 493 年到 526 年，东哥特国王西奥多里克统治着意大利。如果这位能征善战的国王不是异教徒的话，那么在查士丁尼发动战争之前，教皇或许已经与他结成同盟了。复杂的移民定居点逐渐改变了欧洲的政治版图，因此教皇不得不主要与法兰克或日耳曼的军事领袖结盟。最典型的例子是结好查理大帝。查理是法兰克国王，他曾建立一个帝国，这个帝国从西班牙北部和法国西海岸一直延伸到德意志西部地区、瑞士和巴伐利亚，但这个帝国很快就瓦解了。他的父亲丕平曾经保护过教皇，并且给了教皇一块领地。后来，教皇在这块领地上建立了“教皇国”，这个国家一直存在到 19 世纪。到了 19 世纪，不合时宜的教皇国激起了意大利民族主义者的愤怒。[1]

公元800年，查理前往罗马。当时，统治拜占庭的是伊琳娜女皇。罗马人和法兰克人都极其蔑视女主统治，因而他们认为罗马皇帝的位置是空缺的。于是，教皇利奥三世将查理加冕为神圣罗马帝国皇帝，他这样做或许会让查理感到有些吃惊。但在查理大帝死后，法兰克帝国迅速瓦解。846年，信仰伊斯兰教的阿拉伯人从北非出发，入侵意大利，到达并洗劫了罗马。这时，教皇才记起自己是多么弱小。纵观欧洲，从苏格兰中部地区到西班牙北部地区，罗马人筑起的长墙已经倒塌，罗马人修建的道路已经荒废，成了徒步行走的小路和供驮畜行走的小径。

但东方并没有处于“黑暗时代”，至少中国肯定不是。在西方，查士丁尼的将军们正在试图收复罗马帝国在地中海地区的失地。大约在同一时期，中国的隋文帝成功地推翻了南方衰弱的陈朝。在这场战役中，隋军动用了大量战舰。这种战舰有五层甲板，简直就是漂浮在水上的堡垒。在经历了北方游牧民族的入侵后，一个高效的王朝将中国重新统一起来。在这个王朝的统治下，以种植稻子为主的南方地区与更加发达的北方地区成了一个整体。

尤其重要的是，中国人修建了一个总长约1550英里的水路交通网。这个名为“大运河”的水路交通网由人工运河、天然河流和无数的水闸构成，它将中华文明紧紧地联系在一起，这个紧密程度是欧洲人想都想不出来的。对中国历史而言，运河系统比长城更加重要。大运河于605年开工，611年竣工。它将长江三角洲与北方中心地带的重要城市——也就是今天北京的前身——联结起来。运河上运输着谷物、食盐、蔬菜和各种奢侈品。商人、军队、税收官在运河上来来往往，运河沿线的大城市迅速发展起来。一位历史学家将其比喻成“第一条横贯北美的铁路。它使中国经济一体化变得切实可行”。[2] 另一位历史学家认为，大运河“起到的作用就像地中海一样，它改变了东方的地理，使中国最终拥有了像古罗马那样的水道。廉价的南方稻米源源不断地运到北方，这为北方城市的大发展创造了条件”。[3]

与挤满人的基督教城市相比，一些伊斯兰大帝国更成功地摆脱了瘟疫的侵袭。在这几个世纪的大部分时间里，这些帝国使用运输系统的效率一点也不比中国使用大运河的效率低。他们的驼队和马车队在要塞之间的沙漠商道上穿行，例如在布哈拉和撒马尔罕之间穿行。这创造了一个军事系统，使波斯人、阿拉伯人、北非人和印度人，以及生活在中国周边的各个部族团结在了同一种信仰之下。像巴格达和开罗这样的城市本身就位于重要的水系旁边。在三角帆船、新的船具装置法和新式航海设备的帮助下，水手们将伊斯兰教和世界贸易拓展到了欧洲人做梦都想不到的遥远地方。

无论如何，生活在欧洲的人还没有意识到自己是“欧洲人”。欧洲人只是“基督教王国”的一个组成部分。在这几个世纪的许多时间里，东方人一直在努力弄清这个词的意涵。欧洲是一个在地理上受到包围的地区：穆斯林切断了欧洲与地中海许多地区之间的联系，来自北方和东方的部落移民不断向欧洲施压——欧洲被夹在了大海和撒拉逊人之间。亚伯拉罕的妻子名叫“撒莱”。“撒拉逊”一词就源自“撒莱”这个名字。据称，穆罕默德是撒莱的后代。

事实上，“基督教王国”并非单一的实体，希腊教会和拉丁教会之间存在难以调和的矛盾。但在欧洲内部，这是一个十分重要的观念，因为这有助于消除种族、地理和部族之间的芥蒂。促使异教徒皈依基督教，可以使他们融入基督教徒的大家庭，并推动罗马旧式的名门望族和法兰克军事领袖建立联盟；可以将爱尔兰的僧侣派到苏格兰和英格兰，将英格兰的传教士派往德意志地区；可以使来自东方森林地区和沼泽地区的部族领袖接受一个更加宏观的观念。欧洲有许多敌对的民族，他们使用的语言都是拉丁语的变体，这些派生语言中还包括许多来自凯尔特语和日耳曼语的词语。尽管这些民族相互竞争，它们的统治者互相讨伐，但从某一个层面来讲，他们能够在基督的名义下团结在一起，除非他们是异端、异教徒或犹太人。

这当然是件急迫的事。人们期待着基督能在不久的将来再次降临。与这种期待相比，古典时代的终结似乎算不上什么。圣保罗已经发出警告。预备好食物和避难所之后，人类生活中最要紧的事就是为基督的再次降临做准备，这件事将标志着人类历史的终结；在世间建立文明只能排在第二位。

欧洲最重要的名胜古迹都是宗教建筑。几代人营建的修道院和大教堂都在平静地等待最后时刻的来临。当时最大的政治工程是建立“神圣罗马帝国”。但无论是在法兰克人的统治下，还是在日耳曼人的统治下，这个帝国都无法与之前的罗马帝国相提并论。“神圣罗马帝国”是一个漫长的哥特式的白日梦，最后被拿破仑击碎。但从一个更加实际的角度看，欧洲的宗教生活却被紧紧地联系在一起。希腊语基本上已经被遗忘，但教会使用的通俗拉丁语仍然鲜活。公元 6 世纪早期，圣本笃将希腊的修道院传统带到了意大利。按照“圣本笃会规”，僧侣应该保持纯洁、贫穷，应该服从修道院的院长。会规向人们传达了和平与希望，这在当时是比较罕见的。它吸引了许多来自贵族家庭的年轻人，此后他们不再强取豪夺，不再参与战争。

欧洲日后的成功可以归结为两件事。但在当时，它们看上去都不是什么好消息。

第一件是持续不断的部族迁徙潮。迁徙潮是由两个原因造成的：一方面，中亚大草原上发生了饥荒。对于那里的畜牧文化来说，人口的小幅度波动也是难以承受的；另一方面，斯堪的纳维亚也出现了相似的情况，那里的农田非常贫瘠，因此很容易出现饥荒。于是，一个部落开始挤压它西边的部落，那个被挤压的部落又会去挤压更靠西的部落，如此下去，直到他们发现自己已经跨过了多瑙河或莱茵河，进入了罗马帝国的疆域。376 年，当东哥特人到达今天塞尔维亚和保加利亚一带的时候，人们开始表达对民族迁徙的不满。继东哥特人之后，其他部族也相继来到欧洲，先是阿兰人，随后是西哥特人。在进入西班牙之前，西哥特人曾定居在法国中部地区。406 年，趁河水结冰的时候，更多的部族跨过莱茵河，进入高卢。441 年，匈人抵达欧洲。汪达尔人迅速进入西班牙和北非，随后洗劫了罗马。

很明显，日耳曼部族是分成若干等级的：第一等是斯堪的纳维亚人；第二等是居住在北海地区的部族，如朱特人、盎格鲁人和撒克逊人，后来盎格鲁人和撒克逊人迁移到了英格兰、苏格兰、法国部分地区，以及低地国家；第三等包括伦巴第人、勃艮第人、汪达尔人、哥特人，以及其他部族，随后他们通过法国进入了西班牙和意大利。[4] 在日耳曼人身后跟着下一波的移民入侵者，他们就是斯拉夫人。

这些部族摧毁了城镇和教堂，住在以前罗马帝国疆域内的定居农民经常受到他们的袭击，苦不堪言。各个部族的军事领袖纷纷创建新的王国，但这些开国者很快就退出了历史舞台，这些政权也逐渐失去了独立地位。罗马人撤退的时候留下了许多设有防御工事的城镇。当掠夺者到来时，那里还留有不少已被开垦的耕地和大量建筑。无论是在法国南部种植酿酒葡萄的地主、图卢兹或米兰的市政官员，还是在河谷地区拥有别墅的人，并不知道自己的世界将要终结。在欧洲大陆地区，当入侵者抢占土地的时候，他们几乎没有遇到有组织的抵抗，这些土地比他们之前见过的所有土地都要更加肥沃。当地的农民事先已经准备好了。

在充满危险的时期，寻求保护是明智之举。在迁徙潮的冲击下，一些农民自愿成为农奴，他们接受当地武装地主或骑士的保护，作为回报，他们要在保护人的土地上工作一定天数，同时上缴一定数量的谷物或牲畜。这种新的权利义务关系导致了封建制度的确立，而封建制度的确立了又导致了新的政治认同。对许多人来说——或许是对大部分人来说——这种认同感主要是针对地主的，而不是针对国王的，例如珀西家族、斯福扎斯家族、道格拉斯家族和勃兰登堡家族所建立的王朝。欧洲的语言和文化原本就是多种多样的，日耳曼部族的移民潮又进一步丰富了那里的语言和文化，因为凯尔特人、拉丁人、伊比利亚人、犹太人和希腊人的数量仍很庞大。

从本质上看，接下来几百年的欧洲历史就是这些入侵者逐步融入欧洲的过程。那么，这件事怎么会是个好消息呢?

答案是迁徙潮带来了竞争。尽管欧洲经历了几个世纪的动荡，但日耳曼部族的定居和凝聚造就了欧洲生机勃勃的竞争文化。在随后的历史发展中，这些部族逐渐发展成为王朝国家和领地国家。伦巴第人、诺曼人、东法兰克人和西法兰克人发展成为意大利人、法国人和德国人。生活在英国的布立吞人与来自北欧的入侵者进行了长期斗争，最终锻造出了英格兰和苏格兰; 1066年的诺曼征服创造出这一地区最强大、最成功的民族之一。欧洲并不是处于某一位皇帝的统治之下，也不受某一种神学权威的支配，竞争、冲突、躁动和咄咄逼人的文化推动了欧洲的发展。欧洲应对了长达数个世纪的内部移民，使得这一变化逐渐走向了必然。

第二件事我们之前已经提到过了，那就是欧洲北部地区被隔绝在了世界其他地区之外，这在当时看上去也不是什么好事。强大的伊斯兰哈里发国从比利牛斯山北麓经北非一直延伸到中东和中亚，这些国家构成了一道宗教封锁线和军事封锁线，几乎没有基督教徒愿意冒险进入这些国家。来自世界其他地区的发明，从代数学到纸张，从火药到瓷器，都要经过很长时间才能传到欧洲。地中海曾经是罗马帝国的内海。失去了对地中海的控制，意味着“基督教王国”只能向北发展了。在这种压力下，以前罗马帝国的行省发展成为法兰西、勃艮第和不列颠。现在，这些国家已经完全进入了基督教世界。

欧洲的平原地区有着一层厚厚的黏土和沃土。人们砍倒森林，预备好重犁，准备在那里种植大麦和小麦。教皇向法兰克和日耳曼的统治者寻求保护，因为除了他们之外教皇也没别人可求；另一方面，在南方人的影响下，那些法兰克人、伦巴第人和哥特人开始变得通情达理。意大利北方的城市变得越来越重要。热那亚和威尼斯成了独立的共和国，贸易是共和国的支柱。德意志地区和尼德兰地区的独立城市和行会组织发展了它们自己的技术和工艺。加入汉萨同盟的贸易城市之间逐渐形成了一张紧密的网络。英格兰的羊毛贸易拓展到了欧洲大陆。自从罗马军团撤离后，英格兰人、爱尔兰人和苏格兰人始终处于欧洲的边缘。但现在，他们逐渐回到了欧洲社会的主流，他们中出现了传教士、武士和商人。勃艮第家族、哈布斯堡家族、波兰的亚盖洛家族和金雀花家族都建立起了王朝国家，这些王国都实行封建制，而且拥有与地理条件不相称的广阔领土。

欧洲处于相对封闭的状态，但有一个非常重要的例外，那就是安达卢斯地区的伊斯兰文明，关于这点我们稍后会提及。安达卢斯地区位于今天的西班牙和葡萄牙。无论是西班牙北部的阿拉贡王国、卡斯蒂尔王国和莱昂王国，还是巴尔干半岛上的塞尔维亚王国和瓦拉几亚王国，各地的基督教徒都要求反抗伊斯兰世界，而且呼声越来越高。这些基督教徒认为，他们都拥有一种尚武的前线文化。教皇希望将欧洲人和罗马教廷的支持结合在一起，于是有了十字军运动。在反抗伊斯兰世界的战争中，最著名的战例就是四次十字军东征。十字军东征的目的是从信仰伊斯兰教的阿拉伯人手中夺回耶路撒冷和位于巴勒斯坦的“圣地”。尽管中东地区已经被占领了相当长的一段时期，尽管反抗异教徒的号召激发了人们的献身精神，但战争中的暴行和死亡都昭示着十字军东征的失败。十字军破坏了亚伯拉罕系两大信仰之间的关系，而且这种破坏是致命的和半永久性的。最后，事实证明，君士坦丁拥抱拿撒勒人耶稣的信仰实际上腐蚀了他所传达的启示：一旦成了十字军骑士三角旗上的纹饰，象征着受苦、怜悯和宽恕的十字架就会变得毫无意义。

十字军将他们的军人作风带回了欧洲的核心地区。条顿骑士团在普鲁士和立窝尼亚创建了自己的国家，骑士团的成员既是朝圣者又是武士，他们有着兄弟般的友谊，决心制服北方的异教徒。慢慢地，他们建立了一个属于自己的微型帝国。法国的郎格多克爆发了针对“纯洁派”异端分子的宗教战争，这场战争本来就已经很残酷了，久经沙场的骑士加入进来后，战争就变得愈发残酷。我们不应忘记那些占据欧洲大陆的土地和欧洲岛屿，但却完全没有接受欧洲主流语言或主流政治观念的人，例如爱尔兰的凯尔特人和斯堪的纳维亚萨满的追随者，尽管这些人已经变得越来越焦虑。苏格兰产生了一种新型的王权观——一位领导人自己意识到，王权不是管理领地，而是管理人民。德意志的部分地区并非控制在传统的封建领主手里，而是控制在主教的手里。欧洲有许多相互对抗的民族，这些民族留下了各式各样的政治体制。与世界上任何一个地区相比，欧洲的政治体制都更加丰富多彩。与化学反应相似，各种要素被混合、压缩在一起。

“基督教王国”分裂成了两个阵营，一个是西方的拉丁—罗马—教皇阵营，另一个是希腊—拜占庭—东正教阵营。最后，事实证明，这种分裂是件好事，而不是坏事。拜占庭帝国延续了若干个世纪，它受到了来自两个方向的攻击：西北方是来自日耳曼人和斯拉夫人的攻击，东方是来自鞑靼人和穆斯林的攻击。我们将在后文讲述拜占庭的历史。在查士丁尼之后，拜占庭就很难对意大利施加真正的影响力了。因此，罗马可以自由地发展自己的神学，可以在欧洲大陆的范围内建立教区系统和修道院，可以将罗马帝国的残砖断瓦拼合在一起。在宗教艺术、宗教文化、封建土地制度和自由城市方面，西欧都获得了独立的发展。最后，当城邦和地方统治者足够富有，并重新获得古典时代的学问和技术时——这些失落的学问保存在伊斯兰世界和拜占庭——他们可以用自己的方法充满干劲地挖掘这些古典知识。

但在当时，没有人能预见后来发生的事。当撒克逊人吟诵着他们的战争史诗时，卓越的日本作家紫式部正在创作她的历史小说《源氏物语》。当奥发这样的军事领袖决定在威尔士的边境地区铸造硬币的时候，他只能仿造一些穆斯林使用的第纳尔，而且这些仿制品相当粗糙和笨拙。随后，当第一批大教堂在西西里、日耳曼和法兰克拔地而起的时候，在世界其他地区，托尔特克人和玛雅人也能建造同样杰出的石制建筑。在欧洲人见到纸之前，中国人已经开始使用纸币了。在 12 世纪，当英国人正在为金雀花王朝的崛起而打打杀杀，日耳曼人和意大利人正在为他们的王位继承战争流血牺牲的时候，柬埔寨的高棉文明正在修建吴哥窟（吴哥窟是世界上最大的宗教建筑之一，它起初是印度教寺庙，之后成了佛教寺庙）。总而言之，欧洲看上去并没有什么特别令人兴奋的地方。

伊斯兰教的黄金时代

今天，711 年发生的事大多已经被人们遗忘。但就在那一年，穆斯林入侵了西班牙，这件事震惊了整个基督教世界，使北方各国的统治者感到不寒而栗。在此之前，“欧洲”和“基督徒”是同一概念。换句话说，欧洲就意味着基督教，基督教就意味着欧洲。但在之后 7 个世纪的大部分时间里，伊斯兰国王统治下的城堡、清真寺和城市却使这一观念产生了动摇。阿拉伯军队跨过直布罗陀海峡后，西班牙的西哥特王国迅速瓦解。西哥特王国是后罗马时代欧洲的典型政权。这个王国的统治者是日耳曼人，他们经常自相残杀，信奉着不同于天主教的基督教。尽管如此，他们仍然试图建立一个组织相对比较完善的社会。他们在罗马时代的废墟上从事简单的农业生产，过着简朴的日子，他们的语言是退化了的拉丁文。西哥特人与法国的加洛林人、英格兰的撒克逊人或意大利的东哥特人并没有多大区别。

阿拉伯人进入西班牙后，西哥特人在9年的时间里就几乎丢掉了整个半岛。阿拉伯军队前进的脚步停在了法国的普瓦捷，但他们停止进攻仅仅是因为他们的战线拉得太长。

事实上，那些进入西班牙的“阿拉伯人”是由多个民族组成的。其中一些人来自今天的阿拉伯和也门，一些人来自叙利亚，还有一些是来自北非的柏柏尔人。其中，柏柏尔人是在不久前才皈依伊斯兰教的。欧洲人也将他们称为“摩尔人”。欧洲人害怕他们，但也会向他们学习。例如，英格兰的“莫里斯舞”实际上就是摩尔人的舞蹈，它起源于生活在非洲的穆斯林。欧洲人不知道的是，地中海的另一端发生了一场灾难，这才是摩尔人入侵西班牙的真正原因。

倭马亚王朝曾是个纵横将近5000英里的大帝国，这个国家的哈里发是先知的继承人。但在750年，倭马亚王朝在一场血腥的叛乱中灭亡了，取代它的是阿拔斯王朝。哈里发是伊斯兰政治的核心，已经变得无比重要。许多阿拉伯人非常痛恨接管统治的前拜占庭官吏和波斯官吏，以及那些为统治者而战的叙利亚人。于是，他们发动了起义。阿拔斯王朝的哈里发政权延续了数百年，它将伊斯兰世界的中心从大马士革迁到了巴格达。这产生了许多重要的影响，因为这一决定使伊斯兰世界的重心更加偏向东方。但这个新生的哈里发国家并不包括安达卢斯地区。一位被推翻的倭马亚王朝的哈里发的孙子逃到西班牙，他和他的继任者统治着一个独立的国家，即“伊斯兰世界温和的西方”。

与那个以巴格达为中心的哈里发国家不同，这个伊斯兰政权已经深深地嵌入了基督教世界。对于后者来说，这无疑是一种挑衅行为。阿拔斯王朝在知识和贸易上取得了非凡的成就。安达卢斯地区一直与这个竞争对手保持着密切的联系。于是，在安达卢斯的影响下，基督教世界也发生了不可逆的变化。阿拔斯王朝认为，自己不但是古希腊知识的继承者，而且是波斯知识和印度教知识的继承者。阿拔斯王朝的哈里发声称反对拜占庭的基督教徒，理由是拜占庭忘记或刻意回避了古典时代留下的丰厚遗产。他们是对的；欧洲西部的基督教国家也在有意地远离古典时代的知识，这些国家喜欢一种虔诚的基督教世界观。

这种世界观丰富了法兰克人、日耳曼人和英格兰人等民族的精神世界，但却无助于他们了解身边的自然世界。他们说不出一天里的准确时间，还要与存在缺陷的历法做斗争。他们的数学知识只有小学生的水平，地理知识也没有丰富到哪儿去。欧洲之外的世界和近东究竟是个什么样子？对于他们来说，这完全是个谜。世界或许是平的，如果走得太远，就会掉下去。相比之下，阿拔斯人则为他们的好奇心和自然科学感到自豪，他们测量世界的周长，并将他们所了解到的世界绘制成地图。这几乎是 18 世纪地中海世界的一个完美镜像。那时，基督教徒开始热衷于研究科学和技术，而伊斯兰世界则在宗教上趋于保守，反对探求知识。

科技上的领先势必会刺激穆斯林的领土野心。就像之后善于航海的欧洲人来到其他大陆，并努力理解印度文明和中国文明一样，阿拔斯人建立了一个纵横 4000 余英里的大帝国，这个帝国从大西洋一直延伸到印度边境。欧洲人需要寻找跨越大洋的新工具；阿拔斯王朝的穆斯林也需要新工具，有了新工具，他们就能在跨越沙漠、山脉和海洋时绘制他们行进的路线图。欧洲人发现了新的地貌、植物和动物。这些新发现验证（之后又推翻）了他们关于世界如何被造的观念。而从更早的时候起，伊斯兰思想家就要面对来自不同文化各种观念的挑战。在一个充斥着犹太人、希腊人、信仰琐罗亚斯德教的波斯人和非正统思想的基督教徒的帝国里，他们要努力将这些观念融合到一起。

这些伊斯兰思想家非常轻视信仰基督教的欧洲。地理学家麦斯欧迪解释说，欧洲寒冷、严酷的气候造就了“欧洲人高大的身材、鲁莽的性格、粗鲁的举止、低下的理解力和欠佳的语言表达能力”。[5]伊斯兰思想家的成功首先表现在数学方面。762 年，当时的哈里发曼苏尔开始营建新都巴格达，这座城市呈现出完美的圆形，为此他特别盛赞了希腊数学家欧几里得。曼苏尔是一位自信的统治者，他鼓励波斯学问的复兴，还向中国人提供帮助——他派遣了数千名雇佣兵，帮中国人打了几场局部战争。在巴格达，学者们就法律、占星学、医学、地理学和其他学科的相关问题展开了激烈的争论。那里有一座“智慧宫”，这个“智慧宫”相当于研究中心、图书馆和学院的结合体。在巴格达，人们特别重视数学。

为什么他们特别重视数学呢？一个重要原因在于，数学与占星学密切相关。与基督教徒相似，穆斯林认为解读星星的变化可以预知未来，但观测星星需要“极其精密的仪器和计时器，天文历表不仅要精确到分，而且要精确到秒，甚至比秒还要更精确”。[6] 绘制地图是他们重视数学的另一个原因。他们需要对土地进行精确测量，这样他们才能为广阔的疆域绘制出精准的地图。而且，了解地球的旋转和曲度可以计算出麦加的准确方向，这对他们的祷告非常有帮助。除了神秘主义、国家和宗教方面的诉求之外，他们喜爱数字和数学模型还有许多个人原因。阿拔斯人沉迷于数学，因为数学可以给他们带来完美感。

为了获得地球周长的精确数字，曼苏尔派测量员进入沙漠地区，去推断太阳的高度。这些测量员被分为两组，分别向相反的方向走，边走边测量，直到他们的测量结果表明他们已经走完了一个经度。到 9 世纪 20 年代，欧洲人或许都不知道他们在做什么，更不关心他们为什么要这么做。当库克船长到达南美洲时，当地的土著人对欧洲人带来的六分仪和望远镜一无所知。事实上，欧洲人对穆斯林测量活动的了解，一点都不比南美土著人对六分仪和望远镜了解得更多。但穆斯林数学家并不是在与世隔绝的情况下工作的。在若干年前，也就是 771 年，一群印度学者从印度来到巴格达，他们随身还带着许多科学著作，这些著作中就有关于正弦函数的说明。后来，伊斯兰思想家进一步发展了正弦函数，并创造了近代的代数学。

穆罕默德 · 花拉子密是那个时代最伟大的数学家，他可能是个乌兹别克人。为了展示太阳、月亮和五大行星的精确位置，为了确定精确的时间，他完善了数学用表。对花拉子密的新研究领域而言，印度的数字系统（也就是今天所说的“阿拉伯数字”）、“0”的使用，以及十进制小数都至关重要。他对代数颇有研究，他的研究成果汇集在了《积分和方程计算法》一书中。他借助数学用表为更古老的几何学做论证。他有许多专长，其中就包括二次方程式。对于现代的计算机科学来说，二次方程式是必不可少的。

除了花拉子密的数学之外，阿拔斯帝国还广泛地翻译和研究了希腊文和梵文资料，在天文学、医学、自然科学、工程学、水资源管理和绘制地图方面也都有所建树。只有将这些都考虑在内，那么你才能理解这个帝国有多么领先。这是一个年轻的伊斯兰国家，一个开眼看世界的伊斯兰国家。它不但探索新的领域，而且虔诚而务实，在知识领域雄心勃勃。这个国家的视野很开阔，不但包括撒哈拉以南的非洲、印度和红海的沿海地区，而且还包括俄罗斯。阿拔斯王朝取得的成就影响了一些西方人，他们准备向这个伊斯兰国家学习，西西里的诺曼国王罗杰二世就是其中一例。但教皇的权力变得越来越大，教皇希望能找到一个共同的目标，他们将伊斯兰国家的哈里发视为极其邪恶的实行一夫多妻制的异教徒。对十字军来说，反对某些人的同时又要向他们学习，这显然是很困难的。如果安达卢斯不存在，那么这些宝贵的知识或许就不会在接下来的几个世纪传入欧洲了。

尽管迅速地击败了西班牙的西哥特贵族，并将信仰基督教的统治者围在半岛北部一个狭小、湿润、多山的角落里，但这些伊斯兰征服者从来就没有感到彻底安全。1492 年，格拉纳达王国——摩尔人在西班牙的最后一个立足点——被攻陷。从 8 世纪到格拉纳达王国灭亡，安达卢斯的政治史里充满了王朝纷争、叛乱、入侵和轰轰烈烈的政权倒台，这与欧洲其他地区没有什么区别。从很早的时候开始，来自北非的宗教狂热分子和维京入侵者的威胁始终比来自北方基督教徒的挑战更严重。此外，柏柏尔人有时也会发动叛乱——在阿拉伯人领导的军队中，柏柏尔的部落男子占有很大比例。在他们发动的叛乱中，有几场取得了成功。

那位出逃的倭马亚王子名叫阿卜杜勒·拉赫曼。他从北非出发，率领一小支军队进兵安达卢斯，并在那里建立了一个王国。756 年，拉赫曼在科尔多瓦宣布自己成为“埃米尔”，“埃米尔”就是国家的统治者。在镇压作乱的阿拔斯人时，拉赫曼砍下他们的头颅，将这些人头浸在盐水里，送回巴格达。很明显，这种做法就是在宣布他建立的王国已经独立。这位拉赫曼王子就是历史上的阿卜杜勒·拉赫曼一世。拉赫曼一世在位 33 年，他将半岛划分成几个易于管理的区域，着力打造一支强大的军队（这支军队是由奴隶组成的，其中一些奴隶是基督教徒），并建都科尔多瓦，将那里修建成一座漂亮的都城。今天，我们仍然能看到拉赫曼一世建造的大清真寺，只不过一个像婚礼蛋糕一样的哥特式天主教教堂被硬生生地塞进了清真寺的中间。这座清真寺有着世界著名的“圆柱森林”和米黄色、粉红色相间的石质拱门，这暗喻了安达卢斯本身。双拱门是在效仿古罗马的建筑，特别是遍布西班牙的水道也都在效仿罗马，但这效果仿佛勾起人们对沙漠深处摇曳着的棕榈树的记忆，这里是古典世界沙漠中的一片绿洲。这座清真寺是在一座教堂的基础上建立起来的，但伊斯兰统治者给了基督教徒另外一些地方，让他们修建教堂。尽管这是一座典型的“伊斯兰”风格的建筑，但来自拜占庭的工匠为清真寺做了内部装饰。这表明，相互敌视的信仰开始了一段让人捉摸不透的对话。

这个由外来者建立的王国始终是多元的。当地的很多居民仍然是基督教徒，但后来他们逐渐皈依了伊斯兰教，因为如果不改变信仰的话，他们就要缴纳一种特殊的人头税。当时，西班牙的基督教徒被称为“莫扎勒布”，他们在伊斯兰国王的统治下过着平静的生活；那些新皈依伊斯兰教的人被称为“穆瓦莱迪”。一些穆瓦莱迪认为自己受到了阿拉伯人的蔑视，他们因而特别具有反抗精神。随后，在伊本·马尔万的领导下，穆瓦莱迪发动了一场长期而血腥的叛乱。马尔万是个强盗式的国王，后来又重新皈依了基督教。从整体上来说，这个伊斯兰国家对待犹太人的态度要远远好于任何一个基督教王国对待他们的态度。奴隶可以在科尔多瓦的官僚系统中步步高升。女性基督徒可以嫁给穆斯林为妾（这使事情变得更加复杂），结果一些最有权势的埃米尔都长着略带红色的头发和一双蓝眼睛，他们看上去更像是欧洲人，而不是阿拉伯人。

这是一块五方杂处的土地，也是一块充满欺骗的土地。在发生长期争斗的时候，基督教王国会向穆斯林统治者寻求支持；穆斯林也会和基督教徒结成联盟。如果报酬合理的话，甚至连熙德这样的基督教英雄有时也会为穆斯林统治者而战。西班牙的中部和南部散落着许多基督教徒和摩尔人修建的城堡、防御墙和荒废的监狱，这表明这个位于边境地区的国家是多么狂野，但这个场景比天主教徒对抗穆斯林的事实要复杂得多。

当安达卢斯发展到鼎盛时期的时候，对于地处欧洲北部贫穷、混乱的王国来说，这个伊斯兰国家无疑是个鞭策。科尔多瓦成了当时世界上最大的城市之一，那里有一座大型图书馆，馆藏图书超过40万册。相比之下，甚至当时重要的基督教修道院也没有多少吹嘘的资本。在阿卜杜勒·拉赫曼三世——后倭马亚王朝最伟大的统治者——的统治下，科尔多瓦出现了数百个公共浴室和极佳的供水设施。但与此同时，即便是那些最尊贵的基督教国王，他们的身上也散发着臭气。在哈卡姆二世执政时期，这位统治者希望将科尔多瓦打造成足以匹敌巴格达的知识中心。因此，他聘请了许多专家，特别是那些会使用星盘的专家。星盘是一种漂亮、精致的仪器，可以用来测量太阳、月亮和星星的角度，知道了这些天体的角度后就可以推算出一个人所处的经度位置。星盘是由希腊人发明的，后来在伊斯兰世界，它成了一种应用广泛的简单测量工具，从占星学到建筑学，几乎每件事都会用到星盘。当穆斯林的知识传到欧洲北部地区的时候，星盘也成了新式自然科学的象征：许多人都为星盘的出现欢欣鼓舞，乔叟就是其中之一。

尽管安达卢斯已经成为独立的王国，但麦加朝觐和永不停息的贸易不仅将地中海的两端紧密地结合在了一起，而且确保了科尔多瓦的声望。拉赫曼修建的巨大宫殿和城堡既吸引了基督教世界（如巴黎、罗马和君士坦丁堡）的羡慕目光，又吸引了伊斯兰世界其他地区（如开罗、巴格达和大马士革）的羡慕目光。科尔多瓦的街道是由石头铺成的，非常干净，而且晚上还有照明。人们可以在科尔多瓦的图书馆里接触到当时最深邃的思想，这些图书馆促进了数学、占星学、语法学和天文学的发展。

之后，当这个哈里发国家衰落之后，伊斯兰西班牙分裂成许多相互敌视的小国，这些小国又被称为“泰法”。尽管如此，那些学问和专业知识还是被保留下来了。今天，我们最容易见到的是防御墙和壮观的城堡遗迹，这些景物见证了西班牙几个世纪的边界变迁和宗教战争。但阿拉伯人还带来了更重要的东西，其中包括对水产养殖、灌溉和水车的独特见解。此外，一些新作物从近东和印度传入了西班牙，例如茄子、桃、杏、橙子、柠檬、瓜类植物、梨、棉花、稻子，甚至还包括葡萄园。这些作物使西班牙南部地区走向了繁荣。随后，柏柏尔人的入侵终结了混乱的泰法时期，建立了穆瓦希德王朝，但这个王朝比以往的政权更加严苛。尽管如此，安达卢斯仍然有许多在欧洲声名卓著的大思想家。其中就有伊本·路西德，基督教徒又将他称为阿威罗伊。伊本·路西德生活在科尔多瓦，他既是一位法官，又是一位律师。他是当时最重要的伊斯兰思想家，也是一位研究亚里士多德的专家。其他人还有摩西·迈蒙尼德。迈蒙尼德是个犹太人，是位物理学家和哲学家，也是《迷途指津》一书的作者。

当时，一些激进的思想家对宗教上的正统观念提出了挑战，这引发了一场哲学上的大辩论，这场辩论甚至震动了整个伊斯兰世界。这场辩论是由波斯人阿维森纳引起的，他试图将宗教信仰与亚里士多德的理性主义哲学结合在一起。从 11 世纪 20 年代起，阿维森纳开始著书立说，他将遥远但永恒的造物主和复杂且有因果关系的日常世界区别开来。这样，他可以依据不同的原则来研究、理解这个世界。他认为，造物主可以轻而易举地创造这个世界，然后就让这个世界按照它自己的轨道发展，人类能够发现世界运行的规律。

这种说法吸引了那些求知欲强的人和信仰虔诚的人。按照阿维森纳的观点，造物主是消极的，是疏远人类的，但这种观点违背了伊斯兰正统思想家的主张。在后者看来，真主一直在忙于主宰世界上的各项事务。在这些正统思想家中，最著名的是阿尔·加扎利。在 11 世纪后半期，他写了一本书，并给这本书起了个漂亮的名字：《哲学家的矛盾》。在这本书中，他批评了阿维森纳的观点。但之后，他反过来受到了阿威罗伊的攻击。阿威罗伊认为存在两个不同的世界：一个是游离于时间之外的永恒世界，真主就存在于这个世界中；另一个是日复一日、存在因果关系的世界，这个世界虽然五光十色，但也臭气熏天，亚里士多德解释的就是这个世界。与阿维森纳相似，阿威罗伊也为人类的理性和探索创造了一个空间——这个空间仿佛是真主所创造的宇宙中的一个泡泡，在这个泡泡里，启蒙思想可以茁壮地成长。对于那个时代的世界来说，没有哪个命题能比这个命题更加包罗万象。只有这样做，人们才能进一步探索。在第一个理性时代，希腊人留下了一笔哲学遗产。后来，亚洲和欧洲的犹太教信仰、基督教信仰和伊斯兰教信仰使希腊人留下的哲学思维重新焕发了生机。这种新思想也促使人们重新思考。它好比是战场上的一声呐喊，提醒人们不要将一切都被动地归因于真主的意志。阿威罗伊认为这是一场个人的挑战。这是一场激烈辩论。在一本重要的著作中，阿威罗伊反驳了阿尔·加扎利的观点，他为这本书取了一个更漂亮的名字：《哲学家矛盾的矛盾》。

尽管一位安达卢斯哈里发允许阿威罗伊激进地思考问题，但是他把事情做得太过火了。因此，阿威罗伊于1195年被驱逐出科尔多瓦，他的著作被付之一炬。但阿威罗伊的著作被翻译成了拉丁文。后来，当基督教徒占领穆斯林把守的军事要塞时，前者发现了这些书，随后阿威罗伊的著作对西方产生了巨大影响。历史学家乔纳森·莱昂斯认为，他给了欧洲"一种纯粹理性主义的哲学方法，这种方法永远地改变了西方的思想面貌。这使得阿威罗伊领先笛卡尔将近5个世纪……在西方，他是近代哲学创始人的传统候选人"。[7] 与阿威罗伊排名接近的还有阿维森纳和摩西·迈蒙尼德。迈蒙尼德是一位生活在安达卢斯的犹太人，他的观点也很激进，也挑战了正统观念。他也认为应该存在这么一个"泡泡"；在泡泡里，人们可以争论，可以进行理性分析。人们应该像记住伏尔泰、休谟或孟德斯鸠那样记住他们。

1085年，基督教徒从穆斯林手中夺得了托莱多。在那里，他们发现了被收藏起来的书籍和手稿，这些书籍和手稿基本上都是来自科尔多瓦和巴格达。于是，阿拉伯和安达卢斯的哲学思想流入了基督教世界。紧接着，僧侣和译者也参与到这次思想传播中来。学者们——如牛津的邓斯·司各脱——向基督教听众介绍了阿威罗伊和亚里士多德。在巴黎和那不勒斯，伟大的基督教思想家托马斯·阿奎纳借鉴了他的辩论风格，但阿奎纳对亚里士多德的看法与阿威罗伊并不一致。他发现这个安达卢斯人能给人带来巨大的灵感。后来，身处佛罗伦萨的但丁也接触到了这股来自伊斯兰世界的思潮。这批早期推崇亚里士多德的基督教徒感受到了来自教皇和主教的阻力，就像阿威罗伊和迈蒙尼德承受了来自哈里发和伊玛目的压力一样。在伊斯兰世界，学者们就造物主的本质和人类能在多大程度上理解造物主的本质展开了争论；另一方面，在位于巴黎、博洛尼亚和罗马的欧洲大学里，教师和学生之间也进行了类似的争论。

欧洲正在觉醒。现在，伊斯兰世界的天文学知识和数学知识同时传播到了基督教世界，这影响了之后的欧洲思想家，如哥白尼和斐波纳契。

这种知识传播为欧洲的文艺复兴铺平了道路。在文艺复兴之后，欧洲又开始了启蒙运动。如果没有安达卢斯，欧洲的思想运动不会来得那么早，那么坚决。伊斯兰西班牙走了下坡路，并最终瓦解，这不仅是因为摩尔人的堕落——太多的浴室、太多的冰冻果子露，而且因为一个更加现实、更加常见的原因，那就是政治分裂。起初，阿拉伯人之所以能推翻西哥特人，是因为西哥特的统治者自相残杀；但现在，安达卢斯也发生了同样的事。埃米尔原本是国家的宗教权威和道德权威，但血统的混乱和叛乱动摇了埃米尔的地位。新一波的入侵者从北非来到西班牙，他们奉行更加严格的伊斯兰教教义，重建了当地的秩序，只有他们自己才能挑战自己，只有他们自己才能将自己置于死地。到新千年开始的时候，伊斯兰世界的每一次分裂和每一次动荡都意味着北方的基督教国家又获得了一次崛起的机会。

维京人的河流

俄罗斯的政治史开始于一条贸易路线和一个终日担惊受怕的民族。斯拉夫人主要从事农业和畜牧业，他们居住在现在俄罗斯的南部地区、东欧的部分地区、乌克兰、黑海的北部和里海的西部。到 6 世纪中期，拜占庭历史学家才第一次提到他们。在史学家笔下，他们主要是些贫苦的村民和原始的战士，他们说着一种粗野、令人费解的语言。但斯拉夫人并不是另一支跨越欧亚大陆，向西迁徙的游牧民族。考古发现表明，他们有修建在山上的要塞、铁犁和陶器。他们在肥沃的黑土地上耕种，猎获大量的猎物，在湖泊和河流中捕鱼，他们有能力度过异常寒冷的冬天。然而，尽管近代的民族主义历史学家做了各种努力,但早期的斯拉夫人仍然比较神秘。

斯拉夫人经常发生内斗，一波一波到来的游牧民族——例如跨越亚洲向西推进的匈人和保加尔人——也会使他们受到伤害。在这个时期，当地最引人注目的文化是哈扎尔帝国所创造出的文化。哈扎尔帝国是一个封建国家，在这个国家里，斯拉夫人可以过上相对安全的生活。在世界历史中，哈扎尔人发挥了重要作用，因为他们阻挡了穆斯林前进的脚步。在 7 世纪和 8 世纪的时候，信仰伊斯兰教的阿拉伯人跨过高加索山脉，继续向北扩张。哈扎尔人与拜占庭结盟，阻止了穆斯林对现代俄罗斯和东欧地区的征服。如果没有哈扎尔汗国，那么日后俄罗斯或许就不会发展成为一个国家。哈扎尔的领导者希望找到一种更加先进的宗教来取代他们的古老信仰（这种古老信仰包括在某些仪式上杀死失败的统治者），于是他们皈依了犹太教。哈扎尔帝国在开化世界的边缘存在了 6 个世纪。在这个国家伟大的军事领袖中，至少有一位是女性。哈扎尔人引起了人们很大的兴趣，他们不同寻常，他们很重要，但在文字和文化能被适当地保留下来，或能被现代人理解之前，他们就已经开始衰落了。因此，哈扎尔成了世界上最令人好奇的失落文明之一。

击败哈扎尔人的民族声称，他们是受到邀请来保护斯拉夫人的，使他们既免受内部部落战争的伤害，又免受外来入侵者的伤害。这听起来很像是古代的宣传，但这可能是真的。无论如何，这个战战兢兢的民族——如果我们可以这样称呼他们的话——发现自己已经处于陌生人的统治之下了，这些陌生人来自北方。

斯拉夫人有一个巨大的优势，就是他们生活在一条水系附近。这条水系的覆盖范围很广，可以将繁华、富庶的拜占庭和近东地区与生活在斯堪的纳维亚半岛和北欧的农耕民族和狩猎民族联系在一起。顺着河流向北，他们可以得到谷物、酒、黄金、白银和奢华的布料；顺着河流向南，他们可以得到毛皮、奴隶、琥珀、木材和蜂蜜。便捷的交通催生出城市中心。商栈、筑有防御工事的城镇和随后产生的城市开始出现在第聂伯河、伏尔加河，以及它们的支流上。这有点像美国的发展过程，美国中部各州的城镇都聚集在高速公路和铁路旁。可以说，是河流哺育了俄罗斯。

这些外来者被称为“罗斯人”，俄语中又将他们称为“瓦兰吉亚人”。他们更常见的名字是“维京人”。维京人是战士兼水手，也是农民。他们原本住在今天的挪威、瑞典和丹麦。从公元 8 世纪起，他们开始向外迁移。维京人的探险家、商人和入侵者进入了世界其他地区，这是欧洲人第一次向外扩张。他们走到了遥远的地方，并试图在那里定居下去，但却以失败告终，这些地方包括北美的“文兰”和格陵兰；但在另外一些地方，他们成功地定居下来，这些地方包括英国东部的部分地区、冰岛和法国北部地区。他们的后代被称为“诺曼人”。诺曼人在西西里建立了王国，并征服了盎格鲁—撒克逊人的英格兰。在创建英国这个混血国家的过程中，这些斯堪的纳维亚人发挥了关键性的作用；在创建俄罗斯这个混血国家的过程中，他们同样发挥了重要作用。尽管其他的入侵者——尤其是蒙古人——也对东欧平原产生了巨大影响，但除了维京人之外，没有证据表明其他民族是俄罗斯的实际建立者。

维京人经常驾驶平底商船顺流南下，但过了很长时间之后，他们的活动范围才最终到达黑海。他们著名的狭长快速海船同样展现出了高超的造船技艺。这种海船使他们能够突袭欧洲沿海地区的修道院和城镇，也可以使他们能够顺着河流航行，到达别人到不了的地方。

俄罗斯的主要水系充满了各种障碍，例如瀑布、激流和藏在水下的岩石。这就意味着船只需要左躲右闪，从一个平缓的水面转移到另一个平缓的水面。基辅南边的瀑布群是最难逾越的障碍。在长达40英里的河道上，刀子一样锋利的石头紧密地排列在一起，阻断了河水的流动：维京人给它们取了很多名字，例如“不可通行”“永远凶险”“汹涌”和“波涛力”。[8] 然而，在芬兰抢劫和贸易的过程中，东方的维京人——他们主要来自今天的瑞典及其主要岛屿——已经认识到，应该让他们的船变得足够轻便，这样就可以携船穿过陆上的屏障。因此，他们可以到达别人到不了的地方。从 9 世纪 50 年代开始，维京人从北方的拉多加湖出发，顺着河流向南方和东方进发，并在沿岸各处建立起一个个定居点。

东南方最远到达今天的阿富汗境内，那里有一个富庶的穆斯林聚居区，有巨大的银矿矿藏，当地人已经做好了贸易准备。对于维京人来说，拜占庭能为他们提供无数好东西。因此，他们又将君士坦丁堡称为“密克拉迦德”，意思是“伟大的城市”。关于这个帝国的情况，我们在后文会有所介绍。但我们现在需要提一点与俄罗斯历史相关的内容，即早在 838 年，维京人就已经到达了这座“黄金之城”。之后，他们曾两次袭击君士坦丁堡，但帝国的舰队用神秘的“希腊火”击退了他们的进攻。最后，他们逐渐习惯了与这个国家进行友好贸易。拜占庭允许他们成群结队地进入君士坦丁堡进行交易，但人数不得超过 50 人，而且不能携带武器。后来，由于维京人战斗力强，拜占庭皇帝开始招募他们组成一支皇家卫队，即著名的“瓦兰吉卫队”。他们将古代北欧文字刻在各处。时至今日，这些文字仍然散布在地中海东部地区。

与此同时，在北方，维京人慢慢地控制了第聂伯河和伏尔加河沿岸地区。根据他们自己的传说，在 862 年前后，斯拉夫人要求三个瑞典兄弟留下来，于是当地出现了一种新的统治形式。《往年纪事》是一部记载罗斯人事迹的编年史，又被称为《古罗斯第一部编年史》。在 11 到 12 世纪，基辅有一座漂亮的洞窟修道院，居住在里面的僧侣创作了这部史书。据推断，《往年纪事》的素材是一些流传下来的故事。按照这部编年史的记载，当地人“没有法律，部落之间经常发生争斗”，于是他们告诉罗斯人，“我们的土地很辽阔，也很肥沃，但这里却没有秩序。所以请你们来管理我们吧”。[9]

但这里还有几个问题。在最初的时候，维京人为什么会背井离乡，冒险前往遥远的地方？有什么证据表明他们就是建国者？毕竟，对于西欧人来说，维京人是些令人恐惧的异教掠夺者，他们没有法律，也没有慈悲心肠，他们就是些贪婪的海上野兽。英格兰人向上帝祈祷：“主啊，请保护我们，使我们免受那些北方人的蹂躏。”许多现代历史学家认为，人口过剩是维京人向外扩张的重要原因，由这个原因导致的扩张在世界历史上屡见不鲜。在罗马帝国即将终结的时候，地球进入了温暖期。如我们之前看到的那样，当时在自然条件相对严苛的北方地区，农业变得更加成功。农业的成功使北欧地区在不久的将来出现了人口瓶颈。自从上一个冰河时代结束后，从事农业和渔业的聚落就一直生活在今天的丹麦、挪威和瑞典。那里的人们发现，男孩的数量越来越多，但耕地的面积却不会相应增加。维京人的传统是优待长子。因此，如果留在家乡的话，那些过剩的年轻男性将毫无前途可言。

几个世纪的捕鱼和地方贸易，加上充足的森林木材，使维京人练就了出色的航海技术。因此，他们必然会产生这样的想法：跨越看上去无边无际的“鲸路”（代指海洋），冒险前往远方。维京人是强大的战士，他们残酷无情。但在 8 世纪的时候，这些并不是维京人的独特品格，特别是对于那些远离家庭，全部由男性组成的军事团体而言。这些人并不都是斯堪的纳维亚人，他们之中也包括芬兰人、苏格兰人、日耳曼人和威尔士人。[10] 在人们的印象中，他们比撒克逊人、法兰克人或勃艮第人还坏，这仅仅是因为维京人打劫的效率比他们要略高一些。事实上，这些军事团体很快就定居下来了。他们娶当地的妇女为妻，学习当地的风俗习惯。否则，他们就无法在那么短的时间内，在英格兰北部地区、法兰西和地中海站稳脚跟。这些拥有血腥神话和龙头战船的“狂暴战士”已经逐渐本土化。其中一些人成了诺曼底公爵，之后又有一些人成了英格兰的国王。

维京人的东边一支成了俄罗斯人。在前来统治斯拉夫人的三兄弟中，留里克是年龄最大的一位，他或许是个半神话的人物，但他创建的王朝却延续了 500 年。早期的编年史并不完整，但留里克的儿子伊戈尔是历史中确实存在的人物。941 年，伊戈尔率领 1000 艘船袭击拜占庭，但却以失败告终。在罗斯人中，他的妻子奥尔加是第一个皈依基督教的人。丈夫死后，奥尔加开始掌权，并前往拜占庭接受洗礼。以前，首都基辅是个大的贸易集市，那里有许多小木屋、作坊和仓库。后来，在奥尔加执政时期，基辅逐渐变成了一个皇家基督教要塞。在那里，瑞典的武士风俗与从哈扎尔人和拜占庭人那里学来的新思想混合在了一起。[11]

奴隶、猎获的禽鸟和毛皮是南方贸易的重要组成部分。穆斯林铸造的银币早就出现在了瑞典的贸易市镇中，特别是哥特兰岛。但随着阿富汗的银矿开采殆尽，基辅的经济也一步步走向了崩溃。奥尔加的儿子——他拒绝接受基督教的洗礼——先是攻击哈扎尔人，之后又将矛头对准了拜占庭。事实证明，他对拜占庭发起进攻导致了灾难性的后果。这对俄罗斯的早期历史至关重要，因为他的一个庶出儿子弗拉基米尔逃到了瑞典，后来在父亲的帮助下回国，他回来的时候身边跟着一大群随从。在北方的贸易城镇诺夫哥罗德站稳脚跟后，他顺着第聂伯河南下，占领了基辅，杀死了他同父异母的兄弟，成了罗斯的统治者。

弗拉基米尔为自己竖立了一座巨大、威风的塑像，让这座塑像从高处眺望他的城市，希望以此来神化自己。但弗拉基米尔仍旧是一位崇拜偶像的异教徒，他用非基督徒的态度对待婚姻（一位编年史家将他描述成一位通奸者）。他早期的成功主要是靠掠夺，他掠夺了许多部落和城镇，并将各地的贡金带到基辅。但在败给信奉伊斯兰教的保加尔人之后，弗拉基米尔于 10 世纪 80 年代决定信奉一种宗教。但在各式各样的一神教中，他并没有想好要皈依哪一个。因此，据说他将西方天主教的代表、东方东正教的代表、犹太教的代表和伊斯兰教的代表召集到一起，让他们当着自己的面解释各自的信仰，让他们展开辩论。根据传说，这位瑞典武士国王排除了伊斯兰教，因为伊斯兰教坚决主张禁酒，这引起了他的反感。但这则传说可能是杜撰的。最后，他选择了东正教，这是一个意义重大的决定。按照编年史家的说法，他派往拜占庭的使者对他产生了影响。这些使者在报告中盛赞了君士坦丁堡圣索菲亚大教堂的富丽堂皇："我们已经搞不清自己是在天堂还是人间了。"[12]

拜占庭帝国虽然富有，但在政治上始终严阵以待。当时，拜占庭皇帝巴西尔二世被保加尔人的叛乱搞得焦头烂额，急需维京人的帮助。于是双方达成协议，协议的一个条款是，巴西尔将他芳龄 25 岁的妹妹安娜·波尔菲罗格尼塔送到遥远的基辅，嫁给弗拉基米尔为妻（她是弗拉基米尔最新一任的妻子）。对这位高贵的公主来说，这个命运无疑是可怕的，但她获得了成功：在 6000 名维京战士的帮助下，拜占庭的军队击败了他们的敌人。安娜公主跨过黑海，顺第聂伯河而上，来到了基辅。在那里，她与弗拉基米尔完婚。弗拉基米尔受了洗，并选择"巴西尔"为自己的教名，这主要是为了纪念他的新朋友和大舅子——拜占庭皇帝巴西尔二世。之后，他命人推倒了基辅人膜拜的主要偶像，将其拴在马尾巴上慢慢地拖行，还象征性地用棍棒击打偶像，最后将其抛入河中。其他的偶像也都被击碎。他修建了许多座教堂，教堂里出现了诸位圣徒的形象。

罗斯人的土地上早就有基督徒。但自从统治者改变信仰后，那里出现了一场皈依基督教的运动。

弗拉基米尔从拜占庭请来了能工巧匠和泥瓦匠，他让这些人为他修建一座装饰华丽的石质教堂，后来他和他的妻子就被埋葬在这座教堂里。此外，他还请来了许多僧侣和文人，并在基辅周围修筑了许多高大的防御屏障。许多非同凡响的修道院和教堂拔地而起，这些木质建筑有许多塔楼和圆形屋顶，它们吸收了希腊建筑和拜占庭建筑美轮美奂的艺术风格，并将这种风格提高到新的层次。俄罗斯的城市有着相似的“长相”，例如拥有彩绘的木质建筑、克里姆林宫式的堡垒和镀金的圆形屋顶。弗拉基米尔就是这种城市样式的开创者，信仰基督教的基辅则是这种城市的样板。从此以后，罗斯人逐渐离开各条大河，开始向未开发的部落领地进发，这成了俄罗斯漫长建国过程的开端。经过与斯拉夫人和其他民族融合后，瑞典人变成了俄罗斯人，异教徒变成了基督徒。这个生活在第聂伯河与伏尔加河上的民族接受了东正教，接受了东正教引人入胜的圣歌，接受了眼光悲伤的圣母玛利亚的塑像。单一家族对基辅罗斯进行着统治。有一天，这个家族效仿拜占庭对恺撒的崇拜，将自己称为“沙皇”。于是，俄罗斯贵族化的官僚系统——贵族也被称为“波雅尔”——开始形成。

当基辅罗斯发生这些变化的时候，诺曼人也正在英格兰建立统治。这两个地区有着相似的历史进程：先是征服，然后是同化。撒克逊人和斯拉夫人都使诺曼人发生了变化。在这两个地区，血腥的王位之争持续了数个世纪。但与此同时，那里的城镇慢慢地发展壮大，商人变得越来越富有。因此，无论是英格兰还是俄罗斯都远远超越了维京人的老家。就如同他们信奉的古老神祇一样，诺曼人也会改变自己的模样。

马里和穆萨

穆斯林扩张的成功与失败深深地影响了非洲的历史，就如同伊斯兰扩张的盛衰深刻地影响着俄罗斯的历史一样。撒哈拉以南的西非和东非沿海地区的许多文明——这些可以被称为文明，因为它们都是以城镇为基础的——都是在穆斯林商人和冒险家的影响下成长起来的。

当拜占庭受到穆斯林步步紧逼的时候，当罗斯人正在逐步扩张他们版图的时候，一个名叫穆萨的国王正在统治着西非。在当地的语言中，国王被称为“曼萨”，因此人们通常称他为曼萨·穆萨。他的财富多到令人不可思议的地步。1324 年，他到访开罗，随后赴麦加朝觐。一路上，他拿出许多黄金，将这些黄金当礼物送给他人，结果引发金价大跌。在欧洲，穆萨也个知名人物。在一本加泰罗尼亚的地图集中，穆萨被描绘得像个欧洲国王：他坐在王座上，头戴金冠，手里拿着一个圆球和一支权杖。当欧洲人手里没有多少黄金的时候，他的马里帝国非常出名。尽管非洲有许多神话，但这并不是个神话。一位非洲近代历史学家认为，“与欧洲任何一个基督教政权相比”，穆萨的帝国“都要更加强大，组织更加严密，甚至更有文化修养”。[13] 或许这种说法有夸大的成分，但并不过分。

这里有许多重要的问题。当时，撒哈拉以南的非洲究竟发生了什么？是否还有一些我们知之甚少的帝国？如果曼萨·穆萨真的是一位足以比肩基督徒诸侯和阿拉伯哈里发的君主，那么为什么非洲没能继续发展出更加强大、更加成熟的文明，来与欧洲抗衡呢？

要回答这些问题，我们需要回到远古时代，因为非洲的发展历程涉及气候、矿产和运气。在史前时代，撒哈拉地区并不是沙漠，而是一片湿润、富饶的大草原。那里有许多动物，是许多大河的发源地。在洞穴的壁画上，我们可以发现长颈鹿和鳄鱼。这说明，在几千年之前，那里是个狩猎的好地方。直到大约 5000 年前，撒哈拉地区才开始变得非常干旱。那里出现了一大片干旱区，其面积与现代美国的面积大致相当，这片干旱区影响了许多社会。它将生活在地中海和近东地区的民族与生活在撒哈拉以南非洲的民族隔绝开来。事实证明，一望无际的炎热沙漠所起到的阻隔作用，并不亚于寒冷的海洋。在撒哈拉的北边，人们正在书写着历史；但在撒哈拉的南边，按照现有史料的记载，人们却陷入了沉寂。

在撒哈拉以南的非洲，没有多少动植物可以轻易地驯养或栽培；同时，繁多的野味和野果降低了人们垦殖的积极性。考古发掘可以填补文字记录留下的空白。考古发现清晰地表明，人类的各个文明都在快速发展，非洲也不例外。到公元前 2000 年前后，西非气候湿润的地区很可能已经出现了农业革命，这片地区位于撒哈拉的边缘，附近有乍得湖、塞内加尔河，以及尼日尔河。公元前 800 年左右，那里又出现了铁制品和雕刻。因此，尽管与欧亚大陆相比，狩猎—采集时代在西非地区结束得比较晚，但毫无疑问，那里的发展阶段与法国或土耳其并没有什么区别。关于新技术的知识或许是来自生活在埃及周边的努比亚人；或许是来自一些地中海城市，如迦太基。农民们赶着牲畜穿过荒漠；一小群商人继续冒着炎热和干燥的风险贩运货物。从大约公元前 1500 年，他们开始使用马拉篷车。但无论是农民还是商人，他们都没有留下什么文字记录。

古希腊人描述了一些驾驶着两轮战车的西非战士，一些沙漠画中也描绘了马拉战车。为了便于进行贸易，迦太基航海家汉诺曾想在非洲西海岸建立海港。但当时他使用的是一种靠划桨来驱动的海船，而不是后来欧洲人使用的帆船，因此他很难到达非常靠南的地方。罗马人并没有试图前往西非地区，但他们知道那里住着一群拥有许多黄金的人，也听说过关于他们的故事。[14] 能证明埃及以南的非洲有城市生活的最早证据来自尼罗河上游，也就是今天的苏丹和埃塞俄比亚。从上古到 10 世纪中叶，那里出现了许多人们不太了解的王国和帝国，例如库施王国和之后出现的信仰基督教的阿克苏姆帝国。在阿克苏姆帝国衰落后的 200 年里，铁器开始在非洲大陆上传播。后来，非洲几乎每个地方都开始使用铁器，但只有两个地方例外：一个是森林的深处，俾格米人居住在那里，他们不使用金属；另一个是更干燥的大草原，这片草原位于非洲西南部，那里生活着布须曼人。

但自此之后，与欧洲和亚洲相比，大部分的非洲农业就没有什么更大的发展了。这是为什么呢？一种理论认为，这是由于缺少可以拉犁的大牲畜。非洲的气候不好，而且疾病太多，因此马或牛很难生存下去。今天，这些大牲畜能存活下来，是因为它们受到了人类更好的保护，使它们免受微生物和肉食性动物的攻击。非洲大部分地区依靠的是畜牧和小规模种植块根作物。因此，对于规模较大的社会而言，这种经济形式很难创造出足够的剩余财富。但是，也有一些例外。其中一个是津巴布韦，这个东非文明用无浆石墙来建造宫殿和城镇。从 1250 年到 1450 年，津巴布韦发展到了顶峰。津巴布韦人或许来自马篷古布韦王国。马篷古布韦王国位于今天的南非，这是一个由牧人和商人组成的国家，商人主要贩运黄金和象牙。他们已经住在了建有石墙的城镇中。津巴布韦王国建设得确实非常好。后来，当欧洲探险家到达那里的时候，他们甚至不相信这个国家是由非洲人独自建设的。

津巴布韦是非洲沿海贸易的参与者，这里兴旺的贸易是由穆斯林主导的。在前殖民时期，伊斯兰教对非洲的宗教和文化影响最大。有证据表明，非洲东海岸的贸易网可以追溯到更早的时期，甚至可以追溯到古典时代：桑给巴尔岛和坦桑尼亚已经发现了来自希腊、拜占庭和波斯的硬币。[15] 与非洲人进行贸易的外来者可能是南下的库施人。但事实上，首先展现（并开发）撒哈拉以南非洲财富的是穆斯林。8 世纪以后，阿拉伯人开始袭击黑非洲，并与那里进行贸易。他们前往非洲南部地区主要有两条途径：一条是穿越撒哈拉沙漠，另一条是沿着非洲东海岸南下。阿拉伯人在非洲建立“飞地”，他们主要从那里掠夺三样东西：奴隶、黄金和象牙。之后到来的欧洲人要的也是这三样东西。在阿拉伯商人记录非洲历史之前，撒哈拉以南非洲始终没有写成文字的历史。由于有了这些记载，我们才能发现一些重要的例外，这就是位于西非的几个帝国。

西非的突破是驯养骆驼。与马相似，骆驼也发源于美洲，尽管美洲的骆驼已经灭绝了。亚洲的骆驼个头很大。公元前 2000 年，阿拉伯半岛驯养了骆驼，这或许是人类第一次驯服这种动物。考古发现表明，到公元前 700 年的时候，骆驼已经在埃及出现。在古典时代，军队用骆驼运输物资；公元 200 年前后，图阿雷格人借助骆驼的力量跨越了撒哈拉沙漠。骆驼有出色的脚力，在穿越沙漠的旅途中，它们既可以驮人，又可以拉车。但这种动物非常难以驯服，也非常难以驾驭。尽管骆驼一年到头都可以交配，但在野外，它们的繁殖速度是非常慢的。早期使用骆驼的人取得了一个重要突破，那就是他们学会了如何为这种牲畜进行人工授精，这个突破有助于扩大骆驼群的规模。有了辅助繁育技术之后，骆驼成了重要的运输工具，这种运输工具可以为人们打开撒哈拉以南非洲的大门。骆驼可以在滴水不饮的情况下连续走 9 天，它们的驮载能力是公牛的 2 倍，可以在很短的时间内为生活在撒哈拉以南的民族送去大量金属和布料。

沙漠商队也会贩运一种平凡无奇，但在南方很稀少、对生命很重要的东西，那就是盐。在狩猎—采集时代，人类可以通过猎获的动物摄入足够的盐分。然而，一旦开始农业定居，他们就需要摄入额外的盐。这些盐一来供人类自己食用，二来是为了牧养他们的牲畜。撒哈拉沙漠的地下蕴藏着许多盐，但盐矿的工作条件极差，采盐的通常是奴隶。到公元8世纪，廷巴克图逐渐发展成为一个季节性的贸易中心。在这座城镇中，人们将盐装上一种在河中航行的大独木舟（这种样式的独木舟今天仍在使用），然后这些独木舟会将盐运到非洲的内陆地区。出售完带来的货物后，来自北非的穆斯林商人会在当地购买黄金，他们带回的黄金通常有两种形式，一种是金锭，另一种是金末。这些黄金主要来自一个帝国，以及位于其南方的几个更加神秘的王国。现在我们将这个帝国称为加纳，但这很可能不是它最初的名字。正是因为有了“黄金换食盐”的贸易，伊斯兰世界才会注意到西非，也才会记录下那里发生的事。

在来自北非的柏柏尔商人和牧人的冲击下，作为政治实体的加纳走向了瓦解。柏柏尔人在西非建立了一个自己的帝国，这就是强大的穆拉比特帝国，这个帝国的势力范围曾一度到达西班牙。1076年前后，他们向南进发，开始攻击加纳。尽管统治这一地区的时间并不算长，但他们将自己的宗教带入了西非，而且为一个新帝国的崛起创造了机会。说曼丁哥语的非洲人是这个新帝国的创建者，他们将自己的国家称为“马里”或“马勒尔”。事实证明，马里王国是撒哈拉以南非洲有史以来最强大的国家。直到今天，与非洲大陆其他地方相比，这一地区的农业也要更加发达。更靠南的地方有一片几乎无法穿越的森林，这正是马里所缺乏的。宽阔的尼日尔河及其支流成了一条纽带，将农业兴旺发达的灌溉区联系在一起。这些河流不但提供了便利的运输，而且提供了丰富的渔业资源。马里的边缘是个富庶的采金区；在这一地区纵横驰骋的骑兵不但可以维持治安，而且可以拓展国家的疆域。到13世纪末，这个信奉伊斯兰教的非洲王国已经建设得非常好了。它的影响力向两个方向扩展：一个方向是向西，影响了住在海岸的非洲人；另一个方向是向内陆，影响了非洲大陆的核心地区，也就是今天的尼日利亚管辖的地区。

之前那片绿洲，也就是贸易集市廷巴克图，现在已经发展为一座皇家城市；位置比较靠南的杰内也是如此。杰内是一个坐落在河边的城市，它拥有当今世界上最大的泥质建筑——一座宏伟的大清真寺。13世纪60年代，当时的国王曼萨·乌利前往麦加朝圣。1324年，著名的曼萨·穆萨也开启了他的朝圣之旅。他和他的行李运输车队花了一年的时间，跨过沙漠来到埃及。曼萨·穆萨和他的皇家仪仗队进入了开罗。一到达开罗，他的阳伞、他的财富、他的慷慨大方，以及他那些令人难以置信的故事，立刻引来了阿拉伯作家赞赏的目光。到达埃及的时候，穆萨身边跟着8000名随从，其中一些人是奴隶。据说，他有一支不少于10万人的军队。除了宗教动机之外，朝圣之旅也是为了提高国王和国家的声望。事实上，曼萨·穆萨确实做到了这一点，这次朝圣使他名声大噪。

有许多阿拉伯作家描述过曼萨·穆萨，来自大马士革的乌马里就是其中一位，他生动地描述了这位国王。他写道："这个人在开罗大施恩惠……他和他的随从在开罗买卖和施舍，开罗人从他们那里获得了不计其数的好处。他们花掉了很多黄金，结果导致埃及黄金贬值，金价大跌。"穆萨夸夸其谈地讲述自己的故事。他告诉开罗的统治者，他曾经征服了24座城市，他统治着一个富庶的国家，这个国家里有数不尽的牛、绵羊、山羊、马、骡子、鹅、鸽子和鸡——这或许是真的。但穆萨又声称，他的黄金来自一种"可以长出黄金的植物"，这种植物在春雨后开花，它的根是黄金。这或许是因为穆萨并不知道他的财富是怎么来的，因为他又补充说，另一种"黄金植物"会把它的根留在河边的洞里，人们收集它的根，就像在河边捡石头或沙砾一样。穆萨还曾向开罗的统治者表示，他的王国中有许多如花似玉的女孩，他可以将这些女孩送给他，"不用举办婚礼，就可以占有她，就像占有奴隶一样"。但对方拒绝了他的提议，并表示，对于一个穆斯林来说，这种行为是不可接受的。"他说：'甚至连国王也不行吗？'我回答说：'不行！就算是国王也不行！去问问学者吧！'他说：'向真主起誓，我不知道啊。我从此不再做这种事，而且还要彻底禁止这种事！'"[16]

曼萨·穆萨是否真的进行了改革，我们不得而知。但他在位期间（约1312—1337年）确实用另外的方式接触到了伊斯兰世界的其他地区：他邀请学者和建筑师在他的家乡修建了许多清真寺。1352年或1353年，曼萨·穆萨去世。他辞世后，当时最伟大的旅行家和作家伊本·白图泰从丹吉尔出发，来到马里，并记录下了他对这个国家的印象。他发现，这是一个公正、安全、对旅行者十分热情的地方。在到达马里之前，他在沙漠中行走了很长一段时间。即便对这位坚定的世界旅行家来说，这也是一段特别煎熬的旅程。有一次，白图泰回忆说，他曾经遇到过一个迷路的人，当时他已经渴死了。这个人躺在地上，“身上盖着衣服，手里拿着一条鞭子，在一棵小树下……水源离他至少有一英里远”。[17]还有一次，白图泰在河边方便，这时过来一个当地人，站在他附近，注视着他。这使白图泰非常气愤。后来证明，当时河里有条鳄鱼，这个人是担心这条鳄鱼攻击白图泰，所以好心地站在了二者之间。

然而，在马里，白图泰再一次受到了冒犯（阿拉伯人认为非洲人的风俗非常粗野，几个世纪后到来的欧洲探险家也持同样的观点）。伊本·白图泰希望获得一些质量上乘的长袍和金钱，他认为这些是令人满意的礼物。但偏偏事与愿违，新登基的国王只给了他三个长条形面包，一片煎牛肉，外加一些酸奶。但他很快就高兴起来，瞪大眼睛观看“苏丹”富丽堂皇的宫廷，以及衣装华丽的武装侍卫、乐师、杂技演员和表演舞蹈的人。

与基督教传教士一样，伊本·白图泰既受不了非洲妇女的赤身裸体——“他们的女仆、奴隶女孩和小女孩在男人面前一丝不挂，甚至连下体也暴露在外面”，又受不了非洲人的饮食习惯——他们会吃腐肉、狗肉和驴肉。但他也欣喜地发现，这个民族非常尊崇《古兰经》。在做周五的祷告时，马里的公民都会穿上干净的白色衣服。他写道，笼统地讲，这个国家没有什么“压迫”，而且非常安全——但奴隶和妇女或许不这么想。用之后的一位历史学家的话说，“从整体上看……这是一个富裕、兴旺、和平、井然有序的帝国，这个帝国有着高效的政府、组织化的通信系统和繁荣贸易。马里的贸易范围很广，向西可以到达大西洋，向东可以到达现代尼日利亚的边境，向南可以到达森林地区的边缘，向北可以延伸到沙漠”。[18]

帝国内部，大部分人都在从事农业生产，他们种植小米和稻子、牧养牛群、捕鱼。铜和盐等商品贸易为政府带来了可观的税收，当地还有一种可以用作货币的贝壳。伊本·白图泰也记录了马里的一些问题：蝗虫的危害，野生动物也时时刻刻威胁着人们的安全。他提到了一种长得像马一样的大型动物，这种动物生活在河流中。据此推断，他所说的应该是河马。尽管如此，他还是将马里描绘得像天堂一样。在马里的管辖范围之外，有食人族（他们会吃掉奴隶女孩）、恐怖的盐矿和铜矿，以及许多巨大的危险。总之，他的结论是积极的，但我们必须谨慎看待他所得出的结论。我们无法一一核实这些穆斯林旅行家和历史学家的记载，这些人往往会相互抄袭。[19]

或许，加纳并不是真正“败给”了马里，马里也不是下一个政权——桑海帝国——的绊脚石。西非的每一个帝国都在简单地扩大着本国的人口，当人口多到养活不了的程度时，国家就会瓦解。然而，在丛生的问题中，马里可能也面临着一个世界各国王室都会遇到的问题，那就是王位继承问题。按照非洲的传统，有权决定王位归属的通常是长老会，有时是一位女性族长。这种制度或许比僵化的血统继承制度更合理，因为前者可以排除掉最愚蠢和最无能的竞争者。但这种制度也会导致相互争斗，它不可能解决帝国庞大领土上出现的纷争。按照另一位阿拉伯历史学家伊本·赫勒敦的说法，这种继承制度通常也选不出什么好国王。在穆萨之前，有一位马里国王，他“是个优柔寡断的人，经常用箭射他的臣民，经常为了好玩儿而杀人。因此，马里人起来反抗他，并最终将他置于死地”。[20]这看上去相当合理。在曼萨·穆萨之后，马里也出现了一系列的篡位夺权和叛乱。于是，居住在沙漠地区的图阿雷格人和位于尼日尔河流域的桑海帝国开始逐渐蚕食马里的领土。

阿拉伯人创建了统一的伊斯兰社会，并将这种社会模式推广到北非和西班牙。相比之下，尽管马里的统治者前往麦加朝觐，并修建了宏伟的清真寺，但他们从来没有创造出像阿拉伯人那样的社会。非洲的本土宗教有着强大的势力，这是马里统治者失败的部分原因。自然崇拜和万物有灵论可谓根深蒂固，很难撼动，在主要城镇以外的地区尤其如此。即便到了今天，这些宗教思想在非洲仍然很流行。伊本·白图泰发现，在穆斯林祷告者身旁，有一些戴着面具的舞者（面具上绘制了各种图案），还有人在一旁背诵部落的故事（在他看来，这些故事既冗长又乏味）。甚至连宫廷中也会出现这种情况。这使白图泰感到非常愤怒。妇女们觐见国王的时候，仍然是赤身裸体；大臣们参见国王的时候，要在自己的头上撒些灰。[21]这些都不是一个穆斯林应该做的。而后起的桑海人则是完完全全的万物有灵论者。根据阿拉伯编年史家的记载，一位名叫穆罕默德·杜尔的穆斯林勇士击败了他们。当克里斯托弗·哥伦布起锚出航，准备去寻找印度的时候，杜尔正在着手恢复马里帝国初创时的一些东西。

但长期的纷争和分裂同样削弱了桑海帝国。1590年，在一支摩洛哥军队的冲击下，桑海帝国土崩瓦解。值得一提的是，与摩洛哥人一同进攻西非的还有一支由基督教徒组成的雇佣军。在一位西班牙船长的带领下，这支雇佣军将大炮绑在骆驼背上，让骆驼将大炮一路驮过沙漠。这是一场陆上的冒险活动，这场冒险比得上任何一次跨越大西洋的航行；与在美洲的西班牙人一样，摩洛哥人也在当地建立了一块殖民地，这块殖民地大约居住着2万名移民。[22]他们对马里的建筑产生了影响，这种影响一直延续到了今天。但摩洛哥人对西非的占领并没有持续很长时间。他们的入侵加剧了日益严重的政治分裂。与此同时，一些远方的小城邦正在互相倾轧，争夺这一地区的霸权。其中包括豪萨人统治的城邦，也包括富拉尼人统治的城邦。豪萨人的起源非常神秘，他们的语言不属于西非语言；而富拉尼人的个子要更高一些，肤色要更淡一些，主要从事牧牛业。与美洲相似，外来入侵在当地各民族中引发了进一步的破坏和混乱。到此时，大量的微型城邦已经形成，许多来自欧洲的海船正在岸边游弋。

这使我们首先回想起欧洲人贩卖非洲黑奴的历史。然而，我们需要记住一件很重要的事情：在葡萄牙人和其他基督教徒到达非洲很久之前，那里已经有了规模很大、很活跃的奴隶贸易。按照阿拉伯作家的记述，他们将拥有奴隶视为一件理所当然的事。当外出旅行的时候，他们就会为自己买一些奴隶，因为需要这些奴隶随行。非洲黑人被带到北方，在伊斯兰国家从事一些卑贱的工作。之后，当摩洛哥和伊拉克的种植园开始栽植糖料作物的时候，大量的黑奴被贩卖到那里，充当农业劳动力。在曼萨·穆萨结束他的朝觐之旅，返回马里的时候，一位历史学家指出："马里人非常需要来自土耳其和埃塞尔比亚等地的年幼女奴，也非常需要阉人和土耳其年幼男奴。可见，奴隶贸易是双向的。"[23]奴隶大多是被抓来的。在无数小规模冲突中，他们被人抓住，然后再被卖出去。贩卖和使用奴隶形成了一种传统。如果没有这种深厚的传统，或许就不会有之后的大西洋奴隶贸易。使用奴隶在伊斯兰历史中所占的比重与贩奴船在基督教历史中所占的比重大致相当。

加纳、马里、桑海和津巴布韦是前殖民时期最著名的王国，但非洲还有许多没有留下文字记录的王国。这些王国通常会留下辉煌的艺术，这暗示着它们曾经拥有高度发达的文化，但现在，这些国家已经被人们遗忘了。位于今天尼日利亚的伊费文化可以追溯到公元 8 世纪。伊费文化脱胎于之前的诺克文化，诺克文化能够创造出精美的陶像。对于生活在伊费的约鲁巴人来说，他们最著名的艺术品是雕刻出来的青铜头像。后来，贝宁帝国取代了他们。贝宁帝国从 12 世纪一直延续到 19 世纪末。在欧洲文艺复兴时期，贝宁人为他们的“奥巴”制造出了极佳的黄铜镶板。在当地语言中，“奥巴”是国王的意思。就连意大利和德意志的工艺大师恐怕也会羡慕贝宁人的技术水平。这些雕刻品由黄铜制成，黄铜是由欧洲进口的。作为回报，贝宁人要向欧洲出口黄金和象牙。

贝宁王室允许象牙制品出口海外，但一定要将黄铜制成的艺术珍品留在国内。1897 年，英国军队占领贝宁。随后，这些黄铜艺术品流出非洲，欧洲人和美国人争相学习贝宁人的技术和审美。大英博物馆的馆长写道，初看之下，“这个意想不到的发现立刻就让我们惊呆了。我们感到十分困惑，一个完全野蛮的种族怎么能创造出如此精美的艺术品呢？”[24] 在欧洲殖民时代之前制造出来的非洲木雕，只有一小部分流传下来。任何一个看过这些木雕的人都会意识到一件事：尽管许多著名的帝国在西非不断兴起和衰落，但并不是只有西非人才拥有创造艺术品的技巧和天赋。

在 1400 年前后，非洲大陆的两端存在着许多强大的国家，其中就有信奉基督教的埃塞俄比亚，以及大量小王国，这些小王国的农业和贸易都不是很发达。很明显，早在外来者到达非洲之前，这里就是一块充满移民、战争和政治活动的土地。非洲的气候更具挑战性，这种气候是以城市为基础的文明不能发展壮大的部分原因。非洲有黄金、象牙和奴隶传统，但这是坏运气的表现。因为这些东西引来了拥有更高冶金技术、更好帆船的穆斯林冒险家和基督徒冒险家，他们的到来使非洲陷入了危险。然而，如果欧洲人没有发达的医学，使他们免受非洲可怕疾病的攻击，那么他们恐怕也很难入侵非洲、瓜分非洲。要是那样的话，非洲肯定会发展成另外一个样子，非洲自身的传统和历史将会在这块大陆发展历程中发挥更大的作用。曼萨·穆萨或许只是非洲著名君主中的一位。他是非洲的查理大帝或亨利八世，而不是没有未来、稍纵即逝的闪光，在流逝的时光之镜中的短暂闪现。

成吉思汗

这是一个长着微红色头发的瘦弱男孩，他几乎赤身裸体，手里抓着一张弓。他趴在地上，慢慢地爬向一头小鹿。他悄悄抽出一支箭，搭箭在弦，用箭头指向一个令人好奇的洞穴，然后将箭射出去。这是一种经过巧妙设计的箭，能发出一种与众不同的声音。这声音引起了小鹿的注意。正当它感到惊恐的时候，这支箭不偏不倚地射穿了它的喉咙。这个男孩没有父亲，而且遭到了众部落的排斥。因此，他和他的母亲只好住在森林里。这个男孩既大胆，又粗鲁，但也十分聪明。他有一种才能，可以洞察别人的内心世界。不久之后，他和他同父异母的兄弟因打猎问题发生了争执。结果，他杀死了这位兄弟。尽管这件事发生在文明世界最偏远的角落里——那里没有建筑物，却有着一望无际的绿色大草原和广阔的天空——但这个男孩将会撼动并重塑半个地球。他的名字叫铁木真，人们通常将他称为成吉思汗。

将一些跨越单一国家并能够改变人类历史的事件与某一个人联系起来，这种情况并不多见。但在成吉思汗的生涯中，他确实跨越了大量国家，并改变了世界历史。在历史上，恐怕无人能出其右。但即便没有这个失去父亲、在野地里长大的孩子，蒙古人也会以同样的力度，向同样的方向扩张。关于成吉思汗身世的说法多到令人惊讶的地步。就在他去世后一年，没有文字的游牧民族接受并改造了另一种语言创造了蒙文，而在第一部蒙文著作中就有成吉思汗成长的内容。这部名为《蒙古秘史》的著作创作于

“鼠年獐月，蒙古人举办大会的时候［这次大会于1228年在蒙古中部地区召开］，当时蒙古人正在七孤山安置诸宫”。[25]

在几千年的时间里，游牧民在辽阔的棕色平原和广袤的绿色草原上迁徙。历史学家用“畜牧主义”这么一个无趣的词来表达他们的生活。但事实上，他们的生活相当丰富多彩。这些人生活在一片宽广的土地上，那里既没有山，也没有沙漠，但那里并不适合发展农业。尽管他们也从事狩猎和采集，但他们并不是单纯的狩猎—采集者。人类经历了一种简单的直线型发展，即从狩猎—采集发展到农业，再从农业发展到城镇。但他们并没有按照这个规律发展。

大约6000年前，居住在亚洲大草原上的民族第一次驯服了马。最初，他们驯养马是为了吃马肉。马起源于美洲。在人类的早期历史中，在像大草原一样广阔的美洲平原上，马几乎被猎杀殆尽。可见，亚洲牧民文化与美洲土著文化是完全不同的。到了大约4000年前，亚洲草原民族学会了骑马。这使他们可以用车拉着他们的家（用木头和毡子制成的帐篷），赶着他们的其他动物（包括绵羊、山羊、牛、骆驼和牦牛）逐水草而居。他们从来不会在一个地方待很长时间，长到可以使他们变成农民。因此，他们没有用石头或木材建造村庄，也从来没有修建过一座城市。他们只是轻轻地踏过地球的表面，没有留下什么可以与其他人类进行比较的痕迹。

除了那本蒙古人自己写成的史书之外，用其他文字写成的历史对游牧民族都没什么正面评价。这并不令人惊讶：历史都是由定居民族写成的，他们惧怕游牧民族，这不是没有理由的。草原上的人口过剩或饥荒可以引发移民潮。最后，这些机动性很高的民族会洗劫或入侵定居世界。

在早期，最著名的例子是匈人，他们击败了日耳曼各部落，推动了“大迁徙”。最终，这场大迁徙导致了西罗马帝国的灭亡。当匈人骑马迫近的时候，人们会对匈人产生恐惧，就像恐惧一种野兽般的“另类动物”。匈人的所作所为没有一处符合人类定居社会和人类文明的规范。6世纪50年代，一位名叫约丹尼斯的哥特编年史家写道，匈人是女巫和恶灵的后代，他们“生育了这个野蛮的种族。开始的时候，匈人定居在沼泽中……是个矮小、邪恶、孱弱的民族，他们几乎就不能算是人类。他们没有语言，但可以发出一种令人厌烦的，有点像人类语言的声音。这些人——如果我可以这样称呼他们的话——长着一个没什么形状的肉球，而不是脑袋；肉球上有一些针孔，而不是眼睛”。中国受到了匈奴的攻击，他们和匈人或许属于同一民族。中国人也有同样的感觉，他们将匈奴称为狼、成群捕食的鸟和“凶狠的奴隶”。

但除了累累白骨和燃烧的庄稼之外，游牧民族的入侵者也留下了其他的东西。2003年，研究者在《美国人类遗传学杂志》上发表了一篇论文。论文研究了散布于欧亚大陆的1600万名男性，结果发现，每200个活着的男性中，就有一个人有着共同的基因。而这些人的基因来自一个生活在大约900年前的男性。[26]众所周知，强大的蒙古统治者留下了重要的遗传足迹。在从冰岛到非洲的广阔区域里，我们都能找到相关的例子。但在不同地区，遗传足迹的强弱也不尽相同。研究者们认为，最有可能的解释是，这位超级成功的祖先就是成吉思汗。Y染色体的遗传标记群与成吉思汗所处的时代和蒙古帝国的扩张范围十分吻合，因此不太可能还有其他解释。所到之处，这位伟大的入侵者都会劫掠战败民族的妇女，他并不在意孩子是嫡出还是庶出。但无论这种影响有多大，也只不过是这个不识字的草原之子所表现出的一种超凡力量。

成吉思汗统一了蒙古各部落。之后，蒙古人在中国建立了统治，创建了元朝。他们毁灭了中亚地区许多高度发展的伊斯兰城市和社会。他们征服了罗斯人，占领了几乎每一座重要的城市，基辅罗斯的大公成为要向蒙古人纳税的臣属。蒙古人进入了欧洲，最远到达了今天的匈牙利。他们击败了日耳曼的条顿骑士，兵临维也纳城下。这在当时引起了一波又一波的恐慌。在大约25年的时间里，成吉思汗征服了地球上的大片土地。他征服的土地面积比延续了4个世纪的罗马帝国的领土面积还要大。他创建了世界历史上最庞大的陆上帝国，但这个帝国并没有持续很长时间。若干年后，忽必烈登上了汗位，他对中国产生了深远的影响。他的上都——英国诗人柯勒律治将其称为“世外桃源”——深深地吸引了马可·波罗。后来，忽必烈来到今天的北京，完全重建了这座城市。他成为第一位坐镇北京统治全中国的皇帝。[27]几百年后，蒙古人或莫卧儿人向南发展，进入了印度。

中国人最终接受了蒙古统治者。按照中国人的标准，元朝是个短命王朝，尽管它重新统一了中国。但蒙古人的到来却对俄罗斯的发展产生了巨大影响——影响了这个国家的文字、姓名、服装、食物和税收系统，并导致俄罗斯人对“亚洲”统治者产生厌恶。许多俄罗斯人都拥有蒙古血统，例如最著名的小说家屠格涅夫、诗人安娜·阿赫玛托娃和作曲家里姆斯基—科萨科夫。在金帐汗国的统治下，生活着一个叫作卡尔梅克的游牧部落。列宁拥有卡尔梅克人的血统，他的脸形就带有一些蒙古人的特征。[28] 在印度，莫卧儿帝国的第一位皇帝巴布尔也是成吉思汗的后代。可以说，没有成吉思汗，就没有繁荣的莫卧儿帝国。

成吉思汗建立了一个军事帝国，这个帝国改变了中国、波斯、印度和俄罗斯的历史进程。除此之外，他还在其他方面对世界产生了独特影响。尽管蒙古人非常残暴，而且是越往后越残暴，但他们创建了一个统一的区域，这个区域将东方和西方、中国和地中海联结在了一起，这是前所未有的。蒙古帝国建立后，成吉思汗和他的继任者为南来北往的客商提供了一条安全且管理有效的商路。通过这条商路，丝绸和白银等商品可以在欧洲新兴文明和中国之间流通。历史学家伊恩·莫里斯说得更清楚。他认为，蒙古人严重破坏了伟大的伊斯兰文化和重要的伊斯兰城市，如巴格达、木鹿、撒马尔罕和布哈拉。在蒙古人到来之前，这些都是美丽、发达的城市，是热闹的文化中心和知识中心。因此，地中海地区逐渐后来居上：“因为蒙古人没有洗劫开罗，所以它仍然是西方最大、最富庶的城市；因为他们没有入侵西欧，所以威尼斯和热那亚仍然是西方最重要的商业中心。传统的伊斯兰教核心地区的发展受到了阻碍……到13世纪70年代，当马可·波罗启程前往中国的时候，西方的中心已经坚决地转移到了未受蒙古人冲击的地中海地区。”[29]

成吉思汗生下来就是一个蒙古部族的领袖，但他的名字则源于一个敌对的部落——鞑靼部落，因为他的父亲正好俘虏了鞑靼首领铁木真。所以，他有了“铁木真”这个名字。1162年前后，铁木真出生在一个战乱频仍的世界。在这个世界中，蒙古部族之间进行着永无休止的战争，蒙古人也经常与南方的中国人发生冲突。据说，铁木真怕狗；在 8 岁的时候，铁木真与人订立了婚约。按照蒙古人的习俗，他要在那个女孩的部族住上一段时间。但在回程的路上，他的父亲被敌对的鞑靼人毒死了。铁木真大胆地宣布，自己要继承父亲的领导权，但蒙古部落并不打算听从一个 9 岁男孩的命令。于是，这些部落抛弃了铁木真的家族。这个家族包括铁木真、他守寡的母亲诃额仑，以及另外 6 个孩子。在这 6 个孩子中，有 2 个男孩是铁木真同父异母的兄弟。于是，他们无家可归了。他们在森林中觅食为生：采集洋葱类植物、种子和草本植物，吃死去动物的尸体，狩猎体型较小的动物。有一个有趣的传说，诃额仑给铁木真和他的兄弟每人一支箭，让他们折断这支箭。他们照母亲的话做了。之后，她又将五支箭捆在一起，要他们折断。但这回他们就做不到了。她是想告诉这些被驱逐的孩子，团结就是力量。

据说，在 10 岁的时候，铁木真杀死了一个同父异母的兄弟。随后，他被父亲的敌人抓获。虽然他们为铁木真戴上了巨大的木枷锁，但他还是设法逃走了。在荒凉的东方，铁木真的经历幻化为许多故事，如关于马贼的故事和关于他种种壮举的故事。依靠个人的能力，他在部族中的地位越来越高，并最终成了部落领袖。他娶了那个与她有婚约的女孩，但不久之后她便被敌对的部落掳走了（在被俘期间，她可能遭到了强暴）。铁木真和他的童年伙伴聚集数千名支持者，成功地救回了自己的妻子——这是铁木真获得的第一次军事胜利。他的妻子名叫孛儿帖。尽管一生有许多的妾和奴隶女孩，但铁木真和孛儿帖的感情一直很好。

目前为止，尽管这段故事非常有趣，但并不十分重要，充其量只是崛起了一位地方豪强而已。但铁木真的传奇才刚刚开始。

生活在蒙古大草原上的人分成了若干个相互敌对的群体，如鞑靼人、回鹘人、克烈人和蒙古人。他们的组织形式与居住在大西洋沿岸的美洲土著民族的血亲组织有类似的地方——通过亲属关系联结成庞大的家族，然后大家族再结成联盟。成吉思汗的成就在于，他找到了一种能够将草原诸部落融为一体的方法。这些部落融合成了一个单一的民族，他们一起生活，一起骑马，共同战斗——他们已经变成了一捆箭，而不再是一支一支的箭。

首先，他建立了巧妙的联盟。到1190年，他将所有蒙古人联合到了一起，这可是个不小的功绩。其次，他将注意力转向了敌对的部落。他可以与败在他手下的部落一起分享未来战争的胜利果实；他给予他们兄弟般的友爱，而不是放逐或羞辱，因此他将传统的敌人变为大家庭中的新成员。

尽管如此，铁木真还是要面对漫长而复杂的草原战争。在战争中，他有时几乎功败垂成，有时几乎被一箭射死。他遭遇过许多失败，就像他获得许多成功一样，但他的控制范围在稳步扩大。在崛起的过程中，有一件事让铁木真非常悲伤：他曾经和一位童年伙伴立下誓言，要永远像亲兄弟一样，但这位朋友成了他强大的敌人。战败后，这个人拒绝与铁木真联合。按照《蒙古秘史》的记载，他说："恐为汝衣领之虱乎！恐为汝门上之刺乎！"这位伟大的统治者，即将成为成吉思汗的铁木真，悲伤地答应了他的要求，将他绞死。到1206年，成吉思汗降伏并统一了大草原上的各民族，他即将让世界大吃一惊。

作为一名军事统帅，成吉思汗并不仅仅是用令人生畏的暴行打击那些拒绝投降的人。他也引入了一套新的法律系统（随后出现了成文法），向其他民族学习各种知识。他使用间谍网络、中国的攻城武器和巨大的机械弓，甚至还有以火药制成的炸弹。在此之前，游牧民族从来没使用过这些东西。成吉思汗的第一个目标是党项人，他们又被称为"西夏人"。党项人的帝国位于中国的西北部，面积大约是法国的两倍。他们有着复杂而先进的文化，印刷技术高超，有着很好的绘画传统。成吉思汗几乎将他们从地图上抹掉。正如一位为他作传的现代作家所说，这或许是"第一次有记录的未遂的种族灭绝"。[30]

成吉思汗继续前进，去摧毁一个国土面积更加辽阔的军事强国，这就是中国的金朝。他占领了今天的北京，迫使金朝向南撤退。他的继任者后来继续穷追猛打，直到金朝彻底灭亡。成吉思汗的下一个目标是位于中国西部的一个汗国。随后，他开始进攻庞大的花剌子模帝国。花剌子模帝国有许多防守严密的贸易城市，如撒马尔罕、布哈拉、乌尔根奇和木鹿，这些城市我们之前已经提到过了。战争中出现了几次世界历史上最恐怖的大屠杀。成吉思汗麾下是一支超过10万人的军队，每名士兵都带着2到

3 匹马。现在，这支军队中还有了许多中国的攻城武器和奴隶。成吉思汗和他的将军们跨过崇山峻岭，向那些绿洲要塞前进。这些城市有引以为豪的地下河道和熠熠生辉的圆顶建筑，丝绸和奴隶使它们变得越来越富有。但铁木真即将把那里变成地狱。

据估算，在两年的时间里，成吉思汗的军队杀了 125 万人，当时花剌子模的全部人口大约是 300 万。正如历史学家约翰·曼所说，这或许是世界历史上死亡比例最高的大屠杀，“能够与之相提并论的是黑死病，这场欧洲最大的灾难导致 25%~30% 的人丧生”。在攻陷这些城市后，蒙古士兵有条不紊地进行了分批屠杀。无论是老人还是青年，战斗人员还是非战斗人员，都死在了他们的刀斧之下。颅骨成堆，血流成河。所有残酷的手段都留给了那些进行英勇抵抗的人。撒马尔罕很快就投降了，但仍然有四分之三的人死于非命。

之后，成吉思汗兵分多路。他自己率军南下，兵进阿富汗和印度北部。与此同时，他的将军们挥师北上，进入了信奉基督教的格鲁吉亚王国，于 1221 年终结了著名的塔玛拉女王所开创的“黄金时代”。之后，他们继续向北进军，剑指俄罗斯和保加利亚。随后爆发了几场重要的战役，几名俄罗斯大公大败。后来，在蒙古将军饮宴享乐的时候，他们被压死在了一个台子下。这次进攻使蒙古人意识到，那里有大片的肥美草原，这些草原可以使他们继续深入欧洲。在成吉思汗的孙子建立统治的时候，他们才撤了回来。

回师后，他们破坏了以基辅为中心的俄罗斯基督教文明，摧毁了那里的城镇，驱散了那里的百姓。因此，当俄罗斯复兴的时候，已经变成了一个斯拉夫国家，位置也更加靠北，国家中心变成了莫斯科和诺夫哥罗德，这使俄罗斯获得了另一种特征，这种特征甚至一直保持到了今天。蒙古人将恐怖带到了每个地方，将屠杀带到了每个地方。大约 700 年前，人们对匈人感到恐惧和厌恶；现在，从中国到欧洲，人们对蒙古人也有同样的感受。英国编年史家马修·帕里斯写道，蒙古人“非常野蛮，简直就是野兽。他们应该被叫作怪物而不是人，他们嗜血如命，非常喜欢撕碎和吞食狗肉和人肉”。

在晚年，成吉思汗对精神世界越来越感兴趣。于是，他从中国中部地区请来一位有名的道士，来教他长生之道和良善的生活方式。这听上去似乎不大可能是真的。他更关心的是如何延长他的生命，而不是任何一个伦理上的问题：如果是这样的话，那名道士就没有提供什么帮助。因为在60多岁的时候，成吉思汗就去世了，离世前他再次击败了西夏。远征中亚的时候，西夏人并没有给予他支持，因此他们需要为此付出代价。他死的时候，蒙古人即将在中国取得新的胜利。

关于成吉思汗的死，也有许多传说：有人说他是病死的，有人说他坠马而亡，甚至还有人说他是遭到了西夏王妃的谋杀。这名王妃咬伤了他的下体。死后，成吉思汗被秘密埋葬。有一个故事提到，为了保护他圣洁的长眠之处，每一个参与埋葬过程的人最后都被杀掉了。但这则故事并不是很可信，就像关于他的死因的传说不可信一样。今天，考古学家相信他们已经找到了安葬成吉思汗的那个山谷。或许在数年之内，现代蒙古人就能在那里获得惊人的发现。

成吉思汗的继任者们将蒙古帝国扩张到了极限：在东方，他们占领了中国和朝鲜全境；在西方，他们击败了波兰人和匈牙利人，他们的军队中还有法国人和日耳曼人。在亚洲广为人知的屠杀方法也被用到了欧洲。此时，蒙古人已经开始使用火药和用抛射器进行发射的炸弹。步步后退的欧洲人对这些武器既感到恐惧，又感到不知所措。如果愿意的话，蒙古人肯定会占领德意志、法国和意大利，但内部的分歧却开始撕裂他们的帝国，于是蒙古军队撤回了亚洲。但到此时，他们已经有效地控制了俄罗斯，并要求那里的大公和城市定期向他们缴纳贡物。

事实上，蒙古人为中亚地区带来了一段时间的和平，商人和探险家在欧亚大陆上安全地旅行，从地中海一直走到太平洋。成吉思汗本人并不识字，但他却推动了蒙古文的确立。他对宗教是完全宽容的，无论是基督教徒、穆斯林和佛教徒，还是其他教徒，都可以按照自己的意志从事宗教活动。然而，在和平到来之前，被征服地区遭到了严重的破坏，而且要对那些所向披靡的蒙古兵忍气吞声。现在，马可·波罗等旅行者的脚下出现了一条条平坦的道路，但人们也为这些平坦的道路付出了沉重的代价——

中亚伟大的伊斯兰文明遭到破坏，中国和欧洲的中心地区也未能幸免。蒙古人有自己的首都，即哈拉和林。按照通常的观点，那里是个贫穷的地方。但除了将人头堆成堆之外（他们做这件事非常在行），他们对修建任何建筑都不感兴趣。蒙古人没有留下什么超越自身历史的重要思想或文学作品，也没有创造出什么美好的东西。他们征服了世界上的许多地方，但他们在文化上取得的成就与他们在军事上取得的成就完全不成比例。

但成吉思汗确实改变了这个世界。他在无意之中帮信仰基督教的欧洲超越了信仰伊斯兰教的阿拉伯帝国，结束了中国分裂割据的局面。有人认为他是全球主义和自由贸易的早期信徒。在故乡蒙古，成吉思汗是个令人敬畏的民族英雄：在大草原上，有一尊他骑在马背上的雕像，这是世界上最大的成吉思汗雕像；蒙古的纸币、山腰和广告牌上都有他的头像。但有一点可以肯定，如果没有这个草原男孩的崛起，世界就会变成另一个样子了，但另一个样子的世界或许是个更好的选择。

夸夸其谈的马可·波罗

在某些人身边，总会发生大量的故事。马可·波罗是位旅行家，也是个喜欢讲故事的人。据说，当他结束长达 25 年的中国和远东之旅，最终回到威尼斯的时候，他和他的伙伴都穿着顺滑的丝绸长袍、带有长柔毛的皮衣和鞑靼款式的衣服。他们对威尼斯人感到陌生。的确，当地人也没有把他们当成是意大利人。但是，当他们撕开衣服缝隙的时候，大量的红宝石和绿宝石从衣服里面掉了出来。马可·波罗于 1295 年返回意大利，但关于他的故事直到两个世纪后才逐渐为人们所知。在此之前，他因为自己的夸大之词而受到人们嘲笑。到了晚年，威尼斯人称他为“马可百万”。“百万”这个词或许并不是表示他很富有，而是表示他经常夸夸其谈：他动辄使用“百万”这个词，“几百万”的这个，“几百万”的那个。同样是根据传说，在马可·波罗临终的时候，他的朋友们怂恿他承认之前所说的都是夸大之词，这样在见到上帝的时候，他的舌头上才不会留下谎言。

但马可·波罗回答说："我说出来的还不到我见过的一半呢！"[31] 他或许能成为一名出色的英国小报记者。

马可·波罗在蒙古和中国的见闻变得举世皆知，这些见闻深深地吸引了中世纪的欧洲。尽管他的游记不是报告的范本，但也已经非常成功了。他的游记包括虚构的基督教国王祭祀王约翰，以及他在旅途中遇到的神奇事件和听到的奇异传闻。在那些走过与他相同的旅行路线的人中，没有人会产生和他相似的感觉。他说自己在元代中国的宫廷中扮演了重要角色，但这应该是漫无边际的夸夸其谈，因为人们在那个时代的中国文献中并没有找到相关细节。在马可·波罗的时代，中国有许多事物引起了大多数外国旅行者的注意，例如长城、筷子、茶叶、妇女的缠足，以及中国人的书写方式，但这些内容在他的游记中都没有被提到。一位曾经到北京访学的英国学者深入挖掘了中国的原始资料，经过仔细研究，他得出结论：马可·波罗很可能从未来过中国，他剽窃了其他人的见闻，然后将这些见闻拼凑在了一起。[32]

马可·波罗被关押在热那亚的监狱中时，他将自己的经历讲述给了一位说法语的作家。于是，这位传奇故事作家将他的见闻整理成了《马可·波罗游记》。尽管这本书引来了猛烈的批评，但却成了畅销书，因为马可·波罗能够讲述一个很好的故事。即便到了今天，这本书仍然能将蒙古人崛起后的世界生动地展现在我们眼前。他的书中讲述了一些离奇的事情，例如中国人使用纸币，他们将一种黑色的石块作为燃料。但事实证明，这些记述都是真实的。在中国地区以外，马可·波罗还讲述了一些印度人的习俗，这些习俗听上去十分离奇。例如，崇拜圣牛；寡妇在丈夫的葬礼上自焚；在有些地方，地下会流出一种奇怪的黏稠物质，燃烧这种物质就可以产生热量。通过马可·波罗，欧洲人第一次听说了爪哇岛、香料群岛和缅甸——一个神奇的新世界已经呼之欲出了。因此，毫不令人惊讶的是，当《马可·波罗游记》——又名《寰宇记》或《东方见闻录》——于1298年问世后，这本最初可能由法语写成的书被迅速翻译成了多国语言，如意大利方言、拉丁语、西班牙语、葡萄牙语、英语和爱尔兰语等许多语言。这本书激发了欧洲人的想象力。

蒙古人的入侵打通了地中海和中国之间的道路，而且这些道路非常安全。长期以来，穆斯林商人一直是欧亚商路的主宰者。从 7 世纪开始，来自波斯、埃及和美索不达米亚的水手和商人开始学着借助季风的力量前往印度。到 8 世纪 20 年代，穆斯林水手最远到达了中国的沿海地区，他们的到来引起了当地佛教徒的忧虑。750 年后，当阿拔斯王朝将伊斯兰世界的中心迁到巴格达的时候（有一条大河可以将巴格达和波斯湾联系在一起），双方的商业交流已经变得越来越频繁了。唐朝是中国最伟大的朝代之一，中国对外来文化采取了非常开放的态度。中国的艺术明显受到波斯和阿拉伯的影响。因此，日本的艺术也受到了这两个地区的影响。与此同时，传统的丝绸之路仍然通行，但伊斯兰势力与唐代中国在中亚地区的竞争使丝路贸易变得越来越复杂。

战争和贸易通常是联系在一起的。751 年，中国军队与阿拉伯军队在今天的吉尔吉斯斯坦境内爆发了一场战争，即怛罗斯之战。结果，中国军队战败。在撒马尔罕，中国战俘将造纸术传授给了穆斯林。最后，这项技术传到了欧洲（但传播的速度非常慢：1189 年，法国才出现了第一家造纸厂[33]）。907 年，唐帝国灭亡。在之后的 50 年里，政治动荡破坏了贸易系统。但中国的下一个王朝——宋朝——仍然与伊斯兰世界进行贸易。印度的棉花和染料传到了中国。丝绸、香料和瓷器向东方传到了更远的地方。中国人希望从阿拉伯商人那里得到黄金、白银、马匹、象牙和香料。一部丰富多彩的世界贸易史呈现在人们面前："在先知穆罕默德去世后的数个世纪中，他的追随者几乎将当时已知的全部世界编织成一张贸易网。在这张贸易网中，非洲的黄金、象牙和鸵鸟羽毛可以用来交换斯堪的纳维亚半岛的毛皮、波罗的海的木材、中国的丝绸和印度的胡椒，以及波斯的金属制品。"[34]

宋代从 960 年一直持续到 1279 年。1279 年的时候，蒙古人彻底推翻了南宋王朝。在这个朝代中，中国的"中国性"变得越来越明显：从吃小米和饮酒逐步转变成吃大米和饮茶。在宋代，中国的瓷艺、绘画和图书出版达到了最高水平。与此同时，繁忙的海上出口贸易也达到顶峰。对于中国文化来说，这是一个黄金时代，是一个充满求知欲和佳作的时代。成吉思汗使用的用火药制成的炸弹、抛射火球的装置和巨大的弹弩都是宋代的发明。这一时期涌现出许多优秀的学者型诗人，出现了许多技术创新。与此同时，中国著名的官僚政治也逐渐成形。但宋朝要面对一群来自北方的好战的入侵者。1127 年，帝国的统治者撤离北方地区，并在南方重建了国都。在那里，他们享受了大约 150 年的繁荣，并多次打退入侵者。后来，那位厚待马可·波罗的忽必烈最终灭亡了南宋王朝。对欧洲人来说，强大且与他们处于敌对状态的伊斯兰世界成为一道巨大的障碍，其下潜藏着文明之间的巨大冲突。在这段时间里，十字军战士继续投身于那场并不成功的圣战，对抗伊斯兰世界。因此，当蒙古人建立的汗国为中亚地区带来一个世纪左右的和平时，他们在长达数个世纪的时间之墙上打开了一扇窗。这时他们发现，中国与地中海世界都不了解对方。对马可·波罗时代的意大利人来说，中国人非常神秘，就像罗马人认为他们很神秘一样。由未知技术生产出来的布料不但顺滑而且柔软，来自另一个世界的薄板和碗质量上乘，欧洲人生产出的任何一样东西都比不上它们。此外，还有许多神奇的故事，这些故事刻画了一个个强大的国王。但他们到底是谁呢？欧洲人希望了解东方人，有点像地球人希望在月亮上发现生命。而且，受过教育的欧洲人变得越来越好奇，越来越没有耐心。会讲故事的马可·波罗拥有一大群听众，他们对来自东方的信息如饥似渴。

马可·波罗的旅程尚存争议，但下面的事实却得到了普遍承认：若干年前，他的父亲和叔叔曾经到访过蒙古帝国的首都哈拉和林，这是一座现在已经不存在了的城市。他们原本在克里米亚地区进行贸易，但成吉思汗的两个孙子间爆发了战争，这场战争迫使他们向东前进。他们是第一批自愿前往蒙古人大本营的西方人。忽必烈汗吸引着他们到达那里。在成吉思汗的孙辈中，忽必烈是最出色的一个。他赢得了一场王位继承战争，已经成了蒙古帝国中国部分的统治者。从 13 世纪 50 年代开始，忽必烈率兵深入中国腹地。他修建了第一个都城，即元上都。从 1266 年起，他在北京新建了一个庞大的朝廷。

在许多方面，忽必烈比他的祖父成吉思汗更令人关注，因为他放弃了游牧民族的政治传统和军事传统，转而接受更加先进的中国统治方式。

与成吉思汗相似，忽必烈在宗教问题上也非常开明。他对外部世界的兴趣远远超过之后那些自满的中国统治者。在哈拉和林，他的身边有来自波斯的穆斯林、基督教聂斯脱利派的牧师、天主教的牧师、一位希腊医生、一名法国妇女、一个巴黎金匠和一个名叫巴西尔的英国男子等。[35] 在上都和北京，他使用的工匠和顾问中既有穆斯林，又有汉族人。不久之后，北京甚至出现了一座天主教教堂。当忽必烈的军队向南推进，发动灭亡南宋的战争时，他确实使用了一些外国人设计、操作的攻城武器和巨大的弹弩——马可·波罗声称，他自己就是忽必烈手下的一名军事顾问，但这种说法遭到了广泛的质疑，至少时间不符。忽必烈对投诚的人和战俘采取了宽容的态度，这对他灭亡南宋也很有帮助。

据说，忽必烈对外国宗教非常感兴趣，他希望马可·波罗的父亲和叔叔能给教皇带一封信，信上要求教皇向蒙古宫廷派 100 名学识渊博的基督教徒，让他们帮助当地人皈依基督教。此外，他希望得到一些来自耶路撒冷的圣膏。这两名商人得到了几块金牌，这些金牌是蒙古帝国的通行证，因此他们可以一路平安地返回欧洲。经过 3 年的旅程，他们到达地中海。但他们发现，教皇的位子正空缺。克雷芒四世刚刚去世，若干年后的 1271 年， 格里高利十世才当选为新一任教皇。马可·波罗的父亲返回威尼斯，见到了当时大约 17 岁的马可·波罗。最后，他们父子俩启程前往中国，他们没有带去 100 名神学家，而是带去了教皇格里高利十世的美好祝愿和礼物。马可·波罗这一走就是四分之一个世纪。按照他的记述，在经历了一段离奇的旅行之后，他住进了忽必烈的宫廷，成了大汗身边一个颇受器重的顾问。他代表这位蒙古皇帝游历了中国和中国之外的地区。后来，马可·波罗借由负责将一位公主护送到一名蒙古地方统治者那里，通过海路返回欧洲。他随同一支船队返回西方，这支船队由一种中国大船组成。马可·波罗还为欧洲带回了许多其他消息，例如他首次提到了日本的财富，还提到了佛陀，他或许将佛陀当成了一位印度的伟大的基督教圣人。

马可·波罗回到意大利后不久，威尼斯共和国和主要竞争对手——热那亚共和国——之间爆发了战争。在一场海战中，马可·波罗被俘。与他一同坐牢的还有一位名叫鲁斯蒂谦·达·皮萨的作家。他将自己的离奇故事告诉了这位作家。鲁斯蒂谦将这些故事记录下来，至于其余部分嘛——怎么说呢，尽管不完全是历史，但却是本很好的读物。这本书翻译得比较早，又翻译得比较乱，还有误译的情况。于是，在接下来的两个多世纪中，《马可・波罗游记》出现了 143 个版本。[36] 这本游记产生了巨大影响，成了前印刷时代的畅销书。当时的欧洲充满大大小小的王朝战争，遍地都在修建大教堂，感觉自己处于其他文明之外，但这本书却为欧洲开启了一扇大门。通过这扇门，欧洲可以走向一个不同的未来。

与此同时，人们在不厌其烦地问一个问题：马可・波罗究竟到没到过中国？很多学者认为他没有到过中国。然而，如果他没有到过中国，那么这 24 年他待在哪里呢？他如何才能积累这么多信息呢？而且其中部分信息还是真实的。他或许是从旅行者那里听来了故事，或者是读到了几本由穆斯林商人写成的书，只不过这些书现在已经失传了。另一方面，或许未来的历史学家能发现一些被我们忽视的重要信息。我们的记忆正在消退。我们会润色各种各样的故事，直到有一天我们也记不清哪些内容是真实的，哪些内容是虚构的。

马可・波罗的游记中充满了商业信息和地理信息，这种类型的信息正是贪婪的威尼斯商人感兴趣的——他自己也是个典型的威尼斯人。开始的时候，威尼斯只是一些泥泞岛屿的松散集合。在罗马帝国后期的战争中，那里成了难民的避难所。后来，威尼斯发展成一个充满活力且侵略性很强的共和国。威尼斯的大木船和帆船将这座城市和由穆斯林主导的贸易网紧密地连接在一起。它在基督教王国和伊斯兰教哈里发国家之间贩运着香料、奴隶、食盐、毛皮和木材。马可・波罗来自一个商人家庭。在国内，商人们会利用投资者的乐观和轻信。因此，“马可百万”喜欢夸大自己的重要性，喜欢自吹自擂，这点并不令人感到惊讶。他会漏掉一些使后世社会历史学家感兴趣的东西似乎也在情理之中。事实上，他带回来的信息非常简单：在欧洲之外，有一个充满财富和机会的世界，只要足够勇敢，你就能抓住这个世界。这就是欧洲人渴望得到的信息。现在，通过阅读各种语言和版本的《马可・波罗游记》，他们真的得到了这样的信息。游记问世后，又出现了其他旅行者讲述的故事。同样，这些故事也是将现实和虚构融合在了一起。克里斯托弗·哥伦布航行到了美洲，这段史诗般的航行几乎就是马可·波罗故事的翻版：到达日本后的情形令哥伦布心驰神往。

然而，马可·波罗所处的时间点最终成了一个莫大的讽刺。在他的叙述中，中国富有、发达，有漂亮的城市（当时，中国有人口超过 600 万的城市，这远远领先于欧洲），有许多发明创造和奢侈品，有严密的组织。但事实上，当时的中国正在一步步走向衰落。宋朝取得了许多成就，但这个王朝已经被一系列战争摧毁了，战争中出现了可怕的大屠杀和严重的破坏。而发动这些战争的，正是波罗家族十分钦佩的忽必烈。

为什么欧洲人没有马上追随马可·波罗的脚步呢？难道这不是再次走出地中海，从陆路前往中国的第一次大好机会吗？欧洲人一直希望蒙古人能成为他们有益的盟友，和他们共同对付穆斯林。因此，教皇一直期盼忽必烈能皈依基督教（这个目标未能实现的部分原因在于，意大利人没有向充满怀疑的中国人展现任何一个令人激动的神迹）。

然而，欧洲人并没有抓住这个机会。他们继续享受着沿着丝绸之路运送过来的奢侈品和香料——在使食物变得更加美味方面，香料发挥着重要作用。马可·波罗于 1329 年去世。但在他辞世后的两年里，他所到访过的蒙古大草原和中国长江流域发生了一件足以改变一切的事。

一种陌生的传染病造成了大量死亡。1345 年，这种传染病出现在中国沿海地区。但到了 1346 年，它已经传播到了克里米亚，也就是马可·波罗的父亲和叔叔经商并开启一段史诗般的东方之旅的地方。次年，黑死病通过海路传入地中海地区，而传播这种疾病的罪魁祸首很可能是船上的老鼠。到了 1348 年 3 月，威尼斯人在以一天 600 人的速度死亡。一船一船的尸体被运到偏远的岛屿上埋葬。医生们个个垂头丧气。货物贸易、人员往来和各种信息的交换曾使这个无情的海上共和国迅速崛起。但现在，这些曾经使威尼斯走向成功的事物也将这座城市推向了深渊。据估算，这场疾病使五分之三的威尼斯人死于非命，一半的威尼斯贵族家庭从这个世界上彻底消失。[37]

根据现有的材料推断，当时大约 33%~50% 的欧洲人死于黑死病，这种疾病对中国也产生了类似的影响。这场灾难粗暴地终结了中国和欧洲的发展期。在这一过程中，气候的变化也起到了推波助澜的作用：气候变化不但使冬天变得越来越寒冷，而且破坏了农作物的生长。[38]在欧洲，黑死病产生了让人意想不到的影响。其中比较突出的影响是，在法国和英格兰这样的西欧国家，传染病杀死了大量农民。对于农业生产来说，他们是至关重要的。于是，那些幸存下来的农民要求地主给他们更高的报酬和更多的人身自由；黑死病造成的大量死亡催生了一个更加灵活多变的社会，这个社会与贵族家庭的土地所有权已经没有那么紧密的关系了。

奇怪的是，黑死病对东欧的影响恰恰相反。事实上，地主的权力变得越来越大，管辖的范围也变得越来越广。他们强迫幸存下来的农民接受一种更加严格的奴隶身份，历史学家将其称为“第二次农奴制”。这种情况是可能发生的，因为东欧地主的权势要更大一些（后来东欧出现了封建制度），而且在黑死病到来之前，他们的地位就已经确立了。与意大利北部和英格兰主要从事羊毛贸易和葡萄酒贸易的商业城市相比，位于今天波兰、德国东部和匈牙利的东欧城市人口更少，影响力也要更小。西欧行会的法定权利和势力都有所增加。虽然按照现在的标准来看，这种增加并不明显，但在劳动力短缺的时候，这种不明显的增加就足以打破行会与贵族之间的势力平衡，使天平更偏向行会一边。而在东欧，贵族更加残暴，分散的农民也很难有力地反抗贵族。在势力平衡方面，东欧和西欧的差异本来并不明显，但黑死病造成的社会混乱忽然间放大了这种差异，结果导致了极大的变化。在接下去的数个世纪中，东、西欧之间尽管表面上看没有太大差别，但西欧更加先进，社会更加复杂。[39]

法国与荷兰将会影响整个世界；而波兰和捷克只能对它们周边的地区产生短期影响。

当然，那些从黑死病中幸存下来的人很难察觉这些影响，这些影响要到几个世纪后才能显现出来。黑死病是欧洲遇到的第一次大灾难，这场非常恐怖的灾难使许多曾经有人居住的城市变成了幽灵出没的地方。整个农村地区都变得荒无人烟，农田里长满了杂草和树木。宗教狂热和极端主义甚嚣尘上。欧洲弥漫着浓重的悲观情绪，基督教徒认为，世界末日已经到来。各国都陷入了混乱。手工业走向衰落，各种手艺逐渐没落。教皇的地位也受到动摇。在欧亚大陆的另一端，辉煌的宋代中国已经瓦解，农民不断揭竿而起。尽管马可·波罗带回了充满希望的信息，但对于那些尚不能够同心协力的人们来说，这些信息恐怕也没有什么用处。

驶离拜占庭

君士坦丁堡是这样走向终结的。这座城市的外围有长达 14 英里的防御围墙。据说，它曾是基督教王国最伟大的城市。围墙里面有色彩斑斓的教堂、古罗马时期的遗迹和宽阔的广场。但是，城中的居民如此之少，以致部分城区已经变成农地。在 6 世纪，君士坦丁堡是西方世界最大的城市，城中有 50 万居民。到了 13 世纪，这座城市仍有 40 万人口，它的财富使观察家们感到震惊。法国的十字军将领若弗鲁瓦·德·维尔阿杜安曾经提到，那里有“高大的堡垒，坚固的塔楼……华丽的宫殿和高耸的教堂”。他说，十字军“从来没想到，世界上会有如此富有、如此繁荣的地方”。之后不久，一个名叫阿卜杜拉的穆斯林商人记录了这样一件事：他用了整整一个早上的时间才从君士坦丁堡的一头走到另一头，他一路上看到了大约 10 万座教堂。[40] 但在 1453 年，君士坦丁堡进行了最后的抵抗。当时，拜占庭帝国末代皇帝帕列奥列格王朝的君士坦丁十一世身边只有大约 7000 名身体健全的士兵。

君士坦丁十一世面对的是一支庞大的军队，这支军队的统帅是年轻的土耳其苏丹穆罕默德二世。这个长着尖鼻子的人是个残酷而有才气的统治者。君士坦丁堡的两侧是水，一侧是陆地，那道坚固的防御墙就位于这一侧的陆地上。在穆罕默德二世的授意下，土耳其人经过陆路将战船从外海运进内海。这一举动等于扼住了君士坦丁堡的咽喉，守军立即变得惊慌失措。穆罕默德二世有 10 万名久经沙场的战士和性能卓越的大炮，这种大炮是一位日耳曼工程师为他设计的。他已经攻陷了君士坦丁堡外围所有的城镇和堡垒，在守城军队眼前将幸存者穿刺在尖木桩上。拜占庭帝国向欧洲的基督教统治者发出绝望的呼救，但没有国家愿意出手相助。一次月蚀、人们游行中抬着的最珍贵的圣像突然倒下、一场猛烈的雷暴雨和一次浓雾天气，天空出现了奇怪的红光。这些现象都使人们相信，上帝已经抛弃了君士坦丁堡——它曾经是世界上最重要的基督教城市。然而，当绝望的拜占庭人向外求救时，教堂的钟声依然回响，人们仍在街上抬着圣像列队游行。

现在，君士坦丁十一世告诉他手下的将领，必须做好牺牲的准备，为信仰、国家、国王和家庭而牺牲。他提醒他们，他们是希腊英雄和罗马英雄的后代。成百上千名牧师、僧侣、修女和普通民众来到了圣索菲亚大教堂，这里又被称为“上帝圣智教堂”。他们聚在一起做晚祷，等待最后时刻的来临。

1453 年 5 月 29 日，星期二，土耳其人在凌晨时吹响号角，擂响战鼓。进攻开始了。一波接一波的士兵冲向已经被大炮轰塌的城墙。最后，排着整齐阵型的近卫军逐渐打垮了绝望的守军。近卫军是穆罕默德二世的精锐部队，这支对他忠心耿耿部队是由奴隶组成的，这些奴隶的父母都是基督教徒。土耳其人通过城墙的缺口涌入君士坦丁堡，他们照原来的样子镇定自若地屠戮城里的居民。在圣索菲亚大教堂里，神父仍然在带领人们做弥撒。突然，入侵者闯入了教堂的大门，对做祷告的人大开杀戒，直到他们来到圣坛前。正在祈祷的神父也遭到了杀害，最后一首圣歌就此结束。君士坦丁十一世决心不当俘虏。据说，他摘掉了身上所有的帝国徽章——上面刻有帝王的标志和双头鹰，然后拿着武器冲入敌阵，但很快就阵亡了。

拜占庭帝国或东罗马帝国在地中海世界取得了巨大的成功，但人们似乎只记得它是如何灭亡的。长期以来，人们一直将拜占庭的陷落视为一场巨大的失败，这场令人印象深刻的失败对欧洲历史造成了重大冲击。

我们大多数人对拜占庭帝国了解多少呢？我们只对它的辉煌和衰落有个迷迷糊糊的印象，正如 20 世纪爱尔兰诗人威廉·巴特勒·叶芝写下的诗行：

用金釉和捶打的金子所制作的样式，
供给昏昏欲睡的皇帝保持清醒；

我们或许能记起那些巨大的防御墙，防御墙的部分遗址今天仍然矗立在熙熙攘攘的伊斯坦布尔；我们或许还能记起拜占庭人制作的奇怪艺术品。拜占庭文化包括马赛克、雕刻的象牙制品，以及精神不振的皇帝、圣徒和庄严的天使。研究艺术史的学者告诉我们，拜占庭影响了文艺复兴时期著名的祭坛装饰品，拜占庭与俄罗斯和保加利亚的东正教圣像的关系也很明显：事实上，俄罗斯历史上第一幅重要的圣像画就是在君士坦丁堡完成的，这幅画在今天的莫斯科仍然备受尊崇。但拜占庭艺术却被莫名其妙地排除在欧洲主流艺术之外，像个幽灵般的角色，在错综复杂的神学和历史中若隐若现。这就是拜占庭的真实状态。

甚至连君士坦丁堡这座城市的名字也总是在变。在古希腊时期，这座城市叫“拜占庭”。后来，君士坦丁占领了拜占庭，并计划将其打造成罗马帝国新的中心。古希腊—罗马有用统治者的名字为城市命名的传统（例如，埃及的亚历山大港）。按照这个传统，君士坦丁将这座城市称为“君士坦丁堡”。这座城市的居民自称“拜占庭人”，以区别于“西罗马人”，因为他们认为自己继承了旧罗马的大部分遗产。有时候，他们也被称为“罗马尼”，“罗马尼”是“罗马人”的拉丁语写法。我们将要谈论拜占庭帝国。正如我们上文提到的，令人生畏的北欧人又将这座城市称为“密克拉迦德”，意思是“伟大的城市”；希腊人则将其称为“上帝之城”。今天，它的名字是伊斯坦布尔。正如现代历史学家约翰·朱利叶斯·诺维奇提醒我们的那样，无论这座城市的名字叫什么，它都是历史非常悠久的人类居住地。君士坦丁堡创建于 330 年 5 月，陷落于 1453 年 5 月，这座城市总共存在了 1123 年又 18 天。从阿尔弗雷德大帝、撒克逊人和丹麦人时代的英格兰到今天大致就是这么长时间。如果拜占庭是“失败者”或“不入流”，那么它显然是个延续了很长时间的“失败者”。

维多利亚时代的历史学家非常蔑视拜占庭帝国，他们这种态度对后世产生了深远影响。诺维奇在他的书里引用了莱基在 1869 年时阐述的观点。莱基认为，拜占庭帝国“毫无疑问，表现出了最彻底的卑鄙无耻……拜占庭的历史中总是充满了僧侣、太监和女人们的阴谋诡计，充满了毒杀和密谋，充满了一如既往的忘恩负义和手足兄弟之间永无休止的自相残杀”。[41] 为什么莱基对拜占庭如此不满呢？或许是因为这位历史学家喜欢整齐划一。西方逐渐走向了启蒙，而拜占庭却始终未能进入西方话语。拜占庭没有给现代世界留下什么有用的科学，也没有留下太多的原创著作——尽管这个国家有许多个性鲜明和喜欢编制不实之词的历史学家。当然，这个国家并没有得到什么好结果。

但拜占庭被人轻视和忽视的主要原因在于，宗教在拜占庭文明中处于核心地位。在地中海世界的历史上，与其他文化相比，拜占庭文化体现出了更多的宗教热情和神学分歧。君士坦丁堡是由一位罗马皇帝创建的，这位皇帝希望他的臣民都能皈依基督教。后来，这座城市逐渐成了基督教王国真正的中心。君士坦丁堡有漂亮得让人震惊的上帝圣智教堂，即圣索菲亚大教堂。537 年，这座由查士丁尼续建的教堂竣工。现在，它那世界闻名的圆顶正在保护着一座清真寺。尽管有这么一座宏伟的教堂，但在当时，君士坦丁堡里仍然有许多异教徒的神殿，有许多古罗马神祇的雕像。在法律、军事知识、工程技术、娱乐、学问和财政方面，君士坦丁堡都是连接古典时代和基督教中世纪的枢纽。只不过，这枢纽生满铜锈，嘎吱作响。

拜占庭人总是在战斗，他们要抵御一波又一波来自东方的游牧民族。之后，伊斯兰入侵者从两个方向威胁着他们富庶的东部领土，同时拜占庭人还要与西部和北部的基督教王国做斗争。领土范围最大的时候，拜占庭帝国控制着意大利南部、巴尔干半岛、现代保加利亚的大部分地区、希腊和土耳其，以及位于黑海北岸的克里米亚半岛。如日中天的拜占庭帝国吸引了来自欧洲和亚洲的移民，包括意大利人和维京人（他们组成了“瓦兰吉卫队”），以及颠沛流离的盎格鲁—撒克逊人（在 1066 年的诺曼征服之后，他们失去了家园）。这些人都在为帝国工作，为帝国的利益而战。但在坚固的防御墙倒塌很久之前，君士坦丁堡的范围已经大幅缩小，缩小到并不比一个城邦大，城市外面只有一些零星的小块土地。

然而，拜占庭真正的冲突是关于上帝、耶稣基督和圣灵本质的争论，以及关于正确礼拜方法的争论。事实上，这些冲突从来就没有停息过。对基督本质的不同信仰，对教皇和主教权威的不同理解，以及一些次要的问题使拜占庭人和他们的基督教敌人悲剧性地彻底决裂。

我们很难过于严肃地看待这些争论。但这或许是我们的问题，对那个时代的基督徒而言，这是急迫的问题，也是与个人相关的问题。325 年，在君士坦丁的召集下，所有基督教主教都来到尼西亚，参加一次盛况空前的宗教会议。会议讨论了阿里乌的观点，与会者围绕着一个重要问题展开讨论：耶稣基督拥有与上帝同等的神性，还是像阿里乌及其追随者认为的那样，耶稣基督的地位要略低于上帝。这不仅仅是场争论，因为如果阿里乌派是正确的，那么通过信仰耶稣基督来获得救赎的观点就会受到严重质疑。因此，这是一个极为重要的问题。阿里乌派受到了强烈谴责，但这个教派并未消亡，它在许多北方民族中广为传播。在这之后，又出现了一些激烈的争论。其中一些争论是关于教会礼拜仪式和教会礼拜用语的。随后，领导权也引发了争论——谁是所有基督徒的真正领导者，是罗马教皇还是君士坦丁堡牧首？自始至终，杰出的神学家、居住在修道院的修士、隐居的修士和来自边远教会固执的主教都在诘问对方，他们都吸引了大批追随者。

拜占庭的“精神性”通过有音乐伴奏的漫长礼拜礼式、香烟缭绕的氛围和金碧辉煌的教堂向外传播，这些教堂一定会让前来祈祷的人感到震惊和敬畏。西欧的教会也会向拜占庭的教会学习，学习如何使人产生快乐的感觉，甚至是如何使人沉浸在快乐的感觉中。今天，如果你想了解一下拜占庭的宗教活动是什么样的，最好的方法是前往莫斯科或基辅的东正教教堂，参加俄罗斯人的礼拜仪式。但拜占庭的“精神性”也导致了一个严重的政治后果：它将这个东方的、说希腊语的基督教中心，与罗马领导的说拉丁语的西欧世界分割开来。伊斯兰势力的崛起和迅速扩张使拜占庭帝国丢掉了东方各省——今天的土耳其，并将君士坦丁堡变成了基督教世界的前哨阵地。意大利人、法国人、日耳曼人和西班牙人倾向于将拜占庭的基督教视为异类和异端；另一方面，只要拜占庭人拒绝承认教皇的权威，“基督教王国”就名存实亡。

有时，这种分歧会使西方的天主教徒直接攻击东方的东正教徒。最臭名昭著的就是第四次十字军东征（1202—1204 年）。这场所谓的东征硬生生地改变了之前制定的进军路线。在威尼斯人的领导下，十字军洗劫了君士坦丁堡。

事情是这样的，教皇下令要再进行一次十字军东征，将耶路撒冷从撒拉逊人手里夺回来。在法国人的领导下，十字军制订了一个新计划。尽管“狮心王”理查在东征开始之前的 1199 年已经去世，但他还是制订了一些雄心勃勃的计划。在这些计划的影响下，十字军决定先攻取埃及，再以埃及为跳板进军耶路撒冷。要实现这一计划，他们就需要一支庞大的舰队将他们运到地中海南岸；只有威尼斯人——他们在一个名叫“军械库”的地方拥有造船厂——才能帮他们这个忙。当时，领导威尼斯人的是恩里科·丹多洛，这是一位年逾八旬的失明总督。经过非常艰苦的谈判，他决定要亲自参加这次东征。但到了即将起兵的时候，到达意大利的法国十字军要远远少于预期。而且，他们没钱，无法支付威尼斯人的运送费。丹多洛又进行了一次艰苦的谈判：他们必须停下来，夺回巴尔干半岛上威尼斯人丢掉的城镇。他们答应了。但后来，他们又遇到了一位被废黜的拜占庭年轻皇帝。他向十字军寻求帮助，希望十字军能帮他从叔叔手里夺回王位，并应许了一些报酬。从这一刻起，这个故事开始变得黑暗。威尼斯人从来就不想进攻埃及，因为他们与埃及人保持着良好的贸易关系。但他们非常厌恶拜占庭人，因为拜占庭人既是他们贸易上的竞争对手，又信奉着与他们不同的教义。在若干年前，丹多洛在君士坦丁堡遇到过一次危险，他或许就是在那次危险中失明的。因此，十字军进攻撒拉逊人的计划再次被推迟，他们将矛头指向了拜占庭。事实证明，这是一个可怕的决定。

法国—威尼斯联军从一个令人意想不到的方向——朝向大海的方向——对著名的防御墙展开了猛烈的攻击。尽管战斗非常激烈，但对联军来说，击败那位拜占庭的篡位者，将他的侄子重新扶上王位并不是一件非常困难的事。然而，要拿到这位年轻皇帝许诺的酬劳就要难得多了。他还提出，要将拜占庭的教会置于教皇的管辖之下。这个草率的许诺、十字军的暴行和支付给威尼斯人的巨额费用，以及一系列灾难性的火灾使这位新皇帝在君士坦丁堡非常不得人心。后来，他被另一位篡位者谋杀。此时，法国人和威尼斯人拿回酬劳的唯一方法就是发动第二次进攻。在第一次进攻的时候，丹多洛——当时可能已经90岁——非常勇敢，亲临前线指挥他的军队。在第二次进攻的时候，威尼斯人将船的桅杆绑在一起，于是船的甲板就形成一个平台，他们就从这个平台上向防御墙发起攻击。丹多洛决定孤注一掷。这次，他不是简单地洗劫了君士坦丁堡，而是彻底推翻了拜占庭帝国的统治者，将这座城市变成了一个受威尼斯控制的傀儡国家。

这次进攻取得了胜利，但却给君士坦丁堡带来了灾难性的影响：烧杀抢掠持续了三天，许多古典时代的遗存都毁在十字军手里。一位拜占庭观察家描述了他们对圣索菲亚大教堂的洗劫。对教堂来说，这次洗劫不但是物质上的摧残，而且是精神上的摧残："一名娼妓坐到了牧首的椅子上，对耶稣基督口出秽言；她唱着下流的歌曲，在这个神圣的地方放肆地跳舞……善良的主妇、无辜的少女，甚至是献给上帝的童贞女也算在内，都没有得到一丝一毫的怜悯。"约翰·朱利叶斯·诺维奇认为，这次对君士坦丁堡的洗劫——所有积累下来的知识被付之一炬，它的财富被劫掠到了西欧——是世界历史上单次损失最严重的灾难："西方文明的损失超过了5世纪蛮族洗劫罗马时所造成的损失，也超过了7世纪穆斯林士兵焚烧亚历山大港图书馆时所造成的损失。"[42]

第四次十字军东征是一段充满讽刺的野蛮故事，它的影响在日后慢慢体现出来。在此之前，拜占庭人也遇到过困境。在1071年的曼齐克特之战中，来自远东的突厥人使他们蒙羞。但之前任何一次挫折都无法与这次相提并论。尽管受人摆布的拉丁帝国并没有存在很长时间，尽管之后的皇帝使拜占庭恢复了部分实力和自信，但拜占庭帝国早已今非昔比。君士坦丁堡的防御墙系统修建于412年。在将近800年的历史里，它们几乎挡住了每一个入侵者。但现在，它们已经变得不堪一击。拜占庭帝国失去了很多财富，失去了很多古典时代的遗存，也失去了很多荣誉。它旧时的领土被人瓜分，在这些被瓜分的土地上出现了许多微型帝国、附庸国、伊斯兰苏丹国和公国。对基督教徒来说，拜占庭不再是一只强有力的拳头，不再是那个可以打败所有入侵者的国家。没过多久，它就倒在了伊斯兰入侵者的铁蹄之下。威尼斯人抢走了许多狮子、马和天使的雕像，抢走了大量值钱的东西。但他们没想到的是，他们的所作所为无意中协助了伊斯兰势力挺进欧洲。与此同时，威尼斯的实力也在稳步提高。

因此，贬低拜占庭帝国是很不公平的。它有着强烈的基督教信仰，继承了古希腊和古罗马的思想，它唯一的缺点就是暴政不断。然而，拿现代的眼光看，拜占庭肯定是个异域文明。当然，它非常保守，发展缓慢，万物俱全，唯独缺少民主。

欧洲人非常尊崇古典时代的希腊世界，包括它明晰的思想、理性的信仰和政治试验；但另一方面，他们非常难以理解拜占庭森严的等级制度及其神秘主义。理解这些东西的最好方法是将拜占庭帝国与其他有朝代更迭的帝国进行对比，如奥斯曼帝国或中国。与唐代、宋代或明代的中国皇室相似，拜占庭帝国依靠的也是以文官为基础的高效行政系统，这个系统可以征收税款，可以公平地管理许多不同的民族。与中国的另一个相似点是，拜占庭任用了一个庞大的宦官阶层。作为为宫廷服务的先决条件，这些人要在童年时或成年后接受阉割。正如我们看到的那样，在许多早期帝国中，宦官是非常有用的。他们不会有孩子，也缺乏独立的家庭基础，因此他们更加可靠。而且，他们可以在内宅或后宫工作。在那里，他们可以听到一些最机密的事情。在中国、拜占庭帝国和奥斯曼帝国，有些宦官不但位高权重，而且拥有巨额财富，有时甚至还能指挥陆军和海军。

拜占庭的宫廷是个庞大的复合体。拜占庭的宫廷生活和宫廷仪式与北京紫禁城里的宫廷生活没有多大差别。在觐见中国皇帝的时候，觐见者要行叩头礼，也就是用前额撞击地面，并发出“咚咚”的声音；参见拜占庭皇帝的人也要行朝拜礼，这个朝拜礼与中国的叩头礼有相似的地方，所不同的是，在用额头碰击地面的时候，不用发出“咚咚”声。在拜占庭，宗教领袖会担任皇帝的顾问或幕僚，这些人把持着朝廷中的重要职位，他们的地位和作用相当于中国的儒家官员。按照中国的“天命观”，皇帝的权力是上天授予的，但要想保持住这种权力，他们的行为就要处处符合道德规范。君士坦丁堡也认同这种神权观。在那里，任何一位触犯上帝的皇帝都会被处决或遭到放逐。在中国和拜占庭，有时候天灾也会被视为上天不满的表现。而且，这两个帝国都着迷于各自的起源：中国人将自己的历史追溯到神话时代，而拜占庭人则坚称他们的文化与古希腊—罗马文化一脉相承。

中国和拜占庭都靠庞大的工程和高度发达的技术来维持自身的力量。对中国人和拜占庭人来说，这些都是秘不可宣的。中国的长城至今都是世界上最伟大的工程，其目的是为了抵御来自北方的游牧民族。君士坦丁堡的巨大防御墙也是为了抵御来自草原上的“蛮族”。因此，从这个角度讲，拜占庭的防御墙堪称欧洲的长城。

中国的另一项发明是火药。中国人发现，将硝石、硫黄和木炭混合在一起就能制造出火药。有了用火药制造的武器，中国人就可以更加轻易地打败他们的敌人。火药首先出现于唐代（618—907 年）。1132 年，也就是宋代的时候，中国人制造出来一种早期的炸弹。之后，1259 年，中国出现了以巨竹筒为枪身的“突火枪”。突火枪是一种介于喷火器和原始枪支之间的武器。[43] 与此同时，拜占庭人开始使用“希腊火”。7 世纪 60 年代，一位名叫加利尼科斯的化学家发明了这种武器，将硫黄、沥青、原油和硝石混合在一起，就能制作出“希腊火”。通过一种泵，拜占庭人将“希腊火”喷向敌船和敌兵，这往往能给对方造成极大的伤亡。10 世纪 40 年代，君士坦丁七世将“希腊火”的制造法列为国家机密。[44] 直到 1453 年，也就是君士坦丁堡陷落的时候，“希腊火”仍旧是拜占庭的秘密武器之一。[45]

中国和拜占庭还有一些相似的地方。例如，这两个国家在水利建设和制造水钟上使用了相似的技术，都利用公共活动来加强皇室的权威，都坚信自己的首都是世界的中心。最值得注意的是，两国的皇帝都很保守，对本国的历史都有强烈认同感，都以相似的方式管理国家，都建立了层级化的行政系统。拜占庭的文化并不是特别愤世嫉俗的文化，但王朝的专制统治经常会导致长辈与晚辈之间的冲突和兄弟姐妹之间的冲突，这些冲突有时候会以背叛、谋杀和宫廷政变收场。君士坦丁堡的女性阴谋家和她们的宦官与中国的皇后和她们的太监在本质上是相同的。只要具备三个条件，中国和拜占庭的王朝就能继续存在下去：第一，有超越敌人的技术优势；第二，农民是社会的坚实基础，而且国家能从农民身上课税；第三，有一个高效的官僚系统。至少在有些时候，这三个条件拜占庭都具备。

正如我们看到的那样，拜占庭帝国崩溃了。帝国瓦解的部分原因在于，信仰天主教的西方没有施以援手，而且威尼斯人领导的第四次十字军东征曾经重创了这个国家。我们还应该记住，一些威尼斯人、热那亚人和西班牙人（或许还有一个苏格兰人）参与了君士坦丁堡最后的防御战，而且他们都牺牲在那里。一艘来自威尼斯的船突破了土耳其人的封锁，顺利驶过爱琴海，到外面寻找援兵，但却一无所获。船长让他的船员投票决定这艘船的去向——要么直接返回威尼斯，放弃已经注定失败的君士坦丁堡；要么回到拜占庭，告诉皇帝这个坏消息，并与他一同战死。结果，只有一名船员选择回家，但他的声音却被淹没在了众人的喊叫声里。于是，他们返回君士坦丁堡，并在那里捐躯。[46]

奇怪的是，尽管君士坦丁堡的陷落对基督教世界和伊斯兰教世界都有巨大的象征意义，但这座城市的失陷并未产生什么世界性的影响。听到这一消息后，威尼斯人和热那亚人立刻来到君士坦丁堡，与土耳其人商谈新的贸易协定。事实上，商业活动从来就没有停止过。

奥斯曼人占领了巴尔干半岛，并一路打到了维也纳。但他们未能如自己希望的那样征服西欧，在基督教世界推行伊斯兰教。很快，君士坦丁堡又出现了各式各样的人，出现了宏伟的宫廷，宫廷里有太监和庄严的仪式。奥斯曼人统治下的君士坦丁堡似乎与之前没有太大差别。尽管圣索菲亚大教堂被改造成一座清真寺，但奇怪的是，这座建筑仍然使人感到十分亲切。通过那些被十字军抢走的物品，拜占庭在艺术上和文学上的影响力扩展到了意大利、法国和德意志地区。后来，随着欧洲人对古希腊的兴趣越来越浓，拜占庭的影响也不断增加，这对日后的文艺复兴也产生了影响。

莱昂纳多·达·芬奇

人们把米兰公爵卢多维科·斯福尔扎称为“摩尔人”，这或许是由于他暗黑的肤色。有一天，公爵收到一封自吹自擂的信，写信人自称是一位军事工程师。这位年轻的冒险家希望能来米兰，建造一些便桥。按照他的解释，这种便桥既可以帮助军队追击敌人，也可以在敌人追击的情况下供军队撤退。“我还可以为您打造一种棚车。这种车非常安全，几乎无懈可击，可以利用装配着的大炮冲入敌阵，即使敌人全副武装，也没有什么是它无法摧毁的。”他自称还可以制造大炮、臼炮、弹弩、能够抵御对方炮火攻击的船和地下爆炸物，以及一切你能想到的东西。这个写信的人来自南方佛罗伦萨的一间工场。他补充说：在“和平时期”，他能够设计各种建筑和水道。“我可以利用大理石、青铜或黏土制造雕像。此外，我在绘画方面的才能也不逊色于任何一位画家。”

卢多维科了解这个年轻人的艺术才华，希望他铸造一匹青铜骏马以纪念自己的父亲。他也了解这个年轻人的军事才华，为他制造武器装备的理念深深吸引。卢多维科并不是一位旧贵族。他的父亲名叫弗朗切斯科·斯福尔扎，是一位雇佣军指挥官。他曾多次改变立场，让人捉摸不透。要沿河攻取下一座城市吗？弗朗切斯科很乐意这么做。受雇于法国还是教皇国？无所谓。

意大利文艺复兴是宗教绘画和教堂建筑的伟大时代，但也是军阀混战的时代，更不用说奴役、暴动和暗杀了。伦巴第和托斯卡纳的市民既有公德心，又很平和，生来就不是当战士的材料，但他们也经常发生冲突。因此，他们需要一些能够领导雇佣军的军事统帅。弗朗切斯科·斯福尔扎就是这样的人。弗朗切斯科是一位雇佣军领袖的私生子，脖子很粗，目光深邃。他能徒手掰弯金属棒，因此名声大振。他还有一项本领：无论战事如何发展，最后总是能站在胜利者一方。几乎每一个人都是他的对手，包括他的亲兄弟、他的一个儿子、他的女婿，以及大部分可能在意大利北部出现的敌人。

米兰公爵死后无嗣，这座城市短暂地成了共和国，但派系间的争斗和饥荒带来了一场更严重的危机；于是，弗朗切斯科——这位身材魁梧的老战士——进入米兰，接管了这座城市。令人惊讶的是，他是一位精明且颇得人心的统治者。弗朗切斯科死后，他的长子加莱亚佐·马里亚·斯福尔扎成了米兰公爵。但事实证明，他完全是另一种类型的统治者。加莱亚佐是个施虐狂和好色之徒。据说，有一次，他抓住了一名偷猎者，强迫这个人连皮带骨头吞下一只野兔；他将另一个人活生生地钉在一口棺材里；在空闲时间，他研究了各种折磨人的方法，用以对付自己的敌人。令人欣慰的是，他后来终于遇刺身亡了。加莱亚佐死后，他年仅 7 岁的儿子继承了他的权力。但这个孩子的叔叔卢多维科成为摄政。后来，加莱亚佐的儿子也神秘地死亡了，卢多维科就成了米兰公爵。

在那个时代的意大利，卢多维科的故事并不令人感到惊讶。英国剧作家提炼了斯福尔扎家族的历史，将他们的故事改编为充满暴力的悲剧。卢多维科并不是个没有教养的人。他的老师是当时最伟大的人文主义者之一。“人文主义者”主要是指这样一批学者，他们研究拉丁语文献和希腊语文献，还研究安达卢斯等地的哲学。他们将古老的真理带进年轻的城市。卢多维科希望有许多聪明人围绕在他身边，希望将米兰宫廷变成一个真正光辉灿烂的地方，因此他需要文化——雕刻、音乐和绘画。

1481 年 10 月，一个身形健壮的男子来到米兰，准备觐见卢多维科。这个面貌清秀的男子大约 30 岁，长着卷曲的胡子和长发，穿着一件粉色的短款束腰外衣。他随身还带了一把特制的竖琴，因为在最初的时候，他是作为一名乐师和歌者被佛罗伦萨实际的统治者“伟大的洛伦佐”派来米兰的。他的到来可以算是佛罗伦萨对米兰这个盟友的一种礼遇。[47] 和他一同前来米兰的还有一位 16 岁的年轻人。后来，这位年轻人成了一名乐师和演员。有谣言说这两个佛罗伦萨人是全意大利有名的同性恋人。这回谣言很可能是对的，这位夸夸其谈的歌者和军事工程师就是历史上著名的同性恋艺术家莱昂纳多 · 达 · 芬奇。

与弗朗切斯科 · 斯福尔扎一样，莱昂纳多也是个私生子。达 · 芬奇出生在一座小村庄里，父亲主要从事文书工作，母亲是一位乡下女孩。达 · 芬奇从小就表现出某些天赋。他的父亲发现这些天赋后，就将他送到安德烈亚 · 德尔 · 韦罗基奥的工场里做学徒。韦罗基奥是当时佛罗伦萨一位杰出的雕塑家和金属工匠。意大利有许多面积不大、但思想很开放的城市共和国。到了 15 世纪 60 年代，这些共和国的黄金时代早已过去。但支撑着这些共和国的行会和工场传统仍然存在。在 11 世纪晚期，也就是当古老的皇权开始失去控制力的时候，这些行会和工场在一些著名的城镇里形成了公社，如比萨、卢卡、曼图亚、锡耶纳、博洛尼亚、维罗纳、帕多瓦、热那亚和佩鲁贾，以及佛罗伦萨和威尼斯。[48]这些城市相互竞争，发展特殊的技术，生产有特色的产品。它们有复杂的选举制度和司法制度，权力通常由地主、商人和工匠分享。[49]

在一段时间内，意大利中、北部地区——特别是托斯卡纳和伦巴第——获得了巨大的成功，那里出现了新的制度，比教皇国和南部的那不勒斯王国更有活力。但派系斗争、穷人发动的起义和受排挤的市民，以及富裕家族之间的内斗削弱了它们的影响力。直到最后，这些城市共和国一个接一个地屈服于地方王公贵族的统治。尽管威尼斯古老而复杂的共和制度被保留下来，但强大而生机勃勃的佛罗伦萨更能代表近代历史的发展趋势。在经历了残酷的派系斗争之后，佛罗伦萨最终落入了美第奇家族的手中。美第奇家族是一个掌握巨额财富的银行世家。在达·芬奇进入韦罗基奥工场的同一年，美第奇家族第一任统治者科西莫的孙子洛伦佐·德·美第奇——也就是那位“伟大的洛伦佐”——获得了佛罗伦萨的权力。

在学徒时代，莱昂纳多非常忙碌。行会和工场是佛罗伦萨的重要组成部分，这是两个以公社为基础的比较民主的世界。对商业和专业人士（包括医生、雕刻匠、制皮匠和金匠）来说，行会是非常重要的机构，因为行会能使他们全面参与城市生活。行会建立和维护各种标准，组织宗教活动，资助医院；它们既是互助组织，又能在政治上发挥作用。工场是一种小型工厂。在生产商品的同时，工场也可以提供高等教育。在那里，年轻人有机会从最优秀的师傅那里直接学习技术，直到他们有资格创办自己的买卖为止。

在15世纪70年代，韦罗基奥的工场是佛罗伦萨最棒的艺术工场之一。根据艺术史学家和传记作家乔治奥·瓦萨里的记述，韦罗基奥研究科学——特别是几何学，并充当金匠。他曾经到访罗马。在那里，他遇到了一股“雕塑热”，这股“雕塑热”的基础是古典时代的雕塑作品。在罗马，那些古代的雕塑品几乎“每天都能被挖掘出来”。[50]于是，韦罗基奥转向了雕塑，随后又转向了绘画。韦罗基奥是个聪明人，具有强烈的求知欲。对达·芬奇来说，他是一位完美的老师。在工作室里，韦罗基奥和达·芬奇进行过多次合作。瓦萨里告诉我们，有一天，达·芬奇在韦罗基奥的画中画了一位天使，他画得比老师还要好。于是，韦罗基奥就此封笔，因为他已经被自己的学生超越了。

达·芬奇不得不离开工场，离开这个友爱的小世界，去寻找有实力的赞助人。在过去，艺术家和工程师可以怀着以城市为傲的精神为全公社工作。但这样的日子一去不复返了。现在，如果想要生存下去，他们就要依靠富有的公爵、银行家和主教。

在洛伦佐·德·美第奇的支持下，达·芬奇在佛罗伦萨表现得相当出色。但很明显，在那里，他并不是个重要角色。洛伦佐将这个多面手派往米兰献艺就可以说明这点。瓦萨里在达·芬奇的传记中已经发出了模糊的警告——达·芬奇是位天才，是位才华横溢的工程师和艺术家，也是位优秀的模型设计师，对什么事物都感兴趣；尽管如此，“莱昂纳多做事经常有始无终；因为他深信，自己的双手不能完美地表现头脑中的绝妙想法，尽管他的手也很灵巧”。

在米兰，达·芬奇证明自己绝非浪得虚名。他完成了多幅漂亮的绘画作品，装饰了王宫里的一个房间。各种精巧武器的制造方案和设计图使米兰公爵应接不暇。他策划了几次场面壮观的活动。在复建几栋建筑时，他也提供了不少帮助。[51] 但铸造骏马雕像的宏伟计划始终未能实现——这尊雕像是用来纪念弗朗切斯科的。达·芬奇的设计方案实在太野心勃勃了。最后，为铸造这尊雕像而收集来的青铜都被用来制造大炮了。这些大炮被部署到前线，用来抵抗入侵的法国军队。之后，当他承接米兰岁月之间最著名的委托任务——艺术史上最著名的绘画作品——时，这位非常有创造力的艺术家兼发明家因为野心太大而遭遇了失败。

《最后的晚餐》于 1495 年至 1497 年绘制于米兰的圣玛利亚德尔格契修道院的餐厅。从许多方面来讲，这幅画对于韦罗基奥野心勃勃的学生达·芬奇都是个完美的挑战，特别是在光线和透视方面。他对这幅画非常着迷。这项委托要求达·芬奇创造一幅巨大的壁画，整幅画要扩展到远高于头的高度，要让观画者清楚地看到耶稣及其门徒，要让这幅画自然地融入选定的房间，而不是简单地将其画在墙上。达·芬奇巧妙地解决了光线和透视方面的问题，并创造出了一种强烈的效果：耶稣基督的头对观画者产生了某种吸引力，吸引他们靠近祂。

达·芬奇在街道上和他的笔记本里寻找可以当门徒原型的人。修道院的院长曾经抱怨达·芬奇，说他在一段时间里，来到作画现场只是盯着画了一半的画看。于是，米兰公爵将他叫到面前。达·芬奇解释说，在知道该如何作画之前，他需要观察和思考。他又说，犹大的脸上应该表现出狠毒和残酷，但他始终没有找到这样一张脸。既然如此，他就打算用那位院长的脸。据说公爵听后哈哈大笑。

但不幸的是，达·芬奇还尝试了一种新的绘画方法。绘制壁画的传统方法是：在要作画的地方涂抹上湿润的灰泥，并在灰泥变硬之前迅速涂上颜料。这种方法可以使颜色变得鲜亮，但却不能给画家留下反复思考的时间。达·芬奇的作画过程是缓慢和深思熟虑的，因此这种方法不适用于绘制《最后的晚餐》。于是，他开始尝试新方法。他将沥青、树胶和白垩调和在一起，并用这种混合物涂刷餐厅的墙壁。等干了之后，再用蛋彩作画。在通常的情况下，蛋彩画能保持很长时间。但在达·芬奇作画的这面墙上，蛋彩颜料的表现并不理想。在《最后的晚餐》完成后不到20年，这幅画就开始剥落；完成后的40年，人们就只能用“毁坏”这个词来形容这幅画了。但那位受过良好教育的“暴发户”公爵对此毫不知情。因为在这幅画朽坏很久之前，他就被法国人俘虏了，并于1508年死在地牢里。

达·芬奇可能受到过羞辱，但也可能没有：他一定会将自己不成熟的想法付诸实践，这很容易引起别人的厌恶。他之后又使用了一些新的（和不成功的）绘画方法，并因此激怒了一位教皇，这位教皇说他从未干成任何一件事；他为数百种武器做了数百种设计，但这些武器只能使用当时比较原始的技术制作，因此并没有在打击敌人、攻陷敌方城市或城堡方面发挥实际作用——这样的事还有很多。他绘制了许多非常漂亮的设计图，还创作了许多最完美、最神秘的绘画作品。

达·芬奇一生的研究都围绕着一个中心展开，那就是他渴望发现少量的潜在原理和潜在模式，这些原理和模式能够解释自然界里的一切事物。

他的笔记本里有各式各样的图画和各种各样的猜测，这些图画和猜测有的是关于漩涡结构、心脏瓣膜和云朵形状的；有的是树叶、人类静脉、骨骼和杠杆的草图；有的则是关于脸部形状是如何反映性格的。无论在哪个领域，他都在寻找事物的共通性。能像截断溪水那样截断人口流动吗？人类的胳膊像鸟的翅膀吗？人体存在完美的比例吗？这比例与马的腿和肌肉的比例有关吗？什么是植物形态的对称性？维持这种对称性的法则是什么？在达·芬奇的世界中，“科学”和“艺术”是没有明确界线的，它们是一回事。这位艺术家冷静地分析了造型、透视，以及距离对颜色的影响，这些分析可以使他的画作达到他想要的效果。这位艺术家使用透镜，学习如何铸造金属，研究如何保持平衡。了解如何保持平衡后，他才能知道如何支撑起新教堂的圆顶。

对于韦罗基奥和达·芬奇来说，“科学”仅仅意味着学习和理解；“科学”是一种实用的准备，这些准备能够使建筑、雕塑和绘画顺利完成。

达·芬奇渴望获得知识，他对力、工程学和诸如杠杆之类的东西尤其感兴趣。这使他被称为“文艺复兴人”的原型。我们对达·芬奇有这样的印象，主要是因为他于1487年创作了《维特鲁威人》。在这幅作品中，他描绘了一个完人：一个拥有完美人体比例的裸体男性站在一个正方形和一个圆形里。

但是，如果我们将文艺复兴严格地定义为古典知识的复兴（就像人文主义者教导的那样），那么达·芬奇的工作与文艺复兴有什么关系呢？达·芬奇没有学习过古希腊—罗马著作，也没有对这些知识表现出太大兴趣。他一直在寻找身边的模式和对称性。这些更贴近现代生物学家和物理学家的关注点，而不是亚里士多德或西塞罗。是的，从罗马出土的雕像和翻译过来的古代文献启发了文艺复兴，但也只是那个时代的装饰品。与此同时，健壮的枢机主教享受着古罗马暴力和色情的故事，他们用一些带有古典面纱的软色情来装饰家族宫殿。然而，与那些最杰出的艺术家一样，达·芬奇仍旧朝气蓬勃，这是因为他热衷于探索，努力地探索，不断地探索——他一直向前看，而不是向后看。

从伊斯兰世界传入的知识——如光学知识——和新的贸易路线给南欧

带来的财富使达・芬奇受益。基督教欧洲取得了发展，这不仅要归因于欧洲自身的努力，而且要归因于一些欧洲之外的变化，例如成吉思汗毁灭了亚洲伊斯兰教的核心地区，宋代时期的中国出现了一些发明，以及安达卢斯地区形成了一些关于神和世界的新思想。达・芬奇不单是“文艺复兴人”的原型，而且是最无畏、最乐观的欧洲精神的原型。西方曾经是一个混乱的大熔炉。但在达・芬奇第一次拿起画笔的很久之前，西方开始逐步摆脱这种状态。现在，西方正在为向外扩张做准备。

第五部

世界走向开放

从 1492 年到 1640 年：欧洲的全面爆发和世界其他地区的抗争

通常认为，人类历史出现过两次重要变革：一次是农业的发明，因为农业是几乎所有事物的基础；另一次是工业革命，因为工业革命塑造了今天的世界。这个说法是有道理的。有些人认为，最近出现的数字技术和脑科学可以被视为第三次重要变革，但另一些人不同意这个观点。然而，如果农业和资本主义是第一次和第二次“大跨越”的话，那么或许我们应该在两者之间再增加一个阶段，这个阶段可以算是一个“小跨越”，至少是人类向前迈出的坚实的一步。

这个阶段就是全球贸易，大约出现于地理大发现的时代。动植物资源和矿产资源在世界范围内的分布不均衡是全球贸易的重要推动力，它导致食糖、烟草、香料和资金在各个地区之间流动。没有全球贸易，就没有资本主义；没有资本主义，就没有工业革命——至少工业革命会改头换面。

正如我们看到的那样，地方贸易可以发展成为规模庞大的远途贸易，这样的例子不胜枚举。阿拉伯水手打通了地中海和印度之间的航路，进而与远东的海上贸易商取得了联系，这是一个例子。穿越撒哈拉的商队是第二个例子；维京人利用河流系统进行贸易，这种贸易导致俄罗斯的创建，这是第三个例子。但直到西欧水手利用新式远洋帆船，艰难地开辟洲际航路时，真正意义上的全球贸易系统才开始逐渐形成。西欧水手见证了技术的累积。用绳子绑成的木桶、新式的龙骨和船舵、将帆装上桅杆的新方法，这些新事物很快就催生出了一种大型帆船，这种大帆船配备了指南针和观测星象的仪器，不久之后还加装了火炮。这种大帆船是由古代的单甲板帆船和旧式的海运货船经过几个世纪的改进逐渐发展而成的。

大帆船产生了令人震惊的影响。尽管学者们对这一问题还存在着不同看法，但基本可以肯定的是，当这些新式船舶抵达美洲的时候，美洲大约有7000万土著居民。也就是说，当时美洲的人口与欧洲的人口大致相当。这些土著民族主要集中在今天的巴西、墨西哥、秘鲁和密西西比河流域。但不久之后，美洲人口开始急速下降。在相对发达的中美洲和南美洲，来自西班牙和葡萄牙的殖民者强迫当地人为他们劳动，把他们变成奴隶，这导致了长达数个世纪的社会发展迟缓和政治停滞。在相对空旷的北美地区，各种不同类型的殖民者最终在那里定居。他们学习了那里的耕作技术，创建了一种民主文化。

这些变化对当今世界的均势和繁荣产生了影响。黄金和白银先是流入欧洲，之后流入了中国，结果引发了这些地区的政治动荡。在欧洲，古老的宗教等级制度受到挑战，欧洲大陆出现了根本性的分歧：从事环球贸易的商人催生了新的金融系统，这种金融系统也对今天的世界产生了影响。欧洲人通过海路到达了东方，并在各处建立帝国。像中国和日本这样的国家正在努力寻找应对这种情况的方法。

本书这个部分要考察的是，欧洲人是在何时、用何种方式扩张到世界其他地区的。值得注意的是，当时欧洲人使用的技术还比较原始，而且部分技术还是从别人那里学来的。在这一过程中，现代性的一些关键因素开始逐渐发挥作用。在过去，人们会用自我表扬的心态，将这段历史理解为一个英雄史诗般的故事：探险家和征服者为土著民族带去宗教和文明；欧洲的城市中出现了来自世界其他地区的物品；令人钦佩的农民自力更生地开垦处女地。但现在看来，这更像是个残忍的故事。欧洲人蹂躏了这颗星球上的许多地区，他们的所作所为非常像《启示录》中所说的四骑士。我们会有这样一个疑问：为什么世界上的这个地区要比其他地区更加富有，什么因素在发挥作用？什么因素没有发挥作用？当寻找这些问题的答案时，我们就会发现，1492年到1640年是欧洲崛起的关键期。

我们同样应该看到的是，这段历史的真实情况非常古怪，不是任何一段简述所能传达的；它使欧洲普遍陷入对海盗的恐慌，也使欧洲尤其敬佩那些保家卫国者，如“穿刺者”弗拉德；俄罗斯的面积变得越来越大；英格兰和日本出现了两位主张禁烟的统治者。

乐土上的灾难

如果说西班牙人在 15 世纪 90 年代“发现”了美洲，那么就可以说拿破仑在 1812 年“发现”了俄罗斯。事实上，我们应该说西班牙人“入侵”了美洲。欧洲人入侵美洲时所使用的木帆船凝聚了中国人发明的指南针和火药、穆斯林的导航数学，以及欧洲人在大西洋上的航海经验，这些帆船在海上扮演的角色相当于马和战车在陆地上扮演的角色。欧洲人及其现代美洲的兄弟姐妹之所以认为他们“发现”了美洲，仅仅是因为被入侵的民族在军事上不堪一击，以及他们很快就被疾病压垮了。同样，在经过数个世纪的乱砍滥伐、疯狂开采矿产资源、大规模狩猎和过度捕捞之后，欧洲的自然资源已经变得相当贫乏。因此，对许多欧洲人来说，美洲是一片富饶而成熟的荒地，是另一片乐土。传教士、海员、实业家和作家声称，这片被发现的土地上有空荡荡的森林和友善的异教徒，他们正在等待适度耕作、财产权和福音的恩泽降临。

大约 2 万年前，亚洲人通过大陆桥进入了美洲。他们在美洲的森林和草原从事狩猎活动已经有上千年的历史。美洲土著民族的历史非常复杂。这段历史涉及许多不同的文明和一块完整大陆，而这块大陆并非无人居住。事实上，与哥伦布时代的欧洲相比，这块大陆能够承载更多人口。在 15 世纪 90 年代，北美地区大约生活着 700 万至 800 万“印第安人”，他们中的很多人都是非常优秀的农民。如果再加上人口稠密的墨西哥和南部地区，当时美洲的人口约为 7500 万到 1 亿，而同一时期欧洲的人口约为 7000 万。[1]

美洲土著民族的社会各式各样：从因纽特猎人到居住在村庄中的居民，从复杂的农业文化和部落联盟到帝国。欧洲人对北美洲大西洋沿岸“野蛮人”的最初描述，以及那个流行的传说（按照这个传说，残暴的土著猎人住在帐篷里，他们彼此之间进行着永无休止的战争）都只是一种宣传。事实上，大多数土著人都是农民，他们生活在村庄和小镇里，种植各种各样的作物。只不过，相当一部分美洲农业是以刀耕火种为基础的，农民在一块土地上耕种一段时间后，就会去耕种另一块土地，以便让之前的那块土地恢复肥力——这种做法与英国、法国和德国的早期农业非常相似。他们的部落制度以权力平衡为特征。这些制度包括几位起领导作用的妇女——她们可以选择男性首领——以及为了避免冲突而进行的种种复杂协议和联盟。最重要的是，美洲的社会形式是多种多样的。据估计，仅仅在北美地区就有600余个不同的社会，有大约12个相互独立的语族，这些语族之间的差异“有时比英语和汉语之间的差异还要大”。[2]

尽管欧洲人将“发现”美洲的荣誉归于哥伦布，但维京人早就到达过北美洲的北大西洋海岸，并曾经短暂地在那里定居；巴斯克水手也早就知道纽芬兰附近有富饶的鳕鱼渔场。在哥伦布到达南美洲之后，第一波到达北美的是法国人、西班牙人和荷兰人，之后是英国的毛皮商人。随后，北美出现了一些殖民地。这些殖民者能幸存下来，唯一要感谢的就是美洲土著人，因为他们为早期移民提供了许多食物方面的援助。但欧洲人的到来却导致了一场全方位的大灾难。直到最近，人们才对这场灾难有了一个比较恰当的认识。据估算，从16世纪20年代——也就是他们初到美洲的时候——到1900年，美洲大约出现过100种疾病，这些疾病几乎消灭了全部土著民族。除了那些死于疾病的人之外，还有许多人死于饥饿，这主要是因为田地无人播种、无人照料的缘故。欧洲殖民者声称，北美是一片“处女地”，是一片空旷的乐土。但事实上，从许多方面讲，那里都是个灾难地带。

当然，对土著民族构成威胁的不仅仅是疾病。欧洲人非常希望得到毛皮，特别是能用来做帽子的海狸皮。欧洲人对毛皮的需求导致了两个后果：其一，使土著部落陷入纷争，因为当地的动物几乎已经被他们猎杀殆尽；其二，彻底改变了他们的传统生活方式。枪和酒的传入也产生了相似的影响。在更靠南的地区，西班牙人使马重新出现在美洲。美洲本来有马，但这些马已经被早期的美洲人猎杀殆尽。到18世纪早期，逃脱的马变成了野马，未逃脱的马要么被用于交易，要么就是被偷了。马的出现使“大平原印第安人”的生活方式发生了巨大变化。过去，他们通常是徒步狩猎野牛。但现在，骑在马背上的“大平原印第安人”成了更有效率（和更好战）的游牧民族。

最后，殖民地的侵略活动摧毁了土著民族在中美洲建立起来的帝国和北美洲沿海地区的文化，并引发了一波波移民浪潮。有人声称，美洲是“不受时间影响的”和“不可驾驭的”，但事实并非如此。美洲已经变成了一块人口稠密的大陆。从美洲土著居民的角度来看，欧洲人的到来是世界历史上最大的灾难之一。

迷失的哥伦布

克里斯托弗·哥伦布，他的名字在英语里写成 Christopher Columbus，在西班牙语里写成 Cristóbal Colón，在意大利语里写成 Cristoforo Colombo，有时又被写成 Christofferus de Colombo 或 Colom，此外我们还可以为他找到其他名字。但无论哪个名字，都是指那位红脸膛、长着白发的老水手。哥伦布被看作一个侦察员，一个为欧洲人打前站的先驱。在所有入侵中，都要有一些人冲在最前面，然后把收集到的信息传回后方。这次，冲在前面的是三艘小船，船员们会用一些下流的俚语称呼这几条船。哥伦布的旗舰是“圣玛丽亚号”，船员们称它为“肮脏的玛丽”。1492 年，船队从西班牙的一个小港口起锚，这个港口其实就是个小渔村。当时，船员们并不怕从世界的尽头掉下去。他们希望发现远东的国家，可能是日本，可能是印度，也可能是“大汗”统治下的中国（事实上，蒙古帝国在 100 多年前就已经瓦解了，但消息传递得很迟缓，他们尚不知情）。哥伦布至死都相信他发现的是“东印度群岛”，但他的行为却表现出他的困惑：他宣布，加勒比地区归西班牙王室所有，如果他真的认为这个地区属于强大的中国，那么他就不可能这样做。

哥伦布如何理解自己的发现，这始终是个谜。在第一次航行的时候，他没带什么可用于贸易的东西，船上只有一些华而不实的小玩意。他没带士兵，没带传教士，也没人会用画图的形式记录下他们发现的东西。当然，他也不会意识到，这支小小的探险队会成为先锋。在他们之后，会有大批欧洲船只向西航行。或者可以这样说，他们只是暴风雨来临前最初的几点雨滴。事后，他做出的解释既五花八门，又自相矛盾。因此，我们有理由相信，他并不完全知道他要寻找什么，尽管他着迷于记录与黄金有关的信息。哥伦布获得了许多尊贵的头衔，如“海军上将”和总督。而且，无论他发现了什么，他都有权获得十分之一的权益。这些荣誉和特权都是西班牙君主斐迪南和伊莎贝拉授予的，他们刚刚摧毁了穆斯林在欧洲的最后一个据点——一个名叫格拉纳达的小王国。

哥伦布是一位勇敢的水手，尽管他可能也是位信心满满的艺术家。当然，他也应该为人类历史上最大的错误负责任。

或许，我们应该说哥伦布是位“自信的艺术家”，因为他对命运抱有坚定的信念。他一直在努力募集资金。从本质上看，他要做的事属于一种金融投机。正如我们看到的那样，在那个时代，地中海西部地区出现了激烈的竞争。葡萄牙人——真正的具有开拓性的水手——已经到达非洲最南端，并随时准备开通一条通往印度的可靠航路。他们希望能到达非洲的采金区——这些采金区归马里帝国和桑海帝国所有，希望能从南面攻击伊斯兰世界。西班牙人与法国冒险家和葡萄牙人展开了竞争，他们都试图在散布于非洲沿海的群岛上建立欧洲的第一块大西洋殖民地。在这些群岛中，葡萄牙人获得了马德拉群岛和佛得角群岛；在 1404 年至 1493 年之间，西班牙占领了加那利群岛。

加那利群岛上出现了小规模的殖民活动，成了美洲殖民活动的完美预演。群岛上的土著人很可能是柏柏尔人的后裔，他们身材高大，肤色并不十分黝黑。他们都生活在部落群体中。尽管抵抗了西班牙人的入侵，但他们缺乏西班牙人在马匹和枪支上的优势，他们对这二者一无所知。他们对欧洲的疾病同样缺乏免疫力。许多人沦为奴隶，被带到欧洲。现在，他们的文化已经完全消失。在他们的土地上，西班牙人建立了糖料种植园，并梦想得到不必远跨重洋才能获得的非洲黄金。

但是，从加那利群岛再往西会是什么地方呢？除了哥伦布，还有许多人认为再往西就是日本和中国，而且认为只要经过 4 个星期的航行就能到达那里。当时，受过教育的欧洲人都已经接受了“地圆说”。正如上文提到的那样，基督教水手已经有了穆斯林的星盘、中国的指南针和比较原始的地图。很多人告诉哥伦布，中国是可以到达的，保罗·托斯卡内利就是其中之一。托斯卡内利是佛罗伦萨的一位大学者，他认识莱昂纳多·达·芬奇，可能也认识亚美利哥·韦斯普奇，后来亚美利哥用自己的名字命名了这块大陆。[3]但另一方面，其他杰出的地理学家却持不同观点。他们认为，这段航程的距离要远远超过哥伦布的预期。他们相信，这段航程实在是太远了，远到当时的船舶无法承受的地步，因为这些船舶只能携带数量有限的淡水维持生命。哥伦布的冒险没有得到葡萄牙人的支持，因为葡萄牙国王手下的数学家不同意他计算的距离；开始的时候，哥伦布在西班牙也遇到过相同的麻烦。

然而，对摩尔人的军事胜利使斐迪南和伊莎贝拉非常兴奋。最终，他们表示愿意帮助哥伦布。他们的动机多种多样，包括贪心、骄傲、虔诚和恐惧，所有这些因素都交织在一起。他们渴望得到黄金，也渴望得到东方的香料。在漫长的陆地商路沿线，东方的香料使许多商人和城市变得非常富有。征服格拉纳达王国是件光彩的事，但这场战争的花销也很高昂。尽管如此，这场战争在欧洲引起了强烈反响，人们将其视为基督教徒的伟大胜利，斐迪南和伊莎贝拉为此深感自豪。他们有一种清晰的感觉，认为哥伦布的冒险活动体现了上帝的意志。与同时代的基督教徒一样，他们相信耶稣基督将在不久后重返人间。因此，他们要找到尽可能多的灵魂，将他们带入基督教会。更重要的是，他们害怕新发现落入他人手中会构成威胁。哥伦布已经找过葡萄牙人。他还委派一个兄弟前往英格兰，寻求英格兰国王的帮助（但这位兄弟被耽搁了，后来被海盗俘获）。当西班牙人最终同意资助哥伦布的时候，他正在前往法国的路上，希望法国人能接受他的观点。

哥伦布不是西班牙人，而是热那亚人。但是，西班牙的贵族、教会和商人愿意资助他。倘若哥伦布返航时能带回一些土著奴隶、让人感兴趣的蔬菜和鹦鹉，以及一小盘黄金的话，他们愿意再掏一笔钱。实际上，他们是在赌博，要么加注，要么放弃。哥伦布声称，从加那利群岛启航经过 4 个星期的航行就能到达日本。他认为，这段航程大约是 2400 英里。但葡萄牙的数学家们是对的，这段航程的实际距离是 1.2 万英里。如果不在中途靠岸补充淡水的话，当时的海船绝不可能航行那么远。

哥伦布或许知道自己是夸大其词，但这种夸夸其谈会使他驶向未知世界的勇气更加引人瞩目。曾经至少有一支准备充足的探险船队向西航行，从此销声匿迹。但我们也不应该忘记，航海家在获得新设备和大海船，以及展望他们将会航行多远时所产生的兴奋感。斐迪南和伊莎贝拉许下了重赏：第一个发现新大陆的水手可以获得每年 1 万个银币的终身年金。在那三条小船上的每一位水手大概都有这样一种幻想:“这笔年金应该属于我。”从加那利群岛出发后，这种贪念和乐观情绪持续了数周之久。船员们确实有许多“发现”，但后来证明，这些“发现”都是假的，而且船队的物资变得越来越少。在这种情况下，之前的情绪发生了变化。

哥伦布——这位意大利船长——恳求和哄骗他的西班牙船员，希望他们能坚持下去。一些水手认为，这个外国人一定是疯了；他们还认为自己冒着生命危险，但最后只有船长会变得富有，这实在是太不合理了。另一些水手提议，如果哥伦布坚持继续航行的话，就把他从船上扔下去。经过五个星期的海上漂泊后，哥伦布与另两艘船——“平塔号”和“尼尼雅号”——的船长召开了一次会议，他们勉强同意继续航行，但最多只能再往前走 4 天。两天之后，也就是 1492 年 10 月 12 日，一个名叫罗德里戈・德・特里亚纳的水手终于在前方发现了一片陆地。这片陆地是一条岛链的一部分，今天我们将这条岛链称为巴哈马群岛。如果特里亚纳对余生抱乐观态度的话，那么他就看错了他的船长。哥伦布宣称自己已经看到了陆地，应该由自己拿年金。归国途中，那些失望的船员为什么没有把哥伦布扔到海里？这是另一个谜。他们登陆后，哥伦布宣布这个岛屿归西班牙王室所有。这个岛屿被称为圣萨尔瓦多岛，土著人原本将其称为瓜纳哈尼岛。

岛上的居民与加勒比地区的泰诺人有关，泰诺人的死敌是被看作“食人族”的加勒比人。当时，加勒比海地区的总人口不到 20 万，他们会从事一些简单的农业生产，会捕鱼和编织。他们非常喜欢抽烟——将晾干的烟叶卷成卷抽。在哥伦布的描述中，泰诺人——哥伦布将其称为“印度人”——是爱好和平的，性情温和。他告诉斐迪南国王，西班牙人可以强迫他们工作、种地和修建房屋，也可以强迫他们穿上衣服。随后，哥伦布又宣布一些更大的岛屿归西班牙所有。他还绑架了一些当地的土著人，把他们带回欧洲，展示给西班牙人看。1493 年，哥伦布进行了第二次航行，这次航行的距离比第一次还要长。在西班牙殖民者初次到达美洲之后的 18 年内，99% 的土著人都失去了生命，其中大部分人死于疾病。

在第一次航行途中，船队中最大的一艘船失事。因此，哥伦布不得不将 39 人留在当地，让他们建立一块殖民地。而且，他也不得不放弃一些在当地找到的黄金。但西班牙人对黄金非常贪心，尽管泰诺人进行了抵抗，但他们还是被西班牙人征服了。哥伦布返回时，这 39 个人都死了。但在他们之后，又出现了更多的殖民者，因此泰诺人和加勒比地区的其他土著民族难逃厄运。他们将梅毒传染给了哥伦布的水手，后来所有通奸的欧洲人都逐渐染上了这种疾病。但最后，他们还是消失在了历史中，只留下一些特殊的词语，如“吊床”“独木舟”和“烧烤”。[4] 在第二次航行的时候，哥伦布的船队大约有 1200 人，其中还包括一些妇女。与这些殖民者一同前往美洲的还有马，以及骑在马背上手持枪械的士兵。对于美洲土著人来说，骑兵一定是种可怕的“怪物”——这种“怪物”的上半身是人，下半身长着四条大长腿，而且还能喷火。第二次航行还将骡子、鸡和猪带到了美洲：就在这一刻，探险变成了征服。

当殖民者残忍地对待这些“印度人”的时候，他们会为自己的暴行进行辩解，污蔑这些土著人是“食人族”。事实上，美洲的土著居民已经成了新西班牙帝国的一种财产。土著人的土地成了西班牙帝国的土地。西班牙的天主教徒有这样一种倾向：他们将所有非天主教徒都视为异教徒。这些异教徒只有两种选择，要么改变信仰，要么就被烧死。这种宗教倾向是否是西班牙人忽视土著民族权利的主要原因呢？北方的新教徒也一样；宗教成了一个简单的借口。但无论如何，对于新生的西班牙王国来说，真正的威胁不是来自新世界，而是来自旧世界。

真正的威胁来自葡萄牙。在大西洋的各个地区，葡萄牙人都是西班牙人的竞争对手。1494 年，这两个国家达成了一项特别协议，这项协议经《托尔德西里亚斯条约》认可后生效。这项条约以一条经线为界，将世界分成了两个部分，一部分归西班牙所有，另一部分归葡萄牙所有。这条经线穿过了两极和佛得角群岛（已经被葡萄牙人占领）以西的地区，把哥伦布发现的古巴岛和伊斯帕尼奥拉岛划归西班牙。后来，双方又对最初的协议进行了调整，葡萄牙人获得了巴西的大部分地区；之后，伊比利亚人又开始瓜分世界的另一边。1529 年签订的《萨拉戈萨条约》又在远东地区划了一条线。

在第三次和第四次航行中，哥伦布登上了南美大陆，并发现了珍珠。此时，殖民者之间产生了矛盾，而且他们与忍气吞声的泰诺人之间也发生了冲突。斐迪南和伊莎贝拉降低了哥伦布过于优厚的待遇，并开始执行一项长期规划。按照这项规划，个人冒险所取得的成果将转化为由国家和教会支持的统治权。

基督教世界的边境

要理解哥伦布的所作所为和这两个国家划分世界的荒谬举动（这种荒谬举动还得到了教皇的认可），我们就要深入了解当时伊比利亚半岛的政治。如果说路途遥远而又花费不菲的丝绸之路切断了基督教欧洲与东方的联系，那么西班牙和葡萄牙的孤立感一定会更加强烈。它们位于欧洲的边缘——刚刚驱逐了穆斯林——境内散布着许多堡垒、防线和军营。斐迪南和伊莎贝拉就是欧洲边缘国家的君主，他们虔诚信仰天主教。西班牙人的经验是，要想获得安全感就需要不断前进，不断扩张领土。因此，这是一处动荡不安的边境，一处经常发生战争的边境，需要帆船维持治安。

在穆斯林占领伊比利亚半岛的几个世纪中，曾经有一度，只有位于西班牙北部山区的阿斯图里亚斯王国还信奉基督教。正如我们看到的那样，几个基督教王国利用穆斯林的分裂，慢慢向南扩张。发源于北非的穆拉比特王朝推行更严格的伊斯兰统治。在这个王朝的统治时期，犹太人和其他民族发现，那些相互争斗的基督教国家似乎更欢迎他们到来，很多人因此移居到北方。在伊莎贝拉和斐迪南继位前的若干个世纪里，基督教徒已经“收复”了大半个西班牙。在“收复失地”的过程中，1212 年的纳瓦斯—

德托洛萨战役是一场重要的胜利。是年，卡斯蒂尔、 纳瓦尔、阿拉贡和葡萄牙的君主一改过去相互纷争的传统，将矛头一致指向南方的伊斯兰王国，成功地摧毁了穆瓦希德王朝。穆瓦希德王朝是一个柏柏尔人建立的王朝，它的军队来自各个地方，有一部分军队来自今天的北非地区，最远则来自非洲内陆，如塞内加尔。

到了15世纪90年代，只有弱小的格拉纳达王国尚未被肃清。尽管穆斯林军队进行了长期而英勇的抵抗，但他们最终还是选择投降。这一方面是因为格拉纳达王国受到了饥饿的威胁，另一方面则是因为基督教王国与他们签订了貌似优厚的条约，使他们非常动心。基督教徒承诺，每一个愿意投降的人都可以离开西班牙，返回非洲；而且，愿意留在西班牙的穆斯林还可以继续遵守伊斯兰律法。因此，数十万穆斯林选择留下来，在基督教徒的统治下生活。由于最初的条约很快被撕毁，有些人发现这种生活实在难以忍受，但也有许多穆斯林改宗基督教。当时，西班牙有20多万犹太人，他们也要被迫做出选择，要么改宗天主教，要么离开西班牙。根据现在的估算，只有大约4万人选择离开。最初，他们的主要目的地是葡萄牙。但后来，很多人去了阿姆斯特丹、君士坦丁堡、威尼斯，甚至罗马。[5]

那些坚持信仰的犹太人则被剥夺了财产，这确实有助于西班牙政府为哥伦布的航海活动募集资金，不过，这种情况比较少见。布尔戈斯主教就曾是一位犹太教的拉比；圣女大德兰——又被称为阿维拉的圣特蕾莎——这位反对宗教改革的神秘主义者来自改宗天主教的犹太人家庭；巴托洛梅·德拉斯·卡萨斯可能也是如此，这位修士和历史学家揭露了西班牙在美洲殖民活动的黑暗面。西班牙的宗教裁判所和人们印象中的一样残忍、冷酷，不断考验着马拉诺（指被迫改信基督教的犹太人，他们被怀疑还在秘密地信奉犹太教）的忠诚，有多达4000人因宗教忠诚问题遭到处决。但另一方面，犹太人和穆斯林也会处决叛教者。对斐迪南和伊莎贝拉来说，宗教裁判所和在西班牙实现基督教化是他们的王国——卡斯蒂尔王国和阿拉贡王国——组建联盟的政治基础和思想基础。他们要在这块极端的意识形态基石之上建立具有同一性的新国家。

斐迪南和伊莎贝拉都是信仰天主教的君主，非常钦羡罗马，天生一对。

伊莎贝拉是卡斯蒂尔王国的公主，但她的童年生活颇为坎坷。有一段时间，她的生活相当拮据，只能和患有精神疾病的母亲相依为命。精神疾病可能源于家族遗传：伊莎贝拉的女儿就被称为“疯女胡安娜”。伊莎贝拉的父亲很有政治野心，利用女儿诱惑大半个欧洲王室成员抛来橄榄枝。对于求婚者，伊莎贝拉都冷眼相加，并且学会了躲避那些年长很多的贵族。有一次，她向上帝祈祷，恳求不要让她嫁给一个 43 岁的贵族。后来，这个男人因为阑尾破裂死在了求婚的路上（这或许可以解释伊莎贝拉虔信的原因）。1469 年，为了和阿拉贡王国的斐迪南王子结婚，伊莎贝拉私自逃出家门。显而易见，他们的婚姻不符合任何人的期望，因为他们的祖父有血缘关系。不过，他们的婚姻得到了教皇的祝福，而教皇的祝福是必不可少的。

从画像上看，斐迪南是个柔弱、忧郁的男子。但在控制了两个王国之后，他变成了一个野心勃勃的统治者，永无休止地征战和签订各种条约。他是个工作狂。有时，为了使自己能集中精力，他会在脸上贴一条绷带。在处理与摩尔人、异教徒和犹太人相关的问题时，斐迪南比伊莎贝拉还要强硬。当军队厮杀之时，伊莎贝拉喜欢亲临现场观看。在费迪南心目中，妻子与他的地位是平等的（但除了妻子，他从不平等待人）。这对夫妇的座右铭是：“伊莎贝拉和斐迪南，你中有我，我中有你。”这是历史为我们提供的婚姻幸福的秘诀。斐迪南比伊莎贝拉多活了 12 年。对他们二人来说，这都是悲伤的事情。

所有这些都很重要，因为斐迪南和伊莎贝拉创建了西方最强大的王朝，或许也是当时世界上最强大的王朝。“疯女胡安娜”嫁给了“美男子腓力”。腓力来自哈布斯堡家族，是神圣罗马帝国皇帝的儿子。胡安娜和腓力的儿子是查理五世，西班牙的王权与奥地利的王权因此又扯上了关系。除西班牙和奥地利外，查理五世还继承了勃艮第、低地国家、德意志南部、那不勒斯、西西里岛和撒丁岛的统治权。1519 年，查理五世当选神圣罗马帝国皇帝（他能当选得益于这样一个事实：他的兄弟统治着波希米亚和匈牙利）。于是，他成为古典时代之后第一个有可能统一欧洲的人。这是个千载难逢的机会，因为大量白银正从刚刚建立的美洲帝国涌入查理五世的金库。现在，让我们再回到美洲帝国。

对白银的贪婪

这是有史以来最一边倒，也是最重要的伏击战之一，但设伏的西班牙人可不这么想。他们正躲在白墙后面，等待敌人到来。一个伏击者坦言："当时的情形太恐怖了，许多人尿了裤子都不知道。"他们的首领名叫弗朗西斯科·皮萨罗。皮萨罗是私生子，来自西班牙的一个贫穷小镇，目不识丁，满头灰发。在美洲，他手下只有 168 个人，其中 62 个人配有马匹。1532 年 11 月 16 日（星期六）清晨，皮萨罗见到了印加帝国——我们将这个国家称为秘鲁——的统治者。尽管印加帝国拥有大约 8 万人的军队，但他们的武器装备远远落后于西班牙人。西班牙人使用火枪，而印加军队使用弹弓、弓箭、棍棒和木质的盔甲，这些武器更适合青铜时代的战争。但西班牙人的火绳枪射速很慢，也不灵活。而且，皮萨罗大约只有 10 支或 12 支火绳枪。

那些鲁莽的侵略者的处境十分不利。西班牙人邀请印加皇帝阿塔瓦尔帕到卡哈马卡城的广场上见面。卡哈马卡城位于层峦叠翠的秘鲁高原，那里有许多寺庙和军事设施，这些建筑都是由石头拼砌而成的，看上去比任何一栋欧洲的石质建筑都更精巧。城市的中心有一座巨大的广场，广场周围是一些低矮的房屋。这些房屋是供朝拜者和旅行者居住的，设伏的西班牙人就躲藏在那里。

但印加帝国的皇帝并没有意识到这是圈套。阿塔瓦尔帕刚刚在内战中击败了同父异母的兄弟，在首都库斯科加冕称帝。尽管西班牙人在北方横行霸道了很多年，但他从来没听说过这些征服者。使者将皮萨罗抵达沿海地区的消息报告给阿塔瓦尔帕。与此同时，还传来一些令人担忧的消息——这些入侵者在当地大肆劫掠。但与史诗般的印加内战相比，这似乎只是件无足轻重的小事。一位使者告诉阿塔瓦尔帕，这些人并不值得忧虑——这群人不好战，而且组织混乱。他们肤色苍白，穿着闪闪发亮的金属外衣，骑在巨大的美洲驼上。那些"马"也不足惧，因为它们不吃人。在这些西班牙人中，有一个叫作比森特·德·巴尔韦德的修士。用那位印加使者的话说，这个人的身上装饰着"两条横竖交叉在一起的棍子"。因此，阿塔瓦尔帕对这些入侵者仅仅是充满好奇。他后来告诉皮萨罗，他很想得到那些马，因为他认为这些动物很有用处。他将西班牙人视为怪人，希望他们能为自己守卫后宫。阿塔瓦尔帕乘坐轿子进入卡哈马卡，整座轿子装饰着鹦鹉的羽毛、白银和黄金。轿夫共有 80 人，他们身穿翠蓝色的衣服，个个都很有身份。与皇帝一同进城的还有 6000 名精锐士兵，他们扬扬得意地跟在轿子旁边，嘴里还唱着歌曲。此外，在皇帝的前面还有一支负责开路的先头部队。大部分士兵都没有武装，他们身上穿的是礼服。

由于西班牙人的武器后来轻而易举地击溃了这支军队，因此有人会认为印加军队不堪一击。但事实并非如此，这些士兵都受过严格训练，他们曾打败遭遇的每一支敌军。他们都是优秀的战士，能与敌人短兵相接，直到战死疆场。当印加人到达广场时，那里空无一人。随后，那位教士出现了。他告诉印加皇帝，他是来指引他皈依基督教的。比森特拿出一本《圣经》，阿塔瓦尔帕之前从来没有见过这件东西。他接过《圣经》，努力翻看这本书。比森特想上前帮忙，却被阿塔瓦尔帕推到一边。打开《圣经》后，在仔细地阅读了那些弯曲的黑线之后，皇帝失望地把书扔在了地上。这次会面实在太无聊了，而这件礼物也没有任何意义！

这种亵渎上帝的行为激怒了比森特。他开始召唤伏兵。“来啊，来啊，基督徒们，”他叫喊着，“快来收拾这些可恶的敌人！”皮萨罗丢下了手里拿着的衣服，这是事先安排好的暗号。看到暗号后，西班牙人的 2 门小火炮开始射击（他们总共带了 4 门小火炮，但其中有 2 门哑火了）。西班牙人忘记了恐惧，忘记了不舒适的湿靴子，或是骑马，或是徒步，从埋伏地冲了出来。枪炮的声音和突然袭击使印加军队阵脚大乱。他们从来没有见过枪炮，也没有见过铁质武器或马匹。印加人四散溃逃。在太阳落山前的 2 个小时里，至少有 7000 名印加人被杀。他们中的一些人试图保护坐在轿子中身为太阳神后裔的皇帝，一些人则跨过围墙，逃向旷野。西班牙人大开杀戒，直到精疲力竭为止。最后，骑兵撞翻了皇帝的轿子，皮萨罗活捉了阿塔瓦尔帕，把他拖进一间屋子。

惊魂未定的印加皇帝与皮萨罗做了一笔交易。西班牙人已经从敌人手里抢来了许多用黄金和白银制成的盘子、壶、酒杯和首饰，这些东西让他们惊诧不已。但阿塔瓦尔帕告诉皮萨罗，他那里还有更多黄金和白银。在印加，黄金和太阳联系在一起，因此也是和太阳神联系在一起的。对印加人来说，这些金银器的价值在于它们的工艺和优雅；但对西班牙人来说，它们的价值仅仅在于贵金属本身，也就是这些贵金属的商品价值。很快，他们就开始熔化这些精巧的金银器，将其制成金锭和银锭。阿塔瓦尔帕意识到了西班牙人对贵金属的痴迷，于是提议，如果他们释放他，他将把这座关押他的房子里装满黄金。关押阿塔瓦尔帕的房子至今还保留着。整座房屋有 22 英尺长、17 英尺宽，大约能装 8 英尺高的物品。之后，他又许诺，会以同样的方式送给他们 2 倍的白银，这些贵金属都将在两个月内备齐。皮萨罗对这个条件非常惊讶，同意了阿塔瓦尔帕的提议，承诺释放他回去。但事实上，皮萨罗并不想遵守诺言。

事实上，寻找和收集贵金属的工作直到第二年 6 月才结束。印加工匠制造的最精美的金银器被熔化成 1.3 万磅金锭和 2.6 万磅银锭。

此时，西班牙人已经深入印加帝国，打击、欺骗和分化敌人。阿塔瓦尔帕自始至终都有利用价值，因为他对臣民有绝对权威，即便被俘也是一样。这使西班牙人几乎没有遭遇像样的抵抗。与此同时，印加人仍在努力救出皇帝，挽救帝国。

然而，事与愿违。阿塔瓦尔帕本想贿赂敌人以换取自由，但西班牙人只让他在两种死法中选择其一：被烧死，或皈依基督教后被绞死。印加人有通过制作干尸保存遗体的信仰。因此，阿塔瓦尔帕选择后者，但皮萨罗还是焚毁了他的尸体。

在早期，当邪恶的帝国主义者和高贵的土著居民发生冲突时，上述情况很常见，但这种印象并不正确：真正的帝国主义者是印加统治者。印加帝国发源于库斯科地区，随后向南发展，但在西班牙人到来 90 年之前才开始对外扩张。在皮萨罗到来 60 年之前，印加人控制了卡哈马卡城。在西班牙人入侵之前的 30 年时间里，印加进入了发展的黄金时期。印加的工程师不但技术高超，而且十分好战，就像古罗马人一样。他们修建了大约 1 万英里的道路，综合运用军事进攻、金钱贿赂和精神恐吓等手段，征服了安第斯山区和西部沿海平原的各种文化。

印加没有车轮运输，没有文字系统，也几乎没有金属武器。印加人会用一种有颜色的绳结记事，这种奇特的记事方法被称为“奇普”。人们进行通信和行政管理主要依靠这种方法，信使会将绳结送往各地。但是，印加的王权非常强大。所有土地都是国有，人们以家族为单位被组织起来，为皇帝提供各种服务。而且，他们没有迁徙的自由。阿塔瓦尔帕不是圣人，他希望臣民像奴隶一样顺从自己的奇思怪想。他还喜欢滥施死刑，用敌人将领的颅骨饮酒。

除了没有马匹和枪炮，印加帝国还有一个弱点，就是极端的中央集权。这种制度帮了西班牙人的大忙。因为他们控制了阿塔瓦尔帕就控制住了印加帝国行政中枢。在杀害阿塔瓦尔帕之后，西班牙人将其兄弟尤潘基扶上皇位，通过新皇帝镇压印加人的反抗运动——印加人发动的反侵略战争持续了大约 40 年之久。这成为西班牙人的惯用伎俩。从 1519 年到 1521 年，在埃尔南多·科尔特斯的带领下，西班牙人击败了北方的阿兹特克帝国。这些入侵者发现，许多被这个崛起不久的帝国征服的民族都愿意和他们联手，共同反抗当地的暴君，但这些民族似乎并没有意识到这样做的后果。在俘虏了阿兹特克的统治者蒙特祖玛之后，西班牙人又利用他残存的权威控制臣民，掠夺黄金。

在墨西哥和秘鲁站稳脚跟后，西班牙统治当局不但利用了当地的统治制度，而且还从西班牙引入了一些制度，其中最著名是就是“监护征赋制”。在“监护征赋制”下，土著居民几乎变成了西班牙人的奴隶。在西班牙，这种制度的最初对象是穆斯林。在秘鲁，印加帝国本来就有强迫劳动的传统，西班牙人直接继承了这种传统，使其为自己服务，特别是在波托西的银矿。尽管一种帝国制度取代了另外两种帝国制度，但农民和统治者之间的关系并没有发生变化。随后，这种情况也会在北美地区出现。

西班牙征服是美洲社会的新起点，但西班牙人根本就没考虑创建一个新世界。就其劫掠行径和对西班牙王室的忠诚而言，他们只是一群冒险者。美洲出现了许多建筑，如学校、医院、兵营和教堂，但马德里推动的改革进展十分缓慢，或者说根本就没有改革。安东尼奥·德·门多萨侯爵曾任新西班牙行省的总督，这个重要人物曾经告诫他的继任者，要么不做任何事，要么就拖拖拉拉。在征服美洲几十年之后，许多关键的征服者都不愿老死他乡，其中就包括科尔特斯。

皮萨罗的追随者在著作中总是喋喋不休地谈论黄金和白银，而不是当地居民的风土人情，他们实在太看重贵金属了！尽管可以建造美丽的建筑，演奏优雅的音乐，但新世界的西班牙人并没有证明自己的创造力，成为开明的帝国缔造者。西班牙人占领的是一个纷争不断的世界，他们的文化对欧亚大陆贡献很少。特诺奇提特兰是阿兹特克帝国的首都，除了君士坦丁堡，它可能是当时世界上最大的城市。这座城市拥有的水渠、宫殿和宗教艺术（更不用说对臣属民族的无情统治，以及对死亡和来世的痴迷了）使其与威尼斯非常相像。但是，由于阿兹特克人的宗教使欧洲人感到恐惧，其艺术价值被彻底忽略了。玛雅人生活在尤卡坦半岛，在被征服之前，他们曾进行了长期的抵抗。玛雅人的黄金时代早已逝去。在16世纪，他们繁复的建筑和神秘的占星术丝毫不能引起欧洲人的兴趣。

很快，北美其他欧洲殖民地吸引了另一批冒险家——宗教异见分子和吃苦耐劳的农民，他们希望在新世界开始新生活。尽管有人试图在弗吉尼亚和卡罗莱纳重建欧洲式的贵族制度，但谋求建立初级民主制度的意愿已不可遏制（至少欧洲的男性殖民者有这样的意愿）。

西班牙人将贵族、士兵和神职人员都带到了中美洲。但是，占地辽阔的教会、修道院和大庄园日益衰退；而契约奴和奴隶既不能创造新观念，也不能生产供出口的商品。这使中美洲不仅难以抵御北美殖民者的入侵，内部也受困于受启蒙运动影响的大起义。因此，当西班牙王室被拿破仑推翻、西属美洲统治当局分崩离析的时候，墨西哥宣布了独立。这样做的目的不是为了创建一个更民主的新社会，而是为了维护地方贵族的利益，抵制西班牙出现的激进主义运动。[6]阿根廷的何塞·德·圣马丁和委内瑞拉的西蒙·玻利瓦尔都发动了史诗般的独立运动，但他们都未能创建足以抗衡美国、英国或欧洲帝国的国家。

在征服美洲的早期，由于西班牙人随身携带的疾病和武器具有决定性的作用，加之其英勇无畏的冒险精神，他们的军事进展极其迅速。在皮萨罗到达之前，西班牙人的细菌就已传到了印加首都库斯科。在安第斯山区和南美洲的其他地区，天花病毒造成了灾难性的影响。天花病毒杀死了印加皇帝，导致他的儿子们互相残杀。在皮萨罗登陆时，内战已经爆发。从墨西哥到太平洋岛屿，流行疾病都产生了同样的效应。

在大约 1.3 万年的时间里，美洲人从未接触过肆虐欧亚大陆的病菌。因此，一旦病菌传入美洲，它们产生的影响就是灾难性的，特别是在人口稠密的美洲中部地区。据估算，在欧洲人到来之前居住在那里的全部人口的 95% 都死于越洋而来的病菌——如麻疹、天花、疟疾、白喉、斑疹伤寒和肺结核。有人可能会怀疑死亡人口的准确比例，但无可怀疑的是，欧洲历史上的任何人口死亡灾难都无法与之相比。

那么，西班牙人和其他欧洲人得到了什么？除梅毒外，没有任何奇怪的疾病传入欧洲。而且，我们也无法确定梅毒是否是在中美洲感染的。西班牙人的主要收获是突然涌入的金属货币。随着印加帝国的崩溃，西班牙人患上了“黄金狂躁症”。皮萨罗的秘书佩德罗·桑乔自我辩解道：“我们的注意力都集中到从库斯科获得的大量白银和黄金……”为阿塔瓦尔帕赎身的金块和银块仅仅是开始。在印加文化被剥皮削骨后，西班牙人在 20 年的时间里利用新的采矿技术和提炼技术对位于今天玻利维亚的波托西银矿进行了全面开发。据说，在波托西铸造的每一个比索都搭上了 10 条土著美洲人的性命。而在之后的一个半世纪，从美洲流入欧洲的 5 万吨白银中有三分之二出自波托西。

然而，劫掠财富不一定会导致繁荣。由西班牙大帆船运送到西班牙宫廷的黄金和白银最终却流落他乡。很多金钱被用于装饰教堂。为了维持哈布斯堡王朝对尼德兰的控制，查理五世还将大量金钱投入一场又一场毫无胜算的战争。在意大利，为了与法国人一争高下，查理五世同样不惜血本。结果，弗兰德斯的粮食商人、德意志的武器商人及各路雇佣军赚得盆满钵满。此外，他还大肆举借债务用以偿还热那亚和威尼斯的债权人。后者则远渡重洋从中国购买丝绸和瓷器等奢侈品。在当时的中国，明朝取代了蒙元帝国，开创了另一个黄金时代。不过，由于从美洲经由西班牙和东地中海地区融入了太多黄金或白银（或者太贪恋白银），明帝国爆发了严重的货币危机。

如果上述印加贵金属的全球流通还不足以说明问题的话，那么我们就必须考虑海盗的作用了。由于无法染指美洲的财富，法国人和英国人就利用海船打劫西班牙人的大帆船，把战利品运送回家。英格兰女王伊丽莎白对海盗行径视而不见。在来自德文郡的恶棍弗朗西斯·德雷克率领舰队环绕南美洲航行，进入秘鲁水域抢劫西班牙人的黄金和白银（这些财富都是从印加人那里掠夺的）后，伊丽莎白的分成足够她偿还英格兰的全部外债。[7] 海盗给我们提供了很多故事素材，但他们的意义并不局限于此：通过吸引法国人和英国人跨越重洋掠夺财富，海盗既改进了欧洲北部的航海技术，又在加勒比海地区建立了军事据点，为后世的帝国扩展提供了便利。

用经济史学家大卫·兰德斯的话说，西班牙征服者的故乡“之所以陷入贫困（或停滞不前），主要原因是金钱太多”。[8] 西班牙人从竞争对手那里买来了各种纺织品、食品和特产。他们对鸿运当头惊喜不已，因为不事生产也能尽情消费。这和 21 世纪初的情形很相似，西方社会都沉浸在由信贷消费带来的经济繁荣。当时有人就看到了这一点。兰德斯引用了摩洛哥驻马德里大使的话，他正处于肆意挥霍时期的尾声。1690 年，这位大使注意到：

> ……今天，在基督教诸国中，西班牙人财富最多、收入最高。但是对奢华的热衷和文明的舒适征服了他们。你很少发现西班牙人像荷兰人、英国人、法国人、热那亚人那样为从事商业奔走海外。类似地，这个国家蔑视社会下层和普通民众从事的手工艺行业，它自视比其他基督教国家高出一等。在西班牙从事手工业的多是逃到西班牙寻找工作的法国人……（而且）在很短时间内就发了大财。

我们很难想象世界上还有另外一种方法能使国家彻底衰落。在新世界，由贵族、神职人员和大地主组成的帝国正在日趋没落，使其对手充满活力的现代性从未触动西班牙。阿塔瓦尔帕未能预见将要发生的事情，西班牙人也一样。

宗教改革

事物的外表和外在风格可以承载深远的意义。在宗教改革期间，由身着华美服饰、吟诵拉丁祭文的男性神职人员在富丽堂皇的教堂中主持的礼拜仪式遭到了另一种礼拜仪式的抨击。马丁·路德身处的德意志是一个黑与白的世界。在紧要关头，路德会有意识地将严肃的黑色布道文印制在雪白的纸张上。早期的印刷工匠会用煤灰和蛋液调制墨水，那些刺状的黑色字母就是用这种墨水印制的。经由这种途径，路德的声音化作成千上万份布道文传递到北欧民众的手中。对目不识丁的人来说，粗糙的黑白两色印刷品传达的正是改革者的消息——与之前五颜六色的祭品形成了鲜明的对比。他们的服饰都是质朴的白色、深色和黑色。他们的语言都是德意志地区的方言俚语。从早期的肖像画观察，他们面庞上都是严肃、冷峻的神情。

北德意志正在反抗南德意志。在南方，光耀夺目的教皇仪制，以及多姿多彩的教堂和镀金的圣母像代表了一种具有世界影响力的教会传统。马丁·路德身材魁梧、个性固执，喜欢自吹自擂。他站在对抗教皇和皇帝的第一线，成为德意志英雄一点也不令人惊奇。正如他自己形容的那样，他站在了“贝希摩斯怪兽口中的巨齿之间”。在路德之前，德意志的历史就是一部统治者、骑士、皇帝、主教和神话传说的历史。从很多方面观察，他都算是第一位现代德意志人。在那幅著名的肖像画中，路德双臂弯曲，面无惧色，凝视着我们。他为人质朴，但并不是农民。他的父亲在萨克森的煤矿工作。由于工作出色，后来成了中产阶级，迎娶了一位漂亮的妻子，还拥有一座迷人的石砌房子。他把路德送入一间好学校接受教育，尽管那里的制度很严酷。和许多社会地位日益上升的父母一样，路德的父亲也希望儿子能成为一名律师。从很早的时候开始，马丁·路德就展现了善于质疑的个性，他对知识的渴求永远无法得到满足。

我们必须设想这样一个世界：地狱真实存在，并且近在咫尺；魔鬼和巫师在森林和小路上作祟；唯有依靠耶稣的帮助才能逃离。在马丁·路德的时代，德意志并不是一个舒适、安全的地方。除了饱受瘟疫之苦，在坏年景忍饥挨饿之外，德意志的政治也软弱不堪。在东方，条顿骑士团已经屈服于波兰人。在北方，丹麦人占领了荷尔斯泰因。在西方，瑞士联邦赢得了独立地位。更重要的是，奥斯曼帝国的穆斯林军队正在威胁整个欧洲，这种威胁终马丁·路德一生都没能化解。因此，宗教改革的早期阶段与奥斯曼帝国的严峻威胁如影随形：1521 年，奥斯曼人攻陷了贝尔格莱德；1522 年，占领了罗德岛；1526 年，击溃了匈牙利人。三年后，奥斯曼人又将维也纳围得水泄不通。他们还深入波兰的腹地，跨越地中海进攻马耳他岛，与威尼斯人的战争一直呈胶着状态。尽管南方的天主教政权在 1571 年的勒班陀海战中最终击败了奥斯曼海军，马耳他和维也纳也化解了围攻之势，但很多基督教徒都相信他们正经历基督教王国的末世，注定是文明的最后一代人。

德意志是“宗教和伪古典神话的”[9] 神圣罗马帝国的一片领土和语言区，而不是作为一个国家存在。在公国、诸侯领地、主教辖区和自由城市之间，还有大约 300 个半自治的封邑，他们都有自己的法律、货币和家族封地。战争和瘟疫使德意志的人口锐减。一种可怕的新疾病梅毒更是在全欧洲肆虐，“幽灵村”随处可见。德意志的南部和西部爆发了一系列残酷的农民战争，尽管没有达到路德成年后那种造成至少 10 万人丧生的战争规模。

因此，路德的世界既动荡不安，又充满变数。每一棵树的背后都掩藏着死亡。马丁·路德告诉我们，1505 年的某个夏日，当他还是 21 岁的学生时，他在乡间的小路上突然遭遇了一场雷暴。在一个闪电劈将下来的时候，他向上帝祈祷，如果能幸免于难，他就会进修道院。之后，路德很快放弃了学业，进入了一家院规严格（但并不极端）的修道院。在十多年的时间里，马丁·路德都是一个模范的修士。他以超人的毅力勤奋学习，恪尽职守，遍览各种常见的天主教文献，几乎达到精神崩溃的地步。由于表现优异，修道院派遣马丁·路德出使罗马，尽管使命并未达成。随后，他被委派到新建的维滕贝格大学任教。

当时，德意志各地都在创办大学。这些大学可以使采邑和有野心的城镇出名，也可以吸引新式人才。当时的德意志约有 20 所大学，维滕贝格大学就是其中之一。这所大学以富有远见和实验精神闻名于世。维滕贝格是一座小镇，规模比带围墙的村庄大不了多少，其统治者是萨克森选帝侯“智者弗里德里希”。弗里德里希为人精明、开通，是德意志的七个“选帝侯”之一（当时，神圣罗马帝国的皇帝并非世袭，而是由“选帝侯”选举产生的），在北德意志很有政治影响力。后来，在他掀起宗教反叛期间，路德就曾受到弗里德里希的保护。

在维滕贝格，路德关于原罪和救赎的观点挑战了许多传统教义。学者们至今仍在不停讨论其神学观念究竟有多激进——它绝对不是独一无二的。问题的关键是：中世纪早期的学术观点认为，仁慈的上帝会依照律法，将有罪的人送入地狱。但是，这些律法实在太严格，太令人生畏，人们很难严格遵守。马丁·路德的观点是，人类罪孽深重，腐败堕落至极。因此，人们只依靠反复的祈祷和行善是不可能进天堂的。

那么，人怎样才能得救？在宗教氛围十分浓郁的世界里，这是一个急迫的问题。

路德给出这样的答案：对于拥有真正信仰的人，上帝会赦免他们的罪。这些人将会得救，成为上帝的选民。人类的原罪实在太过深重，单凭自身的行动已无法洗刷罪恶。神爱是一种奇迹，唯有神爱才能战胜人类的原罪。耶稣基督的牺牲是为人类赎罪，这意味着奇迹已通过这种方式显现。要想获得救赎，人类唯一能做的事情就是通过耶稣基督的牺牲获得真正的信仰。路德的观点有一个明显的问题，即暗示犯罪并不要紧。因为，用通常的方法根本不能战胜罪恶，只有信仰才能在救赎中发挥作用。针对上述质疑，路德的回答是：那些获得救赎的人会心存感恩，不会有再犯罪的念头。正如许多新教徒的后代认为的那样，这似乎太容易了。在《一个清白罪人的忏悔》一书中，苏格兰作家詹姆斯·霍格讽刺了赎罪的轻而易举。他认为，有了这个法子，那些伪君子就可以制作一个罪恶的蛋糕，然后张口吃掉。

路德的思想体现了一位基督教知识分子对理性、精致的古希腊思想的排斥。以柏拉图和亚里士多德为代表的古希腊思想正是传统基督教神学的基础。在其得出有关原罪的结论后，路德的主要冲动是情感性和个人性的，是对释放和可以交流的喜乐的迫切渴望，与教会的等级制度和宗教仪式无关。他形容自己有“重生”的感觉，这种体验是现代福音派新教主义的核心。

这会导致像路德这样的人——身强体壮的梦想家——不断挑战教会权威。但是，是售卖赎罪券的行为最终把路德逼到无路可退的地步。什么是赎罪券？它是用耶稣基督和诸位圣徒累积的善行来赎其他人的罪，而获得赎罪券的人就可以减少在炼狱中受苦的日子。我们可以把炼狱看作今天机场昏暗的候机大厅，只是缺少了免税店。不过，人们通常把炼狱描写成充满火焰的地方。在进入天堂之前，人们要在炼狱接受惩罚，淬炼心灵，清除罪恶。赎罪券不仅使人免于炼狱的折磨，而且还能助人升入天堂。

如何获得赎罪券？祈祷和行善可以使你获得一张赎罪券，参观和触摸圣徒的遗物也能使你获得一张赎罪券——拥有圣徒遗物的教堂或城镇可以从中获利（维滕贝格拥有世界顶级的收藏品，如木头的碎屑、骨骸、荆棘和毛发）。除了祈祷、行善和圣物，人们还有一种更可靠的途径：花钱购买。长久以来，神职人员一直建议获得赎罪券的人能“慷慨解囊”，对教会表示感谢。最后，这就变成了赤裸裸的交易。作为耶稣基督在尘世的代理人，教皇可以堂而皇之地出售赎罪券。赎罪券因此变成了他的货币，纸面上还标记出不同的面额。赎罪券不仅能帮助购买者缩短在炼狱受苦的日子，还能帮助他们去世的亲属尽早步入天堂。炼狱中的灵魂也许正在大声呼喊，要他们的子孙赶快掏钱。从意大利到荷兰，从法国到瑞士，有改革意识的教士都在抗议赎罪券的商业化，路德更是掀起了一场大风暴。

教皇职位为历史提供了许多反派角色，而且数量之多令人印象深刻，路德的对手利奥十世就是其中之一。利奥十世来自美第奇家族，其父是佛罗伦萨的著名统治者“伟大的洛伦佐”。他的成长伴随着战争、艺术表现欲和政治倾轧。他 13 岁时成为枢机主教，但他对宗教兴趣不大。当意大利政治将时年 27 岁的美第奇推上教皇宝座的时候，利奥十世曾表示，既然上帝将教皇职位交给他，“那就应该好好享受”。利奥十世很胖，爱出汗，为人热情，他使教廷的生活变成永无休止的嘉年华，戏剧、斗牛表演、舞蹈、宴会和运动会层出不穷。他花钱如流水，拿出大量黄金资助各种事业，满足个人的消费欲望。

利奥十世的最大花销是修建圣彼得大教堂。4 世纪 30 年代，圣君士坦丁在有可能是圣彼得埋骨处修建了一座教堂，就是圣彼得大教堂的前身。15 世纪末 16 世纪初，由于这座教堂年久失修，当时的教皇决定在原址上修建一座宏伟的新教堂，希望这座新教堂的规模和华丽使世界产生敬畏。但到了 1517 年，工程遇到了经济困难，教堂变成了一个肮脏的建筑工地。巨大的花销日益削弱教皇的权威。利奥十世募集资金的方法是出售更多、更贵的赎罪券。在德意志地区，有一个野心极大的主教，除了充当利奥十世的代理人之外，还出于个人目的疯狂敛财。德意志人民一而再、再而三地遭受盘剥。

在路德生活的萨克森地区，以出售赎罪券闻名的约翰·特策尔是主要的盘剥者。从开始登台布道起，特策尔就是一个自吹自擂的福音传播者。他会跟随身着长袍、表情严肃的神职人员及其追随者步入城镇，手里举着教皇的标志和利奥十世的诏书（教皇的公告，挂有一块圆形印章，以表明是真迹）。人们会打开橡木或铁制成的收纳金钱的箱子，支起一座棚子。这时，特策尔就开始工作了。他发出的信息直截了当。如果你不想在炼狱中受苦几百年，甚至几千年，那么掏钱吧；如果你想让亲爱的母亲或父亲摆脱痛苦，那么掏钱吧；根据自己的财力和能力，能掏多少就掏多少。如果你觉得这几句听上去很像特策尔风格的讽刺诗，那么我告诉你，他那两句带有韵律的名言才能真正体现出“特策尔风格”：

随着银币落入盒子的铿锵一声
炼狱的灵魂就升天堂了

在路德看来，兜售赎罪券与其说是为了在意大利修建一座奢华的新教堂，还不如说是在掠夺诚实的德意志人。出售赎罪券就等于宣布，那些购买赎罪券的无辜之人应该受到地狱之火的煎熬。这是一项可怕的罪恶，因为这意味着，购买者将不会忏悔，或面对他们的罪行也不会去求耶稣基督的宽恕。关于信仰和惩罚最深奥的内容变成了现金交易。最终，兜售赎罪券的行为耗尽了路德的耐心。全世界都知道，1517 年 10 月 31 日，马丁·路德大步走向维滕贝格的城堡教堂，在教堂的橡木门上钉上了《九十五条论纲》，这份《论纲》阐述了他的观点——这是一种挑战教皇的行为。路德或许就是在挑战教皇。当时的木门早已不复存在，取而代之的是金属复制品。

路德不是一个谦逊的人，但他本人从未提过在大门钉上《论纲》这件事。这个故事可能是晚出的。在路德的时代，教堂的大门通常被当作信息板，人们在上面发布各种信息。因此，这位以学术见长的著名修士有可能将他的宗教观点钉在了门上，尽管他没有非这样做不可的理由。路德并不想发动一场革命，甚至也不想直接挑战教皇制度。这份措辞强烈的《论纲》用教会拉丁语写成，上面罗列了存在争议的观点。在此之前，维滕贝格大学的学生都听过路德阐述这些观点。路德仍然是天主教徒，他说的很多话也符合天主教的正统教义。

那么，路德的论点为何传播得如此之快？要理解这一点，我们首先需要将目光转向德意志西北部的一座小镇，即莱茵河畔的美因茨。在路德出生的 15 年之前，发明欧洲第一台印刷机的约翰内斯·古腾堡就葬在了这座城镇。早在公元 3 世纪，中国人就开始使用木版印刷，甚至是雕版印刷。在古腾堡发明印刷机之前很久，欧洲也已出现了木刻印版。古腾堡做的工作是将单个的金属活字排列在一起，组合成词，然后涂上墨水，把文字印到纸上或用动物皮制成的纸上。

我们对古腾堡知之甚少，只知道他擅长金属加工和宝石切割。他是一位有抱负的实业家，希望借钱创办自己的事业。德意志城市地区有煤矿和铁矿石储备，也有制造铠甲、武器和钟表的长期传统，但那里并没有出现工业革命。尽管如此，德意志城市地区的工业不断发展壮大，手工业者的社会地位不断上升。野心不断膨胀。他们会将自己的手艺代代相传。

古腾堡从意大利购买纸张，尝试用合金制成的活字和复合油墨进行印刷。他一共有 6 台印刷机，雇用了至少 18 位帮工。他打算印刷《圣经》，希望这些印刷《圣经》看上去和手抄本相近。这就如同早期的电视剧会模仿剧院里的戏剧，早期的博客会模仿网络上的报纸。古腾堡计划首先印刷 180 本《圣经》，每本共 1282 页。他这样做要冒很大风险。1454 年，他不得不到欧洲各处筹钱。古腾堡用了6个月时间铸造金属活字，又用了2年时间排版和印刷。之后，他又为《圣经》手工着色和绘制插图，以便使它们看上去更“真实”，接近同时代手抄本的效果。我们可以将其比作当时黑白混杂的布料或纺织品，所以我们有了“正文”（有编织的意思）这个词。整个印刷过程大约持续了3年，这和抄写员用手抄录一本《圣经》的时间大致相当。[10]不同的是，在3年的时间里，抄写员只能抄录一本，而古腾堡可以印刷180本。

印刷术仿佛一夜之间流行起来。古腾堡的《圣经》在德意志、低地国家、意大利和西班牙大受欢迎。他的印刷机又接了其他的印刷工作，如学童使用的语法书、攻击土耳其人的小册子和各种日历。最重要的是，赎罪券也成了类似支票的印刷品，只有时间、日期和签名需要用手填写。

很快，德意志地区就出现了大量印刷品。在数以万计的小册子中，有一些内容是关于医学和科学的，而另一些则粗俗不堪。在就婚姻问题发表讲话时，路德曾经抱怨说，在书商沿街叫卖的小册子中，“除了妇女的堕落之外，就没有其他内容了”。

因此，路德的《论纲》——无论是否钉在了门上——也被很快印刷出来，广为流传。他将《论纲》中的观点融入了一篇布道文。在两年的时间里，这篇布道文重印了25次。与此同时，路德将他的笔名从“埃莱乌泰里乌斯”（这是一个希腊名字，意思是“解放者”）变成了“卢特尔”（在德意志地区，这是一个很普通的名字），之后又变成了“路德”。教士和世俗人士已经就赎罪券问题、正确的原罪观和教皇权威展开讨论，路德的论点引起他们强烈的兴趣。据估算，在高峰时期，路德平均每两个星期就能写出一本小册子。他的追随者们——如曾经当过鞋匠的作家“汉斯·萨克斯”——和天主教敌人们则贡献了更多小册子。过去，维滕贝格的统治者有收集圣徒遗骸的兴趣，这些收藏为小镇带来不少收入。现在，大量的印刷工作使维滕贝格成为一座繁荣的市镇。为什么那里会有这么多印刷工作？原因很简单，因为路德住在那里。[11]

路德的观点很快传到了罗马，双方开始了交锋。首先，路德与海德堡的奥古斯丁修会修士展开了较量——这场较量取得了很好的效果；其次，在奥格斯堡，他接受了一位枢机主教的挑战，这个人是利奥十世手下最出色的枢机主教之一。随后，他又在莱比锡与一位聪明的神学家展开辩论。在那里，有人诱骗这位神学家支持捷克改革家扬·胡斯，后者因异端的罪名被烧死。在一份教皇诏书中，路德被指责为异端，这意味着他立刻会被烧死在维滕贝格。现在，他的斗志占了上风。路德连续发表了三本攻击性的著作：《关于教会特权制的改革致德意志基督教贵族公开信》是写给贵族的，《论教会的巴比伦之囚》是写给神职人员的，《论基督徒的自由》是写给所有人的。在这三本书中，路德驳倒了罗马教廷的许多基本观点。这些观点涉及神父的特殊职责、神职人员的组织，以及教皇至高无上的权力。

路德坚决而大胆地面对困难。在两年的时间里，上述三本书总共出了36版，而且被翻译成荷兰语、英语、西班牙语、捷克语和拉丁语。如果没有印刷机，这显然是无法实现的。全欧洲都吵得不可开交。在遥远的英格兰，亨利八世要求他的主教想出批驳路德的理由。1521年4月，刚登基的神圣罗马帝国皇帝——年轻的查理五世——在沃尔姆斯召见路德。当时，“帝国议会”正在那里开会。当着自己的书，路德被要求放弃自己的观点，但他拒绝了。他说：“这就是我的立场，我别无选择。”尽管这句话已经成为路德的名言，但没有证据表明，他真的说过这句话。直到路德死后，一位编者才将这句话写入他的言论集。但这句话实在是说得太好、太掷地有声了，因此很难被删除。这种对抗具有潜在的危险性。路德或许已经做好了被绑在火刑柱上受刑的准备了，但最后他还是平安地离开了沃尔姆斯。

离开沃尔姆斯后，出于保护路德的考虑，弗里德里希迅速而神秘地将他带走，安置在德意志的瓦特堡。这个地方非常隐秘。在瓦特堡，为掩盖身份，路德留起了胡子，并使用了假名。在那里，路德又做出惊人之举，他开始将《圣经》翻译成犀利、辛辣的通俗德语。在很短的时间内，他完成了《新约》的翻译。之后，又用了几年的时间完成了整部《圣经》的翻译。他曾吹嘘说，他的语言风格不是来自拉丁语，而是来自街上：“如果有拿不准的地方，就问问家中的主妇、大街小巷里的孩子，以及市场中的普通人，看他们会说些什么。”他创造了许多新词，其中一部分新词仍然保留在现代德语中，例如“Herzenslust”表示“心里想的事”，“Morgenland”表示“东方”。路德说，他想“让摩西看上去非常像日耳曼人，以至于没人会把他当成犹太人”。人们称他的翻译为“德语演进过程中的核心文献”。[12]

在著名的莱比锡书展上，人们可以用低廉的价格买到路德翻译的《圣经》，它的价格大致相当于一头小牛的价格，或者一名教师两个星期的工资。据估算，到路德去世时，市面上大约有 50 万本德语《圣经》流通。翻译成其他欧洲语言和方言的《圣经》也产生了巨大影响，英国国王詹姆斯钦定版的《圣经》就是典型的例子。在某些方面，路德对德语的影响要大于莎士比亚对英语的影响。历史学家韦奇伍德对此进行了精辟的阐述。她表示，对路德来说，德语的表达实在太顺畅了，“眼前闪现出许多日常生活中的景象，粗俗、朴实、形象……在我读过的《圣经》译本中，路德的译本是最令人惊讶，最高度个人化的”。

可见，路德对民族的影响和他对宗教的影响一样大。慢慢地，德意志北部地区的贵族和自由城镇一个接一个地站到路德一边。相似的情况也发生在瑞士、荷兰和丹麦。在这些地区，其他宗教改革家也在忙碌着。路德的宗教改革和新教会的开创与社会挑战——甚至革命——密不可分，这一点很快就表现出来了。亲路德的民众开始破坏宗教艺术品。矿工和农民反抗征税的教士，与路德相似的观点成为他们这样做的依据。造反的教士带头嘲笑他们的老上司和旧秩序。路德——他受到一位贵族的保护，他本身也来自殷实的家庭——开始感到不安，因此强调世俗权力的重要性。

从 1524 年到 1525 年，一场轰轰烈烈的农民起义席卷了欧洲，从条顿骑士团的领地到匈牙利，从瑞士到德意志中部地区，都受到了冲击。这场可怕的起义为中世纪晚期的欧洲建立了秩序。托马斯·闵采尔是这场极端运动的领袖，这位具有非凡魅力的教士曾是路德的早期追随者之一。他曾预言，根据一条即将成为现实的启示，尘世间的所有政权都将垮台。他和他的支持者曾在米卢斯建立了一个带有共产主义色彩的“上帝选民同盟”，但它并没有持续很长时间。与其他起义一样，闵采尔起义最终被诸侯军队镇压了。在德意志，神圣罗马帝国皇帝手下有一支久经沙场的军

通过将基督徒的信息传递给包括罗马人在内的非犹太人，保罗是作为一个全球性宗教的基督教的真正奠基人。

秘鲁南部的纳斯卡人是才华横溢的艺术家和杰出的工程师，但是他们犯了一个致命的大错。

拜占庭皇帝查士丁尼。他可以打败蛮族，但他无法打败饥荒和瘟疫，也无法重建罗马的荣耀。

上图　一位科尔多瓦的埃米尔在向他的顾问们咨询：穆斯林治下的安达卢斯是学术和城市生活的中心，足令基督教王国汗颜。

下左图　蒙古领袖成吉思汗完全可以说是世界历史上最有影响力的人；但是如果没有他，也许很多人就不会惨遭苦难。

下右图　一份1375年的加泰罗尼亚地图集上画着的马里国王穆萨，宛如一位坐在王座上的欧洲君主：实际上他比欧洲君主还要傲慢。

上图　伊凡雷帝——也被翻译为“伊凡大帝”——是将俄国领土深入扩展到西伯利亚的统治者，同时也给这个国家带来了冷酷残暴、专制集权的传统，至今俄国仍深受其害。

中图　丰臣秀吉为日本德川幕府铺平了道路，在他统治日本的同时，伊丽莎白一世统治着英国，两个国家在很多方面可以进行比较。

下图　印加皇帝阿塔瓦尔帕被西班牙人谋杀，但是他的黄金之后破坏了西班牙的经济。

上图　荷兰郁金香热是令全欧洲人嘲笑的金融泡沫。然而，与他们的批评者不同，荷兰人从中吸取了教训并再次繁荣发展起来。

中图　新大陆传入的烟草引发的吸烟热，令处于17世纪开端的英国和日本的统治者感到万分震惊。

下图　“但它的确在动。”比萨的伽利略充满活力，喜欢高谈阔论。他生对了时候，人们那时已经开始了解太阳系，但他生错了地方，那里不允许他解释太阳系的运行原理。

帖木儿将王冠递给巴布尔，1630年画作。巴布尔创建了莫卧儿帝国，帝国孕育了激进的思想，修建了许多辉煌的建筑，最终被宗教不宽容引发的战争推向了崩溃的边缘。

“太阳王”路易十四是专制主义君主——一种由华丽宫殿和纨绔子弟装饰起来的乏味理论——的典范。

威廉和玛丽，在1688年入侵英国后，他和他的妻子成了英国的君主，前提是接受议会拥有最高权力。

上图　启蒙运动由法国人和英国人主导：伏尔泰和他的情妇沐浴在伊萨克·牛顿的理性之光中。

下图　杰思罗·塔尔发明的马拉条播机是使英国人变成世界上最成功的农民的器械之一，为工业革命准备了土壤。

上图　然后他们喝什么？起义的波士顿人将征税的茶倒进海里，在反抗英帝国期间，他们喝花草茶和走私茶。

下左图　澳大利亚原住民贝恩朗，被英国人绑架，学会了英语。他仿佛成了时间旅行者，在石器时代和工业时代之间穿梭。

下右图　杜桑·卢维杜尔。作为一名前奴隶和理想主义者，他的梦想共和国最终被拿破仑粉碎。

上图　断头台不是医生吉约坦发明的，但他推广了断头台，这是最民主的杀人机器，因为它对待国王、贵族和平民都是一样的。

下图　1804年，拿破仑加冕为皇帝，标志着法国大革命时代的结束。贝多芬对此非常反感，他将写有这个科西嘉人名字的第三交响曲标题页撕下。

队，这支军队刚刚在意大利挫败了法国人。回国后，他们不但粉碎了农民军，而且实施了可怕的报复。在这一过程中，路德起到了煽风点火的作用。1525 年 4 月，他写了一本小册子，最初的名字是《对和平的忠告》（很显然，在德意志的报刊文章中，这是个最糟糕的标题）。路德在书中写道："让每一个能够杀戮——无论是秘密地还是公开地——的人记住，没有什么比一场叛乱更恶毒、更有害、更邪恶。"[13]

如今，最早的"叛乱者"坚定地站在了德意志诸侯一边，这些诸侯转而拥护了路德教。萨克森、黑森、石勒苏益格、布伦瑞克和勃兰登堡纷纷改变信仰。德意志北部地区的大部分城镇和城市也开始拥护新教。尽管查理五世努力安抚，并想出各种方法使帝国重新团结在一起，但支持路德事业的统治者和有权势的军人实在太多了，上述努力都未能奏效。菲利普·梅兰希通是路德的盟友，也是他进行宗教改革的伙伴。路德曾经对他说："在教义上达成一致是绝对不可能的，除非教皇退位。"路德的神学在社会影响方面变得越来越保守；他极力鼓吹夫权，仇视安逸的婚姻。路德对求婚者很反感，他写道："如果我抚养一个女儿，我在她身上花费了太多的金钱和精力。我关心她，为她劳心费神，付出了努力和劳动。而且，在这么多年时间里，我将生命、身体和财富作为赌注全都押在她的身上。那么，与一只走进森林的母牛相比，我对女儿的保护难道不会更多一点吗？"此外，他还变成了一个坚定的反犹分子。

1531 年，信仰新教的诸侯组成了"施马尔卡尔登同盟"，这使神圣罗马帝国的政治陷入了不可挽回的分裂。在纷争之余，德意志也得到了一个宝贵的喘息之机。1555 年签订的《奥格斯堡和约》使帝国获得了一个重建和发展经济的时期。在这段时期里，德意志的文化走向了繁荣，大学也开始闻名于世。其间，伊丽莎白时代英格兰的戏剧和演员也会来到这里博取名声。然而，路德带来的大分裂毒害了欧洲的未来。"三十年战争"正在一步步逼近。这是一场由长矛和燧发枪推动的灾难，充斥着暴行和饥荒，将德意志地区变成炼狱。路德终其一生都害怕炼狱中的刑罚，那些快乐的僧侣们则以兜售赎罪券的方式来使人们避免在炼狱中受罚。但现在，德意志已经变得和炼狱一样可怕了。

异教徒和海盗

约翰·加尔文和其他宗教改革家——如苏格兰的约翰·诺克斯——扩大并强化了路德发起的革命。这场革命爆发的部分原因在于人们有这样一个共识，即世界将在短时间内终结。人们相信，基督必定会再次降临人世，这主要是因为基督教世界受到了严重的威胁。即将控制世界许多地区的基督教欧洲感到自己已经被包围、被分割，正在一步步后退。如果我们不能理解当时的基督徒有多么恐惧，我们就很难理解宗教改革家们在绝望的警告中所表达出的凶恶，也很难理解耶稣会士和宗教裁判所领导的“反宗教改革”为什么会那么偏激。与基督教徒相比，奥斯曼帝国在地中海控制着更漫长的海岸线和更广阔的水域。对“土耳其人”的恐惧萦绕在基督教儿童的心头。在不好好睡觉的时候，大人就会用“土耳其人”来吓唬这些孩子。

“摩尔人”或“土耳其人”攻陷了地中海上的岛屿，击败了基督教国家的舰队，占领了基督教徒的土地和带有围墙的城镇，但他们的威胁并不仅限于此。对基督教徒来说，海上旅行，甚至仅仅住在临海的地方都已经十分危险。土耳其人发动过几次大规模的突袭。1544 年，穆斯林海盗袭击了那不勒斯湾，掳走了 7000 人，包括男人、妇女和儿童；10 年后，他们又从意大利的“脚趾”掳走了 6000 人；1566 年，从西班牙南部的格拉纳达掳走了 4000 人；之后，据说他们还在阿尔及尔掳走了“不可胜数的基督教徒”。[14] 大部分由基督教徒控制的地中海沿海地区的生活已越来越凶险。在科西嘉岛、撒丁岛和意大利的许多地方，靠海的村庄遭到遗弃，人们在离海更远的内陆地区重建了村庄。在海上，基督教徒的船只遭到敌人洗劫的概率高得惊人。英国皇家海军承认，从 1609 年到 1616 年，阿尔及利亚的海盗在短短几年时间里一共抢走了 466 艘英格兰和苏格兰船只——尽管其中一部分船只的体积比较小。荷兰、法国、德意志和西班牙的船舶也面临相似的损失率。这些肆无忌惮的劫掠都是为了满足北非伊斯兰统治者对奴隶的渴求。他们让男性奴隶充当劳动力，让女性奴隶充当仆人或妾氏。

随着信仰基督教的村民撤离沿海地区，基督徒的船只越来越谨慎，劫掠者只好前往更远的地方。他们一次又一次地出现在泰晤士河口，掳走刚刚离开艾塞克斯郡和肯特郡的英格兰渔民。扬·扬松是一名投敌的荷兰水手，他改信了伊斯兰教，并称自己为穆拉特·赖斯。1627 年，在扬松的帮助下，海盗袭击了冰岛，烧毁了赫马岛上的教堂，掳走了 242 人。除此之外，他们还在靠近雷克雅未克的内陆地区掳走了更多人。1631 年，海盗从爱尔兰西科克郡的巴尔的摩村掳走了 327 人。当时，扬松也在场。后来，他被马耳他骑士团俘虏，但随后又逃脱，并活到很大年纪。据说，他的后代包括约翰·肯尼迪、亨弗莱·鲍嘉，以及很多姓斯宾塞和丘吉尔的人。这些后裔中的一位则是女王伊丽莎白二世的侍女。

穆斯林在沿海地区掳掠奴隶的高潮时期是从 1530 年到 1640 年，但这种行为一直持续到 18 世纪 80 年代。人们相信，在每一次大规模突袭的同时，还会伴随无数次小规模的袭击。当海盗船突然出现在海湾时，村民们会逃离田地，海盗则尽其所能地掳掠人口。据估算，总共有 125 万名基督教徒沦为奴隶。在同一时期的大部分时间里，白人也从非洲掳掠了大量黑奴，但黑奴的数量要远远少于基督教徒奴隶的数量。北非的环境令人感到绝望。在这种环境下，许多基督教徒因瘟疫或虐待而死。有一部分人改变了信仰，还有一部分人被解救出来，或者被教士和富裕的家族赎回来。

上述这些都是欧洲人产生恐惧的主要原因，也是一系列故事情节的主要来源。进入近代之后，我们仍然可以在圣诞节的童话剧和冬日闲谈中找到这些故事的痕迹。直到最近，穆斯林掳掠基督教徒的事实仍然没有被写入主流历史。部分原因在于，白人在进行大西洋奴隶贸易时犯下了更严重的罪行，其严重程度是 9 倍或 10 倍。从某种程度上讲，这种状况反映出西方人观念的进退维谷。但对路德时代的欧洲人来说，穆斯林对沿海地区的袭扰引发了强烈的恐惧感和危机感。

但更严重的攻击来自欧洲东部边境。在那里，强大的奥斯曼帝国正在进一步扩张。穆罕默德二世是第一位被称为“征服者”的苏丹（他攻占了君士坦丁堡）。在他之后，继任者们将伊斯兰教传播到了基督教王国的腹地。但是，他们也遭到坚决的抵抗。在 1389 年的科索沃战役——人们又更诗意地称其为“黑鸟平原战役”——中，奥斯曼人对塞尔维亚人进行了大屠杀。

对后者来说，这场屠杀是灾难性的。但是，直到几十年后，奥斯曼人才最终占领了波斯尼亚和塞尔维亚。自称“瓦迪斯瓦夫·德拉库拉”的瓦拉几亚大公得到了教皇和半个基督教王国的声援，因为他于1459年和1462年击败了穆罕默德二世。在年幼的时候，这位大公的父亲曾经把他和弟弟送到奥斯曼帝国做人质。因此，他在帝国的宫廷里住过一段时间。在此期间，他的弟弟皈依了伊斯兰教，并为奥斯曼人工作；他学习了《古兰经》和土耳其语，但却一直敌视伊斯兰教。

今天，我们通常会将他称为“德拉库拉”“弗拉德·采佩什”或“穿刺者”弗拉德。事实证明，弗拉德是一位令人生畏的游击战战士。他将特兰西瓦尼亚团结在一起，共同抵抗入侵者。他曾经被囚禁在匈牙利，但侥幸活着离开了监牢。1476年，弗拉德在罗马尼亚战死。他的爱好是将俘虏、罪犯和对手处以刺刑，但这种刑罚也破坏了他的名声。曾经有一度，在其首都周围，大约有2万名濒临死亡和已经死亡的敌人挂在削尖的木桩上，这些木桩从他们的后背刺入，一直刺穿他们的身体。那些“波雅尔”（封建时代东欧一些国家仅次于“大公”的贵族头衔）和地方诸侯开始意识到，由相对仁慈的穆斯林占领或许比偏执、残暴的基督教自由更好。

在这整个过程中，立陶宛—波兰王国著名的亚盖洛王朝是最大的输家。

14世纪末的立陶宛比今天要大得多。的确，立陶宛是当时欧洲最大的国家，其领土一直延伸到今天的乌克兰、白俄罗斯和俄罗斯的部分地区。击败条顿骑士团血腥入侵的立陶宛是个异教国家，信奉古代传承的众神。这些神祇掌管着世间万物，如火、月亮、命运、死亡和昏星。尤其引人瞩目的是，其中甚至还有一位美容之神。这种泛神论信仰直到1386年才退出历史舞台。那一年，立陶宛的统治者亚盖洛迎娶波兰的雅德维加女王为妻，皈依了基督教。他的骑士和大臣迎风转舵，纷纷在附近的河流受洗。

立陶宛和波兰建立了联盟，匈牙利很快也加入进来，亚盖洛王朝因此成为欧洲最强大的王朝之一。事实上，亚盖洛王朝——它的南边是哈布斯堡家族——成了基督教王国的守卫者。它先是抵御了东方人的冲击，之后又抵抗了奥斯曼人的进攻。莫哈奇战役终结了亚盖洛家族在匈牙利的统治。直到今天，匈牙利仍然将这场战役视为一场民族灾难。1541 年，奥斯曼人占领了布达。布达是匈牙利的首都，也是弗拉德被囚禁的地方。

说到这里，我们眼前已经呈现出一幅简单明了的画面：一方面，咄咄逼人的穆斯林在进攻；另一方面，焦虑不安的基督教徒在防御。但历史的真实画面并非一目了然。因为在欧洲中部地区有一位重要的天主教统治者，他就是神圣罗马帝国的查理五世。对许多基督教徒——例如路德和其他宗教改革家的追随者——来说，查理五世的威胁比奥斯曼人的威胁还要大。在宗教宽容方面，他的所作所为远远不及伊斯兰政权。查理五世为这个走向复兴的庞大帝国（家族权力是这个帝国的坚实基础）制订了宏伟的计划，这使威尼斯人、荷兰人、法国人感到恐惧，更甚于正在前进的奥斯曼近卫军。因此，以下事实或许不会使我们感到惊讶。在君士坦丁堡陷落 25 年之后，威尼斯总督派遣真蒂莱・贝利尼来到这座城市，为所有基督教徒的痛苦根源——穆罕默德二世——画了一幅肖像画。在他的肖像画中，这是最著名的一幅，也是最好的一幅。同样不会让我们感到惊讶的是，在 15 世纪 60 年代，佛罗伦萨人已经在加拉太有了一块面积很大的殖民地，那里经营的买卖高达 50 种。加拉太位于金角湾近旁，与君士坦丁堡隔海相望，那里有教堂（但教堂不能敲钟，这是唯一被禁止的事，因为吵闹的钟声会打扰穆斯林的清静）、酒馆客栈和四旬斋的狂欢节。

对于下面这些情况，我们也不应感到惊讶：在博斯普鲁斯海峡之滨，犹太人、法国新教徒、路德教的信徒和天主教徒在穆斯林的统治下和平相处；1525 年，为了对抗哈布斯堡家族，法国国王弗朗索瓦一世向苏莱曼大帝寻求帮助；女王伊丽莎白一世与苏丹穆拉德三世相互通信，商讨英国与奥斯曼帝国的军事条约；苏莱曼提议出兵保护佛兰德斯的路德教徒，新教统治者和穆斯林苏丹之间的对话从来就没有中断过。许多新教徒和奥斯曼人认为，他们的祈祷仪式都很简单，都不喜欢雕像和圣像，这些共同点使他们成为天生的盟友，共同反对天主教徒。因此，不是基督教徒反对穆斯林，而是“有信仰的人”反对那些“偶像崇拜者”。这有助于解释为什么查理五世或教皇不能将“基督教王国”团结在一起，共同抵抗基督教的敌人。

伊凡、叶尔马克与俄罗斯的形成

为什么俄罗斯国土面积那么辽阔？为什么其国土轮廓那么特殊？这些问题或许很幼稚。然而，统治那片广袤森林与西伯利亚苔原和山脉的人为什么是来自西方、生活在河边的斯拉夫人，而不是来自东方的中国人和蒙古人？这个问题似乎就没有明确的答案了。展开成吉思汗之前的世界地图，你会发现一个国土面积很小的俄罗斯。但在今天，弗拉基米尔·普京领导下的俄罗斯已成为世界上最大的国家，拥有丰富的石油、天然气和矿产资源，还有广袤的内陆地区，并宣称对北极拥有主权。俄罗斯之所以能成为这样一个国家，主要是因为它在16世纪80年代进行的一系列战争和探险。

尤为重要的是，俄罗斯的领土面积能变得这么大，要归功于一个莫斯科沙皇的个人野心。这个沙皇就是伊凡四世，史称“伊凡雷帝”（但母语不是俄语的人会将这个称呼转化为“伊凡大帝”）。

然而，在开始的时候，俄罗斯并没有努力创建一个帝国，就像英国人并不曾有意创建加拿大或美国一样。在上述这些例子中，欧洲人都仅仅是利用微小的技术优势来为自己赢得一些他们认为重要（或者确实很重要）的商品。其中一些商品我们在本书中已经提到过，将来还会提到，例如盐、木材、铁，以及（塑料诞生之前的）象牙。还有一种商品是我们之前没有提到过的，那就是毛皮。在现代合成材料出现之前，穿着动物的毛皮是人类保暖的重要方式，特别是在气候寒冷的时期。这段气候寒冷期被称为“小冰河期”，它从大约16世纪50年代一直持续到19世纪早期。其中，从17世纪50年代到18世纪晚期，气候尤为寒冷。

在“小冰河期”，荷兰出现了宜人的景象——运河结冰，农民狂欢；泰晤士河的冰面像铁一样坚硬，伦敦人在上面办起了集市；西班牙和葡萄牙也下了大雪。有时，冰岛发现自己已经完全被海冰阻断了，北非、法国和斯堪的纳维亚半岛都遭遇了饥荒。对于那些能买得起皮衣的人来说，熊皮、狐狸皮、松鼠皮、海狸皮、水貂皮和貂皮都是重要的防寒用品。例如，在今天，法官、市长和一些协会官员会穿着用毛皮装饰的礼袍，这些礼袍可以追溯到“小冰河期”。在这一时期，有钱买皮衣的人都希望坐到法官席或议员席上让自己暖和起来，或是前往他们认为毛皮很多的地方。穷人只能用兔子皮或狐狸皮御寒，但真正能够保暖的厚毛皮主要来自一些生活在北方森林中的动物。这些动物基本生活在两个地区：一个方向是从阿拉斯加到纽芬兰，另一个方向是从阿拉斯加到俄罗斯的欧洲部分。

在这一时期，捕猎者和煤矿工人一样重要，繁荣的毛皮贸易使莫斯科逐渐成为一个富庶的贸易中心。早在1486年，在莫斯科大公国工作的希腊外交官乔治·特拉汉尼奥特就记录下当地的情况：“整个冬天，这座城市聚集了许多来自德意志和波兰的商人。他们唯一要买的东西就是毛皮——黑貂皮、狐狸皮、白貂皮、松鼠皮，有时还有狼皮。尽管从出产这些毛皮的地方走到莫斯科需要花费好多天……但人们还是会将毛皮带到这里来出售，商人们也都会来这里收购毛皮。”[15]

位于莫斯科以北的诺夫哥罗德（“诺夫哥罗德”的意思是“新城市”）是由维京人创建的，这座城市是毛皮贸易的先驱，其影响力拓展到了东北方向的密林，并与属于汉萨同盟的德意志贸易城市建立了联系。通过这些城市，诺夫哥罗德又接触到荷兰人。1136年，诺夫哥罗德的市民罢免了大公。在此后的大约三个世纪中，这座城市成为一个共和国，其政府比俄罗斯任何一个地方政权都更像威尼斯、佛罗伦萨或日后荷兰的政府。从理论上讲，市民议会管理着诺夫哥罗德。但实际上，富商或波雅尔家族，以及一系列大主教掌握了相当一部分权力。当需要王公或军人的时候，他们就会召唤这些人。毛皮、蜂蜜、蜡和海象牙贸易使诺夫哥罗德成为一个幅员辽阔、不断扩张的国家，它向乌拉尔山和白海扩展，向北到达波罗的海。诺夫哥罗德位于丝绸之路的一端，但它的位置比较偏北，因此躲过了蒙古人的入侵。尽管保持了独立，但诺夫哥罗德的军队仍然要对付生活在森林中的土著民族、入侵的瑞典人，以及日耳曼的十字军骑士。

诺夫哥罗德是著名的宗教中心和文化中心，但它却被不断崛起的莫斯科超越了。莫斯科有独裁者相互攻击的阴暗传统，这些独裁者都是从家族争斗中脱颖而出的。与罗马共和国的后期相似，诺夫哥罗德出现了一个富有的统治阶层，他们的挥霍无度惹恼了普通市民。一位早期历史学家描述了一位富翁的家居生活："交谈用日耳曼语，其间还会点缀几个华丽的拉丁语辞藻，就像日后的俄罗斯贵族会讲法语一样。珍贵的勃艮第红酒从波希米亚产的玻璃瓶中倒入威尼斯产的酒杯，然后用酒把来自纽伦堡的姜饼送下肚子。"[16]

我们在前面说过，基辅罗斯的大公皈依了东正教，但随后被蒙古人击败，第一个斯拉夫文明破灭。向蒙古人称臣纳贡的俄罗斯城市很多，莫斯科只是其中之一。在 14 世纪，莫斯科大公国开始慢慢发展起来。从 1433 年到 1445 年，为争夺莫斯科的权力，各方之间爆发了一场残酷的战争。之后，大公国的统治家族建立了一套单一而明确的"垂直继承"制度，这种制度有利于权力的巩固。在大公们的领导下，莫斯科大公国已经做好了扩张的准备。然而，大公国既缺乏西欧国家那样丰产的农业（在莫斯科地区，作物的生长季节比较短，而且土壤也比较贫瘠），也没有显而易见的自然资源。因此，统治者将目光投向了北方和东方：北方有诺夫哥罗德控制的内河贸易网；东方有西伯利亚森林，森林里的动物可以提供取之不尽的毛皮。在这种情况下，发动扩张战争成为唯一的选择。尽管诺夫哥罗德曾向临近的立陶宛和波兰求援，但这两个国家并未施以援手，最终陷落。如果崛起的是带有资本主义色彩和共和色彩的诺夫哥罗德，而不是专制的莫斯科，那么俄罗斯的政治史或许会变成另外一种样子：或许会变得更有趣、更积极。

截至此时，俄罗斯的捕猎者已经猎杀了莫斯科和诺夫哥罗德附近大量的野生动物，西伯利亚对他们特别有吸引力。然而，为莫斯科大公伊凡三世提供深入东方机会的是来自诺夫哥罗德的富商斯特罗加诺夫家族。斯特罗加诺夫家族的财富主要来自盐业。在积累财富的同时，他们也会为莫斯科大公提供资助。与撒哈拉以南的非洲相似，俄罗斯中部地区并不产盐，因此需要从西欧进口。现在，斯特罗加诺夫家族在身边的森林和湖泊中发现了盐。这使他们与穆斯林军阀之间产生了冲突。据说，他们姓氏的意思是"剥肉"。在早期的时候，一名家族成员被剁成了碎块，这种令人生厌的惩罚方式使他们获得了这个名字（因此，俄国有一道名叫"斯特罗加诺夫牛肉"的菜）。

很显然，斯特罗加诺夫家族并未被吓住，鱼、蜡、兽皮和木材也成为他们家族商业的经营范围。阿尼卡·斯特罗加诺夫是这个家族最有影响力的族长，他向南进入莫斯科，既为沙皇提供毛皮和其他奢侈品，又为他定期提供资金，因此颇受沙皇赏识。伊凡三世和伊凡四世将大片地产授予他们喜欢的贵族，但斯特罗加诺夫家族希望前往更远的地方。1558 年，伊凡四世向私人企业主颁布特许状，允许他们在未经开发的广阔土地上统治 20 年。在这 20 年里，他们可以免税，可以不遵守法律，其他当权者也不得插手他们的统治。哈德逊湾公司能在加拿大做什么，斯特罗加诺夫家族就能在俄罗斯做什么。

伊凡四世自称“全西伯利亚的君主”——以前的蒙古统治者也这样称呼自己，但这只是一厢情愿，并不代表他们已经征服了那片居住着土著民族的土地。伊凡四世有些与众不同。3 岁的时候，他的父亲去世；8 岁的时候，母亲也离他而去（可能是中毒身亡）。1547 年，16 岁的伊凡成了第一个加冕为全俄罗斯“沙皇”的莫斯科大公。他在克里姆林宫的圣母升天大教堂——一座拥有华美彩绘的教堂——举行了一场拜占庭式加冕仪式。从一开始，他就证明自己是一位危险的统治者。伊凡可能有躁郁症——我们可以肯定的是，他确实很躁狂。他的许多对手要么消失，要么死亡。在晚年，他在一次醉酒后的争执中意外地杀死了自己的儿子，这个儿子也是他的继承人。但伊凡四世也是一位精明的统治者，他比之前任何一位莫斯科大公都更有野心。他希望自己能娶一位有教养的外国妻子，于是他向西欧各国宫廷派去了使臣。伊凡四世欢迎英格兰商人，并希望与英格兰结成政治联盟。他甚至还想与英国女王伊丽莎白建立良好的个人关系。他修建了一座大型图书馆，聘请了德意志的工匠；此外，他还建造了几座最华丽的教堂和宫殿，直到今天这些建筑仍然在为莫斯科增色。

与同时代的大多数统治者一样，伊凡四世的身边也有数不胜数的麻烦，如暴动、与周边强国的长期战争，以及各种各样的宫廷阴谋。尽管如此，他还是极大地扩展了莫斯科大公国的领土范围。16 世纪 50 年代，伊凡四世征服了信仰伊斯兰教的喀山汗国和阿斯特拉罕汗国。在此之前，俄罗斯长期生活在蒙古金帐汗国的后代所投射的阴影中。但现在，这两场胜利使俄罗斯彻底走出了阴影。另一方面，尽管伊凡四世与丹麦人、瑞典人和波罗的海的日耳曼骑士进行着永无休止的战争，但却很难向西扩张。最引人注目的是，他创建了一种早期的集权国家，一个被称为“沙皇特辖区”的个人领地。讽刺的是，沙皇特辖区包括了诺夫哥罗德的许多领地，而诺夫哥罗德以前实行共和制。伊凡四世又成立了一支私人部队，这就是亦军亦警的“特辖军”，他用这支特辖军疯狂地镇压各种叛乱。1570 年，特辖军洗劫了诺夫哥罗德，将这座城市变成了一个可悲、低贱的鬼魂。诺夫哥罗德的领土已经跨过乌拉尔山，正在向西伯利亚发展。但现在，这些土地全归莫斯科大公国所有。

可见，伊凡四世是一位永不满足的统治者。他十分危险，而且野心勃勃。斯特罗加诺夫家族要求伊凡四世将乌拉尔山两侧的广袤土地划给他们，让他们建立自己的统治，并允许他们沿着河流修建要塞。斯特罗加诺夫家族成了俄罗斯第一批寡头，他们在垄断的保护下开发自然资源，财富多到让人难以置信的地步。一方面，这个家族要依靠莫斯科的独裁统治者；另一方面，对于那位独裁者来说，他们也是很重要的。斯特罗加诺夫家族拥有自己的要塞，以及一座远离莫斯科的宏伟的木质家族宫殿。此外，还有一大群商人和捕猎者为这个家族服务，这些人的活动范围到达了更远的地方。斯特罗加诺夫家族成为历史上的新事物，它是巨大的资本主义企业和家族王朝的结合体。我们可以将这个家族与意大利的商人—贵族家族相提并论，如美第奇家族和博尔吉亚家族。所不同的是，斯特罗加诺夫家族有扩张帝国的野心，而意大利人并没有这样的野心。

伊凡四世是个非常迷恋权力的人。为什么像他这样的人不但能够容忍，甚至鼓励在自己的王国中出现这样一个充满活力的潜在对手呢？这是因为，伊凡的俄罗斯——这个国家有着面积广阔、防御松懈的边境地区，周围都是敌人——需要财富，而斯特罗加诺夫家族提供的毛皮、盐和木材，能为莫斯科带来源源不断的财富。伊凡四世同样清楚，虽然他颁发了特许状，允许他人统治莫斯科人从未到达过的地区，但这些特许状是有时间限制的，而且可以被取消。因此，这不会带来太大变化。与政客相比，寡头和大企业家更依赖当政者——只要这些当政者做事果决。

但这里有一个问题：斯特罗加诺夫家族的捕猎者和探险家深入的地区并非无主之地，那里有许多土著部落。从青铜时代，甚至更早的时代开始，他们就在常绿针叶林——广袤的沼泽森林——里狩猎和捕鱼。从军事角度看，这些人并没有太大的威胁。但那个地区还有许多信奉伊斯兰教的汗王，他们是蒙古入侵者的后代，宣称拥有至高无上的权力。他们非常强悍，经常与俄罗斯人发生冲突。其中最具威胁的是正在崛起的西伯利亚汗国。西伯利亚汗国位于托搏尔河与额尔齐斯河之间，其统治者是库楚姆汗。1571 年，库楚姆汗停止向莫斯科称臣纳贡。此时，伊凡四世正在与波兰人、立窝尼亚骑士团和斯堪的纳维亚人进行战争，而且来自高加索地区的鞑靼人也对他构成了威胁。因此，他很难再派出一支军队，帮斯特罗加诺夫家族的毛皮商制服库楚姆汗。在走投无路之下，他们开始求助于一个强盗，那就是哥萨克战士叶尔马克·齐莫菲叶维奇。

在俄罗斯文化中，叶尔马克的地位堪比丹尼尔·布恩，甚至罗宾汉——一位传奇般的英雄。在若干个世纪中，人们一直传诵他的英勇事迹，并不断添枝加叶。在西线，伊凡四世与久经沙场的立窝尼亚骑士团进行过多场战争，但均未取得胜利。叶尔马克可能参加过这些战争。他是一位卓越的军事领袖，带领一支大约 500 人的雇佣军——其中包括哥萨克人、俄罗斯人、日耳曼人和瑞典人——进入西伯利亚汗国。但叶尔马克的手下没有后日称雄的哥萨克骑兵。一个原因是，当地有许多山脉和河流，马匹无法发挥作用。他们也没有携带火炮，只带了一些滑膛枪和火药。这支小部队乘筏渡河，步行前进。

按照传统说法，鞑靼人——叶尔马克的敌人——对火药一无所知，因此他们对枪的惊奇丝毫不亚于同时代的美洲土著人。但最近，历史学家提出了不同的观点：鞑靼人与人类主流社会的联系更加密切。[17] 但可以肯定的是，进攻一方的火器一定比防御一方的火器更强，那些抵抗入侵的穆斯林主要使用弓和箭。在 1581 年和 1582 年，叶尔马克进入了西伯利亚汗国的核心地区，不久之后占领了都城伊斯克尔。这是一场带有惩罚性和探索性的赌博，它给穆斯林上了一课。事实上，这是俄罗斯首次强行闯入一片辽阔的土地，并最终完全吞并了它。西伯利亚汗国的军队规模是入侵者的

5 至 10 倍，但这支哥萨克武装却设法击败了敌人，在西伯利亚地区驻守了 2 至 3 年。与此同时，他们向莫斯科发出了越来越绝望的求援信息，希望沙皇能派些增援部队。

在此之前，伊凡四世一直将叶尔马克视为强盗。但现在，他的行为却使这位沙皇深受感动。作为回应，伊凡四世送给他许多礼物和一句道歉。在沙皇的礼物中有一副铠甲。如果传说可信的话，那么这副铠甲就是一份会带来不幸的礼物。在缺少火药和人手的情况下，叶尔马克的处境变得越来越艰难。最后，在一场小规模的战斗中，他死在了额尔齐斯河。在这场战斗中，他试图游到安全的地方，但沙皇的铠甲却使他沉入水底。无论这个传说是否真实，它都很好地隐喻了俄罗斯独裁政治代理人的命运：当这些人服务的国家逐渐发展壮大的时候，他们会以一种不幸的方式退出历史舞台。

叶尔马克死后不久，俄罗斯人再次向东扩张。在两代人的时间里，他们已到达远方的海岸（西伯利亚与阿拉斯加隔海相望）、鄂霍次克海，以及日本以北的地区。

如果说罗斯人是俄罗斯的奠基者，那么伊凡四世就是近代俄罗斯的真正创建者。伊凡四世死后，莫斯科大公国出现了权力纷争，国家进入了无序的“混乱时代”；但伊凡将俄罗斯的影响力扩展到南方、东方和北方，塑造了这个国家的基本轮廓，而且这个轮廓一直保持到今天。波兰人、日耳曼人和斯堪的纳维亚人继续从北方和西方包围着俄罗斯，但俄罗斯人发现，他们可以向东扩张，从东方获得一大片领土。击败了喀山汗国和阿斯特拉罕汗国的伊斯兰统治者之后，俄罗斯军队也开始向南推进。最终，在叶卡捷琳娜大帝执政时期，俄罗斯的势力到达黑海和里海。波将金公爵是叶卡捷琳娜手下的将领，也是她重要的情人之一。俄罗斯的远征军像涨潮时的海浪一样，一波又一波地拍打着西伯利亚。他们不但带回了兽皮、盐和木材，而且为国家的敌人找到了一块流放地。

的确，开始的时候，俄罗斯人是想寻找兽皮，但结果却得到了一块大陆，其面积是美国面积的 1.5 倍。现代俄罗斯 80% 的石油储量和 90% 的天然气储量及煤炭储量都蕴藏在这一地区——巨大的资源储量成为俄罗斯财富和全球影响力的坚实基础。西伯利亚还蕴藏着丰富的铁、锡和金等金属，那里还有世界上最深的湖泊——贝加尔湖。如果没有西伯利亚，我们印象中的俄罗斯恐怕就不复存在了。西伯利亚为莫斯科和俄罗斯西部地区提供了广阔的战略纵深。当拿破仑和希特勒发动入侵的时候，俄国可以先撤退到东部地区，然后再重新集结。西伯利亚是“冰箱和黄金国”的结合体，沙皇的许多敌人都在那里消失。此外，那里还有几座航天中心和神秘的军事基地。

没有西伯利亚的话，俄罗斯将成为一个辽阔但很普通的东欧国家。然而，如果伊凡四世应该为俄罗斯日后的强大而受到赞扬的话，那么他也应该为俄罗斯的政治权力传统而受到批评——这种个人化的政治权力传统通常是靠恐吓来维持的。叶尔马克或许是一个潇洒、浪漫的强盗，但他也是独裁政治的先锋军。

两位统治者，一个问题

1604 年，詹姆斯国王面临许多问题。但我们首先要搞清楚的是，他是哪一位詹姆斯？作为苏格兰国王，他被称为詹姆斯六世——“杰米·萨克斯特”——斯图亚特家族的新任国王。但现在，他正在英格兰的伦敦愁眉不展。在那里，他被称为詹姆斯一世。所以，他统治的到底是一个什么样的王国？

詹姆斯提议使用“不列颠”这个名称，但英格兰人不愿意。他还想采用一种新国旗，这种旗子由许多眼花缭乱的线条和色带组成。从一开始，人们就不喜欢这面国旗。他希望和英格兰的宿敌——信仰天主教的西班牙——和平相处。与许多君主一样，他的财政状况也捉襟见肘。然而，有一个社会问题使固执己见的詹姆斯感到特别恼火，而且这个社会问题正在他的新王国中疯狂蔓延。在他看来，这完全不能被接受。于是，他拿起羽毛笔，笔耕不辍，最终写成了一本小册子，其标题很直白——“强烈反对吸烟”。

在他的国家中，人们正在模仿“野蛮、卑贱、不信上帝的印第安人”那样抽烟，“散发着恶臭的烟雾通过鼻子吸入体内，然后停留在麻木的脑袋中”。这位国王特别痛恨那些让烟雾笼罩在食物上的人。“至于由这种肮脏习惯产生的虚荣，坐在餐桌前的人应该感到羞耻。坐在餐桌旁晃动着烟袋，将烟喷向其他人，这是要让肮脏的烟雾飘荡在菜肴上吗？”至此，这位长着红胡子的君主取得了不小的进展。在册子的结尾部分，他情绪激动地写道：吸烟“这种习惯，看见就让人感到憎恶，听到就让人感到厌烦，它对大脑有危害，对肺构成威胁；这种散发着恶臭的黑色烟雾，最贴近弥漫在无底深坑中的恐怖的‘地狱之烟’”。[18]

在世界的另一边，有一个统治者也面临着相同的问题。烟草也传入了日本，可能是由葡萄牙的耶稣会士将烟草带入日本的。从理论上说，天皇是日本的君主，但他只是个傀儡；幕府将军是这个国家真正的统治者，他对烟草的厌恶一点儿也不亚于詹姆斯。他决心禁绝烟草。在遥远的英格兰，抽烟被视为一种表现出海盗习气和桀骜不驯的嗜好，它通常与聚集在酒馆中的粗人和看戏的观众联系在一起。在日本，“倾奇者”也接受了烟草。他们是一群不守规矩的男性，听起来有点像17世纪的“朋克族”。

“倾奇者”托生于街头帮派，他们穿着奇装异服，用女式和服做斗篷；他们留着古怪的发型，在街上的行为非常具有攻击性；他们会攻击路人、摔跤、跳舞，炫耀长长的烟袋。因此，日本幕府的做法比詹姆斯更进一步，分别于1612年和1615年颁布了禁烟令。这引起了很大骚动。1613年3月1日，一位名叫威廉·伊顿的英格兰商人坐在位于大阪的办公室给一位同事写信。这名同事名叫理查德·威克姆，当时正身处日本的首都江户。在信中，伊顿告诉威克姆，至少有150人被捕，“因为他们违反了天皇的禁令，出售或购买烟草。他们的生命处于危险之中。此外，他们听说过的那家大烟草店也被焚毁了”。[19]

在17世纪的大幕刚刚拉开的时候，除了新流行起来的毒品对社会构成威胁之外，英国和日本还有其他共同点。这两个国家都位于大陆旁边的群岛上，而且它们与大陆的关系都不好。与苏格兰人和英格兰人相似，日本人通过海峡从大陆引进宗教思想、技术和奢侈品，但他们却设法与大陆保持一定距离。与英国相似，直到 17 世纪，日本才被一个统治者统一起来。1582 年，在长期战乱之后，出身卑微的士兵丰臣秀吉掌握了政权。近代早期历史上出现过几次引人注目的试验。在其中一次试验里，英国和日本走上了完全不同的发展方向。但在开始的时候，两个国家却惊人地相似。

在执政的若干年里，丰臣秀吉证明自己是个精力充沛的统治者；同样，英国的伊丽莎白也是个精力旺盛的人。与这位英国女王相似，丰臣秀吉本能地采取了宗教宽容政策。在一段时间里，他允许葡萄牙的耶稣会士为自愿皈依基督教的日本人施洗。在荷兰和法国，伊丽莎白的军队与受耶稣会影响的西班牙人作战，但并没有取得胜利。另一方面，丰臣秀吉想通过朝鲜这个跳板对中国发动攻击。在这次侵略战争中，日军损失惨重，铩羽而归。丰臣秀吉没有日本的莎士比亚可以吹嘘，但在他执政期间，日本出现了许多宏伟的城堡和杰出的画作。[20] 他下定决心恢复国家秩序。1588 年，也就是伊丽莎白迎战西班牙"无敌舰队"的时候，他发出了"刀狩令"。按照这条法令，除武士阶层外，所有人的匕首、刀、矛都要被没收。

在海上，日本的海盗相当于亚洲的德雷克、霍金斯和雷利。为得到黄金等奢侈品和（在霍金斯的例子中）奴隶，英国人正在劫掠西班牙的港口和船舶。一些著名的人物，如五峰船长也会将中国人送到日本。在日本，这些中国人受到同样非人的对待。对那些挡路的人，这两个正在崛起的国家绝不心慈手软。伊丽莎白时代的英格兰人压迫着土生土长的爱尔兰人，而丰臣秀吉时代的日本人对生活在北方群岛的虾夷人也同样心狠手辣。用经济学术语来讲，英国和日本正在努力应对乱砍滥伐导致的后果和城市社会崛起过程中出现的问题：伦敦和江户的气味差不多，空气中都弥漫着烧煤产生的烟雾。[21]

当然，这两个国家也存在许多差异，如政治结构、宗教和战争中的运气。朝鲜人有一种装配了火炮的战舰，他们用这种战舰组成了一支强大的舰队。这支舰队对日本的打击要远远大于"无敌舰队"对英国的冲击。此外，两国人口也存在巨大差异。日本的人口约为 1800 万，是英国人口的三倍，能够自给自足。那位写信的英国商人是所谓"英格兰代理商行"（其实是个商栈）中的一员，这个商行位于九州岛的平户市，离长崎不远。日本商人并没有出现在西方；欧洲设立在日本的前哨站也很快就消失了。耶稣会士和荷兰人在日本待的时间最长。1613年，英国人到达日本。但在10年内，他们就离开了这个国家，因为他们从贸易中赚不到多少钱。

这使詹姆斯国王感到困惑，他曾致信日本天皇，表达了“亲善和友谊”。他唯一的希望是，“建立商业交流，让两国臣民相互表达善意”。詹姆斯的第一封信没有得到回复，这使他感到有些苦恼。于是，詹姆斯准备降低姿态：“我们没有收到您的任何答复，我们认为，这是因为两国之间的距离太远了，而不是因为您的迟疑。”[22]这是一个罕见的、令人耳目一新的例子。在这个例子中，近代早期的欧洲人正试图从另一个角度看问题。

詹姆斯统治的英国和幕府将军统治的日本——现在执政的是德川家康——面对着同一个重要的战略问题：在这个遍布大帝国的世界中，一个小岛国应该如何走向繁荣?

英国的答案是：走出去。英国人建立了许多舰队，散布在从美洲到远东的各个大洋。除了宗教热情外，谋求利益也是英格兰人和苏格兰人走出去的重要推动力。英格兰第一家股份制公司是1555年成立的莫斯科公司，这家公司是个贸易辛迪加。1600年，英属东印度公司从伊丽莎白手中获得了特许状。7年后，“伦敦公司”建立了弗吉尼亚殖民地。探险家成为公众眼中的英雄。人们通过戏剧、小册子和书籍了解世界其他地区，但这还远远不够，人们对外部世界的求知欲是无限的。伊丽莎白时期的海军规模相对较小，但重新组建的海军部，加上具有工业规模的造船厂——最早位于德特福德，之后位于查塔姆和朴茨茅斯——英国在短时间内就造出了更多、更大的战舰。1637年，也就是詹姆斯的儿子查理执政的时候，装配了102门火炮的“海上霸主号”下水。至此，英国已经拥有了当时最强大的战舰。

日本人本可以采用同样的方法，达到同样的效果。从16世纪80年代开始，驾驶着武装“朱印船”的日本人就在泰国、越南和菲律宾从事贸易，其贸易活动非常成功。1600年，一个名叫威廉·亚当斯的英国水手到达日本。亚当斯曾经为德雷克工作，并参加过击败西班牙“无敌舰队”的海战。他乘坐的是一艘荷兰船只，一直漂泊在海上，饥饿曾令人感到绝望。最后，这艘船抛锚了。日本渔民救出亚当斯，把他送到当地官府，官府的长官就是未来的幕府将军——德川家康。对葡萄牙人来说——他们正在日本传教，最后他们使 50 万日本人皈依了罗马天主教，这个数字让人感到相当惊讶——这位浑身湿透的英国异教徒并不受欢迎。于是，本着基督徒的真实想法，这些耶稣会士建议德川家康将亚当斯钉死在十字架上。

相反，这位开明的统治者向亚当斯询问了许多关于船舶、上帝和数学的问题，任命他为自己的顾问。德川家康希望自己也能拥有一支强大的海洋舰队。1605 年，在伊东的新造船厂，亚当斯督造了两艘非常好的欧式海船。威廉·亚当斯来自肯特郡吉灵厄姆镇，现在他有了一个日本名字——三浦按针。在日本，他是个非常受尊敬的人物，直到今天，人们也没有忘记他。亚当斯成为德川家康的得力助手，这位军事统帅正在用自己的方式将日本捏合成一个国家，他在使国家统一方面的影响力与英国的詹姆斯不相上下。既然日本已经复制并改进了欧洲的滑膛枪和大炮，那么航海业发达且技术领先的日本就没有理由无法在短时间里建立起由大帆船所组成的舰队。

国家应该走上什么样的发展道路？这个问题在日本引起了激烈争论。外国人带来了一些有趣的贸易品——日本人认为他们的火药非常好，但他们的布料却很糟糕——当然也带来了一些使人着迷的技术。但他们也是社会动荡的根源——相当一部分原因可以归结为基督教传教士的迅速成功。据估算，在 17 世纪早期，他们使大约 50 万日本人皈依了基督教，这些人大部分生活在日本南部地区，包括普通农民、武士和地主。开始的时候，幕府将军采取了宽容政策。但后来，信仰基督教的日本人到处惹是生非，于是统治者的态度也发生了变化。在 1614 年和 1615 年，德川家康围攻大阪府。这场史诗般的战役使德川家康最终成了全日本的统治者。但在城堡的围墙后面，城主身边有数以千计决心反抗到底的武士——其中很多人都是基督教徒，他们手里挥舞着基督教圣徒的旗帜。

多亏亚当斯，德川家康才能分清欧洲的新教徒和那些作乱的罗马天主教徒。他给詹姆斯写了一封友好的回信，甚至还送给他一副相当精美的武士盔甲。但在攻下大阪城后不久，德川家康就去世了，他可能是死于梅毒或癌症。之后，德川家康的儿子德川秀忠成了新一任幕府将军，他性情更加残暴。日本开始驱逐外国人。最初的时候，主要是清除耶稣会士；但到后来，幕府冻结了所有对欧洲的贸易。20 年之后的 1637 年，大约 3 万名农民在九州岛上发动起义，他们之中大部分都是基督教徒。除宗教外，赋税和饥饿也是起义爆发的重要原因。经过另外一场史诗般的围城战，这次起义被幕府镇压了下去。在这场围城战中，农民和起义的武士将数倍于己的敌人挡在了城堡的外面。在一些欧洲船只的帮助下，德川幕府才最终攻下城堡，消灭了起义军。这些欧洲船只属于另一派基督教徒——信仰新教的荷兰人。

这一切都使人感到非常尴尬。但这也决定了日本人的认识，即在面对外国影响的时候，如何最好地平衡机遇与挑战。两年后，日本推行了令人瞩目的“锁国”政策。法律限制了日本船只的大小。只有到沿海地区捕鱼，日本人才能驾驶稍大一点的船只。远洋海船被拆毁。而且，建造远洋海船成了一项死罪。在颁布“锁国令”后，为了确保船只不能进行远洋航行，建造船舶时一定要在船身上留一个大洞。这样，如果航行到远海，汹涌澎湃的海浪就会对船只构成致命威胁——这种特殊设计是为了让船舶沉没，在世界造船史上，这是一个绝无仅有的例子。日本人不得离开日本，违者以死论处；同样，外国人也不得进入日本。幕府宣布基督教非法，但许多日本基督教徒宁死都不肯放弃新信仰。

最终，外国人被逐出日本。1640 年，葡萄牙人返回日本进行抗议，但他们的使团被日本人消灭了。尽管日本还与朝鲜商人和荷兰商人保持非常有限的、受到严格限制的贸易往来，但这个国家确实是将自己有效地封闭起来了。这些锁国措施延续了两个多世纪。从政治角度看，这是一种典型的白痴行为。如果詹姆斯国王——威斯敏斯特宫的二手烟事件或许已经使他忍无可忍——下令摧毁英国的舰队，并切断英国与欧洲大陆的联系，那么英国将会变成什么样呢？日本人没有发明出什么现代武器。因此，当美国海军（在推行“锁国”政策的时候，日本或许想象不到会有这么个机构）于 1853 年抵达日本的时候，面对大炮带来的赤裸裸的威胁，日本人几乎束手无策。

然而，这段历史还有另外一面。两个多世纪的闭关锁国使日本变得更有“日本特色”。日本有与众不同的建筑，独一无二的艺术传统和戏剧传统，以茶为基础的各种仪式，特殊的音乐、妓女和调味品，以及原始但却不同寻常的烹饪法。如果没有德川时期的“锁国”，这些东西或许就不会这么有特色了。甚至到了今天，与其他文化相比，日本文化也更加自我，更加有特色——肯定比融入世界文化的现代英国更有特色。由于全球性的传染病没有通过海路传入日本，而且日本国内享受着长期和平，因此日本人口得以快速增加。到了18世纪早期，江户已经成为世界上最大的城市（但世界或许并不知道）。火器在日本几乎消失。国家统一促进了国内贸易的繁荣。

在德川幕府时期，日本甚至能够解决一些最急迫的环境问题。日本的建筑业严重依赖木材，其依赖程度一点都不亚于英格兰。在首都江户，绝大部分建筑都是木质的。1657年，这座城市有一半地区都毁在了“明历大火”中。9年后，伦敦也发生了同样的大火灾。木材可以用来修建城堡、建造船舶，也可以作为燃料；此外，随着人口增加，人们也需要更多耕地。结果，日本出现了大规模的乱砍滥伐和土壤侵蚀。灾难正在悄悄地逼近。

的确，正如贾雷德·戴蒙德所说的那样，当时日本已经开始设法控制人口，并使国家进入了某种稳定状态。他们找到了其他的食物来源——主要是海产品。直到今天，海产品仍然在日本饮食中扮演着重要角色。与此同时，他们开始重新造林。日本的森林能够得以恢复，主要归功于以下几点：第一，日本有一种复杂的制度，规定哪一种木材应该被用作何种用途；第二，砍伐树木要缴纳一定的费用；第三，人们对林业的理解逐渐加深。木材是有价值的，行家里手们对此展开了辩论；富裕的农民认为，长期生长的树木对后世子孙是有用的；强势的中央政府将新规定强加到各个地方。英国的许多地区都出现了破坏森林的情况，随后美洲的许多地区也出现了同样状况。与它们相比，日本至少是停了下来，思考哪个决定更加明智：是继续毁林，还是收敛一点？

然而，这仍然不是故事的全部内容。德川时期的日本还有一点值得我们注意：这是一个非常保守且等级森严的社会。在近代早期，西方出现了一种半民主和更加开放的文化，但日本从来就没有发展出这样的文化。关于这方面的情况，下文会有所涉及。保守和封闭大概是相伴相生的。当日本重返世界的时候，这个国家仍然由贵族阶层统治着，他们还保持着中世纪的眼光，日本的百姓被教育得有点太老实了，以至于有些墨守成规。这对理解 20 世纪的历史是有意义的。当然，日本仍然有“朋克族”；尽管日本政府于 1612 年颁布了禁烟令，但日本仍有大量烟民。

纽约概述

英国即将统治世界并没有预兆。英国未能打入日本市场，其他国家也一样。英国崛起为海军强国和贸易强国，在世界历史中扮演了重要的角色。因此，当得知英国在一场最有利可图的竞争中彻底输给荷兰（在日本历史中，荷兰占有重要位置）的时候，我们或许会感到有些震惊。

很明显，欧洲的商业扩张史可以被划分成三个阶段。第一个阶段是从 15 世纪晚期开始，当时葡萄牙船只探索了非洲海岸。那时，葡萄牙人发现，向西驶入大西洋深处，就可以到达好望角。之后，乘着海风，他们可以抵达印度和远东。葡萄牙人的所作所为更像是暴力的垄断商人，而不是帝国的建立者，他们修筑防御工事保护自己的海上航路，击败了所有对手。西班牙人也想分一杯羹，但并没有真的把葡萄牙人赶出“他们的”航路。相反，正如我们看到的那样，他们将注意力放在了美洲。当斐迪南·麦哲伦发现绕过合恩角的航路时，这位葡萄牙最伟大的航海家正在为西班牙人工作。但之后不久，麦哲伦就命丧黄泉。在麦哲伦的船队中，只有一艘船最终返回了西班牙，成为第一艘实现环球航行的船。

在第二个阶段，两个地理位置更靠北的民族——英格兰人和荷兰人——加入了探险。开始的时候，他们创建帝国的野心并不比葡萄牙人大，驱动他们的仍然是利益。长期以来，欧洲极度渴望得到香料，但这些香料只生长在东方。香料不但能使食物变得非常美味，而且人们认为它们有益于身体健康。出产香料的香料群岛位于婆罗洲和新几内亚之间的危险海域。

穆斯林水手从岛民手里购买肉豆蔻、丁香、肉豆蔻干皮、胡椒和桂皮，然后将其带到印度；之后，这些香料经过伊斯兰世界进入君士坦丁堡，再通过威尼斯传入欧洲。香料贸易的每一个阶段都有利可图。因此，当这些带有香味的果实和种子到达巴黎或伦敦的时候，已经变成了非常昂贵的奢侈品。然而，在制冷技术出现之前，在将肉分成三六九等和食物乏善可陈的时代，人们对香料的贪得无厌一点都不亚于他们对毛皮的渴望。人们认为，大多数香料还可以用于治疗疾病：他们猜测，肉豆蔻干皮可以治疗梅毒，甚至是黑死病。

与此同时，葡萄牙水手找到了一条通往香料群岛的捷径。贩运香料的航行需要花费几个月，甚至是几年的时间，而且其间可能会有三分之一的水手丧命，但来自欧洲的船只仍然会直奔香料而去。一趟航程下来，船主的利润会大到让人难以置信的地步。以前，贩卖香料的利润由半个地球的商人分享；但现在，这些利润全归船主一个人所有。贸易链突然被粗暴打断，阿拉伯商人和印度商人成为输家；伊斯坦布尔的市场变得越来越安静，在威尼斯大运河上来往穿梭、拥有豪华居所的贪婪商人怨声载道。下一个输家就是葡萄牙人，因为他们要面对拥有更好海船、更勇敢冒险的国家。在那个时期，这些冒险者主要来自欧洲北部的低地国家。其中尤为突出的是荷兰人，他们将航海技术和从意大利学来的商业艺术融为一体，从而创造出一个足以改变世界的方程式。

从某种程度来说，人类仍然是一种非常简单的动物：我们喜欢新口味、长得漂亮的人、看上去闪闪发光的物品、皮肤触感十分柔软的东西、令人舒适愉快的气味，以及有趣的调味品。这些都是常态，但对于相对孤立了几个世纪的欧洲人来说，他们对这些尤为热衷。荷兰人能够垄断他们所说的“致富贸易”（真钦佩他们，能把话说得这么直白）——不但包括香料，还包括丝绸和上好的日本瓷器。利润是巨大的，但其中也存在不少风险。风暴、海盗和船只沉没都意味着许多投资人将变得血本无归。将风险分割、分配和出售，并为利润分配提供担保使荷兰出现了第一个真正意义上的证券市场。

购买和出售股份并不是全新的事物。为募集对尼德兰作战的军费，查理五世创建了年金制度，年金是可以转让的，也是可以交易的。在安特卫普，人们买卖外国汇票的方法变得越来越复杂。1585 年，新教徒被逐出安特卫普后，他们在阿姆斯特丹继续从事这种交易。1609 年，阿姆斯特丹的威索尔银行——通常被视为世界上第一家中央银行——创建，并为不同铸币的价值提供担保，客户只需为此支付一小笔费用。在一个铸币分量逐渐减轻且不断贬值的世界中，这种做法为商人提供了基本的安全保障。在此基础上，会出现风险性更高的贸易。[23]

在阿姆斯特丹证券交易所成立之前、威索尔银行成立仅仅一年之后，这座城市的投机者就开始在“新桥”和附近的教堂里讨价还价和击掌相庆。证券交易所使贸易变得正规化，短暂的开放时间加上令人亢奋的氛围，使随后到来的商人感到非常熟悉。很快，成百上千种商品开始在那里交易。除了第一家中央银行外，第一家股份公司也成立于阿姆斯特丹。在很短的时间内，荷兰出现了安全、灵活的资金来源所应具备的所有要素，这是英格兰贵族、英国君主、西班牙王室和葡萄牙王室所无法比拟的。

“致富贸易”涉及令人难以想象的航海活动和冒险活动。相互竞争的欧洲人试图从北极冰层中开辟出一条航路，希望能够深入加拿大的荒野，并一直在寻找通往香料群岛的捷径。在伦敦，英国人想模仿荷兰人建立自己的东印度公司，但他们发现——不是最后一次发现——只要后人一步就很难进入新市场。荷兰人干劲十足，做事果决，而且非常残忍。在经过一系列残酷的战斗、极端的围城战、肮脏的交易和丧尽天良的背叛之后，他们最终占领了香料群岛。除此之外，远东的其余贸易也有相当一部分控制在他们手里。荷兰商人意识到，要想击退竞争对手，他们需要堡垒、受保护的仓库、安全的锚地，并与当地的统治者达成永久性的协议，他们的产品是荷兰人所需要的。这意味着，荷兰人——尽管他们是虔诚的共和主义者——正在将自己转变成帝国主义者。第三个阶段已经到来了。今天的印度尼西亚成为他们在远东的基地，这个国家的首都有一个荷兰式的名字——“巴达维亚”。

在枪炮、船舶和资本方面都相对落后的英国发现自己很难摆脱荷兰的束缚。纳撒尼尔·考托普是一位英国水手，他守住了一个产香料的小岛——

岚岛，这个小岛也成了英国在亚洲的第一块殖民地。在当时的若干年里，他的英雄故事被写成了鼓舞人心的畅销书。多亏考托普的勇敢行为，英国才能用岚岛来交换另一个被荷兰人占据的小岛，当地的土著人将这个小岛称为“曼哈顿”。“新阿姆斯特丹”变成了“新约克”（即纽约），大英帝国的历史在北美拉开了序幕。在北美，英国已经建立了两个前哨站——弗吉尼亚和卡罗莱纳。

美洲的殖民化比发生在印度洋的任何一次竞争都重要，美洲殖民化的主动力不是香料或利润，而是对宗教自由的渴望。在拿破仑战争期间，英国海军已经强大到足以短暂地返回香料群岛，将有经济价值的作物挖出并装入盆中，然后移植到其他殖民地（如格林纳达），从而打破了荷兰人的垄断。但在此之前的大约200年里，轻而易举获得的利润已经流入了尼德兰。而且，荷兰人利用他们的好运气，创造了世界上第一个稳定、消费型的中产阶级。但在这一切成为现实之前，正如我们所看到的那样，那些来自欧洲北部地区理智、有商业意识、头脑冷静的人们已经有一半死在冒险活动中。但令人惊讶的是，面对这些损失，他们却发出了爽朗的笑声。

一个非常现代的故事

一般来说，历史都是在家外创造的。在户外，将军骑上战马，水手拉紧缆绳。在工作场所，发明家敲敲打打，咬住嘴唇，在纸上任意涂写。在街上，讲道者高声叫喊，商人对新奇商品翘首以待。然而，直到在家中就能感受得到，历史才算真的发生过；只有在餐桌前或病榻前能感受到的变革才是大变革。有时，家在新大陆；有时，家被烧毁或遗弃。人类生活的大“间断”是指那些能够对大多数人的生活构成直接影响的事件，我们所说的“历史”就是这些“间断”的集合。总的来说，我们的生活是在家中度过的。

彼得·韦南茨是一位荷兰纺织商人，也生产亚麻布和棉线。他在哈勒姆有一座很不错的住宅。1637年2月1日，他邀请一些朋友参加家庭午宴。这场宴会气氛不错，彬彬有礼、衣着朴素的客人围坐在桌边，仆人们将菜肴摆放到他们面前一块整洁的桌布上。通过荷兰黄金时代的画家，如伦勃朗、鲁本斯、德·霍赫和维梅尔，我们了解了这样一个世界。这是一个安宁、丰裕的世界，人们腰板挺直、行为古怪，佩戴亮白色的“飞边”。然而，这个世界还有另外一幅图景：传染病横行，战争不断威胁人们的生活，宗教分歧严重，金融陷入疯狂。如果我们把当时的荷兰视为今天资产阶级社会或消费社会的雏形，那么这个社会就显得既不稳定，也不安宁。

在彼得·韦南茨的午宴上，餐桌边的客人彼此熟识。他们都是三四十岁的样子，正值壮年，生活富裕，是门诺派信仰将他们联系在一起的。门诺派是个新教组织，其信徒都是和平主义者，反对国家干预宗教，反对为婴儿施洗。在参加午宴的人中，至少有三位妇女在最近爆发的黑死病中成为寡妇。在哈勒姆，这场瘟疫杀死了八分之一的人，那些适宜埋葬死者的地方都已被用光了。不过，这也使这些妇女继承了不少财产。她们应该如何使用这些钱？主人的弟弟亨德里克出了个好主意。他建议其中一位名叫海特勒伊特·斯科特的寡妇——她的丈夫曾经是位羊毛商人——购买一些瑞士郁金香的球根。瑞士郁金香是相对劣质的品种，与行家里手们渴望的珍品完全不是一个等级。但荷兰的郁金香热已经达到顶峰。就算是瑞士的郁金香，只要一转手，就可以卖到 1350 荷兰盾 1 磅。当时，1350 荷兰盾可以购买两所房子，或两艘装备齐全的船。[24]

我们从详细的法庭笔录中得知接下来将要发生的事件。这位寡妇对购买球根一事犹豫不决，但餐桌上一个叫雅各布·德·布洛克的男人表示，当她筹集资金的时候，他愿意为球根的销售提供 8 天担保。此时，斯科特改变了主意。午宴上弥漫着紧张、纷争的气氛，但这种气氛让位给这样一个事实：只要这位寡妇同意这笔交易，并马上出售这些球根，那么她将立刻赚到 100 荷兰盾。在雅各布的怂恿下，她拒绝了当时的价格，决定再观望一下，看能不能赚到更多的钱。但这个决定是错误的，因为与所有金融泡沫一样，郁金香泡沫马上也要破灭了。在几天的时间里，这些球根将变得一文不值。

人们把“郁金香热”视为金融疯狂的典型案例。之后，历史上又发生过多次类似的危机，如“南海泡沫事件”、1929年的大萧条、从1995年到2000年的“互联网泡沫”，以及最近由房地产泡沫所引发的银行破产。其中包含了许多真理。与之后许多投资者一样，参加韦南茨午宴的人也都是勤勉的百姓——门诺派教徒经常自称“平凡的人”——这些人自认为很了解市场。在当时的环境中，他们的所作所为都很平常，有些人甚至还很“明智”。有了郁金香的球根，你就“不会输”；就如同有了互联网公司或对冲基金一样。尽管日后一位投资者的格言——“贪婪是一种美德”——会让他们感觉非常不适，但它已经悄悄影响了信仰新教的荷兰。

事实上，当时的“荷兰”只是“联省共和国”的一部分。“联省共和国”是一个更贴切的名字，因为欧洲大部分地区都是以“省”的形式存在。在路德宗教改革的影响下，一些特殊的“省”联合在了一起。与北德意志的邻邦一样，大部分荷兰人也都皈依了新教。此时，由主宰西班牙的哈布斯堡家族继续统治欧洲北部沿海的农业区和渔业区已显得不合时宜，宗教分歧最终将荷兰人推到了独立战争的边缘。在西班牙国王菲利普决定进一步迫害“异教徒”之后，人们开始抗议重税和驻军。随后，抗议逐渐演变成一场大起义。

欧洲已经分裂为在宗教上相互敌视的几个阵营，大量新教难民涌入了尼德兰。荷兰人英勇地保卫莱顿市，击退了西班牙人的第一波反扑。西班牙人的恐怖政策使和解成为泡影。于是，一场复杂的斗争又拉开了序幕，其中包括饥荒、迫害、陆战和海战。尽管荷兰人希望用尼德兰的权力换取法国国王的支持，但1609年北方各省还是与信仰天主教、承认哈布斯堡家族统治权的南方各省分道扬镳。1628年，西班牙军队再次大举入侵。而9年之后参加韦南茨家午宴的人或许并不知道，未来将不会有更多的战争；“郁金香泡沫”破裂10年之后，荷兰迎来了最后的和平。

此时，正如我们看到的那样，荷兰共和国已成为首屈一指的海洋强国。起初，荷兰人只在海上从事捕捞业，随后他们又在北海和欧洲沿海从事贸易活动，逐渐形成航海的传统。荷兰人的航海传统不输给任何国家，甚至是邻国和新教竞争对手英格兰人。荷兰商人的足迹远及印度、中国和日本。

荷兰没有自然资源，也没有肥沃的土地或矿藏。但是，通过一张遍布全球的商业网络，荷兰人逐渐发家致富。尽管一些创新举措使荷兰在经济上超越了竞争对手，但这些创新举措也蕴藏着风险。股票买卖为曾经保守的社会带来了由高风险投机引发的社会动荡。对那些沉迷博彩和赌博而声名狼藉的人来说，“期货”的观念已司空见惯。所谓“期货”，是指人们不是购买商品本身，而是商品未来的价格。因此，买卖“期货”纯粹是一种投机行为。

“致富贸易”使巨额财富流入联省共和国；投资贸易使大多数杰出的市民变得日益富有。如果没有这两点，“郁金香泡沫”或许永远都不会出现。如今，人们最需要的就是转变心态。绝大多数工匠、客栈老板、小制造商和农民都需要转变心态。农民从来没有钱去效仿富裕的中产阶级。一个小伙子可以梦想用一笔投资改变命运，这在历史上尚属首次。

荷兰人饱受嘲笑，因为他们的投机性繁荣建立在像球根这么可笑的东西上。以现代的眼光观察，一株郁金香与一所房子或一幅伦勃朗的画等值，这显然很荒谬。它应该值这么多钱吗？毕竟，我们会赋予一些物品不成比例的高价格，并让其中的珍品（无论是天然的还是人工制造的）体现主人的地位。在印象派走过全盛期之后，一幅莫奈的画要比一幅模仿者的佳作更好。但到底是好100倍呢，还是好1000倍呢？一个从大型商场里买的包并不比一个香奈儿的包差，外行人未必能看出后者比前者好100倍。白鲸的鱼籽和圆鳍鱼的鱼籽存在价格差异，但这种差异能证明二者品质上的差异吗？

这种情况也出现在酒、钻石、跑车和名牌服装上。事实恰恰相反，荷兰人迷恋郁金香比现代人迷恋上述东西都更理性。最初，郁金香只是一种野花，主要生长在中国和波斯之间的山区。人们之所以珍视郁金香，是因为这种花非常美丽，不但代表爱情，甚至还象征上帝的完美。奥斯曼人培育了郁金香，非常欣赏这种花。然后，它经由土耳其传入欧洲。郁金香很难培育出不同的颜色和形状，早期的植物学家对这种花非常着迷，园艺师将其作为礼物相互馈赠或交换，希望能培养出颜色特别鲜艳的品种。毫无疑问，在法国北部、荷兰和日耳曼地区的灰色天空下，郁金香为人们带来了不寻常的快乐。

“郁金香热”始于一些精通花卉的行家里手，他们特别喜爱某一类球根，因为这类为数不多的球根能够生长出形状精美的郁金香，有漩涡形状的，也有水滴形状的。而且，花的颜色也多种多样，有艳丽的红色，有黄色，还有紫白相间的。但事实上，这种郁金香是被蚜虫感染了一种病毒。换句话说，它们都是生病的郁金香。今天，这样的花几乎已经绝迹。但在17世纪30年代，人们给这些花取了一些很华丽的名字，如“永远的奥古斯都”和“海军上将艾克”，只有非常富有的人家才能买得起这种花。一个球根的价格大约是一名木匠年收入的6至7倍。（我们可以想象一下，在今天这个世界,富有的收藏者会为得到一些稀有的邮票而展开激烈竞争，他们也会变得非常疯狂。）

培育者、商人、宣传者，以及由这种新商品催生出的公司组成了一张网络，这张网络使少部分人对郁金香的热情感染了整个荷兰社会。普通人买不起那些“超级球根”，但他们可以买卖一些中低端品种的球根。郁金香每年只开放一次，它在春季开花，花期会持续数周。因此，人们发现他们交易的是这样一种商品：可以预测它的品质，但却不能完全保证它的品质。这意味着，人们要在花期到来之前，交易尚处于休眠状态的郁金香，或是郁金香期货。走漏消息、两面三刀、偷窃球根和单纯的外行——例如，人们反复讲着这么一个故事，一名水手误把一颗价值连城的球根当成洋葱给吃了——进一步加剧了这种淘金式的氛围。

现在，客栈旅社中出现了一张买卖郁金香的网络，尽管这张网络遍布整个荷兰共和国，但郁金香交易在阿姆斯特丹和哈勒姆尤为活跃。这些人想效仿阿姆斯特丹的证券交易所，但他们的交易都是在充满酒味和烟气的混乱环境中进行的。一位研究“郁金香泡沫”的历史学家指出，对泡酒馆的人来说，就算他们设法攒一些钱，证券交易所和新成立的银行仍然是遥不可及。“17世纪没有建屋互助协会，没有固定投资信托公司，没有个人持股计划，没有低价股票，没有减税优惠，也没有什么避税手段。”[25]在酒馆进行交易时，人们用粉笔将出价写在板子上，然后买主和卖主之间会进行讨价还价。这种交易方式有助于提高商品的销售量。拒绝接受卖主最终开价的买主和违约的卖主都需要支付一笔罚金。在充满食物和音乐的环境中开怀畅饮，然后完成交易。

从1633年到1637年，“郁金香热”达到顶峰。据估计，球根交易的票面价值是荷属东印度公司价值的10倍。要知道，荷属东印度公司是一家实力雄厚的公司，荷兰的真正财富大部分都来自这家公司。我们知道“郁金香泡沫”破灭的准确时间。1637年2月的第一个星期二，在哈勒姆的一家酒馆，1磅瑞士郁金香的价格达到1250荷兰盾，但没人愿意购买。拍卖人降低了价格，仍然没人购买。这几分钟一定令人毛骨悚然。恐慌出现了，并进一步向外蔓延。在3个月的时间里，郁金香的价格下跌了99%。几十万人面临破产，甚至要忍饥挨饿，至少从票面价值看如此。因为他们不仅用闲钱进行投资。正如之后的繁荣一样，为获取未来的利益，他们背负了沉重的债务。有些人已经抵押了房子、土地和贸易工具，但郁金香却跌到了白菜价。

真正有趣的是，大范围的灾难和荷兰投机者大规模的破产并不是“郁金香泡沫”的终点。管理共和国的三级会议拒绝采取特别措施，并将问题抛回给各城市当局。另一方面，许多城镇拒绝处理或审理任何一件涉及郁金香交易的诉讼案件，就只当什么都没有发生过，让账面损失和账面收益相互抵消。如果说一夜暴富的梦想已经破灭，那么就让贫困的噩梦也赶快结束吧。

即便是这个时候，荷兰人仍然为自己的常识感和处理问题的能力感到骄傲。这是一个非常具有荷兰特色的解决方案，经济继续运转。栽培郁金香的人遭到沉重的打击，个人悲剧不断上演，但共和国及其新财政体系几乎没有受到影响。

实际上，荷兰人继续培育郁金香（荷兰的沙质土壤非常适宜种植郁金香，就像亚洲的沙质山地特别适宜郁金香生长一样），并将其作为一种普通的出口商品。郁金香作为一种价格适中的奢侈品出现在了布里斯托尔、杜塞尔多夫或里尔的桌子上。今天，荷兰人控制了全球花卉贸易，他们在17世纪设计的证券市场、期货交易和国际贸易支配了世界经济。在哥伦布和皮萨罗的时代，西班牙人拥有巨额财富。他们熔化大量黄金用以装饰教堂和发动战争；他们将土地用于宗教用途。而荷兰人产生了一种更加合理的财富观。他们将大部分贫瘠的土地和金钱当作一种工具。他们处理财富的方式非常现代，我们将其称为“资本主义”。

第六部

自由的梦想

从 1609 年到 1796 年：
启蒙与革命，从印度到加勒比

资本主义在发挥作用，但只有少数欧洲城镇中的少数幸运儿才能从中获益。绝大多数人——即便他们生活在欧洲——都没有感受到巨变。生活还在继续。人们仍然未能摆脱自古以来的种种限制：例如，粮食产量的多寡、木头和煤炭燃烧产生的能量的多寡、可以使用的畜力的多寡、能够利用的风能和水能的多寡，以及最重要的一点——人类付出的艰苦劳动的多寡。尽管当时新出现了一些奢侈品，但人们主要还是生活在乡村，讲述着古老的故事，恪守着传统的信仰。

在澳大利亚、太平洋诸岛、波斯、奥斯曼帝国、朝鲜、日本、西伯利亚大部分地区、印度、北美、印度尼西亚和中国，人们根本感受不到任何变化。他们各自的传统差异极大，从石器时代的狩猎活动到帝国时代的治理技艺都囊括其中。但是，这些社会都没有发生重大变化，更谈不上加速发展了。在世界各地，大多数人都是自耕农，他们的生活圈子仅涉及临近的一两个村庄。他们对发生在生活圈以外的事知之甚少。即便有所耳闻，恐怕也是一年多前发生的旧事了。在东欧，从事农业生产的主要是农奴，他们被法律束缚在土地上，充其量只是地主的私有财产。在说盖尔语的苏格兰、爱尔兰、斯堪的纳维亚和俄罗斯北部，人们生活在宗族和血亲组织中，与外面的世界几乎没有联系。大多数欧洲人要么说着异于统治民族的语言，要么说着都城中人理解不了的各种方言。

一些欧洲人也想将世界大部分地区搅乱，正如他们在美洲、香料群岛和西非部分地区所做的那样。一些土著民族已是在劫难逃。他们对外来传染病缺乏免疫力，其武器和组织水平也使他们很难抵挡欧洲人的入侵。但在1600年，没有明显迹象表明，世界其他地区会无法在短时间内赶上英国、荷兰和法国。的确，印度的莫卧儿帝国和中国的清王朝看上去更发达——

它们更富有，更庞大，也更自信。欧洲人似乎没有取胜的把握。那么，是什么打破了平衡呢?

我们已经看到某一地区的微小变革是如何在全球范围内产生影响的。在这一时期，最重要的局地变革体现在政治方面。它首先出现在英国，这是一种毫无计划性的变革。如果当时统治英国的不是软弱无力且固执己见的斯图亚特王朝——英国最差的王朝之一，英国人或许到18世纪还在听命于专制君主。但糟糕的王权、政治和宗教上的分歧导致革命爆发。这场革命分为两个阶段，英国最终出现了一种新型政府。首先，桀骜不驯的议员推翻了国王，将其送上断头台。之后，继任的国王不但缺乏能力，而且在宗教上也让人充满疑虑。他的出逃更使议员们忧心忡忡。于是，他们邀请了一对夫妻来做国王，但议会的地位已明显高于国王的地位了。

这不是民主，但却使英国的富裕阶层迅速地获得了权力。这场革命证明了两点：第一，民众不可能对任何一位统治者都俯首帖耳；第二，有可能出现一种新的国家形式，在这种新型国家里，人们可以拥有各种权利，不必惧怕统治者，可以自由地思考，自由地生活。相似的情况也出现在荷兰，但英国的政治变革的影响更加深远。这场变革使英国成为一块磁铁，对欧洲各地的少数派产生了强烈的吸引力，其中就包括法国的新教徒。这场变革还使英国变成了言论自由的国家，人们可以在公开场合畅所欲言。这种局面激励了欧洲思想家，特别是身处法国的思想家。

但是，英国在北美的13块殖民地却以最具戏剧性的方式接续了这场政治实验。它们将英国改革家的思想付诸实践，建立了一个以选举、权利和成文宪法为基础的国家。这不是单纯地改变轨迹，而是在改变规则。不过，当时的人们尚不能完全理解这一事件的影响力。

这一事件引发了一场争论：如何在国家权力和个人自由之间保持平衡？时至今日，北京和华盛顿、莫斯科和布鲁塞尔仍然没有在此问题上达成共识。成功的国家并非一成不变。保守主义、部落智慧、激进主义或新兴思想之间会爆发残酷的拉锯战，这是所有成功国家都会经历的过程。部落智慧确实很重要，是历史累积的经验、覆辙和策略，是政治体制的长期积淀。但是，如果不接受挑战，这种智慧就会僵化。英国的政治革命及其后发生在美国的政治革命鼓励人们在不破坏国家的大前提下改变均势。在法国，保守的君主政体轰然倒塌，革命者试图与“历史”完全划清界限，在激进的质疑或“理性”基础上建立一个全新的“现在”。

与欧洲大部分地区相比，英美的政治实验使自然科学领域的新思想家可以更自由地阐述思想；使实验者和投资者能够在能源使用上和制造业领域取得突破，我们将这种突破称为“工业革命”；工业革命使“西方”领先于世界其他地区——这种优势一直保持到我们这个时代。当然，这些都是后来发生的事。就那个时代而言，如何平衡智慧与挑战，如何对待新旧事物，英美的政治实验给出了较为合理的答案。专制主义是另一个时髦的观念。按照这种观点，一位英明、谨慎、活力充沛的领导人能使国家免于陷入崩溃和混乱的旋涡。在今天的世界，那些非选举产生的领导人仍然在疯狂地鼓吹这种观点，他们只不过给专制主义披上了一件华丽的外衣。

“但它的确在动”

1609 年 8 月的一天，在威尼斯总督府的学会大厅——这是世界上装潢得最华美的房间之一，一位健谈的红胡子男子引起了一阵骚动。这位男子递给威尼斯总督——这个最尊贵的共和国的统治者身边站满了顾问和海军将领——一支裹着皮革的管子。在经过一阵喧哗的提问和回答之后，所有人都走出总督府，穿过广场，来到威尼斯最宏伟的教堂圣马可教堂。然后，他们走上了教堂的塔楼。总督透过那根管子向下看，其余人也都逐一这样做了。数英里之外的建筑出现在他们眼前，看上去熠熠生辉。总督和他身边的人还看到了附近的岛屿。在岛上，人们正在走进教堂。他们还看到了海上的帆船，离威尼斯还有两个多小时航程的船舶居然清晰可见。他们手里的这样东西既是一件军事用品，又是一件实用的工具。带来这个物件的人受到了重赏。

这位男子名叫伽利略·伽利雷，是来自比萨的数学家，正在威尼斯讲学。当时，佛兰德斯的眼镜工匠已经发明了望远镜，一位贫穷的荷兰人将其从佛兰德斯带到意大利，希望借此发笔财。受到启发后，伽利略在镜片上又花费了很大工夫，使望远镜的性能得到很大提高。他将望远镜当作礼物送给威尼斯总督，这实在是精明之举。随后，他返回位于帕多瓦附近的工作室，要制造效果更好的望远镜。在不久之前，他曾举起望远镜瞭望夜空。

伽利略以高谈阔论、充满活力、求知欲强而闻名于世，他喜欢挑战传统思想，其研究都颇具实用性。他和各地的统治者谈论火器的发射、防御工事的修筑，以及如何抽干积水。此外，他还发明了一款军用罗盘。亚里士多德在大约 2000 年前提出的学说对基督教的自然观产生了决定性的影响，但伽利略却对广泛接受的思想提出质疑。在一本书中，一名亚里士多德的追随者问伽利略，如果抛弃希腊先贤，谁来指导人类？伽利略反驳说："只有盲人才需要指导。有眼睛和有思想的人必须利用这些能力自己寻找答案。"[1]这两句话完美地体现出伽利略对实用科学和实验科学的热情。

60 多年前，博学多才的波兰人尼古拉·哥白尼出版了《天体运行论》。在这部著作中，他对《创世记》中关于地球位置的正统说法提出挑战。这项重大突破使许多神职人员、新教徒和天主教徒感到震惊。天主教会并未立刻反驳"日心说"，尽管这种说法与普遍接受的观点相互矛盾。按照传统观点，上帝将太阳、月亮和星星分别放在蛋壳状的外层空间，用来指引和帮助人类。开始的时候，人们曾就这一新观点是否符合《圣经》展开争论。但争论并未持续很长时间。乔尔丹诺·布鲁诺是一位激进的修士，他一生都在以一种反传统的方式进行思考。最后，他因发表"异端邪说"而被控犯有多项罪名，其中包括：太阳是一颗恒星，宇宙是无限的。他被判有罪。为了不让他说话，布鲁诺的舌头上被钉了一颗铁钉子。1600 年，布鲁诺在罗马被绑在柱子上活活烧死。

伽利略对人类智慧的乐观和布鲁诺的遭遇形成巨大反差，这有助于我们理解为什么知识的复兴并未带来技术的突破，以及为什么工业革命会发生在 18 世纪的英国，而不是 17 世纪的意大利和西班牙。因为我们已经完全习惯事情发生的实际顺序。我们完全同意，资本主义带来的飞跃不会出现得更早。但这很奇怪。因为意大利和南欧许多地方都沉浸在文艺复兴的思想中，关于会计、银行和小型工程的专业知识也取得了发展，这些都应该促进社会发展，而非使社会发展停滞。

“文艺复兴”并不是一个很有用的词语。从 13 世纪晚期到 16 世纪，欧洲确实出现了对古典文明的再发现及新兴趣，但最令人感兴趣的成就都是全新的。因此，当时主要是“兴”，而不是“复兴”。到 15 世纪，意大利北部（也包括欧洲北部）具备了文化腾飞的大部分条件。欧洲的第一批大学为那些有经济能力的人提供了生动活泼的教育。印刷术的普及加速了思想和观点的传播。拉丁语成为通用语言。强国间展开了竞争，如佛罗伦萨、热那亚和威尼斯。有时候，它们也会走向战争。为获得战争优势，相互敌对的统治者和军队都非常重视数学、弹道学、光学和医学，于是这些学科获得快速发展。最典型的例子就是莱昂纳多·达·芬奇，他对防御工事和新武器抱有很高的热情。

在著名的发明家之下，存在一个实力雄厚的技工阶层，其中包括各种工匠和设计师。他们可以为枪炮、时钟、眼镜和各种动力装置生产部件，这些动力装置能够用来挖掘、抬举重物和抽水。行会制定了专业标准，通用的度量衡得到普及。充满活力的贸易网使意大利人接触到了最新的思想，以及来自阿拉伯世界和欧洲其他地区的新闻。现在，长途贸易成为可能，贸易的发展为意大利带来一套相对复杂的金融体系。与以前相比，意大利的思想家、发明家和艺术家有更多选择。当时有这样一些人，为获得更好的待遇，他们从一座城市搬到另一座城市，就像现代学者为工资而不断跳槽一样。伽利略就是其中一员。我们甚至发现了工业生产的萌芽。威尼斯著名的军械库拥有 1.6 万名工人，组织严密。威尼斯共和国可以用预制部件在一天内生产出装备齐全的战船或商船。要是在欧洲其他地区，生产同样一艘船大概需要几个月的时间。尽管是孤例，但这仍然表明，16 世纪的意大利人已经具备了 20 世纪制造商的组织能力。

看一眼欧洲，你或许会做出一个合理的预测：从农业文明和贵族文明发展到城市文明和工业文明的巨大进步将开始于波河流域，而不是一个半世纪后的特伦托河流域或亚耳河流域。受过良好教育的意大利人精力充沛，有竞争力，求知欲旺盛，财富充足。他们的求知欲主要体现在探索自然界和利用技术控制自然界。今天，我们提到文艺复兴时首先会想到艺术，而不是科学或商业。但是，看看莱昂纳多·达·芬奇，我们就会发现，当时的艺术、科学和商业密不可分。意大利和荷兰的其他画家发现了透视、颜色、距离、光线和人体构造，这证明他们是认真严肃、持之以恒、善于分析的观察者。他们也是技艺精湛的工匠和业余的化学家。他们会收集各种颜料，然后将其磨碎、混合，使颜色变淡和变浓。在这一过程中，他们要确保颜色的鲜活和纯净。为了看得更清楚，许多人会使用由毛玻璃制成的透镜。

尽管伽利略观察的事物更多，但他的观察却比以往任何人都更仔细。那么，除了用透镜和理性的力量观察事物之外，他还做了什么？伽利略被称为“科学”之父，但他或许并不理解“科学”这个词。伽利略的父亲是一位音乐家，是歌剧的早期探索者；伽利略着迷于音乐背后的物理现象，正如同他着迷于但丁笔下的地狱的比例关系一样。从感觉上来说，伽利略的世界更贴近于启蒙运动的世界和早期工业革命的世界。

不同的是，文艺复兴时期的意大利和欧洲大部分地区仍处于权威压制之下。这里说的权威不仅指那些专制的地方统治者，而且指一种更强大的力量。在伽利略的时代，这种力量比之前更残酷。天主教世界利用古典学问的复兴来支撑自己的权威。在他们眼中，柏拉图成为某种先知，尽管他自己并没有意识到这点；亚里士多德成为基督教正统信仰的支柱；托勒密成了《圣经》宇宙观的支持者。就连古希腊罗马的神话故事也被重新解释成基督教寓言。但丁不但对身为异教徒的西塞罗颇有研究，而且在描绘基督教的地狱时，还借鉴了异教徒维吉尔的作品。莱昂·巴蒂斯塔·阿尔伯蒂是热那亚博学的建筑师，他研究了古罗马建筑师维特鲁威和古罗马城遗址（以及阿拉伯人的光学）。但是，他也是一位虔诚的基督教教士，用其所学知识修建基督教的教堂，例如佛罗伦萨华美的圣玛利亚大教堂。

米开朗基罗对古典学问也有很深造诣。从古代开始，巨大的雕塑《拉奥孔》——他全身被蛇缠绕，肌肉因痛苦而变得扭曲——就一直埋于地下。当这尊雕塑从埃斯奎利诺山的一处葡萄园被挖掘出来时，米开朗基罗赶忙跑去观看（有人认为这尊雕塑是他伪造的，并因此对他提出指控）。米开朗基罗的雕塑《大卫》塑造了一个身材魁梧、作沉思状的希腊巨人。除此之外，他还是犹太裔基督徒心中的英雄。文艺复兴一次次地为基督教文化披上古罗马的长袍，使古典哲学为教皇服务。人们因此创造了许多最伟大的作品。但另一方面，这也限制了科学的发展。

伽利略首先利用望远镜研究月亮，之后是木星的卫星，再往后是散布在宇宙中、之前用肉眼看不到的恒星。研究结果充分表明，托勒密的天动学说是不成立的，他相信自己能赢得梵蒂冈教廷的支持。伽利略与梵蒂冈的重要思想家进行了严肃的长谈，其中包括当时的枢机主教罗伯特·贝拉明（后来他被封为圣人）。当时，贝拉明为反宗教改革运动提供了许多思想支持。但并非只有布鲁诺会遭遇到那样的命运。这不仅是天文学问题，还威胁到了天主教的正统教义。对教会来说，他们的思想无异于犯罪。因此，伽利略变得格外小心。

威尼斯修士保罗·萨尔皮是伽利略的密友。他是一位杰出的学者，也是一位政治家。在愤世嫉俗而又讲求实利的威尼斯共和国，他领导了一场反对教廷的运动，因为他认为教皇不应拥有最高权威。此外，为了使威尼斯在世俗事务上获得自主权，他也进行了艰苦的斗争。作为回击，教皇保罗五世将威尼斯总督和所有官员都逐出教会。这等于给站在反教会第一线的人当头一棒。一位曾为伽利略作传的作家这样写道："在承认教皇的权威之前，威尼斯共和国中的所有人都和基督教会失去了联系……洗礼和葬礼都终止了。婚姻被宣布无效，孩子被宣布为私生子。丈夫可以抛弃他们的妻子，孩子也无须听命于父母。"[2]尽管最后做出妥协，但萨尔皮还是被耶稣会士逐出威尼斯，为自己的行为付出沉重的代价。一天晚上，萨尔皮遭到暗杀。他被一把细长的匕首连刺15下，最后一下刺进了他的头颅。

难以置信的是，在袭击他的人逃往教皇国之后，萨尔皮却奇迹般地活了下来。但是，这次暗杀表明梵蒂冈强迫民众服从教会的决心。在新教改革和各种新思想的威胁下，教皇的激进活动持续了几十年。好斗的教廷坚持认为，人们应该绝对服从教会，而且越来越强调正统教义不容侵犯。

从整体上看，伽利略并不贪心，他离开相对安全的威尼斯，回到佛罗伦萨工作。伽利略的言论很有煽动性，而且他又喜欢与人辩论；另一方面，反对他的宗教势力也在积蓄力量。但他总能通过交流来摆脱麻烦。1616年2月26日，枢机主教贝拉明召见他，要求他必须承诺放弃“日心说”，在书面上和言语上都不持有、不教授、不捍卫这种观点。伽利略表示同意。但他轻率地认为，这不是一个“真正的”最后通牒。与此同时，哥白尼的所有著作都上了梵蒂冈的禁书目录。

由于疾病和年龄的原因，伽利略沉默了一段时间。但是，他之后又再次发起攻击：倔强的性格和与无知教士进行辩论的爱好使他难逃厄运。1632年，伽利略出版了《关于托勒密和哥白尼两大世界体系的对话》。在这本书中，他嘲笑了新教皇（他从前的朋友）的观点。此时，有人以严刑拷打和活活烧死威胁伽利略。经过漫长而严酷的审问，他最终选择放弃，声明地球并不是围绕太阳转的。尽管如此，他还是因“极有可能宣传异端邪说”而受到指控。据说，在公开宣布放弃自己的学说之后，伽利略仍然心中不服，他小声嘟囔道：“但它的确在动。”他被判处监禁，先是被囚禁在罗马，之后被囚禁在托斯卡纳的家中。在那里，他依然笔耕不辍。

如果思想家们不得不“放弃、谴责、厌恶”他们从物理世界得出的结论，他们工作和生活的地方就不可能产生启蒙运动和科学革命。文艺复兴时期的意大利拥有制造商、思想家和银行家，以及有助于国家腾飞的竞争力，但那里也有宗教法庭。可悲的是，欧洲北部地区尽管气候更加宜人，但在当时，那里却缺乏意大利北部地区的活力。在北方，人们很快就将伽利略与发现新世界的克里斯托弗·哥伦布相提并论，但与后者相比，他是一位手上没有沾染鲜血、拥有更重要发现的探险家。老年的伽利略被软禁在家中，濒临失明和死亡。但荷兰人仍想花钱请他研究在海上确定经度的方法——对海上航行安全来说，这至关重要。荷兰人极力吹捧他，希望他能接下这份工作，但尴尬的天主教会却禁止他挣荷兰人的钱。若干年后，荷兰人克里斯蒂安·惠更斯破解了这个难题。之后，英国人约翰·哈里森改进了惠更斯的方法。

在1835年之前，倡导哥白尼学说的著作仍然在梵蒂冈的禁书目录上。[3]启蒙的力量及其对人类历史革命性的影响都体现在了比意大利更靠北的地区。

专制主义及其敌人

下一个主宰欧洲的主要观念是集权化和现代化的君主制——“专制主义”。这是一种相当乏味的观念，装饰了许多宝石和丑闻。半数的欧洲都城中仍保有宫殿、拱门，以及为统治这个国家的专制主义王朝竖立的其他纪念物。在西方历史上，许多最有异国色彩的重要人物都是这一时期的专制主义君主，如沙俄的叶卡捷琳娜大帝、彼得大帝和普鲁士的腓特烈大帝。地方特权、公民权、征税、各种传统，以及可以追溯到中世纪的各种特许权引发了社会动荡。“专制主义”的最大野心就是以国王的名义结束混乱局面，由国王替代一个效率高、组织严的中央机构。国王可以修缮道路，挖掘运河，为常备军征税，为所有臣民制定可靠的法律。“国家？朕即国家。”法国太阳王路易十四如是说道。他并不是在开玩笑。

各省的贵族地主和神职人员都拥有古老的半自治权。路易十四和效仿他的统治者们努力破坏这种自治权的基础，他们修建了令人着迷的宫殿，用来震撼、恫吓和诱惑地方诸侯。他们在许多方面为即将形成的民族国家打下了基础。除法国外，还有两个家族是最独断专行的专制主义者，一个是沙俄的罗曼诺夫家族，他们营建了新首都圣彼得堡，将自己塑造成西方统治者的典范；另一个是普鲁士的霍亨索伦家族，关于他们的情况我们稍后会介绍。但在那个时代，波旁家族（路易十四所属的家族）的最大竞争对手是哈布斯堡家族，后者的管辖范围更大，而且控制着西班牙。

这个高贵的家族是联姻的产物，而不是领地合并的产物。哈布斯堡家族起源于瑞士。中世纪时，他们的权力扩展到了德意志中部地区，成为奥地利的统治者。几个世纪以来，哈布斯堡家族与卢森堡人、亚盖洛王朝始终保持竞争关系。但很幸运，哈布斯堡家族最终吞并了勃艮第、低地国家和中欧的部分地区，这小部分要归功于战争，大部分要归功于联姻。总之，在 1438 年之后的大约 300 年间，神圣罗马帝国的所有皇帝都出身于哈布斯堡家族，他们都想成为德意志的恺撒。在 15 世纪末，他们获得了西班牙和匈牙利的土地，并将势力拓展到意大利。哈布斯堡家族成为除教皇之外欧洲最重要的权力来源。

但哈布斯堡家族的统治并不是成熟的专制主义。这个家族源于中世纪混乱的家族政治，从未提出过任何一种现代意义上的国家权力理论。在帝国的大本营，如马德里的埃斯科里亚尔建筑群和之后兴建的位于维也纳的华丽宫殿，统治者既无法榨取日耳曼人、西班牙人或荷兰人的财富，也无法获得他们的支持，而波旁家族在法国人身上做到了这一点。哈布斯堡王朝的战线太多，领地也太多，因此未能形成建立单一帝国的观念。16世纪，哈布斯堡家族的一支成为西班牙国王，更重要的是，他们建立了美洲帝国，并控制了尼德兰；另一支控制了奥匈帝国，将势力扩展到东欧。

结果，哈布斯堡王朝的统治从未统一：新西班牙的统治权与荷兰的统治权基本没有关联。在德意志地区，来自各个城市和邦国的“选帝侯”和王公会选出皇帝。相比之下，在面临奥斯曼土耳其挑战的匈牙利，皇帝的角色更重要一些。哈布斯堡家族的统治是政治权利和军事权利的混合物，其财政状况非常不稳定。而且，这个家族在遗传上还付出了可怕的代价。家族内部无休止的联姻有助于保护财产，但却触犯了近亲结婚的禁忌。结果，家族中出现了许多夭折的儿童，以及畸形和无能的成年人。在后期，勇敢的宫廷画师在他们的作品中生动地描绘了哈布斯堡家族的生理缺陷：突出的眼球、巨大的下颚，以及突出的嘴唇。

家族中最糟糕的一位君主是西班牙的查理二世。他不停地流着口水，相信自己被魔鬼附体，无法咀嚼，喜欢看亲戚被挖出来的尸体。另外，他还无法生育——这或许是件值得庆幸的事。1700年，查理二世去世，哈布斯堡家族在西班牙的分支绝嗣，这引发了西班牙王位继承战争。紧接着，到了1740年，哈布斯堡家族在奥地利的分支也绝嗣，这又引发了奥地利王位继承战争。这表明，直到18世纪，王朝政治依然很脆弱。事实上，尽管这两场战争与西班牙或奥地利有关，但它们与欧洲最有活力、最有扩张性的专制主义关系更大——这就是法国波旁王朝的君主制。

波旁王朝的祖先是卡佩王朝的王室成员，其源头可以追溯到9世纪的巴黎。他们起家于纳瓦拉（笼统地讲，纳瓦拉位于法国和西班牙的边界，也就是今天的巴斯克地区）。在法国宗教战争中，波旁家族站在信仰新教的胡格诺派教徒一边。这场战争于1598年结束。第一位出身波旁家族的法国国王是亨利四世，他改宗了天主教，据说他曾说过“巴黎值得一个弥撒”，但之后便遇刺身亡。波旁专制主义的真正建立者是枢机主教黎塞留。从 1624 年开始的 20 年里，他一直是法国首相。黎塞留曾是一名士兵，后来进入教会，他这样做的部分目的是为了保护家族利益。后来，他在险象环生的宫廷斗争中步步高升，逐渐获得权力。在成为国王的重要助手和大臣之前，他已经控制住了年轻的路易十三的母亲——玛丽·德·美第奇。

黎塞留准备在法国建立统一、强势的政权。要实现这个目的，他需要做到两点：对内击败所有的反对派——他利用贵族的势力镇压了胡格诺派教徒；对外提高法国的国际地位，以抗衡哈布斯堡家族。

黎塞留参与的“三十年战争”原本是一场宗教战争，新教徒与天主教徒之间的争斗重创了德意志地区。但后来，这场战争不知不觉地演变成一场关于法国应在欧洲扮演何种角色的战争。控制着西班牙和德意志的哈布斯堡家族似乎已经将法国包围起来。而且，这个野心勃勃的家族希望教皇能承认他们是全欧洲的君主。因此，抑制哈布斯堡家庭直至其完全衰落的任务就落到了法国的身上，这使刚刚统一的法国获得了欧洲强国的地位。黎塞留死后，出生于意大利的枢机主教马萨林接替黎塞留成为法国首相。至此，一条使法国迅速崛起的发展之路已经清晰地呈现在“太阳王”路易十四的眼前。

路易十四 1643 年登基，1715 年驾崩，在位时间长达惊人的 72 年。但在马萨林去世后，也就是 1661 年之后，他才在法国建立个人统治。在这一时期，法国开始向南、向东和向北扩张。黎塞留建立了一套新的税收官体系，将权力集中到宫廷，推动了早期的工业发展——从开凿运河到挂毯纺织业。在黎塞留和马萨林主政时期，为了保卫新法兰西，法国修建了许多堡垒。法国制订了一系列雄心勃勃的计划，准备在北美洲缔造一个法兰西帝国。亲自统治法国之后，路易十四延续了打击哈布斯堡家族的政策，决心成为一个能够支配欧洲的国王。他的宫廷使全欧洲受过教育的人都感到震惊。那里会举办各种繁复的公共仪式和奢华的娱乐活动，还有各种令人汗颜的小道消息。

很快，信仰各种宗教教派的国家都出现了专制主义君主——信仰路德宗和加尔文宗的德意志地区和斯堪的纳维亚半岛、信仰东正教的俄罗斯，以及信仰天主教的西班牙和葡萄牙。众所周知，斯堪的纳维亚半岛是民主思想的发源地之一，但腓特烈三世统治时期的丹麦—挪威联合王国（17世纪 60 年代）和查理十一世统治时期的瑞典（他的个人统治始于 1672 年）都出现了专制主义的早期形式，颇具侵略性。长久以来，这些国家都有强势的君主、不称职或四分五裂的议会，还经常参与血腥的战争。这些国家都存在集权的趋势，掌握大权的统治者往往是军队的实际领导者。古斯塔夫·阿道弗斯是瑞典最著名的国王。经过他的东征西讨，瑞典看上去比俄罗斯或普鲁士更有可能成为欧洲北方的大国。1682 年，彼得大帝成为俄国沙皇，他的统治持续了 43 年。彼得大帝将中央集权、反封建的现代化和法国倡导的理性主义融为一体，为俄国带来天翻地覆的变化。

对路易十四来说，要想修建额外的要塞，供养更多的军队，就需要增税。在爆发第二波骚乱——即福隆德运动（“福隆德”是指儿童使用的一种投石器，人们用这种投石器攻击富人的房子）——之后，1649 年的巴黎已经走到了第一次法国革命的边缘。由使用滑膛枪的士兵组成的受过严格训练的军阵、火炮和要塞是军事系统的基础。要维持这样的军事系统就需要一个集权化的税收机构。但在对城镇和乡村进行巧取豪夺的同时，还要确保不致激起民变。征税、推行法律、通过使用羽毛笔的文官和马背上的信使维持社会秩序，这些都很难运转良好。凡尔赛、圣彼得堡或波茨坦的石质宫殿承载着专制君主们的梦想，他们幻想自己的命令可以传达到数百英里之外的农场、森林和泥泞的小路。当然，欧洲许多地区都是由各种领地拼合而成的，并不受英君明主们的有效统治。这些君主相互攻伐，在永无休止的战争中兴起或衰落。

君权从来没有绝对的安全，坏消息很快就从英国传来了。在 17 世纪，英国突然滑向了内战和弑君的乱局，在某些时期似乎与欧洲的专制主义时代绝缘了。事实上，这些北方的岛屿已经深陷欧洲大陆的紧张与困境不能自拔。英国改朝换代，苏格兰王室的詹姆斯继承了英格兰王位，他以痛恨烟草的形象为我们熟知。与波旁家族和哈布斯堡家族一样，斯图亚特家族也起源于中世纪，其家族地位在当时并不显赫。在14世纪崛起之后，斯图亚特家族为他们的小国家贡献了9位君主，其中既有明君，也有昏君。在伦敦掌权后，斯图亚特家族就陷入了与欧陆诸强相互斗争的旋涡。他们同时与波旁家族和哈布斯堡家族联姻、结盟，并出兵干涉欧洲大陆的战争，但影响力不大。

想要成为专制主义君主又无法获得战争所需的资金会有什么后果？斯图亚特王朝给出了答案。查理一世没有黎塞留那样的能臣辅佐，他的宠臣既缺乏才干，又没有远见。与路易十四的“三级会议”不同，查理一世的英国议会绝不甘于寂寞。他的私人税收体制不是以专业的收税人网络为基础，而是基于中世纪的法律。这些法律不仅大半已被遗忘，还招致各地的反对。在法国，国王通过镇压新教徒就可以终结国内的宗教战争。但是，这在苏格兰和英格兰绝对行不通。斯图亚特王朝统治的失败产生了意外的后果，它不但深刻影响了英国的历史进程，也波及欧洲和美洲的历史进程。因为，英国历史的波折彰显了一条构建新型政府的道路。

在查理一世的出生地苏格兰，长老会革命已成燎原之势，其目的是要由教会“长老”领导的自治教区取代由主教领导的天主教会。在查理的父亲詹姆斯统治时期，古老的英格兰议会变得越来越激进。议会不但否决了国王的征税建议，而且对查理摇摆不定的外交政策也颇为不满。英格兰古老的“权利”传统可以追溯到盎格鲁—撒克逊时代的民间记忆。如今，这种半神话性质的“权利”传统又被激活，以对抗君主的暴政。1629年，查理一世迫使议会休会。在此后的11年时间里，他只通过大臣们进行统治。但是，由于缺乏直接的征税体制，查理一世的财政状况捉襟见肘。此外，在宗教问题上，他还将自己的见解强加于人。对任何国王而言，这都是羞耻。

从1638年到1639年，在《国民誓约》的引领下，苏格兰人发动了起义，反对查理一世的各种政策。面对愤怒的臣民，查理一世束手无策。为了筹集军费，1640年查理一世重新召开英格兰议会。但议员们对国王深怀敌意，坚决要求恢复权利。查理一世解散了议会。不久之后，苏格兰再次爆发起义，起义军攻入了英格兰北部。由于被自己的臣民击败，同时还要面对爱尔兰爆发的另一场起义，查理一世不得不再次与英格兰议会合作。

此时，议会决心进行整治改革。下议院坚称，未来只有议员——而非国王——才有权力解散议会。国王大权旁落，颜面尽失。在抓捕议员领袖未果后，查理一世从首都出逃，伦敦沦为敌人控制的地区。1642年的夏天，查理一世在诺丁汉起兵，向议会党人发动进攻，英国内战由此爆发。

经过三年的战争，查理的军队彻底被奥利弗·克伦威尔的“新模范军”击败。后者无论是在训练上，还是指挥上，都要优于国王的军队。经过短暂的停火，双方再次爆发战争。经过一系列错综复杂的战役，议会军队大获全胜。多方势力卷入其中，包括信仰新教的苏格兰人、信仰天主教的爱尔兰人、英格兰贵族、城镇武装、日益职业化的克伦威尔军团，以及英格兰的志愿军。尽管遭到与查理一世有血缘关系的多位欧洲君主的反对，但他还是在1649年接受审判，被送上断头台。在同一年，路易十四正面对“福隆德运动”。与波旁家族和哈布斯堡家族的君主一样，查理也相信“君权神授”。但是，结局并不像他们所认为的“君权神授”或现代专制主义应有的样子。

共和国已经宣布成立。在倒退回由克伦威尔掌权的半君主制政体之前，共和国政府在几年时间里展现了一定的施政能力。他们重建了强大的海军，恢复了国内秩序。护国公的“圆颅党人”军队加入了有关民主和土地改革的讨论，其观念的激进超出了克伦威尔本人的想象，也超出了地主和将军这些共和国核心人物的想象。革命的自由至上主义者占有并开垦私人土地，建立了理想化的社团，他们称自己为“掘土派”。掘土派建议，在政治革命之后要发动一场社会革命。这些主张已经远远超出军政府——在克伦威尔解散议会后，这个称呼可谓名副其实——的容忍度，激进派随后遭到镇压。

这场乐观主义的革命充盈着希望和激进主义，却以军事独裁收场，它绝对不会是最后一场这样的革命。克伦威尔的政府同时失去了激进分子和许多中间民众的支持，因为中间民众感觉他们的自由遭到了剥夺，情况甚至比斯图亚特王朝的统治还要糟糕。清教徒颁布法令废除了包括圣诞节在内的传统节日，取消了包括戏剧在内的大众娱乐活动，以取悦于信仰虔诚的人，却得罪了其余的人。在克伦威尔死后，他的儿子曾想继承权力，英国暂时出现了权力真空期。国王军队请回了查理一世在荷兰流亡的儿子查理二世，向伦敦进军，共和国寿终正寝。新国王明智地只是严惩了弑君者，并没有扩大打击面。英国的政治生活似乎重回欧洲的政治模式。其实不然，议会不会真的束手待毙。查理二世意识到，他必须获得民众的支持，这是法国和哈布斯堡王朝的君主不屑去做的事情。他的宫殿规模适中，挤在伦敦的街道和河流之间。宫中常常挤满了请愿人和懒汉，查理二世会定期召见他们。这与路易十四的光荣孤立形成鲜明对比，后者经常住在凡尔赛，而不是巴黎。

在欧洲大陆，人们把英国革命视为怪异的失序，认为是由“混血”的宗教和软弱无力的王朝共同导致的奇怪氛围造成的。自信满满的马萨林和路易十四认为伦敦的斯图亚特王朝已无可救药。他们已准备与克伦威尔的共和国讨论协议内容。一俟达成协议，马萨林和路易十四就会撤销对斯图亚特王朝复辟的支持。克伦威尔的军政府让英国的许多激进分子彻底失望。在斯图亚特王朝复辟后，他们都移居到美洲殖民地。他们希望在那里建立专属志同道合者的“纯洁”的共同体，其成员都是信仰虔诚的自由农民。

但是，英国革命尚未结束。权力不受约束的英国君主制仅仅在斯图亚特王朝下一位无能的君主手中就永告终结。

入侵英国

她怀孕了，还是没怀孕？这位王后是意大利人，长了一双黑眼睛。她曾多次流产。如今，许多关于她的恶毒流言四处传播。国王的女儿安妮公主给在荷兰的姐姐写信：“我对这位夫人的大肚子有点怀疑。她的肚子确实很大，但状态看上去比任何时候都好，实在太不同寻常了。”一周后，她又写了一封信，信中提到了关于假怀孕的流言和玩笑。王后“应该向世界澄清这件事，让我或我的朋友摸摸她的肚子。但恰恰相反，当有人提到怀孕时，她看上去好像很害怕有人碰她。而且，每当我恰巧走进她正在更衣的房间时，她都会到隔壁的房间穿上罩衫”。[4]这是一段闲谈，但王后怀孕与否会使英国的历史进程完全不同。

这位怀孕的王后是“摩德纳的玛丽”，她是英国国王詹姆斯二世的妻子。这位斯图亚特家族的君主信奉天主教，他希望这个新教国家能容纳天主教，也许不仅仅是容纳。他的第一任妻子是英国人，他们的两个女儿——安妮公主和她的姐姐玛丽——都是新教徒。他的第二任妻子是意大利人，她一直没能生下男孩。1688 年 6 月 10 日，王后产下一名男婴，就是詹姆斯·弗朗西斯·爱德华·斯图亚特。人们燃放烟火，点起篝火；王室委托工匠制作了用来纪念此事的杯子和盘子，为孩子画像。迄今为止，每一位英国王室成员诞生后，都会有这样的庆祝活动。与此同时，小道消息却开始在这个国家流传。根据传言，这个所谓的继承人根本不是王后的孩子，只是一个调包的婴儿。有人用脚炉将孩子偷偷带进产房，为的是让一个天主教徒继承英国的王位。事实上，很多人见证了这次分娩，人们将产房和附近的走廊挤得满满当当。但这仍然不能平息谣言。

6 个月后，正在白厅守卫国王的冷溪近卫团——英国人最引以为豪的部队——接到命令，要求他们离开驻地。实际上，驻扎在伦敦的所有英国士兵都被要求撤离，皇家近卫骑兵团撤到了圣奥尔本斯，其他军队撤到了苏塞克斯。取代他们位置的是一支入侵军队，这些人身穿蓝色和橙黄色的制服，他们都是荷兰蓝衣卫队中最好的步兵。这些只是先头部队，他们后面还有一支庞大的侵略军，规模是西班牙“无敌舰队”的两倍。荷兰舰队包括 53 艘战船和大约 400 艘补给船，这支舰队成功地蒙蔽了英国皇家海军：它们首先在英格兰东海岸航行；之后，借助风力向西航行，人们说这是“新教之风”；最后，在德文郡的托贝登陆。

荷兰人钻了英国舰队和法国舰队的空子。登陆的荷兰军队大约有 4 万人，还带了 50 门火炮、志愿兵和许多马匹，他们离英国守军最近的时候，只有几英里。他们几乎装备了每一件现代武器，从刚刚生产出来的滑膛枪和手枪，到运输补给的马车、炮弹，甚至还有独轮手推车。这是一支名副其实的跨国侵略军。它的统帅是荷兰执政奥兰治的威廉，他的手下还有一支由日耳曼人、瑞士人、瑞典人，甚至是拉普兰人组成的武装力量，一些叛变的苏格兰人和英格兰人也站到了威廉一边。此外，他的军队中还包括大约200名来自美洲糖料种植园的黑人，这些人戴着穆斯林头巾，上面还插着羽毛。这似乎表明，威廉是个可以征服世界的人。这支军队首先向埃克塞特进军，之后向泰晤士河前进，先后经过了亨利镇和温莎——那里有一座古代王室的城堡。最后，12月17日午夜11点，当詹姆斯二世上床睡觉的时候，威廉的军队已经到达了位于伦敦市中心的圣詹姆斯公园。詹姆斯二世简直不能相信自己的眼睛。

尽管詹姆斯二世拥有一支规模更庞大的军队，并且得到大多数南方地主的支持，但在接下来的数周里，他一直被吓得魂不附体。与许多人一样，他的女儿——也就是那位爱传闲话的安妮公主——也抛弃了父亲，转而支持威廉和她的姐姐玛丽。安妮的密友马尔堡公爵夫人莎拉·丘吉尔（她们二人非常亲密，经常用昵称称呼对方——莫利夫人和弗里曼夫人）也抛弃了国王。政权已经从内部瓦解。6天前，詹姆斯二世本想逃往法国。逃跑的时候，他在船上故意将国王的印玺扔进了泰晤士河。之所以这样做，是因为如果没有印玺，议会将失去合法性。他希望通过这种方式制造宪法危机。他确实达到目的了。但上院议员还是一如既往的务实，在詹姆斯二世被荷兰人打发到罗切斯特之前，他们组建了临时政府。几天后，看守他的人接到指令，要求秘密地将他放走。于是，詹姆斯逃到法国。在之后的几个月里，荷兰人和日耳曼人在伦敦的肯辛顿区、切尔西区和帕丁顿区设立了军营，所有英国军队都接到命令，只能驻扎在距离伦敦20英里以外的地方。

一般而言，英国人并不重视这次入侵。一些受过良好教育的人相信，自从1066年的“诺曼征服”之后，英格兰一直没有受到侵略。人们一直怀有这样一种印象：从某种程度上讲，威廉是被请来的，目的是解决宪法上的小问题。但是，事实并非如此。威廉带来了一支庞大的军队，他登陆英国是一次个人赌博，因为荷兰的新教徒非常绝望。如果詹姆斯二世没有被吓破胆，没有逃到法国，或者那阵“新教之风”改变一点方向，威廉或许会失去所有东西。但事实恰恰相反，威廉和他的妻子（安妮公主的密友和姐姐）都成了君主，这在英国近代史上绝无仅有。但威廉和玛丽的统治并非没有受到威胁。为夺回王位，斯图亚特家族在爱尔兰发动了一场大规模叛乱，在苏格兰也发动了一场规模较小的叛乱，但都遭到了军事镇压。因此，这并不是一场“不流血的革命”。但1688年确实是欧洲近代历史的转折点，因为英国出现了一种不同的政治体制。

奥兰治的威廉之所以召集海陆两军，孤注一掷地向英国进军，是因为他觉得别无选择。当他的小姨子在闲谈中提到玛丽王后的身孕时，事情已变得非常清楚：英国的王位继承人已经确定，仍是天主教徒。对信奉新教的荷兰及其北德意志的盟邦来说，这是个可怕的消息。因为这将使他们直接面对最危险的敌人路易十四，而这位太阳王正在不断施压。他大幅提高了从荷兰出口到法国的商品的关税，并禁止进口腌鲱鱼——对许多荷兰渔民和商人来说，腌鲱鱼是维持生计的商品。他还扣押了300条荷兰商船。而且，路易十四的军队似乎无可匹敌。

数年之前，落魄的查理二世曾向荷兰人寻求帮助，这使荷兰人很绝望。但詹姆斯二世的继位——与路易十四一样，詹姆斯也是天主教徒——使荷兰人陷入绝境。如今，詹姆斯又诞下一子，无论这孩子是不是王后亲生的，都是对荷兰的致命一击。威廉要么选择入侵英国，消除英法联盟对荷兰的威胁；要么眼睁睁地看着国家——一个信奉新教的贸易国家，科学昌明、民心奋进，中产阶级不断发展壮大——被天主教势力扼杀。因此，他决定进军英国。有人认为，他的做法“无视所有常识和经验”。[5]正如历史学家莉萨·贾丁得出的结论：1688年之所以发生那样的事件，是因为荷兰人认为他们必须那样做，而不是因为英国人要求他们那样做。

但事件的后果超出了威廉的想象。詹姆斯二世逃离英国后，尽管威廉的身边有荷兰的蓝衣卫队，但他在伦敦的地位并不稳固。严格地讲，他只是王位的第四顺位继承人。在表明立场之前，大部分大地主都采取模棱两可的态度，等着尘埃落定的那一刻。而且，军队中也存在不满情绪。如今，威廉已经入主伦敦，他应该如何获得权力呢?

按照惯例，在缺少印玺的情况下，议会是无法运行的。于是，上下两院的议员们召集了一次大会，商讨下一步的行动。他们共同宣布了新的宪法原则。詹姆斯二世并未被驱逐，但他抛弃了自己的国家，因此违背了契约（“契约”？什么“契约”？一个传统主义者或许会问）。根据新原则，詹姆斯和他的儿子被排除到王位继承人之外，因为他们都是天主教徒。“从经验判断”，他们也是不可被接受的统治者。[6]随后，贵族和议员决定让玛丽一人继承英国王位，因为她有斯图亚特家族的血统。但威廉认为这是不可接受的。他宁愿和妻子一起返回荷兰，让英国人自己解决王位纷争。于是，议员们做出让步，宣布由玛丽和威廉共同执政。如今，威廉成为威廉三世，他获得了真正的权力。

对威廉来说，这是巨大的胜利。或者说，这本该是场胜利，但议员们却要求他也做出一些让步。他们起草了《权利法案》。接受这个法案，就意味着威廉要答允以下几个条件：第一，从今往后，没有议会的许可，英国的君主不能征税，也不能拥有常备军；第二，允许英国进行自由而频繁的选举；第三，他不能改宗罗马天主教。与欧洲大陆的君主专制相比，这才是真正意义的、具有永久性的英国革命。如果一位君主既不能控制财政，又不能控制军队，而且他的臣民还能决定他的宗教信仰，那么他根本就算不上真正的君主。

英国议员拒绝了查理一世的暴政和奥利弗·克伦威尔的独裁。他们粉碎了詹姆斯二世推行天主教和专制主义的梦想，也不允许自己屈从于一位荷兰新教徒。他们允许英国保留君主制，但这种君主制必须符合他们的要求。对一个强国来说，这是全新的事物。“光荣革命”成为英国政治的基石，其影响力持续了三个多世纪。英国议会捍卫了权利和自由，因此人们可以自由地出版著作、发表意见、探索世界、进行各种尝试。罗马得到了一个明确的答案，这个答案可以改变整个世界。

除政治革命外，英国还出现了许多伟大的启蒙思想家和探索自然界的热潮——之后，人们将其称为“科学”。1687 年，也就是威廉的舰队到达德文郡的前一年，艾萨克·牛顿出版了他的《自然哲学的数学原理》。在新国王执政时期，他成为公众人物，享受了几年最美好的时光。与伽利略相似，他也坚信“日心说”，将数学运算与实验结合起来，并将这种方法应用到许多不同领域。例如，他用自己磨制的镜片制造出第一部反射式望远镜。化学家罗伯特·玻意耳、博学的罗伯特·胡克（他率先使用了“细胞”一词，认为细胞是生命的基本单位）和克里斯托弗·雷恩也是同时代的科学家。与这些同行相似，牛顿从来不担心宗教上的正统观念，也不怕引起宗教法庭的关注。

英国皇家学会成立于查理二世时期。在学会的领导下，这些思想家经常相互争论。他们的争论不局限于各自发现所具有的意义，不局限于谁首先发明了什么，也不局限于专利权属于谁，但并不讨论神权。与其说他们成长在纯粹的英国环境中，还不如说他们是英荷共治的一部分。一些荷兰人很快来到伦敦，其中就包括克里斯蒂安·惠更斯。他一直研究如何在海上确定经度，并通过一部精确的时钟部分地解决了这个问题。天主教会曾要求伽利略远离惠更斯。

伽利略对显微镜和望远镜非常着迷。1624 年在罗马，他用复式显微镜观察了一群体积较大的昆虫，并将其展示给其他人看。[7] 在伦敦和莱顿，胡克、惠更斯和著名的安东尼·范·列文虎克通过透镜观察虱子、霉菌和其他蠕动的、令人感到厌烦的小东西，而且绘制了这些生物的图片，并公之于众。与伽利略的观察相比，他们发现的微观新世界给人们带来的触动更大。如果伽利略最终到达基督教的天堂——尽管宗教法庭认为他不会上天堂——他一定会从天堂往人间看，然后遗憾地摇摇头，感慨自己出生的地方太靠南了，而且生得早了一点。

那位爱说闲话、由一封信引发了远远超出想象的后果的安妮公主又怎样了呢？不久之后，她成了体态丰满、表情威严的安妮女王。与哈布斯堡家族一样，这位斯图亚特家族的末代君主成为王朝衰落的象征：她一共怀过 18 次或 19 次孕，除了 3 个孩子之外都没有活下来——要么胎死腹中，要么流产，要么孩子在出生后不久后就很快去世了。那 3 个幸存下来的孩子也在成年之前相继死亡（其中两个死于天花）。这可怕的死亡率反映了遗传学上的问题。然而，尽管安妮没有生下王位继承人，但她的执政却标志着一个现代国家的诞生。1707 年，她成为第一个真正统治着英格兰、威尔士和苏格兰的君主——换句话说，这三个地区合并成为大不列颠王国。苏格兰议会想在中美洲建立一个帝国，但最后以失败告终，这使国家陷入破产。因此，苏格兰议会不得不接受伦敦提出的援助条件，自行解散，并组建一个单一的英国议会。安妮女王的好友莎拉·丘吉尔成为英国最有影响力的女性，她的丈夫马尔堡公爵率领英国军队出征欧洲大陆，最终将尼德兰从法国手中解放，消除了天主教势力的威胁。

从此以后，英国逐渐成为世界上最强大的帝国。英国在政治上的独特贡献是王室的“稳健主义”而不是专制主义，这有利于第一次工业革命的出现。

印度的波旁家族：从巴布尔到国家灭亡

印度历史看上去混乱不堪，在错综复杂而又不甚可靠的原始文献中隐藏着许多传奇人物。信仰佛教的孔雀王朝和信仰印度教的笈多王朝是印度艺术、建筑和文学作品发展的黄金时期，但在这两个帝国崩溃后，印度陷入了政治混乱。在上文中我们就叙述到这里。信仰印度教的印度很难维持其政治统治。撼动东欧、中亚、俄罗斯和中国的暴力活动同样出现在印度。在信仰伊斯兰教的突厥军队之后到来的是蒙古入侵者，他们占领了印度北方，传布伊斯兰教，之后又控制了整个次大陆，其统治一直持续到英国人到来之前。

从 13 世纪到 17 世纪，欧洲历史和印度历史是平行发展的。我们无须对此感到困惑。毕竟，巨大的欧洲半岛和楔形的印度就像亚欧大陆伸出的两条大小相似的“舌头”。在这 500 年中，两大地区自许为中心的势力与地方势力长期存在冲突。之后，不同宗教间的矛盾也引发了长期对抗。这些冲突和对抗都阻碍了印度次大陆和欧洲次大陆的政治统一。

欧洲自许为中心的是罗马的教皇，他们与神圣罗马帝国和其他天主教君主国携手合作。在印度，卡尔吉王朝（由信奉伊斯兰教的突厥人创建）和图格鲁克王朝统治下的德里自认为是中心。与罗马一样，这两个王朝也遭遇了严峻挑战。罗马要应对异教徒和新教徒的反抗；印度教国王，以及来自西部、中部和南部的叛乱者则威胁着德里的伊斯兰王朝。穆斯林毁灭了印度教文明的许多荣耀象征。例如，他们摧毁了许多古老的庙宇和艺术品，就像新教徒毁掉修道院和天主教艺术品一样。如果说罗马教皇控制了诸如苏格兰、立陶宛、英格兰、波兰和匈牙利等国家；那么德里苏丹则控制了马尔瓦、奥里萨、毗奢耶那伽罗、章普尔和拉其普特等地区。

从某些方面来看，印度和欧洲确有相似之处：我们可以将这一时期雕刻精美的印度石质建筑与西方的教堂及欧洲统治者的城堡相提并论。印度的著名人物在气质上也足以比肩英格兰的亨利八世和博尔吉亚教皇。阿拉乌丁是来自德里的伟大的伊斯兰君主，他的象兵部队和突厥骑兵将战火延烧至印度南部，缴获了许多金光闪闪的战利品——几乎可以塞满阿拉丁寻找神灯时踏入的洞穴。而且，阿拉乌丁还击败了蒙古人。穆罕默德·伊本·图格鲁克也是个传奇人物。他是德里苏丹国的苏丹，也是诗人、学者、数学家，热心赞助各种艺术事业。但是，对待叛乱者和惹怒他的人，图格鲁克也毫不留情。他会剥下人皮，剁碎人肉，将肉和米混在一起，灌入那张人皮，再将其送给被害者的家人。其凶残堪比弗拉德，后者既是基督教大公，也是一位斗士。

因此，从中世纪到近代早期的印度历史看上去比同时代的欧洲历史更离奇。我们发现，印度的历史进程与欧洲有相似之处：围攻、凯旋、王朝斗争和地方叛乱层出不穷。在动荡的时局之下，贫穷的农民和承受重税的城市商人正苦苦挣扎。然而，与欧洲不同的是，印度人没有脱离国王和王公的统治。印度有哲学和自然科学，但没有出现启蒙运动，（在这个时期）也没有多少政治改革。或者说，至少我们认为没有。遗憾的是，印度的历史记载主要聚焦于伊斯兰宫廷，宫廷之外的历史记载相对匮乏。一位现代历史学家曾哀叹道："穆斯林作家惯用漫谈式的写法，这使印度的历史叙述显得毫无生气。因此，我们需要从语言贫乏、精神乐观的编目中——为王室撰述赞辞的人很喜欢这种编目——辛苦地推测印度历史的发展进程。"[8]

伊斯兰教的伊玛目比后来的基督教传教士更希望消灭印度教，但他们未能如愿。伊斯兰统治者可以击败印度教统治者，但却不能征服印度教等其他宗教。印度有许多针对个人的暴行，但不会像欧洲那样将一群人残忍地烧死，强迫他人改变宗教信仰，折磨异教徒，也不会发动战争赶尽杀绝。与欧洲不同，印度的航海技术主要用于近岸航行，目的是从事贸易活动，而不是战争或探险。印度也有战舰，特别是在朱罗王朝时期。中世纪时代，朱罗王朝控制了印度南部，其舰队曾一度抵达中国。但是，印度的海上优势并未持续很长时间。陆上优势也是如此。有时，印度统治者会召集军队，向北越过阿富汗进攻波斯，或者向东进攻中国。然而，与在印度建立早期据点的国家——葡萄牙、法国或英国——不同，印度从未产生控制全球的野心。

印度史与莫卧儿帝国的崛起密切相关。莫卧儿帝国的崛起与欧洲的宗教改革及西班牙人到达秘鲁大致在同一时期。莫卧儿帝国的历史始于中亚荒蛮地区的冒险故事，而其终结则使人们认识到专制君主制的危害。

莫卧儿帝国的创始人名叫查希尔·乌德丁·穆罕默德，但人们更习惯称呼他为“老虎”或巴布尔，据说他既是成吉思汗的后代，也是帖木儿的后代。1483 年，巴布尔出生在乌兹别克斯坦，拉斐尔和马丁·路德也在同一年诞生。巴布尔的父亲是一位性情温和的地方统治者。巴布尔的首次大捷是攻占撒马尔罕，当时他只有 14 岁。通过整顿军队的逃兵现象，镇压各种叛乱活动，消灭强大的敌对势力，巴布尔逐渐在阿富汗建立了权力基础。随后，在为军队装备了新式武器滑膛枪后，巴布尔率军进攻印度北部。1526 年，他击败了信仰伊斯兰教的洛迪王朝，并占领德里城。接着，他打垮了信仰印度教的拉其普特人，而拉其普特人曾为自己的独立地位感到骄傲。1531 年，巴布尔去世。他为后人留下了许多精美的园林（特别是喀布尔的园林，后来他就被葬在那里）、第一部伊斯兰统治者的自传、用敌人头颅建造柱子的恶名和一个辉煌的王朝。

各个王朝都会面临继承人是否称职的问题。巴布尔的儿子在失国后又恢复了权力。但是，巴布尔的孙子阿克巴大帝才真正拓展了莫卧儿帝国的统治。阿克巴与伊丽莎白一世、德川家康、伊凡四世大约是同代人，他的统治持续了半个世纪之久。用象群和大炮联合进攻是阿克巴的战术特点，他在军事上的胜利使莫卧儿帝国的人口达到 1 亿人。相比而言，当时英格兰的人口是 500 万人，整个欧洲的人口是 4000 万人。

这些胜利都非常血腥，堪比阿育王曾犯下的罪行。从 1567 年到 1568 年，阿克巴的军队一直围攻契托尔（拉其普特人把守的一座要塞）。守城士兵最终选择了传统的死法——自杀。士兵们活活烧死了自己的妻小，以免他们被敌人活捉。尽管如此，当阿克巴的军队展开屠杀时，城中仍有 3 万平民幸存。与对待阿育王一样，人们更愿意记住阿克巴的和平品性，却忽略了他在军事行动中显现的野蛮性情。

阿克巴并不比阿育王极端。他拥有庞大的军队，向农民征收重税，但建立了相对高效、公平的官僚系统。而且，他对其他宗教也非常宽容。阿克巴营建了新首都法塔赫布尔・西格里。这座华美的城市同时体现了伊斯兰、印度和波斯的建筑风格。新都落成后，阿克巴邀请各种宗教派别进行公开辩论。他端坐一旁，聆听不同的观点。圆柱和拱桥体现出一种混搭的艺术风格，反映了世间不同观点的融合：有伊斯兰教逊尼派、什叶派和苏菲派的观点，有印度教的观点，有耆那教的观点，有锡克教的观点，甚至还包括基督新教的观点。通过这些建筑，各种教派沟通了对神圣本质的理解。阿克巴不想皈依任何一种信仰，他想将各种信仰融为一体，创造出新的宗教，使其适应信仰多元化的帝国。不过，除了增加对阿克巴的忠诚和崇敬外，这种“新信仰”并没有发挥作用。由于缺水，而且靠近叛乱的王国，新首都很快就衰落了。与新都相似，阿克巴的“新宗教”也很快消亡了。但它带来了更加宽容的政治氛围，这一点被人们铭记心头。

阿克巴将皇位传给了儿子贾汉吉尔。这里需要做一点说明：在莫卧儿帝国的历史上，儿子作乱、父子相残的故事司空见惯。由于牵涉太复杂的原因，在这里就不详细交代了。莫卧儿王族与金雀花家族及奥斯曼人一样声名狼藉。贾汉吉尔也主张宗教宽容，爱好艺术和建筑，也酗酒。贾汉吉尔和他性格鲜明的妻子共同治理国家，后者甚至将自己的名字铸到硬币上。我们对这位君主了解这么多就够了。后来，贾汉吉尔的一个儿子解决掉了自己的兄弟，并逼迫父亲退位，他就是从 1628 年执政到 1658 年的沙・贾汗。

沙・贾汗也是一位著名的皇帝，他留下了世界史上最成功的建筑之一。在生育第 14 个孩子时，他的妻子蒙塔兹・马哈尔不幸去世，这使沙・贾汗陷入巨大的悲痛。于是，他决定修建印度迄今为止最伟大的建筑——泰姬陵。泰姬陵位于阿格拉城外。今天，世界各地的酒店和广告中都会再现泰姬陵的形象，但它在晨曦和暮色中展现的熠熠生辉的美丽绝对不落俗套。在泰姬陵周围，那些冒着黑烟、不断扩大的工业化城镇根本无法与之相提并论。从本质上说，泰姬陵是为怀念妻子而修建的一座纪念性建筑，但也从一个侧面反映了莫卧儿王朝的奢华之风。沙·贾汗对大理石的热衷最后转化为德里和阿格拉等城市中一座又一座华美的建筑，至今仍能令游客惊叹。

这也是18世纪专制主义者的专长。那么，将莫卧儿皇帝和同时代的欧洲统治者都归为“专制主义者”是否合理？莫卧儿帝国统治的宗教和哲学基础与欧洲或俄国不同。尽管阿克巴进行宗教融合的试验，但印度并未出现欧洲那样的启蒙运动。不过，莫卧儿人自认为是中央集权和现代化的推动者，为次大陆带来了新的统一。早期的莫卧儿人在思想上非常开放，也不乏好奇心。当时，受过教育的欧洲人——特别是一些法国观察家——敏锐地意识到，莫卧儿王朝与欧洲的王朝有相似之处。因此，他们可以从印度的发展中学到有用的东西。莫卧儿帝国动员了大量人力物力，在石头上创造史诗。这样做的目的是让人们产生敬畏感，圣彼得堡或凡尔赛也都在做同样的事。

然而，即便是在欧洲，莫卧儿皇帝也是君王奢靡的象征。尽管帝国的控制范围不断扩大，军队的实力不断增强，皇室也变得越来越富有，但帝国衰落的痕迹也逐渐显露出来。巴布尔的言行傲慢无礼；阿克巴有很强的求知欲；贾汉吉尔和沙·贾汗对大型工程热衷成瘾，尽管后来这种热情有所减退。有些现代企业修建了壮观的总部大楼，楼前安装了喷泉和雕像。尽管这些大楼看上去很漂亮，但也通常表示该企业已逐步走向没落。那么，泰姬陵是否标志着莫卧儿帝国开始走下坡路呢？那些导致专制主义的内部因素是否会使衰落变得不可避免？

即便在那个时代，人们也会感到惶惑。人们很容易将印度和欧洲进行比较，因为在莫卧儿王朝的鼎盛期欧洲才开始步入专制主义时代。1648年，泰姬陵竣工。12年后，路易十四的建筑师开始扩建凡尔赛宫。当莫卧儿帝国如日中天时，彼得大帝成了俄国唯一的统治者。奥朗则布是莫卧儿帝国最后一位有所作为的君主。他在位期间，腓特烈一世成为普鲁士国王，波旁家族开始在西班牙建立统治。奥朗则布的私人医生弗朗索瓦·贝尼耶曾致信路易十四的大臣让－巴蒂斯特·科尔贝。在信中，贝尼耶对莫卧儿王室的财富和奢侈感到惊讶。但是，他也发出警告，印度农民承担了各种无休止的税赋，他们事实上成了奴隶，这非常不利于农田改造：在未来，人们没有资金，也没有动力整修排水沟，更没有努力工作的热情。[9]

奥朗则布在皇位继承战争中杀死了兄弟，囚禁了父亲，开始大权独揽。这种获得权力的方式在莫卧儿帝国的历史上并不罕见。欧洲人对他兴趣盎然。1675 年，英格兰诗人约翰·德莱顿写了一出关于“奥伦·泽比”的戏剧。在戏中，德莱顿将奥朗则布描写成一位虔诚的穆斯林英雄，但现实中奥朗则布则将毁掉整个帝国。他将莫卧儿帝国扩张到整个印度次大陆。这个国家体现了专制主义统治的某些优点，如统一的法律系统、精心养护的道路、坚固的要塞、统一的度量衡、相对高效的税收系统、不断增长的贸易（尤其是与欧洲人的贸易），以及规模庞大的常备军。此外，有关莫卧儿帝国的各种记录也得以保存下来。不过，帝国对人们的压迫变得日益沉重。

莫卧儿帝国的前几代统治者（包括奥朗则布的父亲和被他杀害的兄弟）都主张宗教宽容，但奥朗则布却改变了这项国策。他推行各种体现伊斯兰教思想的禁令，如禁止饮酒、禁止跳舞和禁止记述历史。奥朗则布杀害了许多宫廷艺术家,他们创造的精美的细密画曾是印度文化的一项骄傲。他还设置了各级审查官，命令军队亵渎或摧毁印度教神庙。有一个非常著名但又存在疑点的事件：宫廷乐师号啕痛哭，为 20 口棺材举行隆重的葬礼。奥朗则布问他们到底出了什么事？乐师们回答，皇帝扼杀了音乐，他们正在“埋葬音乐”。奥朗则布回复他们说，你们应该把音乐埋得再深点儿。

像其他的独裁君主一样，奥朗则布需要巨额资金供养军队和官僚，但他并未能使这个更开放、更“向外看”的国家实现经济增长。奥朗则布准备在德干平原和印度南部征服新的领土。最著名的征服活动就是占领位于戈尔康达的世界上最大的钻石矿，那里出产过“光明之山”钻石、路易十四经常夸耀的“法国之蓝”钻石（近代，这枚钻石再现世间，更名为“希望之钻”），以及其他许多著名的钻石。为保卫这座矿山，当地人在一座花岗岩山丘的周围修建了一道长达 8 英里的长墙。1687 年，奥朗则布的军队向矿山发起进攻。这是一场漫长而血腥的战争，但战争的结局使奥朗则布成为世界上最富有的君主。他也是世界上最健康的统治者之一，这或许要归功于伊斯兰教提倡的简朴生活方式。1707 年，奥朗则布去世，享年 88 岁。直到生命的最后时刻，他仍在领导一场旨在征服全印度的战争，这场战争看上去似乎永无止境。

最后，奥朗则布统治了全世界四分之一的人口。但他发动的长年累月的战争却是愚蠢至极，其花销远远超过了沙・贾汗大兴土木的费用。令奥朗则布意想不到的是，他吸干了莫卧儿帝国的血，为英属印度的崛起铺平了道路。他最大的敌人是信奉印度教的马拉地国，这个国家控制了西高止山脉和沿海地区。当时，以铁腕手段统治这个国家的是希瓦吉。他既是位军事天才，也是印度教徒心中的英雄。许多略显浮夸的故事都在讲述他如何率领非正规军发动了一次又一次大胆的突袭。从 1681 年到 1707 年，马拉地人和莫卧儿人之间爆发的战争相当于欧洲各种各样漫长的王位继承战争。在这场长达 26 年的战争中，年事已高的奥朗则布住在一座可以移动的都城中——这是一座由许多帐篷组成的城市，据说方圆有 30 英里。他的身边有 50 万名随扈和 3 万头大象。这些人边走边抢劫地里的农作物。此外，他们还加速了疾病的传播。

与后世的许多军事统帅一样，奥朗则布意识到，很难用正规军去清剿游击队，而针对马拉地人的战争似乎永无止境。这场战争使人们对伊斯兰教的仇恨日益加深。长期的冲突将莫卧儿帝国推向了财政崩溃的边缘。赋税日益沉重，叛乱的范围因此远远超出了南方。

这很好地诠释了专制主义的危险。受个人欲望驱使的帝国（在这个例子中，奥朗则布受到了宗教的驱使）或建立在镇压和扩张基础上的帝国是不可能长久的。印度与欧洲很相似：欧洲也有因王位继承和宗教分歧而爆发的战争，而且这些战争的历史并不比印度短暂。但是，由于有远洋舰队，欧洲人可以到达更远的地方，其中也包括印度。在弥留之际，奥朗则布对他的儿子说：“我在这个世界，来而复返，就像是个陌生人。我不知道自己是谁，也不知道我做过些什么。”

莫卧儿人蹒跚地迈入了19世纪，此时他们已精疲力竭。当英属东印度公司最早一批冒险家在印度沿海地区建立据点，伙同法国竞争者一起打败印度的地方武装时，他们发现印度的大门已经腐朽不堪，踹上一脚就会倒塌。罗伯特·克莱武是个富有进取心又自命不凡的人。在他的率领下，英国人不但用刺刀和大炮打开了印度的大门，而且还钻入了莫卧儿帝国的行政系统，成为阿格拉宫廷的税收官。这使他们在这片陌生的土地上获得了短暂的权力，由此窃取了莫卧儿帝国的领导权，直到他们有能力将帝国推翻为止。在莫卧儿王朝的庇护下，东印度公司逐渐变成了一个影子政府。隐藏在公司实业活动之下的是英国的王权（公司对事情的变化同样感到惊讶）。

英帝国需要重新开始。因为在地球的另一端，它在美洲建立的第一个帝国即将土崩瓦解。而在不久之前，欧洲的专制主义也开始衰落了。

佐佐和腓特烈

1753年6月20日，法兰克福的街道上出现了一阵骚动。一个瘦骨嶙峋的法国人——在欧洲化的世界此人非常出名——正在试图逃脱一群普鲁士士兵的围捕。士兵彻底搜查了他的行李。他们接到命令，如果他胆敢逃跑，就立即开枪。

此人的出逃并不顺利，他的马车被几辆运送干草的货车堵在了路上。走到城门的时候，他被人认出，被阻拦下来。随后，士兵将其带回搜查。搜身通常会使人颜面扫地。这个人叫弗朗西斯－马利·阿鲁埃，父母称他为“佐佐”，而全世界都知道他的笔名——伏尔泰。士兵们拿走了伏尔泰的鼻烟壶，但他恳求他们留下这个物件，因为他实在离不开鼻烟。伏尔泰被押往一家名叫“羊角”的客栈。在那里，他的外甥女（也是他的情人）遭到一名普鲁士士兵的强暴。伏尔泰的衣服、现金、银制的带扣和金制的剪刀都被洗劫一空。

伏尔泰曾经为普鲁士国王腓特烈大帝工作。但此时，他已失去了珍视的勋章和象征宫廷侍臣身份的金钥匙。腓特烈的手下伏击了这位哲学家：伏尔泰手中有一份国王亲自创作的诗稿和几篇文章的抄本，国王无论如何也要追回。对一位尚武的君主来说，这些文章太有损其名誉了，也太过激进了。最后，心慌意乱、受尽屈辱的伏尔泰离开了普鲁士，流亡到瑞士。他曾希望在这位哲学家君主的保护下追求自由，探究真理。这是他所提倡的“开明专制”的重要实验之一，但实验并未按照计划进行。

伏尔泰与法国君主也有很多矛盾。在年轻的时候，他曾写过几部率性而为的著作，并因此被关进了巴士底狱。在创作生涯的大部分时间里，他都知晓腓特烈大帝，视其为希望的灯塔。最后，伏尔泰决定前往柏林，为这位普鲁士君主服务，但他很快就失望了。他抱怨说，尽管谈话很投机，还有盛大的社交活动和美妙的音乐，但那里“刺刀的数量多得惊人，而书籍却少得可怜”。[10]一位大臣抱怨腓特烈大帝对伏尔泰太宽宏大量，这位国王温和地回答：“我至多再留他一年，因为挤橙子的人会将其榨干再扔掉。”[11]

伏尔泰在一篇文章中抨击了皮埃尔－路易·莫佩尔蒂的科学观点，引起了腓特烈的不满。法国数学家莫佩尔蒂是腓特烈的大臣，他酗酒成瘾，曾勾引过伏尔泰的一个情妇。这篇抨击莫佩尔蒂的文章风趣幽默、才华横溢、通俗易懂。在文章中，他将莫佩尔蒂斥为骗子。当伏尔泰攻击敌人的时候，他手中的笔会变成欧洲最有杀伤力的武器之一。但是，腓特烈大帝也是精通舞刀弄枪的人。他命人收缴了伏尔泰的文章，撕碎并烧毁。他告诉伏尔泰，他会因自己的行为而被关进监狱。于是，伏尔泰仓皇出逃。

毫无疑问，伏尔泰是18世纪最重要的欧洲人之一。他反对天主教排斥异说，这点亮了善于思考的欧洲大陆，正如他的悲剧和喜剧曾取悦了巴黎一样。他的《哲学通信》记录了他在英国时期的所思所想。在书中，他猛烈抨击了天主教思想家帕斯卡尔。这部著作被人称为扔向君主专制的第一枚炸弹。伏尔泰来自巴黎的一个律师家庭，家境殷实。后来，他成了著名的诗人、剧作家、哲学家和辩论家，并在一定程度上涉足科学领域。但是，按照掌权者的观点，伏尔泰这个人太危险，根本靠不住。

对伏尔泰来说，“光荣革命”之后的英国非常重要。伏尔泰在法国曾经得罪过一位贵族，这位贵族雇了一群恶棍将其痛打一顿。此时，他发现，通往正义的道路已经被王室和贵族彻底堵死了，于是他逃往英国。与荷兰一样，英国也是个与众不同的地方，那里的环境相对自由，中产阶级蒸蒸日上。伏尔泰不但记录了议会政治的一些情况，还记录了英国的宽容政策：“如果只有一种宗教，英格兰就将出现独裁的风险；如果有两种宗教，这两种宗教就会掐断对方的喉咙；但好在英格兰有30种宗教，它们可以和平、愉悦地共存。”

伏尔泰非常推崇牛顿的理论。在英格兰居住期间，他接触了英国的诗人、剧作家、政治家，以及汉诺威王朝社交界的风云人物。例如，他结识了马尔堡公爵夫人莎拉，从很久之前她就是安妮公主的好友。此外，还有当时的王后卡罗琳、创作《格列佛游记》的斯威夫特、创作《人论》的蒲柏，以及创作《乞丐歌剧》的约翰·盖伊。他还见到了玛丽·沃特利·蒙塔古夫人。这位夫人曾去过土耳其，将接种疫苗预防天花的想法带回了英国。

伏尔泰钦佩英国自由的公共生活，以及向大师致敬的方法：牛顿被安葬在威斯敏斯特教堂，就在历代君王的身旁，这种事在法国绝不可想象。此外，英国人对著名的女演员奥德菲尔德夫人的葬礼也充满敬意。阿德里安娜·勒库夫勒是当时巴黎最伟大的女演员。她英年早逝，却无法举行基督教式的葬礼，因为演员是“被逐出教会的人”。人们将她的尸体拉到城市边缘的荒地上，扔进一处为穷人准备的墓穴，随便在她的身上撒了石灰。勒库夫勒是伏尔泰的情人，这种反差使他深受震撼。[12]

伏尔泰一生都在逃避法国君主为思想自由设下的重重限制。他可以在大庭广众之下展示一出精彩的新戏，或者朗诵一首奴颜婢膝的短诗，但那些最有挑衅性的著作只能匿名发表或在国外发表。长期以来，伏尔泰不得不背井离乡，住在一间漂亮的乡下别墅中。在那里，他进行创作，表演戏剧，和情人夏特莱侯爵夫人一起做牛顿的各种实验，夏特莱夫人的聪明才智与伏尔泰不相上下。随后，他被迫逃往瑞士，远离法国的宫廷。不过，伏尔泰获得了巴黎民众的支持，一些有权势的人也为他辩护。伏尔泰还是一个精明的投资者，眼光独到，曾经倒卖过军事物资和谷物。据说，他可以伪造银行证券，并因此不得不提早离开英格兰。面对争吵，伏尔泰显得无所畏惧，但他从来不知道何时结束争吵；他并不是一位圣人。

伏尔泰的境遇有点像苏联时期的作曲家和作家，他们受到群众的欢迎，但却和当局玩着猫捉老鼠的游戏。当然，在伏尔泰的世界中，政治体制表现了某种形式的专制主义。纵观欧洲的陆上强国，喜欢打赌的人应该会认为，未来的政治将继续以各国宫廷和大权独揽的君主为中心。在现实世界中爆发一场政治革命是不可想象的。因此，当普鲁士的腓特烈王子开始给伏尔泰写信，表达崇敬之情的时候，这位未来的君主似乎给出了某种答案。正如夏特莱夫人所说："看来，我们一定要了解君主，尽管没人知道原因何在，但如果他们都能像他一样，至少会有些帮助。"

腓特烈王子也渴望英国式的自由。他的父亲是腓特烈·威廉，是将普鲁士打造成中央集权的专制国家的第一人。他对年轻的腓特烈王子非常严苛。这位父亲相信绝对的义务、军事化的纪律和雷打不动的日程安排。而儿子则与许多十几岁的男孩一样，嗜睡、爱幻想、浪漫，有些书卷气。他只好求助音乐，最终成为演奏法国长笛的行家里手。此外，他非常痴迷法国书籍。从表面上看，他服从父亲的命令，出席阅兵式和各种会议。在父亲迁怒于他的时候，也会挨打或当众受辱；但实际上，他表现出一种无言的傲慢，这种傲慢有时会进一步激怒父亲。腓特烈可能是同性恋者，因为他对女人毫无兴趣，也包括他日后的妻子。后来，他将妻子赶出了宫廷。

禁卫军军官汉斯·赫尔曼·冯·卡特是腓特烈王子的密友。18岁那年，腓特烈王子与当时26岁的冯·卡特密谋逃离普鲁士。据说，卡特会与腓特烈调情，"就像一位恋人与他的情妇调情一样"。[13] 在伏尔泰离开伦敦的两年后，他俩决定使普鲁士成为欧洲相对自由的灯塔。但是，老国王或许已经得知他们的企图。尽管他们制订了逃跑计划，但计划制订得并不周详。因此，在腓特烈王子逃出军营后，很快就被捉回。他的父亲将其关押在一个条件很差的军事要塞。在那里，他穿得像个罪犯，受到了极其严厉的审问。审讯官告诉他，他的父亲或许会将他处决。与此同时，一个军事法庭判处冯·卡特终身监禁。但腓特烈·威廉认为这判决太轻，建议将冯·卡特绞死。而且，在绞死他之前，应该用烧红的钳子截断他的四肢。后来，威廉仁慈地为冯·卡特减刑，将其判处斩首，但他坚持要当着儿子的面行刑。

冯·卡特与腓特烈王子被关在同一所监狱。1730 年 11 月 6 日，狱卒将冯·卡特带出牢房，将其押解到一处堆放着沙子的空地上。两名看守将腓特烈王子的脸按到监牢的铁窗上，强迫他观看行刑。事后，一名牧师记录下了当时的情景：冯·卡特环视四周，看到窗边的腓特烈王子，他用“一些礼貌、亲切的法语词”向王子道别。之后，他脱去了假发、夹克衫和围巾，跪在沙子上，嘴里呼唤着耶稣基督。然后，他的头被一刀砍下。但腓特烈王子并没有看到最后一幕，因为他已经昏过去了。

当腓特烈王子读到伏尔泰等激进作家的著作时，他开始设想用一种不同的方式统治普鲁士。父亲的残暴给他造成了心理创伤。有人认为，这种心理创伤和年轻人激进的理想主义融合在一起导致他产生了这种想法。但事实上，腓特烈王子非常希望自己能成为一位开明的君主，他是认真的。腓特烈是一位多产的作家，他也是一位着迷于自己时代的历史学家，与伏尔泰有相似之处。他认为日耳曼语非常粗野，他更喜欢法语，就像他喜欢法国的音乐一样。他甚至将其舒适的宫殿——位于柏林郊外的波兹坦——称为“无忧宫”。成为国王后，他开创了普鲁士建立优秀大学的传统。在这些大学中，有很多宫廷里的思想家和科学家。此外，他还开始修缮普鲁士的城市。

腓特烈大帝执政时期的普鲁士不仅是个具有传奇色彩的军国主义国家——呆头呆脑的容克地主鞭打着农民，年轻人都穿着统一的制服。这个国家还进行了一些富有远见的尝试，如促进农业革新，推动早期的工业项目（特别是钢铁业），创建读书会、书店、报纸和哲学俱乐部。普鲁士逐渐产生了一个相对发达的公民社会。腓特烈大帝终其一生都致力于发展农业，修建道路、水坝和工厂，教育年轻人。在人们心中，这些都是开明专制君主应该做的。他还主张宗教宽容。有人问他，他对罗马天主教是否也持宽容态度。他回答说，如果土耳其人和其他异教徒愿意来普鲁士的话，他也会修建清真寺和其他异教寺庙。他禁止滥施酷刑。在柏林的咖啡馆和书店，人们可以相对自由地发表自己的观点，这对到访这座城市的人非常有吸引力。

不过，这只体现了腓特烈大帝性格的一个方面。其父的所作所为体现了日耳曼人的简化思维，而他本可以改变这种简化思维。但是，他却极其崇拜父亲留给他的军队。腓特烈大帝对婚姻非常不满，因为他与自己不爱的女人结婚了。这桩婚事不仅出于父亲的意愿，德意志世界妄自尊大的强国——奥地利的哈布斯堡帝国——的游说也是促成此事的原因之一。因此，在冯·卡特被处决的10年之后，腓特烈王子成为普鲁士国王的时候，他做的第一件事就是派兵攻打奥地利控制下的西里西亚，并最终占领了这片幅员辽阔、财富充盈的土地。腓特烈的军队不仅仅是击败了奥地利人，几乎是将他们横扫，但他的做法打破了欧洲强权政治的平衡，引发了进一步的战争。

成为国王后，腓特烈做的第二件事仍然是侵略——他占领了萨克森。结果，他要做的第三件事就是应对具有全球影响力的七年战争。在这场规模空前的冲突中，法国、奥地利、俄罗斯和瑞典组成了令人感到畏惧的联盟，它们将普鲁士围困在中间，希望永久性地瓜分这个国家。英国和汉诺威站在腓特烈一边，但双方的实力差距仍很明显。此时，这位哲学家国王严肃地考虑了在战场上自杀式的“士兵之死”。腓特烈之所以能成为“大帝”，不是因为他资助了许多启蒙思想家，也不是因为他擅长演奏长笛，而是因为他证明了自己是一名卓越的军人。他善于分化和迷惑敌人，他指挥的战斗大部分都取得了胜利，而且往往是以少胜多。

如果没有父亲腓力二世创建的军队，亚历山大大帝或许不会取得一连串杰出的胜利。同样，如果没有父亲留下的强大军队，腓特烈大帝或许也不会取得军事上的成功。与其他国家的军队相比，普鲁士军阵的移动速度更快，也更有效率。在18世纪，编队训练和纪律是普鲁士军队的核心。普鲁士军队可以被调往任何地区，可以从意想不到的角度发射雨点般的子弹和炮弹，可以在敌人枪林弹雨下保持完美的队形，普鲁士将一群人和一堆滑膛枪打造成一件战争利器。腓特烈的军队由经过严格训练的年轻人组成，指挥他们的是普鲁士贵族，这些指挥官都在新式军事院校学习过，他们将战争视为一门科学。在腓特烈参与的战争中，属于贵族的容克家庭失去了大量子弟，但这些家庭也在迅速崛起的普鲁士中赢得了社会地位。直到纳粹时期，它们才失去之前的社会地位。

这些战争不如早期新教与天主教的冲突那么具有全社会的破坏性，但非常血腥。战争中出现了奸淫掳掠、焚烧村镇和屠杀平民等现象。此外，那些精心部署的战役也造成大量士兵死亡。据估算，普鲁士损失了 40 万人，大约占全国人口的 10%。相较而言，在第一次世界大战时，德国损失了 247 万人，但这 247 万人在德国全部人口中的比重不到 4%。因此，腓特烈战争的血腥程度应该是第一次世界大战的两倍。

战争对各参战国都产生了重要影响。在普鲁士，为了弥补战争造成的破坏，腓特烈大帝下令将大量人口迁移到未经开发的地区，进行“国内殖民”，他还引进了廉价的食物，推行福利政策。结果，普鲁士变得更强大、更有侵略性。奥地利忽然发现自己在神圣罗马帝国犬牙交错的邦国中失去了传统的统治地位。法国在战略上的竞争对手是正在崛起的英国，但它已经偏离了战略重心，反而与奥地利的哈布斯堡王朝建立了紧密的同盟。对许多法国人来说，这种做法不但反常，而且是错误的。因为波旁家族一直反对哈布斯堡家族。来自哈布斯堡家族的玛丽·安托瓦妮特公主嫁给了日后成为路易十六的法国王子，这次联姻只是这种不受欢迎的同盟政策的一个方面。法国的君主政治将为这桩婚事付出沉重的代价。

总之，腓特烈大帝是个谜。他究竟是谁？一位普鲁士历史学家曾说：“残忍的父亲对他进行了严厉的管教，希望他‘成为一个诚实的人，只要诚实就够了’。十几岁的腓特烈报以狡猾的纨绔习气，摆出一副以苦笑掩饰、道德上持不可知论的局外人姿态。”他的父亲创造了一个狡猾、阴暗、残酷、无情的腓特烈，但毁掉腓特烈的也是他的父亲。在剩余的岁月里，他重读经典著作，对人类感到失望，练习吹长笛直到牙齿掉光，“销毁最新的哲学著作，以及聘请新的谈话伙伴。以前的谈话伙伴要么已经去世，要么已经结婚。对腓特烈来说，结婚就意味着背叛。于是，他聘请一些新人来填补这些人留下的空白。新的谈话伙伴充斥着整个王宫”。[14]

此时，伏尔泰已不再信任王公贵胄了，无论他们声称多么喜欢他的书。当战争蹂躏欧洲时，伏尔泰就人们在专制君主的统治下如何生活这一问题给出了自己的答案——他自己也成为一位“君主”，尽管是以一种比较温和的形式。为了躲避法国政府的追捕，他在位于瑞士和法国交界地区的费尔奈购买了一处不动产。如果法国要抓捕他，他可以乘坐马车或船向多个方向逃跑。1758 年，他购买了一栋大房子，以及一块四周带有围墙的土地，并承担起责任，照顾生活在这片土地上的农民。在这个小小的王国里，他创作了讽刺小说《老实人》。在这部杰作中，他几乎攻击了旧欧洲的每一个方面；他为大百科全书的编纂做出了贡献，“百科全书派”成了新一代的启蒙哲学家；他还捅了几个大的马蜂窝，自己却未被蜇伤。

伏尔泰不是无神论者，而是自然神论者，他相信世界上有一个至高无上的存在。1755 年 11 月 1 日，里斯本发生了灾难性的大地震。此后，他越来越反对启蒙运动早期的一些思想，如“世界是十全十美的”或“存在即合理”。这场地震不但造成 3 万里斯本人丧生，加的斯也遭到海啸的重创，邻近国家也受到波及。这场地震发生在一个宗教节日期间，遇害者中有一些耶稣会士，他们正准备以信奉异教的罪名烧死葡萄牙的犹太人。之后，整个欧洲都在讨论，仁慈的上帝究竟想通过这场灾难传达什么思想。身处费尔奈的伏尔泰从各个方面展开攻击——攻击耶稣会、攻击腓特烈大帝的穷兵黩武、攻击各种形式的不宽容。

在家中，伏尔泰将注意力转向农业，精心耕作位于法国边境的一小块土地。他将自己的房子改造成微缩版的“无忧宫”。他重建了教堂（在那里，宗教是宽容的），将谷仓改造为剧院。他欢迎来自欧洲各地的好奇者到访他这个小小的自由城堡。他们之中有些来自美洲，但大多数来自英格兰和苏格兰。在那里，启蒙运动正在开启新的篇章。到访者中有现代经济学之父亚当·斯密、约翰逊博士和大卫·休谟的朋友詹姆斯·鲍斯韦尔，他是个百折不挠的人。到伏尔泰去世时，他着力发展的钟表制造业在费尔奈已经逐渐发展起来。费尔奈有 80 栋房子和 1000 位居民。他们的“专制君主”自称“全欧洲的客店老板”，他每天晚上都会陪伴在访客身边。

伏尔泰还保有许多热情。在发生在图卢兹的一起谋杀冤案中，信奉新教的老人受到折磨，并被当众处死，令人震惊。得知这一消息后，伏尔泰发动了一场轰轰烈烈的运动。最后，巴黎撤销了对老人的有罪判决。“粉碎可耻的事情！”——这是他的战斗口号，最初是他往日在普鲁士与腓特烈交谈时喊出来的。伏尔泰很长寿，组织过多次抗争。从“德雷福斯案件”到我们这个时代，许多记者和政客都效仿伏尔泰开创的抗争模式。他为新教徒奔走呼喊，这在法国是危险之举。此外，他还做过一些蠢事，例如指责一些刚刚翻译了莎士比亚作品的人，认为他们的译文不够理想。最后，他返回巴黎。在那里，他几乎受到神一般的对待。人们欢呼、庆祝，在剧院里为他戴上桂冠。1778 年 5 月 30 日，伏尔泰与世长辞。临终前，他拒绝忏悔，并告诉两位牧师，“让我平静地死吧”。

对专制主义的法国来说，伏尔泰是位值得敬畏的敌人。当伏尔泰去世时，法国王权也已经摇摇欲坠。佐佐和腓特烈都削弱了法国，国内的新思想和灾难性的军费也削弱了法国，其中相当一部分军费都花在对抗英国上了。旧时代已经摇摇欲坠。嬉笑怒骂的伏尔泰怎能不成为天主教巴黎的英雄呢？但是，腐败堕落的行为已出现在德意志的战场上。发动战争是专制君主的必做之事，这意味着他们并不是真正的开明。如果你让几十万人慢慢死去，或者在战场上痛苦死去，那么禁止人们遭受肉体折磨又体现在哪里呢？

权力和自由有可能结合在一起吗？一个人真的能为全人类的幸福做出规划吗？这些难题将年轻的腓特烈和伏尔泰短暂地联系在一起，他们曾一同寻找新的答案。在伏尔泰生命的最后几周，仍然有不少人在称颂他。其中一个来自比费尔奈面积更大的自由国家。他就是本杰明 · 富兰克林。刚刚诞生的美国国会将他派往法国。

冷水泡的茶和莫霍克人

1773 年 12 月 16 日的晚上非常寒冷，而且还起了雾。一群人聚集在马萨诸塞的波士顿港，他们正在进行世界史上最著名的抗税活动。这群人的数量超过 200 人，其中有一些人还装扮成了莫霍克族的战士。他们登上了三艘停靠在格里芬码头的货船——“达特茅斯”号、“埃莉诺”号和“海狸”号。上船后，他们开始搬运一个个沉重的箱子，箱子里放的是当时最受追捧的奢侈品——茶叶。他们将 340 箱茶叶搬到甲板上，然后用斧子将箱子劈开，把茶叶全都倒进冰冷漆黑的海水中。这是一项漫长而艰难的工作。3 个小时后，这些人总共销毁了 9 万磅茶叶。这些茶叶都是在中国种植的，随后被英属东印度公司运往世界各地。

从表面上看，人们抗议的是远在欧洲的伦敦政府征收茶叶税；但从深层次观察，人们反对的是伦敦的北美殖民政策。当时，北美殖民地在英国议会中没有任何席位。因此，当时人们提出了这样的口号：“无代表，不征税。”“波士顿倾茶事件”有许多古怪之处（直到下个世纪后半叶，“波士顿倾茶事件”才变成我们现在了解的样子）。因为在事件爆发时，北美殖民地人民实际上已经取得了针对英国官员的胜利。与历史记载的形象相比，这些官员的灵活性更强，但决断力更差。1765 年，英国议会通过了《印花税法案》，目的是对北美的报纸、杂志和法律文件征税。这一法案激起了殖民地人民的抵制活动和示威活动。结果，《印花税法案》在一年之后就被废除了。

热腾腾的茶水和冷冰冰的印刷品合在一起就形成了同一个问题：代表权。《印花税法案》让北美殖民地人民亲身体验了大英帝国二等公民的滋味。北美沿海 13 个殖民地的人民都认为自己是英国人，天然享有在上世纪内战中赢得的自由权利。但是，他们既不能出任殖民地的高级官职，又不能谈判自己的贸易规则，更不用说选举议会议员了。自学成才的弗吉尼亚律师帕特里克·亨利要求为生而自由的英国人争取权利，其所在的州通过了一项法案，规定只有人民自己或人民代表才有权征税。随后爆发的暴力反抗运动使很多人忧心忡忡，其中就包括本杰明·富兰克林。富兰克林是一名天才，深受启蒙运动经典著作的影响，博学多识，在费城长期任职。当时，他正在伦敦争取使宾夕法尼亚成为英国的直辖殖民地。一旦成功的话，他有可能成为国王乔治在殖民地的代表。殖民地人民怀疑富兰克林支持《印花税法案》。他耳闻自己的房子成为暴徒攻击的目标，所幸没有被烧毁。

在废除《印花税法案》之后，为弥补财政损失，英国政府又开始征收各种新税。这一次，他们盯上了日常需要的重要商品，如油漆、纸张、铅、玻璃和茶叶。在伦敦，富兰克林完全赞同政府的做法。但是，殖民地人民再次举行了游行、抵制和抗议活动。抵制活动并不能让当地人戒掉喝茶的嗜好。有些人开始喝当地出产的花草茶，其他人则喝从荷兰商船走私的茶叶，其价格更低。在短暂的犹豫不决之后，“残暴”的英国政府再次服软，废除了茶税之外的所有税种。保留茶税只是为了维护国王的统治权，尽管这种统治权已经四分五裂。

抗税斗争的矛盾在积蓄期显得波澜不惊，其最终化解令许多人匪夷所思。在伦敦，首相诺思勋爵领导的英国政府征收了过重的茶叶税，这使东印度公司一步步走向破产。大臣们认为，应该允许东印度公司将茶叶直接贩运到殖民地出售，而不是把茶叶运回英国，缴完税后再运往世界各地。这种方法不仅能大大降低美洲的茶叶价格，还可以帮助东印度公司走出困境。这可谓两全其美的方案。但是，诺思勋爵坚持向美洲茶叶适度征税，因为向殖民地总督和法官纳税可以保持殖民地人民对国王乔治的忠诚。尽管如此，波士顿等地人民喝到的茶比之前的走私茶还要便宜。换句话说，作为一次抗税活动，“波士顿倾茶事件”反对的是一种变得越来越便宜的商品，而非变贵的商品。事情何以会变得如此？

英国的大臣们后来如此反思：比输掉一场战争更糟糕的是赢得战争。1763 年，也就是“波士顿倾茶事件”爆发之前 10 年，英国刚刚在七年战争中战胜了法国和西班牙，教堂的钟声在全国各地回响。在这场蔓延到欧洲广大地区的战争中，英国对腓特烈大帝倾力支持。在欧洲以外，英国获得了印度的孟加拉、加勒比海的多座岛屿和地中海的米诺卡岛。但是，唯有北美洲发生了翻天覆地的变化。在 1759 年所谓的“胜利之年”，英国军队（包括年轻的乔治·华盛顿）及其印第安盟友击败了法国军队，占领了加拿大和佛罗里达。“新法兰西”从地图上消失。结果，英国控制了北美整个东部沿海地区，而且“有权”越过阿巴拉契亚山向腹地拓展领土。这场大胜似乎使英国一劳永逸地成为美洲的统治者。当新国王乔治三世宣布胜利时，北美殖民地人民发自肺腑地表示拥护。

然而，这将被证明是一个由胜转败的经典案例。首先，由于法国人威胁的消失，殖民地人民不再需要英国驻军来保障安全。其次，美洲殖民者丧失了梦寐以求的扩张权，因为统治当局要安抚大英帝国新的法语臣民，让他们控制土著美洲人的土地（今天的安大略、伊利诺伊、密歇根、俄亥俄和威斯康星诸州）。13 个北美殖民地的拓荒者被禁止向西部腹地拓展。在马萨诸塞和弗吉尼亚，对法国入侵的恐惧被分配不均的愤怒取代了。所有这些都还不是最糟糕的。再次，全球战争的巨额消耗使英国的国债成倍增长，政府不得不减少一半的财政支出以偿还债务。[15] 征收新税无可避免。

后来的首相小威廉·皮特在英国开征了所得税，以应对拿破仑战争的消耗。他的父亲老威廉·皮特任首相时，英国赢得了第一轮争霸战争的胜利。而在开征所得税之前，绝大多数新税种都是商品税，那些最热销、最昂贵的商品（如茶叶）明显是征税对象。大体言之，在伦敦得胜后的 10 年时间里，北美殖民地的人民不再像以往那样需要母国的帮助。他们感到自己被英国的外交困在一个狭小的空间里，还不得不上缴越来越多的税赋。尽管茶税税额有所降低，但殖民者还是不愿缴税，因为他们不想放弃原则。如果他们承认了英国政府的征税权，税额早晚会高到人们无法承受。他们认为，那些高嗓门的大地主和大商人在议会中拥有代表，可以在国内发声，向他们征税比较困难；相较而言，向那些居住在遥远殖民地的人民征税就容易得多。

有人认为，决裂已无可避免。但在 18 世纪 70 年代，他们还属于少数派。正在进行思想之旅探索的本杰明·富兰克林逐渐放弃了对王室的效忠，他提出了一个迫在眉睫的问题：总有一天，北美殖民地的人口和财富会超过宗主国。那时将发生什么状况？大英帝国的首都将从伦敦迁往费城？另外一些人仍然效忠王室，但希望免于征税，享受最大限度的商贸自由。他们希望伦敦不要干涉地方立法，不受全球条约的束缚自由地占领新的土地。

毫无疑问，如果国王的大臣们更加谨慎，不仅废除不得人心的税项，还能限制他们在殖民地的权力，反抗运动肯定会被推迟很久。

与此同时，英国政府还犯下许多小错。如果英国士兵没有嘲弄和挑衅殖民地人民，不向示威者开枪，酿成“波士顿惨案”，这座城市肯定不会成为反英运动的大本营。如果诺斯勋爵的政府没有通过所谓的《不可容忍法令》，镇压波士顿、特别是费城的反抗运动，各殖民地或许就不会在本地开会或联合召开第一届“大陆会议”。如果英国政府没有派遣越来越多的军队，导致北美殖民地组建了自己的武装力量；如果英国国王乔治没有傲慢地拒绝大陆会议 1776 年递交的忠于王室的《橄榄枝请愿书》，双方或许还有避免战争的可能。在 1776 年至 1781 年的独立战争中，如果英国的将领表现得更出色，或者幸运地赢下这场战争，他们至少还能保一时的安定。

然而，所有这些假设都不能令人信服。让我们回到富兰克林提出的问题上。截至 18 世纪 70 年代，13 个殖民地的总人口大约是 240 万人，他们大多数来自英国，也有一些人来自荷兰和德意志地区。尽管殖民地的总人口仍比英国本土人口少 400 万人，但其人口增速非常快。人口增长不仅是数量问题，还涉及实质问题，即他们不可能永远被排除在帝国政治之外。北美殖民地的人民有很高的文化程度，拥有各种政治社团网络，有自己的律师、报纸和小册子，还有自己的政治圈子。对那些支持北美殖民地人民的英国人来说，他们与自己别无二致，理应享有同等权利。反抗暴政是英国政治哲学的基础，其源头可以追溯至中世纪。无论在齐普赛街、布里斯托尔，还是爱丁堡，无论是在费城、波士顿，还是纽约，人们都在咖啡馆和画廊里争论有关代表权的问题。

从北美殖民地到伦敦要经历 6 至 8 周的危险航行。那么，远在伦敦的议会应该如何代表殖民地的利益呢？事实上，议会根本无法代表殖民地的利益。但是，殖民地人民了解自己的权利，也即将拥有自己的权利。除独立之外，他们还有其他选择吗？如果议会为殖民地保留席位，随着殖民地的发展壮大，北美的议员数量就会越来越多，直到超过英国本土的议员数量。届时，费城和纽约将会以投票的方式管理埃塞克斯郡或汉普顿郡。乔治三世和他的继任者能接受这种状况吗？还有一种方案，那就是鼓励北美殖民地人民组建自己的议会，同时保留对国王的效忠。事实上，加拿大和澳大利亚就选择了这个方案。这个方案貌似可行，但还远远不够。

与此相反，北美殖民地爆发了起义。在所有可能的选项中，1775 年至 1776 年的独立战争是最好的选项，无论是对殖民地，还是对英国都是如此。独立战争为时不长，殖民地人民决定性的胜利使英国蒙羞。这不是一场旷日持久的血腥战争。西班牙、法国和荷兰站在殖民地一边，共同对抗英国。独立战争的影响随之扩大。这引发了英国人的恐慌，他们担心欧洲大陆国家会入侵伦敦，一路将战火延烧至苏格兰，但这一切并没有发生。独立战争使殖民地人民团结在一起，彼此的界限开始模糊，13 个殖民地逐渐发展成一个国家。此外，这场战争还启发和催生了世界上最成功的政治制度。失去美洲殖民地意味着“第一大英帝国”的解体，英国人不得不在其他地方实现自己的帝国野心。结果，他们建立起规模更庞大的第二帝国，帝国的中心位于印度。第二帝国的创建和法国政局的动荡——为美国独立提供财政支持成为法国君主制垮台的原因之一——使英国成为具有世界影响力的海洋强国和强大帝国。在此之后的 150 年里，英国一直保有这种地位。

但是，独立战争也有明显的输家。大约五分之一的北美殖民地人民拥护国王，他们之中的许多人失去了财产，还有一些人丢掉了性命。在独立战争中，一些美洲非洲裔黑人和英国人并肩战斗，共同对抗殖民地的反抗运动。因为，他们担心，如果殖民地独立，新国家将会把奴隶制确立下来，而他们希望英国人能废除奴隶制。但直到美国《独立宣言》发表 30 余年后，英国议会才在帝国的领土范围内终止了奴隶贸易，这些黑人的愿望才得以实现。英国观察家发现了美国人的古怪，他们一方面在争取自由，另一方面又拥有奴隶，托马斯·杰斐逊就是其中一例。性格乖张的英国大作家塞缪尔·约翰逊曾说过一句名言：“奴隶主居然有人高喊自由，事情怎么会这样？”

1750 年，北美殖民地大约有 23.6 万名黑人；到 1810 年时，美国的奴隶数量超过100万。[16]但这里发生了一个奇怪的历史转折，崇尚自由的法国革命却扩大了美国奴隶制的施用范围：在“路易斯安那购地案”中，法国将北美内陆的大片土地卖给美国，拿破仑这样做主要是出于战争的需要；正如同我们之后看到的那样，在这片土地上，奴隶制获得蓬勃发展。

让我们重新回到“波士顿倾茶事件”。当时，有一群人将成箱的茶叶倒进海里。准确地说，直接承受历史不公正的人不是这些倾茶者，而是那些他们“乔装改扮”的人。正像我们之前提到的那样，一些倾茶者将自己装扮成“莫霍克人”，在脸上涂满油彩，头上插着羽毛。我们不清楚他们这样做究竟是为了掩饰身份，还是恐吓水手。但我们清楚的是，真正的莫霍克人站在英国人一边，一起对抗北美殖民地——他们是这场战争的最大输家。与亲英的美洲黑人一样，他们支持大英帝国也是维护自身利益。毕竟，英属加拿大的相关条约禁止殖民地居民涌入他们的领地。

他们究竟是谁？

莫霍克人将自己称为“燧石之地的人们”，因为他们善于用燧石进行切割，使用燧石制造箭头和长矛。莫霍克人是易洛魁人最重要的一个分支，易洛魁人主要生活在北美东部的沿海地区。莫霍克人的领地从上纽约州经佛蒙特一直延伸到加拿大南部地区。从17世纪早期开始，他们就与荷兰人保持贸易往来，向荷兰人出售各种动物毛皮。到18世纪后半期，莫霍克人与英国人结成联盟，共同对抗法国人。当独立战争爆发时，他们再一次站到英国国王一边。这并不是因为他们热爱乔治三世，而是因为他们明白，殖民地想要霸占他们的传统狩猎区。

这是一个古老的故事。弗吉尼亚是英国在北美建立的第一块殖民地。刚刚到达美洲的欧洲移民勉强挨过了冬天。当时，在疾病和饥饿的折磨下，移民的数量迅速减少，有时甚至还出现了人吃人的现象。这时，他们得到土著人的帮助。但随着移民数量的增加，他们在当地逐渐站稳了脚跟，袭击土著人的现象变得越来越多。在伊丽莎白统治时期，英格兰军队对爱尔兰人发动了野蛮的战争。在这场战争的影响下，这些移民也将美洲土著民族视为野蛮人，甚至是一种低于人类的动物。这种说法有一定道理。因为在这些英格兰人的眼中，穿着斗篷、住在茅草屋里的爱尔兰氏族与穿着皮制披风、住在木屋里的美洲土著人并没有多大区别。[17]这些土著人似乎从来不耕种土地（但事实上，马萨诸塞的土著民族主要从事农业生产）。既然如此，难道他们不应该失去土地吗？到了1608年，也就是第一批移民到达美洲的一年之后，"印第安人"的领袖提出了抗议："我们听说你们来自'下面'的'世界'，你们来这里就是要抢走我们的'旧世界'。"

17世纪20年代，双方爆发了战争。移民用火器摧毁了一个又一个土著村庄，土著部落被迫步步后撤。新出现的疾病、饥饿和移民的攻击杀死了大量土著人。

13个殖民地的成功是建立在摧毁土著民族的基础之上的。这些土著民族在文化上并没有为以财产私有为基础的经济和定居农业做好准备。通过本书的前述内容我们已经看到，欧亚大陆已经从狩猎—采集社会转型成农业社会，这一过程持续了数千年的时间。整个过程非常困难，和直觉的想象差异极大。但在美洲，欧洲移民希望土著人在几年，甚至几个月之内完成这一转变。1789年，一封令人心碎的请愿书被送到康涅狄格。莫希干人说，他们的祖先曾过着非常富足的生活："当他们想吃肉的时候，就会带上武器跑到附近的森林里。很快，他们就能带着上好的鹿肉、浣熊、熊和飞禽回家。……他们会种植一点玉米和豆子。他们不养牛，也不养马，因为没有需要。"但现在，他们不得不在田里耕作，饲养动物，修筑围栏，因为狩猎场已经被人夺走。只有最强壮的人才能过上好日子，"贫穷的寡妇、孤儿被推到一边，他们只能哭泣、挨饿，最终死去"。[18]

与其他土著民族一样，莫霍克人更换了盟友，发动了战争，这样做的目的只是想保住足够大的渔猎区，以便维持传统的生活方式。他们知道，自己正在逐渐屈服，即便《魁北克条约》为他们争得了一些时间。在独立战争中，他们站在了失败者一边。因此，他们不得不继续向西、向北逃跑，逃到加拿大境内。在刚刚诞生的美国，一位可以比肩托马斯·杰斐逊的人物在1776年——也就是独立战争到达高潮的时候——写道，他希望将战火烧到印第安人领地的核心地区："即便到了那里，我也不会停止进攻。只要他们还有一个人留在密西西比河东岸，我就会一追到底。只要他们还有一个人留在这片土地上，我就会一直攻击。”[19]

这是渴望获得土地的年轻共和国的真正心声。在美国独立后的几十年里，克里克人、乔克托人、契卡索人和彻罗基人都遭到了伏击、威胁和屠杀。他们被驱离自己的领地，而殖民者和他们的领袖只送给他们一些毫无意义的条约。这些殖民者将他们妖魔化成野蛮人。正如杰斐逊所预言的那样，生活在密西西比河西岸平原地区的印第安人也遭遇了同样的命运，如夏延人、阿拉巴霍人、苏人和波尼人。美洲土著人也曾被浪漫化，他们被请到欧洲各国的首都，受到人们的关注。但是，这股风潮很快就过去了。然而，一旦开始殖民化和抢夺土地，他们就一定会被赶走。

那些假冒莫霍克人的波士顿倾茶者发动叛乱是多种原因共同作用的结果。他们在伦敦没有代表，但却要纳税，这使他们感到愤怒，这就是发动叛乱的一个好原因。“自由”不仅仅是个言不由衷的词。他们希望自己的世界变得更宽阔、更富足，他们希望摆脱欧洲的社会等级和宗教偏见。他们知道这一切都能成真，这全是因为另一群拥有自由的人——美洲土著民族——将会注定失败。而且，他们不是唯一的失败者。

高贵的野蛮人

这是一次成功的诱捕，但诱捕的过程很卑鄙。一名年轻的英国海军上尉指挥着几艘船，船上坐满了水手、士兵和囚犯。在海滩上，他们遇到了几个土著。他们拿出几条新鲜的大鱼，将这些土著诱骗到了浅滩。其中两个土著急不可待地抓过鱼，并跳起了舞。就在这时，英国人捉住他们，并给他们戴上了镣铐。其余的人四散奔逃，躲到一旁观望。后来，这名上尉写道：在海滩上，男人们发出怒号，妇女和儿童高声尖叫，那两条被他捉住的“可怜虫”处境悲惨；所有这些交织在一起，形成了一副令人感到痛苦万分的景象，“在我执行的所有任务中，这项任务是最令人感到厌恶的”。[20]

其中一人很快逃跑了。另一个名叫伍拉沃尔·贝恩朗。在返回故乡前，他学了英语，学着穿由厚布和皮革制成的衣服，衣服上还配有纽扣和带扣；他甚至到访了英国的温泉胜地和伦敦，并在剧院、音乐会和英国下议院露面。即便到了今天，他在澳大利亚也是一个著名人物，但人们对他的认识并不是很清晰。

在帝国时代，各个民族间发生了最令人匪夷所思的冲突，诱捕贝恩朗就是这种冲突的一部分。冲突的一方是英格兰人、苏格兰人和爱尔兰人，以及由各色人等组成的水手、士兵和罪犯。罪犯中有男人、女人和儿童，他们从可怕的海上航行中幸存了下来，他们被赶出英国，而且离英国越远越好。除了一些军官之外，他们都是英国经济革命的受害者。在英格兰和苏格兰的乡村地区，农民一直延续着古老的生活方式——照料公用土地、捡柴、狩猎、饲养自己的动物。但现在，这种生活方式已经彻底不复存在了。更加高效的耕作方式养活了更多人，有利于新兴工厂的发展。但这种耕作方式也迫使大量穷人涌向城市。在那里，他们要犯一些小罪才能生存下去。被抓住后，有些人会被绞死；有些人会在狭小、肮脏的牢房中苟延残喘；还有些人会遭到流放，被“运送”到新世界去。

冲突的另一方是生活在新世界的土著，他们的人口在 75 万到 100 万之间。他们是非洲最早的一批移民。在 5 万年前，甚至更早的时候，他们从非洲出发，沿着亚洲的海岸线向南走，走过现在已经不存在的大陆桥，也进行过艰难的跨海迁徙，到达了澳大利亚。他们发现的这块大陆上有许多独特的植物和动物，例如袋狮（这是一种长得像袋熊的动物，体积与河马相仿）和巨大的肉食性袋鼠（后来这种动物迅速灭绝了）。

在欧洲人到来之前，澳大利亚的土著生活在大约 250 多个由次一级的部落组成的族群中，每个族群的语言都有些细微的差别。他们的政治制度与美洲印第安人的政治制度类似，与狩猎—采集时代欧洲人和中国人的政治制度或许也有相似之处。澳大利亚的土著还处于狩猎—采集阶段，尚未发展到农业阶段。那里大部分土地都很贫瘠，而且缺乏必要的草本植物和蔬菜，这非常不利于该地区的发展。他们采用了一种“火棒耕作”，烧掉一些灌木或矮树，以便生长出的新的植物；他们修建了灌溉系统，安装了捕鱼用的陷阱，并建造了用于过冬的村庄。但这都是英国人入侵前的事情。

贾雷德·戴蒙德认为，如果欧洲人没有在1788年进行殖民活动的话，澳大利亚的土著“或许可以在几千年内成为食物生产者，他们会照料养在池子里的鱼，种植人工培育的澳大利亚薯蓣和小种草”。[21] 换句话说，在从今天算起的几千年后，他们才能达到7500年前哈塔尔赫尤克人的发展水平。从表面上看，两地的植物群、动物群和气候只存在着微小的差别，但住在两地的人却表现出令人惊讶的差异。澳大利亚的土著游离于其他人类的历史之外，他们对世界有着自己的理解，他们有着完全不同的故事、宗教仪式、艺术和意境地图。

当第一批欧洲船只抵达澳大利亚的海岸时，土著把这些船当成了一个个漂浮在海面上的岛屿，上面居住着他们长着白皮肤的祖先的灵魂。船上的水手戴着假发或留着长发，因此当地人把他们误认为妇女。当英国水手脱下裤子证明自己是男人的时候，土著为他们提供了妇女，希望他们能满意地离开。他们彼此缺乏了解，他们之间的心理距离比地理距离还要遥远。

因此，贝恩朗成了一名时光旅行者，他穿梭于史前时代和工业时代之间。他之所以被诱捕，是因为英国殖民地（位于今天悉尼附近）的殖民者正在努力了解这个新世界的情况。管理这块殖民地的是亚瑟·菲利普，他希望和土著人进行沟通，希望弄清如何才能阻止他们袭击移民、偷窃财物。他需要向土著人解释，英国人是出于和平的目的，心怀善意地来到这里。这就需要有一名翻译。贝恩朗——一位英国士兵称呼他为“贝恩隆”——可以成为中间人。当贝恩朗到达英国人的驻地时，这位士兵报告，他是一个“身材高大，做事坚决”的人。[22] 令人惊讶的是，他浑身上下瘢痕累累。他得过天花。之前来到澳大利亚的罪犯和水手将这种疾病带到了这片大陆上，结果酿成了一场灾难。但他的头上也有一些疤，胳膊和腿上有被长矛刺伤的痕迹。他还少了半截拇指，在手背上也有一道奇怪的疤痕。“看上去，他既喜欢追求爱情，又喜欢追求战争；这两样都使他受到了严重的伤害。”贝恩朗唱歌，跳舞，欢蹦乱跳。但奇怪的是，他似乎不愿意解释他手背上那道疤的由来。最后，他说了实话：这道疤痕是牙印，他曾经强行掳走了一名来自其他部落的女子，这个牙印就是她当时留下的。

贝恩朗的故事告诉人们，欧洲人对“野蛮人”的态度是如何在短时间内从一个极端走向另一个极端的。在罪犯和他们的看守开始将澳大利亚殖民化之前不到20年，库克船长“发现”了新南威尔士的海岸。库克和他的助手——著名博物学家约瑟夫·班克斯——非常钦佩当地的土著民族。那是一个“高贵的野蛮人”的时代。这个词最早出现在17世纪70年代，但在之后的启蒙运动时期成了一个重要观念。“野蛮”就是“未开化”的意思。像沙夫茨伯里伯爵这样的思想家认为，人类天生具有道德——就探险家们发现的原始人而言，尽管他们的长相看起来不同，而且不穿衣服，但与文明的基督徒相比，他们可能拥有同样高尚的道德，甚至更为高尚。贝恩朗贪恋敌对部落的女子，以及他准备使用暴力来对付她们，无异于对那些试图将土著民族理想化的人发出了警告。然而，从很久之前起，欧洲人就将土著人视为一种低于人类的动物，有时甚至以狩猎土著为乐，他们很可能因此而陷入危险。

是要了解一群陌生的人和一片陌生的地区，还是要将其据为己有？

在18世纪的欧洲探险家那里，本能中的高贵和贪婪总是纠缠在一起。新的动物、植物和社会使人浮想联翩。博物学家、植物学家和调查人员登上武装船只出发，之后将船只上的旗子插到海滩和海岬上，并宣布这片土地成为某位远方国王——乔治几世或路易几世——的财产。帝国后期的历史会使我们觉得早期探险家非常野蛮。然而，在开始的时候，许多探险家比我们想象中的更加开明。因此，当詹姆斯·库克船长于1770年第一次遇到澳大利亚的土著民族时，他想起了英国皇家学会会长对他的告诫：要耐心地对待每一个土著，同时记住，“哪怕让他们流一滴血，也是对最高人性的犯罪……他们理所应当拥有自己居住的这片土地。从最严格的意义上讲，他们也是这些土地的合法所有者”。这些人有权驱赶入侵者。[23]但库克也接到了密令：以国王的名义宣布新发现的土地归英国所有——这是多么明显的矛盾啊。

库克船长对澳大利亚土著的第一印象，或许会让最有理想主义情怀的欧洲哲学家感到高兴。他们的活力，他们的健康，他们的干净，以及没有虱子的头发使库克感到惊讶；他也惊讶于他们对物质上的东西缺乏兴趣，这不仅仅限于衣服："这种冷漠使他们不会购买我带来的任何一样东西，也使他们不会偷我的东西。"[24]库克船长认为，他们很快乐，是因为他们不了解那些来自欧洲的东西能给人带来多少方便。对于他们来说，这些是"赘物而非必需品"。库克来自一个贫穷的约克郡家庭，一路奋斗才获得了现在的地位。因此，库克也很喜欢土著社会的平等："他们不贪图华丽的房子、房子里的摆设或其他东西。他们生活在温暖、宜人的气候中，享受着非常清新的空气，所以他们几乎不需要衣服。"[25]这里简直就像是天堂。

库克和他的船员是从塔希提岛出发，跨越太平洋来到这里的。在此之前，库克的"奋斗"号曾在塔希提岛上停留了3个月。在那里，他们发现了一个更加令人瞠目结舌的天堂。对于他们来说，这是一个充满性自由和天真无邪的地方。与库克同行的班克斯是一个拥有贵族气质的人，当时他只有26岁。班克斯与当地妇女纵情地欢乐，同时也学会了一些塔希提语。他研究岛上的风俗习惯，放弃了原本的社会身份，融入了岛上的土著生活：在葬礼上跳舞时，他一丝不挂，身上涂着木炭和白色的木灰，旁边站着一个巫医、两个赤身裸体的妇女和一个男孩。在英国探险家眼中，以及在先于英国人到达的法国探险家眼中，塔希提人几乎可以算是理想的野蛮人——他们在用一种很好的方式表现自己的野蛮。

班克斯深受启蒙运动的影响，思想极其开明。他享受着塔希提岛上的烤狗肉，喜欢他们古怪的水上运动——冲浪，承认他们身体上没有体毛且非常干净，甚至相信他们喜欢的椰子油可以使人们变得更加亲密："毫无疑问，这种椰子油的味道非常难闻，但与欧洲人经常使用的喷在脚趾和腋下的香水相比，我更喜欢椰子油"。[26]

因此，当第一次接触澳大利亚东海岸的土著时，英国人表现出了谨慎的友好。库克、班克斯和船上的军官发现，他们与这些土著很难沟通，与海滩上的人做生意更是毫无可能。当时，海滩上有许多英俊的男人和小孩，他们身上有许多打斗时留下伤痕，但可以看出他们的身体非常健康，没有任何疾病。看上去，这片土地是宜人而相对空旷的，上面还有许多陌生的植物和奇怪的动物，其中许多动物是跳跃前进的。“澳大利亚”这个词使用得并不广泛。这个词来自拉丁语，意思是“南方的”。它出现在早期的地图上，用来指代一块可能存在的未知陆块。另外，这个词也可能来自一位西班牙探险家，他相信这块大陆的存在，并以当时的君主为其命名。当时执政的是腓力三世，他的家族来自奥地利。

但库克将这片海岸称为新威尔士和新南威尔士。当班克斯返回英国之后，他的眼前仍能清晰地浮现出这片土地。他是一位农场主，也是一位植物学家。他相信，澳大利亚沿海地区的土壤和水质非常好，欧洲农民可以在那里轻松地从事农业生产，养牛、养羊和种植小麦。在乔治执政时期的伦敦，身为富有的地主和科学家的班克斯成了一名颇有影响力的人物。他是国王枢密院的成员、英国皇家学会会员，也是饱学之士中的一员。当年那个在塔希提岛上赤身裸体、寻欢作乐的小伙子如今有了一副马铃薯般的身材，他成了皮卡迪利大街上赫赫有名的人物；当年那个头发蓬乱的冒险家和收藏家成了一张社交网的核心人物。在这张社交网中，人们就一些植物学问题和学术问题展开了争论；他成了英王乔治三世的顾问，在位于基尤的皇家植物园工作。因此，当议会想找一块地方安置罪犯的时候，自然而然地就找上了班克斯。

这已经成了一个迫在眉睫的问题。随着城市人口的快速增长，一部“血腥”的刑法典曾列出了220项应判处绞刑的罪名，英国需要换种方式处理本国的罪犯。公众舆论对仅仅因为一些小偷小摸就将极度贫穷的人判处死刑，以及绞死小孩子越来越反感。从1770年到1830年，一共有3.5万人被判处死刑，但实际上大约只有7000人被绞死。[27]英国的监狱不但数量有限，而且肮脏不堪。对于许多人来说，用船将罪犯运到其他地方是人道之举。在丢掉美洲殖民地之前，英国曾将大约6万名重犯运到北美。在重新获得自由之前，他们要在地里干若干年的农活儿。美国独立后，这种方法就行不通了。于是，重犯们被关押在远离泰晤士河的废旧帆船上，这些帆船的桅杆都已经被拆除。但从长远来看，这种做法既危险，又不切实际。因此，大臣们不得不去寻找其他的流放地。

班克斯建议将罪犯送到澳大利亚。与在美洲时相似，英国的重犯可以在澳大利亚从事农业生产，然后重新获得自由。英国将“植物学湾”选为安置犯人的地方。“植物学湾”是库克以班克斯的名字命名的，因为后者非常喜欢收集植物。1787 年 5 月，由 11 艘船组成的“第一舰队”起锚出发。这支舰队要将 775 名罪犯——其中有 192 名是妇女——外加 645 名士兵、军官及其家属运到澳大利亚。这些人将要经历一段长达 36 周的艰苦航行。这些罪犯都只是犯了些小罪，而且几乎每个人都有盗窃这么一项罪名——从衣服、手表到食物，其中还有一些是在夜间行窃的惯犯。（后来，英国也将政治犯运往澳大利亚，特别是那些参加过芬尼亚起义的人。）1788 年 1 月 20 日，这第一批囚犯到达了澳大利亚。19 世纪 50 年代，英国政府终止了这种做法，此时总计向澳大利亚运送了 16.5 万名囚犯。紧随其后的澳大利亚淘金热引发了规模更大的移民潮。

掌管第一舰队的是亚瑟·菲利普，他是一名职业航海家，也是班克斯的仰慕者，一直与班克斯保持着通信联系。亚瑟·菲利普马上意识到，植物学湾可不像它的名字那么有吸引力，于是他决定将这块新殖民地改建在附近的杰克逊港。他用英国内政大臣悉尼勋爵的名字来为他们第一次驻足的海湾命名——正是由于有了他的命令，亚瑟·菲利普才能率领舰队前来澳大利亚——将那里称为“悉尼”。但当地的土著表现得并不友好。他们用一连串的喊叫声来迎接第一次到达这里的移民：“Warra, warra, warra!”（意思是“走开，走开，走开！”）[28] 当移民开始修建住所的时候，他们经常受到依奥拉部落的袭击和骚扰。当时，已经在这片地区生活的依奥拉族全族大约有 1500 人。

亚瑟·菲利普是一位能讲多种语言的航海家，他来自一个贫穷的家庭，自认为是一个受启蒙运动影响的新式人物，充满雄心壮志。菲利普一直与班克斯保持着通信联系，他并不想只管理一座巨大的监狱。他坚持法治。最后，他释放了这些身为罪犯的移民，并做出承诺：新南威尔士将“不会有奴隶”。但殖民地最开始的发展可谓举步维艰。有时，这块新殖民地甚至面临着断粮的危险。那些罪犯不甘心地成了农民，当他们学着如何种地，如何照料和船一起来到澳大利亚的另一批移民——牛——的时候，他们要靠随船带过来的给养过活，来自英国的补给船有时候也会给他们补充一些物资。此外，他们还要遭受鞭打，听长篇大论的说教，在个别情况下还会被绞死。

惧怕与法国开战的伦敦似乎已经把他们忘了。然而，随着一批又一批船队和更多罪犯的到来，这块殖民地逐渐发展起来了。

入侵者使土著感到愤怒和困惑，菲利普希望能善待他们。他告诉士兵和移民，如果杀害土著，他们也将被绞死。国王给他的命令是接触土著，他“用尽各种方法，竭力与土著进行交流，安抚他们的情感，嘱咐所有移民友好地对待他们”。[29]

如果这一地区的土著部落愿意放弃他们的良港和渔场，那么事情的发展将会非常顺利。但是他们不愿意。沃特金·坦奇船长是菲利普手下的一名官员，他写道：土著“看上去是在故意躲避我们，要么是出于惧怕，要么是出于嫉妒，要么是出于憎恨。当他们遇到没有武器的掉队士兵时，这些士兵有时会被他们杀掉，有时会被他们打伤”。坦奇认为，事实上，这些土著也是“仁慈和慷慨”的，白人激起了他们“无缘无故的愤怒”，他们的行为就是这种愤怒的体现。[30] 双方需要寻找某种交流方式，因此诱捕了贝恩朗，他是来自旺加尔部落的一名25岁左右的已婚男子。

贝恩朗离开自己部落的时间长达6个月。在这段时间里，他与菲利普建立了亲密的关系。贝恩朗称菲利普为“父亲”，并为他取了一个土著名字。之后，他返回部落，消失在了丛林中。

获得自由后，贝恩朗曾约菲利普见面，这时他的部落正在庆祝一头鲸鱼搁浅。贝恩朗使菲利普受了伤：一位“智者”用长矛刺伤了菲利普的肩膀。这种行为可能与荣誉相关。澳大利亚历史学家托马斯·基尼利认为，土著有用投掷长矛的方法来惩罚他人的习俗，菲利普被刺应该就是这种习俗的表现。在贝恩朗的头脑中，菲利普受到惩罚“是基于以下原因：殖民者抢走了他们的鱼和猎物；英国人在未经允许的情况下擅自定居于此，这种做法太过专横；偷走土著人的武器和渔网……并向土著人随意射击；带来了可恨的天花；让妇女的生殖系统神秘地感染，之后又让男子的生殖系统神秘地感染”。然而，菲利普原谅了他们，这可真是个非凡之举。当他最终从重伤中恢复过来后，他没有下令进行报复。菲利普修复了他与贝恩朗之间的友谊。在他管理澳大利亚期间，殖民者和土著之间保持着较好的关系。但这种关系并没有一直延续下去。

1792 年，菲利普返回故乡，贝恩朗和一位年轻土著与他一起离开了澳大利亚。就像在很早之前，美洲印第安人的宝嘉康蒂公主离开新大陆前往英国一样。当贝恩朗在伦敦游逛，被人带进剧院带上法庭带往各郡的城镇时，他并没有像之前的“野蛮人”那样吸引众人的注意力，这也许是因为新鲜感已经褪尽，也可能是因为新南威尔士已经被视为一个放逐英国罪犯的垃圾场，而不再是一个带有异域风情的天堂。

过去有人认为，贝恩朗返回故乡后一直过着凄惨的生活。他受到了土著的排斥，只能在悉尼酗酒度日；他也受到了殖民地居民的排斥，他们已经抛弃了“高贵的野蛮人”的观念，取而代之的是基于种族主义的蔑视。但真实的故事没那么极端，也没那么悲惨。贝恩朗继续担任英国人的顾问，他学习英语，而且达到了给身处英国的菲利普一家写信的水平。他在土著中也拥有很高的地位，并成了一个部落的首领，管理着几百名部落居民。“荣誉之战”是土著生活的重要组成部分，贝恩朗也经常参加。“荣誉之战”包括了这样一种形式：一个人向另一个人投掷长矛，后者要用盾牌坚守阵地。他再婚，并有了一个儿子。最后，他成了一位受人尊敬的老人。但随着殖民者占据越来越多的土地，他们和土著人之间的关系开始恶化，和平共存的观念或友谊的观念逐渐崩溃。

50 岁的时候，贝恩朗去世，死因可能与酗酒有关。但他得到了自己同胞的赞美。然而，替殖民者说话的《悉尼公报》在他的讣告中声称，贝恩朗并不是菲利普船长和年轻时的约瑟夫·班克斯所说的“高贵的野蛮人”，而是“一个彻头彻尾的野蛮人，他没有改变与生俱来的外貌和性格”。启蒙运动曾经赞美那些生活在狩猎—采集社会中的人们，他们没有衣服，也没有伪善。但时间不长，这种赞美自我扭曲成了殖民主义者的蔑视。

最后，殖民主义带来的是武力，而不是友谊。库克船长曾经赞美土著的正直。但这些赤身裸体的土著被逐出了自己的土地，仅仅是因为英国需要找个地方安置本国的小偷。要知道，这些小偷也被人逐出了他们世世代代生活的土地。工业化和殖民化导致了复杂的移民和驱逐。在澳大利亚，一些土著开始公开造反。潘姆鬼就是起义领袖之一，他的反抗活动一直持续到 1797 年：他身上中了 7 枪，然后被捕。后来，他成功地逃了出去，逃跑的时候脚上还戴着脚镣。1802 年，潘姆鬼被杀害。他的头被砍下来，并成了衷心热爱澳大利亚的约瑟夫·班克斯的收藏品。

澳大利亚只是比较引人注目的例子中的一个。类似的故事正在美洲、非洲和远东重演。启蒙运动的乐观主义也同样是这个过程的受害者。

革　命

爱国者们组成了一支公民军，他们聚集在一起，声称拥护自由——自由是“人类一项不可剥夺的权利”。而且，他们还使用了欧洲政治中的一个新词。他们想起了雅典人，故而自称为“民主主义者”。他们宣布，土地既不属于可恨的贵族，也不属于僧侣，而是属于人民。

他们身上挂着绶带，手里拿着滑膛枪。他们号召普通民众“武装自己，聚集在一起，负责处理与土地相关的事宜”。抗议活动首先出现在一座城市里，之后又出现在另一座城市里，最后导致了这场革命。但上面所说的这场革命不是出现在 1789 年的巴黎，而是出现在 4 年之前的尼德兰。在那里，起义者颁布了一部新的成文宪法，他们的“自由军”占领了乌特勒支，随后又占领了阿姆斯特丹。正如将要发生在法国的那场革命一样，符号是最重要的：当时的统治者来自奥兰治家族，因此橙色是被禁止使用的。甚至连橙色的胡萝卜也受到了影响：要么同时展现胡萝卜的绿叶，要么干脆就别展现这种蔬菜。然而，荷兰人数量有限。他们逮捕了普鲁士国王的一位亲戚，因此激怒了这位国王。他的军队入侵荷兰，并轻而易举地镇压了这场体现民主观念的革命，这场革命实在有些令人感到不安。

但扑灭法国革命就有些困难了。当波旁王朝最终垮台的时候，尽管债务缠身，政治也几乎陷于瘫痪，但法国仍然是欧洲最强的国家。法国是思想和时尚的中心。法语是一门国际语言，流行于外交界和上流社会中。法国的陆军规模庞大；法国的海军看上去也很了不起，尼尔逊将军还未让它蒙羞。巴黎自称文明的中心，许多对中国或日本一无所知的人都认同这种说法。因此，欧洲大陆其他地区始终可以感受到法国革命的影响——自从西罗马帝国覆灭后，法国革命是欧洲政治中最重大的事件。事实证明，法国革命甚至比西罗马帝国灭亡还要重要。当时，在欧洲这个舞台上同时发生着两场变革，一场是工业革命，另一场就是法国革命。这两场变革毫无疑问地改变了人类的历史。

这场在巴黎爆发的革命为后世留下了一笔遗产，评估这笔遗产所具有的价值已经变得越来越困难了。法国革命为世界留下了“左”和“右”的观念，将现代意义上的“人权”引入政治领域，并对世界各国的宪法产生了影响。甚至在当时，无论是那些为革命感到欣喜若狂的人，还是那些对革命感到胆战心惊的人，都将这场革命视为人类历史的转折点，以及新时代的开端。法国革命也证明抽象思想与血腥镇压之间的距离是多么短，因为这场革命吞噬了自己的子女——如饥似渴地、公然地、快速地吞噬——这是有史以来第一次。这场革命最初并未给欧洲其他地区带来贝多芬和华兹华斯所希望的自由。相反，它将欧洲大陆再一次拖入了战争、饥荒和萧条。1972 年，美国外交官亨利·基辛格向中国总理周恩来询问如何看待法国革命的影响，周恩来的回答很简单：“现在谈这个问题还为时尚早。”如今，40 年已经过去了，也许可以谈谈这个问题了。

除了革命爆发的时间之外，几乎每一件与法国革命相关的细节都存在争议。1789 年 5 月 5 日，星期天，法国国王路易十六召集了古老的“三级会议”，这件事成了大革命的导火索。三级会议主要代表了法国社会中的三个利益集团——贵族、教士，以及所谓的“第三等级”。第三等级代表了除贵族和教士之外的每一个人——从富商到农民。正如我们看到的那样，波旁家族的专制统治是不依赖于三级会议的。路易十六希望这个原始议会能帮他增税，尤其是从贵族那里。法国陷入困境，一方面是债台高筑，另一方面是征税基础过于狭窄，使旧有的统治方式变得难以为继。不仅仅是法国遭遇到了这样的危机，中国的明王朝和清王朝，以及英国的斯图亚特王朝也都出现了类似的危机。

尽管法国存在君主专制的理论，但大地主、神职人员和最有权势的商人是可以享受免税待遇的，大部分的税他们都无须缴纳。此外，他们还有其他的法律特权。一些被视为神圣不可侵犯的协议组成了一张严密的利益网。根据这些协议，只要法国国王不破产，某些人就可以用某种方式投机取巧。法国决定帮助和资助北美起义者对抗英王乔治三世，这一决定极大地削弱了法国的财政。在之前的战争中，英国夺走了法国在印度和加拿大的殖民地，这深深地伤害了法国的自尊心。帮助美国获得独立有助于抚慰法国受伤的自尊心，但这种行为也使法国出现了长期的债务问题。后来，债务问题从弊政逐渐发展成为一场致命的危机。与此同时，几个糟糕的夏天和日益严重的通货膨胀影响了穷苦农民的生活，他们的生活从来就不轻松，甚至可以说是水深火热。路易十六和他的大臣们需要找到一个激动人心的解决方案。但召集已经休会 175 年的三级会议有点过于激动人心了。路易十六应该想想英格兰的历史。当查理一世需要钱的时候，他也同样孤注一掷，做了类似的事。

不包括贵族代表和教士代表的“第三等级”——这个等级主要由律师、行政人员、商人和记者组成——坚持三个等级必须一起开会，以此压制第一等级和第二等级。6 月 17 日，第三等级宣布独自成立国民议会。路易十六没有镇压这个带有叛乱性质的新机构，可能是无力镇压，也可能是不愿镇压。他发现，首都的公共秩序开始逐渐变得混乱。7 月 13 日，革命者摧毁了巴黎附近的关税站。在法国，关税站是王权的象征。次日，也就是 7 月 14 日，他们又攻占了旧制度的另一个象征——作为堡垒和监狱的巴士底狱，尽管当时巴士底狱几乎是空的。一波暴力活动撕裂了法国王权：修道院受到冲击，富有的贵族遭到袭击，修女和教士也未能幸免于难。一些城市宣布自治。

权力已经发生了彻底的转移。负责制定新规则的制宪会议为法国重新编写了宪法。开始的时候，国王看上去好像已经适应了新秩序。革命者摧毁了法国各省的旧制度，并将这些省份改造成为现代意义上的行政区；他们将教会的土地收归国有；宣布法律面前人人平等；废除了审查制度和酷刑；剥夺贵族的特权，取缔有合法地位的农奴组织；着手创建一个恰当的代议政府体制。这一连串的变革是史无前例的。8 月 26 日，法国颁布了《人权宣言》，它向人们承诺了自由、解放和正当法律程序。这份《宣言》传遍了欧洲，年轻人和乐观主义者感到欢欣鼓舞，而各国的朝臣则忧心忡忡。被吓坏了的路易十六不得不与革命领袖共同出席一场群众集会，并祝贺革命所取得的非凡成就。这令世界感到惊异。

然而，在革命的每一个阶段，战争的压力、饥饿和恐惧都会使不同群体将革命变得更加极端。在经过 1791 年 9 月的选举后，立法议会取代了国民制宪会议。与之前的权力机构相比，立法议会的立场更加偏左。但不久之后，随着共和国的成立，立法议会也退出了历史舞台。从 1792 年到 1795 年，一群极端分子控制了法国，他们自称"雅各宾派"。普鲁士和奥地利的军队包围了法国，革命形势危如累卵；在国外，法国还在与英国作战。法国出现了一批有公众影响力的煽动家，这些人简直就是罗马共和国末期那些激进派领袖的远亲。他们恐吓巴黎的暴民和"无裤党"（意思是裤子破破烂烂的穷人），并将这些人操弄于股掌之间。

德意志的君主扬言，如果法国国王受到威胁，他们将采取血腥的报复。结果，这种表态起到了反效果，致使法国出现了更极端的暴力活动。1792 年 9 月，教士、贵族和那些被怀疑持反革命立场的人在巴黎的监狱中遭到杀害，路易十六最终也难逃被废黜的命运。在之前的 6 月，路易十六曾经想逃出法国，但功败垂成：逃到瓦雷纳时，他被人认出后遭到逮捕，那里离法国东部边界已经不远了。自此之后，他成了一名囚犯，被囚禁在位于巴黎市中心的杜伊勒里宫里，那里是法国王室的一座旧王宫。1792 年冬天，他受到审判，这是一个引起很大争议的公共事件。路易十六受到了 33 项指控。国民公会的代表进行投票表决，绝大多数人都认为他有罪，只有少部分人投了弃权票和反对票。之后，代表们又就是否应处死国王进行了投票，这次的投票结果双方却非常接近。但接近就已经足够了：1793 年 1 月 21 日，路易十六被处决。他原谅了他的敌人，他的声音被淹没在了鼓声中。他的妻子玛丽・安托瓦妮特来自奥地利的哈布斯堡家族，巴黎的暴民对她恨之入骨。同年 10 月，这位王后也被处决；他们的孩子，也就是那位理论上的路易十七世，当时才只有 10 岁。后来，他死在了没有同情心的养父母手上。

法国王室的命运震惊了外国的观察家，但这场革命血腥的发展过程则是一出更大的戏。雅各宾派是国民公会中的左翼，而温和的吉伦特派则是国民公会中的右翼。那里成了各种演说家的舞台，但真正的权力逐渐转移到了规模较小的公共安全委员会手中。开始的时候，掌管委员会的是乔治·丹东，随后接替他的是马克西米连·罗伯斯庇尔。于是，雅各宾俱乐部控制了法国。在鼎盛时期，这家俱乐部大约只有3000名成员。俱乐部的人数与俱乐部的实际影响力完全不成比例。俱乐部的一个内部派系控制着一个稍微大一点的委员会，这个委员会实际上就是个傀儡组织。

正如随后的革命所表现的那样，伟大的信仰都是由符号的力量表现出来的。法国的革命者创造了一种新宗教，他们崇拜一种至高无上的力量，并在遭到破坏的教堂里为“理性”设立了祭坛。法国旧货币制度采用二十进制、十进制和十二进制。直到20世纪70年代，英国还在使用类似的货币进制。但在大革命时期，法国废除了旧的货币进制，取而代之的是十进制。具有同样“理性”精神的改革也体现在了长度测量方面。但最激进的改革是改变历法：一个月有30天，一年有12个月，这12个月分别叫作葡月、雾月、霜月、雪月、雨月、风月、芽月、花月、牧月、获月、热月和果月，1792年是施行新历法的第一年。不但人们熟悉的充满国王、教士和地主的世界消失了，就连所有人都熟悉的货币单位、时间单位和距离单位也都消失了。就算是列宁也没有做过如此大刀阔斧的改革。

断头台的铡刀切断了过去与现在的联系，也可以确保斗争中不会出现妥协。与之后的革命者相比，雅各宾派杀害的人并不算多。据估算，大约有4.5万人在“恐怖时期”丧生，其中有些人死于公开的处决，有些人死于乱民的暴力活动；在巴黎之外的地区也出现了斗争——在路边执行死刑、草草地实施绞刑、用废弃的船溺死大批人。如果将殃及法国全境的内战和饥荒也算在内的话，死亡的人数恐怕有几十万之多；但这还不是对一个完整阶级的清算，至少在肉体上不是。当时，法国大约有25万名男性贵族。然而，在18世纪的法国，在这样一个相对较小的世界，“恐怖时期”确实是够恐怖的。数字并不是故事的全部内容；留在想象中的细节也不容忽视。按照现代的标准来看，巴黎是个小地方。新式杀人装置就公开地放置在这座城市的中心。与一团糟的绞刑或用斧子将人劈死相比，断头台确实显得更加人道。但断头台却为民众提供了一种血腥、公开的复仇方式。医生约瑟夫－伊尼亚斯·吉约坦推广了断头台，并为这种斩首装置做宣传，但断头台并不是他发明的。实际上，他反对死刑，特别是反对在公共场合用断头台执行死刑。（许多人臆测，他自己就是死于这种杀人装置。但这不是事实。在大革命结束后，吉约坦还活了很多年。1814年，他自然死亡。）

在法国大革命之前，苏格兰、英格兰和德意志地区早就已经开始使用其他形式的断头台了。吉约坦希望这种装置能够成为一种体现平等精神的现代杀人方法，用来处决重犯和那些势不两立的敌人。在恐怖时期，专制的偏执狂可以通过最少的正当法律程序处决那些潜在的敌人，他们还可以对曾经的富人和权贵进行相应的清算，断头台可以算是这种行为的象征。当时，法国会出售一些小册子，册子上列出了执行死刑的计划。当行刑的时候，暴民们将聚在一起，发出胜利的欢呼声和嘲笑声。到最后，死刑已经成为家常便饭，这些发出嘲笑声的人也会感到厌烦，于是围观的人群变得越来越稀疏。（如果囚车送你走完了人生的最后旅程，到了刑场后，你却发现没人对你的死感兴趣，那么这一定是件非常令人难堪的事。）

在恐怖时期的所有故事中，有一件事是最具讽刺性的：1793年，夏洛特·科黛刺杀了让－保尔·马拉，他死在了自家的浴缸中。马拉是一个才华横溢的人。他出身相对卑微，希望能成为一名严肃的科学家。马拉曾经在伦敦的索霍区（在那里，他对浓咖啡上了瘾）、纽卡斯尔和瑞士工作过。之后，他回到巴黎，成了一位医术精湛的医生。他为宫廷和贵族服务，这样做一来可以收取高额的诊疗费，二来可以使自己获得半贵族的地位。马拉也会写一些涉及政治的小册子，例如，他在一本小册子中精辟地分析了英国宪法中的疏失。尽管如此，他还是非常欣赏这部宪法。马拉希望建立一个更加人性、更加公平的司法制度。他激烈抨击出现在革命早期的暴行。他认为，从本质上看，路易十六是位好国王，辅佐他的也都是些好大臣。

但在阐述偏执思想方面，马拉一直就不是很成功，他是一个脸皮薄的人。他在电学、热学和光学方面的研究受到了外界的普遍关注。马拉受到了歌德和本杰明·富兰克林的赞美，但他未能进入（皇家）法兰西学院——

这使他感到非常愤怒。他是一个喜欢与人辩论，又没有多少朋友的人。法国大革命爆发后，马拉将全部时间都用于新闻工作和政治活动。他发现，自己的真正才能在撰写一些批判性和煽动性的散文时得到了充分的发挥。马拉抨击像拉法耶特这样的温和派，他将自己办的报纸命名为《人民之友》，并愈发认为自己是真正的“人民之友”——他是一个不属于任何政党的未腐化堕落的人，不修边幅，鼓励穷人去争取他们的经济权利，鼓励他们表达自己的政治见解。通过选举，他进入了国民议会。他成了极端分子的代言人，有时他甚至因自己的煽动性言论而面临审判。但这是一场摆样子的审判，因为判决已经在审判前决定了。在这场审判中，主要的演员就是身为被告的马拉，最后成功地获判无罪。尽管如此，他曾一度被迫流亡伦敦，尽管这段流亡的时间非常短。回国后，他经常东躲西藏，有时候还要求助于巴黎的下水道。

马拉一直有些神经质，而且对暴力的厌恶也从来没有改变过。他说，他甚至不愿看到一只昆虫受伤。但当他拿起笔，捍卫受困于农村地区的保皇党叛乱和外国军事威胁的革命时，极端主义的恶魔占据了他的心灵。早在 1790 年 12 月，也就是恐怖时期到来之前，马拉就已经开始为革命说话了。他在《人民之友》报上写道：必须打击敌人，这里所说的敌人不是战场上的敌人，而是首都里的敌人。必须大规模执行死刑：“6 个月前，只要砍下 500 颗或 600 颗脑袋就能将你从地狱中拉回来。但今天，因为你愚蠢地让你的死敌们有机会在一起密谋策划阴谋……所以我们不得不砍下 5000 颗或 6000 颗脑袋；然而，就算是要砍下 2 万颗脑袋也在所不惜，我们已经没有时间犹豫了。”

随后，马拉又将这个数字扩大了 10 倍，甚至一度达到了 50 万。他用许多刻薄言论攻击较为温和的吉伦特派。不久，吉伦特派便败在了雅各宾派手里。他的愤怒究竟是从何而来呢？马拉患有皮肤病，这种皮肤病不但使他备受煎熬，而且使他变得丑陋；他来自一个受过宗教迫害和政治迫害的家庭，这些可能都是他愤怒的原因。此外，他的愤怒中也一定包含个人复仇的因素。他似乎非常惧怕保皇党重新夺权。他一再告诫革命者：一旦保皇党重新夺权，就会掐断他们的脖子，在他们面前凌辱他们的妻子，挖出他们孩子的内脏。

马拉遇刺身亡。人们都知道，刺客名叫夏洛特·科黛，她是一名来自诺曼底的妇女，是吉伦特派的支持者。但事实上，她的人生经历要更加丰富。科黛与马拉有相似之处。她的早年生活也非常艰苦，她的母亲韶华早逝，她被送进了一家修道院；她也深受启蒙思想的影响，特别是卢梭和伏尔泰的影响。（直到最近一二十年，历史学家才开始关注法国大革命中女性思想家和女性煽动者的故事。）她也对法国陷入内战后国家的前途表示担忧。前一年 9 月，发生在监狱中的屠杀也使她感到不寒而栗。

1793 年 7 月，科黛来到巴黎，她买了一把厨刀，并一路打听着来到了马拉的住所。此时，马拉正在逐渐失去政治权力，但他仍然在继续工作。为了缓解皮肤病，他工作的时候通常是坐在一个内有铜衬的浴缸里。在浴室中，科黛向他讲述了吉伦特派流亡者的情况。马拉表示，这些人很快就会丢掉他们的脑袋。马拉的妻子刚一离开，科黛就一刀刺向马拉的胸膛，并刺破了他的颈动脉。在发出求救声的时候，他已经奄奄一息了。科黛当然避免不了上断头台的命运。但在被处决之前，她解释了刺杀马拉的原因。她指责马拉掀起了一波杀戮的浪潮。她说，她为了拯救 10 万人而杀了一个人；如果罗伯斯庇尔认为处决路易十六是正当的，那么她刺杀马拉也无可非议。

马拉继续活在人们的心中，他已经成了革命的象征。教堂和学校中放置了马拉的半身像。最伟大的法国革命艺术家雅克－路易·大卫创作了一幅绘画作品来纪念马拉之死。在这幅画中，马拉身体向一侧倾斜，他的皮肤几乎毫无瑕疵，一只手上还抓着一封信。在这幅作品中，马拉的形体特征与描绘把耶稣的圣体从十字架上放下的艺术作品中耶稣的形体特征有相似之处，只是旁边没有天使或悲伤的玛利亚。的确，在爱普通人的纯洁心灵方面，马拉被暗喻成了基督。在悼词中，马拉的朋友马基·德·萨德也做了这样的比喻。在列宁和托洛茨基死后，同样有人做过类似的事。愤怒和冷酷转变成了爱和怜悯，人们开始建立起对马拉的崇拜。与此同时，革命退化成了控诉与反控诉的角力，一个组织对另一个组织的猛攻，以及流淌着血的街道。甚至罗伯斯庇尔也被送上了断头台，当时他发出了痛苦和恐惧的叫声。在被处决前，他曾向自己的面部开枪，结果受了重伤。

在马拉死后的一年之内，社会的狂暴——如革命的杀戮和理想化的极端主义——开始渐渐平息。下一个阶段的统治者将他们更多的时间和精力用来处理对外战争，他们就是发动所谓“热月政变”的热月党人。要想镇压保皇党的叛乱，他们就不得不求助于军队。因此，从1799年到1802年，年轻的科西嘉将军拿破仑·波拿巴控制了权力，他首先成为执政官，之后于1804年称帝。拿破仑巩固了革命带来的几项关键改革，至少是在原则上巩固了这些改革。与此同时，他成了一名军事独裁者。在他的独裁统治下，鲜血淹没了半个欧洲，硝烟窒息了另外半个欧洲。马拉对暴君的痛恨却催生了一个新暴君。

多数派的革命让位给了个人崇拜、秘密警察和战争。然而，从荷兰到德意志，从英格兰到意大利，法国革命早期阶段的最初原则——自由、平等、博爱，或更加实际的方面，如法律公正、剥夺君主和贵族的特权——对欧洲各地的改革运动产生了巨大影响。

开始的时候，拿破仑的军队几乎是无敌的，这支军队走到哪里，革命所主张的自由就会在哪里出现。在国内，拿破仑的最大成就是颁布了一部法典，即拿破仑法典。这部法典将旧法律简单化和合理化，建立了一个单一且条理清楚的系统；它不但重塑了法国，而且还影响了欧洲大陆的其他国家。在拿破仑帝国如日中天的时候，帝国的触角已经伸到了华沙大公国、意大利的南端和巴尔干地区。帝国剥夺了旧贵族的权利，终止了宗教歧视（如压迫犹太人），并传播了新的法律制度和公制系统。最初的时候，路德维希·凡·贝多芬将他的第三交响曲命名为《波拿巴交响曲》。

然而，据说当贝多芬听说拿破仑称帝的时候，他愤怒地撕下标题页，将这个交响曲更名为《英雄》，并在上面题献“为纪念一位伟人而作”，在这里强调的是纪念。在意大利、西班牙、德意志和尼德兰，拿破仑的军队推翻了旧的统治者，并拥立了新的统治者。这些新统治者大多来自拿破仑自己的家族或他最亲密的支持者。风雨飘摇的哈布斯堡家族和霍亨索伦家族用惊恐的眼光看着局势的发展。在他们看来，与其说拿破仑要建立一种新的政治秩序，还不如说他想建立一个家族帝国；换句话说，拿破仑的所作所为更贴近太阳王的设想，即将欧洲置于法国王室的统治之下，而不是罗伯斯庇尔或丹东所主张的共和政治。但拿破仑最终还是失败了。一方面，他成了过度扩张的牺牲品。最典型的例子就是他试图征服俄国，最后他的军队不得不在雪地里撤出俄国。另一方面，西班牙的游击队拖住了拿破仑。围剿游击队的战争不但旷日持久，而且收效甚微，这些游击队得到了英国威灵顿公爵的支持。

在 1805 年的特拉法尔加海战中，海军上将纳尔逊指挥的英国舰队采用了一个颇具风险的策略，击败了法国舰队和西班牙舰队，但这位著名的海军上将也在战斗中阵亡。海战之后，拿破仑入侵英国本土的希望基本破灭。这场海战导致了海上强国和陆上强国的长期平衡。在此期间，英国封锁了欧洲大陆的主要港口，但却不能有效地打击这位“科西嘉暴君”。同年年底，拿破仑获得了他人生中最伟大的胜利。在奥斯特利茨战役中，他击败了奥地利和俄罗斯的联军。

在兵败俄国之前，拿破仑的军事天才使欧洲各国的军队既感到敬畏又不知所措。直到 1813 年的莱比锡战役——又称“各民族大会战”——反法联盟才集中了规模足够庞大的军队，最终击败了拿破仑。俄国、普鲁士、奥地利和瑞典组成了联军，他们在数量上远远超过法军以及来自意大利和波兰的盟军。截至当时为止，这是欧洲历史上规模最大的陆上战争，双方总共投入了大约 60 万军队。拿破仑的失败导致联军占领巴黎，也导致他手下的高级将领发动了一场兵变。拿破仑宣布退位，随后被流放到了厄尔巴岛。

不久之后，拿破仑从厄尔巴岛返回法国，并立即着手重整军队。这是 19 世纪中最重要的冒险活动之一。但这也仅仅是场冒险。“百日王朝”是拿破仑的最后统治。这个王朝始于肥胖的路易十八逃出巴黎，终于著名的滑铁卢战役。在滑铁卢，在最后一分钟赶到战场的普鲁士军队的帮助下，威灵顿公爵指挥的联军击败了法军。最后，拿破仑被流放到位于南大西洋的圣赫勒拿岛。1821 年，拿破仑在这个远离欧洲的小岛上去世。

拿破仑迫使其他欧洲强国动员本国军队以及大规模作战所达到的程度，直到第一次世界大战之前没有再度出现。他对主宰欧洲一千年的君主制构成了短暂的威胁。但征服战争和共和政治是相互抵触的，他留下的政治遗产少到令人惊讶的地步。

革命造成了混乱，这种混乱使拿破仑成了领袖，但这并不是革命的本质。欧洲暂时回到了旧秩序中，回到了奥匈帝国控制的保守联盟中。波旁家族统治的法国发出了最后的微光，俄国沙皇充当着“欧洲警察”，欧洲笼罩在他的阴影下。但法国绝不会再回到从前。法国国内仍然存在着根本对立，一方认同的是旧式的保皇主义和天主教，另一方认同的是新式的共和主义和革命。这种分歧导致两场进一步的革命，在“德雷福斯事件”中撕裂了法国社会，并在 20 世纪 30 年代继续冲击这个国家。维希政府与纳粹德国的勾结就是这种分歧达到高潮的表现。在欧洲其他国家，“人权”、共和政府和公正的现代法律仍然留在人们的头脑中，这些思想鼓舞了 19 世纪的激进分子。波及整个欧洲的 1848 年革命表明，那些在两代人之前产生于巴黎的新思想是不会被遗忘的。

真正的难题是，在爆发全面革命的时候，是否能够避免滑向大规模的杀戮和最终走向军事独裁。将英国的平等派与法国的雅各宾派和俄国的布尔什维克进行对比是否有意义呢？将克伦威尔、拿破仑和斯大林进行对比又是否恰当呢？这些国家的情况迥然不同，国家变革的主要参与者也会用不同的术语来形容自己。但有一件事是毫无疑问的。一旦旧政权——使人无法容忍、对变革装聋作哑、僵化，并令人蔑视——垮台，几乎不会有一个更加理性、更加人道、更加有远见的新政权彬彬有礼地等在旁边。

权力会使人变得疯狂。敌人已经将我们围住。叛徒到处都是。我们需要非常时期的权力。现在的严苛将会带来日后的平静。已经没有时间过细地做事了。政权的垮台仍在继续，这引发了太多的痛苦，于是精疲力竭的人们接受了暴力和独裁者的第一个承诺——恢复法律和秩序。每个人都声称自己是在替人民说话，但毫无疑问，占成年人绝大多数的人民通常是无声的。正如我们看到的那样，君主国和帝国都存在即位的问题。这些问题包括：宫廷政变、呆傻的后代、兄弟之间的战争，以及一个家族推翻另一个家族。尽管问题从一种政体转移到了另一种完全不同的政体，但争夺权力的过程却变得更加血腥了。

黑皮肤的雅各宾派

今天，海地是世界上最贫穷、最令人绝望、最萧条、最腐败、环境破坏最严重的地方之一。但在350年前，海地是世界上最富有的地区之一。当时的海地名叫圣多明克，位于伊斯帕尼奥拉岛西部的肥沃土地上，伊斯帕尼奥拉岛是加勒比海上最大的岛屿之一。海地是一个多山的地区，山上长满了硬木林，丘陵上种植着咖啡、可可、杧果和橙子，平原上有熠熠生辉的香蕉种植园、烟草种植园和糖料种植园。海地是法属殖民地，法国用这块殖民地的财富在波尔多、南特和马赛修建了许多华美的广场和大厦。海地被认为是世界上最重要的单一岛屿殖民地。到法国大革命时期，每年有超过1500艘船到访海地的港口：为了与圣多明克进行贸易，法国雇用了750艘大型船舶和2.4万名水手。

然而，这个繁华、成功的地区却向人们证明了这样一件事：人类公共生活中的一切事物都可以变坏，而且是坏到无以复加的地步。那么，为什么海地会走向衰落呢？答案是奴隶制，奴隶制与法国崇高的民主理想发生了冲突，于是就造成了这种结果。在黑人奴隶反抗白人压迫者的众多起义中，第一场也是唯一一场获得胜利的起义就发生在圣多明克。当白人为主的北方国家不再依赖糖料种植园和奴隶船的时候，海地起义很快就被人遗忘了。虽然起义的最终结果使海地人民感到绝望，但这次起义的领导者却是18世纪最令人鼓舞的几位领袖之一。

这位领导者名叫杜桑·卢维杜尔。他的父亲是一名非洲酋长，在战争中被俘，然后被当作奴隶卖给了一个法国种植园主。这位颠沛流离的酋长和他信仰天主教的妻子一共生了8个孩子，杜桑便是其中之一。与大多数奴隶相比，杜桑受到了特殊的照顾，他学习过一点法语和拉丁语，长大后，他成了一名工头，负责照料种植园主庄园里的牲畜。尽管他从未受到过虐待，也没有像大多数种植园奴隶那样受到定期的鞭打，但在33岁获得自由之前，他仍然是个奴隶。到法国大革命爆发的时候，他已经40多岁了，长着一头灰白色的头发，因此人们都称呼他为“老杜桑”。他的姓氏“卢维杜尔”是个绰号，意思可能是指他在日后担任军事指挥官时能够在敌阵中找到“空隙”，也可能是指他牙齿间的缝隙。[31]他个子不高，是一位技艺精湛的骑手，也是一位具有超凡魅力的人。

杜桑的世界是大西洋奴隶贸易的一部分。大西洋奴隶贸易大约持续了四个世纪，直到19世纪末才被废除。在这段时间里，欧洲的奴隶贩子大约抓捕了1240万非洲人，然后将他们装进贩奴船，运送到加勒比地区、南美洲和北美洲；差不多有200万名黑奴在跨越大西洋的航行中丧生，他们有些人甚至死在了前往种植园的路上。[32]除了这些，当阿散蒂、达荷美、刚果和其他地区的国王意识到了如何利用战俘赚钱之后，他们之间的相互征伐也造成了大量死亡。他们杀掉年老和年少的战俘，然后将健康的成年战俘带到海边，于是这些人踏上了不归路。如果将上述战争中的死亡人数、奴隶被圈禁在海岸时的死亡数量，以及到达种植园一两年内奴隶的死亡数量也算在内的话，那么黑人总共的死亡数量可能会达到1600万，这比被送到美洲的奴隶数量还要多。[33]

阿拉伯穆斯林是最早使用非洲奴隶的人，他们有组织有计划地抓捕非洲人，让这些奴隶在劳动密集型的露天糖料种植园里工作。同时，他们在美索不达米亚也面临着奴隶起义。但大西洋航行、对肥沃新土地的征服，以及欧洲人对廉价食糖、烟草和棉花的贪得无厌却将这件事推向了逻辑的极端。15世纪晚期，葡萄牙人占领了佛得角群岛和马德拉群岛。之后，他们开始从事跨大西洋的奴隶贸易。巴西是葡萄牙的殖民地。因此，葡萄牙奴隶贩子的贩运量占整个奴隶贸易的40%。但不久之后，欧洲其他航海民族——从西班牙人和法国人到荷兰人和丹麦人——也纷纷加入了这项贸易。然而，主导18世纪贩奴贸易的是英国人。

在世界历史中，没有哪段故事比“中段航程”更加黑暗或更加著名。中段航程是三角贸易的一个组成部分，在这段航程中，拥挤不堪的贩奴船将人类的“肌肉”从非洲运到美洲。随后，这些贩奴船将他们生产出的糖和其他原材料带回欧洲，再将欧洲人生产的商品运到殖民地。事实上，在工业革命全面铺开之前，取得领先的欧洲经济是将外国劳动力当作机器来用，并以此促进本国的繁荣。后来，愤怒的基督教改革者发起了反奴隶制运动。今天，与这场运动相关的故事非常受欢迎。然而，尽管主张废奴的男男女女非常勇敢，但他们无法抹去两个世纪的奴隶贸易。

一切都很简单，一切都并不遥远。加了糖的茶水在口中留下了甜蜜的味道，朗姆酒为双唇留下了令人满意的滋味，一件新的棉布衬衫非常柔软，吸上一口上好的烟草使人感到惬意。这些都能使人体感受到强烈快乐，因此几代欧洲人都不会去关注给他们带来这种快乐的奴隶制经济。即便到了今天，有了电视和其他现代通讯媒体，我们在享受设计精巧的电脑桌和漂亮的一次性衣物时，也不会仔细琢磨为什么能够以如此便宜的价格买到它们。自从 17 世纪以后，从格拉斯哥到里斯本，许多欧洲城市创造了巨额财富；布里斯托尔和南特修建了很好的梯田；有权势的政客为伦敦、巴黎和阿姆斯特丹的建设提供资金，这些发展都是拜奴隶贸易所赐。奴隶贸易非常残酷，这种残酷体现在了许多方面：从奴隶贩子在奴隶身上打烙印和在种植园中鞭打奴隶，到把奴隶喂鲨鱼，再到逼迫他们吃人肉作为惩罚。这种残忍实在是太令人厌恶了，因此在启蒙运动时期，欧洲的流行时尚和知识分子的妄自尊大受到了人们的嘲笑。奴隶船上装满了戴着镣铐的男男女女。奴隶船散发着恶臭，以至于岸上的人一闻到这种臭味，就知道有船快要靠岸了。死去奴隶的尸体经常会被扔进大海，因此鲨鱼会一直尾随着奴隶船，跟着船队跨过大西洋。

在英法进行奴隶贸易的全盛时期，圣多明克是最渴望得到奴隶的地方。原因有两点：第一，那里的炎热气候有利于传染病的蔓延，传染病会造成奴隶死亡；第二，奴隶要砍甘蔗，并用甘蔗熬糖，这些艰苦的工作会使他们迅速丧生，因此奴隶主经常需要购买更多的奴隶。进入法国大革命那个世纪，大约共有 85 万名奴隶被贩运到了圣多明克。你或许会认为，那里的黑人数量会变得越来越多，但事实并非如此。截至革命爆发的时候，这块殖民地上只有 43.5 万名黑人。对于法国人来说，这没什么特别的。因为在英国控制的牙买加，情况同样如此。奴隶的大量死亡有助于我们理解当他们发动起义时圣多明克发生的事。

1685 年，路易十四颁布了《奴隶法案》。在这部法案的管理下，圣多明克不但人口构成复杂，而且居住在那里的人具有反抗意识。那里有富裕的白人种植园主，他们通常是法国贵族的二儿子或有不光彩经历的儿子。那里有一个庞大的穷困白人阶层，他们充当店主、工匠、种植园里的监工，有些则是农民。那里还有一个规模更大的混血阶层，他们有一半的白人血统和一半的黑人血统，这是 100 多年来白人男性迎娶黑人妇女的结果。这些“黑白混血儿”也分三六九等，这取决于他们的父母有多黑或多白。有些黑白混血儿逐渐富裕起来，尽管他们没有政治权利，但仍然受到了穷困白人的记恨。最后，占当地人口绝大多数的是黑人，其中大部分是奴隶。逃跑的黑人组成了若干团体，这些团体在圣多明克的山区建立了避难所。在那里，他们信奉伏都教，偶尔也会密谋袭击种植园。

法国大革命的消息传到了圣多明克，就像投入了炸药中的爆竹一样。不出所料的是，富裕白人、殖民地的地方官员和军官基本都是保皇党。但在其他的白人和黑白混血儿中，很多都是热情的共和党人。西班牙的殖民地圣多明各位于伊斯帕尼奥拉岛的东部，英国的殖民地牙买加与伊斯帕尼奥拉岛隔海相望。正当圣多明克陷入混乱的时候，西班牙人、英国人及其引以为豪的海军都在蠢蠢欲动，希望借此乱局捞点好处。

因此，海地革命一定是段复杂的故事。有时候，揭竿而起的奴隶会与西班牙人联合，共同对付法国的革命分子；法国人双面作战；黑白混血可能站在保皇党一边，或者甚至站在入侵的英国人一边。每个人都在为自己的地位而奋斗。与此同时，来自巴黎的消息总是不断变化。在巴黎的中产阶级民主主义者中，许多人都从食糖贸易中赚了不少钱。因此，在革命的早期，他们坚决主张保留奴隶制。反对奴隶制的人（其中包括英国人）希望这场革命能够成为一个转折点，但这次他们失望了。法国召开会议对圣多明克的局势展开了讨论，为了避免使用“奴隶”这个词，人们含糊地使用一些令人尴尬的代称。

之后，随着革命目标更趋向于民主，黑人权利也被提了出来。让 - 巴普蒂斯特 · 贝莱以前是一名奴隶。1794 年 1 月，他在法国的议会中发表演讲，主张废除奴隶制，当时他赢得了热烈的欢呼声。20 世纪的马克思主义史学家 C.L.R. 詹姆斯是研究海地革命的先驱，他表示："一名黑人、一个曾经的奴隶应该发表这样一篇演讲，这是很合适的。在演讲中，他提出了一项非常重要的法案。这是人类所有立法机构曾经通过的法案中最重要的一个。"[34] 但随着反雅各宾势力发动反击，巴黎又突然出现了反对奴隶主张和支持旧秩序的情绪，这一切来得实在是太快了。

试图设法完全解放圣多明克全部黑人的是杜桑·卢维杜尔。开始的时候，法国革命导致保皇派法国人和共和派法国人之间的冲突，也导致穷困白人和黑白混血之间的冲突，他们同样想得到自己的权利。其他的法属岛屿也爆发了奴隶起义，如马提尼克岛和瓜德罗普岛。

杜桑是一名天主教徒，也会用草药为人们治病。刚开始领导奴隶起义的时候，他是一位谨慎、稳健的领袖。他一般会寻求折中方案，并试图赦免敌对势力的领导人——他这种做法无异于背叛，因为这可能会使起义者重新沦为奴隶。有一段时间，他曾与西班牙的保皇党并肩作战，共同反对革命。他极不信任穷困白人中的激进分子。但随后，杜桑成了一名经验更丰富、更成功的军事领袖——他仔细研究了尤利乌斯·恺撒的《高卢战记》，几乎具有可以与拿破仑相提并论的军事天赋。此时，他接受了雅各宾派领袖绝对化的"人权"观念。他将一群愤怒的奴隶、一群衣衫褴褛的乌合之众训练成了一支纪律严明、足智多谋、意志坚决的军队，他带领这支军队取得了一个又一个胜利。

这支军队的最大成就是击败了英国人。英国人假装站在黑人和混血一边，假装拥护自由，但他们的真实目的是趁法国虚弱之际占领这块殖民地。英国的大臣们都知道，在 1760 年，他们自己控制的牙买加岛也爆发了奴隶起义。杜桑并没有认真考虑英国人的建议，他对法国大革命中所提出的理念倒是越来越热心，只要法国派来的官员不继续压迫他们。他击败了英国军队。在英军战史上，这是最令人尴尬的失败之一。爱国的历史学家悄悄地忽略了这场败仗。但在这次战斗中，英军伤亡惨重。这次战斗的伤亡数字足以与反抗拿破仑的半岛战争的伤亡数字相提并论。

杜桑是一位令人难以捉摸的领袖。他似乎是真心实意地尊崇法国。

但在行动上，他又选择让这块殖民地获得独立，并由他自己来管理，这样可以使圣多明克发展得更好，也可以确保奴隶制不会死灰复燃。当法国革命出现波折，更加保守的政治人物在巴黎掌权的时候，杜桑警告这些人，如果他们想对圣多明克下手，那么他们无疑是在缘木求鱼："我们已经知道该如何面对危险以获取自由，我们也将知道该如何英勇牺牲才能捍卫自由。"[35]到这个时候，在杀戮和猜忌中，这场奴隶起义已经彻底改变了这个岛上的种族观念。里戈是一个黑白混血，是杜桑的竞争对手。他拒绝服从杜桑的命令，因为这位领袖是个纯种的黑人。当他因抗命而受到指控的时候，杜桑愤怒地质问："皮肤颜色的深浅有什么哲学意涵吗？与一个人的品行有关吗？"他继续说："我是'人权'的狂热信徒，因此我绝不相信一种肤色的人会优于另一种肤色的人。我认为，一个人就是一个人。"

在驱逐英国人，控制圣多明克之后的若干年里，杜桑成了这块殖民地的独裁者。他对圣多明克的管理相当出色：他重新修整了被战争蹂躏的土地；促使工人们回到种植园，以免国家遭遇饥荒；开始建立学校和地方行政系统；设立法庭；修建了一家精致的客栈；引入几项简单的税；打击走私犯。在解放了的奴隶和自由白人的陪伴下，他多次举办可以接受民众请愿的晚会，也经常骑马在岛上四处巡游，这样可以检查他施政的每一个细节。他采用了一部已经制定好的宪法，并创建了一个愿意尊他为统治者的议会。当时，圣多明克有机会成为一个由黑人管理的真正的多民族共和国，这无异于跳动在加勒比海上的一点火花。

然而，对于另一位自封的统治者——拿破仑·波拿巴——来说，这点火花实在是太刺眼了。他轻视黑人，同时完全理解永久丧失圣多明克将会对法国造成多么可怕的冲击。在过去，法国三分之二的海外财富都来自圣多明克。拿破仑与杜桑玩起了猫捉老鼠的游戏。后来，法国与英国和其他反法国家之间曾一度罢兵休战。在这个短暂的和平期里，拿破仑派2万军队去镇压这场黑人起义。要知道，这是法国向海外派出的规模最庞大的军队。

此时，杜桑与他身边其他有才华的助手和立场更加激进的黑人支持者产生了矛盾。他们认为，杜桑对白人太仁慈，而对黑人太苛刻。在是否应该与法国完全断交这个问题上，杜桑一直犹豫不决。另一个使他踌躇的问题是，这个新生的自由岛国应该变得多激进？但当拿破仑的将军们在圣多明克登陆的时候，他们发现杜桑和英国人一样难对付。岛上又开始了一场残酷的战争。高唱革命歌曲的黑人军团将法军打得步步后退，胜利似乎就在眼前了。如果部分高级将领没有叛变，那么杜桑或许可以坚持到雨季，到那时疾病将会消灭这些侵略者。但结果却是，谋求停战的杜桑遭到出卖。法军捉住了他，并把他押送回法国。在法国，拿破仑将他囚禁在一个冰冷的监狱中，直到他去世。

然而，这并不是故事的结局。那些获得自由的奴隶并未因杜桑的被捕而变得意志消沉。法军将领有了一个残酷的念头，他们想彻底根除黑白混血；想杀害大量的黑人，用这种方法迫使他们重新成为奴隶。法军溺死和烧死了很多人，并让经过特殊训练的军犬攻击当地人。但他们的这种做法却起到了反效果，一场新的游击战就此拉开序幕。这很像是一场完全的种族战争，这种战争在历史中尚属首次。现在，领导黑人军队的是让 – 雅克・德萨利纳，他以前是个奴隶，身上有许多被鞭子抽出的伤痕。德萨利纳曾是杜桑手下的一名杰出将领，但并不像杜桑那么温和或谦逊。交战双方都犯下了暴行。法国人的身边到处都是起义，他们的意志力逐渐减退。拿破仑华丽远征军的残兵败将逃离了这个岛屿，结果被等在一边的英国海军逮了个正着。

德萨利纳效仿拿破仑，于 1804 年加冕称帝。他头戴美洲人做的王冠，坐在英国制造的典礼马车上，率领军队进入城镇。此时，圣多明克已经更名为“海地”。次年，德萨利纳下令对留在岛上的白人进行屠杀，这场屠杀使海地陷入国际孤立状态。德萨利纳屠杀白人或许是受到了法国人的怂恿，法国人是海地的宿敌，他们想一劳永逸地消灭这块殖民地。两年后，英国议会终于宣布跨大西洋奴隶贸易非法。此后，英国皇家海军抓获了大量贩奴船，并释放了大约 15 万名奴隶。于是，种植园开始衰落。种植园衰落、国际孤立，再加上连年战争的破坏，这些因素交织在一起，将海地推向了深渊。

殖民者种植的甘蔗、咖啡、烟草和其他经济作物使海地的财富成倍增加，也使海地被吸纳进了国际贸易体系的中心。但这一切都基于有组织的暴行。在此之前，人们一直在寻找创造财富的其他方法。但截至 18 世纪晚期，至少英国本土出现了令人瞩目的繁荣。这种繁荣的基础是以蒸汽作为动力的工业，英国不再需要那些使人感到厌恶的生意。如果不是圣多明克的奴隶把法国大革命的承诺当了真，并且向世界证明黑人和他们的主人一样英勇善战（甚至更加善战），那么废奴主义者恐怕就不会那么快取得胜利。但最令人感到悲伤的是，如果杜桑能够活下来，并建设他那个小小的共和国，那么他或许能为海地留下一笔更丰厚的遗产，今天的海地或许也不会成为一个独裁、贫穷的国家。

牛 痘

18 世纪 20 年代，波士顿住着一位受到迫害的教士，他叫科顿 · 马瑟。他尽自己最大努力去研究导致儿童大量死亡的天灾。最后，他和他的妻子还是败给了那个时代的大灾难——天花。他说：“死掉一个儿童，并不比打破一个水罐或一朵花的凋谢更令人惊讶。”但马瑟发现了一件奇怪的事情：他有一个叫奥内西姆斯的奴隶，没有得过天花，这名出生在遥远的利比亚的奴隶的胳膊上有几道伤痕，这几道伤痕是他还是个孩子的时候，在非洲老家留下的。与其他非洲奴隶一样，他按照非洲部落的习俗接种过某种东西。马瑟对此既感到好奇，又感到怀疑。但这种好奇心尚不足以使他宽恕奥内西姆斯的一点小过错，他卖掉了这名奴隶。尽管如此，这件事还是给他留下了印象。[36]

与此同时，在大西洋另一侧，一位聪明且拥有良好社会关系的夫人也在做着同样的努力。她就是玛丽 · 沃特利 · 蒙塔古。1715 年，她得了天花，而且病情相当严重。这场病不但毁了她的美貌，并且差一点就要了她的命。玛丽的丈夫是位外交官。当他被派往土耳其工作的时候，她也跟着丈夫来到了奥斯曼帝国。在那里，她了解到了土耳其人接种疫苗的习惯——接种疫苗又被称为“种痘”。种痘的过程大致是这样的：先在皮肤上划一个小口，然后将一点致病物质植入这个小口，之后接种疫苗的人会出现轻微的病症。土耳其人用这种方法来保护妇女们的美貌，以确保能够进入后宫，而玛丽夫人则用这种方法来保护她年仅 6 岁的儿子。几年后，她返回英格兰。她也为她的女儿接种了疫苗，之后还劝说她的好友卡罗琳公主为王室的儿童“种痘”。

像在美国一样，这件事也在英格兰引起了巨大的争议。天花是一种可怕且致命的疾病。古代的中国、印度和非洲就已经出现了天花。之后，这种疾病于古典时期传入希腊和罗马。12 世纪的时候，十字军战士感染了天花，他们将这种传染病带到欧洲，结果造成了天花在欧洲的肆虐。感染了天花的人往往会首先发疹，之后在脸上和身体上长出可怕的脓包，再往后就会出现令人感到恐惧的痉挛和失明，到此时这个人基本上就已经没救了。幸存者通常会留下疤痕，有时还会落下残疾和失明。儿童是天花的易感人群。这种疾病最容易在欧洲拥挤的村庄和城镇中传播。据估算，到 18 世纪，英格兰每 10 个亡者中就有 1 个死于天花。从 1783 年到 1802 年，格拉斯哥三分之一的儿童因这种传染病丧生。俄罗斯的情况同样糟糕。在肆虐欧洲一个世纪后，天花在俄罗斯杀死了大约 6000 万人。[37]

当我们观看描绘简·奥斯汀时代英格兰、启蒙运动时期爱丁堡的村庄或革命时代美国城镇的电影时，电影制片人通常会忽略一个显而易见的事实——人们的身上长着脓包或留着疤痕，天花使他们的眼睛都无法睁开，这些人的样子可怜到无法形容的地步。一项研究表明，“在超过 2000 年的历史中——包括有文字记载的历史和口述历史——天花使大量的人死亡、失明和伤残。根据具体的伤亡数字我们不难发现，天花或许是给人类带来最大痛苦的恶性传染病”。[38]

然而，人们自古以来就知道，让某人接触弱化的天花病毒后，这个人会出现轻微的病症。症状消失后，他就不会再得天花了。古代的中国医生会收集天花病人身上的痂，之后将这些痂风干、碾碎，再用一种特殊的骨制管子将碎末吹进病人的鼻子里。他们还会将天花病人身上的浓汁刻意地涂抹在儿童的衣服上。在印度和非洲部分地区，人们会用棘刺将病毒带入静脉、直接吞下病毒，或是将病毒涂在裸露的伤口上。牧师马瑟的奴隶和玛丽夫人在伊斯坦布尔木屋里遇见的人使用的都是这种方法。这不是什么秘密。

但这并不是能真正解决问题的方法。欧洲的医生不使用传统的免疫法，他们这样做自有他们的道理。那些接触到微弱病毒的人可能会真的染上天花，结果因此丧命或致残。传统免疫方法会导致 3%~5% 的死亡率，这使“种痘”成了一种危险活动。那些侥幸存活下来的人也会落下疤痕或失明。在伦敦，玛丽夫人的好友之一，尊贵的萨瑟兰伯爵曾为他的儿子接种疫苗，结果导致儿子死亡。事实上，在人口密度大的地方推广“种痘”会加速天花的传播。最后，欧洲药剂师使用的不洁净的刀子经常会传播其他的传染病。英国的医生——之后特别起劲的是漫画家——对玛丽夫人冷嘲热讽，甚至认为接种疫苗是外国阴谋的一部分，目的是杀光英国的婴儿。

然而，天花的威胁实在是太大了。因此，慢慢地，越来越多的人开始接受接种疾苗。接种疫苗是段可怕的经历，这点可以在英格兰得到体现。那些要接种疫苗的男孩和女孩先要被饿上几个星期，目的是让他们的体质变弱；之后是给他们放血，目的是让他们的血液变淡。在这段时间里，他们只能靠一点点素食维生。然后，在孩子身上划开一个口子，嵌入天花病毒。具体来说，是用打了结的绷带将干痂固定在伤口周围。为了防止天花传播，这些孩子要接受隔离。他们被安置在一家“传染病院”或是谷仓里，和其他患者住在一起。他们要在那里住上 10 天，直到新长出来的痂脱落为止。给孩子们居住的地方污秽不堪。这段经历不但会给人留下身体上的创伤，而且会给人留下心理上的创伤。一个 8 岁的孩子在格洛斯特郡经受了接种疫苗的折磨。之后，他抱怨说，他在那里变得骨瘦如柴，从来就没睡过一个好觉。这个男孩的名字叫爱德华·詹纳。

很早的时候，詹纳就失去了大部分家人。一个比他年长许多的哥哥将他拉扯大。这位和蔼可亲的哥哥是个家境小康的教区牧师。开始的时候，詹纳曾着迷于植物学。不过很快，他就决心成为一名医生。当时，医生这份工作意味着学徒身份，而不是大学教育。在伦敦，他受到当时最好的外科医生约翰·亨特的赏识。因此，他得到了一个跟随库克船长前往澳大利亚的机会，这是库克船长第二次出航澳大利亚。但他更希望回到格洛斯特郡，当一名生活更加平静的快乐乡村医生。在那里，他遇到了定期爆发的天花病。他行医，种植黄瓜，用气球做实验，照顾他体弱多病的妻子。此外，他也在关注着外界的信息，并反复思考一则当地的民间故事。

牛得了天花后，有时候会传染给挤奶女工，她们称之为“牛痘”。据说，一旦感染了这种危害相对较小的疾病，她们就会对天花产生免疫力。当地的民歌和诗歌长期以来有这样一个传统：开头的时候都会先描写挤奶女工肤如凝脂般的美丽，因为她们的皮肤上没有天花留下的疤痕。至少一个名叫本杰明·杰斯提的农民相信这个故事的真实性。因此，在1756年，他用牛痘的浓汁使他的妻子患病。乡下经常会发生一些奇奇怪怪的事。

但直到40年后，已到中年的詹纳医生才开始做他那个著名的试验。詹纳听说，在格洛斯特郡的伯克利村，有一个农民的女儿——名叫莎拉·内尔姆斯的挤奶女工——感染了牛痘。1796年5月14日，詹纳劝说这位女工，希望她能允许自己从她的疮上取下一些物质，并将这些物质保留下来。之后，詹纳在一个名叫詹姆斯·菲普斯的小男孩（他父亲是当地的一名工人）的胳膊上划了一个口子，用之前从莎拉疮上取下的物质让他感染。于是，小菲普斯患上了症状较轻的天花。当小男孩康复后，詹纳于7月1日再次划开他的皮肤，向里面植入了携带天花病毒的物质。（今天，用动物做医学实验引发了巨大争议，因为人们通常会从伦理角度考虑这个问题；但在18世纪的英格兰，用一个工人阶级的男孩做实验似乎并未引起什么议论。）这次，詹姆斯没有再得天花。已经行医24年的詹纳非常相信这个实验结果，因此他没有做更多的实验。很快，他就在一本小册子里写出了自己的观点。这个小册子几乎立刻成了畅销书。

这条消息为什么会迅速传播？这条消息是如何迅速传播的？这些问题与詹纳的发现同样有趣。首先，詹纳是当地科学辩论会的成员，他认为自己的突破是已被证实的科学，而不仅仅是一种乡间疗法。尽管他的许多观点都是错的，但他的新发现还是获得了认可，因为当时有大量思想开通的听众都在等待治疗天花的新方法。其次，尽管只是位乡村医生，詹纳拥有良好的社会关系。格洛斯特郡的切尔滕纳姆是英国的温泉胜地之一。与法国交战使富裕的英国人不可能到国外去旅行，所以切尔滕纳姆逐渐发展了起来。在这座小镇里，詹纳接触到了许多有影响力的贵族和作家，他们促进了这项新发现的传播。

不久，牛痘的实验开始风靡英国。很快，其他国家也开始做这个实验。1799年，普鲁士的路易莎公主致信詹纳，向他询问关于“牛痘苗（vaccine）”的事（vaccine 这个词来自拉丁语中的“牛”）。同年，这颗药界新星被呈送给了乔治三世。凡是王室和贵族领头的事，中产阶级都会紧随其后。次年，在一场简·奥斯汀出席的晚宴上，宴会的男女主人坚持要为与会的来宾朗诵詹纳的小册子。到了 1801 年，英国皇家海军已经开始为水兵们接种牛痘。与此同时，托马斯·杰斐逊在他的家乡——弗吉尼亚的蒙蒂塞洛——亲手为 30 个人接种了牛痘。俄国皇后将第一个接种牛痘的儿童命名为“瓦奇诺夫（Vaccinof）”。据估计，大约有 10 万欧洲人得到了救治。这项伟大的发现甚至跨越了欧洲战争的界限：为了向詹纳表达敬意，拿破仑于 1804 年铸造了一枚徽章，之后他的军队也接种了牛痘。事实上，拿破仑非常尊敬詹纳，以至于当这位乡村医生就某一问题致信拿破仑的时候，这位法国皇帝竟然同意释放一些英国战俘。在巴黎，著名的空想社会改革家吉约坦医生是詹纳最重要的支持者之一。

但这项发现也受到了一些攻击。无知的漫画家对用牛身上取下来的东西使人感染的观念冷嘲热讽。医生们警告，这种做法没什么好处。更严重的是，那个时代另外一位著名的学者——托马斯·马尔萨斯——对詹纳展开了猛攻。1806 年，马尔萨斯的一本名著出了第二版。在这个版本中，他警告人们提防人口过剩。对于马尔萨斯来说，由天花造成的死亡是件好事，因为这可以使人口自然下降。如果牛痘真的发挥作用，那么就会突然冒出其他的疾病来取代天花，对人口进行必要的筛选。“人类将不会，也不可能会，战胜自然的意志，”马尔萨斯写道，“未来将会出现必要的死亡，要么是以这种形式，要么是以那种形式。”

事实上，接种牛痘将会根除天花，这使天花成为人类第一个根除的大灾难。在许多国家（其中也包括英国），各种争论推迟了必要的立法，因此这项工作一直延续到之后的 19 世纪。在世界各地，直到 20 世纪，天花仍然在使人死亡，使人失明，使人致残。但感谢詹纳的发现，美国于 1980 年宣布，天花已经被彻底根除。有了对实验的新信念，借助出版的力量，这位乡村医生对人类的幸福做出了巨大贡献。他所做出的贡献要远远大于同时代任何一位高喊着人权的政治革命家。

第七部

资本主义及其敌人

从 1800 年到 1918 年：工业革命彻底改变了
全世界人的生活——之后又亲自破坏了这种生活

工业革命

从18世纪中期到20世纪末，世界发生了巨大的变化。这种变化超越了自从人类发明农业以来，任何一个历史时期所出现的变化。如果从学术的角度看，“工业革命”是个没有意义的词，因为“革命”一词指的是回到原先的某种状态，尽管恢复后的“原先状态”已经变成了一种全新的状态。但这里的“革命”显然不是这个意思。上述巨变的基础是机器。机器消耗了大量的自然资源（包括煤和石油），生产出了从廉价衣服到罐装食品的各种产品，其中最重要的是生产出了其他机器。这种巨变极大地改变了人和自然之间的关系。工业革命可以使人们乘坐轮船以更快的速度跨越海洋，可以使人们乘坐火车进行长途旅行；工业革命可以使人们在家里和工作的地方用上高效、廉价的照明工具，这极大地增加了人们的有效时间，特别是对那些生活在高纬度地区的人来说；工业革命还为生活在欧美地区成百上千万的人带去了高质量服装、各种家居用品和娱乐活动，在此之前这些是他们想都不敢想的。

然而，工业革命也使人们付出了沉重的代价，因此许多思想家非常痛恨这场革命，并质疑它的价值。例如，工业革命使成百上千万人在工厂里进行着重复、严苛的劳动，使他们居住在拥挤、肮脏的城市住宅中。在人口稠密的村镇或山谷，工厂严重地破坏了当地的环境。在维多利亚时代，大量英国人死于由空气污染所引发的肺病——具体来说，大约有四分之一的人死于恶劣的空气。[1] 1866年，政府巡视员发现考尔德河污染严重，甚至河水都能当墨水用。与此同时，工业的化学副产品也污染了布拉德福德运河，当地的男孩经常点燃河水，火沿着河岸燃烧，火苗足有6英尺高。[2]

随着工业革命的扩展，美国、欧洲大陆的江河湖海遭到了同样严重的污染，随后是日本。这场革命也导致了更有破坏性的战争。因为工业发达国家可以凭借自身优势欺凌、占领、剥削那些相对落后的国家。发达国家可以在一眨眼的时间里，破坏那些业已存在了数个世纪的古老文化。的确，在人类历史中，这是一个最能体现“创造性毁灭”的时期。尽管那些领导工业革命的国家成了20世纪历史的主角——尤其是美国和德国（法国和俄国也紧随其后）——但这场变革却最先发生在湿润的不列颠群岛。

在英国，与任何一场政治革命相比，对煤、化学品、矿石和电的利用要缓慢得多。英国的工业革命大约持续了一个世纪，也就是从18世纪中叶一直持续到1850年前后。这场革命起源于一些相对偏远的地区，如铁桥峡的煤溪谷、煤铁资源一直都很丰富的什罗普郡、康沃尔郡的锡矿区，以及当时还是座小镇的伯明翰附近。工业革命的先驱是商人和具有绅士风度的科学家，而不是那些幻想创造变革的人；他们的陶艺品和金属饰物都是仿古品，他们了解各种手工制品，他们使用的机器都能为他们带来立竿见影的效益。这场革命既没有整体规划，也没有一个组织进行领导。但它带来了巨大的利润，这些利润足以使人们迅速、甚至是不顾一切地进行模仿，展开竞赛。当工业革命扩展到德意志、美国，以及像比利时这样的小国时，一系列的变革获得了加速发展，这些发展紧接着在英国的早期突破之后出现。

工业革命为什么会首先出现在英国？为什么会在那个时候出现？

尽管英国有大量的煤铁资源，但对于工业化来说，政治因素似乎比地理条件更重要。资本主义的特点是资本密集、以市场为导向、严重破坏、资金的积极影响和消极影响，以及买进和卖出——今天的世界仍然如此。如果没有资本主义的话，工业化或许就不会出现。但资本主义并不是工业化的先决条件，因为苏联和社会主义中国都已经实现了工业化。我们不能在历史中做对比试验，但工业化似乎需要一个市场体系才能出现并得以维持。如果要正常发展，还需要相应的一组特殊环境。

这样的发展环境首先出现在了18世纪的英国，这不是因为英国人特别有天赋（想想中国和希腊的发明家、法国和西班牙的探险家，以及意大利和德意志的工匠，我们就能发现这点），而是因为他们也遇到了一些幸运的巧合，通过这些巧合，他们创造出了全新的事物，就像在某一次偶然机会下，将不同化学试剂混合在一起从而引发连锁反应一样。

这些偶然机会出现在了一个看上去相当贫穷的国家。英国没有像西班牙那样的富庶殖民地，也没有像法国那样的庞大军队和华丽宫殿。英国人处决了一位国王，又不得不将他流亡在外的儿子请回来，之后建立起了一个由外国人执政的王朝。在资本主义萌芽初期，英国的海外征服不值一提，除了著名的烟草种植园和几座糖料种植园，其他也没有给国家带来什么利益。英国一直在打仗，始终没有得到一个能专心处理国内事务的和平时期。刚踉踉跄跄地走出灾难性的内战，英国又走进了一个战乱期，这个战乱期从 1689 年一直持续到 1815 年。在此期间，英国与它的欧洲竞争对手经常兵戎相见，几乎每两年中就有一年在打仗。尽管人口稀少，但这个国家差不多砍光了所有的树。1696 年，一个叫作格雷戈·金的文职人员估算，英格兰和威尔士的人口总计约 550 万，其中又有十分之一的人住在伦敦。其中许多人都很有主见且野心勃勃——特别是那些对宗教持不同看法的人——他们迫不及待地移民海外，准备开始一段新生活。

这是一幅凄凉的场景。但在这幅场景的背后，英国正在酝酿着许多重要的变革。第一项变革没有在城市发生，而是发生在或平坦或起伏的农村地区。在那里，地主用缩短租赁期限和增加职业农民的方法提高地里的收成。这种做法对人产生了关键性的影响，不但影响了人口数量，而且影响了他们的居住地点。根据研究，在 17 世纪之前，如果一个发达国家想要全国所有人都吃得饱饭，那么至少要有五分之四的人参加农业生产。[3] 从中国到法国，从新诞生的美国到俄罗斯，不参加农业生产的人——其中包括军人、海员、僧侣、统治者、官员、工匠和商人——从来没有超过人口数量的五分之一。尽管拥有剩余财富，但他们的消费能力尚不足以使资本主义腾飞。

但在英格兰，随着圈占共有土地、修建排水系统、采用新的轮耕制，这个比例发生了根本性的改变。一方面，如果继续采用传统的条田制，亩产量将无法提高；另一方面，如果继续沿用短租的形式，土地使用者也没有投资新技术、修建树篱或排水系统的动力。然而，从 16 世纪晚期到 17 世纪，兼并和圈占共有土地改变了英格兰农村的面貌。越来越长的树篱和越来越长的租期保护着面积更大的农田，人们可以在上面种植出更多的农作物。换句话说，传统的所有制和耕作方法被彻底改变，但这也是一个颇有争议的过程。从现在的眼光看，英格兰的农村非常惬意，甚至有些懒散；但对于 17 世纪和 18 世纪的乡下人来说，这种新型耕作制度使农村地区变得凄惨和陌生。教会和许多作家也对新制度给穷苦农民带来的灾难性影响感到不满。我们从莎士比亚的戏剧和约翰・克莱尔愤怒的田园诗歌中都可以体会出旧英国的伤痛。

但新制度带来的结果是，到了 1700 年，英格兰成为欧洲农业产量最高的地方，其农业产量是周边国家的两倍。一年后，杰思罗・塔尔发明了著名的马拉条播机。之后不久，英国又从佛兰德斯引进了四田轮作制——用苜蓿属植物和萝卜保持土壤的肥力。尽管缺乏科学知识，但农民还是成功地饲养了体型更大的新品种牛羊：在一个世纪内，伦敦史密斯菲尔德市场中羊的平均重量从 28 磅上升到了 80 磅。[4] 这一变化最先出现在埃塞克斯郡、 赫特福德郡、诺福克郡、萨福克郡和莱斯特郡。随后，到了 18 世纪 50 年代前后，在热心改革的报刊的宣传下（这些报刊本身也是由速度更快的新式印刷机印制而成的），这一变化又扩展到了英格兰的中部和北部地区。更少的农民可以生产出更多的食物，这就使剩余劳动力可以从事其他工作。很快，在英格兰，从事农业生产的人口比例从 80% 下降到了 32%~33%，这是一个惊人的变化。[5] 其他国家也希望用更少的农民养活本国人口，但都没有英国那么成功。

对于英国来说，这一变化意味着两件事，这两件事对发展资本主义都至关重要。第一，对饥荒的担忧有所缓解。在度过潮湿、阴冷的春天后，人们也会面临饥饿，但储存起来的余粮和引进的新食物可以帮助他们渡过难关。在担心挨饿的情况下，人们都不想去冒险。但在吃饱肚子后，他们的冒险精神也会逐渐增加。第二，更多的人能够成为店主、工匠、商人等。这样，他们就可以支付货币，而不是像过去那样支付农作物。于是新出现的市民成了新的消费者。快速发展的国际贸易为英国带来了香料、印度纺织品、酒、烟草、糖、丝绸和陶艺品，这些前所未闻的东西都成了英国人的消费品。在商船和军舰的支持下，英国在实现工业化的很久之前就已经出现了市场经济。

繁荣的市场经济导致人口的增加。到了 1700 年，在英格兰，人们的平均寿命为 37 岁，这个数字听上去并不大，但与平均寿命 28 岁的法国人相比，英国人已经算是长寿了。生育率和存活率的小幅提高使英国人口的数量迅速增长。到了 1850 年，也就是英国工业革命进入高潮的时候，人口已经增加了 3 倍。[6] 如果没有农业和农村的变革，这一切都不可能发生。同样，如果没有一个适当的政治体制，这一切也不可能发生。正如我们之前看到的那样，上一个世纪的战争和政治革命打击了独立的王权，于是英国建立起了议会政治。建立代议制的不是“人民”，而是“富裕的人民”，如地主（也包括矿主）、富商、投资贸易的人，以及城市和村镇中的统治阶层。

如此说来，英国看来似乎只是把君主制换成了寡头政治。但宗教战争给英国带来的震动远比这些要多。推翻至高无上的王权带来了真正的司法独立。与此同时，议会成为唯一拥有征税权的地方。英国有许多大地主，但长子继承制使贵族的数量始终不能大幅增加。而且，在经历了内战的创伤之后，国王在册封伯爵、男爵和子爵时变得更加谨慎。与之形成鲜明对比的是，法国贵族的数量不但越来越多，而且他们还拥有许多特权，对农民的压榨也更加严重。

在英国，旧有的统治秩序比较薄弱，所以靠出售特权和垄断权谋利的恶习开始逐渐减少。据说，在詹姆斯一世执政时期，普通英国人盖房用的砖是被垄断的，烧砖用的煤也是被垄断的。“英国人衣服上的腰带和纽扣是被垄断的，缝衣服的针也是被垄断的”，他们吃着“垄断的黄油、垄断的无核小葡萄干、垄断的熏青鱼、垄断的鲑鱼和垄断的龙虾”。[7] 当法国、德意志和意大利存在数不清的关税和贸易壁垒的时候，这些障碍已经在英国消失了。英国创建了国家银行，用政府的名义发放贷款。因此，对于资本市场来说，国债不但稳定，而且非常安全。伦敦的重要性无法与身为金融中心的阿姆斯特丹相提并论，但它正在向成为金融中心的方向努力。1694年，英格兰银行成立。之后，全国各地又出现了许多地方银行。

我们很难意识到发生在身边的变化具有什么意义。同样，当时的英国人也没有意识到市场的巨大变化具有何种意义。许多人并没有感到国家变得特别自由。狩猎场有许多捕人陷阱，地方上的执政官依旧很严苛，海军强迫人们入伍，宗教上的清规戒律束缚了有理想的年轻人——总而言之，到处都是暴政。但从整体上看，真正意义上的暴政在数量上已经变得越来越少了。法律依靠的是野蛮的惩罚，但许多不富有的人也可以用法律维护自身利益。为了获得更多利益，人们会游说议会改变那些阻碍变革的法律。当发明者和第一代资本家挑战旧秩序的时候，专利法和议会上的争论成了他们成功的基石。

英国有更好的农业，更健全的法律，以及施行更少苛政的政府。现在，与欧洲大陆的大多数国家相比，英国又多了一个重要的不同点，那就是出版更加自由。出版自由始于一些粗制滥造的小册子和全是诽谤言论的传单。尽管上述印刷品对在17世纪产生消极影响的宗教展开了攻击，但它们却能发展成为最符合自由市场理念的东西。科学家——他们也称呼自己为“自然哲学家”——在发表自己的言论时不必担心被审查了。报纸上充斥着关于新型农业和新奇物件的消息、王储和大臣们的所作所为，以及各种商品的价格。在英国，人们也可以就贸易政策和财政问题展开公开争论。

重要的是，尽管英国也受制于诸多贸易限制和糟糕的运输条件，但那里已经出现了工业。当时，英国的工业比较简单，尚未出现有一定规模的工厂。在约克郡，很多富人会购买纺纱机和织布机，他们的家庭在村舍中从事纺织业；在英格兰中部地区的那些逐渐发展起来的城镇和乡村中，工匠在家庭作坊中制造钉子、带扣、螺丝和纽扣。在纽卡斯尔附近的传统产煤区，矿主尝试着用机器将矿井深处的积水抽出来。要知道，矿井积水是一个长期困扰采矿业的问题。在制锡业，人们使用水车和皮带轮的历史可以追溯到很久之前，但现在，矿主们已经开始试验原始的蒸汽机了。

1679年，法国发明家丹尼斯·帕潘在英国皇家学会展示了他的“蒸汽锅”。8年之后，他又设计出了性能更好的压力锅和蒸汽泵。两名来自德文郡的工程师继承了他的思想，并完善了这项发明。托马斯·萨弗里制造出了看上去有些原始，但却极具独创性的机器，其中就包括早期的蒸汽机。从1708年到1714年，康沃尔郡的矿山开始使用这种蒸汽机。1712年前后，浸礼会牧师、工程师托马斯·纽科门制造出了效率更高的蒸汽机。英国西部各郡的锡矿开始逐渐使用这种蒸汽机。但当沃里克郡和纽卡斯尔的煤矿矿主也开始使用这种蒸汽机后，这种蒸汽机才迅速普及到约克郡、兰开夏郡和斯塔福德郡的矿山中。但这些机器看上去只能做一件事，正如纽科门向公司提到的那样，“这件发明的所有者们燃烧燃料，然后把水抽上来”。蒸汽机可以抽取矿井中的积水，但同时要消耗大量的煤，所以它们只能在煤矿周边使用。

即便到了这个时候，尽管英国有许多别的国家不具备的东西——发明家、大量的原材料，以及吃不完的粮食；此外，某些地区还会有些小的发明创造——但既然意大利、德意志、中国、法国和日本的技术都没有出现井喷式发展，那么也没人想到英国会有层出不穷的发明。

之后出现了一个继承和改进了纽科门的发明的人，他将改进后的蒸汽机从煤矿带进了成千上万家工厂，带进了火车和轮船。跟随这个人的经历，我们能更深入地了解英国的发展历程。

詹姆斯·瓦特

詹姆斯·瓦特是名工程师，也是一位动力装置的发明家。他的人生经历是个典型的例子，既反映出时代的局限性，又反映出这些局限性是如何被突然而巧妙地突破的。瓦特的父亲是位工匠、商人和小资本家。他生活在苏格兰的格里诺克港，那里是格拉斯哥的门户，每天都会有船运来大量的烟草、木材、青鱼、亚麻和糖。老瓦特出售造船时所需要的一些部件，设计出过一种可以在码头上使用的吊车，他投资航运，并为海员修理各种仪器。他的儿子詹姆斯非常聪明，但却体弱多病。他心灵手巧，尤为精通机械方面的知识。

瓦特在苏格兰长大。那里不但以文化水平高而闻名，而且在建设大学方面也非常热心。英国形成之前，苏格兰和英格兰只存在形式上的联系。在詹姆斯·瓦特出生30年前，两个地区才勉强地组成了一个新国家。尽管如此，在这个新生的国家中，这两个地区只是一对尴尬的伙伴。瓦特9岁的时候，也就是1745年，“北方英国人”（苏格兰人有时自称“北方英国人”）和英格兰人经历了一场“詹姆斯党叛乱”。这场叛乱是由信仰天主教的斯图亚特王室发动的，参与者包括盖尔人、法国和爱尔兰的冒险家，以及苏格兰和英格兰的天主教徒。除了复辟斯图亚特王朝，“小王子查理”和他的支持者还有一个更激进的想法：恢复资本主义出现之前的贵族式封建秩序，这是一场反抗新时代的“革命”。这次叛乱的战火曾一度延烧到德比，但由于詹姆斯党人怕影响粮食收获和担心自己的家族，所以他们又掉头返回了北方。1746年，一支训练有素的现代化军队在卡洛登战役中击败了詹姆斯党，叛乱被平定。这场战役更像是19世纪时在殖民地发生的冲突，而不像一场势均力敌的战斗。“詹姆斯党叛乱”非但没有终结新时代，反而终结了旧势力——盖尔人在北部的势力和詹姆斯党在西部的势力。

长期以来，人们——至少是小说家和浪漫主义诗人——都在讲述胜利者的残忍和前现代生活的辛酸，但他们忘记了这样一个事实：卡洛登战役不但对英格兰来说是个好消息，对苏格兰来说也是个好消息。1707年的《联合法案》使英格兰与苏格兰合并为一个国家。一位苏格兰历史学家这样写道：“这意味着苏格兰获得了更宽广的视野和更多的可能性。商业和贸易得以发展。这是件非常美好的事。”[8] 如果“小王子查理”获胜，那这一切都将不复存在。瓦特既生活在最好的苏格兰，又生活在最好的英格兰。这表明，新生的英国“获得了更宽广的视野和更多的可能性”。

经历了这次叛乱之后，苏格兰实际上已经没有政治了，伦敦间接地控制着苏格兰。爱丁堡没有了野心勃勃的王室，欧洲其他地区对这一情况也只得接受。因此，接下来的两三代苏格兰人要到处寻找工作和令他们感到兴奋的事物。由于长老会的信仰也是以《圣经》为基础的，因此苏格兰出众的文化和4所大学并未毁在英国国教徒手里。在爱丁堡、格拉斯哥和阿伯丁，学校鼓励学生从基本原理出发进行思考，鼓励他们挑战已被广泛认可的观点。于是，各种新思想得以蓬勃发展，这就是著名的“苏格兰启蒙运动”。

瓦特没有受到英国绅士接受过的希腊语和拉丁语教育，但他作为这场启蒙运动的主要组成部分，非常渴望获得新思想。这些思想是由化学先驱约瑟夫·布莱克和资本主义哲学家亚当·斯密等人提供的，他们二人将来都成了瓦特的朋友。但在此之前，瓦特首先要解决生存问题。当时，苏格兰在制造精密仪器方面没有取得什么可供瓦特学习的重要进展，精密仪器制造是新科学发展的重要附属品。所以，他于1755年离开苏格兰，前往伦敦这个肮脏的大都市进行学习。这是一次颠沛流离的长期旅行。但瓦特立刻遇到了年轻人一直都会遇到的一个障碍，这就是中世纪式的行会。行会仍旧控制着伦敦的各行各业，这些组织排斥非本地人，而且坚持所有学徒都要为师傅服务7年。作为一个外来者，瓦特希望能迅速取得成功。他希望在一年内完成学习，并最终实现了，但这却使他暴露在了被海军强行征兵的危险之中。在写给父亲的信中，瓦特抱怨说，他们“现在将能找到的每一个人都强征入伍……只有学徒或声誉好的商人除外，除此之外几乎没有人能幸免”。[9] 如果瓦特被迫加入海军，那么他也不能向市长请求免除兵役，因为他已经摆脱学徒制度了。

瓦特很幸运，他安全地回到了格拉斯哥，并开办了一家自己的作坊。但与伦敦相似，格拉斯哥也是一座由皇家特许状控制的老城镇，当地的行会牢牢地把握着控制权。因为瓦特不是格拉斯哥的自由民，所以“锤业者”行会不给他开店的许可，尽管当时苏格兰没有其他制造精密仪器的工匠。如果这就是英国的典型场景：海军在街上强行征兵；行会紧紧地把持着古老的权利，除了他们选中的少数人外，其他所有人都要被排除在外，那么瓦特将不得不一生从事计件工作，今天也不会有人听说过他。或者，如果詹姆斯党取得胜利，那么瓦特将在格拉斯哥非法作坊中落寞而终。

但苏格兰启蒙运动拯救了瓦特。当时，有一批天文仪器从牙买加运到格拉斯哥大学，于是他得到了一份维修这批天文仪器的工作。在格拉斯哥大学，瓦特开设了一间修理店，他制造自己的器械设备，并成为教授们不可或缺的助手。瓦特是个实干家，但没有多少古典知识。如果在牛津或剑桥，他充其量只能做个雇工。但在格拉斯哥，他很快就被科学界接受，享有同等的社会地位。他在镇上开办了一间自己的店，并开始研究当时最新的机械装置，其中就包括蒸汽机。1763 年，27 岁的瓦特奉命修理一台属于格拉斯哥大学的纽科门式蒸汽机模型。瓦特修好了这台机器，但发现它的粗制滥造和低效已经达到了令人气愤的地步。

这台蒸汽机的原理很简单：蒸汽进入气缸，推高活塞。之后，蒸汽凝结成水，于是形成了真空，在压力的作用下活塞再次下降。活塞的上下活动驱动了煤矿中的抽水机。但问题在于，大部分的蒸汽都已经跑了。如何使机器更好地工作呢？在接下来的两年里，瓦特苦苦地思考关于“潜热”的问题。“潜热”一词是由他的朋友布莱克杜撰出来的，指的是水在改变形态（如沸腾或结冰）时吸收或释放的热量。有一天，瓦特忽然想到了解决方法。瓦特回忆，他像古代先贤那样突然发现了问题的解决之道。

在一个明媚的星期天清晨，身处格拉斯哥的瓦特走过一家旧洗衣房（那里很可能是个蒸汽弥漫的地方）。这时，他突然想到，既然蒸汽能进入真空空间（无论真空空间在哪里），那么他就可以在主气缸的旁边设计一个独立的管子或气缸，这样蒸汽不但不会跑掉，而且可以在里面重新凝结成水。在这种情况下，主气缸会始终保持热度，节约更多的能量。换句话说，蒸汽机可以消耗更少的煤，产生更多的动力。设计两个独立的冷凝器看上去是个简单的想法。但只有既关注科学理论（瓦特在格拉斯哥大学中的朋友为他解释了各种科学理论），又有实践经验的仪器制造师才能想到这个点子。而且，这个制造师不但要有时间去思考，而且还要有机会将他思考的结果付诸实践。在之后很长的一段时间里，瓦特经历了许多挫折、错误，以及失败的车工和实验，但他的想法最终改变了工业——一开始是英国的工业，随后是全世界的工业。他将一台简单的煤矿抽水机改造为一台可以普遍使用的蒸汽机。瓦特回忆说：“在走到高尔夫球屋的时候，全部的构想就已经浮现在我头脑之中了。”[10]

然而，如果没有资金的支持，没有其他机械师的帮助，瓦特也很难取得进展。接下来，他需要的是资金。有了资金的支持，他才能制造出原型机，之后再制造出能用于出售的蒸汽机。尽管英国的私人银行越来越多，但发明家求助银行经理，希望他们发放足额贷款的时代尚未到来。大多数的企业家都是从朋友、妻子和亲戚那里借款。瓦特的第一批赞助者是他的朋友物理学家约瑟夫·布莱克，以及对他帮助更大的英国企业家约翰·罗巴克，罗巴克是个非常热心的人。

与瓦特相似，罗巴克也是新英国的产物。罗巴克是谢菲尔德和伯明翰的化学家，他在斯特灵郡的卡伦创办了一间生意不错的钢铁厂。这家钢铁厂生产一种短射程的“臼炮”，从威灵顿公爵到俄罗斯帝国的军队，之后再到新建立的美国，几乎每一支军队都在使用这种火炮。在过去，制造业的出现完全取决于它已经在哪里得到快速发展，非常偶然。但罗巴克的做法却与众不同。在建厂之前，他会首先考查当地是否有充沛的水力资源，是否有矿石、石灰和煤，以及交通是否便利。之后，他才会从零开始建设工厂。他的工厂建在苏格兰，但厂里的重要工人都是来自英格兰。他的这种做法为“工业结构带来了关键性变革”。[11] 罗巴克的铁厂需要煤，因此他也会购买工厂附近的煤田，但他也受到前瓦特时代的老问题的困扰，即煤矿里的地下水太多。听说瓦特的设计后，他决定为这种蒸汽机投资。但在开始的时候，这种改进型蒸汽机的性能并不理想。

尽管与这位年轻的机械师建立了合作关系，但罗巴克还是破产了，破产的部分原因是之前一波的银行破产。于是，他将瓦特蒸汽机的部分份额卖给了另一个热心的英国人——伯明翰的马修·博尔顿。从此以后，这座城市在蒸汽机的发展过程中起到了关键作用。

伯明翰一直是冶铁业和金属加工业的中心。在内战时期，那里曾经为克伦威尔的军队提供了大量的剑；在詹姆斯党发动叛乱的时候，那里为交战双方提供枪炮；此外，那里还为半个地球提供带扣和纽扣。作为后发展起来的城市，伯明翰享受到了没有皇家特许状的好处：它不受各种公会和手工业行会的控制，因此对于企业家和商业投机家来说，这是一座开放的城市。伯明翰聚集了很多反对派，因此这也是一座思想活跃的城市。很快，著名的“月亮社”成员，主张实践新观念的人，如伊拉斯谟·达尔文（查尔斯·达尔文智慧过人的祖父），以及化学家和激进的反对派约瑟夫·普里斯特利会在离满月最近的那个星期天聚会（这样他们晚上回家的时候会更安全），就化学、物理、进化、新修建的运河和工厂等问题展开辩论。[12] 伯明翰离伦敦比较远，但它发展得反而更好。

博尔顿也是“月亮社”的一员。他是18世纪的一位重要人物，他充沛的精力和广泛的兴趣足以比肩任何一个博学多才的人。他的父亲也叫马修，是伯明翰一位出色的金属匠。小马修发明了多种金属带扣，这些带扣迅速成为时尚品，先是出口到法国，然后再进口回英国。这样做的原因很简单：人们不相信这么时髦的东西会是产自伯明翰。他与一位女继承人结婚，于是获得了不少资本。1759年，他继承了家族产业，并将买卖做到了伯明翰北边的苏荷地区。他认为水力资源丰富的苏荷地区将成为新的制造业中心，他把一切都赌在了这一点上。在那里，他将工人安排到特定的房间里，工人的工作地点取决于他们生产什么产品——带扣、表链、刀剑的把手或金属盒子。这些产品很快畅销全欧洲。但事实上，尽管进行了专业化分工，但工厂还是以水力帮助下的手工劳动为主——这就是当时工厂的样子。博尔顿需要更可靠的动力来源。

博尔顿和瓦特居住的地方离得很远，但他们属于同一个圈子。他们两个人都致力于促进新运河的修建。在前铁路时代，运河是交通方面的巨大突破；他们两个人还都接触到了同样的自然哲学家和其他领域的狂热者。1767年，博尔顿见到瓦特，他向瓦特炫耀苏荷地区，并鼓励苏格兰人前往伯明翰。但瓦特对此并未做出积极回应。为了参与其他项目，他会经常搁置蒸汽机的研究。在7年后，也就是妻子死于外伤之后，瓦特最终决定离开苏格兰，搬到英国南部生活。如果他的妻子还活着，如果他的工程项目在苏格兰更加成功，那么他或许会以苏格兰高地运河设计者的身份被人们记住。

1774年，詹姆斯·瓦特南迁到伯明翰。他为煤矿设计的一款机器——他称之为“消防车”——被安装在了苏荷地区。尽管这台机器的性能并不算出类拔萃，但也足够好了。很快，瓦特与博尔顿建立起全面合作关系，后者的主要业务仍然是金属加工业。瓦特将时间分成两部分，分别花在两项同等重要的工作上。他焊补机器，做实验，不停地开发他的蒸汽机。他做了一系列的小改进，但这些改进都很重要。苏荷地区有许多经验丰富的机械技工，这对瓦特帮助很大。但我们很难想象同样的场景会出现在巴黎或汉堡的郊区。

但与此同时，为了保护自己的知识产权，对抗业已存在的剽窃行为，瓦特和博尔顿在英国的法庭和议会展开了长期、艰苦的法律战。对于当时的人来说，“发明家的思想所创造出的利益相当一部分应该归这位发明家所有”“机器设备可以使人们变得富有”，还属于全新的观念。早期发明家更像是慈善家，在出版体现他们思想的著作之前，他们就会先传播自己的思想，这样做的目的主要是为了获取名誉。但专利权及其所带来的利益可以激励那些聪明而雄心勃勃的人，他们将工业化的英国变成了一个发明的园地。瓦特与政治和法律的斗争使人感到疲倦，他所做的斗争有时不会产生什么结果。但对于工业化的历史而言，瓦特所做的这些努力与他改进的蒸汽机一样重要。在那个时期，其他欧洲国家尚未出现保护知识产权的活动。

尽管博尔顿的第二段婚姻又为他带来了意外之财（新的妻子，新的财富），但他仍然在拼命地赚取资本。许多新式机器被卖给了康沃尔郡的冶锡厂，这些工厂购买机器的钱部分来自它们从煤炭中省下的钱。但不择手段地盈利，反对垄断，以及海外客户拖欠货款使博尔顿面临严重困难。

瓦特的蒸汽机首先应用于矿山，随后磨面粉的磨坊、酿酒厂和其他工厂也开始使用这种机器。总而言之，从 1775 年到 18 世纪末，博尔顿的公司共生产出了大约 450 台蒸汽机。这时，博尔顿也开始涉足铸币业。在那个时期，英国的伪币已经泛滥成灾，其危害十分巨大，甚至连皇家铸币局都已经停止铸币。博尔顿的“苏荷铸币厂”不但为自由市场铸造硬币，而且还为外国政府（如英属印度）和本国政府铸币。高质量的货币要有固定的金属含量、精确的形状和工业化的生产：在瓦特蒸汽机的帮助下，博尔顿的新系统就体现出了精确性和可靠性。

回顾他们的故事，我们更容易了解为什么工业化会首先出现在英国。英国仍然是个老式国家。我们今天所说的“基础设施”在当时还很不完善。英国出现了许多很好的公路和许多很有用的新运河，但泥泞而危险的旅行仍然是常态。银行不可靠，商法漏洞百出。议会如同战场，在那里，既得利益者与后进入议会的人缠斗不休。整个国家都痴迷于海外战争。但苏格兰和英格兰都是充满活力，可以自由地交流新思想的地方。在远离伦敦和不受古代行会束缚的地方，人们可以自由地建造房屋、经商和做各种实验；人们还可以游说政客，为亚当·斯密——瓦特的朋友——在《国富论》（1776年出版）中所阐述的资本主义精神而自豪。他们同样变得很富有。瓦特和博尔顿是铁路、铁桥、新型船舶、煤气灯和电力领域的先驱；他们引领了陶瓷业、玻璃业、纺织业和机器制造业的革命；他们是天才，一如汉弗莱·戴维、迈克尔·法拉第、亚伯拉罕·达比。以上这些人都取得了非凡的成就。他们都很幸运，因为他们出生在了那个时代，出生在了那个国家。

黑暗、邪恶和传染

但工业化也使英国部分地区付出了沉重的代价。人们被迫从事各种工作，他们不但打破了固有的季节性节律，而且也不再顾及各种宗教节日。在18世纪，据计算，每年的平均工作日从250天增加到了300天。人们没有时间生活，没有时间表达爱情，也没有时间讲故事和教导他人。人们曾过着日出而作，日落而息的生活，因为在黑暗中无法工作。但在人为点亮的工厂和作坊中，他们要站着工作12个小时，巨大的机械钟管理着他们的时间。开始的时候，耸立着巨大烟囱的肮脏工厂并不算太多，它们主要集中在兰开夏郡加工棉花的城镇。但拥挤的廉价房和无处不在的煤烟使不同类型的作家——如查尔斯·狄更斯、弗里德里希·恩格斯和维多利亚女王——想到了地狱里的场景。

尽管儿童也曾在田间地头从事一些较轻的工作，但现在他们不得不进入工厂工作。他们在工厂中受到了难以想象的虐待。因此，即便是在那个硬心肠的时代，社会上也出现了旨在限制童工工作时间的运动。基督徒的愤怒推动了废奴运动的发展，同样也推动了工厂生产的规范。结果，英国通过了一系列的《工厂法》，这些《工厂法》限制工作时间，保护工人健康，并制定了一些安全规章。然而，19 世纪早期童工的生活仍然很艰苦，这点可以从 1802 年出台的第一部《工厂法》的条文中得到印证。这部法律规定：9 岁以上的儿童每天可以工作 8 小时，14 岁以上的儿童每天可以工作 12 小时；他们不能在凌晨 6 点之前工作，而他们上床睡觉的时间不能晚于凌晨 2 点；在星期天，他们还要接受一个小时的基督教教育。如果违反规定，工厂只需缴付很轻的罚款，因为这些法律往往形同虚设。之后，又有许多相关的报道和丑闻，又出台了多部法律。狄更斯和他的小说家朋友伊丽莎白·盖斯凯尔在他们的书中非常关注工厂的情况，富有开拓精神的记者像探索陌生的丛林那样探索北方的城市——对于南方的中产阶级来说，那里或许就是丛林。

工业化也以许多意想不到的方式改变了英国政治。在 1811 年到 1816 年间的诺丁汉郡、约克郡和兰开夏郡，旧式工匠和在村社里用手摇纺织机进行纺织的织布工制造了一场针对新式机械化工厂的暴力活动，因为后者破坏了他们的生计。人们用一个虚构出来的生活在森林地区的自由战士——卢德王——为这场战斗命名。“卢德分子”破坏机器，袭击工厂主和地方官员。在晚上，他们会在工业城市的周边地区活动，这是他们惯用的策略。最后，军队镇压了这场运动，许多人被处死，或被流放到澳大利亚。1830 年，肯特郡的农业工人发动了“施荣暴动”。这场暴动针对的是另一项剥夺人们工作机会的新技术——机械化的脱粒机。

1834 年，英国出台了《新济贫法》。按照这项法律的规定，残酷的济贫院取代了伊丽莎白时代的教区救济制度。济贫院是要将最贫穷的人挤出农村地区，强迫他们到城镇中工作，故意让他们生活在艰苦的环境中。他们居住的济贫院是像监狱一样的建筑，实行男女分离制。结果，在布拉德福德、奥尔德姆、哈德斯菲尔德等城市爆发了暴力示威。1834 年又出现了“托尔普德尔蒙难者”。为了争取更高的工资，6 名来自多塞特郡的农业工人组建了一个工会，结果他们被流放到澳大利亚。这个事件引起了公愤，由公愤引发的反抗活动为工会制度的形成奠定了基础。对于许多从欧洲大陆来到英国的人来说——从德国企业家恩格斯到法国艺术家古斯塔夫·多雷——他们一方面惊讶于英国生产商品时使用的新方法，另一方面人与人之间的不平等也给他们留下了非常深刻的印象。

在工业化之前，英国政治处于一种平衡状态：一边是以地主和贵族为代表的旧式精英，另一边则是城市商人、神职人员和新式企业家。但现在，这种平衡被打破了。从 1780 年到 1830 年，英格兰的人口翻了一番。工业产值跃升了 3 倍。许多新增财富主要来自城镇地区，因此政府不得不保护工厂主的财产权，派兵镇压工人示威，法律和政治制度也要反映新兴富人阶层和权力阶层的利益。开始的时候，英国下议院的议员都是由各个选区选举产生的，其中半数选区的起源都已经无从知晓了。在这些选区中，有一些小的“有名无实的选区”，这种小选区与工业城市的发展非常不相称。为了保护农民和地主的利益，英国通过了《谷物法》。根据这项最重要的关税制度，英国可以向进口食物课税。结果，面包的价格被人为抬高。在进行这项荒诞改革的时候，种种失衡现象并没有引起人们的关注。

英国与法国及其在欧洲大陆上的同盟国进行了旷日持久的战争，这使粮食问题变得愈发严峻。正如我们之前看到的那样，英国在农业上取得的巨大进步使工业革命成为可能，但人口的增长速度超过了农业的发展速度。因此，在 18 世纪 90 年代晚期，英国停止向外国出口谷物。在拿破仑时代，“粮食安全”是英国关心的主要问题，即便到了两次世界大战之间，这一问题也没有得到解决。提高关税可以起到保护、促进国内粮食生产的作用，但高关税也打击了进口，而对于工业化来说，进口又是必不可少的。

尽管自由贸易和文明发展被说得天花乱坠，但英国南方的农业和英国北方的工业却在进行一场真正的较量。1846 年，保守党首相罗伯特·皮尔以牺牲首相职位为代价废除了《谷物法》，这说明北方的工业成了最后的胜利者。那时，政治也在逐渐发生着变化。1832 年的《改革法案》撤销了最荒废的城市选区，公民权增加了大约 60%。但比较贫困的公民仍然并未获得选举权，无法满足日益壮大的劳动阶级和中产阶级对民主的要求。在 19 世纪晚期的政治进程中，政府一直面临着改革的压力。政府又通过了一系列法案，这些法案不但进一步扩大了选举权，而且像伯明翰这样的城市获得了瓦特和博尔顿在世时从未有过的政治影响力。

英国的社会基础由原先的地主阶层、古代的城市行会和获得特许状的商业公司转变为资本主义和工业。尽管关于宗教的争论仍然很重要，但随着工会的发展和政治改革者（例如那些要求获得新权利的民主人士）的活跃，宗教上的分歧还是逐渐让位给了阶级斗争。英国工业在国际竞争中逐渐胜出。在打败了外国的竞争对手之后，英国开始将自由贸易奉为国策。对于希望赶上英国的其他国家来说，这或许有些不太公平，因为这些国家也需要一段时间保护本国工业。自由贸易使英国的伪善、技术和努力工作闻名于世。

很明显，亚当·斯密的乐观理论和他奉行自由贸易主义的追随者都在淡化战争的作用。但事实上，英国许多早期技术都与它强大的舰队有关（想想瓦特的父亲、航海仪器和那些威力惊人的臼炮）。英国军队在印度、美洲和加勒比地区取得的胜利为刚刚兴起的消费经济提供了动力。英国最先开始了工业化，但如果不是被大革命和拿破仑战争耽误了至关重要的几十年，法国或许会缩小同英国这个老对手之间的差距。（煤气灯很重要，因为它使早期的工业化城市变得更安全，也使白天的时间得以延长。1815年拿破仑战败后，大量积累下来的无用的步枪枪管被用于制造煤气管道，这成为煤气灯发展的重要推动力。[13]）

以下两个国家也开始用工业化保护本国工业，并以此来促进民族主义的发展。作为一个正在兴起的工业强国，美国拥有巨大的发展优势。美利坚是个年轻的民族。美国有一望无际的土地，可以用于运输的长河，大量的自然资源，以及开明的新式政治体制，它鼓励人们挑战欧洲的正统地位。德意志有着不同的发展优势。在拿破仑推翻神圣罗马帝国之后，讲日耳曼语的民族仍然归属于大约 300 个相互独立的大国、小国、微型国家、自由城市和星罗棋布的地方政权。但那里有可观的煤铁储量，历史悠久、技艺精湛的金属加工业，普鲁士还出现了一位正在崛起的民族领袖。普鲁士将其他日耳曼邦国拉入关税同盟。这个同盟鼓励自由贸易，并开始着手统一千差万别的度量系统、货币和相关法律。在击败了奥地利和法兰西之后，普鲁士领导了德意志统一。统一之后，这个国家以令人瞩目的速度继续发展。

很明显，工业的发展和繁荣需要自由的政治秩序。但欧洲大部分地区却控制在奥匈帝国保守的哈布斯堡家族、较小一些的君主国，以及充当欧洲警察的俄国沙皇手中。在政治自由的国家，资本主义和现代化会走向繁荣。而在19世纪，建立政治自由国家的努力还主要局限在欧洲内部。总体上来说，自由主义和民族主义是在齐头并进。人们认为，意大利需要成为一个现代的、统一的民主国家，这样它才能融入现代世界。在这种观念的推动下，意大利走向了统一。在统一过程中，意大利人与奥地利占领者进行了长期、复杂的斗争；推翻了始建于中世纪的君主制国家，如两西西里王国和摩德纳公国；此外还挑战了罗马教皇奉行的保守主义。（事实上，专制君主的统治也不一定都坏。例如，以那不勒斯为核心的两西西里王国有许多高效的造船公司和铁路修建公司。）

说到传统主义与现代化之间的关系，没有哪个地方比法国更紧张。查理十世将后拿破仑时代的君主政治变成了彻头彻尾的保守政治。1830年7月，查理十世被一场起义推翻，取而代之的是更有自由主义倾向的路易·菲利普，他被称为“资产阶级君主”。但法国在公民权方面要远远落后于英国，于是法国社会掀起了一场声势浩大的改革运动。对于中产阶级的自由主义者来说，问题在于，这场变革的推动者很可能是更加贫穷而愤怒的老百姓，他们自己也很惧怕这些人。农业歉收和普遍存在的饥饿激起了一连串的起义，这些起义像涟漪一样逐渐在欧洲散开，这使1848年成了“起义年”。波兰、整个哈布斯堡帝国，以及像丹麦、比利时和瑞士这样的小国都爆发了起义。在法国，古老的君主政体最终被推翻，法兰西第二共和国宣布成立。4年之后，路易-波拿巴将第二共和国变成了第二帝国。这种“进两步退一步”的模式相当普遍。大多数起义以失败告终，也没有人使政治获得明显发展。这场革命最重要的副产品是产生于19世纪中叶的伟大的政治新思想——马克思主义。

卡尔·马克思来自一个富有的莱茵兰家庭。年轻的时候，他是一位有革命精神的哲学家，最后他在英国找到了安全。弗里德里希·恩格斯是他的研究伙伴，一直在经济上支持他。马克思坚持完全的唯物史观。按照这种观点，占有资本和生产资料的富有私产者同真正创造财富的工人之间存在斗争，两者之间的斗争最终会将人类带入共产主义社会。在共产主义社会，劳动阶级将获得他们生产出来的全部价值，国家——无论是君主制国家、资产阶级国家，还是议会制国家或共和制国家——都将会从世界上消失。在 1848 年出版的《共产党宣言》中，马克思清楚地表达了自己的思想，他向正在起义的德国工人描述了一幅既严酷又令人兴奋的画面。从 1867 年到 1894 年，他又完成了一部鸿篇巨制《资本论》。在这部著作中，他用统计数据证明了他心中的科学真理。20 世纪的各国革命者将《资本论》奉为经典。但根据马克思的观点，革命应该首先爆发在相对发达的德意志或不列颠，而不是相当落后的俄罗斯。马克思的著作在欧洲的社会主义者中广为流传。但在那个时候，与社会党提倡的议会政治相比——这种议会政治带有些许基督教色彩，且更加温和——马克思的著作还是仅限于先进知识分子阅读的“小众读物”。马克思的分析缺乏传统政治哲学家和道德哲学家的精细，但他却生动地描述了资本主义伪善背后的残酷竞争。他对未来的预测是否能够成真还有待观察，但他对 19 世纪中叶世界状况的描述却非常准确。

美国和德国使用的技术都是由英国最先发展出来的。他们盗用专利，仿造机器，盘问英国工人，在此基础上建立起自己的技术学院。这很难避免，因为在一个相互联系的世界中，好主意是隐藏不住的。不管怎样，英国在工业革命时所取得的关键性突破本身也是来自海外——早期的蒸汽机来自法国；湿法纺织亚麻、提花机和四田轮作制则是来自荷兰。1945 年后，日本学习了很多外国技术。现在，中国也在进行着同样的学习。有一天，如果运气好的话，非洲人也会去中国取经。与创造一项新技术相比，学习技术要快得多。

在早期，美国和德国最重要的技术革新是铁路（尽管这两个国家也学习英国开凿新运河）。对于英国来说，1830 年意味着铁路系统已经相当成熟。但对于美国来说，1830 年时铁路才刚刚开通。到了 19 世纪 60 年代，美国拥有将近 3 万英里的铁路。1870 年，铁路的总里程达到了 5 万英里。相比较而言，从 1830 年到 1850 年，也就是“铁路热”达到顶点的时候，英国才修了 6000 英里铁路。1875 年，德国在铁路里程上也赶上了英国。

与此同时，钢铁业也获得了飞速发展。但美国和德国很快就转向了它们自己创造的新技术：从电报到更加先进的化工产品和蒸汽机。在这两个国家中，工业化促进了民族主义，而民族主义反过来又推动了工业化。铁路使美国结成了一个新的、庞大的国家。英国修建铁路靠的是私人资本和劳动力，所以修建方经常与阻挠开通新线路的政客做斗争；而美国不同，政府会提供贷款，聘用军队里的工程师协助修建铁路。在德国，第一条铁路是用于联结工业城市的。德意志的统一使铁路在新国家的整合过程中发挥了关键的作用。

资本家—实业家理论强调开放性和自由市场。这种理论认为，贸易越多，国家间的冲突就越少。事实上，民族主义和资本主义工业化的发展步调基本一致。美国出现了卡特尔、贿赂丑闻、政治腐败、残忍地镇压工人组织，以及禁止某一特定族群成为产业工人，如中国人；此外，还有些人排斥爱尔兰人。早期的作家对资本主义充满了希望和期许，但工业化是一个更加暴力、更加邪恶的过程。这个理论本身很好，但开始的时候，它的提出主要是基于英国的单一经验（毫无疑问，英国是人类生活重大变革的发源地）。因此，该理论在其他地区可能会完全失效。

从赌徒到圣徒：俄罗斯失去的机会

高加索山脉的山脚下有一座时髦的小城。这座小城名叫皮亚季戈尔斯克，是个度假胜地。1853年夏天，那里出现了一名身受重伤的炮兵军官。这是一位思想敏锐但无组织无纪律的军人，他奉沙皇之命，刚刚参与了一场平定车臣人叛乱的战争。从很多方面来看，这个年轻人都是那个时代典型的贵族。这个人和他在军队中的同僚在圣彼得堡和皮亚季戈尔斯克的牌桌上赌博，他输了一大笔钱。他的人生正处于低谷。他梦想建立一个更加现代化的俄罗斯，尽量少受沙皇及其监察官的控制。此时，他正在创作战争小说。他追求过许多妇女，地主身份让他尤其有机会骑到一些身为农奴的女孩身上。他经常制订一些能够提高自身生活质量的计划，但随后又会将这些计划抛诸脑后。他的眉毛粗重，额头前面有许多头发。他是个显眼的人物，目光炯炯，就像是狼一样。

现在，他已是赌债缠身。数个月前，他让他的内弟卖掉了庄园上一个次要的村庄，一起卖掉的还有 26 个农奴和他们的家人——卖掉这些人就像花掉硬币一样。现在，他意识到，他不得不卖掉主屋了。这所房子是他祖父建的，他就出生在那里。他签下了字据。这栋华丽的大房子被卖给了一位与他有竞争关系的地主。那个人拆掉了房子，把所有建筑材料装上货车，拉到自己的土地上重建。主屋旁边的两处小厢房被保留下来，厢房之间是一个大坑。

俄罗斯的贵族子弟饱食终日，牢骚满腹，非常令人厌烦，临时卖掉农奴还赌债、玷污农奴妇女都很常见。然而，我们这里提到的是年近 30 岁的列夫·托尔斯泰。作为世界上最伟大的小说家之一，俄罗斯人非常崇拜他，不仅俄罗斯将其视为道德楷模，就是全世界也是这么看他。在晚年，托尔斯泰留着家长式的胡子，穿着乡下人的罩衫，号召俄罗斯人找回身为农民的根，重新回到田园生活中去。他教育他以前的农奴，要他们追求基督教的最高理想。托尔斯泰回归自己的庄园，那里名叫亚斯纳亚·博利尔纳，靠近图拉，距离莫斯科大约 120 英里。那栋华丽大房子之前已经卖掉，他住在尚保留下来的厢房里，将余生的很多时间用于赎年轻时的罪。在《战争与和平》和《安娜·卡列尼娜》中，他以近乎残酷的诚实揭露了自己的癖嗜和自私，他也将俄罗斯乡村地区的欢乐和风情融入作品之中。

在高加索身陷赌债危机的 3 年之后，托尔斯泰返回他的庄园，试着在变小的房子里生活。拆房时在住宅中央留下的大坑里现在种满了树，但也一定难掩它时常给他带来的尴尬。

俄国向南扩张的野心威胁到了其他强国，于是爆发了克里米亚战争。交战的一方是沙皇俄国，另外一方是英国、法国和土耳其。在战争期间，英法等国联军对俄军把守的塞瓦斯托波尔要塞展开了长达 11 个月的围攻战。从 1854 年到 1855 年，托尔斯泰参与了这次决定克里米亚战争结果的防御战。这场战争使参战各方的军队都感到震惊。双方都表现出了巨大的勇气，但这丝毫不能掩盖士兵的缺乏训练、武器装备的落后，以及战略战术的过时——无论是英国的骑兵、法国的步兵，还是俄国军队都一样。但最后，俄国输掉了战争，沙皇的威望一落千丈。

亚历山大二世成了俄罗斯的新沙皇。在他的成长过程中，自由派知识分子对他产生了较大影响。新任沙皇意识到，刚刚在家门口输掉战争的俄罗斯并没有成功实现现代化。那些为捍卫祖国而战斗牺牲的俄军士兵多半是农奴。也就是说，他们被束缚在土地上，充其量只是他们主人的一份动产。另外一个事实也不容忽视。1812 年，俄国军队反抗拿破仑的入侵；1813 年，他们击败了拿破仑。之后，一些军官认为，他们可以通过战斗赢得自由，但他们却被忽视了。在克里米亚战争之后，军队中再次出现了同样的想法。

战争会使人们变得激进。与战胜相比，战败更容易使人变得激进。1856 年 3 月，亚历山大发表了一篇演说。在这篇演说中，他警告地主，与其让农奴发动某种形式的叛乱，自下而上解放自己，还不如以法律的形式，自上而下解放农奴。亚历山大和他的顾问明白，这是一件非常困难的事。除了许多地主会感到愤怒外，还有许多现实问题：例如，创建新的法律系统；在农村地区建立地方政府，以取代农奴制。此外，政府还要面对一个令人尴尬的现实——许多地主已经破产，他们将农奴抵押了出去。因此，从技术上说，这些农奴属于莫斯科和圣彼得堡的各家银行。如果没有农奴维持土地的肥力，大部分土地都是没有价值的无用之地。另一方面，农奴没有钱，如果失去土地，他们就会饿死。可见，废除农奴制是一项庞大而复杂的工程。从沙皇做出决定开始，这就是一项极为重大的改革。改革的艰巨程度与改革的规模成正比。一份在 1857 年（解放农奴前 4 年）所做的人口普查表明，农奴人数大约是 2300 万人，超过了俄国人口总数的三分之一。相比较而言，同一时期美洲黑奴的数量大约是 400 万人。

农奴制可以追溯到封建时代，甚至是古典时代。最初只是把农业劳动力简单地固定在土地上，让他们将一部分剩余农产品交给他们的主人——教会、贵族或城市。正如我们看到的那样，黑死病导致劳动力不足，这推动了农奴制在西欧的逐渐瓦解。但在西欧，有些地方也是很晚才废除农奴制——例如，直到 1799 年，苏格兰的煤矿工人才摆脱农奴的身份。农奴制在东方更加普遍。尽管出现得比较晚，但东方的农奴制更加成功。这种由地主和君王主导的农奴制持续的时间也更长。从 18 世纪到 19 世纪，波兰、普鲁士、奥地利、匈牙利和德意志许多小邦国都存在农奴。但从规模和制度上看，俄国的农奴制都显得与众不同。

俄国的农奴不完全是奴隶（尽管“农奴”一词来自拉丁语，意思是“奴隶”）。他们的主人不能杀掉他们，也不能将他们卖到国外。1723 年，彼得大帝废除了典型意义上的奴隶——这样的奴隶主要是做家仆。但从 16 世纪 50 年代开始，地主管理自家农民的权力变得越来越大，这些权力都是俄国法律赋予的。一个世纪后，完整的农奴制在俄罗斯中部的“黑土”地区变得非常普遍。农奴被束缚在地主的土地上和村庄里，如果试图逃跑的话，将会受到重罚。他们也不能和来自其他领地的人结婚。托尔斯泰的行为表明，他们能和土地一起被买卖；种地需要的农奴会被保留下来，而“过剩”的农奴会被送给其他人去工作。他们的主人可以自由地惩罚他们，其中包括殴打。身为农奴的女孩和妇女经常被强奸。几乎没有哪位农奴接受过教育。

俄国的大地主会讲法语，经常到圣彼得堡或国外旅行。他们与农奴之间的差别，就如同印度的英国统治者与普通印度人之间的差别，或加勒比糖料种植园主与非洲奴隶之间的差别。俄国的庄园更像是美洲的种植园，庄园里有自己的面包房、果园、住所、马厩、粮仓和司法系统，那里的生活与城市生活基本上没有什么联系。因此，俄国农奴制所产生的压迫感是独一无二的。在世界任何地方，对于勉强维持生活的农民来说，如果不得不把一部分谷物和牲畜交给地主，那么他们的自由度很大程度上就只是个理论问题。毕竟，俄国的农奴制与法国成熟的专制主义大致是同时产生的。法国波旁王朝的农民并不比俄国罗曼诺夫王朝的农奴更自由。

然而，俄国的农奴制有许多特点，这些特点使俄国人感到，俄国社会完全不同于西欧社会。首先，在俄国，主人和农奴之间没有种族上的差异。他们都是民族融合的产物：大部分人都是斯拉夫血统中融入了一些鞑靼血统（有时是一些日耳曼血统）。男主人、女主人和仆人不但长得相似，就连名字也很相似。农奴会几代人都生活在同一片黑土地上，他们分享古老的故事和音乐，虔诚地信奉东正教。对于许多自由派的俄国地主来说，农奴比他们更“真实”，是更地道的俄罗斯人。在许多作家和知识分子看来，俄国是应该受诅咒的。但当激进分子试图“走进”农奴，并为他们提供帮助的时候，这些满腹狐疑、思想保守的农民又会对他们表现出困惑和敌意。

俄国还有数以万计的小地主，他们的经济状况相对拮据一些。他们与那些会说话的“财产”之间没有明显的文化差异。农奴可以在主人的厨房中烹饪食物，哺育主人的孩子，围在火堆旁边讲故事，将一些乡村地区的知识教授给在他们之间成长起来的小贵族。他们会一同出去打猎。农奴中不乏有才华的工匠、乐师、油漆匠和建筑工人。他们的主人依靠他们提供的产品和服务，就像富裕的西欧人依靠付工资的自由工人一样。如果农奴出现家庭纠纷，那么一家之主还会去征求地主的意见。可见，在远离城市的居所和村庄中，俄罗斯的农奴制中也存在亲密关系。与其他地区农村中的奴役关系相比，这种亲密关系使许多俄国地主既感到尴尬，又感到感动。

俄国的农奴制不可能带来任何一种形式的资本主义。糖料种植园和棉花种植园中的奴隶制可以导致资本主义，因为在新的贸易体系和资本积累过程中，人类只相当于在田间地头工作的机器。事实上，农奴制阻碍了俄国农业的发展，因为没人愿意将资金用于促进农业发展：地主不愿意，因为他们担心反抗；农奴也不愿意，因为他们耕种的土地不归他们所有。而且，在理解俄国的农奴制时我们不应该忘记俄国的独裁制度。早在伊凡四世在位期间，俄国就开始强化这种独裁制度，因为他感受到了危险的社会动荡。

沙皇处于政治金字塔的顶端，但他们经常死于宫廷政变，经常被重臣胁迫；之后还有人死于暗杀。根据 1722 年颁布的《官级表》，俄国的贵族有严格的等级之分。他们是沙皇的仆人，有时甚至是沙皇的奴隶。在这段时期，贵族为沙皇服务，沙皇用国家机器控制贵族，如军队、法律和地方政府。有了沙皇的支持，他们才能确保收入。因为俄国的农业产量很低，沙皇政府可以确保他们凌驾于农奴之上。抗议和农民起义非常频繁——根据记载，从 1826 年到 1856 年，俄国出现了大约 1800 次“骚乱”——

这足以使贵族们始终警觉。[14] 另一方面，如果没有贵族，沙皇也很难统治俄罗斯。1762 年，沙皇彼得三世免除了贵族的义务。但在此之后，“农奴为贵族服务，贵族为沙皇服务”的观念仍旧深入人心。有时，俄国的政治更像是三种势力的平衡。

俄国的大起义始于拿破仑战争之后。1812 年到 1814 年，俄国人与拿破仑展开激战，这场战争使许多年轻的俄罗斯贵族对西欧有了深入了解。在巴黎，他们努力学习启蒙运动时期的新思想。对于他们来说，新思想似乎比伏特加更有吸引力。回到祖国后，古老而僵化的沙皇制使他们感到惭愧和尴尬。

1825 年 12 月，后来被称为“十二月党人”的俄国军官在圣彼得堡发动了一场起义。在次兄康斯坦丁放弃皇位继承权后，尼古拉一世成了新一任沙皇。“十二月党人”反对的就是这个新沙皇。起义军和忠于沙皇的军队在市中心对峙了 5 个小时。之后，沙皇命令军队开火，起义失败。沙皇绞死了 5 名起义军领袖，剥夺了 121 人的头衔，之后将他们流放到西伯利亚。很多流放者的妻子和家人也随同他们前往西伯利亚。在那里，他们不是地主，而是普通的农民。其中一个流放者的几个儿子——按照他们母亲的描述——与当地的农民一起玩耍，他们捕鳟鱼，设陷阱抓野兔，寻找鸟窝，“与一些野孩子一起在森林中露营”。他们的父亲也入乡随俗，留起了长胡子，不再梳洗，到田里去劳动。这个人名叫谢尔盖·沃尔孔斯基，他是托尔斯泰的堂兄弟。从流放地返回后，他们才最终得以相见。沃尔孔斯基是《战争与和平》中一个重要角色的原型，托尔斯泰将其塑造成一位令人敬佩的老者。[15]

从整体上说，这些“十二月党人”极大地激励了托尔斯泰时代的年轻一代。托尔斯泰为之前的赌博行为感到懊悔，对农奴主的身份感到惭愧，并且非常钦佩 1825 年遭到流放的自由主义者，这些想法在他的头脑中融合在一起。许多自由派地主和作家也有相同或相似的看法。新任沙皇亚历山大二世本身也是个自由主义者，尽管他看上去并不像。克里米亚战争失败后，他开始推行全面改革，其中包括改革军队、改革行政机构、修订刑法典，并放松审查制度。但他最重要的改革是彻底废除农奴制。甚至连农奴也对这项改革持怀疑态度：他们将获得多少土地？这项改革真的具有实际意义，抑或只是表面文章？

在1856年的时候，托尔斯泰已经预见到了将要发生的事。在亚历山大预示进行改革之后，到解放农奴的法律出台之前这段时间，托尔斯泰决定先解放自己的农奴，给予他们人身自由，并在接下来的30年里，向他们低价出售土地。他在亚斯纳亚·博利尔纳——这个词的大致意思是“快乐的牧场”——召开了一次会议，但他发现，农奴对他的决定充满怀疑。一位为托尔斯泰写传记的近代作家说：“当新沙皇继位之后，农民们相信他们终将获得自由。因此，他们认为，托尔斯泰提供的契约只是一条用来欺骗他们的诡计。在经过数次协商之后，他们拒绝了托尔斯泰的全部提议。”[16] 托尔斯泰在亚斯纳亚·博利尔纳重新安定下来，享受写作的快乐和天伦之乐。在此之前，他进行了一次出国旅行，在旅行途中见到了此前被流放的沃尔孔斯基。（但他的妻子生了13个孩子，并将她的空闲时间用于抄录他那字迹不清的手稿，因此没觉得生活有那么快乐。）

最后，托尔斯泰释放了所有属于他的农奴，并使他们种上了属于自己的土地。他自己掏钱，为农民的孩子办了一所学校（在这些孩子中，有几个是他的私生子）。他穿着农民的衣服，亲自给孩子们上课。他创作了不少儿童书，希望这有助于在整个俄罗斯普及读写知识。作为地方上的重要人物，托尔斯泰帮助农民反对自己所属的阶级。他告诉当地的孩子们，他决定成为一个农民。但他是个不称职的农民，因为他曾饿死了自己养的猪。托尔斯泰遣散了自己的仆人。历史学家奥兰多·费吉斯写道：“这项尝试遭遇了彻头彻尾的失败……他不知道如何加工火腿，不知道如何制作黄油。下田犁地或锄地的时候，他干不了两下就会感到厌烦，然后就跑到莫斯科去了。”[17]

当托尔斯泰与他养的猪和自己的良心做斗争的时候，亚历山大手下的部长们正在与持敌对态度的地主和持拖延战术的委员会做斗争。沙皇希望在不引发贵族叛乱的前提下解放俄国的农奴。最后，亚历山大二世于1861年3月发表了《解放农奴宣言》，这份宣言比亚伯拉罕·林肯颁布的《解放黑人奴隶宣言》早了两年。尽管听上去很高尚，但几乎没有人对这份宣言感到满意。听到这一消息时，托尔斯泰正在国外。具体地说，他当时正在伦敦，这是他一生中唯一一次到访伦敦。在那里，他听狄更斯宣读作品，到访了一些学校，又参观了新修建的维多利亚和阿尔伯特博物馆。他意识到，这份宣言的言辞和语气实在是太夸张了，农民们很难理解其中的意思。

托尔斯泰不明白的是，解放农奴将会遇到什么样的障碍。为了尽可能地保住之前的地位，地主们进行了顽强的抵抗。结果，在之后的半个世纪中，农奴为了获得他们认为应该属于自己的土地，向政府支付了大量的费用。另一方面，政府也要补偿地主。土地的价格被高估了。因此，政府需要向贵族支付更多的补偿金，那么农民的利益势必会减少。总体来说，减少了大约四分之一。尽管农奴可以和所爱的人结婚，可以经商，可以拥有自己的财产，但他们仍然处于地方法庭的控制之下，到其他地方旅行仍然需要通行证，在犯错时仍然会遭受皮肉之苦。

这离俄国农民的期许实在是相差太远了，人们变得非常沮丧。1861年，俄国爆发了大约1900次骚乱，其中部分骚乱被军队血腥镇压了。一方面，相对以前而言，地主觉得自己变得更加贫穷了；另一方面，他们也不能像以前那样直接惩罚“他们的”农民，因此地主们怨声载道。随着时间的推移，许多农民离开土地进入城市。在城市中，他们变成了新式的产业工人，他们的孩子成了列宁发动的布尔什维克革命的中坚力量。

亚历山大二世试图继续改革审查制度、教育、法律、军队和地方政府。在19世纪60年代早期的巴黎或伦敦，见多识广的报刊读者将可怕的美国内战同相对有序的俄国改革进行了对比。他们认为，俄国将成为一个更强大的国家。沙皇俄国的工业远落后于美国，但从19世纪80年代开始，俄国的工业发展也开始提速。事实上，俄国的专制制度无法满足人们不断增加的要求，但穷人和希望实现全面民主的知识分子获得了自由。在亚历山大执政的最后几年，革命组织变得越来越多。可怕的饥荒凸显了俄国农业和俄国社会的落后和脆弱。1881年，亚历山大二世死于一场由恐怖分子制造的爆炸。他的继任者——亚历山大三世——突然终止改革进程，并恢复了审查官和秘密警察。

俄国的状况使托尔斯泰感到越来越绝望。他对城市化和工业化都没什么热情。在他眼中，莫斯科是个“散发着恶臭，到处是石头，奢华、贫穷、放荡”的地方。在那里，无家可归的农民“为我们的地板打蜡，在浴室中为我们搓澡，或成为辛苦工作的马车夫”。[18] 在几部小说获得巨大成功后，托尔斯泰沉浸在他所追求的乡村生活中。他养蜂、培养果园、打猎，照顾一大家子人和他开办的学校。更多的作品和关于文学问题的激烈争论也成为他生活中的点缀。到了 19 世纪 70 年代后期，他说自己想成为一名僧侣。托尔斯泰成了世俗世界中的圣人，艺术家和作家纷纷向他致敬。他主张过一种朴素的基督徒生活，看上去，他要在沙皇压迫和社会主义革命之间走出第三条路。

当 20 世纪的大幕徐徐拉开的时候，托尔斯泰已经成为一位享誉世界的领袖人物，他不再是那个在牌桌上输掉房子、村庄和农奴的年轻而粗鲁的炮兵军官。从某种意义上讲，托尔斯泰成了一个自我主义者和一个令人头疼的人（领袖们大多如此），但他的人生轨迹宛如一条由学识和赎罪组成的完美弧线，只可惜俄罗斯的发展轨迹并未呈现出同样的弧线。托尔斯泰的家保留了一些“失落的伊甸园”的痕迹：平原上的房子、藏书室、果园、校舍、粮仓和森林。托尔斯泰就埋葬在一个平凡的小土丘下。但他的庄园仍然很穷。在接下来的一个世纪里，俄罗斯经历了战争和政治动荡。在 19 世纪 60 年代，如果俄罗斯出现了像美国内战——我们马上就会说到——那样的深刻变革，这个古老的帝国能否发展成为一个包括中产阶级主导的商业、繁荣的城市，以及民主制度在内的新国家呢？这点我们就不得而知了。

自由艰难地取得胜利

这些日子充满了精疲力竭和安慰，充满了悲伤和欢乐。1865 年 4 月 4 日，“马尔文号”蒸汽船从位于河流上游的华盛顿（美利坚合众国的首都）出发，前往弗吉尼亚州的里士满（邦联的前首都）。当邦联总统——或者说叛乱各州的总统——杰弗逊 · 戴维斯在教堂做礼拜的时候，一名骑兵军官找到了他。这名军官带来了邦联军队总司令罗伯特·李的一张便条，告诉戴维斯赶快逃跑。在里士满，军火库发生了爆炸。据说，饥饿的群众抢劫了食品店，大口地喝着威士忌，然后醉倒在水沟里。这座城市的桥梁被炸毁，政府官员挤满了马车和列车，然后消失在飞扬的尘土中。“马尔文”号航行在詹姆斯河中，河流两边是死马、失事的船只，以及漂浮货物。最后，配有12支桨的“马尔文”号停了下来。随后，船身降低，从船舱里走出一个人，他皮肤粗糙，长着鹰钩鼻和炉刷般的胡须。亚伯拉罕·林肯要亲眼看看叛军的首都，这场叛乱几乎摧毁了在美国实行共和制的梦想。

林肯大步走上岸，他上岸的地方叫“罗基特码头”。他发现岸上有一群人在等他，这群人中没有一个是白人。林肯希望解放美国的奴隶，也希望避免内战。但偏偏事与愿违，情况变得越来越糟。于是，身为总统的林肯孤注一掷，签署了著名的《解放黑人奴隶宣言》。现在，他受到了一群美国黑人的欢迎，他们将他称为“伟大的弥赛亚”和“耶稣基督”。这时，一个大约60岁的老人跪在林肯面前，林肯对他说：“不要向我下跪。你只需向上帝下跪，感谢上帝赐予你自由。”老人回答说，这么多年，他一直在沙漠中寻找水源，现在他终于找到了“我们的生命之泉”。围在林肯周围的人以前都是奴隶，林肯与他们握手。在大约12名水手的保护下，林肯步行2英里，走到了充满饥饿和烈焰的市中心。

很快，林肯身边又聚集起一大群人，人数比刚才更多，其中有黑人也有白人。南方的白人——他现在的敌人——在人群中注视着他。其中一个人和林肯一起向前走，他回忆道：“每扇窗户里都伸出若干颗脑袋。人们爬上花架和电线杆，从上面往下看。但人群鸦雀无声。成千上万的人注视着你，但却一声不响，这会使人感到某种压迫感。他们这样做，要么是表达欢迎，要么是表达憎恨。我本来认为他们会用充满挑衅的喊叫声欢迎我们。我偷偷地看了一眼旁边的林肯先生。他露出了坚定的神情。”[19]但并没有人开枪。

在复活节前一周，4月9日，穿戴整齐的罗伯特·李将军率领他著名的北弗吉尼亚军团向满身污垢的尤里西斯·格兰特将军投降。李将军认为，进一步抵抗——无论是在战场上还是用游击队——是毫无意义的。内战结束了。北方欣喜若狂，而战败的邦联则垂头丧气。5 天之后的 4 月 14 日，也就是 1865 年的“耶稣受难日”，林肯返回华盛顿，看上去无穷无尽的祝福者向他表示祝贺。他们告诉林肯，他们从未怀疑过他将赢得这场战争。但就在不到一年之前，林肯认为他自己或许已经完了，他不但会失去总统的职位，还会输掉这场战争。尽管如此，这仍然是非常美好的一天。

林肯前往剧院，享受难得的休闲时光。他在华盛顿的朋友警告他，在不带保镖的情况下出席公共场合是非常危险的。林肯和他的朋友坐在包厢里，用一年前一位反对他这样做的朋友的话说，“这座城市里一个身体健全的妇女”都能对他们构成威胁。[20] 但林肯刚刚从叛军的首都回来，所以他并没有注意这些警告。

林肯看的这出戏也没有什么特别的。这部在福特剧院上演的戏是一出轻喜剧，名叫《我们美国人的亲戚》。这部戏的作者是英国剧作家汤姆·泰勒，他在剧中使用了许多双关语和俏皮话。戏里有一位叫劳拉 · 基恩的女演员，她是当时的明星。林肯的妻子恳求林肯去看戏，林肯答应了。他们希望格兰特将军及其妻子也能陪同他们一起去看戏，但这对夫妇并未出席，因为格兰特非常讨厌社交场合。总统去看戏的目的很简单——他想上第二天下午出版的报纸。在幕间休息的时候，林肯处理了一些内阁文件，并接见了一位受委屈的黑人妇女，军队拒绝向她的丈夫支付薪水。他答应为这名妇女讨个公道。他告诉妻子，他从未像今天这样快乐过。但林肯也有些不祥的预感。他第一次提到，他或许会遭遇暗杀。他说，他并不是真的想去剧院——他去剧院，只是为了不让公众失望。

林肯坐在用旗子装饰的总统包厢里，大部分的观众都看不到他，但他的警卫工作做得并不是很好。刺客在隔壁包厢，他在两个包厢之间的墙壁上钻了一个偷窥孔。尽管有门挡着，但他还是溜进了总统包厢，站到了林肯的身后。他一手拿着短刀，一手拿着单发的大口径短筒手枪，他在不足 5 英尺的地方对林肯开枪射击。子弹从颅骨的左侧射入，穿过大脑，停在他右眼的后面。一位年轻的军官坐在林肯一家的旁边，他也受了伤，但还是试图制服这名刺客。刺客跳上舞台，但却被星条旗绊住了。尽管踝关节受伤，但他还是希望在观众反应过来出了什么事之前逃离剧院。此时，林肯已经失去知觉，被抬到剧院对面的一栋房子里。第二天早上7点22分，林肯与世长辞，围绕在他身边的家人和内阁成员都流下了眼泪。此外，刺客还计划刺杀林肯的国务卿威廉·苏厄德和副总统。

这名刺客名叫约翰·威尔克斯·布斯，他的父亲是一位演员，一共有10个孩子。“布斯”这个名字源自刺杀恺撒的“布鲁图斯”，“约翰·威尔克斯”则源于一位激进的英国作家。年幼的时候，布斯非常好学，希望日后也能成为一名演员。布斯是邦联事业的坚定支持者，他曾目睹人们绞死发动废奴起义的约翰·布朗。布斯的父亲是一位出色的演员，但他酗酒成性，有时甚至会因此精神错乱（在演员中，这非常常见）。作为儿子，布斯的演技不如父亲。在一次舞台意外事故中，他差一点用匕首杀了自己。事实上，他有点像滑稽剧演员。布斯痛恨林肯，没有拿起武器参加邦联军队使他备受罪恶感的折磨。他想为注定要失败的南方而奋斗。他刺杀林肯的动机并不令人感到意外，也不会引起人们的兴趣。

林肯的死震惊了全世界，他是为捍卫美国民主而牺牲的最伟大的烈士。为了纪念他，人们在华盛顿为他竖立了巨大的雕像，他的风头似乎盖过了身为美国国父的华盛顿。但我们同样需要记住的是，在当时，林肯遇刺身亡也使许多美国人感到欢欣鼓舞。例如，得克萨斯州的一份报纸——《休斯敦电讯报》——是这样说的：直到上帝进行末日审判那天，

> 亚伯拉罕·林肯之死给人带来的激动都不会消失……根据适用于各民族和全人类的崇高判断标准，林肯之死堪比塔昆之死、恺撒之死、查理一世之死、路易十六之死、马拉之死……但当镇压南方的罪魁祸首突然流出鲜血的时候，即便是那些对南方土地并无真心实意的士兵、妇女、老人和咿呀学语的孩子也会感到激动、兴奋和无与伦比的美妙。[21]

美国的南北战争是19世纪最重要的冲突，它的重要性超过了英国参与的帝国主义战争，超过了南美洲的解放战争，超过了俄国丢掉克里米亚的那场战争。如果我们说这场战争的重要性也超过了19世纪初的拿破仑

战争，似乎也不为过。考虑到拿破仑战争时期军队和通讯的局限性，法国在欧洲大陆建立起来的霸权不可能持续很长时间。但南北战争却将一个庞大的国家捏合在了一起，否则美国可能会发生分裂，而且不止分裂为两个国家。可以说，这场战争造就了 20 世纪的超级大国。如果美国在 19 世纪 60 年代发生分裂，那么在 1917 年和 1941 年的时候，欧洲的民主国家就不会得到来自大西洋彼岸的援助,之后也不会有那个与苏联对峙的强国了。这场战争也是共和观念的转折点，因为在那个时候，共和制政府还比较罕见。邦联的支持者包括了英国大多数的右翼势力，如保守党和贵族、法国的拿破仑三世，还有西班牙的保皇党。因此，林肯发动的这场战争不但改变了美国，也改变了整个现代世界。

我们可以通过一组数据来看看这场战争的规模。从 1815 年拿破仑最终兵败滑铁卢，到第一次世界大战爆发德国入侵比利时，在西方国家参与的任何一场战争中，美国内战（1861—1865 年）是破坏性最大的。我们很容易发现，这场战争也是美国历史上最有破坏性的战争。南北战争导致大约 62 万名士兵丧生，而将美军在其他所有战争中阵亡人数加在一起也不过是 68 万人。在内战中，美国士兵在安蒂特姆河战役中的死亡人数是 1944 年诺曼底登陆死亡人数的 4 倍。在南部邦联，大约有四分之一符合服役年龄的白人男性战死沙场。[22]

但是，人们为什么要打这场战争呢？

战争的起因是有人试图废除美国的奴隶制。林肯反对奴隶制的态度是一贯的,也是坚定的。对于许多美国人——特别是生活在南方的美国人——来说，他当选总统意味着战争已经不可避免。但很明显，林肯并不打算废除美国已在实行的奴隶制。他只是想做两件事，一是确保美国不再出现新的蓄奴州；二是维护联邦政府在全国的威信。在一封写于战争爆发初期的信中，林肯声称：“我最重要的目标是努力捍卫联邦，而不是拯救或摧毁奴隶制。如果可以挽救联邦，我宁愿不解放任何一个奴隶。”他相信，奴隶制终将瓦解，尽管这可能要到下个世纪才能实现。他曾认真地思考过，是否可以将美国黑人全都送回非洲去。但在 1858 年，在一封致新组建的共和党的信中，他认为关于奴隶制的争论是不可避免的：“一家自相纷争，必站立不住。我相信，政府不可能允许一半奴隶制，一半自由制的情况长期存在下去……美国要么会变成一个完全的奴隶制国家，要么会变成一个完全的自由制国家。”

既然人们普遍厌恶奴隶制，那么北方就一定会出现反奴隶制思想。新教神职人员和其他受欧洲启蒙思想影响的人是这种思想的推动者。这里还有一个更加有趣的问题：为什么奴隶制在美国南部地区有这么大的势力，为什么那些为捍卫“黑奴制度”而牺牲、而杀戮的人会认为自己很光荣，很虔诚，很体面呢？这并不是因为他们中的大多数人本身就是奴隶主。在战争刚刚爆发的时候，南方15个蓄奴州里共有800万白人，其中仅有38.3万人拥有奴隶。而且在这38.3万奴隶主中，一半人的奴隶数量不到5个。在这800万白人中，只有大约3000人拥有百名以上的奴隶，他们只是很少的一部分人。所以只有他们的生活才像人们通常想象的那样：住在一栋大房子里，奴隶们在种植园中劳作。[23] 大多数奴隶主都是与奴隶共同劳动的小农。事实上，大多数南方人都是农民，他们经常要与贫瘠的土地做斗争。

美国的奴隶制可以追溯到《独立宣言》发表前的很长时间，合众国的开国元勋们都与奴隶制有着千丝万缕的联系。乔治·华盛顿和托马斯·杰斐逊本身就是奴隶主，弗吉尼亚和南方各州大部分达官显贵也都是奴隶主。他们或许有一种古怪的矛盾心理，但如果没有奴隶，他们综合性的农庄将运行不下去。美国宣布独立的时候，奴隶制在全部13个州都是合法的。在南方，种植烟草、糖料、稻子和棉花需要付出极其艰苦的劳动。但当时既无大规模的移民，印第安土著也不愿意下地干活，因此奴隶制似乎成了唯一的选项。北方的气候和土壤与南方差别很大，人们不得不采用其他的耕作形式，所以奴隶制在北方并不普遍。在田间劳动要遵守严格的纪律。在通常情况下，人们每天要工作14个小时。据估算，南方农业州的生产效率比北方自由州高35%到50%。因此，在战争刚刚开始的时候，美国南方比除英国之外的任何一个欧洲国家都更加富有。南方经济没有陷入日后北方的宣传机构所言的困境，有人认为“从总体上看，只有长期保持高增长率的瑞典和日本才能超过南方在战前（从1840年到1860年）取得的成就”。[24]

新加入美国的州——如堪萨斯州和得克萨斯州——也迅速地迈向了繁荣的奴隶制经济。要理解美国面临的风险，我们首先要回顾一下这个新生的共和制国家是如何以一种不寻常的方式向西扩张的。第三任总统杰斐逊希望获得新的土地，于是他在美国地图上又增加了 14 个州。在拿破仑战争期间，杰斐逊政府通过一笔交易——也就是之前提到的“路易斯安那购地案”——使美国领土面积大幅增加。这可能是史上最重要的不动产交易。1803 年 4 月，拿破仑正在集中精力对付他最后的敌人——英国。与大多数征服者一样，拿破仑也出现了财政危机。因此，他决定将美国西部的一大块法属领地卖给华府，他说自己不再优柔寡断：“我宣布放弃路易斯安那。”通过伦敦的巴林银行，美国向法国支付了 1500 万美元。这块土地相当于英王乔治宣布投降时美国面积的两倍多，美国的国界向西扩展到了落基山脉。此外，美国还想夺取加拿大。于是，美英两国于 1812 年爆发战争。结果，美国战败，英军占领并焚烧了华盛顿。

但这只是美国领土扩张中的一个小挫折。1819 年，西班牙放弃佛罗里达。在 30 年里，阿巴拉契亚山曾是一道障碍。但现在，美国人已经跨过阿巴拉契亚山，深入北美大陆的腹地。美国人继续以惊人的速度迁移到腹地的各个地方。美国又从盘踞在墨西哥的西班牙人手中夺取了得克萨斯，并着手将其变为一个独立的州（得克萨斯也产生过加入大英帝国的念头，但这个念头并没有被认真对待，且很快就打消了）。1845 年，得克萨斯成了美国的一部分。3 年后，美国与墨西哥之间爆发了一场艰苦卓绝的战争。结果，美国又以便宜的价格购买了加利福尼亚和新墨西哥。

这里有一个大问题：美洲土著民族在战争中失败，他们或是遭到杀戮，或是被赶到保留地里去。那么，在此之后，新生的美国将会是一种怎样的社会呢？当时，美国大部分的新领土既荒凉又缺乏法律：“山里人”、捕兽者、探险家、狂热的淘金客和冒险家将彼此独立的土著民族拼命向西挤压。但美国已经出现了两种不同的经济模式。南方是奴隶制种植园经济，这种经济模式不断向外延伸，甚至延伸到了加勒比地区和拉丁美洲。北方开始的时候是小农经济，但在欧洲移民——包括德国人、爱尔兰人、斯堪

上图　青年托尔斯泰未来将从一个浪荡、嗜赌的地主变成俄国农奴的热情朋友……同时写了几本书。

下图　1825年的一场俄国革命，试图使俄国更加欧化的十二月党人最终失败了，他们遭受处决或流放西伯利亚。

上图　炮轰亨利堡，田纳西。缔造了现代美国大国地位的美国内战是19世纪最重要的战争。

下图　约翰·威尔克斯·布斯，刺杀亚伯拉罕·林肯后马上被捕；但是在南方，这个不得意的演员成了一个杀死“暴君”的英雄。

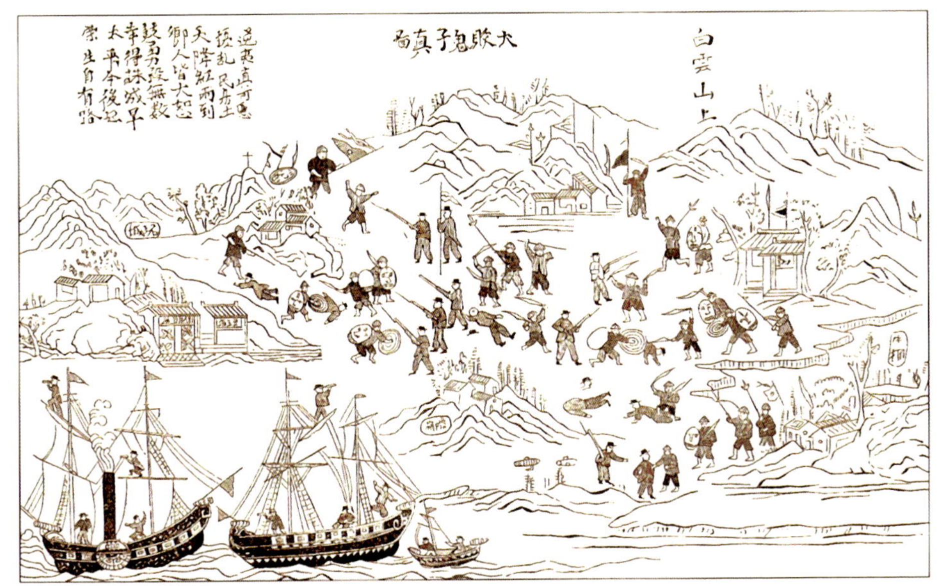

上图　中国人的看法。实际上，在第二次鸦片战争中，中国人无力抗击英国的炮舰和步兵。

中图　国王利奥波德二世非常鄙视比利时人——“小国家，小民族”——并且在非洲建立了一个个人的帝国，引发了悲剧性的后果。

下图　在推动第二次工业革命方面，没有哪个国家比得上德国人的热情：卡尔·本茨在展示他的1886年机动三轮车。

上图　列宁乘坐着德国人准备的密封列车回到俄国，最终建立了苏联。

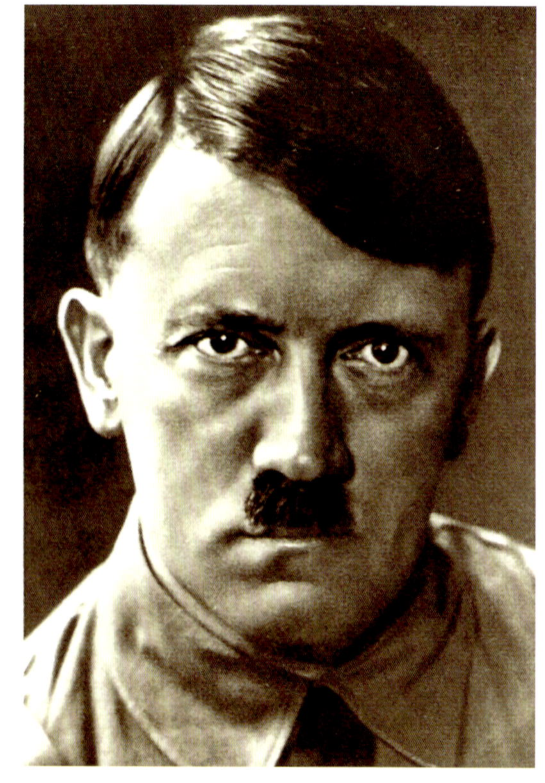

下图　希特勒将自己打算做什么告诉了全世界，世界却拒绝相信他。

上图　肩并肩。但是穆罕默德·阿里·真纳拒绝由一个单一国家继承英属印度，这意味着他的巴基斯坦和甘地的印度将要成为仇敌。

下图　罗伯特·奥本海默，这位文雅的自由主义科学家最终算出了要在多高引爆他的原子弹，才能烧死最大数量的男人、女人和小孩。

上左图　玛格丽特·桑格。在为 20 世纪的女性做出的贡献上，这位工人阶级出身的激进分子比任何一位政治家都大，无论男女。

上右图　卡斯特罗成功粉碎了美国雇佣军从猪湾入侵古巴，这是后来古巴导弹危机前奏的一部分，这场危机将世界带到毁灭的边缘。

下图　波士顿的抗议者。美国和欧洲那些反对他们父辈的学生纷纷在东方的马克思主义革命者中寻找新的英雄。

上图　西方轻率地假设历史终将不可避免地走向自由主义，但伊朗于 1979 年转变成一个伊斯兰军事神权政体的事实让他们大吃一惊。

下图　布拉格，1989 年。苏联的解体快得令人吃惊，大部分也和平得令人吃惊。

上图　美军入侵伊拉克后，独裁者萨达姆·侯赛因的一尊雕像被拆毁，但解放之后迎来的仍然是恐怖。

下图　1997 年，或许是世界上自古以来最伟大的国际象棋选手加里·卡斯帕罗夫与 IBM 公司的一台超级电脑对弈，这场比赛的广告宣传上写着“人脑背水一战”。

的纳维亚人，以及英格兰人和苏格兰人——的推动下，迅速转型为工业经济。从本质上看，北方是属于城市资本家的，他们深受新教的影响，能与痛恨奴隶制的英国人产生共鸣。

1777年佛蒙特州首先废除奴隶制，之后北方各州一个接一个地废除了奴隶制。到1804年，至少北方各州都已经开始着手废除奴隶制。1808年，美国国会以投票的方式禁止本国人参与大西洋奴隶贸易。在前一年，英国也做出了同样的决定。但在南方棉花种植园和糖类种植园中，这反而推动了美国国内贩奴和蓄奴的发展。创建美利坚合众国的人清楚地意识到，这种分裂是非常危险的。约翰·亚当斯是最早在波士顿发动起义的人之一，后来成为美国第二任总统。他担心这种分裂会“使北美出现像欧洲那么多的国家”。[25]1820年，在经过激烈的讨价还价之后，国会通过了“密苏里妥协案”。这份妥协案在北美大陆上划出了一条线，在这条线以南允许存在奴隶制，以北则不允许。然而，一旦国家开始大举扩张，没人相信双方会恪守这条界线。这场竞争涉及了太多的土地和金钱。

南方一直以来习惯了掌控美国政治，来自南方的总统、法官、重要的众议员和参议员多得不成比例。但来自北方持反对奴隶制立场的竞选人在政坛上的势力越来越大。对于南方人来说，这无疑是一种侮辱。1850年，当加利福尼亚获准加入联邦的时候，危机已经到达了一触即发的地步。南方人威胁退出联邦，但在最后一刻，双方达成了妥协：加利福尼亚以非蓄奴州的身份加入联邦，但北方必须归还从那里逃跑出来的奴隶。但双方还会再次产生矛盾。我们看到了早期的时候铁路是如何改变美国的，但真正值得重视的是那条连接大西洋和太平洋的铁路。承诺投巨资修建这条铁路是加利福尼亚留在联邦的原因之一。但为了连接芝加哥这个新兴的工业中心，这条铁路不得不穿过堪萨斯和内布拉斯加。这样，堪萨斯将会成为一个独立的州，它位于密苏里妥协线的北方，因此应该是个自由州。但堪萨斯的土地非常适合种植烟草和大麻，这引起了种植园奴隶主的兴趣，于是他们展开了游说。

支持奴隶制的政客认为，像堪萨斯这样的新州有权决定自己的命运。于是，奴隶主和他们的奴隶从一个方向涌入堪萨斯州，废奴主义者和北方农民从另一个方向涌入堪萨斯州。一场残酷的游击战就此打响，交战双方都有一些暴行。约翰·布朗是个激进的废奴者，他被绞死的时候，布斯就在一旁驻足观看。后来，一首著名的战争歌曲描写了他的尸体。约翰·布朗曾领导黑人和白人攻打哈珀斯费里。哈珀斯费里是一座位于西弗吉尼亚州的小镇，镇上有一家兵工厂。他希望发动一场奴隶暴动，但最后以失败告终。被捕后，布朗被绞死。在北方人眼中，他是个烈士；但在南方人眼中，他是个恐怖分子。

可见，战争爆发的时候，美国已经出现了流血冲突。关于奴隶制界线的激烈争论也没有结果。此外，南方各州还发出了严厉的警告：它们宁愿退出联邦，也不会屈服。

工业化北方的经济增长和人口数量成了最后的关键因素。移民可以在北方找到工作；但在南方种植园，从欧洲来的穷白人几乎找不到什么活儿干。关于那个时期工业发展的原始数据很能说明问题。在美国制造业获得的投资中，仅有 18% 来自南方。北方的工业生产能力是南方的 9 倍，北方的人口数量是南方的 2.5 倍，来自欧洲的新移民绝大多数都去了北方，北方的识字率也比南方更高。新型的美国正在向西北发展，涌现了站在城市化和资本家一边的城市，如芝加哥和底特律。南方的白人文盲数量是北方的 3 倍。尽管南方的种植园比北方的农业更有效率，而且南方也以自己的方式参与了全球经济，但这是整个南方社会与整个北方社会的战争。很显然，一方比另一方更发达。

上面讲的是经济和地理方面的情况。除此之外，南方和北方还存在更深层次的分歧，那就是文化差异。对于那些卷入内战的人来说，他们或许会认为文化差异更加重要。在南方，许多人将奴隶制视为人类社会中一件很平常的事，早在圣经时代和古典时代它就已经出现了。在他们看来，北方城市里那些“在工厂中工作的黑鬼”实际上就是一种“工资奴隶”。相较而言，他们的奴隶制要仁慈得多呢。他们的话也揭示出部分真理。1850 年时，南方奴隶孩子的平均寿命比英格兰工业中心——曼彻斯特——孩子的平均寿命长 12 年。美国奴隶的数量迅速增加，因此不再需要购买从大西洋上贩运过来的奴隶，这也可以从一个侧面说明当时奴隶的健康水平。对于那些支持奴隶制的美国人而言，奴隶也是他们的私有财产，而财产权是美国宪法赋予他们的基本权利，联邦政府无权剥夺。在 13 块殖民地举行起义的时候，奴隶制难道不是遍布美国吗？联邦政府将杰斐逊和华盛顿的头像印在他们的纸钞上，但这两个人本身就是奴隶主。

大多数南方人都是穷白人和奴隶，但南部邦联并不将自己呈现为一个等级森严、不切实际的保守社会。南方人认为，与喧哗吵闹的“北佬”相比，自己比较细腻，更加可靠。美国南部种植园主的生活态度与内战时期英国保皇派的贵族式价值观和之后一个世纪詹姆斯党人的浪漫情怀有着千丝万缕的联系。他们都不喜欢城市中的商业价值观。之后，这种感情发展为对城市价值观和工业资本主义的深恶痛绝。我们已经看到专制君主制是如何在英格兰失败的，以及詹姆斯党人的事业是如何在苏格兰失败的，他们的失败先是推动了启蒙思想和科学的发展,之后又促进了工业的繁荣。但在美国南部地区，上述这些事物都是受诅咒的。在南北战争刚刚爆发的时候，伦敦《泰晤士报》记者威廉·霍华德·拉塞尔评论说，南方人极端仇视“贸易、商业、追逐利润、制造业和拙劣的机械工艺”。[26] 一位研究奴隶制的美国历史学家记述了蓄奴州的统治精英，以及他们所具有的贵族精神：他们“看重家庭和社会地位，有很强的荣誉感，希望过上奢侈、安逸的生活，渴望获得成功”。[27]

这是小说《乱世佳人》描绘的南方。对女士彬彬有礼的将军们长着一头长长的卷发，留着挺立的胡须，他们统领着邦联军队。就好像莱茵的鲁珀特王子获得重生，骑马穿过弗吉尼亚州，又好像是“小王子查理”在为肯塔基而战。当然，这也是南方失败的原因。然而，尽管美国的工业发展不平衡，但战争绝非不可避免。

詹姆斯·麦克弗森是有关这场冲突最好、最公正的历史学家之一。麦克弗森指出，到了 1863 年，北方要想赢得胜利，必须征服大片南方土地，瘫痪南方经济，摧毁南方军队。这是一项艰巨的任务，因此“北方在人力和物力上的优势只是胜利的必要条件而非充分条件”。南方需要做的只是坚持下去，存活下去。麦克弗森认为，假如真的存在一个平行世界，在那里双方的命运只要发生一点转折，南方或许就可能赢得这场战争——如果那样的话，历史将会向一个完全不同的方向发展。

如果林肯——这位强硬的肯塔基州律师和政治天才——没有当选总统，或输掉那场谋求第二个总统任期的选举（事实上，他很有可能输掉这场在内战期间举行的选举），那么北方会向奴隶制妥协吗？如果杰出的南方将领——如被称为“石墙”的杰克逊和罗伯特·李——更加幸运，那么他们或许会在北方得到像谢尔曼这样的良将之前果断地击垮北方军队，那样的话，联邦的战斗意志很可能会崩溃。事实上，他们离击溃北军的目标并不遥远。有些时候，联邦军事统帅的无能，以及人们对林肯和内战日益增生的不满——纽约爆发了美国历史上最糟糕的暴动，在反对征兵的抗议活动中，有120个人丧生——使邦联几乎获得了政治上的胜利。

北方的军队人数更多、工业化程度更高、组织也更有条理，同时又避免了像南方那样的食物短缺和恶性通货膨胀。最后，随着李将军投降，北方军队摧毁了多座南方城市。但这是一场势均力敌的战争，就像在第一次世界大战期间，当美国军队到达欧洲时，离胜利并不太遥远的德国与协约国进行的那场势均力敌的战争一样。事实上，这场战争的结果主要取决于几场特别的战斗和几个特殊的人物，这就是它能不断激发历史学家想象力的原因之一。

在南方，大约四分之一的成年男性在内战中丧生，那些幸存下来的人很多也落下了残疾。他们既不是奴隶主，也不是富人，那么他们为什么要参与这场战争呢？最后，他们的书信告诉我们，他们这样做主要是出于对家乡和家庭的忠诚；此外，地方传统也起到了很大的作用。他们参战，是为了反抗骄傲自大的北方城市，为了反抗一个充满威胁和冷酷的未来——这个未来充斥着工资、工厂主和虚伪的北佬牧师。不少邦联战士本身也反对奴隶制。罗伯特·李认为这是一个邪恶的制度，所以他自己没有奴隶。他辞去了在联邦委员会里的职位，为邦联而战。他这样做是因为他不能抛弃位于弗吉尼亚州的家和他的家人。很多人参战也是出于相似的目的。他们为佐治亚、田纳西或南卡罗莱纳而战，为那些一同喝酒的朋友而战，为父母兄弟而战。他们为地方而战，为此不惜分裂国家。

他们的失败使南方和北方重新连为一体，并处于同一联邦政府的管辖之下，而且这场战争使联邦政府变得比以前更强大了。不但如此，南方的战败还推动了最后一波西进运动。结果，美国最终成为我们现在看到的样子。堪萨斯州境内的铁路曾经挑起战争，但也为美国中部平原和沙漠地区带来了许多定居点。来自双方军队的复员士兵首先进入西部地区，希望找到人生的新起点。平原地区居住着许多美国土著民族，如苏人、夏延人和阿拉巴霍人。18 世纪早期，他们开始骑马，这改变了他们的文化，使他们成了技艺精湛的猎人。内战后，这些土著民族被迫迁往更远的地方，直到他们被美国大兵搞得四散分离。但不幸的是，南北战争使欧洲裔美国人对他们的态度变得更加强硬，也更加残酷：1864 年，科罗拉多州的桑德克里克发生了一场惨绝人寰的大屠杀，被杀的都是些土著妇女和儿童。

战争结束后，特别是在达科他州的布拉克山发现黄金之后，破坏土著文化的速度变得越来越快。19 世纪 70 年代，住在平原地区的印第安人遭到了多次无情的袭击，但他们也展开了反击。在 1876 年的小巨角战役中，土著领袖“疯马”击败了内战英雄乔治・卡斯特将军。这标志着印第安人的反抗活动达到了顶峰。但即便是苏人——最勇敢、最有侵略性的部落，有人将他们称为美洲的祖鲁人——也抵挡不住那些派去征剿他们的军队。这些军队人数更多、装备更精良、训练也更加有素。这些军事活动只是一场声势浩大的移民潮的前奏，这些移民中包括农民、猎人、大农场经营者、调酒师和商店店主。如果南部邦联完整地幸存下来，那么毫无疑问，美洲土著民族仍然会屈服于枪炮和数量陡增的移民，但这或许不会发生得那么快。

这场战争也极大地推动了美国工业资本主义的发展。为逃避联邦政府的兵役，许多人会花钱雇人替自己参军，这些人中包括炼油业大亨约翰・戴维森・洛克菲勒、超级银行家 J.P. 摩根和钢铁巨头安德鲁・卡内基。战争经济创造了无限的商机：生产军事装备需要钢铁，照明和润滑需要石油，联邦的火车和轮船需要煤炭作为动力。此外，聪明的投机商可以用操作商品价格的方式获利，银行家与华盛顿的政客建立起新的密切关系。权力集中在少数人手里，这是“英雄”时代美国资本主义的特征。残酷地对待罢工者和工会会员在很大程度上可以追溯到战时的态度。

最后还有一个关于南北战争的重要问题值得我们注意。尽管内战维护了国家统一，为美国称霸世界铺平了道路，但那些在里士满河边向林肯致敬的美国黑人并未得到他们想要的救助。在战争期间，大约有 18 万名黑人离开南方，加入联邦军队，其中有些人作战相当勇敢。但在废除奴隶制这个问题上，林肯是相当谨慎的。他对奴隶制的态度往往根据战局的变化而变化。在北方，对战败的恐惧使强硬的废奴主义者变得越来越有影响力。在前线，逃亡奴隶的重要性也在稳步提高。1862 年，林肯告诉他的内阁，解放奴隶成了“一种军事需要……我们必须解放奴隶，否则我们的力量将会减弱”。（最终，邦联军队也开始使用黑人士兵。）1863 年的《解放黑人奴隶宣言》适用于 10 个叛乱州的奴隶。《宣言》的目的是破坏南方经济，削弱南方的军事力量。但到战争即将结束的时候，“宪法第十三条修正案”才规定奴隶制在美国各地都是非法的。

尽管从法律上解放了 400 万南方奴隶，从此美国也不再顶着世界上最大蓄奴国家的恶名，但要让这些黑人获得安全和成功，那还有很长的一段路要走。在战后的“重建时期”，战败的南方各州处于直接的军事管制之下，直到获准重返联邦。城镇和种植园遭到破坏，白人士兵身陷囹圄。从北方来的“提包客”表示，旧秩序已经一去不复返了。许多以前的奴隶主希望他们之前的奴隶能留下来继续工作，他们可以为此支付工资。但很多奴隶没有理会他们的意见，很快就前往美国其他地区了。在整个南方，北军焚毁庄园和城镇，践踏庄稼，联邦军队的威廉·谢尔曼将军将土地直接交给以前的奴隶，他的政策被称为“四十亩地和一头骡”。在有些州，黑人开始推动政治发展。

但这大部分都是错觉。“重建”也意味着腐败。北方政客既无管理南方之心，也无重振南方之钱。在重新分配土地的时候，他们不愿践踏宪法赋予的财产权。将美国解放奴隶和俄国解放农奴进行对比，是很有意思的。在这两个国家，失去农奴和奴隶的土地几乎变得一钱不值。但另一方面，除了之前繁重的田间劳动之外，农奴和奴隶发现自己也很难找到其他工作。所以，如何才算真正解放他们呢？

一个来自南卡罗莱纳由前奴隶组成的代表团向联邦政府抱怨：“与以往相比，我们现在的生活状况更糟了……我们的住所里有了一些财物，我们有了牲畜、车辆和几件家具，但我们没有土地，仍然无家可归。真正的自由人不应该是这种生存状态。”[28]幻想破灭的俄国农民回到了他们的土地，继续用谷物和鸡向地主交租，他们本该过上更好的生活，但事实却并非如此。

最后，许多美国黑人在北部和西北部的工业城市定居，成了“在工厂中工作的黑鬼”——他们之前的主人曾经嘲讽过这个身份。那些继续留在南方的黑人也要受到“分成租佃制”的剥削。他们得到了土地、小屋和工具，并以赊账的形式向地主或商店店主——有时候他们就是同一个人——租赁土地，然后在上面耕作。他们被各种条款束缚住了手脚，很难按照自己的方式盈利，在经过一两次歉收之后，他们就会变成经济上的奴隶，尽管不是法律上的奴隶。

但这还仅仅是个开始。南方各州实行了种族隔离制度，即“吉姆·克劳法”，这羞辱了黑人，将他们变成了二等公民，这与奴隶制本身有很大的相似之处。当时还出现了白人恐怖主义者，如“三K党”。在南北战争结束后的几十年里，黑人的生活像战争爆发前一样悲惨，正如我们所看到的那样，有时甚至更悲惨。在美国，黑人和白人之间的芥蒂持续存在了一个世纪，直到20世纪60年代，双方再次发生冲突。对于许多人来说，这场冲突所造成的心理创伤直到今天都尚未愈合。

总体上来说，这场战争给美国带来了不可逆转的变化，这个国家变得比以前更好了。刚建国的时候，美国并不像是个民主国家，甚至可以说它是一个传统的中央集权式国家。在联邦政府创建的公共制度中，只有邮政服务是大多数美国人能够接触到的。但现在，声势浩大的西进运动传播了新生民主思想，尽管这种思想还不是很成熟。成百上千万来自欧洲的贫穷移民将这个新生国家的城市变成了一座文化熔炉。这场战争使大资本家的权势越来越大。同时，这场战争在北方催生出一支国家军队。此外，征兵制度、直接的税收制度、一个强大的联邦法院和社会福利都是始于南北战争时期。

南方的失败使最初的宪法被重新解释为一部民主文献，它使所有人获得了公民权，尽管妇女仍然被排除在政治之外。亚伯拉罕·林肯开始用“国家”一词取代“联邦”。在《葛底斯堡演说》中，他承诺“民有、民治、民享”。从某种程度来说，这成了美国新式共和政治的宣言。

美国的资本主义制度保护了富有的精英阶层，这激怒了农民、工厂工人，以及那些在周期性的危机与冲突中变得一无所有的人。到了19世纪60年代晚期，美国既不是一个文化统一体，也不是一个真正的民主国家。但它已经走上了崛起之路，并在20世纪成为一个超级大国。

痛苦的日本武士

1877年9月24日，当太平洋另一端的美国军队对居住在平原地区的印第安人痛下杀手的时候，西乡隆盛和他手下的武士正在同一支现代化的日本军队展开最后决战。

与“疯马”指挥的战斗一样，这场战斗也是众多富有悲壮色彩的军事行动中的一个片段。但从军事角度看，这次抗争已经起不到什么作用了。西乡隆盛的叛军使用战刀，喝日本清酒，作诗，进行祖先崇拜，从本质上看，就是一群中世纪的武士。他们冲向一支应召军队，这支军队招募的都是农民子弟，所不同的是，他们装备了新式的步枪、火炮和地雷。在经过黎明时分的一场恐怖的大屠杀之后，西乡隆盛身边已经剩下不到40人了。他们已经欢庆了即将到来的死亡，在枪林弹雨中发起最后的冲锋。西乡隆盛右髋中弹，倒在地上。之后，他让别府晋介帮他切腹自杀——在日本，这是一种崇高的死法。事实上，当时西乡隆盛伤得很重，内脏都流出来了。但别府晋介还是按照规矩，砍下了主人的头。战斗结束后，人们花了很长时间寻找西乡隆盛的头，因为获得胜利的日本军官希望他的头颅和身体能重新连接在一起。[29]

这是一个非常有日本特色的故事：旧式的日本武士冲下山坡，他们这样做主要是想以一个光荣的方式结束自己的生命。西乡隆盛死后成为许多日本人心目中的圣人，他象征了传统和荣誉，人们认为他已经进入了极乐世界。还有人说，西乡隆盛并没有死，而是被流放到了俄罗斯（也可能是印度），他将会载誉而归。死后 12 年，西乡隆盛仍然深受欢迎，日本天皇赦免了他的作乱之罪，他成了一位不朽的民族英雄。但我们也无须夸大这些事件所体现出的“日本性”。这不仅仅是挥舞着日本刀的武士对抗现代世界，事实要比这复杂得多；但其中确实表现出旧有生存方式与以商业和工业为基础的新世界之间的冲突，世界其他地区也会出现类似的情况。

这不禁让人想起了 1746 年的卡洛登战役。在这场战役中，苏格兰的盖尔人向装备有步枪和火炮的汉诺威军队发起了猛攻。战败后，“小王子查理”流亡海外。他也象征了一个失落的，从某种意义上讲更加美好的世界。美国南部邦联的战败也是一个可以拿来对比的例子，这场发生在同一时代的内战涉及了现代化和资本主义的力量。尽管日本从来没有奴隶制，但西乡隆盛发动“西南战争”是想恢复传统价值观，挑战新时代。从 1853 年到 1854 年，欧洲战舰纷纷到达日本，其中最重要的是马修·佩里准将率领的美国舰队。这种来自海外的刺激成为日本政府现代化的重要推动力。

除此之外，在 19 世纪上半叶，西方列强还多次对日本构成威胁，越来越多的日本人对此表示出忧虑和愤怒。在南北战争爆发前，美国人已经表现出对太平洋的兴趣。生活在落基山脉的“山里人”和游弋在沿海地区的捕鲸人开始移民到加利福尼亚。人们对鲸油产生了无限的贪欲。捕鲸人使美国海岸的鲸鱼数量急剧减少，于是他们开始向太平洋深处进发（讽刺的是，今天持自然资源保护论的美国人反对日本捕鲸）。

在前面的部分，我们讲述过 17 世纪早期的日本。当时，这还是一个自我孤立的国家，在德川幕府的统治下封闭地发展了两个多世纪。这种保守的统治形式带来了秩序和稳定，但经济却只能低速发展。日本文化的强度和理想得以保持。这是一个等级森严的社会，高雅艺术走向繁荣，但促使欧美发生革命性变化的工业和商业却没有得到发展。

“日本性”不能被直接理解为强烈的国家政治感。山脉、岛屿之间的海水和漫长的海岸线将这个国家分割成一块一块的，大部分日本人只忠于地方政权。几百年来，尽管天皇因宗教原因而受到人们的敬畏，但他在政治上并不重要。“幕府”——这个词的意思是“帐篷政府”——或军政府处于德川政治体系的顶端，受幕府将军控制。幕府周围遍布着大地主、贵族和大名，最忠诚的离幕府最近，于是形成一个同心圆结构。他们也要依靠一个规模更大的享有特权的武士阶层——这就是著名的日本武士。

日本有数十万军人，占全国人口的6%~7%，他们经常吹嘘自己的祖先，他们所讲的故事可以追溯到15至16世纪时爆发的那场惨烈的内战，甚至还可以追溯到更古老的时代。武士享受着特权，例如，他们可以在公共场合佩戴两把刀。一般来讲，他们能领到多少俸禄取决于他们拥有多少土地——俸禄通常以稻米支付——尽管他们之中大多数人都放弃了土地。有些武士住在兵营，这些兵营里住的都是男性；还有一些住在城镇里，这些城镇通常环绕在大名城堡的周围。人们认为，武士的生活应该充斥着军事训练、对死亡的冥想和高雅的艺术。[30]但事实上，德川幕府给日本带来了长期和平，他们之中的很多人几乎没有参与过军事行动，或者根本就没有参与过。除了在妓院周围打架或喝酒闹事之外，这些所谓的武士从未认真地参与过战斗，这引起了普遍的不满。事实上，他们对栖身官僚阶层更有兴趣，这个官僚阶层为领主管理着他们的封地。日本共有大约280块大名领地，与统一前的德国相似，人们很难理解其他地方的方言。

大多数武士都要服务于大名，大名本身也是分等级的。这取决于他们的家族在历史上对德川家是否忠诚。幕府实行了参勤交代制，大名一年住在自己的领地，一年被迫住在首都江户（今天的东京）。这使大名的家人成了将军及其政府的人质，因此他们很难对幕府构成威胁。在历史上，日本将大量时间花费在错综复杂的内战和家族战争上，最终缔造的和平真是一项主要的政治成就。

德川时期的日本不是天堂，对于那些处于社会底层的农民和那些从事最下贱工作的流浪家庭来说尤其如此。日本会出现周期性的饥荒、农民起义、火山爆发。此外，城市中还有严重的犯罪问题。但德川幕府时期既无内战，也无外来的传染病。因此，在这段时期，日本人口的增长速度比欧洲还要快。米酒、纸制奢侈品、高级布料、漆器和木器的产量都有所增加。

连接城镇的道路，日本比欧洲还要多，而且路上挤满了南来北往的客商。但在这一时期，日本对外部世界产生了自满，甚至是自大的情绪。当西方船只再次抵达日本的时候，一位日本评论家抱怨道：“最近，这些可恶的西方蛮夷横行四海，将其他国家踩在脚下。他们完全没有意识到，在这个世界中，他们是下等人。现在，他们鲁莽地挑战我们这些高贵的人……这是何等傲慢的行为？”[31]

美国一直要求与日本进行贸易，但德川幕府并未给出真正的答复。继亚当·斯密和像大卫·李嘉图这样的理论家之后，19 世纪的经济学家将贸易视为世界上非常重要的慈善活动。正如前文所说的那样，参与贸易的各个国家都比以前变得更加富有，这样它们之间爆发战争的概率就会大大降低。但充满乐观情绪的自由主义信条忽略了这样一个事实，即有利可图的贸易既会带来巨额财富，也会使炮口对准其他国家：“进行和平的自由贸易，否则我们就开炮。”从印度到中国，再到日本，很多国家都遭受过这种不平等的待遇。一旦贸易完全开放，西方在日本找到了许多他们想要的东西——从质量上乘的涂漆家具和丝绸到版画，这些版画对印象派画家产生了巨大影响。日本的发展道路与中国完全不同，前者建立了现代化的工业经济和军队。但日本也为此付出了代价，那就是毁灭之前的自己。这是一个痛苦、充满矛盾的过程。在美国，相似的过程持续了一个世纪，并使美国陷入了进一步的战争。

矛盾始于武士阶层。在一些领主的带领下，他们开始反抗德川幕府。幕府将军和他的幕僚不得不接受西方人的条件，被迫签订了不平等的贸易条约。通过这些条约，外国人获得了治外法权。这使日本人感到蒙羞，于是他们展开了激烈的反抗。德川幕府是一个军政府，它竭尽所能地改革旧制度，但却收效甚微。造反者仅仅是想将洋鬼子赶出日本。他们将希望寄托在天皇身上。天皇居住在位于京都的皇宫里，是古代日本的象征，但长期以来一直不参与政治。日本应该走向何方呢？这个混乱的时代发生了一件颇具启发性的事。一个名叫坂本龙马的武士前去刺杀一位参与海军现代化的幕府官员。但这位名叫胜海舟的官员要求坂本龙马在杀他之前先听听他的解释。他们就海军的重要性讨论了整整一个下午。最后，坂本龙马被胜海舟说服，改变了之前的立场。

然而，向西方开放使日本变得越来越动荡。社会动荡、叛乱、通货膨胀，以及支持者背叛大名都削弱了德川政权，造成了一场社会危机。在这场危机中，越来越多的武士开始参与叛乱。人们就国家的前途展开了争论。争论的主要内容是日本是否需要从一个封建和传统的社会转变为一个现代社会。这场争论与俄国和美国所做的斗争并无本质上的区别。日本的现代化进程比美国更和平——尽管它在民主转型上还有所欠缺——比俄国更成功。最后，在经历了两个多世纪的相对稳定之后，德川幕府倒台。从1867年到1868年，年轻的明治天皇成了最高统治者。日本进入了“明治维新”时期。

新生政权立刻着手进行改革，但这些改革措施都是保守主义者和排外的武士不愿见到的。于是，日本的传统主义者陷入了极大的恐慌。这直接导致了上文提到的“西南战争”——西乡隆盛的武士与日本军队兵戎相见。日本实现了现代化，且现代化的速度非常快。政府废除了280余个大名领地，并在此基础上设立了72个西方式的县。这是第一次有效地规划单一国家领土。武士失去了他们的特权——从佩刀权到俸禄的免税权。在19世纪70年代，谁还需要吟诗舞刀的武士呢？他们的刀都有些生锈了。关于着装、发型和居住地点的旧规章被悉数废除。在城镇中居住的日本人开始试着穿着西式服装。

按照西方的军事思想，日本征募了一支现代化军队。日本引进了义务教育，并将首都从京都迁往江户。新的土地税取代了复杂的封建协议。1872年，日本出现了第一条铁路。在度过困难重重的开局阶段后，日本借鉴德国的经验，通过国家主导的资本主义来创建本国工业；在英国的帮助下，日本建立起一支现代化的海军。1889年，日本制定了一部新宪法。根据宪法规定，日本设立了参议院和众议院，并在稍后举行了选举。但在当时，日本人的公民权还比较有限，有足够资产的人才能参与选举，因此只有1%的男性公民拥有投票权。全国各地爆发了民主运动。这样，日本人才争取到了公民权。

从总体上说，这是近代史上最引人注目，速度最快的（非革命）改革运动。这差不多就是一场革命——但这场运动并不完全是革命，原因有两条：第一，它是由武士和地主推动的，尽管他们大多属于中等阶层；第二，它借助了古代帝王制度的影响力。相比较而言，沙皇亚历山大二世就显得懒惰了。然而，日本的改革运动也造成了动荡和许多不良影响，其激进程度与其他的革命无异。许多农民和武士不甘心失去旧时的势力，于是他们发动了多次叛乱——那些住在城市和乡村中思想保守的日本人仍旧会支持他们。在造反者中，西乡隆盛是最大胆的。与其他武士一样，开始的时候，他是支持明治维新的。他认为日本应该入侵朝鲜——他希望通过这种方式来恢复武士阶层的魅力和权威。在建议被拒绝后，他于1873年与新政权决裂。

西乡隆盛出生在位于九州的萨摩或鹿儿岛，九州是日本四岛最南端的一个岛屿。九州之所以出名，不仅是因为那里盛产一种小橘子，而且因为那里发展迟滞，有浓厚的传统主义，且武士数量特别多——约占男性人口的四分之一。[32] 此外，九州还以思想独立而闻名。一个古老的大名家族引领了这股思想独立的风气。在1867年的巴黎世界博览会上，这个家族将自己视为独立的萨摩国的代表。西乡隆盛来自一个贫寒的武士家庭。但他不仅聪明，而且博学，从一名办事员变成日本政坛的重要人物。他的政治生涯跌宕起伏，其中还包括两次流放。但到了19世纪60年代中期，在位于京都的帝国政府中，他代表着萨摩的利益。他是以反对德川政权的面目出现的，尽管思想保守，但他还是成了一位政治改革家。

在明治维新之后，西乡隆盛成了强硬派。他致力于创建一支现代化的征兵制军队。日后，就是这样一支军队打败了他。西乡隆盛还希望废除旧有的武士薪俸制度，无情地打击旧政权的势力以及旧政权的支持者。可想而知，他非常崇敬明治天皇，所以他起兵反对天皇的可能性非常低。的确，西乡隆盛的主人岛津久光认为他是一个具有破坏性的改革家，决心将一个傲慢的旧日本变成这些“蛮夷国家”的殖民地。朝鲜危机后，西乡隆盛辞掉了政府中的职位。但他的内心充满了矛盾，矛盾的一方是他从小接触的传统武士文化，另一方是要求实现现代化，而这又是他的生活无法承受的。

离开政府返回萨摩之后，西乡隆盛立刻开始了托尔斯泰式的生活：

打猎、耕地、开办学校向孩子们传授儒学价值观。他不写小说，但写诗：

芦花洲外系轻艘，
手挈鱼篮坐短矼。
谁识高人别天地，
一竿风月钓秋江。[33]

在此时的日本，他成了这个国家的象征。他的一举一动都会受到关注。

到底是什么将他从一位为匡扶政府蹶失而自我放逐的梦想家转变为一场军事政变的领袖呢？这个还很难讲。但这场叛乱也是由东京当局激出来的。在西乡隆盛走后，东京向萨摩派遣了间谍——也可能是刺客——并试图控制萨摩的军队。鹿儿岛一所私立军事学校的学生最先点燃了叛乱的火焰。西乡隆盛站在他们前面，声称自己将带领地方军队向首都进发，前去“质问政府”。开始的时候，西乡隆盛手下有 1.2 万人，他们装备了来复枪、卡宾枪、各种火炮、当然还有他们的武士刀。他们穿过雪地，向北进发，一路还收罗了许多支持者。但他们的脚步停在了一座修建于 17 世纪的巨大城堡前，这就是熊本城。在一场长达 54 天的围城战中，叛军未能攻下熊本城。这为政府军在九州登陆创造了机会。政府军由 6 万名忠诚的武士和被征召的士兵组成，他们人数更多，装备也更加精良。在一场场惨烈的战斗中，叛军步步后退，损失惨重。正像上文提到的那样，叛军向政府军发起了最后的进攻，西乡隆盛战死沙场。[34]

开始的时候，有人认为，这是旧式武士在绝望地反抗一个现代政府。但事情并没有那么简单。如果真是这样的话，那么西乡隆盛就不可能成为许多日本人心目中的英雄，事实上，他的故事要更加有趣，也更加悲伤。在一生的许多时间里，他推动了日本的现代化（在作战的时候，他经常穿现代的法式军装，而不是传统的武士服装）。他在国家的历史和未来中进退维谷，当发现自己已经走投无路的时候，他选择为历史而战。尽管他希望建立一个更加“高尚”的政府，但这充其量只是一种理想，他并没有拿出什么切实可行的方案。在叛乱的过程中，他声称，他并不是想取得胜利，而是想“争取一个为道德而死的机会”。换句话说，他希望将自己变成一个符号。事实上，他也确实做到了这点。这也从一个侧面说明，这场叛乱的性质是很难确定的。

在 1905 年的对马海战中，日本海军击败了俄罗斯帝国的海军。这场震惊全世界的海战表明，日本已经成了一个现代化强国。尽管装备了现代化武器，穿上了欧式军装，但在内心深处，日本仍然保留着中世纪武士阶层的本性——强调死亡、荣誉和家族血统，蔑视外来者。至少在 20 世纪 40 年代战败之前，这点没有发生什么变化。西乡隆盛代表了两个日本。对于一个人来说，这显然是太难以承受了。

帝国主义之谜

欧洲开启了现代帝国主义时代，这点并不令人惊讶。欧洲人相互竞争了几个世纪。他们的内海——地中海——孕育了航海技术、海盗和贸易竞争。所以一旦条件成熟，他们一定会绕过非洲，跨过大西洋，前往更遥远的地方。开始的时候，他们占据或购买一小块土地，在那里修建堡垒，并留在当地。他们这样做主要是为了保护新兴的本国贸易，打击其他来自欧洲的竞争对手：葡萄牙人提防着荷兰人，荷兰人修建城堡是为了防止英国人入侵，英国人和法国人设立定居点则是为了相互竞争。在帝国刚刚开始崛起的时候，欧洲的殖民国家将自己的意志强加给了实力较弱的非欧洲民族，但这主要反映了欧洲内部的竞争。

这可以用来解释帝国主义扩张时的速度、掠夺和侵略。这些相互竞争、相互敌视的国家在欧洲大陆上争斗了几个世纪。现在，它们又在新的土地上爆发了冲突。在谈到帝国的时候，我们必须提到荷兰人和西班牙人之间的仇恨。哈布斯堡王朝时期的西班牙试图控制荷兰，并试图镇压这个年轻的新教共和国，于是这两个国家间产生了仇恨；西班牙和葡萄牙之间的敌对关系存在了很长时间；英格兰水手与荷兰水手之间相互看不起，这导致了英吉利海峡和泰晤士河上几场跌宕起伏的海战。除了国家间的竞争之外，欧洲还经常出现宗教上的分歧。我们记得，当信仰天主教的法国波旁王朝主宰欧洲大陆时，英国王室是多么嫉妒；我们还记得，当英国人抢先一步占领了大片美洲森林的时候，法国的商人、耶稣会士和贵族是多么愤怒。如果事情按照相反的方向发展，非洲人或许不但可以殖民欧洲，还可以在自古以来的激烈竞争的驱动下——如刚果人反对马里人、津巴布韦人反对图班人——进军泰晤士河、莱茵河、罗讷河的河谷。

如果这就是帝国主义的全部内容，那么这将是一个简单而令人不愉快的故事。我们本可以将欧洲的帝国主义时代视为世界上一个地区在技术上和组织上发展得比另一个地区更好的必然结果，之后前者在短时期内获得了他们能得到的任何东西。欧洲人的所作所为没有什么特别的——他们没有原罪。如果信仰伊斯兰教的阿拉伯人、蒙古牧民、中国边民和驾船出海的毛利人得到同样的机会，那么他们也会做同样残忍的事。倘若一支全部由男性组成的军队不受任何束缚，让他们面对一群以家庭为基础的普通人，那么他们做出卑劣行径的可能性将非常高。一旦人们不再相互需要，一旦摆脱了同情心的约束和各自社会羞耻感的约束，他们也可能会奸淫掳掠。人们是否注意到，英国人、美国人、西班牙人——或者是印度人、阿兹特克人或祖鲁人——没有多大差别。

然而，在世界的其他地方，伴随着国内冲突，欧洲的帝国主义不但为一群贪婪、孤独的人解开了绑绳，而且强迫他们接受了欧洲的国家文化和宗教文化，这些文化都是在特定历史环境和文化价值观中顺利发展起来的。因此，英国不仅为美国带去了军事征服、商人和捕兽者，而且带去了法律、新教徒、道德纷争和政治叛乱。当西班牙人到达墨西哥和秘鲁的时候，他们带去了病毒和肆意破坏，但他们也带去了修道院和弥撒。在 19 世纪的法属殖民地，人们试图将共和国的公民权同对新土地和人口的所有权协调起来。大批从祖国流亡出来的荷兰人移民到了南非（严格来说，这时还不算帝国主义时代），他们都是些推崇共和政体的基督徒，深受加尔文教的影响——在宗教改革时期，荷兰人选择了加尔文教。德国宫廷认为，德国将会成为新的欧洲霸权，与那些逐渐衰落的信奉自由主义的竞争对手相比，德国更有纪律，民主制度也更完善。从某种角度讲，德国在非洲推行的帝国主义就是这种观念的延伸。

这些都离不开大张旗鼓的宣传，而宣传又离不开谎言和追逐私利。事实上，这些国家也不得不如此。信仰天主教的葡萄牙人认为他们给黑暗之地带去了永恒的基督之光，但他们又该如何解释他们在巴西和刚果的所作所为呢？又该如何解释奴隶贸易呢？当英国人在印度炮击起义军，用枪镇压示威运动的时候，他们也告诉自己，他们为印度带去了法律、教育和完善的行政体系；从长远看，这些东西将会使那些信仰伊斯兰教和印度教的臣民受益。当“瓜分非洲”开始后，法国、比利时和英国的报纸猛烈抨击阿拉伯奴隶贩子的罪恶：他们的士兵为这片由部落组成的土地戴上镣铐其实是在解放非洲人。

然而，当欧洲国家逐渐成为帝国的时候，他们也变得更开放，更懂得自我批评。欧洲人已经过了那个靠谎言过活，撒了谎又毫不羞愧的时代。在传教士中，有些人在落后地区作威作福，他们四处招募仆人，在被征服的土地上欺男霸女，那里离他们的家人和同胞有几千英里。但传教士中也有许多虔诚的基督徒，帝国主义对外征服时的种种恶行使他们感到震惊——巴托洛梅·德拉斯·卡萨斯是一位多名我会的修士，他反抗“新西班牙”的种种恶行，坚持对土著民族施行人道主义；苏格兰的戴维·利文斯通在非洲也是这样做的。

在欧洲内部，从一开始，各个国家就对帝国主义有着不同的理解。在英国的政治生活中，不信奉英国国教的人、浸礼会教友和主张自由贸易的人一起坚定地反对奴隶贩子和其他热衷于扩张帝国的人。在波士顿倾茶事件爆发前很久，伦敦就有一群亲美者，他们不但人数众多，而且可以自由地发表意见。法国在各种文章中为他们的行为辩解：他们比那些被他们征服的民族更先进。在法国，这种欺骗已经成为一种长期存在的传统。在19世纪早期的英国，反对奴隶贸易的人取得了胜利，但这仅仅是一场胜仗，而不是战争的终结。尽管如此，这场胜利仍然是至关重要的。

每一个成为帝国的欧洲国家都受到了影响，尽管通常是坏影响。我们已经看到美洲的黄金和白银对西班牙的影响。葡萄牙人的财富源自几个世纪以来他们对非洲和巴西的征服。但到了20世纪中叶，葡萄牙已经成了一个落后的国家，在独裁政治下变得死气沉沉。在社会和政治方面，英国产生了分歧，主张自由贸易的人和不信奉英国国教的自由主义者是一方；拥护帝国的人是另一方，他们主要环绕在皇室身边、集中在军队里和伦敦地区。如果帝国主义者早早地失败了，那么今天英国可能不会成为一个后制造业和后工业化国家，也不会过分依赖金融服务——金融服务是帝国扩张的最后残留物。此外，英国也肯定不会出现大规模的移民，卷入海外战争的次数也会少得多。

帝国主义从来就不是一个国家侵略或占领其他国家这么简单，记住这点很重要。帝国主义具有两面性。它经常会涉及国内的选择，以及一方对另一方的成功游说，或一方将自己的经济利益凌驾到另一方之上。除了资金主要来自日益壮大的中产阶级的荷兰共和国之外，这通常只意味着宫廷的胜利，以及与宫廷关系密切的军队的胜利。

有的国家存在许多小政权，例如德意志和意大利。只有统一这些小政权，并形成单一的军事和财政中心，这些国家才能参与帝国主义竞争。一旦做到了这点，它们通常要做的第一件事就是获得海外领土。在帝国主义国家中，它们看上去是最残酷的，但这主要是因为它们参与帝国主义竞争的时间比较晚。英国占领了印度，屠杀了塔斯马尼亚人，并消灭了美洲的土著民族。这些恶行都是发生在现代通信技术出现之前，否则，这些斑斑劣迹一定会使英国感到尴尬。荷兰人残酷地对待爪哇人，但当时没有一个欧洲人知道或注意到此事。而德国和意大利就没那么幸运了。德国用机枪在东非大开杀戒，墨索里尼对埃塞俄比亚狂轰滥炸，这些都更容易受到外界的指责。

只有两类欧洲国家没有参与帝国扩张：一类是那些已经在欧洲建立起帝国的国家，如奥匈帝国（其次还有俄罗斯）；另一类是那些因面积太小或为陆地所包围而无法参与竞争的国家，如瑞典、挪威、瑞士和波兰。但在今天，后者已经成了更平等、更成功的国家，这或许不是巧合。但也有一个小国建成了一个幅员辽阔的大帝国。尽管这是一个特例，但它可以告诉我们帝国主义是如何运作的。

惹人厌的利奥波德

在欧洲帝国主义的发展过程中，比利时国王利奥波德二世以个人名义占领非洲腹地是一件最极端、最荒唐的事。在19世纪的欧洲，比利时是个小国，也是个落伍者。这个国家有两种语言，直到1830年才勉强成为一个独立国家。比利时人从盛产君主的德意志地区购买了一个国王。他们选择了萨克森－科堡－萨尔费尔德的利奥波德王子。他是一位神气活现的军官，曾在俄罗斯军队中任职，参加过抵抗拿破仑的战争。他的妻子是英国王位的第二顺位继承人，但她在成为女王之前就去世了；他是英国女王维多利亚的舅舅。的确，在他的撮合下，维多利亚女王嫁给了他的侄子阿尔伯特亲王，这是一段非常美满的婚姻。在接受比利时的要求之后——之前他曾拒绝成为希腊国王——利奥波德成了一位好国王，这在许多方面都有所体现。他支持社会改革，是一位行为谨慎的立宪君主。

值得注意的是，他是比利时人的国王，而不是比利时的国王。换句话说，他是人们的领袖，而不是一块采邑的所有者。在帝国时代逐渐走向成熟的时候，这激怒了利奥波德。他的亲戚——他的外甥女，著名的维多利亚女王——拥有几个耀眼的帝国，而比利时却一无所有。比利时是一个拥挤、相对贫穷的国家。为了避免社会革命，有人认为应该鼓励向外移民。利奥波德问土耳其人愿不愿意将克里特岛卖给他。他曾打过古巴的主意。在成为美国一部分之前，他甚至动过得克萨斯的脑筋。此外，他考虑过法罗群岛，还将贪婪的目光投向了南美洲。但上述种种设想最终都成了泡影。利奥波德含恨而终，但他却将对殖民地的狂热传给了儿子——狡猾、瘦高难看、长了个大鼻子的利奥波德二世。与父亲相比，这个儿子简直是一团糟。利奥波德二世挣扎在不幸的婚姻中，在世界各地闲逛。他是一个毫无魅力的人，是一个世界级的伪君子。他不喜欢成为像欧洲立宪君主这样的小角色，也没给比利时老百姓留下什么深刻印象。“小国家，小民族。”他抱怨说。

作为一名继承人，利奥波德二世到处旅行，去埃及考察英国的帝国主义，去塞维利亚学习西班牙帝国的财政收支，并通过阅读得知财富是如何从荷属爪哇流入荷兰的。作为一个买家，他比他的父亲更加胡搅蛮缠。年轻的利奥波德二世想知道他是否可以购买婆罗洲的一部分。他还幻想着从阿比西尼亚或尼罗河买点什么。或许阿根廷人能为他找到些什么？或者从哪儿占领一小块土地，中国？斐济？越南？菲律宾？还是能在乌拉圭外海或太平洋上弄到一个岛屿？与他父亲相似，利奥波德二世几乎成了一个喜剧角色："实习皇帝需要帝国。所有选项都可以考虑。"但他已经得到了一个冷酷的警告：欧洲人空降到外国的王位上是充满了危险的。他的妹夫就是不幸的奥地利大公马克西米利安。法国人将他送到墨西哥，做他们的傀儡皇帝。墨西哥人处决了马克西米利安，这为马奈创作一幅名画提供了灵感。在失去丈夫后，利奥波德的妹妹发了疯，他将妹妹藏在宫殿里，让她在那里了却残生。

欧洲探险家对非洲中部地区的渗透使比利时从一个欧洲王朝史上的小角色变成了一个世界级的悲剧。从19世纪40年代后期开始，英国人——例如，炫耀会说多种语言的理查德·伯顿和他的朋友（后来成了敌人）约翰·斯皮克——开始绘制非洲内陆地区的地图。这项工作是伴随着他们寻找尼罗河的源头开始的。这两位皇家地理学会的英雄并不是想拓展大英帝国——但成功地发表著作可以带来名誉和财富，这对他们来说是很有诱惑力的。事实上，英国政府对此事也不太感兴趣。弗尼·洛维特·卡梅伦未能救出身为苏格兰公理会传教士和探险家的戴维·利文斯通，但他成功地穿越了非洲大陆。回到伦敦后，他对那里的河流、湖泊和肥沃的土壤一直津津乐道。这引起了大臣们的关注。

利文斯通也独自一个人穿越了非洲大陆，只是方向相反。他简装而行，不去侵犯他见到的大部分酋长。他对西方和基督教文明抱有很强的信心。他希望拯救人们的灵魂，也希望绘制出河流和湖泊的地图，但他的宗教传统对世俗的军国主义力量持怀疑态度。与卡梅伦相似，他对非洲的奴隶制深恶痛绝。但亨利·莫顿·斯坦利与他们两个都不同。斯坦利出生在威尔士，在前往美国前，他一直生活在贫民收容所里，他的成长经历相当悲惨。到了美国后，他参加了南北战争，既为南方打过仗，也为北方打过仗。后来，他成了一位精于自我宣传而又靠不住的记者。

受雇于一位纽约传媒大亨的斯坦利被派往非洲寻找利文斯通。斯坦利虐待当地的挑夫，做梦都想出名。在找到利文斯通时，他说的第一句话是："您是利文斯通先生吧，如果我没有猜错的话。"于是，他成了一位全球知名人士。尽管斯坦利已经成为美国人，但他还是回到了伦敦，他希望英国人能领有那块幅员辽阔的新土地。但与卡梅伦相似，他发现伦敦对吞并刚果没有多少热情。利奥波德二世住在布鲁塞尔郊区的宫殿里，但有时也会住在其他地方。每天早上，仆人都会将熨烫过的新出版的《泰晤士报》放在他的早餐桌上，他从这份报纸上读到了探险家们的报告，有了一些不同的想法。

正如利奥波德二世所说，他也希望分得一份"华丽的非洲蛋糕"。为了实现这个目的，他进行了一项狡猾的活动。他将自己装扮成慈善家。正如我们看到的那样，长期以来，穆斯林的奴隶贩子一直在掠夺非洲的王国。在反奴隶制运动的推动下，英国人不再参与大西洋的奴隶贸易。自此之后，非洲的奴隶制就成了一个时髦的道德问题。所以，利奥波德总是以十字军战士自居。他告诉维多利亚女王，他想给"非洲带去文明"。1876年，利奥波德在布鲁塞尔举行了一次奢华的会议。与会的主要是来自欧洲各地和俄罗斯的探险家、政客和空想社会改良家，他们获得了奖章，在会上发言，并享受了盛大的宴会，这使他们倍感荣幸。布鲁塞尔以开怀畅饮和滔滔不绝的奉承话闻名，这次会议当然也不会缺乏这些。利奥波德告诉每一个人，他只是想为土著人点亮文明之光。他说，他希望在刚果建立若干个欧洲据点，并使这些据点连成网络。据点里有医生、科学家和其他工作人员，目的是扫除奴隶制，"协调酋长之间的关系"，为这一地区带去"安宁"。参加布鲁塞尔会议的要人对此印象深刻，他们同意创建"非洲国际协会"，并推举利奥波德国王担任会长。他已经将切蛋糕的刀握在手里了。

如果伯顿、斯皮克和利文斯通知道他们英勇而孤寂的航海活动造成了这样的结果，他们恐怕会被惊得哑口无言。他们认为，这块土地或许不会马上被欧洲人占领。疟疾、黄热病、茂密的森林、野兽、怀有敌意的土著以及酷热会使大部分外来者陷入困境。非洲内陆地区被称为"黑暗大陆"（欧洲人并不为如此命名非洲感到羞愧）。而斯坦利却是另一种人。布鲁塞尔会议召开的时候，他当时正在非洲。他渴望获得成功。英国人唾弃他，但利奥波德二世却毫不费力地将其招致麾下。在会议结束后的 5 年里，斯坦利和他的比利时团队在岩石和密林中探索刚果河，并在刚果河上游找到了一条宽阔且适于航行的航道。很快，他利用在河上穿梭的船只进行贸易，建立据点，并与当地的酋长签署了若干个“条约”。但事实上，这些明显偏袒欧洲人的“条约”都是伪造的。

即便在 19 世纪 80 年代，以私人名义（比利时议会明确表态，不希望卷入此事）在非洲建立一个幅员辽阔的帝国是否具有合法性也是一个颇有争议的问题。但利奥波德二世使用了迂回的外交策略，这使他获得了美国总统的支持。同样希望染指这一地区的法国和葡萄牙怒不可遏，但利奥波德挑拨了欧洲强国之间的关系，使它们相互攻击。没有哪个国家觉得自己受到了比利时的威胁，这对利奥波德占领刚果非常有帮助。因此，他赢得了俾斯麦领导的德国政府的支持，之后又得到了英国的支持。飘扬着刚果国王旧式旗帜的“刚果国际协会”只是一个空壳公司。实际上，这个空壳公司服务于利奥波德的新帝国。1885 年，比利时议会对他表示支持，并开始称他为“刚果自由邦的国王”。出售份额也罢，募集资金也好，利奥波德仍然保持着对刚果的个人控制。很快，比利时修建了一条从海边到安全水域的铁路，这条铁路跨过了巨大的湍流和瀑布，这些湍流和瀑布将气势恢宏的刚果河与大海阻隔开来。大量工人在修建铁路时丧生，因此这条铁路也饱受诟病。

武装商人涌入非洲腹地。开始的时候，他们买光了他们所能找到的所有象牙。上当受骗的酋长们将他们的土地转让出去。村民们也受到了哄骗、恐吓和威胁，所以他们不得不交出他们的食物和象牙。在白人所能到达的地区，大象被猎杀到几乎灭绝的程度。比利时的残暴统治深入刚果腹地；这场打着人道主义幌子的十字军运动演变成一种新形式的奴隶制。

象牙有很高的价值，因为它可以被用来制造从假牙到钢琴键的许多种东西。但在充气的自行车轮胎被发明出来后，橡胶——刚果有许多野生的蔓生植物，橡胶就来自这种植物的树汁——成了更有价值的商品。于是，非洲土著不得不上交数量更多的树胶，这些黏稠的树胶是种很讨人厌的东西。如果他们拒绝上交，他们的妻子和孩子就会被扣为人质。如果他们反抗比利时人——当地爆发了多次起义——比利时人就会用新式的快枪和机枪对他们大开杀戒，或将他们吊在树上，或用鞭子抽死他们。比利时人率领的土著军队非常野蛮，他们砍下死者的手，拿这些东西去领赏。他们也砍下活人的手和耳朵，有时是为了充数，有时候纯粹是为了施虐。

在远离家人、牧师和邻居，又接触不到报刊记者的情况下，普通的比利时人也会变成制造大屠杀的杀人犯。在纳粹的集中营里，温和的路德派店主和斯瓦比亚地区的农民转变成党卫军的杀手。比利时人的转变与他们的转变并没有什么本质区别。像纳粹眼中的犹太人一样，比利时人眼中的刚果人并不完全属于人类。社会中的种种约束已经完全失效。“没有人”会看到他们的恶行。冒险家们从安特卫普出发，将枪炮、镣铐和弹药带入刚果。从刚果运出来的则是象牙、橡胶和巨额利润，其中有一部分利润是属于利奥波德的。这个比利时国王不仅将钱花在情妇和奢侈品上，而且将钱花在扩建皇家宫殿上，花在各式各样的新建筑上，这样可以给他的比利时臣民留下深刻印象。

从表面上看，利奥波德的豪赌获得了成功，但这也引起了欧洲其他国家的恼怒和嫉妒，“瓜分非洲”就此开始。英国人主要定居在非洲大陆的最南端，那里的气候条件和地理环境更适合欧洲人。英国人的身边是荷兰裔的布尔人和非洲土著，这使他们感到生活得非常不自在。在非洲的北部地区，1830年，法国占领阿尔及利亚；从1859年到1869年，英法共同出钱，修建了苏伊士运河。

或许是利奥波德的橡胶带来了好运，南非的奥兰治河流域发现了钻石。于是，19世纪80年代出现了一股淘金热，之后淘金热发展为一股狂潮。法国人涌入了西非，涌入了乍得、塞内加尔和马里，那里曾是早期非洲文明的核心地区。他们试图打通撒哈拉，将尼日尔河流域和法属北非殖民地连成一片。英国人从南非出发，一路向北前进，穿过今天的赞比亚、津巴布韦、肯尼亚和马拉维，希望能将埃及和好望角联系起来，从而形成一条贯通南北的控制带。德国参与瓜分非洲的时间较晚，它占据了非洲大陆残留下来的地区——坦噶尼喀、多哥兰和纳米比亚。从19世纪90年代到 1914 年，这场瓜分狂潮引起了欧洲列强间的争吵。德国的要求未能得到满足，这成为第一次世界大战爆发的原因之一。

从破坏刚果盆地的热带雨林、掠夺橡胶、杀戮大象，到比利时人制造出的导致人口下降的屠杀，再到建立在征服和压榨基础之上的野蛮政权，“瓜分非洲”呈现出了帝国主义晚期时的场景，在进行破坏的时候，几乎没有产生什么积极影响。现代非洲出现了许多最糟糕的行为，从使用童兵（这是比利时人的点子）到砍掉起义军的手脚，这些都起源于那个时代。欧洲人在非洲地图上画出了一条条线段，将不同的部落和语群分隔开来。非洲出现了许多失败的国家，得不到民众的忠诚，这使当代非洲变得混乱不堪。欧洲人画出的这些线段应该对此负部分责任。的确，带着药品的欧洲医生逐渐控制住了古老的非洲疾病；但同样的药品也使欧洲人第一次得以进入非洲部分地区，进行剥削。非洲的人口本来就很少。一旦拥有先进药品和现代武器的欧洲人到来的时候，他们就完全束手无策了。在较早的时候，利奥波德本能地将这变成了现实，这为他赢得了冷酷的名声。

他的刚果帝国野蛮到用语言无法形容的地步，这在欧洲引起了越来越强烈的抗议活动。在作家和竞选者讲述的故事中，比属刚果是个非常恐怖的地方，他们的故事令人印象深刻。埃德蒙·莫雷尔以前是一位船务员，他发现了运进安特卫普的货物与运出安特卫普的货物之间的差别——运出的都是枪炮和火药，运进的都是可以赚钱的象牙和橡胶。在抗议活动中，莫雷尔是个重要的领导者，他组织了“刚果改革协会”。莫雷尔成了被悬挂起来的饰物，他代表了一个“善良的欧洲人”，人们用他来反对利奥波德。此外，波兰裔英国小说家约瑟夫·康拉德和稍后出现的爱尔兰民族主义者罗杰·凯斯门特也颇具影响力，尽管与他们个人相比，基督徒的不服从国教传统在其中发挥着更重要的作用。这成为近代历史上的第一次人道主义运动，相当于爱德华七世时代的“拯救生命”大型摇滚乐演唱会或大赦国际。

关于刚果的恐怖故事一直出现在欧美报刊上，这激怒了利奥波德。作为回应，他使出了恐吓和贿赂的手段，并雇用那些肯为自己说话的宣传者，但这些都未能奏效。他自己建立的调查委员会也未能粉饰比利时人在刚果的斑斑劣迹。这时，利奥波德不得不最终选择放弃，将他的私人帝国卖给比利时政府。此后，比利时政府进行了多项改革。亚当·霍克希尔德是一位美国作家，他用心地创作了一部记述利奥波德帝国的近代史。他引用的数字表明，从 1880 年到 1920 年，谋杀、饥饿、疾病和出生率下降使刚果的人口减少了大约一半："这意味着……在利奥波德统治时期及统治结束后的一小段时间内，这片土地上的人口减少了大约 1000 万。"[35]

布鲁塞尔市郊有多座利奥波德修建的建筑。在这些华而不实的建筑中，陈列着许多填充动物玩偶、制服、锁链和从土著民族那里获得的战利品。我们完全可以理解为什么比利时人会竭尽全力忘掉这个聪明但惹人厌的君主。但帝国主义制造出的最引人注目的混乱并非出自后起国之手，而是出自现代帝国主义的创始国之手。

鸦片、战争和悲剧

然而，这段历史是以中国战胜英国为开端的。为中国赢得胜利的是林则徐，人们通常也会称他为"林大人"，他是 19 世纪最使人感兴趣，也是最具悲剧性的人物。在宏伟的广州城的下游有一座小村庄，那里到处是水，呈现出一片灰绿色，炎热、雾气弥漫，随处可以听见蚊子扇动翅膀的嗡嗡声，随处可以闻到烂泥的气息。林则徐——他是个高大魁梧的人，长着浓密的胡须，常常发出爽朗的笑声——到那个小村庄去视察一个用于销毁鸦片的大池子。按照中国皇帝的命令，他一丝不苟地销毁了 2 万箱鸦片，这些鸦片的价值非常高。

处理这么多黏稠、散发着浓烈气味的黑色鸦片是很困难的。林则徐派 500 人挖了一个大池子，池底放置了一些石头和木料。人们将球状的鸦片烟泡（这些鸦片是由罂粟制成的）从木箱中倒出来，之后用脚踩碎，并将踩碎后的鸦片扔到池子里。在池子里，鸦片与盐水和石灰混在一起。经过搅拌后，这些东西成了气味刺鼻的粥状物。之后，混合物汇入溪流，最终流进大海。鸦片实在是太多了，因此销烟工作一直持续了 3 个星期。林则徐雅好诗歌，也是一位受人爱戴的名臣。在销烟之前，他祭告了海神，一来是对污染海洋表示歉意，二来是告诫鱼类和其他海洋生物，要它们在鸦片融化之前，先躲到安全的地方去。[36]

林大人与外国商人展开了坚决的斗争，销烟就是斗争的最终结果，被销毁的鸦片也并不是都属于英国商人。他试图用这种方式终结鸦片贸易。中国人不是最早使用鸦片的人，也不是早期培育鸦片的人。这种带有苦味的沙状粉末来自白色的罂粟种子，阿拉伯世界在古典时期就已经开始使用它了。印度人在莫卧儿王朝时期就开始种植鸦片了。印度商人与荷兰商人用船将其贩运到亚洲各地。甚至在林则徐下令将空木箱扔进珠江的时候，英国人也在使用鸦片。像托马斯・德・昆西这样的作家，以及柯勒律治和克拉布这样的诗人，都是瘾君子。为英国征服印度的罗伯特・克莱武因吸食鸦片百病缠身。鸦片酊是一种液态的“药物”。为了适应工业革命，劳动阶级的男性和女性会普遍使用这种药物。更有甚者，为了不让婴儿哭，也会给婴儿喂食鸦片。但只有中国人会用新方法吸食鸦片——将鸦片混在烟草里——而且用这种方法吸食的人还非常多。与用鼻子吸食可卡因和抽“可卡因药丸”相比，这种吸食方法效果更为强烈，更容易上瘾，危害也更大。

到了 19 世纪 30 年代，没有人知道有多少中国男性（因为吸食鸦片的主要是男性）成了瘾君子，估计这个数字在 400 万到 1200 万之间。不管真实的数字到底是多少，每个人都认为抽鸦片者的比例在迅速增加，尽管中国皇帝在 1799 年就已经下诏严禁鸦片贸易。当林则徐还是个小孩子的时候，他就看到了鸦片对他家乡福建的影响。在那里，毒品将一个努力工作的人变成了一具浑浑噩噩的行尸走肉。他积极主张禁绝鸦片。林则徐是一颗冉冉升起的政治新星，他曾以劝说的方式平息了一场农民起义。人们称他为“青天”，因为他是一位罕见的清官。皇帝派林则徐处理广州的难题。抵达广州后，他采取了软硬兼施的办法。从软的方面来说，他公布了一项为期 18 个月的大赦令，免除吸食鸦片者的罪过，并为那些有志于戒除毒瘾的人找到了戒毒的方法。从硬的方面来说，他将贩卖鸦片的人处以极刑——绞死中国人，处斩外国人。

但最重要的强硬措施是打击外国商人。鸦片主要是从英属印度流入中国的。在印度，新成立的殖民当局已经接管了莫卧儿帝国的罂粟田。开始的时候，鸦片贸易是一种在暗中进行的非正式贸易，从英国政府获得特许权的英属东印度公司是这桩贸易的幕后推手。当时，中国存在规模适中的鸦片走私。外国商人主要通过一种途径将鸦片输入中国，那就是洋行。洋行集中在广州周边的一个地区，包括商栈、住宅和货场。但之后，全球经济打开了中国的大门。

英国人最迷恋的不是鸦片，而是茶叶。当时，只有中国出产茶叶。这种让英国上下为之着迷的良好嗜好一直保持到了今天。在英国丢掉美洲殖民地的过程中，茶叶扮演了奇特的角色。对于英国政府而言，茶叶既非常昂贵，又非常有利可图。在 19 世纪早期，英国政府向茶叶征收其自身价值 100% 的税。有些时候，皇家海军——英国发动全球战争的机器——的一半军费都来自茶税。但在出口茶叶的同时，中国人始终拒绝购买英国的工业品，中英贸易出现了失衡。结果，英国白银和黄金流入中国，这种贵金属的流入不但数量巨大，而且具有潜在的风险。这才是伦敦真正担心的事。开始的时候，与茶叶和白银相比，鸦片只是个次要问题。

之后，那些对鸦片酊上瘾的工厂工人在这段历史中发挥了作用。能够生产出廉价服装的英国棉纺织厂已经占领了印度市场。如果印度的鸦片能够换回中国的白银，那么印度就能从英国购买棉纺织品和其他货物，英国也能够用挣到的钱购买中国茶叶。工业主义突然开启了三国的多边贸易。对于英国来说，用白银购买茶叶是有害的，但由茶叶、鸦片、棉花和白银构成的“四步舞”却是非常有益的。在印度，英属东印度公司将鸦片卖给“港脚商人”，这些独立的“港脚商人”用船将鸦片运往中国，用以满足那里不断扩大的市场。在东印度公司最终失去垄断权后，本来秘密进行的鸦片贸易逐渐演变成了一股狂潮。

这就是危机产生的原因，这场危机使林则徐在广州出现。这位两袖清风的钦差大臣认为他的任务仅仅是根除吸烟成瘾的恶习。但事实上，他将两个帝国推向了战争。

两次鸦片战争是大英帝国发动的最不光彩的战争，这两场战争野蛮地践踏了中国的领土、主权和道德。当时的中国浑浑噩噩，正在走向衰退，对外来入侵并无招架之力。1842 年签订的《南京条约》标志着第一次鸦片战争的结束。这份条约不但使皇帝蒙羞，而且为英国贸易踢开了中国的大门。时至今日，中国人都将其视为国耻。1949 年后，中国将《南京条约》视为一份不平等条约，它说明了清朝（中国的末代王朝）是如何坑害中国人民的。而对于包括英国在内的西方国家来说，它们将鸦片贸易的罪恶视为帝国的一项成就，对此无需找什么借口。讽刺的是，鸦片贸易是与传教士的传教活动同时进行的。

事情的真相或许有些出入。

开始的时候，清帝国并未摇摇欲坠。当时执掌中国的是一位才智平庸的皇帝，他正面对着多起国内起义，但这些起义与中国历史上的其他起义并没有什么不同。清朝创建于 1644 年。当时，英国自己也在进行着一场痛苦的革命。就像查理一世被送上断头台那样，在起义军攻到北京城外的时候，明朝的最后一位皇帝崇祯在煤山上吊自杀了。首都很快落入了满族人手里。满族人来自草原，原本是北方的游牧民族。他们的军队中也有以祖先成吉思汗为傲的蒙古兵。在中国源远流长的历史中，明帝国是最伟大的王朝之一，但它还是出现了使其国力逐渐衰弱的财政危机。旧式的货币系统是以铜币为基础的，之后又出现了印刷的纸币。在这一货币系统失败后，新的货币系统开始以白银为基础，而大部分的白银主要依靠进口。（货币也是国王查理诸多麻烦的根源。）当白银进口逐渐枯竭的时候，明帝国不得不推行更有压迫性的税收政策。

在中国，最富有和最有权势的人可以免税，或者他们可以用某些方法逃税，这不禁让我们想起了路易十六时期的法国。因此，负担都落在了穷人身上，特别是那些生活在城镇中的穷人。农业歉收和传染病肆虐导致了叛乱和几场大起义。其中最重要的一场起义是由李自成领导的，他自称“闯王”。在被满族人击败之前，他摧毁了多座大城市，并推翻了明朝的最后一位皇帝。

没有人会将赌注压在满族成功统治中国上。他们是异族，来自帝国的边缘地区。满族活动的中心地区位于朝鲜半岛的西北方，但他们与其他民族建立起了牢固的同盟关系，其中包括蒙古人、藏人和部分汉人。凭借这张强大的同盟网，他们在中国北方地区崛起，并建立了自己的王朝。在1644年之后，他们从明朝手中获得了“天命”，并最终征服了南方地区。清朝的领土面积和领土形状与近代中国大致相当。但他们仍旧是入侵者。明朝是个汉族政权，它推翻了蒙古人主宰的元朝。明朝向印度和非洲派出了著名的舰队，之后又停止了航海活动。在这一时期，中国的艺术和文化也进入了全盛时期。这个地球上最伟大的帝国是如何被“半文明”的满族人征服和统治的呢？

满族人是这样做的。首先，他们发动了战争。在占领第一座大城市的时候，他们表现出了令人震惊的残酷。他们在战斗中使用大炮和骑兵，这看上去与同时代的欧洲战争没有什么差别。之后，他们将自己的着装规范强加给被征服的汉人。此外，他们还强迫男人剃光前额的头发，留一条长长的辫子——很快，在欧洲的讽刺画中，这成了“中国人”的典型形象。汉族和明朝残余势力的抵抗活动持续了很长时间，穆斯林聚集的地区和其他地区也爆发了起义。事实上，满族从未被完全接受。但满族人确实改革了明代的行政系统。从17世纪60年代到鸦片战争爆发前——在此期间，西方经历了法国革命、美国革命，并出现了工业资本主义——几位伟大的皇帝（包括康熙、雍正和乾隆）成功地统治着一个人口和财富都在迅速增加的帝国。这是一项重要成就。

各级官员统治着中国的18个行省。他们是通过竞争激烈的考试系统选拔出来的，考试的内容主要是学习和背诵各种儒家经典。学习经典的人有成百上千万，但其中大部分人都会在考试中名落孙山。这种考试制度无助于培养创造性思维，它只能培养有修养且兢兢业业的官僚。帝国内部有一张复杂的邮路网。通过这张邮路网，帝国的首都可以向几千英里之外的地方下达命令。在技术上，中国军队落后于欧洲，但落后得并不多。中国军队使用大炮的时间比欧洲人还要长，他们的战船在打击海盗方面有着丰富的经验，他们还镇压过不计其数的起义，皇帝的御林军里都是些久经沙场的战士。总之，清朝时的中国并非不堪一击。若不是中国要面对工业革命引发的后果，那么我们有理由相信这个王朝还会继续发展壮大。但它最终注定毁于发生在遥远的曼彻斯特和伯明翰的那场革命。

道光是满族入关以来的第六位皇帝。到鸦片战争爆发前，道光皇帝已经统治中国很多年，他是个吃苦耐劳、勤勉有加的统治者。他统治着大约 4 亿子民，其中绝大多数都是农民。但中国也出现了一批颇有影响力的贸易城市，那里是谷物、盐、丝绸和奢侈品的集散地。当时，中国是世界上最富有、人口最多的国家。这个国家会用 5 种语言管理商业。在这方面，中国更像是哈布斯堡家族控制下的奥匈帝国。但清代中国并没有竞争对手。这就是中国，它位于世界的中心，周边都是些需要帮助的弱小国家。

这样我们就能理解中国人对马戛尔尼使团的态度了。1793 年，乔治·马戛尔尼勋爵率领英国外交使团抵达中国。衣冠楚楚的马戛尔尼带来了英国的毛纺品、枪炮、时钟、绘画和乐器，甚至还带来了一只热气球（同行的还有一位热气球驾驶者），他乘坐一艘大战舰来华，随行的还有 95 名侍从。登陆后，这个使团需要 2495 人搬运他们带来的东西。马戛尔尼十分精明，他就觐见皇帝的礼仪与中国官员展开磋商，其中包括如何避免令他感到蒙羞的“叩头礼”。他建议中英两国互派大使，让英国大使常驻北京，中国大使常驻伦敦。他希望这能有助于扩大两国的贸易。但中国方面轻蔑地拒绝了他的建议。乾隆皇帝接受了英王乔治三世“恭顺”的问候，但他表示，他不想要英国的小玩意，“并无更需尔国制办物件”。[37] 对于中国人来说，英国不过是另一个来自远方的朝贡国。

因此，当林则徐于 1839 年到达广州，去处理棘手但只限于局部地区的鸦片问题时——英国商人使很容易让人上瘾的鸦片在中国南方地区泛滥成灾——他认为中国是更有实力的一方。林则徐也意识到，茶叶贸易对茶农和茶商都有益处。因此，他并不想完全终止中国的对外贸易。

在林则徐的思想中，天朝的优越感是根深蒂固的，他给维多利亚女王写了一封措辞严厉的信。他并不知道鸦片在英国是合法的——这是多么令人匪夷所思啊！——他在信中不厌其烦地解释：“并闻来粤之船，皆经颁给条约，有不许携带禁物之语。是贵国王之政令本属严明。只因商船众多，前此或未加察。”林则徐要求女王终止鸦片贸易，给他回信，并承诺，如果她这样做了，那么“益昭恭顺之忱，共享太平之福”。维多利亚女王并没有收到这封信。但不久之后，《泰晤士报》刊发了这封来信。结果，无知的外国人引来了许多无知的笑声。事实上，伦敦正在就鸦片贸易的邪恶性展开激烈的辩论，但涉及鸦片、茶叶、白银和棉纺织品的复杂贸易太有利可图了，英国人实在不愿放弃。

林则徐威胁要对广州的外国商人动武，这是个严重的错误。在洋行中工作的中国商人是外国商人的合作伙伴。因此，这些超级富有的中国商人成为林则徐首先恐吓的对象。他强令来自英国、美国和其他国家的商人停止贩运鸦片，并上缴他们库存的鸦片。林则徐准备将这些收缴来的鸦片统统销毁。但洋商拒绝了他的要求，于是他封锁了“洋行”的大门，并切断了食物供给。这些洋商发现，他们的仆人很快就弃他们而去了。之后，其中一些仆人再次出现，但此时他们已经成了中国士兵，在前主人的窗前挥刀舞枪地操练。此外，锣声彻夜响个不停，吵得洋商难以入睡。这种行为介于围困和扣押人质之间。之后，林则徐取得了迅速而完全的胜利。最后，主管商贸的英国官员向商人做出承诺，只要他们按照林则徐的要求悉数上缴鸦片，英国政府将赔偿他们的损失。于是，担心自身安全的商人选择了妥协。林则徐将收缴来的鸦片公开销毁。在近代的毒品销毁中，这次销烟行动做得非常干净彻底。之后，英国人离开广州，其中一些人乘船来到香港。

但林则徐需要面对的问题是，这场销烟运动牵扯到了英国官员，他曾向商人们承诺，英国将赔偿损失。对于这位官员而言，这不仅仅是一次贸易摩擦，而且是一次政治上的挑衅。在伦敦的鸦片既得利益集团很容易煽动起一场战争。当时的报纸和议会辩论清楚地表明，很多人已经明确地认识到了鸦片贸易的本质，以及为什么英国会对鸦片贸易“上瘾”，就像人们对鸦片上瘾一样。英国人对茶叶情有独钟，英国政府渴望获得税收。对于英国人来说，中国的毒品泛滥离他们实在是太遥远了，根本无需考虑在内。这本来是一场艰难、乏味，与道德无关的辩论。但英国臣民——他们等同于女王的仆人——所受的粗暴对待，以及来自林则徐不计后果的威胁，激起了人们的愤怒，这使争论逐渐变了味道。事关英国的利益？不，这关系着英国的荣誉。林则徐要求英国商人将鸦片走私船上的每一个人都交给当局。一旦交给中国，这些人很可能会被处死。林则徐的这种做法无助于解决问题。毫无疑问，林则徐会为他的胜利沾沾自喜。他认为上缴鸦片体现了英国的软弱，因此他对英国的态度非常强硬。中国人拥有一种自豪感，这是世人皆知的。

英国人也有一种自豪感。但两国的区别在于：中国陆军虽然勇敢，但仍在使用滑膛枪、长矛和弓箭；中国海军装备的是木质平底帆船，船上的大炮是被固定住的，因此不能进行瞄准。而英国拥有一支训练有素的现代化陆军，由蒸汽动力驱动的炮艇组成了英国海军。“复仇女神”号军舰是一艘拥有铁壳的明轮船，拥有可怕的威力，被视为一条几乎不可能沉没的战舰。它也是英国海军最先进的军舰。

战争以双方一连串的挑衅、侮辱和谋杀开始，但当皇家海军大规模地出现在中国海岸线上之后，出现了一边倒的局势。英军封锁了珠江。中国沿海的重要港口——包括上海和南京——相继被攻占。中国军队一败再败。许多八旗兵相信，城市失守后他们将必死无疑，于是他们选择了自杀。在自杀前，他们杀掉了自己的妻子和孩子。由农民组成的中国兵勇被英国人的滑膛枪打得溃不成军。此时，中国的皇帝公开指责林则徐“形同木偶”，之后将其革职拿问。最后，中国与英国签订了丧权辱国的《南京条约》，其内容包括：中国向英国支付巨额赔款，将五个港口开放为通商口岸，割让香港岛，之后香港岛成了英国的租界。当然，鸦片贸易合法地延续了下去。之后的两年里，在抵达香港的商船中，有四分之一都装载着鸦片。

这不但是清朝的灾难，也是中国的灾难。很快，一名来自中国南方的落魄读书人对已经动摇的皇权发起了挑战。与林则徐不同，这个人在科举考试中接连受挫。之后，他宣称自己是上帝的儿子、耶稣的弟弟。这个人叫洪秀全，他建立了一个名为“拜上帝会”的组织。洪秀全特别注意到了那些吸食鸦片上瘾的人。此时，吸毒上瘾的现象已经蔓延到了全中国。他鼓励那些想要戒掉鸦片的瘾君子投身于一个主张禁烟的宗教政权。一半持大同思想，一半宗教狂热的洪秀全于 1851 年发动起义，随后起义军占领南京，南京出现了屠杀。洪秀全的政权持续了十余年。拜上帝会发动的起义被称为“太平天国运动”。这场运动持续了很长时间，摧毁了中国中部地区，导致 2000 万人丧生。

在太平天国运动进行的过程中，英国和其他几个西方强国与清帝国又进行了一场战争。

这就是“第二次鸦片战争”。一提到这场战争，人们就会想到英国军队焚毁了位于北京城外的圆明园，他们这样做主要是为死在中国人手里的英国俘虏报仇。圆明园不仅是一栋建筑，而是一大片地区，其中包括美轮美奂的宫殿、宝塔、亭台楼阁、藏书阁和园林，可谓中国艺术的宝库。外国军队火烧圆明园使中国蒙受了巨大的文化损失。这相当于摧毁伦敦市中心所有的教堂、宫殿和博物馆，或将巴黎市中心夷为平地。林则徐认为，只要清除掉鸦片的流毒，中国就能迎来一个更加美好的未来，但他并没有活到圆明园遭到焚毁的那天。皇帝赦免了他的罪，并派他去镇压太平天国起义。林则徐在不经意间带来了一些非常严重的后果，但幸运的是，在看到这些之前，他就已经去世了。现代化从来就不被视为罪过。

既熟悉又陌生

到了 19 世纪 80 年代，资本主义已经使世界上许多国家进入了现代化。即将到来的第一次世界大战不仅是帝国主义之间的战争，而且是势均力敌的资本主义国家间的首次较量——这就是为什么这场战争如此可怕。从多个角度来看，19 世纪末的世界就是今天世界的一个倒像。除了美国和法国之外，几乎所有国家都是君主国，而非共和国；与此同时，欧洲列强处于支配地位，亚洲已经在走下坡路。当时也没有相关的国际制度。种族主义相当普遍，人们将其视为理所当然。但从另一个角度看，那个时代与今天我们这个时代也有很多相似的地方：世界都很开放、通讯的速度变得越来越快、人口大规模地迁移、发明创造层出不穷，这创造出了新的消费经济，这种经济形式从一个大洲传播到了另一个大洲。

更便捷的旅行、铺设电报线和大众出版业的发展带来了一个重要的结果，那就是思想得以迅速传播。当时出现了几个发明创造的中心。普鲁士在一场短暂却具有决定性的战争中击败了法国，领导了德意志的统一。德国给予工程师、技术学校和大商人特殊的荣誉，并在短时间内涌现出了大量的发明创造，这些发明涉及范围之广达到了令人惊讶的地步。主要工作于法兰克福和科隆的尼古劳斯·奥托发明了四冲程内燃机，所以他认为自己是 19 世纪最有影响力的人。但另外两位发明家也逐渐赶了上来：一位是来自卡尔斯鲁厄的卡尔·弗里德里希·本茨，他制造了一辆以汽油为动力的三轮汽车，这就是“奔驰一号”。1885 年，这辆汽车获得了专利。之后，他又制造出一系列更大、动力更强的交通工具。另一位是巴伐利亚发明家鲁道夫·狄塞耳，他发明了柴油机。

之后，从美国到意大利，从奥地利到法国，从英国到瑞士，欧洲各国都参与了这股发明浪潮。个人和小公司争相改进燃料和设计——他们使用了新式的凸轮轴、冷却系统、转向系统、刹车和车体。克莱门特-庞阿尔的四轮车于 1894 年上路，它看上去可能更像现代的汽车（嗯，有一点像吧），但这种汽车很快就被超越了。

汽车的发展是资本主义的胜利——资本主义首先出现在英国，之后迅速扩展到其他国家。德国有着精湛的技术、工程教育和传统工艺，这是德国成功的部分秘密。与美国和法国相似，德国拥有一套切实可行的专利制度，这个制度可以使本茨和奥托这样的人变得富有。（但贫穷的狄塞耳不善于经商，他花光了所有的钱，最后可能在英吉利海峡自杀身亡。）技术杂志和以多种形式进行的强劲出口推动了改进汽车的竞争。很快，汽车超越了早期的工业成果，如蒸汽动力驱动的火车和轮船。开始的时候，富人们购买汽车是为了炫耀，但汽车也受到了普遍的质疑和嘲笑，特别是当它们被出口到离发明地很远的地方（如澳大利亚或日本）时。

托马斯·爱迪生是美国最伟大的发明家，他的发明包括电灯泡、留声机和电影摄像机（在他名下大约有 1000 多项专利），他是大规模生产的狂热分子。作为可以塑造下一个世纪的人，爱迪生当然会与本茨保持竞争关系。亨利·福特是爱迪生手下的一名工程师，他来自一个英裔爱尔兰移民家庭。在爱迪生的鼓励下，福特创办了一家汽车制造公司。在经过若干次的挫折和失败之后，福特于1908年推出了T型汽车。这款汽车不但便宜，而且易于维修，易于驾驶，是一款大众化的汽车。报纸成了福特和其他汽车厂商新的宣传工具——它们为地方的和全国的汽车竞赛刊登广告，重点介绍那些著名的驾驶员，用尽了各种噱头。更重要的是，福特和他的员工在1913年逐渐建成了一条流水线，这条流水线可以极大地提高生产速度。流水线和福特的家长式作风——他开出的工资相对较高，但却对工会深恶痛绝——使“福特制”成了工业资本主义新阶段的代名词。

我们已经看到，人们渴望得到非洲橡胶会产生什么结果（开始的时候，橡胶主要用于制造自行车轮胎，后来很快就被用于制造汽车轮胎），但福特时代的资本主义需要的东西更多——煤气、石油、各种矿产资源和钢铁。工业产品被卖到了欧洲、欧洲的殖民地、美国和南美洲的部分地区，但工业需要的原材料则来自更遥远的地区。这些发展使人类不再严重依靠马匹和肩扛手挑，并创造了一个世界。在这个世界中，更多的人能够更加自由地来来往往，他们被解放出来，可以进行更多的商业活动。当然，这些发明也造成了严重的大气污染，促进了石油开采，这对中东地区产生了特殊的政治影响。

然而，与便利出行相比，让人们吃饱饭似乎更加重要。因此，在19世纪末和20世纪初，比汽车更重要的发明是化肥。精耕细作的种植法势必会消耗土壤中的磷和氮，这会导致作物产量缓慢下降。人们从智利和秘鲁的悬崖峭壁上收集海鸟粪，并将其运到欧洲和美国，用来补充土壤里的氮；一位英格兰农民发明了人工合成的磷酸肥，这种肥料也可以保持土壤的肥力。但直到1908年，德国科学家弗里茨·哈伯才研究出用氨从空气中提取氮的方法，这项发明使农业产量大幅提高。哈伯也是位狂热的民族主义者，在第一次世界大战期间，他为德军研发了毒气。但他也是个犹太人，当纳粹掌权后，他不得不逃往英国。因此，哈伯是个矛盾的人。但据说，人工肥料多养活了20亿人，这使哈伯成为历史上最有影响力的人物之一。然而，就短期而言，另外几位德国人对世界的影响足以与他匹敌。

来自柏林的快乐小伙

哪种人可以最好地诠释20世纪初期的历史？不是军人，尽管当时爆发了多场战争。不是职业革命家，不是科学家，也不是福特或爱迪生。上面这些都不对。从在印度工作的英国人到法国的殖民地官员，再到列宁的苏俄和奉行资本主义的美国，那个时代最有特点的声音是钢笔在纸上书写时所发出的沙沙声和打字机发出的噼噼啪啪声。因此，这个问题的答案是：官僚。在这个时代，专职的行政人员每天乘坐无轨电车上班，成摞的公文正在等着他们。在办公室里，他们挂上大衣，点燃一支香烟，之后坐在桌子旁，核算税收收入，计算逮捕了多少位革命人士，或撰写一份关于伤寒病的报告。无论是在加尔各答的纱窗后工作，还是在莫斯科结冰的窗户旁工作，他们最希望得到的就是升职。

中国的官僚系统曾以两件事闻名，一是一丝不苟的文书，二是公正又似乎有些无情的管理。但到了19世纪晚期，经济发达的西方已经赶上了中国。国家的实力正在快速增强。在英国，戴维·劳合·乔治和温斯顿·丘吉尔计划创建国家退休金和国家保险。在日本，明治维新时期的大臣推动现代化和教育快速发展。在服务于现代化方面，没有哪个国家的官僚机构比得上德国，柏林的行政系统不但完善，而且非常专业。通过战争和扩大有利于贸易的关税同盟，首相俾斯麦统一了德国。之后，他又将这个国家改造成世界上最令人钦佩的福利国家。德国官场非常有名，其中总弥漫着一股浓郁的军事气息。但官场与军队也存在差别：强悍的普鲁士军团基本上是由贵族主导的；而官僚机构不同，即使是平民也可以在铺着木地板的德国办公机构里平步青云。

阿图尔·齐默尔曼是最完美的新派人士之一。他是一个热诚而令人感到亲切的人，谦逊、做事有效率、不知疲倦。1916年，美国驻柏林大使将齐默尔曼描述成“一个非常快乐的高个儿德国人”。《纽约时报》将齐默尔曼升任德国外交大臣视为“平民”的胜利。他进入了一个原先由容克贵族阶层控制的世界，这些贵族的名字里都会有“冯”这个字。齐默尔曼来自中产阶级，他是“一个高大，面色红润，拥有一张四方脸的快乐单身汉，58岁的年纪，长着一对蓝眼睛，略带红色的金发和浓密的胡须”。[38]齐默尔曼在普鲁士出生，但现在，他出生的地方已经归属波兰。在任职于柏林的领事部门之前，他曾经学习法律，希望成为一名律师。他曾经在中国看到过政府镇压起义。凭借着努力工作、办事效率和服从精神，齐默尔曼从基层做起，一步步成为高官。尽管身居高位，但他看上去仍然爽快、直率、做事懂得变通。他经常炫耀在决斗时留下的伤疤，每一个雄心勃勃的德国男人都会这么做。1902年，他进入德国驻外事务处，之后继续高升。他总是笔耕不辍，他的建议总是非常合理。

然而，在他那代人中，齐默尔曼也是破坏性最大的一个。在第一次世界大战期间，他负责将美国拖入战争。在战争结束后，他又试图破坏美国总统伍德罗·威尔逊主导的和平条约。他煽动爱尔兰发起“复活节起义”，这场起义导致了大量的伤亡。他还试图利用中东地区的伊斯兰“圣战”运动牵制英国，但幸运的是，他没有成功。在齐默尔曼的谋划下，德国决定将革命领袖列宁送上开往俄国的火车，德国希望他的革命活动能够削弱俄国。这项计划无疑是成功了。但在列宁到达俄国之前，没人相信他会带领为数不多的布尔什维克威胁到刚刚在二月革命中推翻沙皇独裁统治的俄国临时政府，并建立一个苏维埃国家。

美国历史学家巴巴拉·塔奇曼认为，“在贵族主宰的外交部里，齐默尔曼是个凭借自身努力而取得成功的人”，“与德国皇帝相比，霍亨索伦家族对他的影响更大。因为他希望成为‘他们中的一员’。他渴望获得正统地位。借助统治精英的力量进入贵族圈子似乎更加容易”。[39]塔奇曼的观点是正确的。处于边缘的人努力地向中心挤，因此他们变得非常圆滑，这在公共机构中很常见，从各国政府到国际银行无一例外。齐默尔曼升任德国外交大臣的时候，正好是第一次世界大战的一个关键节点。当时，在巨大的政治压力下，德国正在进行一场豪赌。此时，德国已经变成了一个贵族化的军事独裁政权。齐默尔曼之所以平步青云，不是因为他是个民主人士或有思想的人，而是因为他能够控制住内部的局势。

这是一个简单的问题。德意志帝国的第一场赌博以失败告终。1914年，德国迅速攻入法国，但未能拿下巴黎。德国人觉得非常焦急，因为他们离目标只有 43 英里。在此时此地，战争其实已经终结了。另一方面，一支规模不大的英国远征军与孤注一掷的法国军队和比利时军队站在了一起，他们抵挡住了德军的进攻。到了 1915 年，交战双方沿着一条长长的堑壕形成了僵持，这条堑壕从北海一直延伸到瑞士。很明显，包括巨炮、机枪、毒气和铁丝网在内的战争新模式更有利于防守，而不是进攻。没人能突破对方的防线。尽管德军在东线战场上给予沙皇尼古拉二世的俄军一次次沉重的打击，但德国却遭到了协约国的海上封锁。事实上，德国不可能永无休止地抵抗下去。

尽管如此，德国还有一个能战胜人力资源丰富、工业发达的大英帝国的方法，那就是切断能源、食品和原材料的供给，从而困死英国。这个方案完全可行。虽然海战不如陆战那么具有决定性，但德国的 U 型潜艇编队却发挥了令人惊叹的作用，它们击沉了很多商船，确实有机会逼英国求和。此时，英国皇家海军对潜艇战束手无策，大西洋成了船舶的墓地。但德国也面临着问题：为了达到完全封锁英国的目的，他们的 U 型潜艇要击沉每一艘开往英国港口或法国港口的船,其中也包括来自中立国的船。在这些中立船只中，相当一部分是美国商船。直到此时，美国一直避免卷入战争。但“无限制”潜艇战激怒了美国民众，坚决反对战争的威尔逊总统对德宣战。然而，如果德国的 U 型潜艇能在足够短的时间里击沉足够多的船只，那么英国或许在美国施以援手之前就已经崩溃了，战争也会随之结束。这种竞赛就是这场博弈的本质。

齐默尔曼想出了一条妙计。如果美国对德宣战，那么为什么不游说墨西哥从南面进攻美国呢？倘若能使日本持反美立场，那么华盛顿将会更加忧心忡忡。尽管日本已经加入了协约国，但德国可以劝说日本改变立场。在珍珠港事件前的几十年，日本和美国已经成了太平洋上的竞争对手，美国舆论经常对“黄祸”表示担忧。到了 1915 年和 1916 年，美国确实担心德日两国将通过签订新条约的方式“走到一起”，这两个国家的联合将对民主国家构成威胁。1913 年，日本曾向墨西哥独裁者韦尔塔将军出售武器。1914 年 4 月，也就是第一次世界大战爆发的前夕，为争夺一条德国军火船，美墨两国在墨西哥的韦拉克鲁斯港展开激战，结果导致约 200 人死亡。美国在上一个世纪占领了大片的墨西哥领土，这引发了人们的愤怒。尽管政治斗争撕裂了墨西哥，但由愤怒引发的爱国之情却将墨西哥人团结在了一起，国内的反美情绪日益高涨。柏林看到了这点，这种反美情绪仿佛就是一堆干柴。

齐默尔曼开始行动了。1917 年 1 月，他向德国驻华盛顿大使冯·伯恩斯托夫伯爵多次拍发密信，告诉他德国将于 2 月 1 日发动无限制潜艇战，并让他通过德国驻墨西哥城大使海因里希·冯·埃克哈特向墨西哥传递一条更加激动人心的消息。这条消息的部分内容如下："我们一同发动战争，一同缔造和平。德国将给予墨西哥慷慨的财政援助和理解，帮助墨西哥收复之前失去的领土，包括得克萨斯、新墨西哥和亚利桑那。"德国进一步劝说日本对抗美国，并告诉日本，德国潜艇"将在几个月内迫使英国求和"。

但柏林不知道的是，英国海军情报局早已破译了德国的外交密码。在德国大使读到这些耸人听闻的消息之前，伦敦就已经获悉了密电的内容。威尔逊总统仍在极力避免参战，但当他和美国民众得知德国的图谋后，要求参战的呼声变得难以抑制。英国情报机关用复杂的方法证实了消息的真实性，之后将"齐默尔曼电报"转给了美国驻伦敦大使馆的外交官，随后外交官又将其发给了白宫。

在美国，全国上下一下子闹翻了天。威尔逊首先将这些消息告诉了参议员和众议员，之后又透露给了媒体。德裔美国人和持反战立场的政党被惊得哑口无言，但他们很快做出反应，认为德国、墨西哥、日本联合攻击美国的阴谋听起来太匪夷所思了，这一定是英国人捏造的。许多上岁数的美国政客和作家对大英帝国一点好感都没有，他们宣称这一定是假消息，并对伦敦的伎俩冷嘲热讽。即便到了大战末期这个阶段，美国人仍然顾虑重重，不愿迅速介入战争。但他们没有料到齐默尔曼的阴谋。两天后，在柏林召开的一次记者招待会上，为了减少不良影响，一位暗中受雇于德国的美国记者向齐默尔曼提问。"当然，阁下将会否认这件事。"记者说。"我不会否认，"齐默尔曼回答，"这是真的。"

美国人对"普鲁士的入侵阴谋"感到担忧；美国的报纸警告他们的读者，"一大群墨西哥人正在德国军官的率领下扑向得克萨斯、新墨西哥和亚利桑那”；与此同时，日本将要占领加利福尼亚，并将其“东方化”。在这种情绪的推动下，美国于 1917 年 4 月宣布参战。[40] 德国的无限制潜艇战发挥了致命的作用，确实将英国推到了悬崖边上：在几周之内，英国将用光石油和其他至关重要的物资，其中包括粮食。到了后期，只有“护航制度”才能拯救危局。就在此时，美国将一船船的士兵运到了欧洲。德国做了最后一次努力，希望能打破“西线战场”的僵局，但它却输掉了这场豪赌。阿图尔·齐默尔曼，这位亲切的中产阶级官员，必须为此事承担相当一部分责任。巴巴拉·塔奇曼认为，美国参与了战争，“但参战的时间已经很晚了，如果我们推迟参战的时间，协约国或许会被迫求和。从某种角度讲，齐默尔曼电报改变了历史进程……在世界事务中，这充其量只是德国大臣制定的一个小阴谋。但对于许多美国人来说，曾经的纯真就会结束”。[41]

如果这就是故事的全部内容，那么齐默尔曼本已经可以对他那个世纪产生非凡的影响了。但这并不是故事的全部内容。作为外交部部长，齐默尔曼还参与了一项针对沙皇俄国的秘密计划，这项计划却导致了军事上的失败，甚至是全面崩溃。一旦俄国求和，东线战场的德军将会被调往西线战场，并在西线战场“孤注一掷”。这是德国的战略方针，也是齐默尔曼希望看到的结果。但这却引来了更大的麻烦，比搞砸了联墨抗美还麻烦。

1917 年早春，瑞士的苏黎世挤满了躲避战争的人——意大利人、法国人、德国人、爱尔兰人和俄国人。这些人中包括著名作曲家布索尼、作家詹姆斯·乔伊斯、斯蒂芬·茨威格和罗曼·罗兰，以及一些立场温和的作乱者和革命家。其中一位革命家来自一个小贵族家庭，他是一个看上去很安静的人，与妻子和一位女助手住在一起。他将相当一部分时间用于在公共图书馆读书，或去瑞士的森林和山区做长距离的散步。他始终没有一份工作，除了 1905 年的几个月之外，他一直在俄罗斯之外的国家生活了 17 年。在此期间，他将主要精力花在辩论上——他就政治议题与左翼思想家和自由主义思想家展开了激烈辩论。他不听古典音乐，因为古典音乐会使他感到软弱和伤感；他也很少使用文学化的语言，他的写作风格像铅一样沉重。他为自己起了一个革命化的名字——弗拉基米尔·伊里奇·列宁。

与其他共产党领袖一样，列宁对发生在圣彼得堡（当时已被改名为彼得格勒）的“二月革命”感到惊讶。对于沙皇和他的政权而言，这场世界大战是灾难性的。德国军队彻底击败了数量庞大但装备落后的俄国军队。城市中日益严重的食物短缺（包括面包）使普通士兵备受煎熬。沙皇尼古拉二世罢免了多位称职的大臣，失去了军官们的忠诚，对任何一项改革建议都充耳不闻。尽管列宁认为这次战争将带来某种形式的危机，但他还是担心自己在有生之年看不到一场真正的革命。因此，当一位年轻的波兰邻居告诉他，有四个团的彼得格勒卫戍部队加入了罢工的工人和抗议的妇女，并掀起了一场全面起义的时候，列宁在感到高兴之余，还感到了惊讶和不安。

列宁必须返回俄国。他一生都在等待这一刻，但当这一刻到来的时候，他却身处几千英里之外，而且大战的局势依然胶着。列宁得到了“多数派”或“布尔什维克”的支持。布尔什维克是一群俄国共产党员，他们坚持认为，真正的马克思主义者不应在资本主义国家的战争中选边站。但在德国、法国、英国和俄国，其他的社会主义者完全被爱国主义情绪支配了，将对本国政府的敌意抛到了九霄云外。对于列宁来说，这场战争就是穷人在富人驱使下相互攻击，因此这是一场令人厌恶的战争。这场战争威胁着千家万户——作为俄国人，列宁希望看到俄国战败。

列宁认为，战争唯一的好处是严重地动摇了那些“资产阶级”国家和沙皇俄国；在这些国家遭到严重削弱后，将会出现一场真正的战争——工人发动起义反抗资本家。这一切似乎已经近在眼前了。但这场业已爆发的俄国革命并不是由列宁领导的，此时彼得格勒的工人苏维埃中出现了不协调的声音，认为苏维埃应该与由自由主义改革者和温和社会主义者组成的临时政府保持密切联系。尽管彼得格勒的部分地区出现了骚乱，出现了无法律、无秩序的状况，但两个政权尚能合作共处。沙皇的退位使伦敦、巴黎和华盛顿弥漫着乐观的情绪，这些国家认为，新组建的政府应该会增强——而不是削弱——俄国继续参战的愿望。

另一方面，齐默尔曼、德国皇帝和德军最高统帅部则对此表示担忧。他们希望俄国出现快速且较为彻底的崩溃。出于其他原因，列宁也希望俄国出现这种局面。柏林帮助列宁返回彼得格勒是个明智之举吗？俄国革命家马克西姆·李维诺夫和英国保守党成员温斯顿·丘吉尔持相似的观点。李维诺夫认为，德国人需要在美国人到达欧洲前打败俄军："客观地讲，我们的作用类似于将杆菌传入东方。"他日后说。丘吉尔评论道，德国人（他的朋友齐默尔曼在其中至关重要）带着一丝敬畏感将"那件最可怕的武器瞄准了俄国。他们用密封列车将列宁送回国，就好像是将致病的杆菌从瑞士送到俄国。"当听到这位苏黎世邻居的新闻后，詹姆斯·乔伊斯将列宁比喻成了德国的特洛伊木马。每一位参与此事的人都知道将会发生什么；一位德国将军将列宁比喻成了毒气。[42]

所谓的"密封列车"实际上是一节普通的德国火车。车厢外面做着标记，以便避开海关；此外，还可以制造这样一个借口：这位危险的俄国革命家的脚从未碰到过德国的土地。这列火车的二等车厢里还坐着许多革命者，他们享受着美味的德国食物，坚称只有厕所里才能吸烟。与此同时，列宁和他的助手们一路上喋喋不休地说着什么，写着什么，他们穿过德国和中立的瑞典之后，到达了彼得格勒的芬兰车站。齐默尔曼的外交部和鲁登道夫的最高统帅部对列宁回国寄以厚望，倘若瑞典当局不许列宁过境的话，他们就打算让他从德军前线阵地通过。

列宁没有让他们失望。在火车上，他已经拟定了回国后的计划，其中包括：不与临时政府合作，立刻与德国签订和平条约，苏维埃掌握权力，工兵代表苏维埃当然要由他和布尔什维克领导。其间，除了将列宁领导的革命者送回国之外，德国还为他们提供了一部分资金，但在火车站欢呼的群众并不知道这些。现在，"杆菌"已经运抵目的地了。

那时，在俄国首都，共产党阵营内部出现了严重分歧。一些正统的马克思主义者认为，按照马克思的观点，只有在资产阶级自由主义时代之后才能爆发无产阶级革命，因此你不能从不发达的小农经济直接跨越到社会主义经济。所以，当温和派将俄国团结在一起的时候，他们的任务应该是等待，以及教育和发动群众。列宁传来了绝不妥协的信息，这使他们感到震惊。震惊之余，他们发出了讽刺和质疑之声。

俄国已经到达了沸点，列宁力排众议，发动了一场旨在巩固革命成果的内战。伴随着示威和深夜会议，临时政府在经过激烈的辩论后决定继续同德国作战。亚历山大·克伦斯基是一位温和的社会党领导人，他的父亲曾是列宁就读中学的老师。他是那种可以将彼得格勒的苏维埃和临时政府融合在一起的人。克伦斯基成了政府的总理，他试图团结军队，宣布俄罗斯成为一个共和国，他自己则是这个国家的领导人。但就克伦斯基的口才和精力而言，他领导军队的能力并不比沙皇强。军队已经心灰意冷，军人们不愿再战斗下去。在列宁的领导和魅力感召下，布尔什维克选择了他们的关键时刻和斗争方式。“十月革命”向人们许诺面包与和平。革命爆发后，俄国与德国签订了和平条约，组建了由列宁领导的中央政府。随后，俄国又爆发了内战，出现了暂时的经济困难。

在送列宁回国这件事上，齐默尔曼只是关键人物中的一个——德国皇帝威廉对此事表示同意，军事将领鲁登道夫也介入了此事。我们不知道列宁是否可以找到其他回国的方法，尽管我们看不出还有其他方法；不知道如果他不回彼得格勒，那里将会出现什么情况；也不知道如果他推迟回国，错过了 1917 年中的几个重要月份，俄国将会发生什么。或许其他人会推翻临时政府，或者俄国将陷入专制和由其他原因导致的内战。据此，按照苏格兰法律的规定，这件事将以“证据不足”结案。

然而，列宁是个与众不同的人。他自信，有超凡的人格魅力，是个威严、做事专注的领导人。他确实比他的对手更令人钦佩。列宁令人感到敬畏，喜欢辩论，他将少数派的革命者团结在了一起。他很少采用折中方案，从不畏缩。列宁是另一个罗伯斯庇尔，是个意志坚定的人。在“无产阶级专政”下，他建立了“契卡”，目的是肃清反革命分子，斯大林则完善了“契卡”。当然，他们两个人都会雇佣一些工作努力、关心国事的官员。但这些和蔼可亲的官员也关心自己的升迁，平时喜欢喝一杯，希望获得归属感。或许，阿图尔·齐默尔曼就非常符合这些条件。

第八部

最好的世纪和最坏的世纪

从 1918 年到 2012 年：我们的时代

在斯大林执政时期，有两个人正身陷囹圄。一个人受到严刑拷打，另一个人也将面临同样的命运。他们正在争论一些历史问题。阿列克谢对人类已经不抱希望了。他说：“人类就是人类，真是无药可救了。人类社会没有进步，有的只是一条简单的法则，那就是使用暴力。这条法则就像能量守恒定律一样简单。暴力是永恒的，无论什么都制止不了它。暴力永远不会消失，也不会减少，充其量只是换个形式罢了。”

另一个人叫伊凡，他不同意阿列克谢的观点。他认为：“人类的历史就是自由的历史。也就是说，人类历史就是人们获得更多自由的过程。”阿列克谢——他即将死去——嘲笑了伊凡的观点。他认为这不是历史中真实发生的事，而是一个虚构的场景。历史就好像是“用杵和臼去研磨水……人类中的人性是不会增加的。如果人类的良知一直停滞不前，人类怎么还会有历史存在呢？”[1] 这个观点出自小说《一切都在流动》的结尾部分，它的作者是苏联作家瓦西里·格罗斯曼。这部作品创作于20世纪60年代早期，它回顾了斯大林时期的生活。然而，他的观点适用于全人类，而不仅限于俄罗斯。20世纪的历史发展凸显了这一观点的重要性。我们从历史中学到什么了吗？我们可以变得更好吗？暴力会终结吗？还是会愈演愈烈？

这是一个陷入巨大悖论的世纪。这一时期的杀戮比以往任何一个时期都更加严重。死亡人数估算数字超过蒙古人对外征服时期的死亡人数，超过了欧洲人入侵美洲时死于瘟疫的人数，也超过了以往任何战争的死亡人数。政治领袖们说他们可以从根本上促进人类的发展，至少是促进部分人类的发展，于是他们获得了几乎无限的权力，这就是出现大规模杀戮的主要原因。因此，人们普遍认为，20世纪是“历史中最血腥的世纪”。

但也有人持不同观点，史蒂文·平克是位科学家，他将大规模的死亡部分归咎于人口数量的大幅增加：毕竟你不能杀掉原本不存在的人。如果说大量的人失去性命有助于调节人口，那么现代史看上去就不那么黑暗了。蒙古人的对外征服（前文已经讲到了）、中国8世纪的武装起义、帖木儿的东征西讨、罗马帝国的崩溃，以及明帝国的瓦解——在这些历史事件中的死亡人数都超过了第二次世界大战的死亡人数。[2]

我们对发生在16世纪非洲、中世纪法国乡村或朝鲜半岛早期帝国历史中的暴力活动只有一个模糊的认识。但现在则不然，照片、影像，以及保留在日记、回忆录和演讲中的记述可以使战争的场景活灵活现地呈现在我们眼前。平克认为，“历史性近视”使我们能够平静地看待过去，但却不能平静地看待现在。出于某些特殊原因（这些原因是特定历史环境的产物，今后恐怕不会再出现了），20世纪见证了一场惨绝人寰的战争，战争的一方是希特勒统治的德国，另一方是斯大林控制的苏联。这场战争蔓延到了世界上的许多地区，直到核武器的出现才将其终结。

这场战争并不能证明人类比以前更加暴力或更加邪恶。事实上，平克认为，如果将小规模冲突、家庭暴力、虐待儿童和老人、残害动物、为宗教献身、奴隶制和暴力犯罪都考虑在内，那么人类的暴力倾向正在变得越来越弱，人类正在变得“越来越善良”。即便是非洲也不例外。在近代历史上，非洲曾出现过几次大规模的冲突，但现在情况已经有所好转。各国逐渐法制化，妇女获得了更多权利，再加上国际条约的规范（如遏制核战争），这使人们可以过上更加祥和的生活。美国学者马修·怀特支持平克的观点，他引入“暴行学”这个概念来划分死亡事件的等级。根据他的研究，在20世纪，95%的人都是死于自然原因。

这点很重要，应该引起我们的重视。绝大多数人的大部分时间都生活在“间歇期”里。所谓“间歇期”，就是社会保持长期稳定的时期。我们将在年老时因疾病而去世。更好的药品和食物、更清洁的饮用水、更稳定的社会秩序使人类的寿命和人口数量大幅增加，因此间歇期也会变得更长。举个例子：如果不是弗里茨·哈伯在1919年发明用氮合成人工肥料的方法，那么现在世界人口将减少20亿。[3]一些国家曾经遭遇过可怕的饥荒，如中国。但在 21 世纪，物质财富和机会都会迅速增加。与以往相比，在上一个世纪中，有越来越多的人过上更好、更平静的生活。如果不算工业化战争中的大屠杀与核战争的阴云，我们有理由认为 20 世纪是一个美好的时代，它使数以亿计的人过上了太平富裕的生活，这是史无前例的，即便罗马帝国初创时期的“罗马式和平”也做不到这点。因此，我们可以说，这也是最好的时代。

政治问题

这段历史时期的主题是失调：一方面，人类理解世界和重塑世界的能力在不断增强；另一方面，人类管理世界的水平却没有提高多少。科学在大步前进，但政治却像个醉汉一样左右摇摆。地理大发现时代和帝国主义时代也存在这种现象，只不过这一矛盾在 20 世纪变得格外显眼，并有可能一直延续到 21 世纪。

那两位身陷监牢的俄国哲学家之所以发生争论，正是因为 20 世纪的政治出现了严重的问题：人们认为，人类将从有等级的社会走向绝对平等的人间天堂，但现实政治却使这一信念发生了动摇。共产主义者认为，实行专政是无可厚非的。天主教人士也曾持有类似的观点。20 世纪 30 年代，当掌握了巨大的国家机器之后，苏联共产党试图消灭所有阶级、国家和划分人类的范畴，因为他们认为这是社会发展的绊脚石。

意大利的贝尼托·墨索里尼和德国的阿道夫·希特勒所设想的世界，与共产主义者所设想的世界完全不同。他们并不想消除所有阶级。但是他们有一个坚定的信念（后来这一信念也传播给了成百上千万真诚的信徒）：他们属于优等人种，应该享受荣誉，应该统治其他种族。这不是历史的必然性，而是命运的安排。从纳粹突击队员的书信和日记中可以看出，当有组织地屠杀犹太的妇女、老人和儿童时，他们相信自己做的事是正确的，只是觉得心里不舒服而已。种族论成了用科学语言包装出来的伪科学，这种伪科学使他们意识不到自己到底在做什么。

纳粹主义坚持了一种错误的“种族”进化观。在自然界，各个物种之间要进行永无休止的竞争。因此，在人类社会中，各个种族之间也应进行永无休止的竞争。不打击弱者，不消灭弱者，是强者在道德上的失败：因为这意味着人类将会走向衰落，而不是走向强大。这一观点被应用到了希特勒的世界中：雅利安人有责任推动人类前进，但这种前进是以牺牲斯拉夫人、犹太人和其他所谓“低等人”为代价的。这种做法不会带来一个“完美世界”，但却可以带来一个“黄金时代”。为了建立心中的“乐园”，纳粹政权举起了屠刀——他们杀害起义者和自私的农民，杀害反抗他们的社会主义者，杀害他们的阶级敌人，杀害犹太人。纳粹分子将他们的敌人视为“害虫”或“病毒”，认为他们充满兽性，根本就不属于人类。有趣的是，在想象即将到来的“乐园”时，纳粹政权使用的是最陈腐、最老套的说法。纳粹的宣传机构号召追随者迈向这样一个世界：在阳光和煦的半乡村地区，生活着许多脸颊红润的母亲，她们听从丈夫的话；父亲的形象通常是一位长着大胡子的男人——那里是个有些伤感、有些羞涩的伊甸园。

如果这就是现代史的全部内容，那么这段历史就太过暗淡了。但20世纪也见证了民主制度的扩张。在最黑暗的几十年里，这几乎是不可想象的。“美国世纪”为世界上成百上千万的人带来了自由和选择的机会。市场经济展现出了生命力，为市场经济保驾护航的是科学。科学创造出了极具破坏性的武器，这些武器使世界上的大国再也不敢相互攻击。或许有人认为，俄国人不如美国人、欧洲人或其他国家的人那么自由，但与格罗斯曼写出监狱对话时所能希望的相比，俄国人已经是非常自由了。

因此，我们可以说，这段历史的光明面要远远大于它的阴暗面。20世纪的政治悲剧只是欧洲思想的逻辑结果，这些思想已经在欧洲发展很长一段时间了。种族主义、乌托邦思想、对国家命运的信念、对强有力的领导者的偏好、反犹太思想……这些都不是什么新东西。当然，在经历了专制独裁之后，这段历史能否成为供后世借鉴的教训呢？我们建立了联合国，发表了各种《人权宣言》，设立了国际刑事法院。通过种种努力，我们进入了一个政治局势缓和，而且更加美好的世界。我们还可以用许多例子证明这一点。在阿富汗、非洲和中东，战争仍在继续，但这并不能否定人类的进步；战争只是提醒我们，前进的道路是曲折的。

20 世纪有两场大碰撞，它们实在是太重要了，以至于我们很难视而不见。第一场碰撞涉及西式民主的传播。在《历史的终结与最后的人》中，政治学家弗朗西斯·福山认为：关于政治的大争论已经结束，以资产阶级的自由和市场经济为基础的西式民主取得了胜利。他相信，尽管有些国家和文化要花更长的时间才能到达这一阶段，但这是每一个人的最终归宿。然而，在这个世界中，身为社会主义国家的中国变得越来越强大；一些西方眼中的“独裁国家”（如以石油和天然气为基础的俄罗斯、伊朗、沙特阿拉伯）也走向了繁荣。因此，福山的话已经落空了。福山确实错了。因为事实证明，民主不仅是一种制度，更是一种文化。民主的基础是社会习俗、对问题的看法、长期建立起来的分权制、对法律根深蒂固的信仰，以及没有体制性腐败和玩世不恭的态度。你可以引进并建立民主制度，并让它发挥作用，但你很难引进民主文化。但这并不意味着，世界大部分地区注定要生活在暴政和贪腐之下。这只是意味着，宣布西式民主已经在竞争中胜出还为时尚早。

第二场碰撞涉及西式民主的本质。在年复一年、届复一届的竞选中，相互竞争的政党会向选民许诺下更好的物质生活。近来，这种夸夸其谈的能耐几乎成了西方民主政治的基础。但科学与和平已经使世界人口增加到自然资源难以承受的地步了，所以他们不能一直这样承诺下去。

为了吃饱、穿暖、过上高兴的日子，人类消耗了大量的石油资源和水资源。结果，人类的活动排放了大量的二氧化碳，这些温室气体使气候发生了（或许）不可逆转的变化。如果生活在中国、印度、东南亚和非洲的人都希望过上今天西方中产阶级那样的日子，那么他们恐怕要失望了。在西方，我们现在有了第一批明智的家长，他们希望自己孩子的物质生活水平能低于他们这一代。民主国家可以阻止贸易衰落，可以在战争期间团结一致；但它们对长期存在的失望和经济低迷却束手无策。除非这些国家能拿出切实可行的解决方案，否则我们很难相信西方式的自由和市场经济是高枕无忧的。我们已经从本章叙述的历史中吸取了一些经验教训，但还没有完全吸收。

兰茨贝格的囚徒

慕尼黑附近有一间兰茨贝格监狱。1924 年 7 月，监狱的一层牢房灯火通明，那里出现了奇特的一幕。一位穿着皮制短裤和束腰短外衣的囚犯因试图推翻德国政府而被判处叛国罪。他的身体已经开始发胖，牢房里堆满了来自支持者的各种礼物——蛋糕、巧克力，以及成束的鲜花。来探望他的人数不胜数。他的一位朋友说："这个地方看上去简直像是个熟食铺子。用堆放在这里的东西，你都可以开花店、水果店或酒行了。"[4]

最后，这位 35 岁的叛乱者不得不要求访客离开。这样，他才有时间回到书桌前慢慢口述他的书。这本书原名《与谎言、愚蠢和懦弱奋战四年半》[5]，是个时髦的书名，后来编辑将其进行删减，成了《我的奋斗》。在 20 世纪这段历史中，希特勒比任何一个人都该下地狱，但他的书却深受欢迎。截至 1940 年，《我的奋斗》已经卖了 600 万册。他用善良的假象掩盖了邪恶的目的。

人们都知道，希特勒决心清除犹太人，先是在德国，随后是欧洲。一些历史学家质疑，希特勒是否亲身参与了大屠杀。也有一些历史学家认为，在德国成功入侵波兰、波罗的海周边地区和乌克兰的时候，将工业手段用于大屠杀纯属偶然。当希特勒在鲜花和巧克力的簇拥下口述《我的奋斗》时，他这样阐述犹太人的问题：有"任何一个不肮脏龌龊的犹太人吗？铲除犹太人就像是从身体上小心翼翼地切除脓包，从腐烂的尸体上清除蛆虫"。[6]他将犹太人比喻成"鼠疫和精神瘟疫，他们的危害远超黑死病"，他们就像是一群吸血的蜘蛛。

尽管如此，还是有人认为，希特勒只是想将犹太人驱赶到其他地方，他本人对犹太人并无恶意。在出狱后创作的《我的奋斗》第二卷中，希特勒写道："在战争爆发初期和战争进行之中，如果能将 1.2 万到 1.5 万只希伯来蛀虫关进毒气室，那么在前线的数百万人就没有白白牺牲。"[7]他认为犹太人与布尔什维克属于同类，他发现犹太人在幕后操纵着他们表面上厌恶的东西——国际资本。犹太人很弱小，但他们却控制着所有地方；犹太人微不足道，但他们却主宰着德国。他们控制着媒体、左翼政党、银行，以及一切的一切。他们应该被消灭。

希特勒这种人是非常罕见的。传记作家和历史学家相信他是个没有同情心的人，这或许与他凄惨、充满暴力的童年生活有关。希特勒是个幻想家，他恰巧生活在了那样一个时代，那样一个国家，这使他的幻想得以短暂地成为现实，虽然短短几年之后就轰然倒塌。尽管没有受过什么教育，懒惰，外表也并不出众，但希特勒仍然可以用黑色的目光迷惑他的听众，使国家陷入疯狂。如果不是德国在第一次世界大战中战败，如果不是列宁在俄国取得了胜利，如果不是欧洲有反犹太传统，那么希特勒将泯然众人。

反犹太的思想渗透到了欧洲的各个角落。犹太人聚居区首先出现在威尼斯。英格兰的几位国王都曾迫害、驱逐过犹太人。在十字军运动期间，法国的君主没收了犹太人的财产，并将他们驱离法国。天主教的宗教法庭让他们做出选择，要么改信基督教，要么就被处死。俄国的历史中也不乏针对犹太人的大屠杀。而在 20 世纪早期，尤以奥地利和德国的反犹浪潮为大。身为画家的希特勒曾经在维也纳度过了人生中最艰苦的一段时光，他的性格也是在这一时期逐渐形成的。维也纳的市长卡尔・卢埃格尔是个民粹主义者，他曾经指出，这座城市有深厚的反犹太传统，这个传统不但体现在政治方面，还体现在报刊文化方面。曾为希特勒写传记的伊恩・克肖提到，“在世纪之交的时候，这座城市出现了激进的反犹太活动。如果犹太人与非犹太人发生了性关系，人们就会以鸡奸的罪名加以惩罚。在复活节前后，人们还会监视犹太人，阻止他们进行祭杀儿童的宗教仪式”。[8]

希特勒肯定会受到这种环境的影响，但他了解犹太人，穷困潦倒的时候，也曾通过犹太熟人推销他并不出色的城市速写作品。希特勒是个“泛日耳曼主义者”，他希望所有的日耳曼人组成一个单一的德意志帝国。他早年推崇理查德・瓦格纳的作品，瓦格纳的作品中大量掺杂了反犹太思想。但没有证据表明希特勒年轻的时候是个反犹分子，他倒是与左翼的社会民主党产生了共鸣。

在成为德国统治者之后，希特勒声称他是一贯反犹的，但这点很难证明。在《我的奋斗》中，希特勒记述了这样一件事：在第一次世界大战期间，他休假回家，发现大量的犹太人并未上前线打仗，这使他感到非常震惊。他还在书中指出，犹太人参与了卖淫活动，这使他非常反感。而且，他又把这件事和中世纪时关于犹太人的故事联系在了一起。但希特勒对犹太人的厌恶似乎开始于1918年，也就是德国战败后不久，他挂着勋章随部队返回慕尼黑的时候。

作为一个土生土长的奥地利人，希特勒幸运地加入了巴伐利亚步兵团。在战场上，他是一名勇敢的传令兵。德国军队的失败使他难以接受。回国后情况变得更糟，他的前途一片渺茫，慕尼黑已经成了革命的策源地。1918年的冬天和1919年的早春，无政府主义者和共产主义者在巴伐利亚建立起一个“红色共和国”。他们效仿俄国的布尔什维克，希望在德国夺权。在之后一段时间，人们面对着食物短缺、暗杀、剥夺财产、暴力活动，以及左翼势力对出版物的审查。右翼军事势力的反扑使共和国昙花一现，但这却给社会留下了一道道深深的疤痕。

这次革命运动的领袖很多都是犹太人。在苏维埃共和国时期，希特勒曾当选军代表。他知道树立一个简单明了的敌人能得到什么好处。在一个愤怒的小型集会上，在一个愤怒的小型政党中，希特勒的极端言论和花言巧语使他迅速成名。在慕尼黑的酒吧和咖啡店里，德国军官利用他攻击左翼势力，攻击远在柏林的温和的共和国政府。希特勒声称，犹太人、布尔什维克、满口谎言的资本家和叛国者都是一丘之貉，他们是德国战败的罪魁祸首。

到那时为止，除了在军中服役之外，希特勒的生活中除了空谈一无所有。他画着拙劣的画，到处游荡，靠家中仅有的一点钱过活，此外就是空谈。他在林茨、维也纳和慕尼黑的廉价公寓、酒吧和咖啡馆里对艺术、音乐、德国、历史和政治高谈阔论。现在，说话已经成了他的工作。

我们提到希特勒时会想到他头上顶着的恶名，会想到大屠杀，会想到那张白净的脸上留着一撮可笑的小胡子，因此我们很难想象他早年所展现出的魅力。尽管如此，他确实很有魅力。最终，这个备受欢迎的演说家使一个右翼小党迅速发展成为纳粹党。他可以在一间屋子里进行两个小时的演讲，他挖苦着、大喊大叫着、嘲笑着、谩骂着，不时被喝彩声、嘘声和笑声打断。他时而指责德国政府，时而谴责获胜的协约国，时而号召把犹太人送进集中营或驱逐出境，这样就可以使他们远离优秀的日耳曼人。很快，就有人将他和马丁·路德，甚至是拿破仑相提并论。他的听众主要是小商人、商店的店主、职员、退伍军人和妇女，其中妇女的比例高到令人惊讶的程度。他们认为希特勒是最好的老师，他的演讲是最棒的消遣。

进入 20 世纪 20 年代，德国似乎正处于爆发共产革命的前夜。右翼的"民间"思想家和军方人士经常就如何应对这一问题展开辩论。他们认为，应该废黜主张对法国妥协的柏林政府，应该恢复德国战前的领土，应该重建德国的武装力量。各种准军事组织在储存武器。惧怕出现苏维埃革命的工商业巨头提供资金。各个政党形成、争吵、分裂、重组。在第一次世界大战期间领导德军的鲁登道夫将军重新进入人们的视线，他成了右翼眼中的英雄。在经历了短暂的革命后，慕尼黑成了保守主义思想的大本营。当时，希特勒恰好就在慕尼黑。他与一些准军事组织的领导人结成同盟，恩斯特·罗姆便是其中最有名的一个。希特勒得到了许多大人物的赞赏，其中就包括鲁登道夫。此外，他还获得了一些极端主义报刊和暴力组织的支持。

希特勒甚至亲自设计了纳粹党的旗帜，这面旗帜很快被全世界所熟知：红底白圈里有一个黑色的十字标记。长期以来，这个黑色的十字标记象征了德国反犹太思想。在印度教徒、佛教徒和万物有灵论者眼中，这个古老的标志代表着幸福。德国考古学家海因里希·施利曼在古代特洛伊城的遗址中发现了这一符号，并将其解读为雅利安人的象征。自此之后，这个符号在德国变得家喻户晓。在希特勒设计党旗之前，德国的民族主义者就已经开始使用这个符号了。希特勒将其进行了改造：精炼设计，使颜色搭配更有张力，并旋转了十字的方向。用现代艺术评论家的话说，"与之前的设计相比，这种设计的效果更好"。[9]

希特勒过去可能是个蹩脚的画家，但却是个杰出的宣传家，他非常注意自己的形象。他有成百上千张照片，他在每张照片里都摆着不同的姿势，穿着各式的衣服，戴着各异的帽子，他要将自己塑造成一位孑然一身、奋发图强的领袖。他研究冲锋队和党员的制服，重视建筑的样式，他在制定政策和官僚政治方面都没花这么多精力。如果说政治是一个品牌，那么希特勒就是纳粹品牌的天才营销者。

1924年的时候，希特勒是如何将自己送进监狱的呢？他以一种滑稽的方式搞砸了一场政变，这场政变的最初目的是想推翻巴伐利亚的地方政府，最后政变又将矛头指向了柏林。他参加的政党原名“德意志工人党”，这个党随后演变为“德意志国家社会主义工人党”，简称“纳粹党”。在发动政变的时候，它还只是个小党。但是这种“爱国组织”及相似政党发起的运动总量很大。慕尼黑的军政官员对他们持明显同情的态度。到了1923年秋天，关于推翻政府的讨论已经持续了相当长一段时间，起义要么由军队领导，要么由准军事组织领导，或者像墨索里尼那样直接进军首都。那时，人们将希特勒称为“德国的墨索里尼”。他相信，如果策动得法，鲁登道夫和巴伐利亚的军队将参加反抗柏林的起义。这个想法并非天方夜谭。当时，只要一颗火星就能点燃燎原大火。

1923年11月8日晚上8点40分左右，希特勒的勃朗宁手枪在慕尼黑的一家名为贝格勃劳凯勒的大型啤酒馆里擦出了这颗火星。啤酒馆是慕尼黑人谈论政治的地方，那里像个宽敞的洞穴，非常适合发表慷慨激昂的演讲。那天夜里，这座城市大部分领导人聚在一起，召开了一次很久以前就宣传预告了的反共会议，当时大厅里约有3000人。当前王牌飞行员赫尔曼·戈林带领冲锋队闯进啤酒馆的时候，巴伐利亚领导人右翼政客古斯塔夫·里特尔·冯·卡尔正在滔滔不绝地发表演讲。

这时，希特勒跳上椅子，对天花板开枪，宣布巴伐利亚政党已经被推翻，全国革命已经开始。希特勒将那些官员和一位将军带进旁边的屋子，劝说他们加入由他主导的新德国政府。他说，如果事态恶化，他就开枪解决他们，随后也饮弹自尽。之后，他向人们宣布：“要么德国革命从今晚开始，要么所有人都在黎明前死掉！”[10]鲁登道夫赶到现场，尽管十分惊讶，但他还是支持了希特勒。希特勒声称，他这样做是为了“拯救德国人民”，他们将“向罪恶的巴别塔——柏林”进发。[11]

希特勒认为，巴伐利亚的军队和政治精英会跟随他进军柏林。在冲锋队的威胁下，这些人确曾短暂地同意希特勒的计划，但他们既没有为进军做准备，也没有制订相应的计划，他们并不想发动一场内战。因此，只要他们按兵不动，希特勒的起义就是空谈。等他手下的乌合之众想知道下一步要做什么的时候，他们已经被军队和警察包围了。历史学家艾伦·布洛克将其称为“纯粹恐吓出来的革命”，这场“革命”最后以失败告终。第二天清晨，希特勒和鲁登道夫率领2000名纳粹党党员向慕尼黑的军事部门进发，他们并不知道接下来会出现什么情况。他们遇到了警察的拦截，双方交火，导致4名警察和16名纳粹分子丧生。希特勒要么是趴在了地上，要么是被挤开了；站在他旁边的那个人中弹身亡。老兵鲁登道夫则继续向前走，警察让出来一条路，没有人在后面跟着他。

随后，一部分示威者逃散，鲁登道夫向警察自首，希特勒躲到了朋友家里，但最终被捕。1924年2月24日，9个人在以前的慕尼黑步兵学院受审，他们被控犯有叛国罪。希特勒或许会感到有些尴尬，在开枪时他是率先趴下的人，但是之后他还要证明自己是个领袖人物。他什么都不否认，愿意承担全部责任。在审判过程中，他发表了长篇政治演讲，内容非常具有挑衅性。法官对他表示出极大的同情。叛国罪、致警察死亡、扣押人质和抢劫的罪名都成立，但希特勒只获刑5年。然而，仅仅坐了13个月的牢之后，他就从监狱里出来了。他在政变中没有因为站错一步位置而被击中，也没有受到更严肃的审判，也没有在牢里服满刑期，毫无疑问，他是个幸运的人。希特勒在受审时发表的最终演讲使他在德国成为名人。他在监牢里收到了许多阿谀奉承的信，其中一封来自一位海德堡的博士生，这个人叫约瑟夫·戈培尔。虽然希特勒从未致力于丰富自己的思想，但他却有充足的时间培养个人崇拜，就连狱卒见到他的时候也会喊上一句“希特勒万岁”，这多半是受了《我的奋斗》的影响。1933年，希特勒成为德国总理，他推翻了合法的国家，建立起一个积极向外扩张的政权。但在此之前，他还有很长一段路要走。在这个过程中，希特勒的成功得益于两点，一是全球性的经济危机，这场危机毁掉了德国缓慢而稳定的经济复苏；二是他国政府的昏庸和反德政客犯下的一系列灾难性错误。

在经历了暴动失败后，希特勒终于明白，尽管一部分军官对现实表示出不满，要想获得权力，单靠拉拢军队是不行的。他还要在政治上取得成功。

在政治领域，希特勒可以更好地施展自己的才华。到了 1924 年，希特勒用一贯的恐吓手段、资本家的支持和极其慷慨激昂的演说将自己武装起来，9 年后他就是凭借这些入主柏林的。人们对这个领导人的崇拜与日俱增。党内曾一度禁止个人崇拜，但在 1925 年，他重新建立起个人领导制，他的领导完全不受民主和选票的制约。随后，他将这一党内制度变成了国家制度。希特勒的工作模式常常是混乱不堪的，这迫使他身边的人总是要猜测他的想法，这样他就不用为任何一个错误负责了。但他的一个思想却很清晰：散布在世界各地的犹太人是德国的敌人，他们是德国一切不幸的总根源，他们必须被完全根除。

在慕尼黑发动暴动的时候，希特勒就打定主意，德国不但要收回“一战”时丢掉的领土，兼并奥地利，向法国报仇，而且还要占领更多的土地。于是他将矛头指向了东方。希特勒认为，犹太人已经控制了包括俄国在内的东方世界，因此那里属于低等文明。他在《我的奋斗》中写道：“新的德意志帝国应该沿着条顿骑士团的道路向前进军，用德国的剑为德国的犁取得土地。”[12] 随后，他又写道：“国家的边界本来就是人为划定的，当然也需要由人去改变。”德国应该“进入那些不可能进入的地方”，“如果能为德国人在欧洲争取到生存空间”，那么向法国复仇也是必不可少的。[13] 此外，还应该在不发警告的情况下突袭波兰、乌克兰和俄罗斯。这些内容都白纸黑字地写在《我的奋斗》第一版上。

在 20 世纪 20 年代，德国人对“一战”末期的饥荒记忆犹新。在第一次世界大战期间，德国想用 U 型潜艇封锁英国，使英国陷入食物短缺，但这一努力却以失败告终。相反，英国皇家海军成功地封锁了德国，这使德国中产阶级只能去吃还没熟的马铃薯。虽然德军在西线战场遭到了失败，但他们却在东线战场取得了成功，德国人在波兰、乌克兰和白俄罗斯建立起一个小帝国。按照希特勒的观点，只有获得大量的良田，德国才不至于再次挨饿。最近，一位研究中欧大屠杀的历史学家写下这样一段话：“纳粹真正的农业政策是要创造帝国的东方边界……德国从波兰农民和苏联农民手中夺取了肥沃的土地——而这些农民呢，有的忍饥挨饿，有的被同化，还有的遭到驱逐或奴役。德国不想从东方进口谷物，而是想向东方出口农民。”[14]

人类很天真，容易受骗，这是世界历史上不断重复发生的事。从斯大林到英国政府，从美国大使到法国政客，许多人都认为自己绝顶聪明，他们相信希特勒的话只是虚张声势。要不是这样的话，20 世纪的许多灾难都可以避免。看见敌人就好像看见了我们自己——归根到底，我们都是一样的——所以我们不必掩盖事实，应该坦率地承认罪恶。无论怎么评价希特勒，人们都不应该指责他无预警地发动战争，因为他从一开始就说得很明白，没有任何含糊不清的地方。

希特勒和我们其他人

现在，各方的运气都很差。在出狱后的若干年里，希特勒迅速重建纳粹党，并通过 1933 年的大选获得权力。有关这段时期德国政治的精细研究著作已经塞满了图书馆的书架。如果德国有一个强大的政治中心，能经得起纳粹党的冲击，那么历史恐怕就会向另一个方向发展了。如果德国宪法不允许总理绕开国会单独采取行动，那么希特勒也不会平步青云。如果欧洲列强能采取行动，对德国的侵略活动——如进入莱茵兰、吞并奥地利、攫取苏台德地区——加以惩罚，那么这些地区的民众或许在 1939 年之前就举行起义了。但当时有的只是等待和期望。英法两国的政客袖手旁观，眼睁睁地看着纳粹在德国崛起，又眼睁睁地看着欧洲陷入灾难。

不应该将纳粹的崛起仅仅视为纯粹的德国现象，或甚至只是欧洲的失败。按照美国的观点，在 1941 年和 1942 年，合众国第二次出手相助，将欧洲从邪恶中拯救出来，而这股邪恶势力当时并未威胁到新世界。但这只是片面的观点。希特勒的崛起与世界范围内的决策失误有关，其中当然也包括美国。在 20 世纪 20 年代和 30 年代，世界已经紧密地结合在一起了。第一次世界大战留下了一个四分五裂的欧洲，也留下了一个四分五裂的中东。美国总统伍德罗·威尔逊、英国首相劳合·乔治和法国总理克里孟梭应该对这种局面负责。美国参与设计随后又抛弃了的国联效率很低，在美国奉行孤立主义的时期，它只能犹豫不决，处理一些无关紧要的琐事。欧洲只能独自按照美国划定各州的方式处理划界问题，于是出现了一个七拼八凑的南斯拉夫、一个臃肿的波兰，又将一部分说德语的人留在了捷克斯洛伐克和但泽。这引起了纳粹分子的不满。

尽管如此，在 20 世纪 20 年代后期，德国仍然有机会摆脱政治上的极端主义，强化民主制度，但 1929 年世界经济出现了大崩盘，首先从美国失去控制的消费经济蔓延开来。本来各国政府可以出台一些地方性控制方案，只可惜民主国家——如拉姆齐·麦克唐纳领导的英国和赫伯特·胡佛领导的美国——的无能，不仅促使世界贸易走向萧条，还导致大量失业，这极大地增加了独裁统治的威望，人们认为这是促进经济增长的另一条选择路线：贸易保护主义者制定的关税和世界贸易的大萧条将资本主义民主重重地打翻在地，人们希望有一个铁腕人物能站出来规范市场，这种想法是普遍存在的，并非只出现在慕尼黑。

总而言之，许多欧洲国家对民主政治经验有限。在一个世纪中，西班牙经历了专制君主制、专政、政变、起义和复苏。随后，在 1931 年成立第二共和国之前，这个国家又落入了一个新独裁者手中，他的名字叫普里莫·德·里韦拉。他组建的左翼政府在随后的内战中被推翻，之后掌权的是弗朗西斯科·佛朗哥将军。一方面是虔诚的宗教信仰和小农经济，另一方面是工业化的城市和共和制。在佛朗哥发动起义之前，西班牙已经陷入了长期对立。意大利是个年轻的国家，当曾经的左翼记者贝尼托·墨索里尼于 1922 年发动政变夺取政权的时候——后来他的这段经历被神化为“向罗马进军”——意大利还正在学习民主文化。与西班牙相似，逐渐发展起来的工业使国家内部产生了分歧。从 1919 年到 1921 年，波兰战胜了苏联。在 1926 年约瑟夫·毕苏斯基将军攫取政权之前，波兰经历了 5 年的议会政治。与德国相似，当大萧条不期而至的时候，反犹主义和民族主义成了波兰政坛的主流。

1919 年之后，随着奥匈帝国的分裂，中欧出现了许多新兴国家。南斯拉夫和阿尔巴尼亚出现了专制君主制；希腊和保加利亚出现了独裁者，他们分别是梅塔克萨斯将军和基蒙·格奥尔基耶夫。海军司令米克洛什·霍尔蒂在匈牙利建立政权，葡萄牙出现了军政府，罗马尼亚产生了君主独裁制。由此可见，虽然德国出现了最极端的法西斯主义，但这股浪潮并非德国独有。由于民主制最终在欧洲取得了胜利，这使我们很容易忘记，在两次世界大战之间的欧洲，民主制看上去有些另类。

民主和繁荣之间的关系看上去远没有过去那么明显。意大利——而不是德国——就是个好例子。在意大利，墨索里尼鼓吹社团主义，恢复沼泽地，为促进谷物生产发放补贴，之后又接管并合并银行和工商业，这一切看上去都很成功。的确，这位“领袖”在国外的声誉并不好，因为他想在非洲建立一个帝国，为意大利提供原材料和廉价劳动力，但他的这种做法与其他欧洲国家的所作所为并无本质区别。事实证明，法西斯主义并未推动意大利经济的发展。从大崩盘到第二次世界大战爆发的 10 年里，意大利的经济增长率只有战前的一半，近半数的意大利人还在从事农业生产，总投资率也有所下降。但当时的旁观者看不清这些问题。

希特勒管理经济也不在行。他以一种混乱的方式管理国家，他本人很少参与制订经济计划。一个曾为他作传的作家直截了当地说：“非凡的经济复苏是领袖神话的重要组成部分，但这并不是希特勒的功劳。”[15]希特勒对汽车着迷，他批准成立了一支工人分遣队。这支分遣队按军事化管理，成员的工资非常少，他们的主要任务是修建新公路，此外也会参与一些水利项目和林业项目。他出任总理的时候，德国大约有 600 万失业人口。但到了 1938 年和 1939 年，失业人数已经少到可以忽略不计了。但当时并没有统计妇女的就业情况，因为纳粹党认为，女性应该留在家里照顾家庭。当然，犹太人也从未被计算在内。另外一方面，德国还禁止独立的工会和罢工。

庞大的公共服务和规模更大的重整军备吸收了大量失业工人。纳粹实行的是一种半军事化的凯恩斯主义。在 20 世纪 30 年代后期，德国对军事的投资明显高于对工业的投资。在这种情况下，亚尔马·沙赫特领导下的中央银行和经济部门在催生巨额的政府赤字的同时，却能使物价始终保持在较低水平。德国正在全速奔向战争。进口的货物主要是原材料和食品，国内物资主要用于发展军工产业。戈培尔曾说花费在军备上的钱是“天文数字”，而希特勒不断强调，与扩军备战相比，“钱”——他指的是经济——根本不值一提。在纳粹党的思想中，“经济”从来就不是游离于民族、军事和备战之外的独立议题。

德国有极好的科技基础和工业基础，1918 年的战败并未对其造成毁灭性影响。德国的商人具有很强的社会影响力，他们支持纳粹党，但最后却被希特勒忽视。驱赶犹太人和灌输纳粹思想需要较长时间才能削弱德国人的创造力和工业上的天赋。甚至到了战争后期，尽管缺乏能源和原材料，德国工业仍旧能生产出质量上乘的新式武器。

然而，巨大的财政赤字和为战时经济制订的短期计划揭示了德国经济的真实状况。在制订进攻波兰的计划时，希特勒认为，为战争做准备的德国经济繁荣不可持续，这恰好说明了发动战争的必要性。但大多数人并没有意识到，这其实是一场赌博。希特勒在国内外大张旗鼓地吹嘘他的经济奇迹。相比之下，富兰克林·德拉诺·罗斯福在美国推行的“新政”似乎也很难促进国内经济发展。

民主国家正在逐步恢复信心。在重整军备成为首要任务之前，斯坦利·鲍德温领导的英国和罗斯福领导的美国都已经走上了复苏之路。但在如何应对衰退的问题上，民主国家之间也存在着巨大的政治分歧。两次世界大战之间出现的分歧与 2008 年金融危机爆发之后各国产生的分歧有相似之处，都涉及人们对资本主义民主的认识。从今天的角度看，墨索里尼是个小丑，但在当时，人们普遍认为他是个天才。在国际政治图谱的另一端，尽管国内发展还有不尽如人意的地方，但斯大林的宣传机构使西方国家相信，苏联已经一跃建成非常成功的工业经济体系。

凯瑟琳和玛格丽特

1921 年夏天，当阿道夫·希特勒在慕尼黑的酒馆中大喊大叫的时候，有两位 40 多岁的妇女正坐在一起，用眼光彼此打量着对方。其中一位妇女长了一头红发，她出生在纽约州的一个偏远地区，来自一个爱尔兰裔的劳动阶级家庭。另一位妇女是美国工业贵族的女儿，举止优雅，她的大部分时间都在加利福尼亚的藏身之所照顾她的丈夫，她的丈夫是个精神分裂症患者。玛格丽特·桑格和凯瑟琳·德克斯特·麦考密克属于两类完全不同的美国人，她们聚在一起是为了改变20世纪后半期妇女的生活方式。她们在这方面的贡献比任何一位美国政客或欧洲政客都大。但这两个人的主张带有一定的政治性。说得直白一点，她们认为妇女应该控制自己的生育，避免怀上她们不想生的孩子，但同时又能享受性的乐趣。

玛格丽特·桑格是个英雄，她主张男女平等，但不是一个容易接触、让人产生好感的女人。她喜欢自我标榜，经常靠不住，也是一个不可靠的证人。就连非常同情她的传记作家也承认："在她的自传里，有关她的生活玛格丽特很少能做到完全诚实。"[16] 她野蛮地攻击玛丽·斯托普斯——英国节制生育的先驱——只因为她们之间存在竞争关系。她抛弃了第一任丈夫并（暂时）抛弃了孩子，这表现出了她令人震惊的冷酷。随后，她又对种族主义的观点和优生学的观点口诛笔伐。但如果认为这位勇敢的斗士总是一以贯之或容易相处，是完全没有理由的；事实经常与此完全相反。

桑格认为女性应该控制自己的生育，她之所以百折不挠地坚持这一主张，主要是和她的早年经历有关。她的父亲是一位思想活跃的爱尔兰激进分子，但他在家中却是一位严厉的家长。她的母亲是一位虔诚的天主教徒，在22年里至少怀孕18次，50岁的时候死于宫颈癌。长大后，玛格丽特成了一名护士，她经常看到劳动阶级妇女因流产失败而死在曼哈顿的贫民区里。在那里，一个房间要住七八个人。在第一次世界大战之前，玛格丽特是个无政府主义者和社会主义者，她协助组织罢工，谈论革命，谈论暗杀的道德问题，以及性的乐趣。但慢慢地，她的注意力转向了一个更简单、更实际的问题，即如何帮助妇女避孕。1914年，当世界大战爆发的时候，她创办了一本名叫《女性反抗者》的杂志，她在杂志中创造了一个新词——"节育"。但她立刻与美国社会的另一派势力——清教徒——发生了冲突。

安东尼·科姆斯托克是名长着络腮胡子的退伍军人、图书检察官，纽约反堕落协会的重要成员之一。他夸口自己销毁了15吨图书，400万张图片，并将成千上万的人送进了班房。科姆斯托克认为淫秽无处不在，如医学教科书中、裁缝铺里的蜡制人体模型、明信片、小说，以及乔治·萧伯纳的戏剧中，他总是能轻易发现。

1873年，美国通过了《科姆斯托克法案》，这是他一生中最大的成就。法案规定，邮局不能邮寄淫秽物品，其中也包括用于节育的物品和相关信息。用法案的话说，任何由宣传避孕的文章和避孕物品“引发的非法流产”都将被处以巨额罚款，或者应该劳动改造6个月到5年。科姆斯托克还给医生设下陷阱，他冒充绝望的妇女给医生写信，希望得到避孕方面的建议。如果医生出于同情给他回信，他就会将这位医生送进监狱，关押很长时间。

就在这一时期，桑格想要出版一本介绍避孕的书。1914年，科姆斯托克和他的法案都找上了桑格。为了躲避牢狱之灾，她不得不化名逃往英国。在那里，她拜会了性学家哈夫洛克·霭理士，并且与威尔斯产生了一段短暂的情缘。但她这次欧洲之行最重要的成果是于1915年参观了荷兰的避孕诊所。

自古以来，文献中记载了妇女尝试避孕的各种方法，从浸在蜂蜜中的麻线团——古埃及时期就已经有这种方法了——到湿茶叶、油纸、浸了醋的海绵、自制的甘油栓剂，以及用各种材质制成的避孕套，从树叶树皮到羊的内脏等。（有些方法听起来更古怪，如鳄鱼的粪便。但其实这是有科学依据的，因为鳄鱼经常吃一种杂草，而这种杂草里就含有一种有助于避孕的成分。）后来人们又发明了乳胶和新式橡胶，这种材料可以用来生产质量更好的避孕套和女用子宫帽。在访问荷兰时，桑格看到了几本公开出版的小册子，上面介绍了一些最新的避孕方法。这就是她与凯瑟琳·麦考密克见面时要重点讨论的问题。

回到美国后，桑格开始着手出版一些宣传避孕的资料，并于1916年在布鲁克林开办了第一家提供相关服务的诊所。但反对者又立刻挥起法律的大棒。1917年，她在教养所被关了整整30天。但人们的观念逐渐发生了变化。桑格在法庭上的表现推动了避孕事业的发展，她成了美国女权运动者眼中的英雄。她成功地出版了几本小册子和几本书，又利用法律上的漏洞，使避孕在医疗领域获得合法地位。到了 20 世纪 20 年代早期，她筹募资金创办了一家节育诊所，员工都是女性。她在美国各地发表演讲，宣传自己的主张，还去了中国和日本。但她的诊所还需要各种避孕用品。在美国，你很难通过合法途径获得像子宫帽这样的东西。为了解决这个问题，她开始接触麦考密克。

凯瑟琳·德克斯特·麦考密克的生活与桑格完全不同。她来自一个高贵、富有的贵族家庭。她的先辈在反抗英国王权的起义中发挥了重要作用，起义失败后于 17 世纪 40 年代来到美国，成为开拓密歇根州的先驱，当地的德克斯特市就是以她家族的名字命名的。到了 19 世纪晚期，她的家族成为芝加哥的精英，与其他身世显赫的家族——如普尔曼家族、凯洛格家族和奥蒂斯家族——关系密切。凯瑟琳的父亲是位具有博爱胸怀的律师，但在她很小的时候就去世了。她的母亲在许多问题上持开明态度，例如，她支持女性参政。

凯瑟琳是个意志坚定的人，她就读于麻省理工学院，是最早获得理科学位的女性之一。她积极倡导妇女参政，并与一位同样富有的年轻激进分子结婚。她的丈夫来自经营制造业的麦考密克家族，他们生产的农业机械帮助农民开垦了大片的中西部土地。但不幸的是，她的丈夫斯坦利婚后不久就得了精神分裂症，需要时刻有人照顾。凯瑟琳的生活由两部分组成：一方面她要研究如何医治精神分裂，另一方面还要为妇女参政积极奔走——就是在这一过程中，她听说了桑格。

美国是赋予女性选举权较晚的国家。在第一次世界大战前，只有为数不多的几个国家实现了男女平等选举，如芬兰、挪威和澳大利亚。在美国国内，也只有俄勒冈州、华盛顿州和加利福尼亚州允许妇女参与投票。但在“一战”之后，情况发生了翻天覆地的变化，英国、德国、奥地利、大部分东欧国家、俄罗斯、新西兰、荷兰都承认女性拥有参政的权利。然而，在美国，女性为获得这项权利进行了长期艰巨的斗争。但就和在英国一样，这种磨炼反而培养出了新一代女性竞选人，她们可以在公共场合发表演讲，有很强的组织能力，知道如何破坏竞争对手的集会。我们可以从本书的前面部分看到战争是如何推动社会变革的，从政治体制的演变到技术革新无一不受到战争的影响。现在，我们应该把女性的公共权利也加入这个清单。

在美国，妇女为战争做出了很多贡献，所以她们的地位在战后当然会有所提高。凯瑟琳成了一个委员会的主席，这个委员会负责管理红十字会的物资、保障儿童福利，以及维护女性在工厂和其他地方的权利。1920 年，美国国会终于通过了宪法第 19 条修正案，在全国范围内赋予女性选举权。此后，凯瑟琳又开始接受新的挑战。次年，第一届美国节制生育大会在纽约的广场酒店召开。凯瑟琳接到了桑格的请柬，她回信表示希望能与桑格会面。于是，这两个意志坚定的女人终于相见了。[17]

凯瑟琳·麦考密克有钱，有社会关系，有影响力，这正是玛格丽特·桑格所需要的，但她还需要为她的“临床研究所”筹措避孕器具。现在普遍认为，桑格写的自传并不可靠。在自传中，她描述了诊所开业时是如何受到妇女追捧的：“她们站成一排，裹着围巾，不戴帽子，紧握着她们孩子龟裂的小手。她们就一直站在那里，人数不断增加……犹太人和基督徒，新教徒和罗马天主教徒都一样，她们向我们忏悔着。”一位妇女告诉桑格，她一共生了 15 个孩子，但只有 6 个活了下来。她今年才 37 岁，但看上去就像是 50 岁。另一位妇女告诉她：“如果你不帮我，我今晚就吞碎玻璃自杀！”

这些妇女都想避孕，而不只是得到建议，但在当时的情况下，实行避孕还存在一些困难。虽然科姆斯托克早已去世了，但美国的政治氛围仍然十分保守：1920 年，美国颁布了禁酒法案，这一法案直到 1933 年才被废止。这就是所谓的“禁酒时期”。但禁酒令对节育是有帮助的，因为商贩在走私酒的时候也乐于走私一些子宫帽，尽管数量并不多。他们的子宫帽是从哪儿来的呢？从欧洲。

因此，1922 年的某一天，麦考密克夫人决定去趟欧洲。这是一趟长达 4 个月的旅行，她带了 3 只大旅行箱和 5 只小手提箱，看上去就像是要去欧洲抢购大量新款服装。她家在瑞士有一座庄园，在那里可以眺望日内瓦湖。这座庄园曾是启蒙运动时期知识分子聚会的重要场所。凯瑟琳冒充医生，从法国和意大利的工厂订购了大量的子宫帽，让厂商把货发到庄园。与此同时，她也买了不少连衣裙和外套。之后，她雇佣瑞士当地的妇女，把 1000 多个子宫帽缝在这些衣服里。这些夹带着违禁物品的衣服塞满了她带来的 8 只旅行箱。她大摇大摆地通过了法国和美国的海关，用卡车将这些子宫帽运到桑格的诊所。

凯瑟琳为节育运动做出了重要贡献。尽管桑格不久后嫁给了一位富有的石油大亨，没有经济上的压力，但凯瑟琳还是继续默默地为节育事业筹措资金。然而，她对节育事业的贡献还远远不止这些。

1947 年，斯坦利・麦考密克去世。人们都说他不可能找到一位比凯瑟琳更好的妻子。她始终一心一意地照顾丈夫，为了能让他的生活过得舒适一点，她花钱雇用了许多园艺师、仆人、医生和乐师。凯瑟琳相信精神分裂是可以遗传的，因此她决定不要孩子，这也在一定程度上增加了她对节育的关注。现在斯坦利不在了，他的家人控制了他的巨额家产。即便如此，凯瑟琳的财富仍然超乎人们的想象。她应该用这些钱做什么呢？她写信给桑格。这时，她们都已经是 70 多岁的老人了。但她们这次通信的意义比她们初次见面的意义还要大。

1950 年 10 月 27 日，桑格给凯瑟琳写了回信，信中说："我认为，在接下来的 25 年里，那些住在贫民窟和热带雨林里的人，以及那些愚蠢至极的人，将会使用一种简单、廉价、安全的避孕方法。"这种优生学的论调并不是她的笔误。她又补充道："现在，政府应该立刻采取措施，阻止那些不符合优生学的人继续生育，不再为他们提供福利，让他们从这个世界上消失。"[18] 麦考密克夫人和其他人对这种陈词滥调并不感兴趣，他们更关心的是那种"简单、廉价、安全的避孕方法"。

在收到回信的几个月后，凯瑟琳・麦考密克在纽约宴请了一位来自马萨诸塞州的科学家。这个人看上去酷似爱因斯坦，但实际上，他是一位研究哺乳动物卵细胞的专家。这个人叫格雷戈里・平卡斯。平卡斯认为他的研究需要花费 2.5 万美元。但事实上，麦考密克夫人将要花费近 200 万美元。很快，桑格、麦考密克和其他令人敬畏的老妇人成了平卡斯实验室的常客。

平卡斯并不是独自一个人进行研究。他的实验室里有一个叫约翰·罗科的妇科专家，主要研究黄体酮。黄体酮是一种怀孕时分泌的激素，可以帮助女性避免多胎妊娠。此外，还有两位科学家：一位是从维也纳逃出来的年轻犹太难民，叫卡尔·杰拉西；另一位科学家叫弗兰克·科尔顿。他们没有一个人曾经想过发明避孕药。在那个时期，合成激素还是个新鲜事物，很多制药厂都需要大量的合成激素。但在墨西哥工作的时候，杰拉西合成出了一种药，这种药可以口服，功效比天然黄体酮更好，最初用于治疗经血过多。这种药为口服避孕药的研发奠定了坚实的基础。

平卡斯是个毁誉参半的科学家。他在试管中使兔子的卵子受精，这在科学家中引起了轩然大波，一家报纸将他称为“科学怪人弗兰肯斯坦博士”。在战争爆发前，哈佛大学拒绝聘请他为终身教授。平卡斯认为，这是因为他是个“喜欢自我推销的犹太人，发表成果太快，言论太多”。[19]平卡斯开始着手他的新工作，1952 年时，他无意中遇到了一个研究黄体酮的学者，于是他又开始了一项新的研究。这次仍然不是为了避孕，而是为了帮助那些怀不上孩子的妇女。虽然那位和平卡斯一起工作的学者是个虔诚的天主教徒，但他还是协助平卡斯，为将来口服避孕药的发明带来了突破性的进展，而科尔顿和杰拉西进一步改善了这种口服避孕药。研究过程中当然会遇到许多困难，但他们的药在临床实验中取得了成功。1953 年，在东京召开的一次会议上，平卡斯公布了他们取得的成就，但当时并未引起人们的关注。

虽然研发和生产一种畅销产品需要很多年，但在 1960 年 5 月 11 日，口服避孕药终于问世。没有哪项发明引起了如此巨大的反响，影响了如此之多的人。这种避孕药的效果比其他避孕方法好多少呢？1961 年，有人对此做了详细研究。研究表明，避孕套的失败概率高达 28%；子宫帽的失败概率更高，达到 34% 左右；阴道栓的失败概率为 42%，而口服避孕药的失败概率还不到 2%。[20]妇女用实际行动表达了对口服避孕药的认可：在上市的第一年，大约有 40 万美国人服用了这种避孕药。到 1965 年，在 45 岁以下的已婚妇女中，约有四分之一的人使用过这种药；到 1984 年，全球使用者的数量估计在 8000 万左右。[21]请记住，现代科学需要合作，需要分享研究成果和意外收获。不可能有哪一位天才会突然从浴缸中跳出来，嘴里喊着："我发现了！"

节育还是一个与资本主义有关的故事。如果斯坦利·麦考密克的父亲不是靠收割机挣到了巨额财富，凯瑟琳也不会有钱去欧洲走私子宫帽，也不会有钱资助平卡斯研究口服避孕药。如果美国的制药公司不追求高额利润，它们也不会在合成激素领域展开那么激烈的竞争。如果美国不是拥有发达的消费经济，如果不是美国妇女期望更大的自由并已经体验过家用电器带来的解放，那么口服避孕药也不会被人们接受得那么快。一方面，生物化学在高速发展；另一方面，基督教道德对美国人日常生活的影响越来越小，这就使避孕药的广泛应用最终成为现实。假如是在 20 世纪 30 年代，政府恐怕不会轻易批准口服避孕药上市。

当然，没有凯瑟琳和桑格的努力，这一切也终将成为泡影。所不同的是，她们一个是无政府主义者，政治观点激进，希望美国的资本主义垮台；另一个则与美国资本主义保持着密切关系。对于避孕药的发展来说，这两种人都是不可或缺的。反抗现实政治的人可以冲击保守思想，而富有的人能够提供资金。这种看似不可能的合作模式却在一定程度上展现出美国文化的潜在力量，即它的激进主义和它的能量。

从道德的角度看，避孕药是有争议的，而且关于它的争论还会继续下去。许多宗教人士，特别是罗马天主教徒，坚决反对在任何情况下的避孕。同时也有一些人认为，从 20 世纪 60 年代起，它使传统的性道德土崩瓦解。避孕药还有严重的副作用；另外，许多妇女感到愤怒，因为人们并没有花费太多精力去寻找一种男性口服避孕药物。不管怎样，节育也是个民主问题，因为人们购买避孕药就相当于投下了赞成票。有了避孕药，妇女第一次在获得性快感的时候不必担心怀上孩子。换句话说，身体上的快乐和生育孩子成了两件事，这正是年轻时的桑格和她的无政府主义者朋友在 60 年前思考的问题。市场可以使一部分人得到解放，使另一部分人感到不安，也可以使一些国家政策发生巨变。避孕药的发展历程就很好地说明了这点。

帝国之间的战争

第一次世界大战是欧洲国家之间的战争，但这些欧洲大国的海外殖民也被拖入了战争的泥沼。加拿大人、澳大利亚人、新西兰人、印度人和南非人都聚集在大英帝国的麾下。德国想发动穆斯林的“圣战”来打击英国在中东地区的势力，于是摇摇欲坠的奥斯曼帝国和阿拉伯人也卷入了这场冲突。美国也参与了战争，这是因为本国安全受到了德国潜艇和墨西哥阴谋的威胁。欧洲国家主宰着世界，所以当它们相互攻击的时候，全球各地都响起了战争的警报。

第二次世界大战也是这样一种模式——战争首先在欧洲爆发，随后波及整个世界。有些历史学家认为，两次世界大战其实就是一场战争的两个阶段。但“二战”也有自己的特点。在战争初期，德国横扫欧洲大陆，这羞辱和削弱了其他欧洲强国，随后战火又蔓延到了亚洲。这使正在与中国作战的新兴帝国日本可以在太平洋地区的旧有殖民地上横行；但另一方面，这也意味着日本将不可避免地和美国发生冲突。德国在战争初期的胜利还产生了另一个影响：它们促使希特勒相信自己是个军事天才，这鼓舞了他去实现最初的梦想并入侵苏联。在这种情况下，美国和欧洲列强（尤其是英国）不得不去联合这个政治上的死敌。

因此，尽管第二次世界大战有时被视为最后一场意识形态大战，一场“拯救民主”的战争，但事实却是，如果没有斯大林，盟军恐怕很难在这场战争中取胜。

我们将这次战争视为最后一场帝国之间的大战似乎更为恰当。日本想在中国、英属远东殖民地与荷属东印度的基础上建立起一个帝国，或许他们还想吞并英属印度。德国计划在中欧和俄罗斯西部地区创建一个帝国。就连一直批评“帝国主义”的斯大林也没有闲着。在为了实现“一国社会主义”而抛弃世界革命后，他升级了俄国传统的帝国倾向。我们还记得伊凡四世是如何吞并喀山和西伯利亚的。随后，俄罗斯又夺取了高加索地区，并将势力范围扩展到了乌克兰、格鲁吉亚、车臣和蒙古。俄罗斯还认为芬兰、波罗的海国家和波兰大部分地区理所当然地属于“他们”。第二次世界大战爆发的时候，俄国正在与芬兰交战。

最后，1941 年 12 月 7 日的珍珠港事件迫使美国参战，这使美国控制了半个地球，成为一个实质上的帝国。美国控制世界靠的是核武器、代理人战争、商品和金融手段，而不是禁闭室和各级官员。结果，战争结束之后，从日本到西欧，到处都是永久性的美军基地；美国对南美洲的政治有着举足轻重的影响；美国的庞大舰队取代了英国的皇家海军，捍卫着西方的影响力。但美国仍然对欧洲的“旧帝国”怀有敌意。在取得军事上的成功后，美国的商业也获得了令人惊叹的发展速度，美元成为世界上最主要的货币。对于那些受美国保护的国家来说，这些无疑都是好消息。但也有人认为，当美国从共和国演变为帝国的那一刻起，这个国家就已经失去了原本的纯真。

从一开始，国家利益就是高于意识形态的。1939 年 8 月签订的《苏德互不侵犯条约》决定了波兰的命运。在之后的几个月中，波兰遭到入侵和瓜分。从条约签订到 1941 年底的大约两年半时间里，美国始终没有介入战争。在 1941 年 6 月德国通过巴巴罗萨计划进攻苏联之前，苏德两国也在相互猜疑中度过了相安无事的两年。正如军事史专家马克斯・黑斯廷斯提醒我们的那样，希特勒的军队从苏联得到了很多物质上的帮助：“直到德军入侵的那一刻，装载着军事物资的火车还在不断向西驶去；德军飞机的油箱里相当一部分都是来自苏联的燃油；德国的 U 型潜艇也可以使用苏联港口的设备。”[22]

因此，从 1939 年到 1941 年，战争始终局限在一个相当有限的区域内。第二次世界大战的交战双方与第一次世界大战基本一致：英国和法国是一方，德国是另一方。但不同的地方是，这次法国沦陷了。1940 年，如果希特勒能够攻下英国，或通过其他途径迫使英国求和，那么这场战争或许就结束了。

如果这种情况真的出现了，那么美国对当今世界的影响力就要大打折扣，苏联或许会保持之前的疆界。整个欧洲大陆并非处于德国的直接控制之下。在西班牙内战的时候，希特勒曾给予佛朗哥帮助，但后来佛朗哥并未与希特勒结成军事同盟，他的谨慎似乎已经到了忘恩负义的地步。墨索里尼控制的意大利是德国的盟国，但它并非是德国的复制品。瑞典、瑞士和爱尔兰保持中立。希腊、罗马尼亚、匈牙利和南斯拉夫未受到战争的影响。如果英国政府求和，还会有那么多犹太人丧生吗？像伦敦、汉堡、德累斯顿和考文垂这样的城市是否能免于战火呢？大英帝国会不会迅速崩溃呢？对于最后一个问题，丘吉尔给出了肯定的答案。印度已经快落入日本人手里了。奉行孤立主义的美国也不可能轻而易举地制造出原子弹，因为制造原子弹不仅需要依靠英国科学家和移居美国的犹太科学家，还需要有庞大的工业基础做支撑，这样他们才能击败希特勒手下的科学家。

但上面这些都是小说家提出的假设，因为英国领导人是不可能求和的，因为英国抵挡住了德国的入侵，也因为希特勒建设纳粹德国的思路以及他的个人人格最终使他必定要入侵苏联。在他的演讲中，德意志精神和犹太人的布尔什维克主义是格格不入的。希特勒向德国人许诺，只要苏联崩溃，他们就能建立起一个伟大的新帝国。在这个国家里，人们将过上富裕、安全的生活。首先击败丘吉尔似乎是个更好的选择，但他最终还是将枪口转向了莫斯科。在《我的奋斗》中，巴巴罗萨计划就已经初见端倪了。

1940 年的夏末和秋季，英国挫败了德国空军的进攻。这件事的意义远超打败入侵者本身，简直就是亚瑟王的神话故事和莎士比亚笔下的传奇在现代英国的再现。英国没有沦陷的意义在于，当美国参战的时候，可以通过英国对德国构成直接威胁，而不仅仅是对日本。考虑到美国民众依旧高涨的反战情绪，罗斯福也不敢大张旗鼓地帮助英国，只是向其提供了一些援助和几艘旧军舰。尽管为拯救英国而参与一场新的世界大战并未成为美国社会的共识，但伦敦人在德军闪电战面前所表现出的勇气还是赢得了美国人的尊重。

无论如何，德国都不是美国首先需要对付的敌人。日本入侵中国，使华盛顿对东京的军国主义者厌恶至极。日本想快速攻占西伯利亚，但很快就被苏联击退了。日本的最高统帅部认为，美国的石油禁运迫使日本向南进军，只有在太平洋上建立起一个帝国，日本才有实力抗衡美国。日本想要战胜美国显然是荒唐可笑的，但日本领导人仍然希望借助一场传奇般的大胜迫使华盛顿早早地求和。和大多数人的想法一样，东京方面认为希特勒一定会在欧洲取得胜利。

从这个角度看，日本偷袭珍珠港具有一定程度的合理性。日本的轰炸机袭击了美国舰队，击沉了 4 艘军舰和若干艘其他船只。从技术层面和操作层面看，这次军事行动是场壮举。当日军进攻东南亚的时候，美国确实陷入了困境。但从战略层面看，日军的偷袭行动简直就是白痴行为。这件事说明东京的政治人物和军事高层非常不了解美国。偷袭珍珠港意味着世界大战蔓延到了太平洋，也意味着日本将不可避免地走向战败。英国还没有沦陷，通过大西洋生命线，它可以获得美国的援助，此外海外殖民地也可以为宗主国提供充足的资源。因此，在日本战机发起袭击之前，美国并没有参战的必要。

有些领导人立刻意识到了这件事的意义。丘吉尔致电罗斯福询问这些袭击的具体情况。美国总统告诉他："现在我们在同一条船上了。"随后，丘吉尔发自肺腑地说："如果是这样的话，我们已经赢得了这场战争。"有趣的是，希特勒完全误读了这次事件，他认为这下日本完全站到了德国一边，并为此欢欣鼓舞："我们根本不可能输掉战争。现在，我们有了一个在 3000 年的历史中从未被征服过的盟友。"[23] 而美国参战只会使希特勒更加坚定地认为：全世界的犹太人都在威胁着德国。

第二次世界大战的历史当然是战争的历史，是各国领导人及其部署战略的历史，也是飞机、坦克和军队的历史。我们应该重新数数那些愿意进行长期抵抗的城市：华沙、敦刻尔克、阿拉曼、斯大林格勒、库尔斯克、新加坡、中途岛、冲绳和长崎。一次次具体的战斗又组成了战役，如不列颠之战、大西洋之战和太平洋之战。"二战"后的第一代历史学家和传记作家都在强调领导人发挥的巨大作用，如丘吉尔、希特勒、罗斯福、艾森豪威尔、隆美尔、东条英机和朱可夫；都在关注各种武器装备的使用，如战斗机、轰炸机、战舰、坦克、火箭弹和雷达。而他们下一辈的学者则更关注杀戮平民、屠城，及战后审判的错误。

这场世界大战使 7000 万人丧生，其中平民的死亡人数是军人的两倍。各国从中获取的道德教益并不相同。对于苏联人来说，他们在战争中伤亡惨重，将这场战争视为一场伟大的爱国战争。尽管在战争初期态度比较模糊，但击败邪恶的法西斯主义还是使斯大林和苏联红军最终得以正名。对于美国人来说，这是一场捍卫民主的战争，它使美国成了道德楷模和世界霸主。对于犹太人（和其他非基督徒）来说，这就是一场大屠杀，它表明欧洲文明在道德上已经破产，犹太人要求建立一个新的以色列国。对于阿拉伯人来说，欧洲人在这场战争中窃取了他们的土地，并将这些土地转送给了犹太人，让阿拉伯人替欧洲人赎罪。对于德国人来说，这是一个疯狂的时代。对于英国人来说，他们的“屹立不倒”使英国所有的动摇和军事失败都不值一提。

很多人已经从第二次世界大战中学到了一些教训，因为我们大部分人都需要。但随着我们与这场战争拉开了距离并获得了新的视角，许多最初的教训需要进行修正。例如，苏联人也曾杀过乌克兰人和波兰人。又如，1939 年前发生的饥荒和社会动荡削弱了苏联抗击德国的能力。

希特勒打算为德国移民夺取从黑海到波罗的海之间的大片土地，而斯大林则希望这片地区变为“粮食产区”，为苏联的城市提供食品。蒂莫西·斯奈德研究认为，“在 20 世纪中期，德国和苏联在欧洲中部地区屠杀了大约 1400 万人。从波兰中部到俄罗斯西部，穿过中间的乌克兰、白俄罗斯和波罗的海国家，受害人的鲜血将土地染成了红色。”从 1933 年到 1945 年，尽管在“二战”中阵亡的士兵中，大约有一半死在了这一地区，“但这 1400 万丧生的人中没有一个是现役士兵，他们之中大部分都是妇女、儿童和老人，而且手无寸铁。他们被剥夺了财产，甚至连衣服都不剩一件”。在这 1400 万受害者中，大部分人都死在纳粹德国手里。

苏联与德国曾长期携手合作，瓜分波兰，加速战争的到来；当希特勒入侵苏联时，英国、美国为苏联红军提供了大量援助物资。如果将上述情况也考虑在内的话，那么这场伟大的爱国战争的性质看起来将变得更为复杂。

战前纳粹德国最大的道德破产不是民主的垮台，而是旨在将犹太人非人化的运动。德国人对犹太人的印象受到了扭曲，对他们的同情心急剧萎缩，这使他们能够轻而易举的动手戕害犹太人。到了 1939 年，德国境内已经没有多少犹太人了，大多数犹太人并非死在德国本土，而是死在德国侵占的东方土地上。除了屠杀 600 万犹太人之外，希特勒还在这一地区推行了“饥饿计划”，希望 3000 万到 4000 万的非犹太人死于饥荒，这样侵略者就可以轻而易举地霸占他们的土地了。

一旦战争爆发，德国军队表现出了令人惊讶的凶残，在敌国领土上奸淫烧杀，还杀害了大量的战俘。苏联战俘在巴巴罗萨行动最初阶段的死亡数量与英美战俘在整个“二战”期间的死亡数量大致相当。[24] 在进军柏林的时候，苏军也进行了以牙还牙的报复。但这种暴力活动并不只限于敌对国之间。有人认为，苏联军官也处死过大约 30 万胆小怕死或临阵脱逃的士兵，这个数字比“二战”期间英军的阵亡人数还要多。[25]

这场伟大的爱国战争也是人类意志力的胜利，这在列宁格勒保卫战和斯大林格勒保卫战中表现得尤为突出。在这两场战役中，有数百万意志坚定的士兵英勇牺牲。最后，在斯大林时期，苏联在远东地区建立了许多军工厂，这些远离德军炮火的工厂为苏军提供了大量的武器装备。此外，远东地区还为苏联提供了很多人力和土地。苏联红军的兵力、坦克数量和飞机数量都远超德军。尽管如此，为了取得这场“伟大的爱国战争”的胜利，苏联也付出了惨重的代价，整个社会笼罩着恐惧、悲观的情绪。但苏联有能力终结这场战争，并可以在将来用核武器威慑整个世界。

美国人在战争中要轻松得多。美国国内创造了工业繁荣，提高了民众的生活水平，并为美国主导世界市场铺好了路线，这一地位直到今天才慢慢终结。无论是从数量上看还是从比例上看，美国人的阵亡人数都要少得多：美国的死亡人数约为 41.7 万，占 1939 年人口总数的 2.5%；而苏联的死亡人数是 570 万，占人口总数的 25%（日本也是同样的比例）。按照黑斯廷斯的统计，大约有 1.7 万名美国人在战争中失去了胳膊或腿，而国内因工伤事故而截肢的人数约为 10 万。[26] 美军在军事技术、战略战术和战斗意志上都有很大提高，而且他们是在别人的国家作战。这场战争从未威胁到美国民众，在他们的记忆中，这是一场“好战争”。然而，如果没有盟友苏联的帮助，如果不是美国政客最厌恶的大英帝国撑到了最后，那么美利坚合众国恐怕也很难赢得这场“好战争”。

美国的战争进程受到了三件事的影响。第一件是美军在太平洋无情地击败了日军，其中最重要的一场战役就是1942年6月的中途岛战役。通过这场战役，美军的海军和空军在海上摧毁了日本步兵用刺刀在这一地区建立起来的优势。在投下原子弹之后，美军占领了日本本土，太平洋战争就此结束。第二件事是英国通过护航舰队和远程作战飞机在大西洋击败了德国的U型潜艇，赢得了缓慢而血腥的胜利，这不但巩固了英国的地位，为援助苏联创造了条件，而且导致第三个重要事件——1944年美国、英国和加拿大反攻法国。这时，英格兰南部地区已经成了美国的军营，英美轰炸机可以对德国城市造成重创。到战争结束的时候，美军并未犯下什么暴行，美国人对民主制的未来充满信心，这个国家比以前更强大了。

美国拘禁了境内的日本人，但很多人的生活并未受到很大影响。生产军事物资使美国工业走向繁荣，罗斯福新政扩大联邦政府权力的做法受到认可，华盛顿的政府机构也变得越来越庞大。美国妇女进入工厂工作，这使她们获得了在和平时期难以得到的机会和自信。

英国人对战争的感受有点复杂。任何聪明的英国人都不会不清楚战争初期的一系列失利意味着什么。英法以保护波兰的名义被迫对德宣战，只不过它们保护波兰的方式相当莫名其妙。在一段时间的按兵不动之后，英国先是兵败挪威，随后又在法国被德国的闪电战彻底击败。不列颠之战保住了英伦三岛，德国空军对英国城市实施了闪电战，但这反而使英国人更加同仇敌忾。尽管如此，这场战役的胜利并不能掩盖英国在希腊和北非的失利，也不能使人忘记英军在新加坡投降，令日本几乎打到印度家门口的耻辱。但战局还是出现转机：英军在阿拉曼打败德军，随后兵进西西里，进入意大利；另一方面，皇家空军也对德国进行了狂轰滥炸，但在轰炸过程中英国也损失了很多飞行员。战场上的节节胜利使英国的民族自信心逐渐恢复过来。

很明显的是，即使在诺曼底成功登陆，英国的实力还是在逐步萎缩。在远东地区，英国败给了日本，这是英国人永远不会忘记的耻辱。“二战”结束后，印度立即宣布独立。至此，大英帝国实际上已经瓦解。英国不得不紧紧地拉着美国，从战争物资到食品，基本都依靠美国援助。就像在战争中遭到挫折的法国和荷兰一样，尽管英国还紧握着海外殖民地，但它还是会不可避免地走向衰落。法国亦将失去印度支那和北非，但对于法国而言，投降德国的耻辱也有好的一面。自从大革命之后，法国一直在君主政体和更为晚近的世俗共和政体之间挣扎。但在保守的维希政府——德国占领下的傀儡政府——垮台后，关于政体的争论也画上了句号。

逐渐消失的国境线

欧洲给世界带来了现代“国家”的概念，但它对世界而言既有积极又有消极的影响。我们看到，欧洲从几块家族管理的领地发展为几个相互竞争的语言区。在经过漫长而痛苦的过程后，代议民主制最终取代了君主制。人们为新兴国家编造了神话般的历史，设计了条纹旗，修建了漂亮的议会大楼，制定了统一的法律体系。欧洲模式最初影响了北美，随后又影响了拉丁美洲和日本。在非洲，19 世纪划定的殖民地界线在 20 世纪成了国家边界，传统的部落社会发展成为解放后的国家。在中东，欧洲人将奥斯曼帝国肢解为几个民族国家。尽管世界上有许多人认为自己不属于任何一个国家，但发达的欧洲体系是不可被颠覆的。1945 年在旧金山，许多具有不同国家身份、有着不同护照的民族国家一起组建了联合国，这显然是非常符合逻辑的。

然而，当欧洲人庆贺全球普遍接受了从欧洲本土发明出来的政治模式时，他们却开始试图消除民族国家，消除这个充满不同国旗、国界、宪法和总统的世界面貌。他们这样做的原因很简单：民族主义使欧洲变得四分五裂。

法国和德国对此体会尤为深刻。在经历了四场现代战争——拿破仑战争、普法战争和两次世界大战——之后，法德两国对国家的含义有了新的理解。在一个分裂的德国，民族主义已经瓦解。在夏尔·戴高乐的领导下，法国获得了政治上的重建：法国总统的权力比现代欧洲任何一个政治人物的权力都大。但法国很快抛弃了专制和自我陶醉的戴高乐。从新的国家战略出发，法国强大的政治阶层建立起了欧盟的雏形。联邦德国成了法国的重要盟友。

为了防止再次出现魏玛共和国时期的恶性通货膨胀，首都设在小城波恩的联邦德国决定推行严格的财政政策。经过努力，这个没有军事力量的国家从1945年的废墟上站了起来，创造出了名副其实的“经济奇迹”。其他的欧洲小国——比利时、荷兰和卢森堡——联合法国和意大利，组建了一个关税同盟。这些国家既是马歇尔计划的受益国，也是“铁幕”西侧的重要成员。美国推行的马歇尔计划不但为欧洲提供食物，而且还努力振兴欧洲的工业。美国这样做有两个目的，一是为了遏制共产主义的发展，二是为了换取西欧的忠心。这项慷慨、有远见的计划使欧洲在短时间内迅速复苏。

超越民族国家的第一步是1952年成立的欧洲煤钢共同体，这个共同体包括比利时、意大利、卢森堡、荷兰、法国和联邦德国，它使法国和联邦德国的重工业紧密结合在一起，这就排除了再次爆发战争的可能。1958年，这6个国家又组建了欧洲经济共同体。共同体的领导人和议会定期举行峰会。在各方推动下，欧洲经济共同体演变成了今天拥有27个成员国的欧盟。欧洲通过长期努力，用一种温和方式迈向超国家主义，这就在一定程度上削弱了民族国家的独立地位。但人们认为这种方式有助于促进贸易发展和经济繁荣。因此，在苏联解体后，东欧国家纷纷开放市场，加入欧盟。但欧盟的真实目的是消除国家间的界线，废除关税，协调各项法律和标准，使用单一货币——欧元。人们从1969年就开始为创建单一货币而努力，但直到2002年欧元才正式问世。

这是一项高度政治化的活动，但是这种政治模式对欧洲人来说也是完全陌生的。在两次世界大战之间，欧洲面前有多个政治选择，有短暂的社会主义政府，有受到苏联支持的共产主义阵线，也有散发着奇异魅力的法西斯主义，但欧盟是一个经过深思熟虑的温和的替代方案。“欧洲”有自己的旗帜、国歌、对外政策、中央银行，但它既不是一个国家，也不是一个帝国。欧盟是世界上最大的单一经济体，它的经济总量比美国还多一点，但它没有军队，也没有一个真正意义上的领导人——也就是一个可以在国际事务中发声的总统。欧盟富裕、谨小慎微、没有攻击性，除了民族主义者之外，没有人会忌惮它的存在。欧盟成了一个让人羡慕的榜样，南美和非洲纷纷效仿，但没有欧盟那么复杂和成熟。然而欧盟并不试图说服所有成员国认为它是真正民主的，事实上它也不是。民主总是基于一种共同的归属感，大多数是建立在使用一种语言和共享一段历史之上的。欧洲的民族国家鼓励人们将自己的第一身份定位为欧洲人，其次才想到自己是法国人、希腊人或英国人。2010 年到 2012 年的经济危机打击了欧元区成员国，暴露了成员国之间的紧张关系。

当然，欧洲的政治还将继续发展下去。德国的左翼势力抛弃了马克思主义，接受了温和的社会民主主义，这在斯堪的纳维亚半岛也很流行。在有些国家，特别是法国和意大利，莫斯科支持的共产党为夺取权力而展开了猛攻，但资产阶级政党，通常是社会民主党和天主教势力又将他们压了下去。后来，意大利共产党与莫斯科断绝了关系，决定发展自己的“欧洲式社会主义”模式，但他们从未在竞选中战胜美国支持的中间派政党。尽管存在着腐化堕落的情况，但这些中间派政党给国家带来了经济增长和社会稳定。佛朗哥的西班牙，以及独裁者萨拉萨尔和卡埃塔诺下台后的葡萄牙，都设法撇清自己和法西斯的关系，转而采用主流政治形式。在英国，一个社会主义政府战胜了丘吉尔领导的保守党，将英国的福利提高到前所未有的高度。但在 1951 年之后，英国又长期把握在了中间偏右派手中。法国、英国、比利时和葡萄牙都花了很多精力去处理非殖民化问题——在大多数情况下，这些国家只是想从殖民问题中体面地抽身。

以前，战争都是由欧洲的独裁者们发动的，随后演变为帝国之间的冲突。但现在，欧洲的委员会就可以解决内部的分歧。在这一过程中，任何一个政治人物都不可能成为英雄，任何一个国家都不可能成为帝国。在提到欧洲一体化时，英国的批评家将总部设在布鲁塞尔的欧盟称作“比利时帝国”，这种说法显然有些荒唐。如果欧盟真的是一个帝国，那它也是一个殖民地自觉自愿——甚至是急切地——投入怀抱的帝国，是一个对世界其他地区影响很小的帝国。实际上，战后的欧洲人急欲避开世界影响力。从文化和商业的角度看，欧洲已经成了美国的追随者。在某些情况下，美国甚至可以支配欧洲。但大大加速这种局面形成的是“二战”。先是在应对大萧条中，其次是在“二战”中，美国变得越来越强大，并成了一个具有全球影响力的角色。但就在 7 年之前，还有许多美国人对此持怀疑和警觉态度。这一切都是美国的新式武器带来的必然结果。

消失的城市

新墨西哥州沙漠腹地有一个草草建成的约有 6000 人的小镇，镇上有一个礼堂。1945 年 8 月 6 日下午，一个看上去 40 岁出头的高高瘦瘦的男人正挤过人群，向演讲台走去。他站上演讲台，转过身，看着台下的人，随后顿了一下，将双手举过头顶。在拳击场上，这是胜利一方摆出的姿势。台下传来了参差不齐的欢呼声。他告诉听众，他为他们共同完成的事业感到自豪。不久，人们从会场散去，举行宴会；但不是所有人都喜欢参加宴会。有些人仍在四周徘徊，谈论着他们的成就。

这个男人叫罗伯特·奥本海默，这座小镇叫洛斯阿拉莫斯，台下的听众都是小镇里的居民、科学家、士兵和助理人员，他们制造出了世界上第一枚原子弹。就在数小时之前，他们制造的原子弹摧毁了日本的广岛，7 万日本平民死于灼热、辐射和爆炸产生的碎片。此外，由核爆引发的癌症和其他不良影响使死亡人数迅速攀升到 20 万人。

奥本海默是以制造原子弹为目标的“曼哈顿计划”的负责人，他是一个“杂交物种”，是一个 20 世纪欧洲与美国历史紧密联系的极佳范例。奥本海默早年反对法西斯主义，在西班牙内战期间，他甚至向共产党提供资金，支持他们进行反法西斯斗争。之后，有人指控他本人就是一名共产党员，但他否认了。奥本海默一直记恨着希特勒。在洛斯阿拉莫斯的集会上，他曾经对听众说，他唯一感到遗憾的是未能早一点造出原子弹，好让德国尝尝核武器的滋味。（3 个月前，也就是 4 月 30 日，希特勒自杀，德国也于 5 月 9 日投降。）奥本海默的研究团队中有许多欧洲人，他们有的是因纳粹迫害从欧洲逃出来的难民，有的就是普通科学家，后者因为决心让民主国家而非独裁政权首先研发出原子弹而自愿来到这里。

罗伯特·奥本海默是德裔犹太人，至少他的祖辈是德裔犹太人。他在纽约的家庭过着富裕的生活，对犹太人的传统和宗教并不感兴趣。他生长在一个自由的知识分子家庭，家里挂着梵高、雷诺阿和毕加索的画，家人喜欢听贝多芬的音乐，会讲拉丁语和希腊语，经常到欧洲旅行。他的家人是伦理文化社成员，伦理文化社是一个犹太人的世俗组织，重视慈善活动，强调人道主义。年轻的时候，奥本海默非常崇拜物理学家尼尔斯·玻尔，于是前往剑桥大学研读物理和数学。当时是理论物理发展的黄金时期，在欧洲期间，他吸收了最伟大的理论物理学家的思想，如丹麦学者玻尔、英国学者保罗·狄拉克、德国学者维尔纳·海森堡、奥地利学者沃尔夫冈·泡利、意大利学者恩里科·费米和德裔犹太学者马克斯· 玻恩。之后，他又到哥廷根和苏黎世继续深造。

但奥本海默骨子里也是个美国人，他的人生经历表明，世界的权力中心已经从欧洲转移到了美国。20 世纪 30 年代中期，他定居伯克利市，任教于加州理工学院。在新墨西哥州和加利福尼亚州的乡村地区，他度过了一段快乐时光。尽管身处美国西海岸，但奥本海默还是关心着欧洲局势。他的社交圈子里有从德国逃出来的犹太难民，有社会党人，也有亲莫斯科的共产党员。他们在一起讨论斯大林主义的本质、如何对付希特勒，以及民主国家干预西班牙内战的失败，他们在旧金山的庭院里讨论，骑马的时候也会继续讨论。大萧条使许多加利福尼亚人变得越来越激进，奥本海默对共产主义思想以及形形色色的“阵线”组织产生兴趣，并不显得特别另类。他阅读过韦伯夫妇——西德尼·韦伯和比阿特丽斯·韦伯——撰写的《苏维埃共产主义是一种新的文明吗？》，这本书描述了斯大林主义下的幸福生活。

“二战”之后，当美国对“红色”渗透者的担心达到顶点的时候，奥本海默的政治倾向为他惹来了麻烦。但这只是他生活中的一部分，与主持“曼哈顿计划”相比，这只是件小事。聪明人会努力收集各方面的信息，奥本海默也不例外。他的工作会涉及很多领域，从正电子到中子星，再到黑洞，可谓无所不包。他推动了量子力学和引力坍缩理论的发展，但很遗憾，他最终与诺贝尔奖失之交臂。

通过研究原子的结构，科学家发现，原子在破裂并引发核链式反应的时候，理论上会通过爆炸释放出大量能量。关于这点，科学家在战前就已经知道了。阿尔伯特·爱因斯坦曾致信罗斯福，让他小心这种新式武器所带来的危险。他建议这位美国总统立刻储备铀（由于铀的原子结构的稳定性比较弱，它是最有可能引发这种爆炸的原材料），并尽快对其展开研究。两位从德国移民到伯明翰的科学家在数学上取得了突破。他们发现，用少量的铀或钚可以生产出能装载在飞机上的核武器。他们的研究引起了美国的重视。

1941 年 10 月，罗斯福批准了研制原子弹的秘密计划。两个月后，日军偷袭了珍珠港，促使这个计划加速进行。1942 年夏天，包括奥本海默在内的研究团队得出结论：可以生产出裂变式原子弹。但科学家们还是有很多疑惑之处。其中一点是，这样一颗原子弹是否会引燃以氢为基础的大气，从而导致地球上的生命大灭绝。尽管这项计划是在美国军方的严密监控下进行的，但具有超凡魅力的奥本海默还是被任命为科学和技术方面的负责人。这是一个明智的决定。他建议将实验室设在洛斯阿拉莫斯。在平日徒步旅行和骑马的时候，他就对这个偏远、漂亮的新墨西哥州小镇有了深入的了解。铀矿石来自比属刚果，科学家则来自美国和英国的各个地方。

奥本海默曾对共产党表示同情，这使美国的情报人员深感忧虑。在他表示应与苏联交换核技术之后，他们更加多疑了。但毫无疑问，奥本海默和研究团队中的绝大多数人都在拼命赶进度。美国人真正应该担心的是，奥本海默的老朋友海森堡及其研究团队会不会在德国领先一步制造出原子弹。巨额资金、设备、试验和针锋相对的辩论激发出了奥本海默想要的巨大创造力。但在另一方面，纳粹德国却很难制造出核武器，这点变得越来越明显了。在盖世太保采取行动前，丹麦物理学家玻尔经瑞典逃往英国，加入了曼哈顿计划的英国项目。奥本海默相信美国的原子弹一定会在某个地方炸响。它有可能足以终结一切战争，但它一定会让全世界认为它有那样的效果。[27]

德国已经处在崩溃的边缘，因此日本成了攻击的目标。有些科学家——如匈牙利学者利奥·齐拉特，曾在 20 世纪 30 年代对核链式反应进行了深入研究——警告称，用核武器攻击日本平民将会拉开美苏军备竞赛的序幕，而这场军备竞赛将导致灾难性的后果。此时，罗斯福已经去世，新任总统哈里·杜鲁门没有理会他的意见。杜鲁门及其执政团队希望在日本有可能请斯大林做中间人求和前使用原子弹。很明显，苏联已经成了美国的新敌人，投放核炸弹可以向斯大林展现一下美国的实力。

奥本海默同意杜鲁门的意见，并详细讨论了一些问题，如原子弹能带来怎样"巨大"的视觉冲击、需要用它杀死大批日本人的必要性，以及在什么高度爆炸才能发挥最大威力。炸弹爆炸的时候高度不宜过高，也不能在多云、下雨或下雾的时候投放，"否则它不会对目标造成足够大的破坏"。[28] 1945 年 7 月 16 日，第一枚原子弹在新墨西哥州代号"三位一体"的沙漠试验场爆炸成功。奥本海默在试爆成功后的反应与他的上述言论形成对比。很久以后，他告诉人们，核爆时的情景让他想到了印度圣书《薄伽梵歌》中毗湿奴说的话："现在，我成了死神，成了可以摧毁世界的人。"有人怀疑他当时是否真的说过这句话。但在对广岛进行攻击之前，想到那些受害者，奥本海默确实曾经说过："那些可怜的小人物，那些可怜的小人物啊。"[29]

奥本海默背负着极其沉重的道德压力，这种压力是任何一名科学家都从未承受过的。他清楚地意识到，他负责研制的武器具有何等强大的威力。如果原子弹能终结永无休止的战争，那这也不失为一件好事。但奥本海默也意识到，苏联人也会竭尽全力，尽快获得核武器。核时代的政治将会是怎样一种局面呢？这很难说得清。一个受过良好教育的人道主义者、一个高尚的人，却倾其一生制造出了一种可以使几十万无辜者丧生的机器。他这样做的最初目的是防止希特勒拥有他所谓的"神奇武器"以摧毁民主国家；而现在呢，则是因为不得不使用核武器。

奥本海默很想知道，原子弹到底能不能起作用。与其他理论物理学家一样，奥本海默生活在一个抽象的世界里，这个抽象世界与现实世界之间只存在着有限的联系。如果没有世界大战，如果没有美国的工业和财政做后盾，谁会花钱让这样一个理论变成现实呢？但奥本海默和研究团队中的其他物理学家却得到了一个验证其理论是否正确的天赐良机。奥本海默不想用探讨科学的劲头去讨论原子弹将造成什么后果，这从他使用的论据和矛盾的语言中可以感受得到。或许，难以抑制的好奇心将压倒政治上的顾忌。而在人类的精神活动中，这两者具有同等重要的地位。

今天，曾遭受第一颗原子弹重创的广岛已经成了一座现代城市，那里有漂亮的茶园、干净的商场，以美味的海鲜驰名。穿戴整洁的儿童在市中心附近的小学里学习和玩耍。但在1945年，和大部分广岛人的命运一样，学校中的所有师生都死于核爆炸，只有一名学生幸免。广岛轻而易举地消失了。这里曾经是一座繁忙的旧式城市，市里有许多欧式建筑，数不清的河流和桥梁，鳞次栉比的房屋，但轰炸过后，这里被夷为平地，到处都是一片焦黑，只剩下残垣断壁和几株枯萎的树木。长崎是下一个目标。内阁成员间的争论推迟了日本投降的时间，长崎遭到轰炸后，日本立刻投降。

在美国，奥本海默成了名人，但他却说，人们早晚有一天会诅咒洛斯阿拉莫斯和广岛。他告诉美国哲学院，他制造出了“一件最恐怖的武器……以我们这个世界上的任何一条标准来衡量，它都是一件邪恶的武器”。[30]奥本海默曾经发出疑问，科学发展对人类有益吗？今天，由于忌惮核战争，大国之间不会再发生冲突。但巴基斯坦、印度和朝鲜已经拥有了核武器，或许伊朗也将很快拥有核武器，这使爆发核战争的可能性有所增加。奥本海默的担心——用他的话说，这件“最恐怖的武器”——已经越来越普及了。

甘地与帝国

据说，在1930年的时候，有三个人即将变得世界闻名，不仅是他们本人，还包括他们的奋斗目标。[31]一个是查理·卓别林，一个是阿道夫·希特勒，第三个是一个60多岁穿着粗布衣服的麻烦制造者。3月12日清晨6点，他启程出发，随身带着一套被褥、一个肩背袋、一个纺锤（这样，他晚上的时候可以纺织）、他的日记、一块手表和一只杯子。在78名随从的陪伴下，他徒步240英里，经过西印度大大小小的村庄，终于在25

天之后到达了海边。他的计划很简单，从海边取些盐，然后被捕。

莫罕达斯·甘地说到做到。来自世界各地的记者和摄制组在后面跟着他，他向前走，弯腰挖盐……随后被捕。照片拍得非常完美。他手里拿着盐，身后是盐场，创造了一个马上世界闻名的符号性形象。但这些照片并非完全真实，因为这些照片是在他到达海边几天后拍照的，地点也是精心挑选出来的。但甘地确实博得了世界的关注，这正是他想达到的效果。一种新型政治的倡导者正在挑战世界最大的帝国，而且轻而易举地取得了胜利。

英国殖民当局对印度的盐征税，但税并不是很重，之前莫卧儿人也曾征收盐税。甘地考虑过多种羞辱印度英国当局的方式。他曾呼吁禁止出售酒精类饮料；他号召抵制教育；他极力支持罢工的工人。他在道德上取得了成功，但在政治上却没有取得突破。这次，盐又成了他的目标。每个人都要吃盐。（或者说，除了甘地。他认为盐无助于健康，所以尽量在饮食中不放盐。）对于政府来说，盐税是无足轻重的，但对于最穷困的百姓来说，盐税已经高得不成比例了。甘地说，除了水之外，盐是人们最需要的东西了。“这个国家在向几百万饥民、病人、残疾人和无依无靠的人征收盐税。盐税是精心设计出来的人头税，而人头税是天下最不人道的税种。”[32]

甘地自己找盐，拒绝向政府交税。这种挑战政府的行为受到了指控，他——这位有礼貌、瘦骨嶙峋的老者——因此入狱，这使英国当局显得非常滑稽。为了给英国施加巨大的压力，甘地需要全世界的关注。他在美国特别有影响力。对于美国人来说，印度人反抗盐税，与他们当年反抗茶叶税是相似的。这是甘地常用的手法：看上去很简单，甚至有些滑稽，但却是一个深思熟虑、经过冷静思考的策略。

世界上成百上千万的人都认为甘地是个圣人。诺贝尔奖得主拉宾德拉纳特·泰戈尔将他称为“圣雄甘地”。他以苦行生活和毫不妥协的道德准则闻名于世。“如果我只需要一件衬衣遮体，但我却获得了两件，那多出来的一件相当于偷来的，这是有罪的。……如果五根香蕉就能让我继续前行，而我吃了六根，那多出来的一根相当于偷来的。”[33] 8 年前，当他再次发动反抗运动时，英国法官说：“你和我审判过或将会审判的人完全不是一个类型。……即便是那些与你政见不同的人也会认为你是一个有着崇高理想的人。你过着高尚——甚至是圣洁——的生活。判定你为一名守法的人将是我的职责。”

甘地的政治手腕更像一种武术，它可以让弱者战胜看上去很强大的敌人。在南非，他组织了维护印度工人（不是非洲黑人）权利的斗争。他采用了“非暴力的消极抵抗和不合作主义”。在实践上，他发动了不合作运动。“为了促使对方思考和理解”自己的立场，他坚持绝食。甘地非常有礼貌，在领导抗议活动时也总是面带微笑，他以赞赏的语气谈论英国生活的方方面面，这就使他变得非常难对付。出狱后，他会继续领导追随者，会在静修处继续从事反抗活动。

这种道德敲诈如果提升到一种全球政治的高度，往往能取得惊人的效果。甘地的活动鼓舞了全世界反抗不公正的斗士，其中包括20世纪60年代美国民权斗士马丁·路德·金领导的示威者，以及在埃及推翻胡斯尼·穆巴拉克的抗议者。将普通民众和平地组织在一起，利用国际舆论来对抗权力，这种政治策略虽然不一定能取得成效，但在20世纪和21世纪却能博得掌声。

在家庭生活中，甘地这种与法庭对抗的意愿没有那么有吸引力。他随时准备用绝食或其他自虐方式对周围的人施加控制。与妻子发生争执时他会绝食，儿子辜负他的希望时他会绝食，看到两个人在静修处睡在一起时他也会绝食。哭着哀求他放弃绝食的人越多，他就越高兴。道德敲诈作为一种政治策略是有用的，但不应该变成一种生活方式。甘地会和年轻女性睡在一起，但从来不碰她们，以此来证明自己是个禁欲主义者。他还用种种奇怪举动提醒我们：圣人一般会从远离他们的人那里得到更多的尊重。

甘地是全印度的道德楷模。他能调解穆斯林和印度教徒的关系，让贱民、低种姓的印度人和受过良好教育的商人、英国培训出来的印度律师共同参与一项活动，虽然时间不长。他很早就明白个人形象的力量，而一个人的形象取决于他的着装。早年在英国学习法律的时候，他穿套装，扎蝶形领结。在印度做一名激进的律师的时候，他穿英式正装，但头上却裹着头巾。在为契约工人奔走疾呼的时候，他会穿上与他们同一款式的棉质束腰外衣。为了抵制昂贵的英国机织布，他只穿印度土布制成的衣服。甘地在全球范围内的声誉与日俱增。在照相的时候，他都会系上一条自己亲手纺成的缠腰带。

甘地将自己变成了一种标志。拐杖和宽松的裤子是查理·卓别林的标志，军帽和小胡子是希特勒的标志，只不过这两个人的世界与甘地无关。但对于世界摄影界来说，这三个人都很重要，因为他们一眼就能被认出来。

唤醒印度次大陆的甘地很幸运，因为他的对手是英国。英国殖民当局陷入了一种两难的局面：一方面，英国人要在印度实行统治；另一方面，他们也希望获得当地人的喜爱和尊敬。甘地很清楚这一点。英国思想家拉斯金和爱德华·卡彭特、唯灵论者安妮·贝赞特，以及很多主张妇女参政的英国人都影响过甘地。他的书面英语非常好，这不但有利于团结印度的反抗势力，而且能扩大他在全球的影响力。

总之，甘地的道德敲诈对英国人非常管用，至少有时是这样，这使他们感到非常尴尬。英国人镇压反抗运动，将甘地投入监牢，但他们并不愿意这样做。但希特勒就不这么想。（甘地完全不了解希特勒，他认为希特勒应该和英国人差不多。他说，希特勒或许没有传说中那么坏，建议犹太人留在德国，看纳粹分子敢不敢将他们囚禁或枪杀——甘地根本搞不清楚状况。）“二战”爆发前，希特勒曾对英国总督说：“你们要做的就是枪毙甘地……之后，麻烦就会迅速消失。”[34]

与反抗大英帝国相比，甘地反对希特勒只是一段小插曲。从占领印度的那一刻起，英国人就想成为开明的统治者。在经过东印度公司几十年的横征暴敛之后，英国议会希望能在次大陆建立起一个能长期运行、公平的行政系统，他们认为长此以往这对印度是有好处的。此后，英国在印度的统治经常摇摆于镇压和改革之间。

18 世纪 50 年代，从一名矮胖的职员神奇地变成一个军事天才的罗伯特·克莱武击败了法国军队和地方武装，使东印度公司在莫卧儿帝国取得了统治地位，英国在印度的故事由此拉开序幕。但回到英国之后，他因聚敛了过多的个人财富而受到指控，随后自杀，年仅 49 岁。在克莱武之后，沃伦·黑斯廷斯成为印度总督。在超过 14 年的任期中，他建立起了一套更加高效的行政系统。但他却因腐败遭到了指控，这场在英国议会进行的政治审判持续了 7 年之久。虽然最终获判无罪，但此时他已经是心力交瘁了。在审判期间，一位议员——爱尔兰的哲学家和政治家埃德蒙·伯克——曾表示，英国在印度的统治并不成功："英格兰没有［在印度］建立教堂、医院、宫殿和学校，也没有修建桥梁、公路、运河和水库。"[35]

之后继任的印度总督都接受了他的意见。除了禁止一些印度教的残忍习俗（如妻子自焚殉夫），英国人还修建了城市，引进了英国法律，并将印度军团编入英军战斗序列，听从英国的指挥。英式教育得以普及，像历史学家托马斯·巴宾顿·麦考利这样的殖民地官员希望印度最终能走向自治。印度是五方杂处之地，一些刚到这里的英国人很难理解这个国家。但也有一些英国人很轻易就被印度的古代文化折服，怀着敬佩之情学习它。然而，占领者不可能看得起被占领者的文化，或者说不可能长期高看被占领者的文化。

殖民主义也为印度带来了好处。例如，英国人对印度教的文化遗址进行了考古发掘。显然，信奉伊斯兰教的印度统治者——莫卧儿人——是不可能关心这些遗址的，因为他们毕竟是异族入侵者。但甘地明白，殖民主义对英国和印度都有消极影响。它使殖民势力变得野蛮，使他们无法达到自身期许的最高理想；它对于印度人来说是种耻辱，使他们既无法尊重他们的统治者，也无法尊重自己。1857 年，英国在印度相对清白的历史画下了句号。英国小学生受到的教育是，这是一场印度人发动的兵变；而印度小学生接受的教育是，这是一场民族大起义，或者说这是"第一次独立战争"。这是一场血腥、令人绝望的战争。开始的时候，传言英国人将牛油和猪油涂抹在印度教士兵和穆斯林士兵使用的子弹上，但传言很快演变成一场针对英国的起义。但好在英国人控制住了局面，且伤亡不大。当起义者发生分裂且指挥失当的时候，很多印度人——从王公贵族到整编制的军团——都脱离了起义军的队伍。在经受围攻和惨败之后，许多叛乱者被英军“炮毙”——将他们绑在大炮的炮口上，随后被炸得四分五裂。起义失败后，莫卧儿帝国也退出了历史舞台。

现在，印度成了英国真正意义上的“私有财产”，英国派了一批又一批精明干练的官员来管理印度行政参事会。这是人类历史上最清廉、最高效的行政部门之一。

学习过古典文学，接受了平等观念的年轻人，在从英格兰的公立学校毕业之后，前往印度出任税收官和法官。他们要远涉重洋，还要克服语言上的障碍。英属印度如日中天的时候，次大陆上不但出现了教堂和运河，而且出现了 3 万英里长的铁路，英语则取代了波斯语成为共同语言。事实上，波斯语在莫卧儿帝国的南部地区从未广泛流传。英国人还给印度带去了普通法体系。英国人统治印度的时间不比莫卧儿人短，虽然他们没为印度留下泰姬陵，但却给印度留下了许多繁华的现代城市和一座宏伟的都城——新德里。到了 1901 年，印度已经成为仅次于中国的人口大国，人数尚少的中产阶级的政治意识逐渐觉醒。[36] 此外，英国人还为印度带去了板球运动。

但受过古典教育的公务员也消除不了帝国主义骨子里的不公正。他们对印度缺乏了解，秉持着的基督教福音派教义和道德化的自由主义使他们变得心胸狭窄。许多人认为印度人天生懒惰、狡猾、奸诈、迷信，简直一无是处。这意味着，当印度发生像爱尔兰一样的大饥荒时，英国统治者可以立刻将其归咎为灾民的不幸，结果造成上百万饥民饿死。但即便是在粮食丰收的时候，印度经济也无法增长。这是由以下几点原因造成的：第一，印度向英国出口的商品价格过低；第二，印度的工业产品得不到保护，因此很难与英国经历工业革命后的产品竞争；第三，关税扼杀了印度商业的发展。

管理和保护英属印度的钱最后还是出自印度人身上——印度全部税收的四分之一被殖民当局用来支付工资、养老金、债务、利息和军费。[37]（之后，英国工业实力有所下降，经济也陷入困境。因此，许多英国人认为，他们不但使印度变得更加文明，而且为此花了不少钱。但事实绝非如此。帝国再怎么高尚，也不可能将宗主国的钱贴给殖民地。）如果印度不参加第一次世界大战，不购买英国的机器和工业品，而是将钱用于本国发展，那么它会不会早就超过中国了？这个问题很难回答。印度的精英阶层在管理自己的国家时被排挤在外，这使他们越来越感到耻辱，再加上人民对经济状况的抱怨，最终使革命不可避免地爆发。

英国政府进行着缓慢而谨慎的政治改革，从 1892 年直选立法委员会，到 1910 年允许更多人参加选举，再到第一次世界大战，当 200 万印度志愿军奔赴战场的时候，给印度一个“地方自治”的含糊承诺。但这些并不能制止骚乱和间或出现的炸弹袭击。1919 年 4 月，在旁遮普省的一座小镇，雷金纳德·戴尔将军在没有发出警告的情况下，命令军队向人群开枪，制造了“阿姆利则惨案”。在英国统治印度的历史中，这是最黑暗的一天。这群人中，有一部分是示威者，而另一部分只是参加节日庆典的普通村民。士兵几乎弹无虚发，他们射击了 1650 发子弹，造成 379 人到 530 人死亡（死亡数字还有争议），超过 1200 人重伤，其中还包括妇女和儿童。在之前发生的一场叛乱中，有 5 名欧洲人丧生，戴尔将军说他开枪是为了替这些人报仇。惨案发生后，他还强迫印度人在一位传教士曾经受到攻击的地方爬行。他对他的行为感到心安理得，根本没有一丝愧疚。回到英国后，一些保守派报纸还将其视为帝国的英雄。[38]

如果说戴尔将军代表了英国人在印度最残忍最糟糕的一面，那我们也要提到像艾伦·奥克塔文·休姆这样与他相反的人。休姆是英属印度的一名官员，因支持印度人而声名狼藉，退休后他还于 1885 年筹建了印度国民大会党。它一开始是一个为印度自治而战的组织，后来在印度精英的领导下发展为一支为独立而战的主要政治力量。

阿姆利则惨案之后，印度人的决心变得更坚定了。莫逊拉尔·尼赫鲁是一位温和的亲英国律师，他曾经在国会中非常活跃，并把儿子贾瓦哈拉尔送到哈罗公学和剑桥大学深造。惨案发生后，他将小礼帽、昂贵的西装和领带，以及他妻子的连衣裙等物一起扔到火里烧了。他处理掉了英式家具，开始穿甘地式的土布衣服。1947 年，他的儿子贾瓦哈拉尔·尼赫鲁宣布印度独立，并成为印度执政时间最长的总理，他是印度近代史中唯一一个可以与甘地相提并论的人。从某种意义上讲，他的政治生命就是从阿姆利则开始的。为了使印度打消独立的念头，英国进行了改革，并推行了一些安抚政策，但惨案的发生使之前的全部努力都付诸流水。

惨案发生后，甘地的非暴力不合作运动，以及各式各样的罢工、骚乱和暴力袭击使英国在印度的统治变得愈发艰难。甘地在全球的声望已经越来越高，并且领导了与总督的谈判，这令温斯顿·丘吉尔非常厌恶。1931年，甘地前往伦敦，参加讨论印度未来的圆桌会议，英王乔治五世将他请到了白金汉宫，工人们也簇拥着他。但在国内，甘地既不能安抚穆斯林政治家，也不能安慰印度教中的极端主义者。英国的改革方案是有实质内容的。选举后，国会中的政治人物控制了印度各邦，英国的公务员都要听命于他们。但由于印度王公的反对——他们害怕失去土邦上的半自治权——和伦敦的政治欺诈，新德里从未建立起新的自治政权。

在第二次世界大战期间，当日本对印度构成威胁的时候，一些国大党党员却投靠了敌人。议会对殖民当局采取不合作的态度。尼赫鲁和甘地双双入狱，但随后又被释放。英国政府有时也会试图控制局面。工党政治家斯塔福德·克里普斯前往印度商讨战后印度自治的问题，但甘地和尼赫鲁都拒绝了他的方案，因为他们认为这份方案不够民主。甘地希望英国赢得战争，但他却有一个非常奇怪的想法：非暴力主义是打败纳粹主义的更好选择。不列颠之战发生时，他认为英国应该邀请希特勒和墨索里尼发动攻击："让他们占领美丽的大不列颠岛和岛上的漂亮建筑吧。除了灵魂和思想之外，什么都可以给他们。"他的建议被礼貌地拒绝了，英国显然更喜欢用防空部队和喷火式战斗机解决问题。[39]

在战争进行到一半的时候，局势已经很明显了，无论通过哪种方式，印度一定会独立。在日军的进攻下，英国名誉扫地。经过6年的战争，英国实际上已经破产了。只剩下一些与独立相关的细节问题。1945年大选后，工党上台。王室成员蒙巴顿勋爵被派往印度处理关于独立的最后一些问题。从伦敦出发的时候，他的时间已经很紧迫了。然而，在议会领导独立运动的时候，穆斯林与印度教徒之间的分歧却越来越大了。尽管甘地为弥合分歧竭尽所能，但却收效甚微。

被印度教领袖拒绝后，穆罕默德·阿里·真纳将穆斯林联盟引向了另一个方向，他希望西北部地区的旁遮普和孟加拉能获得国家的地位。将每一个穆斯林占主要居民省份的首字母连在一起就构成了“巴基斯坦”这个词。英属印度将无法由一个单一国家来继承。甘地为国家统一付出了巨大努力。当穆斯林与印度教徒之间相互杀戮的时候，他又开始了一段旅程。他准备绝食，并恳求他们能将彼此视为兄弟。但是印度与巴基斯坦（后来东巴基斯坦独立，成为孟加拉）之间还是出现了分界线，之后开始了巨大的移民潮：在巴基斯坦境内的印度教徒迁往印度，在印度境内的穆斯林迁往巴基斯坦。移民过程中出现了许多疯狂的杀戮。

穆斯林和印度教徒之间的猜忌和仇视可以追溯到莫卧儿帝国时期。尽管英国统治印度长达两个世纪，但却没有能力、也不愿意弥合两派之间的分歧，现在矛盾爆发了。旁遮普省是个典型的例子。在那里，穆斯林、印度教徒和锡克教徒之间爆发了战争，这场冲突或许造成了100万人丧生，其中有人是被枪杀的，有人是被烧死的，还有人则是死于缺水和断粮。大约有1000万人向南或向北进入新的国家，这是历史上规模最大的被迫移民。甘地终其一生追求和平，但最后却出现了如此可怕的结局。他极度悲伤，为了抗议暴力活动，又一次开始绝食，就连印度独立日的庆典也拒绝出席。现在，印度教中的极端主义者认为他是一个叛徒。1948年1月30日，一个极端分子刺杀了甘地。

甘地在印度独立运动中扮演了重要角色，并创造了一种反抗不公正的新模式，因此他无愧是20世纪最成功的政治家之一。但新诞生国家的发展道路却与他的最初理想背道而驰。甘地一生都在追随托尔斯泰的脚步，对农民生活的看法也深受他的影响。甘地希望印度能成为一个美好的精神家园，放弃铁路、工厂和大城市，回到自给自足的乡村生活。他是一个极端的保守主义者，有些共产党员希望抛弃西方文明，而甘地希望用和平方式达到这一目的。甘地的许多英国朋友也想过理想化的田园生活，他们期待人类能回到村庄、果园和手扶犁的时代。当然，他也希望国家不发生分裂，穆斯林、基督徒和印度教徒能在同一片土地上和谐相处。

然而，实际发生的却是分裂、资本主义和城市化，今天这两个拥有核武器的国家仍在相互敌视，仍在为克什米尔争吵不休。两国在边境地区剑拔弩张，甘地的梦想已经越来越远了。现在，尽管存在腐败、暗杀和宗教极端主义，但印度已经成了世界上最强大的经济体之一，有着繁忙的城市、工厂、受过良好教育的中产阶级，以及民主制度。在所有曾沦为殖民地的国家中，印度是最成功的。印度拥有 12 亿人口，GDP 几乎是英国的两倍，它是最有可能主宰下一个世纪的几个国家之一。但即便如此，这也不是圣雄甘地想要的印度。

冷战中的热冲突

对于许多国家和许多勇敢的民族来说，冷战其实并不“冷”。在朝鲜、越南、安哥拉、索马里，以及拉丁美洲地区和中东地区，战事相当激烈。在匈牙利、捷克斯洛伐克、波兰和阿富汗，战争的结果关乎国家命运。第二次世界大战后，战争左右着中东地区的政治。在那里，美国的盟友以色列与苏联支持的阿拉伯国家展开激战，伊朗和伊拉克以死相拼。这或许体现了两种文明之争，两种领导权之争，两种经济模式之争，但这场冲突的影响实在是太广泛了，以至于在 40 年间，地球上几乎没有哪个地方能独善其身。这场战争大戏的核心部分是不断升级的核恐吓，美苏两大阵营在进行一场赌博，而赌注就是我们的地球。这实在是太吸引眼球了，因此我们很容易遗忘这样一个事实：它们的冲突使世界上几乎每个地方都在发生流血事件。

两个曾经的盟友展开了竞争，但它们并不知道自己在做什么。美国和苏联认为自己的领土应该有多大？这场冲突是否决定着人类的未来？如果真是这样的话，任何一方又会走到哪步呢？这些问题使人感到困惑。因此，从 1948 年到 1963 年的 15 年是冷战最危险的阶段。度过这个时期之后，尽管美国身陷越南战争，但华盛顿和莫斯科都明白，应保持以“核平衡”为基础的军事僵局，并开始小心翼翼地缔结与核武器相关的条约。1952 年，美国首先试爆了热核武器。9 个月后，苏联也做到了这点。1954 年，美国又获得了威力更强的武器。很明显，两个超级大国之间的战争很可能导致人类灭亡。因此，它们更愿意发动代理人战争，更愿意在经济领域展开更为缓慢却非常重要的竞争。

其实，在苏联有能力对资本主义国家发动核打击之前，这种模式就已经初见端倪了。美国用马歇尔计划来支持西欧的战后复兴。“二战”之后，希腊的保皇党和共产党之间爆发了内战，而斯大林希望在土耳其设立一个海军基地，并因此向安卡拉施压。因此，始于 1947 年的马歇尔计划首先援助了这两个国家。但美国对欧洲事务的介入并不仅限于此。为了阻止共产党在大选中获胜，获准使用各种破坏手段的美国中央情报局还插手了 1948 年的意大利大选。同一年，斯大林打击了捷克斯洛伐克的资产阶级政党，以此来捍卫苏联在 1945 年时所取得的成果。

为了打击对手，美国和苏联都组建了自己的阵营。1949 年 4 月，北大西洋公约组织成立，美国不但为西欧提供了经济上的援助，还为它提供了军事上的保护。西欧获得了极大的缓解，立场变得愈发坚定，宣传舆论上咄咄逼人，数个坦克师集结于“铁幕”西侧随时待命。在数量上占有绝对优势的苏联红军没必要立刻采取反制措施，但在 1955 年，华沙条约组织还是应运而生。然而，双方都不想用军事手段打击对手。这当然不是出自战时的同盟之情，一来是苏联忌惮美国的原子弹；二来是苏联在“二战”中元气大伤——苏联的伤亡人数几乎是美国伤亡人数的 90 倍；三来美国对新的联合国的作用表示乐观，认为今后历史学家只能在故纸堆中研究战争。

当斯大林试图在分裂的德国引发一些变化的时候，美苏两国谨慎处理问题的态度第一次受到较大的挑战。斯大林打算用切断一切补给的方式来封锁位于民主德国境内的西柏林。斯大林的目的是使民主德国和联邦德国重新建立联系，从而形成一个中立的缓冲地带，但他始终坚信德国人终将选择社会主义。由于西方国家用大规模的长期空运支持西柏林，所以斯大林的想法并未成为现实。柏林危机使美苏两国不得不进行直接接触。但在 1949 年春天，苏联做出了让步，西柏林重新开展商业活动。而令人尴尬的是，大量的人从东柏林逃到了西柏林。

德国分裂和柏林危机是最有可能引发大战的事件。当欧洲刚刚脱离战争阴霾的时候，在世界的另一个部分，真正的战斗才刚刚开始。在“二战”末期，美国和苏联分别从南北两个方向进入朝鲜半岛。两个超级大国将朝鲜一分为二，随后从半岛撤军。从此朝鲜半岛上出现了两个政权：右翼政府控制着朝鲜南部，金日成领导的共产党控制着朝鲜北部。1950 年，金日成告诉斯大林，他可以在短时间内迅速解放全国。就在他几乎快要成功的时候，美国实施了仁川登陆，战局立刻发生逆转。

但毛泽东决定抗美援朝，集结在中朝边境的 30 万志愿军将美军打得节节败退。以美国、英国和澳大利亚为主的联合国军最后还是顶住了中国军队的进攻。华盛顿本可以使用原子弹，却没有使用，于是朝鲜战争成了一场漫长而血腥的堑壕战。

我们现在知道，苏联飞行员曾出现在朝鲜的天空上；在朝鲜战争爆发的前一年，苏联刚刚拥有了自己的原子弹，但它还不能对美国构成威胁。因此，即便美国使用了核武器，苏联也不可能立刻以牙还牙。那美国为什么不在朝鲜战争中使用原子弹呢？这主要是因为美国不想开这个先例。核武器不能轻易使用，否则这可能会影响美国的未来。很显然，如果美国使用了核武器，苏联最终也会采取同样的行动。尽管朝鲜战争十分惨烈，但最终还是形成了僵局，在战争最初打响的地方附近画上了句号。两个新建立起来的政权成了苏美两国的翻版：一个是严厉的斯大林主义国家，另一个是胡闹的资本主义国家。

自此之后，美国和苏联展开了疯狂的军备竞赛，不仅比核弹头，还比潜艇、洲际导弹、卫星、侦察机和隐藏式的导弹发射井。但与此同时，这两个国家都在不安地环顾全球，为自己争取盟友的支持，并把中立的国家拉到自己这一边。于是，它们在非洲、亚洲和拉丁美洲煽动战争，为独裁政权提供支持。美国粗暴地干涉南美事务，支持伊朗国王和越南的李承晚，并试图拉拢阿拉伯国家，但最后以失败告终。苏联的注意力则集中在中欧的社会主义国家。此外还有两个国家的关系让苏联感到很难处理：一个是它的社会主义盟友——中国；另一个是欧洲最有独立思想的社会主义国家——约瑟普·布罗兹·铁托领导的南斯拉夫。在“二战”期间，南斯拉夫靠自己的力量从纳粹的统治中解放出来，其间没有得到苏联的帮助，因此自认为不需要对莫斯科马首是瞻。

这两个国家成了一场更广泛运动的组成部分，这场运动揭示了这样一个事实：美国和苏联包围着世界，威胁着世界，但它们并没有看上去那么强大。如果领导人足够自信的话，他们不但可以带领国家避开俄国熊和美国鹰的威胁，甚至可以让它们彼此相争。在1955年的万隆会议上，中国、南斯拉夫和其他国家共同商讨了关于“不结盟”的问题。仍然留在英联邦中的“社会主义共和国”印度与苏联和西方国家都保持着良好关系；纳赛尔领导的埃及更倾向于苏联，它不但使英法这样的老牌帝国蒙羞，而且对美国的援助不屑一顾。1966年，法国退出北约军事一体化，此时它已经承认了毛泽东领导的中国。与其说法国属于西方阵营，还不如说它更像是个不结盟运动国家。

非洲与殖民主义进行了长期的斗争。新生的非洲国家究竟是应该与欧洲宗主国继续保持密切联系，还是应该建立人民共和国，将他们最优秀的学生派往莫斯科学习马列主义呢？

如果非洲的反殖民政党能够抨击马克思主义，那么西方国家就会对它们的一党专政、腐败和种种恶行睁一只眼闭一只眼——就算它们是“坏蛋”，但它们毕竟是“我们”的坏蛋。因此，非洲出现了许多独裁者，例如乌干达的伊迪·阿明、扎伊尔（以前的比属刚果）的蒙博托·塞塞·塞科、马拉维的海斯廷斯·班达、肯尼亚的丹尼尔·阿拉普·莫伊。在社会主义阵营方面，有埃塞俄比亚的门格斯图·海尔·马里亚姆、安哥拉的人民解放运动以及莫桑比克的解放阵线，它们的背后都有苏联的支持。但苏联对它们的支持只是出于冷战的需要，因此对烤焦的土地和饥饿的儿童并不怎么热心。在安哥拉，美国支持了一个奉行民族主义的反政府游击队——争取安哥拉彻底独立全国联盟。非洲观察家理查德·道登曾尖锐地指出：“除了坏账和为将军们准备了冬日里的阳光外，安哥拉几乎没给苏联留下什么。”[40]

在团体和个人都还没有准备好的时候，非殖民化运动就已经开始席卷非洲了。而非殖民化本身也是冷战的一部分。一方面，欧洲政府——从里斯本到布鲁塞尔，从伦敦和巴黎——不想为保住殖民地而镇压非洲的解放运动；另一方面，面对共产主义的威胁，这些国家也没有精力展开打击苏联代理人的战争。它们更希望早日和亲西方的新统治者达成协议，继续保持两国的经贸关系，至于这些新生国家的政治，充其量只能排在第二位。

在东西方冲突的大背景下，南非成了和美英两国关系不融洽的“中立伙伴”。它们之所以关系不融洽，是因为南非在推行种族隔离政策；而它们之所以能成为伙伴，是因为南非强烈的反共倾向。尽管罗伯特·穆加贝抛开了他的竞争对手——亲莫斯科的约书亚·恩科莫，但冷战还是使这位破坏津巴布韦的人接受了马克思主义。20世纪的非洲历史充满了暴政、腐败、种族主义、虐待和无度的挥霍，无数非洲人的生命在这一时期凋谢，这些也应该算到冷战的账上。

到了20世纪50年代中期，美苏新领导层尝试用各种方法来处理建立在核武器基础之上的“恐怖平衡”。美国总统哈里·杜鲁门是个意志坚定的人，但这个深受罗斯福影响的理想主义者不久就被艾森豪威尔取代了。至少在上任初期，艾森豪威尔在使用核武器这个问题上显得更加大胆。1961年，约翰·肯尼迪接替艾森豪威尔，成为美国总统。这个年轻的民主党人认为美国具有捍卫世界自由的使命，看他那副高谈阔论的样子，就好像立刻要向莫斯科宣战似的。

艾森豪威尔和肯尼迪面对的是苏联新一任领导人尼基塔·赫鲁晓夫。赫鲁晓夫是一名优秀的工人，在斯大林时代平步青云，他性格冲动，有时候甚至显得有些粗鲁。在赫鲁晓夫执政初期，苏联还在受西方导弹的威胁，但不久便迎头赶上了。1957年，苏联发射了第一枚洲际弹道导弹和首颗人造卫星，这对西方政坛来说是非常巨大的震动。赫鲁晓夫相信，在科学和经济的推动下，苏联可以赶超美国。与此同时，为了在国内创造更宽松的政治氛围，他在共产党大会上作了一份秘密报告，公布斯大林所犯的错误，并抨击他搞的个人崇拜。

但那些社会主义卫星国并未感受到宽松的政治氛围。1956年，苏联的坦克开进东欧，造成了人员伤亡。

1962年，赫鲁晓夫和肯尼迪使世界经历了迄今为止最严重的一场核危机。事件的起因是古巴。美国雇佣军在猪湾登陆，希望镇压菲德尔·卡斯特罗领导的社会主义革命，但最后以失败告终。此前，美国在土耳其部署了可以攻击苏联的中程导弹。因此，赫鲁晓夫也想在古巴部署导弹，这样既可以保护新生的加勒比盟友，又可以威慑美国。这是一个可以在冷战时期引发战争的“热”点。这时，苏联已经试验了威力更大的核武器，并将尤里·加加林送入了太空。与此同时，为了阻止国民流失，它的盟友——民主德国——修建了著名的柏林墙。（民主德国已经有 200 万人移民。）

这些事实表明，共产主义阵营的军事力量达到了前所未有的水平，自信心也空前高涨。然而，尽管苏联的决心十分坚定，但它的导弹技术仍远远落后于美国。赫鲁晓夫希望通过在古巴部署导弹一事提高苏联的声望，同时推动拉美国家的革命运动。另一方面，肯尼迪也想通过这次导弹危机提高美国的声望，遏制南美洲的革命浪潮。肯尼迪警告赫鲁晓夫，如果苏联再向古巴运送导弹，他将对那些运输船展开攻击。他还坚持已经部署的导弹应该拆除。攻击苏联船只意味着爆发全面战争。在肯尼迪发出最后通牒后，全世界都屏住了呼吸。

就在这时，赫鲁晓夫做出让步，苏联拆除了部署在古巴的导弹。从表面上看，美国在这场导弹危机中大获全胜。但事实上，他在克里姆林宫的对手也得到了自己想要的东西，其中最重要的有两点：一是美国撤走了部署在土耳其的导弹，二是美国接受了卡斯特罗的马克思主义政权。美苏两国领导人之间安装了“热线”电话。导弹危机之后还有许多危险时刻。例如，1969 年中苏两国在边界地区发生冲突，以及美国在越南战争中的失败——这是冷战时期美国最痛心的一件事。从 1965 年到 1975 年，越南战争也波及了老挝和柬埔寨。事实证明，空袭是无法消灭游击队的。

但在古巴危机之后，华盛顿和莫斯科都开始做出一些让步，它们不希望一个小小的误判造成人类灭亡。在《禁止核试验条约》出台后，美苏等国又于 1968 年缔结了《核不扩散条约》。之后，美苏两国又进行了第一阶段削减战略武器，目的在于削减双方的导弹数量。还有其他禁止拥有足以抵抗核武器攻击的条约表明，“相互保证毁灭原则”成了官方政策——在奥本海默不那么冷酷的时候，他确实希望如此。在一个分裂的世界中，两大阵营希望能够和平共处，于是国际关系的“缓和”时期到来了。在这段时期，世界似乎陷入了永无休止的停滞，冷战最终成了“冻结起来的和平”。或者打个比方，好比两个重量级的摔跤手在进行一场消耗战，他们抓着彼此的衣服，既不能挣脱，也不能摔倒对方。

从表面上看，美苏间的竞争虽然比早期阶段有所缓和，但“冻结起来的和平”仍然只是幻影，因为两个阵营内部的冲突比阵营间的冲突更激烈。事实上，没有哪个政治集团能做到真正意义上的平静。在铁幕的后面，尽管苏联能勉强跟上北约军备竞赛的步伐，但它在经济方面的失败使它无法促进财富增长，无法说服它的人民这是一个更好的社会，政治高压和死气沉沉的生活是值得的。古巴导弹危机和内政的失败使赫鲁晓夫备受指责。1964 年，他被解除权力。在列昂尼德·勃列日涅夫的领导下，苏联开始陷入萧条。1968 年，苏联终结了捷克斯洛伐克的“布拉格之春”，这影响了苏联在世界上的形象。

在西方，反对旧领导人的浪潮也激荡着政坛。美国发动了血腥的越南战争，大量年轻人被征召进了军队，国内的反战情绪日益高涨。战后，美国出现了“婴儿潮”，导致人口出生率上升。无论是民主党总统林登·约翰逊还是共和党总统理查德·尼克松，他们都面临着一个问题，即如何将国家的军事战略和“婴儿潮一代”的要求结合起来。研究冷战的历史学家约翰·刘易斯·加迪斯指出，从 1955 年到 1970 年，美国高校的招生人数增加了 3 倍：“政府未能预见到，更多的年轻人、更好的教育和冷战的僵持，一旦这三个要素结合在一起，就可能会带来社会动荡。……革命超越了国籍，直接反抗既定的秩序，无论它们属于何种意识形态，这种情况是从来没有发生过的。”[41]

反对越战的示威活动也震动了柏林、巴黎和伦敦。另一方面，美国这名“冷战斗士”的政治名誉也受到极大损害。在这一时期，美国中央情报局介入危地马拉和智利事务，帮助反对派推翻民选出来的左翼政府。领导人萨尔瓦多·阿连德和数以千计的人失去了生命，另有许多人受到了严刑拷打。中央情报局的所作所为渐渐被公之于众，这完全与民主国家吹嘘拥有道德上的优越性背道而驰。年轻的美国人开始将敌对国家的政治领袖视为英雄和偶像——如卡斯特罗、切·格瓦拉、胡志明和毛泽东——左翼思潮开始在校园中蔓延。激进主义开始冲击西欧政权，但都没有在实质上改变政权性质，即使在1968年发生了惊动一时的“事件”的法国也是如此。但这意味着国际关系的“缓和”并不意味着平静。

最后，苏联解体，这比西方预期得更快，也更有戏剧性。为了加深莫斯科的忧虑和被包围感，尼克松开始与中国改善关系。对于苏联这个暮气沉沉的政权来说，经济失败的迹象越明显，西方所能煽动起来的不满就越强烈。苏联对《世界人权宣言》的认同鼓励了国内的异议分子，他们将一些负面消息散布给世界其他地区的媒体。亚历山大·索尔仁尼琴的作品特别有影响力。在波兰，船厂工人举行示威。1978年，波兰人卡罗尔·沃伊蒂瓦当选为教皇，这就是约翰·保罗二世。他访问故乡时，激起了民众极大的热情，这使信奉无神论的领导人感到惴惴不安。次年，苏联入侵阿富汗，在那里扶植了一个左翼政府。这是一场耗资巨大的血腥战争。美国很聪明，扶植了一批由穆斯林组成的游击队——或者说，这一举动在当时看上去很聪明。

苏联不是败给了军队，而是败给了军费——其中相当一部分军费花在了导弹上。美国新一任总统罗纳德·里根曾经是位演员，他是个生性开朗，看上去相当单纯的人。里根奉行“主动防御战略”，开始建立一个针对苏联的导弹防御系统，这就是所谓的“星球大战计划”。1977年起，苏联和北约又开始了新一轮的核竞赛。当苏联用SS20导弹威胁西欧的时候，美国也在那里部署了潘星导弹和巡航导弹作为回应。对于苏联来说，建立起一个匹敌美国的导弹防御系统是不可能的，因为它的经济承受不了。里根将苏联称为“邪恶帝国”，他的口吻越来越轻蔑，态度越来越强硬，这说明美国已经不再惧怕苏联的威胁了。可能许多人会觉得这种想法很愚蠢，但考虑到那些短暂领导国家的老人——如1982年到1984年执政的患有不治之症的尤里·安德罗波夫和之后看起来几乎无法活到上台的康斯坦丁·契尔年科——这种想法似乎也不为过。

当苏联摇摇欲坠的时候，世界也出现过几次危机。但当米哈伊尔·戈尔巴乔夫入主克里姆林宫后，苏联终于有了一位充满活力和自信的领导人。上台后，他开始和美国讨论裁军的问题。从 1986 年到 1987 年，戈尔巴乔夫和里根举行了三次重要的峰会，为建立全新的苏美关系做准备。就连素以强硬著称的英国首相玛格丽特·撒切尔都对他抱有好感，称他是一个“我可以和他做生意的人”。在国内，尽管戈尔巴乔夫没有整体规划，但他心里很清楚，苏联需要变革，而且认为当广大国土上的政治氛围变得更加开放、经济变得更加自由时，富有活力的温和派能够掌权。戈尔巴乔夫提出“公开性”，并主张改革苏联政治体制，但面对像中国“改革开放”那样的深层经济改革时，他却退缩了。在国际上，他希望结束全球性的对抗，甚至是终结冷战。但他想在社会主义阵营内部做什么，就没有人知道了。

在 1989 年这个重要年份，人们得到了答案。事情始于匈牙利。匈牙利想和铁幕另一侧的奥地利改善关系，东欧人纷纷挣脱苏联，而戈尔巴乔夫并未阻止。在波兰，船厂工人莱赫·瓦文萨领导的团结工会赢得了下院选举，获得了权力。洪水开了闸。民主德国的人民开始用轮子投票，纷纷将他们的财产装进小小的特拉贝特牌轿车，经由匈牙利逃往奥地利，获得自由。在经过几天的骚乱后，东柏林不再理会来自莫斯科的压力，政府宣布开放柏林墙，大量人涌入西柏林。人们在柏林墙上手舞足蹈，之后将它推倒。保加利亚共产党宣布举行自由选举。在布拉格，大规模的游行示威迫使捷克共产党做出让步，反对派领袖剧作家瓦茨拉夫·哈维尔领导了一场“天鹅绒革命”，他随后成了捷克总统。但在罗马尼亚，事态并未向和平方向发展。尼古拉·齐奥塞斯库命令军队向人群射击，但他最后还是被推翻了。不久，他和他的妻子遭到逮捕，后被处决。

次年，德国重新统一。而随着波罗的海三国宣布独立，苏联走向了解体。苏联的强硬派发动了一场针对戈尔巴乔夫的政变，但他们很快意识到，苏联的瓦解已经不可避免了。强硬派没有得到军队的支持，刚上任的领导人——老谋深算的酒鬼鲍里斯·叶利钦——爬上了一辆包围俄罗斯国会大厦的坦克。在苏联解体的过程中，叶利钦扮演了重要角色，在像乌克兰这样的大批国家宣布独立的时候，他显得相当宽容。

苏联——包括现在的俄罗斯——有着丰富的自然资源，包括石油、天然气、木材和大量良田。尽管起步比较晚，但一旦开始发展，苏联就可以成功地实现工业化，工业化可以极大地提高苏联人民的物质生活——从世界范围看，苏联人的受教育程度是比较高的。然而，僵化的体制、高压政策、官僚机构的腐败和懈怠导致了浪费、物资短缺、玩世不恭和绝望。

最后，除了有关那场“伟大的爱国战争”的英雄主义的记忆外，几乎没有什么能保留人们的忠诚，但年轻俄罗斯人对这场战争的兴趣远没有他们的父辈那么大。摆脱苏联控制的东欧国家开始积极寻求加入欧盟，这说明它们的进取心和能量正在迅速恢复。

从历史上看，俄罗斯的民主基础比较薄弱，几乎是从沙皇专制一步跨进了社会主义。在西方顾问的建议下，俄罗斯实施了以企业私有化和市场自由化为主要内容的“休克疗法”，并组建了新的政党。此后，俄罗斯经历了物价飞涨、失业率高企和“资产倒卖”。通过资产倒卖，俄罗斯出现了新兴的“寡头”阶层，他们之中很多人都比“强盗式贵族”好不到哪去。此时，已经转变为民族主义者的共产党精英开始着手对付这些来自莫斯科和（刚改名的）圣彼得堡的资本巨头。而对于普通的俄国老百姓来说，他们既感受到了旧制度所带来的压抑，又体会到了新制度所带来的辛酸。谁是冷战的失败者？除了他们之外还有谁呢？

邓小平父子与中国的复兴

国家往往不是太大就是太小。19 世纪和 20 世纪上半叶的中国就是个太大的典型例子。对于西方人来说，中国的近代史充满了无休止的战争、政变、起义和政权倒台。从晚清开始，中国人就尝试着进行现代化，他们引进了铁路、电报和轮船。清朝在第一次世界大战爆发前几年灭亡，在灭亡之前，他们还制定了宪法，组建了议会。在近代历史中，中国涌现出了许多带有传奇色彩的改革家，他们试图将中国从一个满是农民和地主的庞大帝国推向工业化城市时代。但这项任务显然是太艰巨了。中国实在是太大了，不同地区之间差异明显，彼此联系又不够紧密。

中国这个时期出现了许多直到今天都耳熟能详的政治人物。其中之一是李鸿章，这个协调晚清政局的重臣为中国建立了工业基础，并试图将中国变为拥有独立地位的强国。另一个是袁世凯，地主出身，通过军队晋升，后来成了中华民国的总统。当然，其中最著名的当属孙中山。孙中山出生在一个农民家庭，他和袁世凯时而合作时而对抗，人们通常会将他视为中国现代民族主义的奠基人。随后一个是蒋介石，他是国民党的领袖，改造了中国的银行、语言、教育和通信设施，但他也非常腐败，最后成了一个无能的军事独裁者。上述几个政治人物都很有权势，且雄心勃勃，堪比罗斯福、丘吉尔和墨索里尼。

但繁杂的国内事务和列强环伺的国际局势使他们不堪重负。19 世纪末，中国爆发了义和团运动，随后八国联军占领北京。在与俄、法、英和日等国签订完丧权辱国的《辛丑条约》后，李鸿章于 1901 年黯然辞世。1912 年，袁世凯成了独裁者，并在几年后公然称帝。日本又借机和中国签订了一个不平等条约。最后，他只留下了一个军阀割据的中国。直到今天，孙中山在中国大陆和中国台湾都享有很高声誉。1925 年，孙中山因癌症与世长辞，此时的中国仍然受着军阀的蹂躏，国民政府只控制着南方地区。尽管与苏联和美国建立了良好关系，但蒋介石从未对中国进行有效统治，他既无力阻止日本入侵，也无法阻止共产党获得政权。

这些政权始终无法做到中央集权。因此，中国没有出现平静和谐、不受北京控制的自治村庄和自治城镇；相反，中国变成了一个不受法律约束、充满恐惧的不安全的国家。在广大的农村地区，成百上千万的中国人还在过着自给自足的传统生活：他们种庄稼，吃自家地里产的粮食；他们饲养动物，按照过去的方式敬神拜佛；他们说长道短，吵架拌嘴，对离村子最近的城镇都知之甚少，更不要说关心国家政治了。在 20 世纪上半叶，从科西嘉岛到冰岛，从土耳其到智利，世界上大部分地区的农民都过着类似的生活。

但中国未能建立起有效的金融体系、税收体系和通信系统，军队也比较混乱。地方上的地主、土匪、外国侵略者、宗教极端分子主宰着人们的生活。当遇到灾荒和军阀混战的时候，老百姓基本上得不到任何帮助。晚清和民国时期的死亡人数难以统计，但据估算，这是个相当巨大的数字。在中国，有一个村庄从红卫兵的冲击下幸存了下来。这个村庄里竖立着一座始建于 1918 年的瞭望塔。在很早之前，村民用这座瞭望塔防范土匪。

大规模的死亡在中国历史上并不罕见。从 1851 年到 1864 年，貌似基督徒的宗教狂热分子发动了太平天国运动，他们占领了中国的南部和中部的大部分地区。这场起义大约造成 2000 万人丧生，这是世界历史上最有破坏性的几场灾难之一。1898 年到 1901 年的义和团运动让全世界看到了晚清时期的中国是多么虚弱。“二战”时期，日军占领中国的东北地区、北方地区和沿海地区，他们制造了一场又一场的大屠杀，其中最臭名昭著的就是 1938 年的南京大屠杀。在这场屠杀中，约有 30 多万平民遇害，超过 8 万名妇女被强暴。在第二次世界大战期间，中国大约有 2000 万人死亡，这个数字远超其他参战国的死亡人数，仅次于苏联。

在这些骇人的数据高峰周围，环绕着高高矮矮的其他山峰。这些不同规模的死亡人数是由宗教狂热分子、秘密会社和军阀发动的无数叛乱造成的。除此之外，在这几十年中，“一个中国”只是文化和语言上的概念，远非政治实况。第一手材料表明，在村子里没有动物的时候，还会出现人吃人的现象。从一些不太清晰的照片中我们可以看到，无论是叛乱者还是被俘的政府军士兵都会被砍下头颅，无取胜希望的一方甚至会以烧掉庙宇和摧毁市中心地区的方式泄愤。还有一些恐怖的场景超过了大多数读者的想象。

中国人渴望统一和秩序，这并不是一句空洞的政治口号。一个国家的人口越多，国内的事务就越复杂，维持统一和安定的难度也就会越大。1644 年，满族政权推翻了明朝。自此之后，中国的统治者不但要考虑腹地和漫长的海岸线，而且还要关心国家西部、北部和东部的少数族群，如蒙古族、藏族，以及穆斯林。货币和语言上的差异，以及沼泽和山脉的阻隔使国家分成了许多不同的区域，每个区域存在的麻烦都比得上一个中等国家了。

尽管在“二战”时最终败在了美国这个超级大国手下，但从 18 世纪后半叶到19世纪早期，日本在明治天皇的带领下确实取得了飞速的发展。这足以说明一个有着强有力的中央政权的相对较小的国家能够取得什么样的成绩。与日本人相似，中国人也想引进西方军事技术，他们建造或购买了新型的铁甲舰，改革官僚机构和教育系统。但中国的领导人——无论是晚清的皇帝还是民国的总统——都无法让这些改革落到实处。看到一个个改革成功的国家，他们恐怕只有汗颜的份儿吧。

这引起了中国知识分子——尤其是左翼知识分子——的焦虑。毛泽东也存在这种焦虑感，因此他有希望在最短的时间内实现工业化。中国的历代帝王与老百姓几乎没有密切联系，因为他们的子民实在太多了，而且这些人又住在那么大的一片国土上。皇帝们会把自己关在北京的高墙里，每日辛勤工作，看他们的政治决策会带来什么结果。1901 年，在八国联军的进攻下，掌权近半个世纪的慈禧太后逃离北京，这时她才看到一个真正的中国。她的子民都在做什么呢？她发现到处都是饥民，他们什么都吃，猫、狗、树叶、树皮，甚至人肉。[42] 相对而言，毛泽东是比较了解下情的，他看到了饥荒产生的影响。慈禧时代的饥荒大约导致 200 万人丧生，而毛泽东要应对一场波及范围更广、更严重的饥荒。

毛泽东时代的中国与刚成立时的苏联有类似的地方：拥有广阔的国土，区域差异明显，地方势力比较强。与斯大林相似，毛泽东也是个马克思列宁主义者。按照这种学说，只要打败资产阶级，就能在地球上建立一个无阶级的人间乐园。

在 20 世纪 20 年代，苏联共产党一直在鼓励世界革命，他们认为处于内乱中的中国是一片充满希望的土地。从言论上看，国民党属于左翼势力，而且规模也比较大，因此成了苏联心仪的政党。在苏联的授意下，刚刚成立的中国共产党和国民党进行了党内合作。国民党的很多领导人都到莫斯科学习过。但在20年代后期，蒋介石突然转向右翼，开始攻击共产党。于是，共产党转移到了中国西北地区。那里虽然不是富庶之地，但离苏联比较近。但与此同时，国民党仍在步步紧逼。1934 年，一支被包围的红军主力处于被消灭的边缘。

这支红军只好孤注一掷，进行被称为“长征”的战略转移，打算与其他红军会师。在此过程中，红军克服了许多艰难险阻。长征期间，毛泽东被选举为中国共产党的领导人，这件事对中国政治产生了深远的影响。之后，关于毛泽东的故事在中国广为流传。北京的天安门广场上有座毛主席纪念堂，离纪念堂不远的地方是中国国家博物馆。在博物馆的中心展厅，悬挂着许多描绘长征的美术作品。从艺术的角度看，这些画相当有水平。

斯大林从很早的时候就开始关注毛泽东了，只是一直没给他强有力的支持。斯大林更倾向于蒋介石，还邀请他的儿子赴苏联留学。1937 年，日本发动侵华战争。此时，斯大林对共产党和国民党都产生了浓厚兴趣，他希望两党能摒弃前嫌，合作抗击日本侵略者。但毛泽东希望和蒋介石保持一段距离，他们之间一直进行着残酷的斗争。与敌人相比，红军不但规模较小，而且装备也比较落后。但在抗日战争期间，当国民党军队在沿海和平原地区抗击日本侵略者的时候，红军巩固了西北地区的根据地，这进一步提高了毛泽东在党内的地位。

尽管中国共产党的军队在抗日战争中消耗了不少有生力量，但在第二次世界大战结束后，他们得到了斯大林的支持。共产党的军队是抗日战争的中坚力量。毛泽东一直想推翻蒋介石的独裁统治。苏军从日军战俘和德国物资那里获得了成百上千的飞机、坦克和大炮，以及成千上万的机枪和步枪。他们将这些武器交给了毛泽东的军队。此外，苏联还训练了一些投诚的中国军队和朝鲜军队。在抗日战争期间，这些军队曾经在东北地区为日本人工作。苏联还帮中国维修了许多铁路和桥梁。

1947 年和 1948 年，中国爆发了全面内战。在此期间，苏联也为中国共产党提供了不少帮助。[43] 由于指挥失当和腐败，国民党在内战中彻底失败。蒋介石败退台湾，但他和他的继任者仍然认为国民政府——至少在理论上——是控制着全中国的合法政府。

1949 年 10 月 1 日，毛泽东宣布中华人民共和国成立，他成了 5.5 亿中国人的领袖。几十年后，在邓小平的带领下，中国在经济上取得了巨大成就。他成为 20 世纪后半期最有影响力的人。在讨论他将中国带向何方之前，我们先看一下他刚接手的时候，中国是个什么样子。

毛泽东希望中国成为一个超级大国，一个真正意义上的超级大国。为了实现这个目标，他希望在短时间内，将中国从农业国改造成为强大的工业国。毛泽东借鉴苏联的经验，制订了宏伟的工业计划和农业计划。到了1950年，作为世界大战的胜利者，斯大林手里已经有了核武器，并成了社会主义阵营的领袖。毛泽东决定以更快的速度超越斯大林。结果，“大跃进”造成了国民经济的重大损失。此外，农业合作化也带来了一些消极影响。

1968年5月是个动荡的月份。西方国家兴起了嬉皮士运动，喊出“和平与爱情”和“权力归花儿”的口号，政府受到了学生造反的挑战。25岁的邓朴方当时正身处北京。他是一个才华横溢的物理系学生，过着美满的生活。邓朴方是一位中共领导人的长子，他生活的地方中南海位于首都北京的中心地区，紧邻紫禁城。那里也是毛泽东和其他中共领导人生活的地方。

邓朴方的父亲就是邓小平。邓小平是个清瘦而结实的人。在长征时期，他是毛泽东的战友；在解放战争期间，他领导军队击败国民党，取得了最后的胜利。的确，邓小平很受毛泽东器重，毛泽东戏称他为“小个子”。与毛泽东相似，邓小平来自中国偏远地区一个殷实的农民家庭，他的父亲是一位受人尊敬的改革家。邓小平自幼聪明过人，后来被送到镇上念书。他的老师思想进步，鼓励学生参与赴法勤工俭学项目。

1920年，邓小平前往法国，读书的钱很快就花光了。在巴黎，他在施耐德公司、雷诺汽车厂的车间以及餐馆工作，以牛奶和羊角面包为生。他接触到了许多贫困的外籍劳工，逐渐接受了当时在欧洲汹涌澎湃的革命思想。1924年，他成了一名共产党员，并结识了当时人在巴黎的周恩来。赴莫斯科深造后，邓小平回到中国，成了一位独当一面的革命者。他领导过上海的地下党组织，也领导过武装起义。之后，邓小平参加了长征，1952年后成为国家领导人之一。

“大跃进”使国民经济蒙受了巨大损失。因此，1962年召开的“七千人大会”对国民经济进行了调整，例如抓农业生产，加大对工业的投入，下调各项指标等。农民回到了田里，农业生产得以恢复。在相对宽松的政治环境中，作为政治改革的推动者，邓小平引用了农民的一种说法：不管黑猫白猫，抓得到老鼠就是好猫。但毛泽东对这种说法持不同意见。

1966年，毛泽东发动了“文化大革命”。事情的起因只是一件小事——一出在上海上演的历史剧。毛泽东认为，这出历史剧想颠覆中国社会。包括江青在内的“四人帮”开始抢班夺权。包括在校学生和工厂工人在内的年轻人和普通老百姓都成了“红卫兵”。他们戴上红袖章，张贴大字报，建立各种组织，冲击学校和政府部门。许多领导人遭到了批斗，刘少奇含冤去世。

在长征期间，邓小平曾经是毛泽东的亲密战友，所以他受到的冲击相对小一些，但还是被免除了所有职务。1969年10月，邓小平和他的妻子被送往江西。在江西，邓小平过着简朴的生活，他在一家拖拉机修配厂工作，平时自己砍柴烧火，自己种植蔬菜。在拖拉机修配厂，人们都知道，邓小平是一位出色的工人。为了保持健康，他经常散步。此外，他还阅读了大量的书籍。

1971年，在邓小平及其妻子的强烈要求下，邓朴方终于和他们团聚了。在战争时期和国家建设时期，邓小平一心扑在工作上，对儿子关心较少。团聚后，他每天都会给儿子按摩双腿，希望有助于他的恢复。为了防止邓朴方生褥疮，他每两个小时就会为儿子翻一次身。

“文化大革命”使北京陷入了混乱。林彪是毛泽东指定的继承人，他试图发动一场政变。行动败露后，林彪和他的妻子死于飞机坠毁。事后，毛泽东将一直与林彪做斗争的邓小平请回北京，回京后邓小平还是继续坚持自己的原则。

与此同时，毛泽东也改变了对“文化大革命”（也包括“大跃进”）的看法，认为这场运动是“七分成绩，三分错误”。邓小平顶住了来自“四人帮”的压力，对此表达了不同的看法。此时，毛泽东的身体状况已经不是很理想了。1976年1月，深受中国人民爱戴的周恩来与世长辞。周恩来是邓小平的亲密战友。在邓小平受迫害期间，周恩来给予了很多帮助。

不久，中共中央粉碎了“四人帮”，结束了“文化大革命”。

事情是这样的，“四人帮”不希望人们过多地追悼周恩来。但事实上，四川和上海已经出现了反对“文化大革命”的声音。在南京，人们组织了各种纪念周恩来的活动；在武汉，更是有人贴出了攻击“四人帮”的大字报，称他们为谣言贩子，称江青为像毒蛇一样狠毒的女人。但最重要的反抗活动出现在北京的天安门广场。

4 月有中国的传统节日清明节。按照惯例，人们会在这天纪念革命先烈。清明节的时候，群众汇集到天安门广场，向周恩来进献花圈。随后，事态进一步发展，工厂的工人、政府机构的办公人员、大学和中学的在校学生，以及军人纷纷加入到纪念周总理的队伍中来。广场上的花圈越来越多。花圈上出现了许多抨击“四人帮”的标语，其中也有指责江青的。[44] 这引起了“四人帮”的恐惧。4 月 5 日，也就是清明节当天，大约有两百多万人聚集天安门广场，这是 1949 年新中国成立以来规模最大的抗议活动。它是否会成为一场重大变革的开端呢？随着事态逐渐平息，“四人帮”又开始对邓小平展开攻击，批判他的“反革命修正主义路线”。[45] 就在这时，唐山发生了大地震，造成严重的人员伤亡。这场地震就好像是上天在表达对“四人帮”的不满。

但天安门广场上的示威活动表明，“文化大革命”给中国带来了消极影响。1976 年 9 月，毛泽东逝世。随后，中共中央粉碎了“四人帮”。1991 年，江青自杀身亡。

1977 年，邓小平恢复工作。事实证明，他比华国锋——毛泽东选择的继承人——更有远见。邓小平纠正了“文化大革命”中的错误，决定进行改革开放。从此，中国走上了一条超越“亚洲四小龙”的经济腾飞之路。

邓小平是个勇敢的人，从不奴颜婢膝，咬紧牙关低头前行，只把精力放在他认为正确的事情上，这是一种我们很少注意到的勇敢。他使中国重新发展起来，从来不屈服，从来不认输，但总是能避免最终破坏性的冲突。今天，尽管中国仍然是个发展中国家，但它已经拥有强大的工业实力，规模庞大的新型城市，以及巨大的消费市场。

在邓小平的悉心照料下，邓朴方渡过了难关。他成了一位热心的慈善家，创建了中国残疾人福利基金会。2008 年，北京成功举办了奥运会，邓朴方也是奥组委的负责人之一。现在，他是一位受人尊敬的人，在许多方面都发挥着重要作用。邓小平将中国带向了繁荣，今天的中国创造了经济奇迹，正在飞速发展；他的儿子也向人们传递着善意和关怀。

“圣战”

在 20 世纪 70 年代，如果你告诉美国领导人，美国将赢得冷战，但宗教战争将是他们在海外面对的下一个难题，那么他们一定哈哈大笑，怀疑你精神不正常。有些人猜测，或者以色列才会打一场宗教战争。在第二次世界大战期间，纳粹分子屠杀了大约 600 万犹太人。战后，美国支持犹太人在巴勒斯坦地区建国。这个决定是对犹太人强有力的支持，但也刺激了周边的阿拉伯国家。1948 年，以色列驱逐了信仰伊斯兰教的阿拉伯人。这不但激起了被驱逐者的愤怒，而且引起了中东地区其他穆斯林的不满。但它们无力阻止以色列的茁壮发展，它受到美国的支持，变成了一个像堡垒一样的国家。此外，西方国家高度依赖中东地区的石油，因此他们支持了那些亲西方，但并不民主的政权。因此，美国遭到了许多穆斯林的痛恨。在与苏联的长期对抗中，这一矛盾似乎并不尖锐。伊斯兰世界在军事和经济上都不够强大，所以以色列很容易战胜它的对手。恐怖分子劫持飞机也只是疥癣之疾，难道不是吗？

1979 年 1 月，伊朗的示威者推翻了国王——西方支持的穆罕默德·礼萨·巴列维，伊斯兰革命就此开端。对于西方国家来说，这可不是个好兆头。美国在这次事件中丢尽了脸。事实证明，在经历了与苏联的长期对峙后，西方在处理和穆斯林的关系时显得异乎寻常的笨拙。1980 年，伊朗和伊拉克之间爆发了战争。这场长达 8 年的战争造成近百万人死亡。总而言之，对于美国及其盟友来说，萨达姆·侯赛因的独裁政权比阿亚图拉·哈梅内伊领导的伊朗更有吸引力。事实证明，“敌人的敌人就是朋友”这句话并不完全正确。在两伊战争结束后两年，身陷债务危机的萨达姆入侵了石油资源丰富的小国科威特。美英主导的多国联军将伊拉克军队赶出了科威特。但出于对联合国决议的尊重，联军并没有攻占伊拉克首都巴格达，也没有推翻萨达姆政权，这种做法是非常愚蠢的。

在阿富汗问题上，西方是搬起石头砸了自己的脚。1978 年到 1979 年，苏联入侵阿富汗，于是美国开始支持极端的伊斯兰组织，他们组织的游击队与苏军周旋了将近 10 年。之后，美国又开始支持和煽动规模更大的伊斯兰武装组织，其中最有代表性的就是阿富汗的塔利班和遍布世界的基地组织。基地组织形成于 1988 年，领导人叫奥萨马・本・拉登，他是沙特阿拉伯的一位建筑业富商之子，对西方人恨之入骨。本・拉登希望沙特政府能派他的游击队去对抗入侵科威特的伊拉克军队，他认为伊斯兰国家太依赖作为异教徒的美国人了，这使他怒不可遏。本・拉登先是前往苏丹，后来又去了阿富汗，他从来不掩饰自己的反美主张。

华盛顿似乎从来没有严肃考虑过会遭遇由宗教激起的敌人。考虑到美国支持以色列存在着某种宗教方面的动机，不但许多在美国的犹太人鼓动美国支持以色列，就连许多美国新教基督徒也持同样的观念，这一点尤其奇怪。美国的基督徒蔑视伊斯兰世界的发展迟滞，就像穆斯林中的激进分子蔑视美国的物质文化一样。同时，以色列边界战争使它的周边到处都是敌人——伊朗、伊拉克、叙利亚和埃及。本・拉登提出：解放巴勒斯坦，摧毁以色列（这同样也是伊朗的野心）。对伊斯兰极端分子来说，这些口号是非常有号召力的。在穆斯林的头脑中，美国和以色列是绑在一起的，西方非常敌视伊斯兰教。他们为自己的观点找到了一个证据：西方将南斯拉夫肢解为几个小国家——其中包括穆斯林人口占大多数的波斯尼亚和黑塞哥维那——并让这些国家保持自古以来就存在的分歧。这导致了许多骇人的屠杀，让许多美国人和欧洲人想起了纳粹的种族灭绝。

2001 年 9 月 11 日，基地组织袭击了纽约世界贸易中心的“双子塔”。当美国总统乔治・沃克・布什听到这个消息的时候，他脸上的表情给我们留下了深刻的印象。这个超级大国明白，历史毕竟还没有终结。这是一场精心策划、仔细实施的恐怖袭击。在受到攻击的纽约、华盛顿，大约有 3000 人丧生，弗吉尼亚和宾夕法尼亚也受到了袭击。这激起了美国愤怒和反抗的爱国浪潮。美国及其盟友开始进攻阿富汗——那里是本·拉登和基地组织盘踞的地方——并推翻了包庇他们的塔利班政权。这是一场漫长的战争，至今都没有结束。为了消灭阿富汗的抵抗力量，在那里建立起民主制度，西方国家和它们在当地的盟友进行过各种尝试，但最后都以失败告终。喀布尔政权不但腐败，而且非常不得民心。2011 年，本·拉登在巴基斯坦境内被击毙，但撤到巴基斯坦北部地区的塔利班仍然在与美国人和欧洲人作战。

同样重要的是，当美国总统布什和他的英国盟友托尼·布莱尔下令进攻伊拉克的时候，他们并未遵守联合国裁军决议。布莱尔面对着巨大的反战浪潮。而且，他的盟友法国坚决反对入侵伊拉克。布什和布莱尔指责伊拉克拥有大规模杀伤性武器，但事实表明，萨达姆没有这样的武器。另一方面，萨达姆认为，如果英美以为他拥有大规模杀伤性武器，他就会比以前更安全。事实上，这也是一种误判。2003 年 3 月，美英开始轰炸巴格达，联军迅速击败了萨达姆的军队。萨达姆——华盛顿曾经的朋友——最终被捕，并被处以绞刑。但战场上的胜利只是麻烦的开始。内战使国家陷入混乱。因此，美国、英国和其他国家不得不在伊拉克派驻大量的军队，这种情况一直持续到了 2011 年。在战争初期，西方国家曾摆出一副道德权威的样子，但之后出现的虐囚事件、联合政府无力镇压宗派间的暴力冲突，以及难民危机使西方国家的这一形象彻底破产。伊拉克平民在战争中的死亡人数经估算差异很大，有的说在 60 万以上，有的说大约 15 万。

阿富汗战争和伊拉克战争是军事上的胜利，战略上的失败。这两场战争提醒人们，即便是超级大国也不能为所欲为。压制别国的文化、侵略别国的领土、将民主强加到别人头上是一种危险的想法。民主制度在战后的联邦德国和日本或许行得通，这是因为它们之前有一些民主经验，而且在全球冲突中遭遇到了军事上的失败。而且，对于这两个国家来说，来自苏联的威胁要比来自美国的大。阿富汗和伊拉克的经验表明，全世界不可能实行单一的政治—经济制度。

历史没有终结，取而代之的是文化战争或“文明”的冲突，其中包括宗教冲突。有些西方国家拥有大量的穆斯林人口，例如英国、荷兰和法国，人们对他们的怀疑隐约可见；另一方面，一些伊斯兰国家也有不少基督徒人口，例如伊拉克、巴基斯坦和埃及（这一情况在推翻穆巴拉克之后也没有发生变化），这些少数族群感受到了更多的威胁。美国设在古巴的关塔那摩监狱秘密关押了大量的恐怖主义嫌疑犯，他们遭到了严刑拷打，设立了极其严苛的安保法案。“反恐战争”对开放社会及其崇高理想的危害逐渐显现出来。应该如何对付那些危险的伊斯兰反抗分子呢？西方真是骑虎难下。这个问题可以追溯到雅典对苏格拉底的审判，但从来没有被解决过。

挥　霍

如果西方至少在经济领域继续保持主导地位，那也说明了一些问题。但到了2009年，中华人民共和国对世界经济增长率的贡献超过了50%。中国遵循着世界经济的发展规律：从农村到城市，从粗放型经济到集约型经济。第一次工业革命期间的英国和美国东区地区，以及第二次世界大战后的日本、韩国和中国台湾地区，走的都是这样一条发展道路。但这条发展道路也有自身的弊端，例如工厂的工作环境比较差，富人穷奢极欲，以及不顾一切地污染环境。这些都是共性。但中国也有其自身的特点：第一，中国是由共产党领导的；第二，中国幅员辽阔；第三，中国的发展速度极快。

2025年，中国预计将有219座城市人口过百万，而欧洲人口过百万的城市只有35座。[46] 中国的经济发展几乎影响到了世界的每一个地区。非洲、蒙古、拉丁美洲和澳大利亚为中国提供了各种矿石。而中国则为西方国家提供了大量物美价廉的商品。结果，中国拥有了庞大的外汇储备，正如乔纳森·芬比所说，中国可以用这些外汇储备“买下整个意大利，或者在2011年的欧洲债务危机时为葡萄牙、爱尔兰、希腊和西班牙偿还所有的主权债务，剩下的钱能够买下谷歌、苹果、IBM和微软，再剩下的钱还能够买下曼哈顿和华盛顿的全部不动产，到那时中国或许还有钱买下世界运动品牌前50强的特许经营权”。[47]

2010年，中国对美贸易顺差达到2730亿美元。历史经验表明，一个潜在的经济强国将会在政治领域和军事领域变得更加强大。而一旦经济下滑，它就只能靠臃肿的规模和先进的技术来维持先前的军事优势了。20世纪初的英国就是这样，现在的美国恐怕也正在步英国的后尘。但这要付出非常高的代价：本来可以用于重振经济的能源和资金现在都被用于执行海外任务。现在，美国的经济总量是中国的4倍，但中国有着惊人的发展速度，它正在逐步缩小和美国之间的差距。最近的研究表明，到2020年，中国将赶上美国。30年后，中国的经济规模将达到美国的两倍。[48]

因此，中国将拥有改变世界的能力。中国海军的规模不断扩大，其足迹遍布从澳大利亚、菲律宾到越南、印度的广大海域。另一方面，中国领导人也面对着一些挑战，如人口的快速增长、污染问题，以及如何使中国经济变得更加多元化。中国声明，它的发展完全是出于和平的目的。但西方人认为，经济强国必将发展为政治强国。然而，根据中国主权财富基金的深入调查，美国人和欧洲人对中国的政治和经济知之甚少。

冷战结束后，资本主义陷入了巨大的失衡。西方国家生产得太少，而消费得太多，这为中国的发展提供了契机。今天，西方式资本主义变得越来越脆弱，2008年的金融危机就是一例。这次金融危机与1929年的大萧条并无本质上的区别。在危机爆发前，银行用谁都听不懂的花言巧语向客户发放了大量的贷款。这些客户中就包括购房者，他们认为房价将继续上涨，这样他们就可以还清银行贷款了。但事实上，这是一场赌博。我们可以用复合形算法计算其中蕴含的风险：只有极少数人——甚至连银行中也只有极少数人——知道自己在做什么。在经济增长周期，风险还不明显。然而，尽管新型电子产品成了经济增长点，但这种繁荣并不能反映出真实的经济实力。美国人购买来自中国的廉价商品。事实上，他们是靠向中国人赊账活着。

2007年，美国的房地产泡沫破灭。许多银行这时才发现，他们所持的债务抵押品远没有他们想象的那么值钱。许多大公司最后走向破产，一波危机席卷美国和欧洲，英国、爱尔兰和美国的银行损失惨重。为了避免大规模的深度衰退，各主要经济体迅速采取措施，但西方国家还是进入了低速增长期，政治领袖的威望大幅下降。

他们是咎由自取，因为经济危机是由于他们在政治上缺乏进取心造成的。在美国和欧洲（特别是英国），金融巨头几乎威胁到了每一个人。将传统银行业务与风险更大的投资银行业务分隔开来的防范措施已经消失，规章制度只是摆摆样子。银行高管却可以拿到天文数字的薪酬和奖金，而且对此不做太多解释。政客希望从金融部门征税，并将这些钱用到选民希望用到的地方，而不过问过多的问题。与此同时，西方经济看起来是失衡的，制造业非常少。

无论是政府还是个人都喜欢提前消费，今天花钱，明天还款。事实上，政客们已经不再讨论经济政策了。所以，一旦增长周期结束，国家就会陷入痛苦之中。在美国，共和党因此鼓吹不受政府制约的自由市场。在欧洲，几乎所有国家都徘徊在银行破产的边缘，欧元几乎崩溃。雅典、伦敦和马德里出现骚乱，华尔街上聚集了大批示威者，人们都对西方世界的前途感到忧虑。

美国赢得了冷战的胜利，华盛顿为新的“单极”（这是一个几何学中不存在的概念，更不用说政治学了）世界的到来而欢呼雀跃，但他们并没有完全认清形势。经济主导权正在从西方向中国转移。时髦的华尔街式金融也发生了紊乱崩溃。美国及其盟友并非没有新的敌人，那些没有被西方消灭在战场上的信仰古代宗教的人开始挑战“现代性”在整个 20 世纪的发展。

这令人惊讶吗？金融资本主义是由泡沫和危机催生出来的。亚当·斯密告诉我们，一旦坐拥巨额资产的公司和腰缠万贯的富人聚集在一起，他们就会做出损害公众利益的事。即便在被西方视为王牌的民主制度中，也会出现许多问题：政客将太多的金钱花在竞选上，因此他们不可能对银行家采取强硬态度；他们花了太多时间去考虑地缘政治，因此无暇关心本国经济是否在健康发展。选民希望得到廉价的商品和宽松的信贷环境，政客们也乐于给他们这些东西。但事实证明，现代市场资本主义的运行逻辑是狭隘和不符合历史规律的。它把消费主义放在了第一位，却低估了一些长期存在的人类本能，例如精神追求、集团意识和恐惧。事实上，这些因素一直在发挥作用。

思维机器[49]

1997 年 5 月 11 日，纽约发生了一件可以被载入史册的事：电脑击败了号称世界上最敏锐的人——当时最出色的国际象棋大师加里·卡斯帕罗夫。下棋的时候，卡斯帕罗夫就像是一部机器，有着惊人的记忆力和出色的战略意识，但他也非常有胆量和情绪化。卡斯帕罗夫来自一个有犹太血统的亚美尼亚家庭，年仅 22 岁时就成了世界顶尖棋手。在之后 20 年里，他几乎一直保持着这个头衔，直到 2005 年退休。

卡斯帕罗夫之前也和电脑对弈过。1985 年在汉堡，他同时对战 32 组象棋软件，结果全部获胜。4 年后，IBM 公司开发的电脑“深思”在纽约挑战卡斯帕罗夫。卡斯帕罗夫说，如果他输掉这场比赛，那么将会使人类感到“不快”。他希望“自己是那个可以挽救人类自尊心的人”。经过两个半小时的对阵，他赢得了比赛。7 年后，IBM 公司又推出了新电脑“深蓝”。1996 年，卡斯帕罗夫在费城与“深蓝”对战，在先输一局的情况下，连续扳回数局后取胜。卡斯帕罗夫和“深蓝”（经过改进被称为“更深的蓝”）的第二次对决引起了人们的极大兴趣。在曼哈顿的公平中心大楼，世界媒体都在关注这场史诗般的人机大战。海报贴满了纽约，上面画着卡斯帕罗夫专注地望着半空，旁边写着：“如何才能让一台电脑出故障？”《新闻周刊》在封面上写道：“人脑背水一战”。

这仅仅是商业炒作吗？不完全是。国际象棋起源于公元 6 世纪的印度，随后经由波斯和伊斯兰世界传入欧洲。这是一种特殊的游戏，可以在最大程度上考验人们的记忆力和运筹力。很自然，人们经常拿国际象棋和数学相提并论，象棋高手也往往精通数学。当然它也需要棋手拥有一种无法被简化为规则的天赋。它会考验一个人的逻辑思维，但它还有种纸牌游戏和其他棋类游戏，甚至中国象棋都无法比拟的神奇魅力。玩上了就会着迷。

许峰雄是电脑“深蓝”的设计者之一。他说，从 20 世纪 40 年代开始，研究计算机理论的人就梦想设计出能下棋的机器。20 世纪 50 年代，一位人工智能先驱指出："如果一个人能成功设计出会下棋的机器，那么他就已经触及人类智慧的核心。"[50] 卡斯帕罗夫同意上述观点。但他决心证明：电脑只能机械地下棋，电脑在一些重要层面上是相当笨拙的，它没有创新能力。

卡斯帕罗夫轻松赢了第一局，这进一步坚定了他的信心。第二局是比赛的转折点。不精通象棋的人看不出这局有什么意义，但它确实非常重要。为了在后面取得优势，卡斯帕罗夫决定放弃一个兵。计算机象棋程序一般会获取眼前的利益。因此，按照卡斯帕罗夫的设想，它应该吃掉这个兵。但电脑并不是靠直觉下棋，它考虑了棋子移动的所有可能性，之后走了一步出乎卡斯帕罗夫意料的棋。

这很容易吗？在一盘棋中，移动棋子有多少种可能的组合？这个数字比宇宙中原子的数量还要大。要预测到几步之后的棋局就需要非凡的计算能力；人类棋手依靠的是棋谱和心理分析。但现在"更深的蓝"的举动更像是个（非常优秀的）人类棋手。在"应急模式"下运行了一段时间后，这个冰箱大小的金属盒子拒绝吃掉卡斯帕罗夫的兵，反而走了一步很有远见、很有战略性的棋。这步棋完全不像是电脑走出来的。

电脑表现出来的直觉令卡斯帕罗夫大吃一惊。不久之后，他投子认输，摇摇头扬长而去。事实上，电脑也曾犯下一个错误。如果抓住这个错误，卡斯帕罗夫不但可以少损失一个兵，而且可以使这个兵发挥很大作用。当听到这件事时，他感到很震惊。他说，如果是这样的话，他或许就不会输了。在之后的几盘棋中，他和了三盘，但输掉了最后一盘。在这场比赛中，他表现得非常不尽如人意。

在赛后的记者招待会上，有人问卡斯帕罗夫 IBM 公司是否在幕后捣鬼——是否"存在人为干预比赛的情况"。卡斯帕罗夫回答说，这让他想起了 1986 年墨西哥世界杯上阿根廷对阵英格兰的比赛。在这场比赛中，阿根廷球星马拉多纳用手将球打入英格兰队的球门，而没有被裁判发现，并称"这是上帝之手"。对于他的指责，在场的 IBM 工程师怒不可遏。按照他们的观点，自己几年的辛苦工作被一个输不起的人玷污了。这只是一段插曲，关于这个问题的争论或许永远不会平息。卡斯帕罗夫再三要求IBM公司将电脑的下棋过程打印出来，但公司拒绝了。因为电脑的设计团队认为，这些资料或许会使卡斯帕罗夫在未来的比赛中获得不公平的优势。比赛结束后，IBM公司将拆散的“更深的蓝”放进仓库，至今都没有再使用过。

关于这场比赛的另一个争论还在持续：这真的是场人与机器的竞赛吗？比赛失败后，卡斯帕罗夫感到筋疲力尽、忧虑、愤怒和怀疑。这台拥有着卡斯帕罗夫之前遇到的任何一个对手都无法企及的强大计算能力的电脑却没有。因此，在这个层面上，这是一场人机对战。卡斯帕罗夫拥有自我，而“更深的蓝”没有。然而，“更深的蓝”本身是人脑的产物，因此这是一场“父”与“子”之间的较量。许峰雄是这样记录的：这场比赛“体现了人类的两种角色，即作为执行者的人和作为工具制造者的人……‘更深的蓝’并不具备智慧，它只是一件在某一特定领域展现智能行为的精巧工具”。因此，尽管卡斯帕罗夫输掉了比赛，但他才拥有真正的智慧：“‘更深的蓝’永远都追不上那些虚构出来的指责。”[51]

过了一段时间之后，卡斯帕罗夫也认为：电脑“更深的蓝”是项伟大的成就，这台电脑是“IMB公司创造出的人类的成就……但它的智能程度取决于编程者的智慧。说我输给了一台价值1000万美元的机器并不能使我感到欣慰”。[52]除了电脑专家之外，至少6位象棋大师参与了“更深的蓝”的研发。因此，卡斯帕罗夫的对手不单单是一家公司，而是大量积累的人类知识，以及充分的准备。

尽管如此，电脑已经在许多领域赶上或超越人脑了，这在我们的生活中屡见不鲜。如今，数十亿人通过网络以自己的虚拟形象进行互动，这足以证明科技改变了我们的生活；事实很快证明，人工智能比我们想象中的更重要。科学家正在让机器获得“视觉”（这是最难攻克的问题之一），让机器可以回应人类的语言。各大学和实验室正在从生物化学的角度研究人脑如何处理信息，它们的研究成果或许会被应用在下一代电脑上。因此，“更深的蓝”走出的那步让卡斯帕罗夫感到惊讶的棋应该永载史册。

让机器匹敌人类智慧的梦想古已有之，但这个梦想在20世纪50年代才成为一个严肃的科学问题，这都要感谢计算机科学的进步和对人脑的深入研究。阿兰·图灵是位聪明的科学家。在“二战”期间，他在布莱切利园工作，是破译德国密码的关键人物。图灵也是一位计算机领域的先驱，对人工智能非常感兴趣。在战争爆发前，他就已经开始研究计算机理论了。1936 年，他设想出了一种有计算能力的“图灵机”，它可以从一条长纸带上读取信息，进行数学计算。当时，穿孔卡片和真空管就是最先进的技术了。但战争加速了发明的问世。为了破译纳粹的密码，英国在布莱切利园组装了一台叫“巨像”的机器。这台用电驱动的机器实现了程序化和数字化，通常被视为世界上第一台计算机。

1950 年，图灵提出著名的“图灵测试”：在隔开的情况下，测试者同时与一个人和一台电脑交流，如果测试者分辨不出哪个是电脑，那么这台电脑就算通过测试。图灵认为，这个测试有助于回答这样一个问题：机器是否会思考，或者说机器是否具有意识。但图灵未能看到计算机在日后的发展。图灵是同性恋者。1952 年，他和另外一个男子被判处“严重猥亵罪”。作为刑罚的一部分，他不得不接受化学阉割。除此之外，他还失去了参与政府项目的机会。1954 年，他死于氰化物中毒，很可能是自杀。

两年后，美国新罕布什尔州的达特茅斯学院召开了一场会议。在会上，人工智能之父马文·闵斯基和提出“人工智能”一词的计算机专家约翰·麦卡锡等人讨论了自然语言、计算机编程和数理逻辑。这次会议为计算机科学的发展奠定了基础。当时，像闵斯基和麦卡锡这样的乐观主义者跑在了可能性的前面。在亚瑟·克拉克这样的科幻小说家的怂恿下，人们在 20 世纪 50 年代和 60 年代认为人工智能将在十多年后成为现实。图灵曾经认为国际象棋是一种有用的人工智能测试系统，因为它蕴含着复杂的逻辑和图形结构；1958 年，两位在匹兹堡卡内基梅隆大学工作的科学家预言，1968 年数字计算机将在世界象棋大赛中夺冠。[53] 但由于当时计算机的计算能力比较弱，他们的预言并没有成真。

但他们还是继续为此努力。在晶体管取代旧式真空管后，问题逐渐得到解决。晶体管可以作为半导体的开关，控制电子信号，因此它是数字计算机的重要部件。第一代计算机用的是铜线，因此运行速度比较慢。许多人都试图解决这一问题。受雇于德州仪器公司的杰克·基尔比在这方面做出了贡献。1958 年，他在晶体管元件上裹了一层锗，之后又将这些元件和质量上乘的金丝连接到振荡器和放大器上。尽管稍后证明硅是一种性能更好的材料，但是“芯片”已经应运而生了。戈登·摩尔是英特尔公司的创建者之一。1965 年，摩尔预言，集成电路上能被集成的晶体管数目每年都会翻倍。尽管这个爆炸性的指数增长预言遭到了广泛的批评，但事实证明，他的预言大部分是对的。到了 20 世纪 70 年代末，单晶片上安装了微处理器。对于 IBM 公司来说，这是研发象棋电脑的必要部件。此时，电路板上已经可以集成 6000 个晶体管了。

下一步我们还将期待什么？许多狂热的人相信计算机的运算速度和其他参数将以加速度或指数式增长。计算机的技术进步不是线性增加，而是乘上一个常数。其区别在于：前者是性能以一个缓慢的速度稳定增加，而后者是在经历了开始阶段的缓慢增加后，性能指数会出现一个近乎垂直的大幅上升，就像是飞机起飞时的线路那样，这就是戈登·摩尔创造的“摩尔定律”。如果将本书讲述的时间范围内的世界人口数量变化绘制成一张曲线图的话，那么这张图上也会有同样的上升曲线。宽泛地讲，在本书讲述的历史故事中，人类社会也是指数式增长：从以千年计的狩猎—采集时代发展到相对快速的农耕革命时代，再到城市、帝国和工业化时代以越来越快的速度一路猛冲过来。

科学家及作家雷·库兹韦尔使“奇点”一词流行起来，他用这个词指称科技高速深化发展以至于改变人类生活的时期到来的时间。库兹韦尔的观点来自数学家和科幻小说家弗诺·文奇。文奇大胆预言，到了 2030 年，“计算机的超级智能”将带来“奇点时代”。到那时，规模庞大的计算机网络将拥有人类无法企及的智力水平。这种想法或许会催生一种新的宗教或文化。库兹韦尔声称，“21 世纪上半叶将会出现一个具有里程碑意义的事件”。就像黑洞改变了物质和能量的模式一样，“即将到来的奇点将会越来越快地改变人类生活的方方面面，从性生活到精神层面”。

事实上，流行文化已经反映出了人们对这种现象可能会戕害人类自由的忧虑。如果说莎士比亚创作历史剧是为了对眼下的未来向都铎时期的观众提出警告，那么好莱坞拍摄科幻电影——如《终结者》《银翼杀手》《黑客帝国》等等——是为了让 21 世纪的观众意识到计算机智能指数式发展可能带来的后果。将人类和人造物合二为一可以创造出新型人类，这种新型人类能够克服肉体上的脆弱——不仅能延长寿命，也会改进思维。库兹韦尔认为："我们思考问题的速度非常慢。电路处理信息的速度比神经处理信息的速度快数百万倍。与快速增加的知识相比，我们在生理上受到了极大的限制……奇点将使我们超越肉体和大脑的极限。"[54]

许多怀疑论者认为，机器仍然只是人类的工具，它们或许很快可以驾驶汽车和火车，可以打扫房间，就像今日的机器代替了很多工人和研究人员，但这些机器始终没有意识，不会控制地球，更不会对人类构成威胁。美国数学家杰克·施瓦茨强调，电脑与人脑不同，它不能处理"相对无序的信息"，也不能利用内嵌的组织化构造激发行动，更不会去思考现实世界。但他也认为，"从地球的发展历史看，人类几乎垄断了智力的所有高级形式，这是人类存在的重要基本事实之一"。因此，如果人工智能真的成为现实，"那么它将会创造出新的经济、新的社会和新的历史"。[55]

科学家对"意识"的含义展开了激烈的辩论：除了能够处理信息的完整而精巧的神经网络之外，"意识"还是其他什么更多的东西吗？但"奇点"的提出还是触及了一个深层次问题，即人类应如何理解自己。就实际效果而言，技术不是中立的，也是不可预测的。早先，设计电话是为了能在家里欣赏古典音乐会，而早期的网虫将互联网视为全世界共享的学术图书馆，而不是充斥着政治和色情内容的社交平台。现在，一些科学家开始思考，是否能够通过编程使人工智能或机器智能变得聪明，能够学习和自行复制。

本书讲述的历史有一个潜在的关键主题，那就是人类历史中存在一种失衡现象：一方面，人类改造世界的技术能力不断增强，从设法种植出更大的胡萝卜，到发明火药和蒸汽机，之后又出现人工智能；另一方面，人类管理自身的政治能力却始终没有成功发展。称职的政府一般会引领科技进步，因为鼓励自由言论、保护发明专利、拥有创造利润和保障个人安全的能力通常都会对发明家形成鼓励。但是反过来未必行得通：科技进步并不会催生出政治美德。而不称职的政府不但没有远见，而且贪污腐败，这就使科技成果可能落入坏人手中。

在 1997 年的人机对弈中，加里·卡斯帕罗夫表现出人类的不稳定性和缺陷。许峰雄是对的：卡斯帕罗夫并不是输给了一台机器，而是输给了制造机器的人，他们对生活充满热情，和卡斯帕罗夫并无区别。他们制造“更深的蓝”只有一个目的，那就是打败这位象棋大师。在达到目的之后，他们将电脑拆散，收进了仓库。但像核武器和因特网一样，最伟大的科技成就是不可能被轻易地束之高阁的。它终将出现在险象环生的政治舞台上。从棋坛引退之后，卡斯帕罗夫致力于俄罗斯的政治改革，成为政坛中的一名反对派。

拥挤不堪的世界

14 世纪晚期，来自英格兰乡村地区的教士威廉·朗格兰创作了基督教长诗《农夫皮尔士》。在这首诗中，他认为这个世界到处都是人，简直拥挤不堪。但他怎么也想象不到这个世界将会拥挤到何种地步。在他生活的时代，地球上的人口数量是耶稣基督出生时世界人口数量的两倍。1950 年之后，世界人口的增长速度是人类刚学会种植时的 100 倍，是人类学会种植之前的 1 万倍。今天，世界人口达到了 70 亿，工业革命时的人口大约只有这个数字的七分之一。

这是人类的巨大成就。在本书中，有人认为地球上的人太多了，需要消灭一部分——但他们从来没想消灭自己，也没想消灭他们的家人——于是许多疯狂的统治者制造了无数的大屠杀。20 世纪，世界人口经历了快速增长，这一增长势头一直延续到了今天。这都要归功于一系列的成功，例如成功地开发出疫苗，成功地实施了清洁水计划，以及成功地实现了农业上的“绿色革命”。“绿色革命”包括农业机械化、培育新型农作物、兴修水利和（1940 年以后）化肥的广泛应用。如果没有这场革命，要想养活现在这么多人口，至少还要再有一块像北美洲那么大的农田。换句话说，农业革命多养活了 20 亿人。但大多数观察家认为，这几十亿人口已经超过了地球的承受范围。我们需要更多的水，消耗了太多的化石燃料。为了填饱肚子以及建构相关的生物圈，我们占用了太多土地。

迄今为止最重要的问题是气候变化。人类燃烧的化石燃料产生了大量的二氧化碳（即温室气体），排放到大气中的二氧化碳妨碍了地球的自我冷却，结果导致全球气温上升。但排放多少二氧化碳才会影响气候我们就不得而知了。气温上升导致了许多不可预测的极端天气。根据现有情况推断，要么是气候问题被夸大了，我们可以通过使用更清洁的能源来解决这一问题；要么就是人类将在下个世纪面临一场大灾难。但科学界普遍持悲观态度。英国科学家詹姆斯·洛夫洛克提出，人们应该将地球理解成一个生命有机体。他告诉那些对气候变化忧心忡忡的人，“人类就好像是一场瘟疫，他们使地球高烧不退”。[56]

气候变化只是人类数量激增所带来的后果之一。尽管地球大部分地区都被水覆盖着，但能供给工业、农业和人类饮用的淡水资源却非常有限。现在，世界许多地区都面临着严重的水资源短缺，特别是亚洲和非洲。一方面，有越来越多的人从河里取水；另一方面，河上修建了许多水坝，所以河水不但没有变多，反而变少了。

土壤是另一个日益严峻的问题。土壤位于地壳和大气之间，非常薄，是极其珍贵的资源。历史学家约翰·麦克尼尔用优美的语言描述了土壤：“它由矿物质颗粒、有机物、气体和大群的微生物组成。它是薄薄的一层，其深度不超过人的髋部，通常还会更浅。土壤要经过几百年，甚至几千年才能形成。最终因为海水的侵蚀而停止扩张。在形成和侵蚀之间，它构成人类生存的基础。”[57] 哈伯和其他科学家的科研成果被世界各地广泛应用之后，土壤退化已经达到了一个相当严重的程度——就算集约利用肥料也不能提高作物产量。自从 1960 年之后，非洲的粮食产量逐年下降；中国也有大量的耕地受到侵蚀。

此外，人类还面临着乱砍滥伐和物种灭绝的问题。人类经常砍伐森林，一来是为了获取木材（正如我们看到的那样，对于古希腊人、纳斯卡人和日本人来说这是个问题），二来是希望将林地改造为耕地。欧洲北部地区曾经覆盖着大片森林。但经历了 20 世纪的大规模砍伐后，大约有一半森林已经消失了。乱砍滥伐主要集中在热带地区，特别是南美洲亚马孙河流域和奥里诺科河流域的热带雨林、西非以及印度尼西亚。在保持气候健康方面，森林发挥着重要作用，因为它可以解决二氧化碳问题。此外，雨林中不但生活着许多濒临灭绝的动物和植物，而且隐藏着许多人类文明的遗迹。许多科学家预言，现有物种的 30% 将在下个世纪灭绝。如果他们所言成真，那么这将是人类犯下的另一个错误。

下面两个问题也应引起我们的注意。第一是过度捕捞和海洋酸化。如果我们能看清海洋表面下发生了什么，它们引起的环境灾难一定将是世界性的丑闻，而且会危及我们重要的海洋食物来源。第二是大气污染。现在，世界上超过半数的人都生活在城市中。大城市的空气污染会导致许多人丧生，首当其冲的就是老人和身体虚弱的人。按照麦克尼尔的估算，在 20 世纪，大约有 4000 万人死于空气污染，这个数字超过了两次世界大战的伤亡人数，与 1918 年到 1919 年的大流感期间的死亡人数大体相当。

许多的失败都是由成功引起的，环境问题也不例外。我们的汽车、航空旅行和日益丰富的物质生活都是导致环境问题的罪魁祸首。此外，为了过上更好的生活，大量人口从农村和小城镇流向大城市，但事实上他们只能住在贫民窟或棚户区里。这种无序的人口流动也加重了环境污染。纵观全球，从农村向城市的人口流动（以中国和印度的规模最大）是人类历史上规模最大的移民潮。

在本书即将结束的时候，我想讨论一个比“环境”更重要的问题。一场全球性的大灾难正在笼罩着人类，这场灾难将使我们的一切理想都变得暗淡无光。世界人口快速递增的上升曲线始于石器时代，在经历了农耕—游牧时代和工业时代后，一直延续到今天和未来。在刚刚过去的一个世纪，世界人口数量增长了 4 倍，这本身就是条大新闻。上文提到的环境问题都是由人口问题引起的。因此，这可以从另一个侧面诠释本书的一个主题，即人类所具有的超凡技术创新能力。

本书的第二个主题是我们在政治和社会领域的长期发展滞后。只有在这个方面做得更好，我们才能避免那些由成功引起的失败。

但也并不全是坏消息。史蒂文·平克在《人性中的善良天使》一书中认为，与以往相比，现在我们死于暴力的可能性已经大大降低了。从总体上看，早期社会的暴力活动更多。尽管有些人对平克提出的狩猎—采集社会的死亡率提出质疑，但在他的研究中，中世纪之后的数据基本上都是普遍接受的。杀戮减少可以归结为以下几个原因；第一，国家变得越来越大，因此国家的数量变得越来越少，国家间的冲突也就会随之减少；第二，法律和秩序的建立有助于减少杀戮，这点在城市中尤为明显；第三，现代以来的人道主义不断发展，从启蒙运动时期的反对奴役和暴力，到今天我们越来越难以容忍家庭暴力。随着我们对其他人的生活习性了解得越来越多，以及社会管理愈发完善、社会复杂程度越来越高，暴力活动就会越来越少，人们就会变得越来越善良。

简单地说，这是文明在发挥作用。

如果你阅读若干个世纪前城市生活的详细文字记录，或者留意一下许多被我们称为“文学经典”的作品中提到谋杀和暴力活动的频率，就能感受到文明的力量。尽管西方式的民主制度并未在全球推广开，但世界大部分地区确实比以前更有秩序了，有着更多的限制和管理。（但吸烟者、冒险家和其他人会认为规矩太多了。）如果我们认为政府的首要任务是保护公民的生命安全，那么政治确实也有很大进步，令人印象深刻。

我们还应该看到人类在全球范围内其他方面取得的成就：裁军、公平审判战犯，以及成功地应对一些特殊问题——如氟利昂破坏臭氧层。从 20 世纪 70 年代到 1995 年，在各项国际条约的约束下，全球的氟利昂使用量减少了 80%，在一些主要国家内已经完全消灭。虽然联合国行动迟缓、华而不实，有时甚至令人感到气愤，但它通过的《世界人权宣言》已经成了世界发展的基础，至少在理论上来说如此。没有人希望联合国解散。各国就争夺水资源、乱砍滥伐、两极冰盖消融、海洋环境、使用更清洁的能源等问题签署了一系列国际条约，这成了新世纪的重要政治议题。尽管 2009 年的哥本哈根世界气候大会以失败告终，尽管一些超级政治体——如欧盟——尚未进入民主框架，但与刚刚离开非洲时相比，人类大家庭已经变得更加团结互助了。

我们至少仍然有能力处理那些由成功引发的问题。全球变暖引起了广泛的忧虑，但这并不是世界末日，最终能被解决。重要的“绿色”思想家洛夫洛克认为，核能源是减少二氧化碳排放的重要手段，有这种想法的不止他一个人。尽管风力发电还存在许多问题，但我们已经有了煤和石油之外越来越多的替代能源。太阳能前途远大。核能还存在一些技术上的障碍，却是一种极具潜力的能源。此外，我们还可以利用一些“地质工程学”的技术来解决环境问题，例如向宇宙中发射气溶胶或遮光物，通过遮挡阳光的方式来为地球降温。要实现这一目标就需要签订新的国际条约，因为不同的国家将会受到不同的影响。但历史经验表明，我们拥有众多资源，只要我们努力寻找可替代能源，早晚有一天会取得突破。如果外星人从宇宙中注视地球，并将赌注压在人类的智慧上，那么它们一定不会输。

在当今社会，只要人们的财富越来越多，女性受教育的程度越来越高，出生率就会变得越来越低，这也是可以使我们保持乐观态度的理由之一。在农业社会，人们的肌肉就是财富，当时婴儿死亡率很高，因此尽可能地多生孩子是明智之举。但现在不同，随着婴儿死亡率的下降，人们的观念已经发生了转变，越来越多的妇女开始采取避孕措施。因此，尽管人口还会快速增长 40 年，但人口激增的态势将得到缓解。

然而，这里还有一个问题：大量人口出生在了不该出生的地方。埃塞俄比亚的饥荒让我们注意到了这样一个事实：该国的人口从 20 世纪初的大约 500 万增长到了今天的 8000 万。到本世纪中期，预计埃塞俄比亚人口还会翻一番。到那时，非洲人口将增加 10 个亿。我们希望世界人口能以和平的方式下降，但战争、疾病和饥荒导致人口下降的可能性也很高。在未来，拥有大量年轻人口的国家最容易爆发骚乱，因为在数以千万计的年轻人中，很多人都找不到工作。

要解决上述问题，就需要调动一切手段，如科技进步、制定新的国家条约，以及改变我们的行为方式和心理预期。英国皇家天文学家马丁·里斯相信，在两代人的时间里，人类要想生存下去必须采取孤注一掷的行动，胜算大约是 50%。但他在 2010 年 BBC 的《里斯讲座》节目中认为，谈论世界人口的理想数字毫无意义，因为：

> 我们不能想象2050年后人们的生活方式、饮食、旅行和能源需求。如果维持现在的人口数量，并让每个人都达到今天美国人的生活水平，那么地球将难以为继……［但］如果人们都吃素食，不旅行而是靠超级互联网和虚拟现实互动，那么地球将可以使100亿人过上高质量的生活。

这显然是不可能的，也没有什么吸引力。但今天的西方家长担心，如果不像他们一样过物质充裕的生活，他们的孩子将会变得更瘦弱。我们可以保持现在的人口数量，也可以容许人口再增加一些。因为科学进步——如应对地球暖化的技术和转基因食物——可以帮地球渡过难关。但如果人口继续增加，我们就不可能像现在这样随心所欲地开车、航空旅行、吃到来自世界各地的食物了。

但除了两次世界大战间的凄惨岁月，西方国家还没有过过苦日子。这些国家的政客会用政治语言告诉选民，更好的时代就在前面。我们很难想象他们对未来表示悲观的样子。当然，人们也有其他的生活方式：关注家庭、社群生活、精神世界、教育和艺术。历史证明，这种生活方式也可以使人过上有意义并幸福的生活。这是世界历史的一个方面。但不幸的是，我们愿意去相信煽动者许下的诺言，也会放纵我们的贪嗔痴念，采取暴力行动。这是世界历史的另一个方面。现代“智人”有时候会被翻译为“聪明的人”。我们是聪明的猿，非常聪明的猿，尽管有时也会陷入困境。但或许“有智慧的人”是更好的翻译。我们还有一小段路要走。

注 释

导 言

1. David Gilmour, *The Pursuit of Italy* (Allen Lane 2011), p. 33.
2. Niall Fergusson, *Civilization* (Allen Lane 2010), p. 43.
3. J.R. McNeill and William H. McNeill, *The Human Web* (W.W. Norton 2003), p. 4.
4. McNeill and McNeill, op. cit., p. 7.

第一部 走出热带，走向冰原

1. Tim Flannery, *Here on Earth* (Text Publishing Company 2010), ch. 4.
2. Stephen Oppenheimer, *Out of Eden*, pp. 343–6.
3. Mark Pagel, *Wired for Culture: Origins of the Human Social Mind* (Allen Lane 2012), pp. 216–17.
4. Chris Stringer, *The Origin of Our Species* (Allen Lane 2011), p. 245.
5. Brian Fagan, *Cro–Magnon* (Bloomsbury Press 2010).
6. Stringer, op. cit., p. 242.
7. Cynthia Stokes Brown, *Big History* (W.W. Norton & Company 2007), p. 52.
8. Flannery, op. cit., quoting C.P. Groves, *Perspectives in Human Biology* (1999), 'The Advantages and Disadvantages of being Domesticated', and M. Henneberg, 'Decrease of Human Skull Size in the Holocene', *Human Biology* 60, pp. 395–405.
9. The Theory of Steven Mithen, quoted in Brian Fagan, op. cit.
10. See, for example, Lawrence H. Keeley, *War before Civilization* (Oxford University Press 1990).
11. Steven A. LeBlanc with Katherine Register, *Constant Battles: Why We Fight* (St Martin's Griffin/Macmillan 2004).
12. See Jared Diamond, *Guns, Germs and Steel* (W.W. Norton 1997), ch. 5, and Spencer Wells, *Pandora's Seed: The Unforeseen Cost of Civilization* (Allen

Lane 2010).

13. Diamond, op. cit., p. 139.
14. Spencer Wells, op. cit., pp. 37–41
15. Ian Hodder, *Catalhoyuk: The Leopard' s Tale* (Thames & Hudson 2006).
16. Rodney Castleden, *Stonehenge People* (Routledge 1987).
17. Castleden, op. cit.
18. Gwendolyn Leick, *Mesopotamia: The Invention of the City* (Penguin Books 2001), p. 163.
19. Leick, op. cit., p. 59.
20. Ian Morris, *Why the West Rules–For Now* (Profile Books 2010), p. 206.
21. J.A.G. Roberts, *A History of China*, 2nd edition (Palgrave Macmillan 2006), p. 3.
22. Wen Fong (ed.), *The Great Bronze Age of China* (Thames & Hudson 1980), p. 70.
23. David P. Silverman (ed.), *Ancient Egypt* (Duncan Baird 2003).
24. See Dr William Murnane in David Silverman, op. cit.
25. The best book on Deir el–Medina is Morris Bierbrier, *The Tomb–Builders of the Pharaohs* (American University in Cairo Press/British Museum 1982).
26. Cathy Gere, *Knossos and the Prophets of Modernism* (University of Chicago Press 2009), opening pages.
27. Evelyn Waugh, *Labels* (1930), quoted by Mary Beard in her review of Cathy Gere, op. cit., at www.martinfrost.ws.

第二部　为战争一辩

1. My information here relies on many secondary sources, including most obviously Herodotus and Thucydides, but also Robin Lane Fox, *The Classical World* (Penguin 2005); Raphael Sealey, *A History of the Greek City States, 700–338.* bc (University of California Press 1976); and J.K. Davies, *Democracy and Classical Greece* (Fontana 1978), plus J.M. Roberts, *History of the World* (Penguin 2007) and William McNeill, *World History*(Oxford University Press 1998).
2. Caroline Alexander, *The War That Killed Achilles* (Faber 2009), has much influenced this thought.
3. Alexander, op. cit., p. 5.
4. See Michael Wood, *In Search of the Trojan War* (BBC Books 2005), p. 182.

5. Alexander, op. cit., p. 13.
6. Jonathan Sacks, *The Great Partnership: God, Science and the Search for Meaning* (Hodder & Stoughton 2011), ch. 4, 7.
7. See Mark S. Smith, *The Early History of God: Yahweh and the Other Deities in Ancient Israel* (HarperCollins 2002), ch. 1.
8. Karen Armstrong, *The Bible: The Biography* (Atlantic Books 2007), p. 24.
9. See Simon Sebag Montefiore, *Jerusalem* (Weidenfeld & Nicolson 2011), pp. 40–6.
10. See Ilya Gershevitch, *The Cambridge History of Iran*, vol. 2. (1985), ch. 7, pp. 392ff.
11. All Herodotus quotations are taken from the Penguin edition, translated by Aubrey de S é lincourt in 1954.
12. Robin Lane Fox, *The Classical World* (Allen Lane 2005), p. 61.
13. J.K. Davies, *Democracy and Classical Greece* (Fontana 1978), p. 88.
14. Ramachandra Guha, *India after Gandhi* (Macmillan 2007), pp. 115–16.
15. The story is told in John Keay, *India Discovered* (HarperCollins 2001), ch. 1.
16. John Keay, *India: A History* (HarperCollins 2002), pp. 24ff.
17. Keay, *India*, op. cit., p. 35.
18. See Romila Thapar, *The Penguin History of Early India* (Penguin Press 2002), ch. 5, and Trevor Ling, *The Buddha* (Temple Smith 1973), pp. 66ff.
19. Keay, *India*, p. 64.
20. See Jacques Gernet, *A History of Chinese Civilisation* (Cambridge University Press 1992), pp. 41ff.
21. John Keay, *China: A History* (HarperPress 2008), p. 53.
22. Karen Armstrong, *The Great Transformation* (Atlantic Books 2006), p. 35.
23. Benjamin Schwartz, *The World of Thought in Ancient China* (Belknap Press 1985), p. 56.
24. Lionel M. Jensen, ‘The Genesis of Kongzi in Ancient Narrative’, in *On Sacred Grounds . . . the Formation of the Cult of Confucius*, ed. Thomas A. Wilson, Harvard East Asian Monographs 217. (2002).
25. Annping Chin, *Confucius: A Life of Thought and Politics* (Yale 2008).
26. Arthur Waley (tr.), *The Analects of Confucius* (Allen & Unwin 1938).
27. Armstrong,*The Great Transformation*, op. cit., p. 206.
28. Plato, *Phaedo*, in the 1892. Benjamin Jowett translation, usefully

republished by Sphere Books in 1970.

29. I.F. Stone, *The Trial of Socrates* (Cape 1988), p. 66.
30. Stone, op. cit., p. 146.
31. William H. McNeill, *A World History* (Oxford University Press 1998), p. 148.
32. See Robin Lane Fox, *Alexander the Great* (2006).
33. Arrian, *Anabasis Alexandri* (*Life of Alexander*), Book VII, part 4.

第三部 剑与道

1. *Rome and China: Comparative Perspectives*, ed. Walter Scheidel (Stanford/Oxford University Press 2009).
2. See S.A.M. Adshead, 'Dragon and Eagle', *Journal of South-East Asian History*, vol. 2, October 1961.
3. John Hill, *The Peoples of the West* (2004), translation from the *Weilüe* of Yu Huan: see Washington.edu/silkroad/texts.
4. Romila Thapar, *The Penguin History of Early India* (Penguin Books 2002), p. 321.
5. Ramachandra Guha, *India after Gandhi* (Macmillan 2007), pp. 378–9. I am also indebted to Toby and Saurabh Sinclair for their help in this passage.
6. Sima Qian, quoted in John Keay, *China: A History* (HarperPress 2008), p. 89, and in sundry other places.
7. See for example the competing views of Derk Bodde and new evidence quoted in John Man, *The Terracotta Army* (Bantam 2007), pp. 118–19; and John Keay, *China: A History*, pp. 75–6. They are differences of emphasis rather than fact.
8. Diarmaid MacCulloch, *A History of Christianity* (Allen Lane 2009), pp. 70–1.
9. Norman Cantor, *The Sacred Chain: A History of the Jews* (HarperCollins 1995), p. 61.
10. Shlomo Sand, *The Invention of the Jewish People* (Verso 2009), pp. 166–9.
11. Sand, op. cit. p. 151.
12. I am indebted to Mary Beard for putting me right on some of this, though she bears no responsibility for my anti-Roman-religion prejudices!
13. Robin Lane Fox, *The Classical World* (Allen Lane 2005), p. 306.
14. Mary Beard describes this, however, as 'sheer Greek fantasy'.
15. Nigel Bagnall, *The Punic Wars* (Pimlico 1990), ch. 1.

16. See Barry Cunliffe, *The Ancient Celts* (Oxford University Press 1997), and Terry Jones and Alan Ereira, *Barbarians* (BBC Books 2006).
17. Robin Lane Fox, *The Classical World*, op. cit., p. 379.
18. Ian Morris, *Why the West Rules – For Now* (Profile Books 2010), pp. 296–7.
19. Morris, op. cit., p. 306.
20. Karen Armstrong, *The First Christian: St Paul's Impact on Christianity* (Pan Books 1984), p. 45.
21. *Acts* 9: 3–5.
22. Charles Freeman, *A New History of Early Christianity* (Yale 2009), p. 210.
23. For more on this see Peter Watson, *The Great Divide* (Weidenfeld & Nicolson 2012).
24. My information is drawn from Helaine Silverman and Donald Proulx, *The Nasca* (Wiley–Blackwell 2002), and Michael Mosley, *The Incas and Their Ancestors: The Archaeology of Peru* (Thames & Hudson 1992).
25. Joe Nickell, *Unsolved Mysteries* (Kentucky University Press 2005).
26. See the work of David Beresford–Jones of the McDonald Institute for Archaeological Research, Cambridge University.
27. J. Armitage Robinson, *The Passion of St Perpetua* (Cambridge University Press 1891), and Freeman, op. cit., p. 205.
28. David Woods, 'On the Death of the Empress Fausta', *Greece & Rome*, vol. xlv, pp. 70–83.
29. Freeman, op. cit., p. 237, quoting Eusebius.
30. Tom Holland, *In the Shadow of the Sword* (Little, Brown 2012), pp. 40–1.
31. See Hugh Kennedy, *The Great Arab Conquests* (Weidenfeld & Nicolson 2007), p. 56.

第四部 走出混乱的大熔炉

1. John Julius Norwich, *The Popes: A History* (Chatto & Windus 2011), ch. V.
2. John Keay, *China: A History*, p. 231.
3. Ian Morris, *Why the West Rules – For Now* (Profile Books 2010), p. 337.
4. Norman Davies, *Europe: A History* (Oxford University Press 1996), pp. 222ff.
5. Quoted by Jonathan Lyons, *The House of Wisdom* (Bloomsbury 2010), p. 15.
6. Lyons, op. cit., ch. 3.
7. Lyons, op. cit. My account of al–Khwarizmi and Averroës rests heavily on

his book.

8. Jonathan Clements, *The Vikings* (Robinson 2005), p. 103.

9. Geoffrey Hosking, *Russia and the Russians* (Allen Lane 2001), p. 31.

10. Clements, op. cit., pp. 12–13.

11. Jonathan Shepard in Maureen Perrie (ed.), *The Cambridge History of Russia*, vol. 1, pp. 54–6.

12. Diarmaid MacCulloch, *A History of Christianity* (Allen Lane 2009), p. 507.

13. A.J.H. Goodwin, 'The Medieval Empire of Ghana', *The South African Archaeological Bulletin*, vol. 12, no. 47, pp. 108–12.

14. Nehemia Levtzion, *Ancient Ghana and Mali* (Holmes & Meier 1980), pp. 125–6.

15. See Felix Chami and Paul Msemwa, 'A New Look at Culture and Trade on the Azanian Coast', *Current Anthropology*, vol. 38, no. 4, pp. 673ff.

16. Al-Umari, quoted in *Corpus of Early Arabic Sources for West African History*, ed. and tr. J.F.P. Hopkins (Cambridge University Press 1981), pp. 266–8.

17. Ibn Battuta, quoted in Hopkins (ed.), *Corpus*, pp. 283ff.

18. J.D. Fage, *A History of West Africa* (Cambridge University Press 1969), p. 24.

19. See for instance, John Reader, *Africa: A Biography of the Continent* (Penguin 1997), who also provided my source for the difficulty of arousing camels.

20. Ibn Khaldun, quoted in Roland Oliver (ed.), *The Cambridge History of Africa*, vol. 3. (Cambridge University Press 1977), p. 379.

21. Oliver (ed.), *The Cambridge History of Africa*, vol. 3, p. 391.

22. Felipe Fernandez-Armesto, *Civilisations* (Pan Books 2000), p. 98.

23. Ivan Hrbek in Oliver (ed.), *The Cambridge History of Africa*, vol. 3, p. 90.

24. Charles Hercules Read, quoted in Neil MacGregor, *A History of the World in 100. Objects* (Allen Lane 2010), p. 501.

25. See John Man, *Genghis Khan: Life, Death, and Resurrection* (Bantam 2004), p. 34.

26. Man, op. cit., pp. 15–17.

27. John Keay, *China: A History*, p. 357.

28. See Orlando Figes, *Natasha's Dance* (Penguin 2002), ch. 6.

29. Morris, op. cit., p. 392.

30. Man, op. cit., p. 137.

31. Richard Humble, *Marco Polo* (Weidenfeld & Nicolson 1975), p. 209.
32. Frances Wood, *Did Marco Polo Go to China?* (Secker & Warburg 1995).
33. Bamber Gascoigne, *The Dynasties of China* (Robinson 2003), p. 128.
34. William J. Bernstein, *A Splendid Exchange* (Grove Press 2008), p. 75.
35. Wood, op. cit., p. 104.
36. Wood, op. cit., p. 43.
37. See John Julius Norwich, *A History of Venice* (Penguin Books 1983), pp. 215–16.
38. See Morris, op. cit., pp. 396–8.
39. See Daron Acemoglu and James A. Robinson, *Why Nations Fail: The Origins of Power, Prosperity and Poverty* (Profile Books 2012), pp. 100–10.
40. See John Julius Norwich, *Byzantium: The Decline and Fall* (Viking Books 1995), p. 171, and Judith Herrin, *Byzantium* (Penguin Books 2007), p. 250.
41. John Julius Norwich, *Byzantium: The Early Centuries* (Penguin Books 1990), p. 25.
42. John Julius Norwich, *Byzantium: Decline and Fall* (Viking 1995), p. 182; and the previous quotation is from Nicetas Choniates, in Norwich, *Decline and Fall*, p. 179.
43. Zhou Jiahua, 'Gunpowder and Firearms', in *Ancient China's Technology and Science* (Chinese Academy of Sciences, Foreign Language Press 2009), pp. 185–9.
44. See Judith Herrin, *Byzantium* (Allen Lane 2007), p. 142.
45. See Norwich, *Byzantium: The Apogee*, p. 323, and Norwich, *Byzantium: Decline and Fall*, p. 420.
46. Norwich, *Byzantium: Decline and Fall*, p. 429.
47. *The Notebooks of Leonardo da Vinci* (Oxford World Classics, 2008).
48. See David Gilmour, *The Pursuit of Italy* (Penguin 2011), ch. 3.
49. For a good explanation of this, and the workshop system, see Patricia Lee Rubin and Alison Wright, *Renaissance Florence: The Art of the 1470s* (National Gallery Publications 1999).
50. Giorgio Vasari, *Lives of the Artists* (Penguin 1965), p. 233.
51. See the essays by Martin Kemp and Jane Roberts in *Leonardo da Vinci* (South Bank Publications/Hayward Gallery 1989).

第五部 世界走向开放

1. James Wilson, *The Earth Shall Weep* (Grove Press 1998), p. 20, working from Russell Thornton' s figures.
2. Wilson, op. cit., p. 21.
3. Hugh Thomas, *Rivers of Gold* (Weidenfeld & Nicolson 2003), p. 63. and notes on Toscanelli.
4. Thomas, op. cit., p. 124.
5. See Norman Cantor, *The Sacred Chain* (HarperCollins 1995), p. 190.
6. See the opening chapters of Daron Acemoglu and James A. Robinson, *Why Nations Fail* (Profile 2012), which follow this argument in greater detail.
7. Ian Morris, *Why the West Rules – For Now* (Profile Books 2010), pp. 460–3.
8. David Landes, *The Wealth and Poverty of Nations* (Harvard 1998), ch. 12.
9. Gerhard Benecke, *Society and Politics in Germany, 1500–1750.* (Routledge & Kegan Paul 1974).
10. For Gutenberg, see Stephan Fussel, *Gutenberg and the Impact of Printing* (Ashgate 2005), tr. Douglas Martin; for Luther and printing, see Thomas Robisheaux, *Rural Society and the Search for Order in Early Modern Germany* (Duke University Press 1989).
11. Diarmaid MacCulloch, *Reformation* (Allen Lane 2003), p. 152.
12. Malcolm Pasley, *Germany: A Companion Guide to Social Studies* (Methuen 1972).
13. MacCulloch, *Reformation*, p. 160.
14. These figures come from Robert C. Davis, 'Counting Slaves on the Barbary Coast', *Past and Present*, vol. 172, August 2001, and from his *Christian Slaves, Muslim Masters* (Palgrave Macmillan 2003).
15. Quoted in Donald Ostrowski, 'The Growth of Muscovy', in Maureen Perrie (ed.), *The Cambridge History of Russia*, vol. 1. (2006), p. 227.
16. Yuri Semyonov, *The Conquest of Siberia*, tr. E.W. Dickes (George Routledge & Sons 1944), p. 11.
17. R.G. Skrynnikov, quoted in Alan Wood, *Russia' s Frozen Frontier* (Bloomsbury Academic 2011), p. 28.
18. Neil Rhodes (ed.) and others, *King James VI and I: Selected Writings* (Ashgate 2003).
19. Antony Farrington (ed.), *The English Factory in Japan*, vol. 1. (British

Library 1991), p. 296.

20. See R.H.P. Mason and J.G. Caiger, *A History of Japan* (Tuttle Publishing 1997), and John Whitney Hall (ed.), *The Cambridge History of Japan*, vol. 4. (1991).
21. Morris, op. cit., p. 451.
22. Quoted in Farrington, op. cit., p. 75.
23. Larry Neal, *The Rise of Financial Capitalism* (Cambridge University Press 1990), ch. 1.
24. For comparative prices, see Mike Dash, *Tulipomania* (Victor Gollancz 1999), pp. 123, 183. In this section I have relied heavily on his book and that of Anne Goldgar, *Tulipmania* (University of Chicago Press 2007). For a general view of the Dutch Republic at the time, no book has bettered Simon Schama's *The Embarrassment of Riches* (Knopf 1987).
25. Dash, op. cit., p. 134.

第六部 自由的梦想

1. James Reston Jr, *Galileo: A Life* (Cassell 1994), p. 69.
2. Reston, op. cit., p. 74.
3. J.L. Heilbron, *Galileo* (Oxford University Press 2010), p. 358.
4. Quoted in Lisa Jardine, *Going Dutch* (HarperPress 2008), pp. 56–7.
5. N.A.M. Rodger, *The Command of the Ocean* (Allen Lane 2004), p. 151.
6. See David Starkey, *Crown and Country* (HarperPress 2010), p. 394.
7. Heilbron, op. cit., p. 258.
8. John Keay, *India: A History*, p. 251.
9. Keay, op. cit., p. 322.
10. See Roger Pearson, *Voltaire Almighty* (Bloomsbury 2007), ch. 13.
11. Pearson, op. cit.
12. These stories can all be found in Roger Pearson, op. cit. – a splendid introduction to Voltaire's world as well as his life.
13. Christopher Clark, *Iron Kingdom: The Rise and Downfall of Prussia* (Penguin Books 2006), ch. 7; the description of Katte's execution comes from the same source.
14. Clark, op. cit., ch. 8.
15. John Ferling, *Independence: The Struggle to Set America Free* (Bloomsbury

Press 2011), ch. 2.

16. Figures from the Economic History Association/ Jenny B. Wahl.
17. Ronald Takaki, *A Different Mirror* (Little, Brown 1993), p. 31.
18. Takaki, op. cit., p. 45.
19. Takaki, op. cit., p. 45.
20. See Thomas Keneally, *Australians: Origins to Eureka* (Allen & Unwin 2010), p. 127.
21. Jared Diamond, *Guns, Germs and Steel* (Vintage Books 2005), p. 155.
22. Watkin Tench, *A Complete Account of the Settlement at Port Jackson* (published on the Internet by Project Gutenberg).
23. Keneally, op. cit., p. 18.
24. *Captain Cook' s Voyages*, ed. Glyndwr Williams (Folio Society 1997), p. 125.
25. See Richard Gott, *Britain's Empire: Resistance, Repression and Revolt* (Verso 2011), p. 84.
26. Richard Holmes, *The Age of Wonder* (HarperPress 2008), p. 37.
27. V. Gatrell, *The Hanging Tree* (Oxford University Press 1994).
28. Gott, op. cit., p. 85.
29. See Keith Smith, 'Bennelong among His People', *Aboriginal History*, 33, p. 10.
30. Tench, op. cit.
31. C.L.R. James, *The Black Jacobins* (Vintage Books 1989), ch. IV. Though this was written by the West Indian Marxist in 1938. and contains some now outdated material about the brilliance of Lenin and the coming African revolution, it remains the essential and superbly researched account of the Haiti revolt.
32. Marcus Rediker, *The Slave Ship* (John Murray 2007), p. 5.
33. Matthew White, *Atrocitology* (Canongate 2011), p. 161.
34. James, op. cit., p. 140.
35. James, op. cit., p. 197.
36. Arthur Allen, *Vaccine* (W.W. Norton 2007), pp. 36–49.
37. For these and other figures see Allan Chase, *Magic Shots* (W. Morrow, New York 1983), pp. 42–9.
38. Chase, op. cit.

第七部 资本主义及其敌人

1. J.R. McNeill, *Something New under the Sun: An Environmental History of the Twentieth-Century World* (W.W. Norton 2000), ch. 3.
2. McNeill, op. cit., ch. 5.
3. Joyce Appleby, *The Relentless Revolution* (W.W. Norton 2011), p. 60.
4. J. Steven Watson, *The Reign of George III* (Oxford University Press 1960), p. 33.
5. Appleby, op. cit., pp. 80–3, and Joel Mokyr, *The Enlightened Economy: Britain and the Industrial Revolution 1700–1850.* (Yale University Press 2009), ch. 1.
6. Mokyr, op. cit., ch. 1.
7. Christopher Hill, *The Century of Revolution, 1602–1715.* (Edinburgh University Press 1961), p. 32; also quoted in Appleby, p. 40.
8. Arthur Herman, *The Scottish Enlightenment* (Fourth Estate 2001), p. 142.
9. John Lord, *Capital and Steam Power* (London 1923), ch. IV.
10. See Herman, op. cit., p. 306.
11. By Lord, op. cit.
12. See Jenny Uglow's brilliant book about them, *The Lunar Men* (Faber and Faber 2002).
13. Mokyr, op. cit., ch. 7.
14. See Gregory L. Freeze, *Russia: A History* (Oxford University Press 1997), p. 201.
15. This story is brilliantly told in Orlando Figes, *Natasha's Dance* (Allen Lane 2002), pp. 96ff. It is an indispensable guide to the time, and unlike so many books of Russian history, very well written.
16. Rosamund Bartlett, *Tolstoy: A Russian Life* (Profile Books 2010), ch. 6.
17. Figes, op. cit., p. 238.
18. See A.N. Wilson, *Tolstoy* (Hamish Hamilton 1988), p. 334.
19. Carl Sandburg, *Abraham Lincoln: The War Years*, vol. IV (Harcourt, Brace, New York 1939), pp. 176–7.
20. Sandburg, op. cit., vol. III, p. 441.
21. Herbert Mitgang, *Abraham Lincoln: A Press Portrait* (Quadrangle 1971), pp. 476–8.
22. See James M. McPherson, *Drawn with the Sword: Reflections on the American Civil War* (Oxford University Press 1996), part II, ch. 5.

23. Esmond Wright, *An Empire for Liberty* (Blackwell 1995), pp. 472–3.
24. Wright, op. cit., p. 466.
25. David Reynolds, *America: Empire of Liberty* (Allen Lane 2009), ch. 6.
26. Quoted in McPherson, op. cit., ch. 1.
27. Eugene D. Genovese, *The Political Economy of Slavery* (New York 1965), quoted in McPherson, op. cit., ch. 1.
28. H.W. Brands, *American Colossus* (Random House 2010), pp. 145–6.
29. These details are taken from Mark Ravina, *The Last Samurai: The Life and Battles of Saigo Takamori* (John Wiley 2004), the first and last chapters.
30. A good account of Samurai history can be found in Charles J. Dunn, *Everyday Life in Traditional Japan* (Tuttle Publishing 1969), ch. 2.
31. Aizawa Yashushi, quoted by Andrew Gordon, *A Modern History of Japan* (Oxford University Press 2009), pp. 20–1.
32. Ravina, op. cit., ch. 1.
33. Ravina, op. cit., p. 196.
34. See Stephen Turnbull, *Samurai: The World of the Warrior* (Osprey Publishing 2003), ch. 9.
35. Adam Hochschild, *King Leopold' s Ghost* (Macmillan 1999), p. 233. My account relies both on this book and on John Reader' s *Africa: A Biography of the Continent* (Penguin Books 1998).
36. The accounts of Lin and the early stages of the First Opium War are taken from W. Travis Hanes III and Frank Sanello, *The Opium Wars* (Sourcebooks 2002); and Jack Beeching, *The Chinese Opium Wars* (Harvest/HBJ 1975).
37. See John Keay, *China: A History* (HarperPress 2009), pp. 446–9.
38. Barbara Tuchman, *The Zimmermann Telegram* (Viking Press 1958), p. 107.
39. Tuchman, op. cit., p. 108.
40. Tuchman, op. cit., pp. 183–7.
41. Tuchman, op. cit., p. 200.
42. See Ronald W. Clark, *Lenin: The Man behind the Mask* (Faber and Faber 1998), pp. 196–210.

第八部 最好的世纪和最坏的世纪

1. Vasily Grossman, *Everything Flows* (Vintage Classics 2011), p. 220.
2. Steven Pinker, *The Better Angels of Our Nature* (Allen Lane 2011), p. 195.

3. See T. Hager, *The Alchemy of Air* (Harmony Books 2008), quoted by Andrew Charlton, *Man–Made World*, his essay on the aftermath of the Copenhagen climate change summit, 2010.
4. Charles Bracelen Flood, *Hitler: The Path to Power* (Hamish Hamilton 1989), p. 589.
5. Alan Bullock, *Hitler: A Study in Tyranny* (Hamlyn 1952/1973), ch. 3.
6. Adolf Hitler, *Mein Kampf*, tr. Ralph Manheim (Pimlico 1992), pp. 53–4. op. cit., p. 620.
7. Hitler, op. cit., p. 620.
8. Ian Kershaw, *Hitler* (1–vol. edition; Penguin 2009), p. 42.
9. Martin Kemp, *Christ to Coke* (Oxford University Press 2011), p. 74.
10. Kershaw, op. cit., pp. 127–9.
11. Bullock, op. cit., ch. 3.
12. Hitler, *Mein Kampf*, p. 128.
13. Hitler, op. cit., pp. 596–7.
14. Timothy Snyder, *Bloodlands: Europe between Hitler and Stalin* (The Bodley Head 2010), p. 19.
15. Kershaw, op. cit., p. 270.
16. Madeline Gray, *Margaret Sanger: A Biography of the Champion of Birth Control* (Richard Marek, New York 1979), p. 37.
17. See Armond Fields, *Katharine Dexter McCormick* (Praeger 2003), ch. 20.
18. *The Selected Papers of Margaret Sanger*, vol. 3, ed. Esther Katz (Illinois Press 2010), p. 265.
19. Bernard Absell, *The Pill* (Random House 1995), p. 121.
20. Robert Jutte, *Contraception: A History* (Polity 2008), p. 210.
21. Absell, op. cit., p. 169.
22. Max Hastings, *All Hell Let Loose* (HarperPress 2011), p. 143.
23. Kershaw, op. cit., p. 656.
24. Snyder, op. cit., p. 182.
25. Hastings, op. cit., p. 150.
26. Hastings, op. cit., p. xviii.
27. Kai Bird and Martin J. Sherwin, *American Prometheus: The Triumph and Tragedy of J. Robert Oppenheimer* (Alfred Knopf/Atlantic Books, 2009), pp. 287–9. Much of my account of Oppenheimer is taken from this excellent

biography.

28. Bird and Sherwin, op. cit., pp. 296, 314.
29. Bird and Sherwin, op. cit., p. 314.
30. Bird and Sherwin, op. cit., p. 323.
31. Jad Adams, *Gandhi: Naked Ambition* (Quercus 2011), p. 2.
32. John Keay, *India: A History* (HarperPress 2000), p. 486.
33. Adams, op. cit., p. 136.
34. Adams, op. cit., pp. 220–1.
35. See Brian Lapping, *End of Empire* (Granada 1985), pp. 24ff.
36. See Andrew Roberts, *A History of the English–Speaking Peoples Since 1900.* (Weidenfeld & Nicolson 2006), p. 12.
37. Keay, *India: A History*, pp. 450–1.
38. Keay, op. cit., pp. 475–6.
39. Adams, op. cit., p. 229.
40. Richard Dowden, *Africa: Altered States, Ordinary Miracles* (Portobello Books 2008), p. 84.
41. John Lewis Gaddis, *The Cold War* (Penguin 2011), p. 184.
42. See Jonathan Fenby, *The Penguin History of Modern China* (2009), p. 92.
43. See Jung Chang and Jon Halliday, *Mao: The Unknown Story* (Jonathan Cape 2005).
44. From Roderick MacFarquhar and Michael Schoenhals, *Mao' s Last Revolution* (Harvard University Press 2006).
45. Richard Evans, *Deng Xiaoping and the Making of Modern China* (Hamish Hamilton 1993).
46. Jonathan Fenby, *Tiger Head, Snake Tails* (Simon & Schuster 2012), ch. 1.
47. Fenby, *Tiger Head, Snake Tails*, ch. 1.
48. Martin Jacques, *When China Rules the World*, 2nd edition (Penguin Books 2012), p. 518.
49. This section was suggested by, and bears a heavy debt to, one of the BBC researchers and assistant producers for *History of the World*, Chris O' Donnell.
50. Feng–Hsiung Hsu, *Behind Deep Blue* (Princeton University Press 2002), p. 4.
51. Feng–Hsiung Hsu, op. cit., pp. ix–x.
52. Garry Kasparov, *New York Review of Books*, 11. February 2010.

53. See Daniel Crevier, *AI: The Tumultuous Search for Artificial Intelligence* (Basic Books 1993).

54. Ray Kurzweil, *The Singularity Is Near* (Duckworth 2009), ch. 1.

55. Quoted in Nils J. Nilsson, *The Quest for Artificial Intelligence* (Stanford University Press 2010), Web version, p. 647.

56. James Lovelock, *The Revenge of Gaia* (Penguin Books 2006), p. 3.

57. J.R. McNeill, *Something New under the Sun* (W.W. Norton 2000), ch. 2.

图书在版编目（CIP）数据

世界史 / (英) 安德鲁·马尔著；邢科译. -- 天津:
天津人民出版社, 2016.10（2024.4重印）

书名原文: A HISTORY OF THE WORLD

ISBN 978-7-201-10881-0

Ⅰ.①世… Ⅱ.①安… ②邢… Ⅲ.①世界史 Ⅳ.①K1

中国版本图书馆CIP数据核字(2016)第235587号

著作权合同登记号：图字02-2016-140号

世界史

SHIJIESHI

［英］安德鲁·马尔 著；邢科 译

出　　版	天津人民出版社	出 版 人	刘锦泉
地　　址	天津市和平区西康路35号康岳大厦	邮政编码	300051
邮购电话	（022）23332469	电子信箱	reader@tjrmcbs.com
出版统筹	吴兴元	编辑统筹	张　鹏
责任编辑	金晓芸	特约编辑	张　鹏　郝　平　王小凤
营销推广	ONEBOOK	装帧制造	墨白空间
印　　刷	北京盛通印刷股份有限公司	经　　销	新华书店经销
开　　本	655毫米×1000毫米　1/16	印　　张	36印张　插页32
字　　数	557千字		
版次印次	2016年10月第1版　2024年4月第13次印刷		
定　　价	110.00元		

后浪出版咨询(北京)有限责任公司

投诉信箱：editor@hinabook.com　fawu@hinabook.com

本书若有印、装质量问题，请与本公司联系调换，电话010-64072833